本书获珠海社科优秀成果专项资助出版

广东留学史

A HISTORY OF
STUDY-ABROAD STUDENTS
FROM GUANGDONG

马至融
裴 艳
姜清波
焦 鹏 著

社会科学文献出版社
SOCIAL SCIENCES ACADEMIC PRESS (CHINA)

前　言

广东留学，是近现代中国社会划时代的壮举。

广东留学的壮举，促成了中国社会的现代性转型。

广东留学，引发了中国社会日后的四次留学潮。

广东留学的这种引发作用，促成了中国社会的不断更新发展。

广东留学，是广东社会留给近现代中国社会的一份珍贵的文化遗产，是中国社会向现代性社会转型的文化动力源。

广东留学开始于广东香山县南屏村一个贫苦农民人家名叫容闳的人。所以说，容闳就成了中国留学生之父，广东香山（今珠海、中山、澳门）就成了中国留学教育的发源地。

广东留学第一人容闳于1847年漂洋过海到美国，先是进入寄宿制的预科学校学习语言，再考入耶鲁大学学习文学，1854年毕业获中国人第一个西方现代大学的文学学士学位。所以，1847年就成了中国人留学西方的一个标志年份，它意味着中国现代教育的一个新时代的开始。

容闳"以西方之学术灌输于中国，使中国日趋于文明与富强之境"的教育救国、教育强国观念所推行的幼童留美教育，开创了中国社会由个人留学进入官办留学、由散兵游勇式留学进入有组织的群体性留学的新时代，它标志着中国社会学习西方、融入世界时代的开始。

四批共120名9~12岁幼童的留美，是中国人"师夷长技以制夷"的西学中用思想的现实性实践。它所展示出来的意义不仅是中国人要睁眼看世界，更是中国人要用新知识新思想实现民族伟大复兴的强烈愿望。正是这些留学的学子，促成了古老中国向现代中国的转型。

广东留学是中国近代社会风云际会的产物，广东留学表现着广东人睁眼看世界的强烈精神渴望，广东留学是广东人敢为天下先的行为实践。

广东是封建帝国掘墓者的摇篮，广东更是现代中国社会转型的实践者。因为开放是广东人的文化心理，改革是广东人的实践精神。就是在这样一种学习西方世界以强我中华自身的精神引领下，广东社会的全面性变革促动着广东留学不断向新的高度发展。

广东留学促成了中国近现代社会的开放变革，改变了近现代中国人的人文思想，推动了近现代中国新产业经济和中国现代教育业的发展。

所以说，在中华复兴的步伐中，走出国门，留学海外，就成了当时最具影响力也最见成效的社会变革行为现象。可以毫不过分地说，近代中华的复兴，因留学而兴起，因留学而发展。

我们这里所言说的广东留学，涉及从容闳1847年留学到1949年新中国成立这样一个百年的时间范围。广东留学在广东的地域在当时还包含了现今的澳门、海南和北海这些地方。广东留学在西方的地域主要是美国、欧洲和日本这些地方。

目 录 contents

第一章　广东留学百年潮 / 1

　　一　广东留学概述 / 3

　　二　广东留学发生的地缘条件 / 9

　　三　广东留学发生的时代机遇 / 16

　　四　广东留学的历史地位与价值影响 / 22

第二章　广东社会与留学美国 / 33

　　一　广东人美国留学教育概述 / 33

　　二　晚清广东的留美教育 / 40

　　三　广东与庚款留美教育 / 89

　　四　北洋政府时期的留美政策 / 135

　　五　国民政府时期留美教育 / 159

　　六　留美生对广东及中国社会发展的作用和影响 / 178

　　七　留美教育的得与失 / 205

第三章　广东社会与留学欧洲 / 208

　　一　广东人欧洲留学教育概述 / 208

　　二　问学英国的广东留学生 / 212

三 以德为师的广东留学生 / 254

四 求知法兰西的广东留学生 / 275

五 求学苏俄的广东留学生 / 321

六 访学比利时和意大利的广东留学生 / 342

七 广东留欧生对中国社会发展的作用和影响 / 346

第四章 广东社会与留学日本 / 349

一 广东人日本留学教育概述 / 349

二 晚清时期广东人的日本留学 / 353

三 北洋政府时期广东人的日本留学 / 388

四 国民政府时期广东人的日本留学 / 395

五 汪伪时期广东人的日本留学 / 411

六 留学日本所产生的社会影响 / 424

后 记 / 465

第一章

广东留学百年潮

广东留学百年潮，其时间范围是从中国留学第一人容闳1847年留学美国到1949年中华人民共和国成立的一百余年。

广东，在中国几千年封建王朝的版图上，一直就是一块被遗忘的地域。可是，当西方列强把它们的殖民目光聚焦到这块地方后，处在大庾岭背后的岭南从此就成了古老中华开风气之先的风尚之地，尤其在中国近代社会历史发展中的价值意义更是非同凡响。无论是在历史还是文化上，无论是在政治还是经济上，它都具有触人深思、发人省悟、促人奋进的价值。

这里是近现代中国商贸经济的生长地，买办之乡的商贸经济活动，为洞开国门发展经济搭起了全新的通衢之桥。这里是近现代中国留学教育的发祥地，西学东进和东学西渐之风，就是由这里迈开了坚实的步伐。这里是近代中国革命的策源地，中国近代革命文化的一切形态和特征，都是从这里繁衍派生开来。正由此形成了广东地理区域中两种特有的文化形态，这就是融于世界一体的发展性文化和向着经济贸易的商务性文化。融于世界一体的发展性文化，专注的是社会政体和人文观念的变革；向着经济贸易的商务性文化，专注的是社会经济活动和民生状态的变革。也正由此构成了广东文化的变革创新、博爱和谐的精神特质。在这两大变革性的文化活动中，融涵了广东人全部的精神心理和行为力量，广东文化的光芒就集中凸现在这里，广东文化中的其他诸文化性要素也都是由这里繁衍滋生出来的。而留学文化作为一种民族间异质文化交流融汇而实现自我更新发展的文化行为，在近代中国之所以能够首先发轫于广东地区，也正得益于广东文化的滋养促进。可以说，是因为广东特殊的地理环境与发生在这块地域上的特殊历史时代机遇的融合，才有了近代广东文化的形成。而又正是因为这广东文化的滋养，才有了广东地区开风气之先的留学现象的蔚然成风。

中国人到西方世界留学，肇始于广东，起步于香山，形成潮流于中国岭南大地。它看似偶然的选择，实则是历史发展的必然。

中国人出国留学，由一个特别的人，在一个特别的地域，开始于一个特别的时间。

这个特别的地域，就是广东古香山县。

这个特别的时间，就是与两次鸦片战争相交错的1847年。

这个特别的人，就是广东香山县南屏村贫苦农民家庭出身的容闳。

所以，广东古香山县这个地方，我们应该特别铭记，因为这是中国人首开留学海外风气的地方。

所以，1847年这个年份，我们应该特别铭记，因为这是中国人迈步海外求学的一个历史性时刻。

所以，香山南屏容闳这个人，我们应该特别铭记，因为这是中国第一个远赴美国耶鲁大学向西方学习的海外留学第一人。

由此，也是香山人的黄宽于1850年踏上了英国的土地，成为中国留学欧洲的第一人。也还是香山人的唐宝锷于1896年踏上了樱花岛国日本的土地，成为中国留学日本的第一人。更由于从1872年第一批留美幼童开始的先后四批共120人的官方留学教育，使得海外留学由个人行为转化成了政府的主导行为，由少数的个体零散形式转化成了有规模的社会组织。120名幼童中，得风气之先的广东人就占了84名，乃至后来的庚子赔款等政府组织的留学中广东籍留学生都占有较大的比例。

于是，在得风气之先而敢为天下先的广东香山人的引领感召下，广东海外留学蔚然成风。蔚然成风的广东留学又影响带动了中国社会海外留学的蔚然成风。于是，在中国先后出现了19世纪中后叶以留美幼童为代表的中华第一次留学潮，20世纪初以留学日本为代表的第二次留学潮，20世纪前半叶以留法勤工俭学为代表的第三次留学潮，20世纪中叶以留苏为代表的第四次留学潮，20世纪80年代的新时期中国留学进入一个黄金时代的高峰期，到21世纪中国留学又开始了一个全新的时代。

中国人经历了160多年的留学追求，才使自己真正开始融入世界民族之林，才真正开始实践自己大国崛起的强国梦。

因为，留学教育是人类文明进程中一条异质文化融合而快速自我更新发展的进步之路。

百年留学，百年梦幻，祈求的就是一个伟大中华的新复兴！

一　广东留学概述

广东是近代中国最早大面积全方位感受西方社会文化生活的地域。广东人是近代中国最先远渡重洋留学西方的人群。广东由此就成了中国近代留学的发源地。

广东留学从19世纪中叶开始到20世纪中叶所经历的百年，是中国社会风云际会、动荡变化的百年。是广东留学促成了中国社会的留学，是广东睁眼看世界促成了中国社会的睁眼看世界，是广东与西方社会的相融汇促成了中国社会与西方世界的相融汇。广东留学不仅改变了广东人的文化心理和意识观念，更带动了中国社会整体文化心理和意识观念的转型。正是这些学成或半学成归国的留学人，成了中国近现代社会现代政体变革、现代教育起步、现代工商发展的开创者和栋梁之材，由此促进了中国社会全方位的现代性转型。

广东留学教育和留学时间的界定，是指1847年容闳、黄胜、黄宽三人赴美留学起到1949年新中国建立止。留学的类型，有个人留学和官派留学。留学的区域，主要是美国、欧洲和日本。留学生所属地域范围，不仅是今天的广东省区域，还包括澳门、海南、北海等地。

1. 广东是中国留学教育的发源地

广东是中国留学教育的发源地。

如果说1847年广东香山人容闳赴美留学，掀开了广东留学教育的第一页；如果说自1872年开始先后派遣的120名幼童留美，开启了中国官费留学的先河；如果说20世纪初的庚子赔款留学，广东也以人数最多而引领中国人海外留学的时代新风尚。那么，无论是中国留学海外的时间之早还是人数之多，无论是留学海外是个人行为还是官方组织选派行为，无论是涉及国别地域之广还是学成回归之后的社会作用之大，广东可以说都占尽了风头，创造了多方面的第一。所以，广东成为中国留学教育的发源地，是时代的选择，是历史的必然。

那么，作为中国留学教育发源地，时代为什么选择了广东？什么样的缘由促成了这种历史的必然？

广东是中国近代社会得风气之先的门户地。泱泱中华五千年，虽然有过盛唐时代的门户开放，但千年一贯之的治国之要策却是锁国以自进，闭关图自强。乃至于到了近代以后，西方已经进入工业文明而愈见强盛，中国却依然沉浸在传统农业时代而日渐羸弱。由此就愈发门户紧闭，锁国禁海，拒恐他夷。然而时代的欧风美雨裹挟着欧美帝国不断扩张殖民的强势，天朝上国的中华帝国无论如何也无法再如往常那样禁着海关着门了。当1513年葡萄牙人的商船绕过马六甲海峡进入中国南海澳门附近海域时，就意味着中国漫长的封建自闭时代开始了它结束的步伐。就一个社会的民族政治来说，这种被动式打破和被殖民的过程是一个民族国家的耻辱。但从人类文明发展的过程来说，它客观上使一个闭关锁国的国度亮开了天窗，推开了门户，看到了另样一个世界，开始融入世界以发展自我的新时代。

于是，中国与西方世界的第一个通商口岸诞生了，1573年澳门开埠，中外关系的通道和华洋商贸的新时代由此开始。澳门的开埠，带动了广州1757年的开埠，由此才有了1841年的香港开埠，整个中国南海成了当时中国社会最早也是最多的门户开放地。而五口通商以及其他通商之地都是在第一次鸦片战争后随着《南京条约》签订才陆续出现的。

正是这中华的第一口岸之地、商贸之地、西化之地的特殊地缘，成了近代中华留学现象形成、发展的首先的也是必须的条件。口岸之地，使广东香山成了近代中国向西方世界打开的第一扇窗户；商贸之地，使广东香山成了近代中国发展经济的策源地；西化之地，使广东香山人在另样的文化中汲取到了更新自强的力量。由商贸活动深入到文化意识的融汇，新观念下的新广东香山人就有了一个新的行为，这就是了解、认识、学习另一个异域的世界，更新、构建、发展一个全新的自我。

因此，由物品的使用到为何会有如此物品的思考，由物质财富的发展到心理意识的变化，由理性观念的反思到强体救国的梦想，中国人"以夷制夷"的不屈心态促成了无数仁人志士学习西方、发展自我的时代潮流。可以说，当留学现象成为中华民族的一种风气时，自闭了几千年的"天朝上国"终于开始了自己融于世界的全新发展历程，近代中国的留学现象正是在这样的一个背景中开始了它绚丽图画的描绘。而这一切，始于广东香山人，更成于广东香山人。

近代华人留学现象的出现，才使得中华近代的复兴有了现实性的可能。而随着留学行为的方兴未艾,近代中国的复兴脚步也才一步一步地留下了它分量特别的辙痕。

独特的历史文化和政治经济环境因素的积淀,使广东的留学运动一方面体现了中国近代留学整体变迁的轨迹,另一方面也折射出区域发展的特点。首先,由于优越的地理、经济和文化背景,广东成为中国近代最早出现留学现象的地域。中国的留学生之父容闳来自广东香山县,中国最早的官派留美生70%来自广东,中国第一批官派留日生仅有二人获得日本大学学士学位,其中有一人就是来自广东。因此可以说广东是中国近代留学运动的起源地。其次,俯瞰整个近代留学史,广东省的地位也不容忽视。以往的研究显示,无论是历年分省留学人数统计,还是各领域精英人物的籍贯分布,广东始终走在留学教育的前列。再次,近代广东留学生在中国现代化进程中发挥了启蒙者和开拓者的中坚作用。他们当中涌现了许多著名的政治家、军事家、外交家、教育家、工程师、文学家,在他们的努力下,近代西方实用科学、政治社会学说、外交思想、经济思想、教育思想和军事思想等传播到中国,为中国社会的现代化转型启动做出了重要贡献。最后,广东留学教育是岭南文化的重要组成部分,对其进行研究能使人们更深入地了解和认识岭南文化。

2. 广东留学的发展过程及分布状况

广东留学教育的兴起,源于广东香山县南屏村的容闳和他的老师布朗。

容闳能够成为中国留学海外第一人,其契机就在于作为贫苦渔农之家的容闳与其父母对读书成人的渴望。澳门口岸近300年商贸所促成的香山社会商业买办的集群式发展,由此扩展到广州、香港乃至于内地的上海、汉口、九江等所带来的社会效应,使得祖祖辈辈靠土地靠打鱼为生的渔农人看到了土地之外靠工商谋生致富的新出路。本来就有着"耕读传家"传统的中国人面对新兴的工商业发展,更感觉到了读书识字断文的重要。出生于1828年香山县南屏村的容闳就是在这样的背景下,7岁去了澳门就读于英国人创办的马礼逊免费教会学校男塾班。1839年美国教育家布朗牧师抵达澳门,正式开办马礼逊学堂。1842年马礼逊学堂迁往香港,容闳亦随之继续学业。1846年年底布朗校长夫妇因病准备返美,临行前表示愿意带三五名学生一同赴美留学。1847年1月初,布朗牧师返回美国时带容闳、黄宽及黄胜三人前往美国留学。先是就读于麻省孟松预备学校,1850年毕业后考入耶鲁学院，1854年容闳以优异的成绩从耶鲁大学毕业，获文学学士学位。如果说是美国人布朗引领了中国人留学海外的第一步，那么容闳就是迈出这第一步的第一人。中国留学海外的先河由此打开通道，中国留学潮，从此波涛汹涌，后浪不断推着前浪。

广东人容闳首开的留学美国之风尚，广东人黄宽首开的留学英伦之气象，广东人唐宝锷首开的留学日本之先河，使中国人的留学风潮由广东的香山不断扩大到广州，再由广州扩大到浙闽湘鄂乃至中原。所以，广东不仅开启了中国近代留学海外的风气之先，更引领了中国近代留学海外的风潮，使留学由个人行为逐步发展成了国家行为，由散兵游勇式的零散状态发展成为群体性的官方组织状态，呈现由香山一地到广州境域再到东南沿海乃至不断向内地中原推及发展的态势。

从容闳、黄宽和唐宝锷的个人留学，到出现120名官方选派的幼童留学，广东留学所选择的目的地多是美国、欧洲和日本。而且这个过程也大致是，先美国，再欧洲，再日本。是美国的强大人类影响力，首先吸引了当时赢弱的中国社会的特别关注；是欧洲人类文明的文化动因激发了中国仁人志士汲取力量源泉的渴望；是日本人学西方快速改变自身而强盛的榜样激励了中国社会就近取经的心愿。广东留学的这种行进路线，也就成了中国社会日后的留学路线。

可以说，广东留学乘势而为的这种心态，集中体现了当时中国社会的普遍心态。广东留学的这种行为选择，也变成了当时中国社会的选择。

3. 广东留学对中国近代留学的作用及影响

广东留学，引领了中国社会的海外留学。广东留学，促成了中国社会的海外留学。广东留学的发展，影响了中国海外留学的发展。

中国社会进行到明清尤其是清政府时代，特别是到了晚清，社会愈发保守，自闭日益严重。而越是自闭，就愈怕风吹草动的惊扰。于是，越有外来的风吹草动，就越要锁关自闭。特别是当西方列强野蛮不讲理地踏足国门以后，清政府不仅没有表现出丝毫的自持相拒之力，反倒表现出更加弯曲了腰低下了头的屈辱忍让。其能够做的就是实行老祖宗延传下来的怀柔政策，于是不断地签约，不断地割地赔款。广东香山人对葡萄牙入侵者的抵御，广东淇澳人白石街的抗英，广东三元里人的抗英，在当朝看来都是惹祸行为。如此病态孱弱的国度，怎能不激发一代又一代仁人志士的奋起。广东人开启留学海外的脚步，就是敲响了教育救国的钟声。而正是这种拳拳强国之心，成了留学的动因，才形成了社会共识，也才发展成了潮流，更因此影响了中国全社会的留学风气。

广东留学对中国近代留学的作用和影响，不仅来自于宏大的教育救国理想，而且表现在留学教育行为的所有方面。

留学教育的观念是广东人树立起来的。中国留学现象之所以肇始于广东，就在于广东人是最早开启大门看世界的人群。他们作为中华民族的早醒者，就是他们看到了、更意识到了渔猎和农耕的时代将很快被现代工业时代取代，不接受现代西方文明的洗礼，就难有现代社会的形成发展。所以，为何求学西方的吃螃蟹者是广东香山人？为何120名留美幼童中广东籍就占了84人？而84人的广东籍中香山县就占了40人？而香山县40人中唐家湾一个村就占了13人？由此足以说明广东人是从心理上认识到了留学教育对自己对国家的重要性，因而才会趋之者众，行之者力。这在当时那样一个畏惧多于认知的时代情势下，的确起到了示范榜样的影响作用。

留学教育的过程是广东人实践的。海外留学对于当时闭关锁国的中国来说，是一个全新现象，怎样迈出海外留学的第一步？由谁来迈出这第一步？走出去到底要经历怎样的一个过程？这在当时确实是一个不可想象的行为。但是，广东人就有那么一种敢为天下先的精神。先做起来，在做的过程中学习和完善，就是广东人立身兴业的生命哲学。所以，广东人海外留学的过程，就是自己摸着石头趟出来的，就是一个个的人与一次次的经历凝结成的经验。广东人留学的先行之路，成了后来中国人留学的通途。

留学教育的发展模式是广东人摸索出来的。从个人被迫式的走出国门求学到主动性的有意识的选择留学，从个人性的个体留学到有组织的群体性留学，从幼童的留学到成年人的留学，从寄宿制的从小浸润性留学到直达高等学府的速成性留学，广东人开辟了中国人在海外接受留学教育的各种方式。方式的迥异虽然有各种内外条件因素的制约，但更重要的是其展现出了开放的广东人以开放的胸怀所进行的多路径探索，以及其追求先进文化思想的精神。留学生之父容闳的"以西方之学术灌输于中国，使中国日趋于文明富强之境"的教育救国思想所促成的120人的幼童留美教育，是中国几千年封建社会开始向现代社会转型的伟大创举。

正是由于广东人的这种先行先试的留学观念、留学实践和留学模式的表率作用，中国近代留学才蔚然成风，欧风美雨的洗礼才使得古老的中华大树焕发出了新生机。

4. 广东留学与近现代中国社会发展

中国人留学海外的开始，也就是中国社会向现代社会转型的开始。

1854年，容闳以优异的成绩从耶鲁大学毕业获文学学士学位，这是中国人第一次获得的西方现代大学的学位。他婉拒留美，返回中国，全力实施自己教育救国的强国思想。他游走太平天国而失望，他寄希望于清政府官宦而屡受磨难。终于在1868年，向清政府提出以选派幼童出洋留学为重点的四项条陈得以呈上。1870年在容闳的反复劝说下，曾国藩终于表示愿意向清政府奏请派留学生并获得批准。1871年"幼童出洋肄业局"成立，陈兰彬任出洋局委员，容闳为副委员。1872年容闳奉命率幼童30人赴美留学，任学生监督，兼任驻美副使，长期驻美，中国幼童留美教育运动由此正式拉开帷幕。从1872年第一批幼童留美开始到1881年留美幼童被撤回的近十年间，清政府先后派出四批计120人的9~12岁幼童到美国全面接受西方现代教育，由寄宿制的小学教育开始，到现代大学教育完成。这本来是一个充满了远见卓识的教育大战略，但刚刚萌生的现代文明理念终究还是抵挡不过千百年封建陋规的打压，处在半途的留美幼童就这样中断了学业，于1881年被迫撤回。一个具有战略意义的教育强国之举就这样令人痛惜地夭折了。但是，这留美教育的伟大创举却犹如星星之火开始了蓄势燎原，这留美教育的开天辟地行为却犹如精良的种子开始了生根发芽。中国几千年的封建帝国就在这样的星星之火和生根发芽的种子下，开始了它封建旧根基的坍塌和现代社会转型的生长。

就是在这批120名留美学生中，走出了引领中国社会由古老落后向现代转型的先驱者和栋梁之材。他们当中，从事工矿、铁路、电报业的有30人，其中工矿负责人9人，工程师6人，铁路局长3人。从事教育事业的有5人，其中清华大学校长1人，北洋大学校长1人。从事外交行政的有24人，其中领事、代办以上者12人，外交部部长1人，副部长1人，驻外大使1人，国务院总理1人。从事商业的有7人。进入海军的有20人，其中14人为海军将领。

现代文明社会最重要的三大标志，就是现代社会政体的形成、现代教育的发展、现代工商业的兴盛。而这一切，都是因为这一批留美幼童的出现，才在中国社会变成了可能，才在中国社会开始了身体力行的实践。

二 广东留学发生的地缘条件

中国人留学海外之所以会发生在广东地区，广东之所以能够成为中国近代社会留学海外的发祥地，是中国近代社会的历史时代风云与广东特别的地缘条件相遇合的结果。广东有中国社会与西方社会的第一个通商口岸，因此也就成了中国社会与西方社会的第一个文化走廊，广东社会最早接受了西方社会物质文明的洗礼，也最早接受了西方社会文化的熏染。广东人走出去学习西方先进文明以求富强的观念和行动，正是基于广东这块中国最先与西方文明相交融贯通的地缘。所以，中国人留学西方起步在广东这块地方，不仅有现实的可能性，更是时代造就的必然。不过需要特别说明的是，中国留学开始于广东，广东留学则起步于广东的香山地域。

1. 广东留学发自于香山

容闳作为中国留学生之父，就出生和成长于广东古香山县南屏村。所以香山就成了中国留学的发源地。香山是1152年南宋时期广州府所辖的一个滨海县域，它所包括的地域就是今天的珠海市、中山市和澳门特别行政区所辖的范围。

香山是岭南地理文化区域中具有特殊价值意义的地理文化单元。香山从1152年设县到1925年更名为中山县，近800年的历史，使香山的概念和中国社会近现代的发展进程密切地联系在一起，从而具有了特别的文化性意义。香山的概念，经历了由行政建制概念到地域概念再到文化性概念的渐次演进变化过程。而正是因为这种演进的变化，香山概念的内涵和外延都具有了全新的扩展，它由一个行政建制性概念的确立，变成了一个地域性概念的定位，而地域性概念的长时蓄积沉淀，终于又演进成了一个具有特定地域性覆盖地、充满了近现代文化品性意义的文化性概念。香山文化是海洋文明的产物，表现出突出的海洋文化的特征。尤其是在中国近现代社会历史发展中的价值意义更是非同凡响。

为了能够说明近代华人留学现象与古香山之地的地缘关系，有必要先介绍清楚古香山的地理构成和发展演变，因此就要分析在这个地理单元中由澳门特殊的地理位置引发的以葡萄牙为核心的西方列强渐次进入澳门而使澳门成为近代中国第一通商口岸的历史，就要剖析在与西方的通商贸易中一种新文化对中华人的渐次影响过程而导致的实践行为的改变。为此，我们就从移民之地的古香山地理与澳门的关系、口岸之地的葡萄牙人商贸活动与西方世界的进入、商贸之地中的商务贸易所带来的文化意识形态的新构建、西化之地中的香山人看到的外面世界和率先而为的生存自强这四个方面来看香山人的留学现象。

  远古的香山地域，是一个毗邻环绕于中国南部海域沿岸的浅海沼泽、潮田坑地地域。瘴气弥漫，适生艰难。秦汉以前，都是杂树乱草丛生、毒虫蛇蝎出没，人迹罕见。而后北方中原历朝历代逃荒者和流徙者不断移民聚集于各海间小岛，此地才日渐活气兴隆。唐朝时先是在今珠海市香洲区的山场设文顺乡，公元757年又设香山镇。几百年的延续，日渐聚盛的人口和日渐形成一定规模气候的盐业和银业，引起官方的注意。于是在1152年的宋代，由香山镇建制香山县，所辖当今中山市、珠海市和澳门三地区域。自此，中国版图上一个独特的地理单元出现了。从新石器时代晚期我们的祖先们在这里繁衍生息到南宋绍兴二十二年（1152年），漫长的4000多年的渔猎种植和刀耕火种，终于有了属于自己的名分。香山人，一个有着不同的生命、经历磨难而相聚集起来的移民社会构成体，就这样面朝大海、沐浴海风地开始了与海相伴共生的生存之路。作为行政建制的香山概念的出现，固然有它特别的价值意义，但一个地名概念能否演进成融涵有特定地域而具有特别文化风情的地域文化性概念，必须看这块地域日后发展给整个社会所带来的影响。这个时候的香山概念，也就仅仅是中央政府对一个渐渐发展起来的地域进行的一个行政区划，它虽然为这个区域生存的人们确定了一个名分，但这个概念在此时也仅仅是一个名分概念而已。

  然而必须正视的是，正是这样一个行政建制概念的确定，使得一方地域获得了全新的快速的发展。人口越聚越多，地疆越扩越广大。围绕着现今珠海的香洲和中山的石岐这样一个圆点，香山开始了它地域性概念的扩展覆盖。紧密相邻的石岐和山场一定是当时香山县的中心所在地，香山地域就是由石岐、山场、翠亨这三个点扩延开来的，香山文化也正是以石岐、山场、翠亨这三个点聚集发展起来的。于是，香山地域性的概念就这样伴随着人口的扩增和疆地的扩展而越来越被社会认同。香山人的称谓，意味着香山这块地域被广大社会和人们的接纳。地域概念下的香山，聚集了越来越多的人气。于是，这块地方伴随着日益兴盛的人气，自然生态环境在变，生存劳作方式在变，人类体格品质也在变，由此而来的生产关系下的风俗习惯、人情礼仪、会社年节到审美情趣和观念价值都在逐渐地形成香山的特有个性风格。香山文化的雏形就这样开始了它成型发展的过程。

但是，和华人留学文化更为密切相关的则是在这个地理单元中更为特殊的澳门这个地理区域。古香山因澳门而特别，澳门因了古香山才有了通往内地的通途。澳门作为香山地区海域中的一个孤岛，人间烟火恐怕是到了十世纪之后才出现的。一个孤悬于南海伶仃洋中开始面积仅为2.8平方千米的小岛，原名为蚝镜澳（因盛产蚝而得名）、香山澳，还有蚝镜、镜海、莲岛等称谓。由此可见原本的蚝镜澳并不是一个为世人关注、也很难聚集众生而繁衍生息的所在。但当葡萄牙人的商船队到达这里时，西方人一眼就看到了这里未来发展的价值所在。于是，历经百年的处心积虑，西方的葡萄牙人终于踏足这个岛屿，这块地盘不仅繁荣了他们的商业贸易，也渗透发展起来了他们的文化意识。一个原本2.8平方千米的弹丸之地，就这样随着葡萄牙人的经济文化扩张，陆地面积扩展到了今天的20多平方千米。由此可以说，古香山具有特别渊源的地理位置与后来葡萄牙人占据的澳门所形成的特别关系，直接铸就了香山人为生存而务实、求发展而冒险的生命意识。而游弋熏染于澳门这个以东西方商品贸易为中心的文化背景里，又使香山人多了一种与时俱进的包容胸怀和借他山之石发展自我的自强精神。

这样一个特殊的地理中的特殊生存世界气象，必然构成对和澳门这个地区相依相连的香山人的巨大心理震撼和现实影响。而这影响首先来自于葡萄牙人源源不断涌进来的日渐繁盛起来的商品交易活动。今天，当我们从政治的角度看它时，无疑它是西方列强的侵略。但我们从文化的角度看时，客观上它却有了另一层的意义。这意义，就在于日后越来越表现出来的西方文化对香山人精神心灵的撞击。这意义，就在于它使得原本最偏狭闭塞的香山人成了中国社会最早睁眼看世界的一个群体。由此，为香山人留学海外提供了必需的心理准备和带来了观念解放。

2. 香山留学与澳门口岸

澳门口岸，不仅是中国与西方的第一条商贸通道，更是第一条中西文化的走廊。中国留学的第一步，香山人留学的第一步，就是在这个口岸这个通道走廊上走向西方社会的。

15世纪末是葡萄牙人海上霸权的开始。先是非洲航行而发现好望角，再是进印度洋而入东南亚，重炮打开马六甲海域，由此开始了东西方贸易的新历史，而目标的焦点就是中国。于是，1513年，葡萄牙人的船队自马六甲前往中国，6月抵达珠江口外毗邻澳门的屯门岛。由于不能获准上岸只许就船贸易，他们销售完了货物又满载中国货物于次年返回马六甲。第一单生意的顺利和利润的丰厚，使得他们在离去时偷偷上岛埋下了一块刻有葡萄牙国徽的柱石，由此足见葡萄牙人的用心和日后誓不罢休的决心。1515年，葡萄牙人二次进屯门岛，虽然还是不能上岛贸易，可他们获得了比上次更丰厚的利润，并于次年九月返回。1517年由于前两次对华航行的成功，葡萄牙人以八艘商船组队的大规模第三次进入被他们称为贸易岛的屯门岛。他们这次态度蛮横，做派强硬，在未得到允诺的情况下，于9月就擅自径直抵达广州城下，鸣放礼炮，升起国旗。但是，前后8年的时间，葡萄牙人终究还是没有得到上岸居住、进行贸易的权利而只能在船上进行交易活动。于是，恼羞成怒的葡萄牙人终于在1521年、1522年先后以武力的方式和中国发生了"屯门之战"和"西草湾之战"。两战之后，葡萄牙人离开香山地区沿海转入闽浙沿海，从事走私贸易20多年之久。这期间又先后爆发了"双屿之战"和"月港之战"。受挫的葡萄牙人由此又折返香山海域，他们不再以武力相要挟，行为处事也逐渐文明规范，广东官员也心照不宣地默许。由此围绕在澳门周边的上川岛、浪白澳就成了葡萄牙人新的贸易点。1554年广东海道与葡萄牙人达成口头协议，在按20%的额度完税后，葡萄牙人有了在中国港口的交易权。特别是到了1553年，广东海禁松弛，市舶司由浪白澳迁到蚝镜，外国商船从此可以进入澳门停泊进行贸易。虽然每年要征税两万两白银，要接受中国官员检查，商人只能就船交易，市毕即去，但对货物不能即刻脱手者则许其登陆，许其搭盖茅屋暂住。开放了的澳门，使葡萄牙人一下看到了希望，30年的努力终于可成现实。1555年，葡萄牙人费尔南和天主教士巴雷多一同到达澳门，葡萄牙大诗人贾梅士也被派往澳门并完成他的长篇史诗《葡国魂》。到了1557年，葡萄牙商船更是频繁抵泊澳门，从此把澳门作为固定停泊地，并逐渐运来砖瓦木石，盖屋定居。到1564年，葡萄牙人在澳门建立住所房屋千间以上，澳门的长居葡萄牙人也有近千人之多。再到1570年，葡萄牙人在澳门修建了三座教堂、一间医院、一间仁慈堂，还有大量的西式豪华建筑，澳门从此就成了葡萄牙人在华进行商务贸易和停泊船只的居留地。1573年葡萄牙人以500两银子作为缴纳澳门的租金而被政府海道接纳，以后每年

500两银税的延续缴纳，表明了中国官方从此对葡萄牙人租居澳门的允准。1574年中国官府在莲花茎（今拱北口岸）建立关闸并设官守之，关闸每月开启6次，向葡萄牙人供给生活必需品。明政府这样的规定虽然是为了加强对葡萄牙人的防范，但客观上则表明了对葡萄牙人定居澳门的认可。1578年明政府重新开放广州对外贸易，澳门从此成为中国第一对外商贸口岸。由于葡萄牙人势力的强大，其他国家的商人逐渐离澳而去，澳门由此成了葡萄牙人的独家天下。到了1581年，居澳葡萄牙人超过2000人，在我们的"天朝地界"内从此有了一个葡萄牙人专据的租居地，澳门成了葡萄牙人在东方的贸易基地。葡萄牙人处心积虑的经营，终于得到了回报。当年只是作为一个不可能实现的梦所埋下的那根刻有葡萄牙国徽的石柱，今天果然就变成了葡萄牙人可以定居生活经商贸易的家园，而且人越聚越多，房屋越建越豪华，商贸活动越做越繁盛，中国近代第一商贸口岸就这样出现了，西方的商品就是经过这一口岸源源不断地流入中国内地。虽然看起来是一个纯商业的贸易，看起来是一件小小的商品，可它随着时间的推移就成了文化，就成了政治，人在这不经意中被改变了，民族社会在这不经意中也被改变着。

由此可以说，是居于澳门口岸之地的葡萄牙人的商贸活动洞开了西方世界进入中国的门。商品交易驱动下的利益，使得中国固有的所谓牢固秩序渐次分崩离析，一个世界对另一个世界的进入，最有效的方式就是从商品始。

1623年葡萄牙正式任命马士加路也为澳门首任总督，从此一个在葡萄牙人治辖下的澳门开始了它社会、政治、经济、文化、军事、宗教的全面性发展的时代，澳门从此也完全按照葡萄牙人的社会文化理念开始了它西化式的发展。越来越规模化的商贸活动，使得澳门很快发展成为一个国际化的港口城市。而原本就属于香山县辖制的澳门由此越来越脱离开了香山的肌体，但这样的一个当时中国最大规模的商贸口岸肯定形成了对当时香山地区社会经济文化的巨大影响。孙中山就深有感触地说到他在澳门看到的情景："始见轮舟之奇，沧海之阔，自是有慕西学之心，穷天地之想。"特别是鸦片战争之前后，口岸商贸更是日趋兴旺繁盛，这使得大量的香山当地人也介入了由葡萄牙人统领下的商务贸易活动。这既是葡萄牙人向内地扩充生意的需要，也是当地人谋生的必然。由此在香山地区就出现了影响近代中国经济的买办现象。香山由此也被称作买办之乡。据统计，从1830年到1900年的70年中，活跃在上海、广州、天津、汉口、唐山、九江等洋行中的买办，香山人占了8/10。唐廷枢一家三代买办，徐润是上海滩一等的大买办，郑观应不仅是思想启蒙倡导"商战"第一人，同时也是一等的大买办。莫仕扬家族更是成了买办家族。香山地区的买办和买办商人，在促进近代中国经济发展的同时更成了第一批和外国人走得最近的中国人，他们个人和家族乃至亲朋好友的熏染一层层扩展开来，其自然从生活方式到文化心理都开始了渐变，这种影响也自然会向香山地区扩展开来。

所以香山地区就成了中国最早的一块流传扩散西方文化的地区，而香山人自然也是最早大面积受西方文化熏陶的人群。这就鼓动起了香山人要了解西方的欲望，这也就激发了香山人要更深一步地认识西方社会的心理。而这正隐隐地构筑起香山人留学海外的心理准备。葡萄牙人在澳门建构起来的社会，自然不可能只是用来做经济商贸，澳门在葡萄牙人的统领下也都一一发展起来。大量传教士进入，各种教会式学校被建立。首先创建的圣保禄学院，就是要培养集虔诚的天主教徒与博学的文化使者于一身的传道者，办学的宗旨就是寓宗教宣传于文化传播之中，通过各种方式将西方的科技文化带入中国，并将中国的文化传向西方。而1834年后创办的马礼逊教育会后来又演变为马礼逊学校，成了近代中国第一所传播西学的学校。美国传教士布朗就是在马礼逊学校任教，出身香山南屏贫苦农家的容闳，就是因了家境的穷困不能上内地学堂而到了这样免除食宿费的学校就读的。宗教的传播，不再是四书五经的全新现代西学，播下的不仅仅是一种新的文化知识，更成长为了一种新的生活观念，一种新的价值观念，一种新的人生观念。原先由商贸商品活动所建立起来的了解认识西方的朦胧心理，这个时候就成为一种坚定的信念，一种果敢的行动。香山人在这个时候已经做好了不再在家门口间接地认识西方，而是要真正地亲身走进西方社会的准备。身体力行的到西方社会去，生活在其中，来感知它，来认识它，来学习它。他们能到我处来说明他们有我们不具备的强大，我们为何不能走到他们之中去学习这强大而使自己也强大起来呢？香山人对于留学，完成了一次由心理到实践的转变。

由此可以说，商贸之地中的商务贸易活动带来了文化意识形态的新构建，以及商品中隐含着的文化：新的宗教来了，新的学校来了，新的生活方式出现了。香山人正是在这种中西的商贸活动中，开始了精神心理的无意识转移。

香山本身就是由移民而聚集起来的一块区域，移民者最具特征的就是生存的挣扎力：好活能活，不好活也得活。就像一棵柳树，插到哪里都能活，折弯了腰还是活，剥了皮仍能活。这种活的挣扎力显现出来的特征，就是不甘于一种活法，就是总在不断寻找着新活法。漫长的生存实践，在时间的轮回中考验着香山人的这种生命力，也在时间的往复中使香山人的这种能量不断蓄积和成长。终于到了近代，虽然葡萄牙人对澳门的占领使我们蒙受着一种屈辱，但近在咫尺的这个新世界，是一个完全西化的世界。这西化的世界从1513年葡萄牙人第一次来到澳门附近海域起，到1573年葡萄牙人正式定居，使香山人开始了长达300多年的耳濡目染。它使得这块远离中原、远离朝廷的偏隅沿海地域，一下成了与西方世界靠得最近的地方。中华第一个通向西方世界的口岸，中华第一块能与西方世界开展经济商贸的地方，中华第一个能接受西方现代教育的区域，中华第一方能全面感受西方文化生活方式的所在，能不给这个原本有着旺盛生命力的群体社会以震撼吗？那个原本就在不断寻求着新生命生存方式的群体面对这样一个全新世界，它能找不到一条新生活的途路吗？所以，有着更生求新的生命意识，敢为人先的生命追求，包容博爱的心胸气度，香山人肯定不会错失这样的时代机遇。走出国门，睁眼看世界，谋求新的发展，创造一个全新的自我世界，留学就成了必然的不二之选。

3. 开放的大香山与广东留学的发展

香山特定的地理条件，构成了东西方第一条经济贸易通道和第一条东西方文化交流走廊，而广东留学正是在这条通道和走廊上开始了它行进的步伐。而且这留学的步伐，是越走越宽广，越走越兴盛。

古香山地域之所以能成为中国留学的发源地，是因为这特殊的地理环境在近代特殊的历史时代境遇下，使这个沿海的移民之地成了近代中国第一个口岸之地、商贸之地、西化之地。移民之地，使香山人天性中本能地滋生了一种更新自强的精神；口岸之地，使香山成了近代中国向西方世界打开的第一扇窗户；商贸之地，使香山成了近代中国现代经济的策源地；西化之地，使香山人在另样的文化中汲取到了更新自强的力量。由商贸活动深入到文化意识的融汇，新观念下的新香山人就有了一种新的行为，这就是了解认识学习另一个世界，更新构建发展一个全新的自我，这可以说是中国留学之所以发生在香山地区的内在根由。

西化之地中的香山人看到了一个全新的外面世界，他们也由此奋身而起，率先开始为生存而自强。一个与自己完全不同的新世界豁然出现在眼前，必然导致从心理的默化到行为的效仿。香山人是近代中国最早大面积全方位感受西方社会文化生活的人群，这是香山地区之所以能够成为中国近代留学发源地和留学者最多的缘由所在。

正因此，香山南屏村的容闳走出去留学了，120名中国留美幼童中香山籍的就有40人走出去留学了，40名香山籍留美幼童中仅唐家湾一个村就有13人走出去留学了。留美幼童中后来成为清华第一任校长的唐国安、民国第一任内阁总理的唐绍仪，更是全力促成留学事业的更快更大发展。正是因为这些留学才俊的学成归来，近代中国才有了一个个新的行业领域，而他们又正是这些新行业领域的栋梁和先驱。近代中华民族的伟大复兴就是在这样的留学现象中开始了它的步伐。

开放的大香山，造就了变革开放的香山人。正是香山人的这种身先士卒的引领表率作用，广东留学由香山一个地方的流行逐渐扩大发展成为一个省域的大范围盛行，而且表现出了方兴未艾的日渐红盛的景象。如果说广东留学始于香山，那么中国留学就始于广东。

一块特别的地域，一个特别的历史机遇，就这样造就了一方地域的特别历史。近代广东香山社会的历史，在一定意义上可以说就是近代中国社会历史的缩影。因为近代中国的历史有相当多的内容就是由广东香山人开创的。而广东香山人所开创的近代中国历史的能量之源又来自于广东香山人所开创的留学现象。所以，特定的地理因了历史时代的机遇就会有了特别的地缘，珍爱我们所生存的地理空间，说不定某一天它就会和一段特别的历史时代相遇合，说不定它就会在这特别的地缘与特别的历史时代的遇合中上演一幕改变社会时代的大剧。

三 广东留学发生的时代机遇

广东留学是中国近代社会风云际会的产物，广东留学表现着广东人睁眼看世界的强烈精神渴望，广东留学是广东人敢为天下先的行为实践。

1. 广东留学与近代中国社会的风云际会

漫长的农业文明所塑造的华夏民族，在文化心理构成的情结中深深地植入了以土为根的生存理念。于是，固守本土、自我生存不仅是一种现实生活方式，更是一种潜意识心理。所以在中华文明的历史过程中，虽然有公元前140年的西汉张骞出使西域，但那更多显现的是政治背景下的外交游说旅行。虽然有公元627年间的唐高僧玄奘的西行求经，但那更多显现的是单一文化控制下的佛界佛事行为。虽然有公元1405年后的明代郑和七下西洋航海贸易和探险，但那更多的带有当时的"天朝上国"滋生出来的"耀威异域"而"宣教化于海外"的心理精神。华夏中国是在自我的世界里看着自我，发展着自我，从来没有把自己融入世界大同的发展空间里。

中国人留学西方，是人类东西方文明交替发展的必然。西学东渐，是中国留学人救国强国的共识。

欧洲文艺复兴运动的出现，可以说是开始了人类文明发展史的一场新革命。人文主义思想的倡导，使得欧洲大陆随之引发了对科学精神和技术创新的热烈追求，由此相继而来的是大航海的地理大发现、启蒙运动、资产阶级革命、工业革命。从15世纪到17世纪的300年间，欧洲大陆褪尽了中世纪的黑暗铠甲而进入近代文明社会。而又经18世纪和19世纪的200年的巨变式扩张发展，西方社会已经完全进入现代工业文明社会的新时代。于是，西方文明就以它最先进的精神特质开始引领人类世界的发展。

然而与西方社会相对照的东方世界的中国，虽然15世纪之前以华夏文明为代表的东方文明代表了人类最先进的文明，从汉代到明朝前期，是泱泱中华在引领14世纪之前的人类社会前行的步伐。可是由此之后，孤踞东方的古老中华，更加滋生了她以自我为中心、唯我独尊的自闭式发展理念，依然按照千百年来所形成的传统，迟缓地移动着沉重的步履。因为自近代文明之前，泱泱中华在500多年的历史进程中，可以说都是长久处在一个相对独立于世界之外的封闭自守的空间里顽强地自我更新发展着，依然像没有睡醒的狮子在夜郎自大的自赏中唯我独尊。

人类进入19世纪后，西方列强伴随着工业文明的强盛，也开始了他们扩张殖民的新时代。于是，当西方列强的现代商品和坚船利炮轮番地逼迫于我族门下的时候，这个长久锁闭在农业文明建构起来的帝国大厦顷刻间就轰然颓败倒下。古老封建的中华帝国，因西方列强的侵略而感到屈辱，也因西方列强的洞开国门而看到了不一样的另一强势世界。

于是，一个风雨飘摇的帝国，与一个欧风美雨冲击下的时代，就这样交会在了19世纪中叶的中国社会。在这样一个充满转型的风云际会的特别时代，已经羸弱了的大中华终于开始了自我的反省思考。文化的自闭必然导致精神心理的自闭，而有观念意识的滞后就不会有行为实践的新作为，一个在自闭狭窄圈子里行走的人，肯定只能使自己越来越羸弱。严酷的现实迫使我们从那个千年的封闭藩篱中走出来，生存发展的境况更迫使我们必须睁眼去看世界，必须身体力行地融于世界。因为近代中华的复兴，不可能在自身中再寻找到新生的能量，必须在另一样的世界中获得发展的动力源。只有把自己真正融入大同世界，在异质文化的交互碰撞中，方才可能获得新知、改变观念、重树精神、启动行为，这就成了当时有识之士们的共识。而融入世界寻求新生的最佳途径，在当时唯有留学一条。所以，走出国门，留学海外，就成了当时最具影响力也最见成效的社会现象。可以毫不夸张地说，近代中华的复兴，因留学而兴起，因留学而发展，因留学而走向了现实。

　　回眸人类社会近现代发展的历史，留学教育在异质文化融合、东西方观念碰撞、科学技术交流、生产经济发展、社会文明进步等方面都表现出了一种特别巨大的能量性作用。在这种质性的化合中，留学的过程和留学的结果，就变成了一种发展的能量供给之源，就成了一座能够快速更新自强的通畅之桥。谁能率先而行，谁就会获得先决发展的种种优势，谁也就会更快更早地屹立于世界民族之林。所以，容闳的率先而为，踏出的绝不是仅仅属于他个人有所为的发展步履，而是一个觉醒了的民族要走向"日趋于文明富强之境"的勃勃雄心。而由容闳倡导组织留美幼童计划的实施，也不仅仅是一个个小学生读书的简单行为，它更是一个觉醒民族要把更新自强的雄心变成发展现实的伟大的果敢实践。封闭了几千年的国门，就在这样的留学实践中，终于洞开了，终于亮开了天窗，终于呼吸到了清亮新鲜的空气，终于使这架行将老朽的机器在获得了全新保养后又加足了能量开始了它的轰然作响。

　　同时，我们更应该看到的是，在这样的留学现象背后所形成的"西学东渐"和"东学西渐"良性互动的发展机制。正是在这样一个双向的良性互动中，我们才看到了一个与我们完全不一样的世界，有了一种现实性的比照。在比照当中我们也才逐渐建立起了新的发展理念，学习了新的生存生活方式，有了新的期望目标，一个完全不同于过去封闭世界的新世界建设，才实实在在的有了精神心理，更有了实践行为。而留学现象，也就在这样的过程中逐渐演变成了文化，留学行为中就有了更多的具有文化内涵性的内容，它与一个民族、与一个社会的构成发展间越来越形成了许许多多相互依存、相互影响的关系。这种留学文化，正是广东香山人对中华文化的一个特别贡献。因为正是这样的留学文化，中华民族才置身于世界的大家庭中，获得了属于自己的位置和发展能量。

近代中华的复兴，必须是在另一样的世界里获得发展的动力源！于是，在这中华近代复兴的步伐中，走出国门，海外留学，就成了当时最具影响力也最见成效的行为现象。可以毫不过分地说，近代中华的复兴，因留学而兴起，因留学而发展。

2. 广东留学与广东人睁眼看世界的精神渴望

广东人是中国睁眼看世界的第一个群体。广东人之所以能够创造中国近代社会那么多第一，就在于广东人最早看到了一个不同于自己的新世界，而且又能敢为天下先地去实践一个新世界的创造。

梁启超在分析广东地缘特点时就说，在外人看来"广东一地，在中国史上可谓无丝毫之价值也……崎岖岭表，朝廷以羁縻视之；而广东亦若自外于国中"。而实际上在全球的视野中来看广东的话，则是完全不同的另一景象。梁启超分析说如果把广东放进世界地图中来看，广东就有了一种得天独厚的地理位置优势，广东是中西海路通商的关键点，"为世界交通之第一等通道"。而处在这个通道上的两颗明珠，一个是澳门，一个是香港。这就构成了广东这个特殊的地域所独具的地缘。而正是由于香港和澳门这两个特殊的岛屿在数百年来的特殊境遇所构成的特殊地缘，珠江口就成了中华的一个特别的地缘所在。这个地缘的特殊性就在于它的流通海外，就在于它的面向西方。

中国社会自唐代以来，其社会的每一次变革性的发展，无不是由北顺东而向南，向南的这个大门口就是珠江口。封闭的时候，发展的中心回北回东，封闭到衰落而不能持续时又开放，而开放则又从南而起。唐宋是如此，元明亦是如此，到了清代更是如此，以至于到了近代中国的大开放更是如此。珠江口是中国社会开放的地缘，是中国走向世界、世界走向中国的地缘。如此的地缘，才能有如此的开放。如此的开放，也才会有如此的改革。如此的开放改革，才更会有如此的发展。而在广东这个大格局中，实现地域变革到引领促使中国社会变革是香山地域率先开始的。而在香港和澳门的两颗明珠中，也是澳门即香山最先亮出光彩的。

因此，广东地域是中国社会最不保守而乐于接受新生事物的地方。由此广东就成了中国近代社会最先实行开放改革的地域，是中国近代社会最先实行变革转型的地域，中国社会的现代化转型就是由广东香山人促成的。几千年漫长封建社会的农业文明，成就的小而全的小农经济发展模式，培植起来的也只能是这种小农经济下的小生产者意识。而如此观念意识下的循环往复式的小农经济经营，使得生产单位愈加封闭，整个社会也愈加封闭。封闭者的社会不可能有强势的发展，只能是在挣扎的残喘中苟延着逐渐死亡。处在这样情势中的晚清社会，谁能给予它一剂醒药？他就是广东香山人。自鸦片战争以来，是广东香山人成了中国睁眼看世界的第一个群体。

如果说在近八百年的广东香山历史中，1573 年是个转折之年的话，那么前四百年是广东香山人在生存挣扎中历练心态磨砺精神的生命沉默期，而后三百多年则是广东香山人引领潮头变革社会的辉煌期。特别的广东香山地域造就了特别的广东香山文化与广东香山人，特别的广东香山是封建帝国的掘墓者，更是现代中国社会转型的实践者。因为开放是广东香山人的文化心理，改革是广东香山人的实践精神。就是在这样一种学习西方世界以强我中华自身的精神引领下，广东社会的全面性变革促动着广东留学不断向新的高度发展。

3. 广东留学与广东人敢为天下先的行为实践

广东社会是一个向未知世界不断探索的社会。西方的人来了，他乐于相融。西方的物来了，他乐于使用。西方的文化来了，他乐于接受。广东人的这种心理开放，就是广东人最勇于做第一个吃螃蟹的人，这就逐渐蓄养了广东人敢为天下先的实践能力和气魄。

正是广东人的这种向世界看齐的精神，中国社会从政治革命、思想启蒙、教育奠基、商业开发、工业制造入手，率先开始了"洋为中用"的破冰式的探险，中国社会也就是从这个时候开始了它现代社会转型而重新复兴的步伐。

政治革命的民主主义旗帜，率先出现在广东香山的翠亨村，高擎着这面旗帜旗手的就是孙中山。作为民主革命先驱者的孙中山，他倡导"驱除鞑虏，恢复中华，创立民国，平均地权"，他要实行民族主义、民权主义、民生主义。而响应者有容闳、唐绍仪、郑藻如、杨逸仙、林伟民、苏兆征、杨匏安等。如此宏伟的政治目标，如此严整的革命纲领，如此周详的实施步骤,如此在所不辞的前赴后继行为,突出展现了广东香山人胸怀天下的宏大志向抱负,集中表现了广东香山人矢志不移的坚定坚韧品质。正因此,几千年延续的封建帝王大厦才会在他们面前轰然坍塌,一个新的共和国才会在这坍塌的废墟上屹立起来。

思想启蒙的变革呼唤,率先出现在广东香山的雍陌村,疾声唱出"富强救国"第一声的就是郑观应。从《救时揭要》、《易言》到《盛世危言》,如此博大精深的思考和如此缜密深入的理论阐述,形成了他以"富强救国"为核心的启蒙思想体系。"欲攘外,亟须自强。""欲振工商,必先讲求学校,速立宪法,尊重道德,改良政治。"于是,政治上主张君主立宪制,进行民主变革;经济上主张学西方技术管理经验,"以商立国","兵战不如商战","借商以强国";军事上发展强大海军和陆军;外交上实行平等外交。郑观应的民主改良主义思想的传播,直接促成了以孙中山为代表的民国革命火种的燃烧。

实业自强的敢作敢为精神,是由广东香山买办们来率先实践的,广东香山成了中国买办之乡。买办是殖民地社会的产物。它是西方商务贸易者在对华贸易过程中雇佣的商务代理人。由于中国第一商贸口岸之地是澳门,所以香山地域就成了中国买办最先兴起的地方。从19世纪后半叶起,随着东西方通商口岸由澳门向广州、香港、上海、天津、汉口、九江等新的通商口岸的渐次转移,买办作为一个全新的社会阶层迅速膨胀,而在这个新的社会阶层中能力最上、人数最多者当属广东香山人。广东香山人几乎在当时西方人开办的外贸和商业经营的洋行、商号、钱庄等领域中以举足轻重的地位占据了大半壁江山。他们利用最早发展的基础和特殊的地缘关系以及长期经营所形成的血缘人脉的优势,父子相传,弟兄互帮,朋引亲牵,彼此提携,相互照应,形成了一个庞大的香山买办群体。当时香山地区的唐氏、郑氏、徐氏、莫氏四大家族发展成了血脉相传的大买办家族。唐廷枢一家三代买办,徐润是上海滩一等的大买办,郑观应不仅是思想启蒙、倡导"商战"第一人,同时也是一等的大买办。莫仕扬家族更是以"买办"而立家兴家。香山地区的买办和买办商人,在促进近代中国经济发展的同时更成了第一批和西方外国人走得最近的中国人,中国现代民族工商业的起步和发展就得益于他们。

教育为本的身体力行,率先出现在广东香山的南屏村,跨出国门留学的第一人就是容闳。作为中国留学生之父的容闳就成了中国近代在教育上睁眼看世界的第一人。19岁的容闳只身远赴美国耶鲁大学求学,先后7载,怀抱"以西方之学术,灌输于中国,使中国日趋于文明与富强之境"的梦想学成即归国组织了中国第一批30名幼童赴美留学,以后又组织三批共90名幼童赴美留学。正是这120名留洋学子,成了中国最早系统全面接受西洋文化的人,日后也就成了中国社会发展的诸多领域的栋梁之材。中国社会近代史上的许多第一都是出自他们中间。教育是一个不能即刻显现眼前利益的投资,但有识之士看到的却是教育立人强国的永恒之力。香山人不仅有这样的胸襟眼光,更有着身先士卒的身体力行和坚忍不拔的实施落实。"教育为本"的实行是广东香山文化启示的智慧结晶,但它更成了广东香山文化中的灿烂篇章。

如果说能够睁眼看世界,成就的是一种心理文化精神,那么敢为天下先的行为,成就的就是一种创新以发展自我的价值。广东留学之所以能够起步于广东,之所以能够发展壮大而影响整个中华世界,既得益于这种睁眼看世界的心理精神,更得益于这种敢为天下先的价值实践。

四 广东留学的历史地位与价值影响

广东留学促成了中国近现代社会的开放变革,广东留学改变了近现代中国人的人文思想,广东留学促成了近现代中国新产业经济的发展,广东留学促成了中国现代教育业发展。

1. 广东留学与中国近代社会的开放变革

广东留学所促成的中国近代社会留学海外运动的兴起,不仅改变了中国人中华文化所铸就的文化心理,更促成了中国人改变中国现实境况的实践运动。正是在这种观念更新、实践作为的变革热潮中,中国社会开始了由一个故步自封、闭关锁国的传统封建农业国向一个现代型国家的渐次开放变革的新时代。

说广东留学,自然首先要说广东所辖的香山留学。说广东人,也自然就要先说广东所辖的香山人。那么,说香山,反过来也当然不能离开岭南。因为香山是大岭南板块的有机构成。岭南是中国陆上一块特别的地理构造。特别的大山,特别的大海,三面是崇山峻岭的包裹,一面是浩瀚海洋的直对。于是,漫长的时序延续里,看不到有多少地理的变化,亦看不到有多少人的变化。繁衍生息的轮回重复里，失掉的是一茬茬的生命，却未能长出来更多的文化。自闭的境况里，生命呈现的是一种极度的疲弱状态。因为，没有文化生长的地域，呈现的一定是没有生机发展的状态。"圣人布道"，为何要"此处偏遗漏"呢？然而，大自然造化的神奇，就在于它既然造就了这一方土地，那么在它为这方土地关闭了一扇门的时候，也一定会为其开启另一扇窗。文化之所以具有生机活力的一个最本质的属性，就是因为它打破自闭而不断寻求异质的融汇。当岭南的山下日渐众多地积聚起了那些以各种缘由方式流放迁徙来的中原子民时，当沸海一样的南海岸线上游走起了那些因人祸天灾而逃来的谋生图存者的中原人的身影时，这块自闭了土地也自闭了文化的地方，瞬间就开始了它的生机焕发。一代代的移民迁徙，一次次的文化碰撞，一层层累积起来，就成了改变这方土地的无限力量。于是，珠江三角洲形成了，潮汕平原形成了，西江走廊和雷州半岛也形成了。随之，广府人出现了，潮汕人出现了，客家人出现了。也正是这特殊的地理地缘，那些土著南越人，终于在与新形成的广府人、潮汕人、客家人的相互融合中，形成了一个更大意义上的岭南人。凭借着得天独厚的临海资源，他们在接纳变通中原农耕文化的过程中也创造着自己的海洋文化。正是这农耕与海洋文化的新交汇，岭南人不仅打造了岭南生态地理上的生命新景观，更涉洋出海地在海外世界寻求到了自己发展的新天地。

处在这特殊的岭南地域和特殊岭南人群体中的一个别样小群体是聚集在珠江入海口西海岸的香山人。香山地域大的移民迁徙主要有四次。第一次移民就是秦统一六国后秦王发出"以谪徙民五十万戍五岭，与越杂处。"50万军民进发征伐南越，由此开始了封闭的南越与中原的联系。第二次移民就是唐五代北方战乱中的人口大量南徙，随之就有了南迁移民标志的珠玑巷。第三次移民就是宋元混战南宋不断南移偏安，随之有大量人口跟随而南移。古香山地域的人口就是在这三次大的迁徙移民过程中逐渐形成规模而变成了香山社会主体性群体的。而这个群体经过漫长的生存发展的演进洗礼，就与香山这方特别的生态地理环境相适应了，由此也逐渐形成了属于这方土地特有的生存方式和精神文化心理。于是他们也就顺理成章地变成了香山的原住民，是他们承接了香山人繁衍生息的历史过程。所以，到了唐时，先是在今珠海市香洲区的山场设文顺乡，公元757年又设香山镇，1152年由香山镇再建制香山县。

正是这样一个群体的香山原住民,当葡萄牙人占据澳门形成中国第一个通商口岸时,香山人成了几千年封建王朝封闭社会里第一个睁眼看世界的群体。澳门口岸不仅成了中西商贸的通道,更成了中西文化交融的走廊。西方的葡萄牙人借这块地盘不仅繁荣了他们的商业贸易,也渗透发展起来了他们的文化意识。西方人花了60年的时间(1513~1573年)进入澳门,又花了50年的时间(1573~1623年)占据澳门半岛,再花了222年时间(1623~1845年)把澳门变成了世界自由贸易港。总共376年(1623~1999年)对澳门的统治,构成了这样一个特殊的地理中的特殊生存世界气象,它必然给和澳门这个地理相依相连的香山人带来巨大心理震撼和现实影响。

作为口岸之地的影响,表现在商品交易驱动下的利益,会使得固有的所谓牢固秩序渐次分崩离析。一个世界对另一个世界的进入,最有效的方式就是从商品开始。作为商贸之地的影响,表现在商务活动所带来的文化意识形态的新构建。商品中隐含着文化,新的宗教来了,新的学校来了,新的生活方式出现了,香山人正是在这中西的商贸活动中开始了精神心理的无意识转移。作为西化之地的影响,表现在香山人看到的外面世界和率先而为的生存自强。一个与自己完全不同的新世界的豁然眼前,必然导致心理的默化到行为的效仿,香山人是近代中国最早大面积全方位感受西方社会文化生活的人群。如此长达300多年的耳濡目染,那个原本就在不断寻求着新生命生存方式的群体,当面对这样一个全新世界的时候,它一定会找到一种新生活的新路途。

蓄积了几代人的能量,这口岸之地、商贸之地、西化之地的香山终于爆发出了特别的发展能量。由商品的贸易到生活方式的影响再到意识观念的改变,中国人更确切地说是香山人最早实现了一次洗心革面式的转变。香山人的心理意识观念在这股汹涌潮流的冲击下,一下洞开了一扇心灵世界的天窗,他们意识到纯粹封闭的自我经营只能使路越走越窄,只有开放自我,与世界融为一体,才会有发展的新机遇和新路途。所以,更生求新的生命意识,敢为人先的生命追求,包容博爱的心胸气度,就成了香山人特有的文化精神。

香山人的文化精神,来自于特别的香山地域所形成的香山文化,它集中体现着香山人的一种合乎时代潮流的生存意识,而在这样的商务生存意识中更表现出了香山人极具活力和气魄的要大能强的创新精神。这是久居海边被大海所历练出来的一种胸怀，这更是因了最早处在了东西经贸交易前沿熏染出来的一种灵性。融于世界的发展文化，表现着的就是香山人不甘于自我封闭、寻求共融互生、希望变革新生的发展性精神。这种发展性的精神在当时来说就是学习西方为我所用。

我们说香山文化就是融于世界的发展文化和向着经济贸易的商务文化，实质上也就是说它是开放的文化和改革的文化。开放是海洋文明的特征，开放的人才能是个不断进步的人，开放的民族才能是个不断发展的民族。而一旦海纳百川地开放了，巨大的空间包容就迫使人们不能墨守成规、一成不变，这就要改革，更要不断地改革。只有不断地改变自我，不断地革除陈规陋习，文化才会不断呈现生机亮色。香山人是由移民而聚集起来的一个混杂的生存群体，浩渺无垠的大海和不宜生存的环境是一种威胁也是一种锤炼，它迫使人们不断地去改变，不断地去适应，不断地去寻求生存的机遇空间。于是，开放的意识在沉淀积累中就变成了坚守的观念，改革的行为在实践中就变成了自觉的行动。正是这样一种心态和这样一种行为，当特殊的机遇来临时，它就会与这特殊的机遇形成特别的遇合，生命的闪光点和人生的辉煌由此而出现。香山人就是因为具有了这样的开放心态和这样的改革行为，当澳门这个特别的时代机遇出现时，香山人抓住了，当然也就成功了。

因此可以说，特别的香山地域社会，造就了特别的香山文化和特别的香山人。正是因为有着这种特别文化精神的香山人，那个特别的历史时代的风云际会才会创造出惊世骇俗的辉煌，这辉煌改变了香山人自身，更改变了近代中国社会。香山和香山人由此成了千年封建帝国的掘墓者和近代中国复兴转型的策动者与实践者。

香山人的这种文化精神，可以说，就是日后成长起来的广东人的文化精神。近代广东是与近代中国社会关系最为密切的一方地域。广东地域，是中国近代社会最先实行开放改革的地域，是中国近代社会最先实行变革转型的地域，中国社会的近代化转型就是由广东人促成的。因为近代广东地域是中国近代社会向西方世界打开的第一扇门，作为商贸第一口岸与文化交流第一走廊的广东，开启了属于近代广东人改革、开放从而影响中国社会发展的新时代。这影响不仅表现在近代中国社会的现代化发展步伐是由广东人首先迈出的，更表现在广东人促成了中国社会从几千年的封建社会开始了向现代社会的革命性转型。开放是广东人的文化心理，改革是广东人的实践精神。

现代社会形态最基本的一个标志，就是从一个完全的农业文明形态开始向工业文明形态的转化，这种转化的具体体现就是现代工业的发展、现代商业的形成、现代教育的实施、现代政体的产生。而这四个具有现代社会属性标志的现实开创，都是由广东人的先行先试实践实现的。唐廷枢开创的开平煤矿，是中国现代工业产业的摇篮。上海四大百货的竞相辉煌，是广东人商业开发的全新创举。中国现代大学教育，是广东人教育救国的履行实践。孙中山带领下的中华民国的建立，是中国政体革命的根本变革。

正因为有着改良启蒙思想的传播，有着开放变革现实的强烈愿望和行动，广东人和广东社会，在这个一切都翻了个身，一切都将是个新的开始的转型时代，不仅使自己成了时代潮头的第一人，也创造了许许多多开创中国社会新纪元的第一。

广东香山人所创造的影响改变中国社会发展进程的第一有：中国第一个资产阶级革命政党同盟会、中国社会第一个国民政府中华民国、中国第一个民族工业企业开平煤矿、中国第一条铁路唐胥铁路、中国第一台蒸汽机车龙号机车、中国第一个航运公司轮船招商局、中国第一个股份公司轮船招商局和招商股票、中国第一个水泥厂启新水泥厂、中国第一个保险公司仁和水险公司、中国第一间百货公司先施百货公司、中国第一间机器印刷厂同文书局、中国第一所大学北洋大学、中国第一所音乐学院国立音乐学院、中国第一部英汉词典《英语集全》、中国第一部日汉词典、中国第一部注音字典四角号码字典、中国第一个全国模范县香山县、中国第一所民办西式学校甄贤学校等。

广东香山这块土地上最早出现影响中国社会的第一有：中国第一座西医医院是1569年葡萄牙人卡内罗在澳门创办的圣拉斐尔医院（也称白马行医院）；中国第一座西式大学是1594年意大利传教士范利安在澳门创办的圣保禄学院；中国第一座西式学校是1839年美国传教士布朗创办的马礼逊学堂；中国第一座自由贸易港是1845年创建的澳门港；中国陆上第一个海关是1887年创建的拱北关；中国陆上第一个防御外寇的军事营寨是1621年建造的前山寨等。

广东香山有许许多多的人是中国向现代社会转型实践的第一人：中国社会转型革命第一人孙中山、中国倡导商战也是思想改良第一人郑观应、中国留学第一人容闳、中国民族工业第一人唐廷枢、中国买办第一人徐润、中国海外华商首富华侨领袖陈芳、中国西医第一人亚洲第一刀黄宽、中国第一所大学北洋大学第一任校长蔡绍基、中国清华大学第一任校长唐国安、山东大学第一任校长唐绍仪、岭南大学第一任校长钟荣光、华中大学第一任校长韦卓民、中华民国第一任总理唐绍仪、中华民国第一任海军总长程璧光、中华民国第一任外交总长梁如浩、中国工人运动第一任领袖苏兆征、马克思主义南方传播第一人杨匏安、中华全国总工会第一任委员长林伟民、中国百货第一人马应彪、中国航空第一人杨仙逸、中国第一位女飞行员朱慕飞、中国近代轻音乐第一人吕文成、中国近代音乐教育第一人萧友梅、中国近代出版第一人王云五、中国电影第一代导演郑君里、中国电影第一代影后阮玲玉、中国第一个世界冠军容国团、中国第一个模范县长唐绍仪等。

由这些如此众多而又重大的第一可以看出，在中国近代以后的社会发展进程中，还没有一个地方因这么多第一等的人物和第一等的事项而对中国社会的发展造成巨大影响。正是这些第一人所作为的第一事，使得一个陈旧的封建社会形态渐次退去，一个新型的近代社会形态渐次形成。它改变的是一个民族社会的发展进程，它创造的是一个民族社会的全新时代。

2. 广东留学与近现代中国人文主义思想发展

广东留学，既是欧风美雨的召唤，亦是欧风美雨的洗礼。这召唤，是文化强势进攻过程中的被迫接受。这洗礼，则是文化主动接受过程中的积极汲取。二者所形成的客观的或主观的效果，就是异域异质文化的渗透影响改变了广东人固有的文化心理和观念意识。而这种一人一地改变所形成的连锁性发酵效应，快速而有效地扩展到了当时的整个中国社会。留学受教的文化效应，就这样促成了近现代中国人文主义思想的全新发展。

鸦片战争后的中国，民族危机深重，西学东渐之风也日益盛行。林则徐的《四洲志》和魏源的《海国图志》，首倡"师夷长技以制夷"，提倡探求异域新知，向西方学习先进思想文化。后有康有为的《新学伪经考》和梁启超的《变法通议》，批判君主专政，主张君主立宪，鼓吹民权变法，倡导改良图存。而随着中国人海外留学运动的不断蓬勃发展，西方现代文明思想文化更是如潮水般浸润影响了中国社会。它主要表现在中国社会强烈的新政立国、商战强国、教育兴国的现代人文思想理念的兴起和确立，以及五四新文化运动形成的民主、科学的思想,尤其是马克思主义的无产阶级革命的思想理论,由此中国社会的现代转型有了一个强大的思想理论武装。

孙中山提倡三民主义,建立民主共和政体,走资产阶级革命道路,政治革命的民主主义旗帜率先飘扬在广东大地。作为民主革命先驱者的孙中山就成了中国近代在政治上睁眼看世界的第一人。中华民国的第一任大总统是广东人,中华民国的第一任内阁总理也是广东人。广东人的革命精神并不会因为革命的低潮而减弱,前者倒下来,后者再上来,此路不通了,另辟新方向。也正因此,广东人中才会走出中国工人运动的第一个领袖,才会出现整个华南地区第一位马克思主义的传播者和革命家。中国近现代史上的那一段革命似乎就成了广东人的革命,政体革命的风起云涌既是广东文化造就的成果,更成了广东文化中最具辉煌的亮色。正是广东人在岭南大地上的这种先行之风,政治革命才进而越过岭南而进入中原,中国大地由此也才有了民主政体、政治革命的现代政体思想的风云席卷。

郑观应呼吁思想启蒙,疾声唱出"富强救国"和"以商立国"的时代声音,成了中国近代在思想理论上睁眼看世界的第一人。他的"欲振工商,必先讲求学校,速立宪法,尊重道德,改良政治"的思想,他的"以商立国"、"兵战不如商战"、"借商以强国"的理论,他的军事上发展强大海军和陆军和外交上实行平等外交的观念,直接促成了以孙中山为代表的民国革命火种的燃烧。郑观应的"富强救国"和"以商立国"的思想,既是广东文化孕育出来的生命理论之树,更成了广东文化中的重要内容。正是广东人在岭南大地上的这种先行之风,现代工商思想才进而越过岭南进入中原,中国大地由此也才有了改良自强、以商强国的现代工商思想的风云席卷。

容闳主张教育为本、教育救国的思想,并率先跨出国门留学海外,成为中国近代在教育上睁眼看世界的第一人。他的"以西方之学术灌输于中国,使中国日趋于文明与富强之境"的教育思想,不仅促成了中国120名幼童赴美留美的伟大创举,更使世人明白了现代教育才是民族振兴的根本。因为只有现代教育,才具有立人强国的永恒之力。广东人有这样的胸襟眼光,更有着身先士卒的身体力行和坚忍不拔的实施落实。教育为本的实行既是广东文化启示的智慧结晶,更成了广东文化中的灿烂篇章。正是广东人在岭南大地上的这种先行之风，现代教育思想进而越过岭南进入中原，中国大地由此也才有了办现代大学、兴新科学教育的现代教育思想的风云席卷。

随着留学热潮的不断推进，随着更多人接受西方现代人文主义思想的洗礼，广东岭南大地上所兴盛起来的现代人文主义思想在愈演愈烈中影响到了整个中国社会。由此以来的20世纪的中国，一开始就进入一个以五四新文化启蒙运动为标志的现代文化启蒙的热潮当中。民主的思想来了，科学的精神来了，马克思主义的革命学说来了，形形色色的各种主义和思想都来了。千年一贯制的天朝上国，由此渐渐融入世界文明发展的大河中，开始了自我的凤凰涅槃。

3. 广东留学与近现代中国产业经济的发展

广东留学，不仅仅是一个简单的新知学习，它所具有的特别价值意义更在于锻造了一批具有新知更具有现代灵魂的新人，促成了一个具有新知新灵魂人的新的革命性实践。所以，留学归来的学子们，不仅以他们的新知新灵魂开启了中国社会现代精神思想的革新之风，更以他们的新知新灵魂开始了在中国社会变革的实业实践。一个只会在土地上讨生活的民族，就是在这样一个契机下，开始了由单一的传统农耕生存时代向现代工业文明时代的转变。

以实业求自强的敢作敢为精神，是由广东香山买办率先实践的。但广东乃至全国性留学运动所造就的众多留学归来人，则是在这些香山买办所开创的实业的基础上，推进了中国现代工商产业的全面兴旺发达。

广东香山是中国的买办之乡。买办是殖民地社会的产物。它是西方商务贸易者在对华贸易过程中所雇用的商务代理人。当时活跃在香港、上海、广州、天津、汉口、唐山、九江等洋行中的买办，香山人占了8/10。因此，中国近代的洋务运动中，香山人成了不可或缺的重要角色，中国近代民族工业的大半壁江山也被香山人占据着，而且香山更把自己的生意做到了东洋西洋。香山人不仅在思想政治上敢为天下先，在经济商务活动中也同样敢为天下先。这种务实崇商的理念，使香山大浪潮水般涌现出了无数的公司商铺。热情浪漫与趋利务实的精神，使香山群星灿烂般涌现出众多名商巨贾。正是这商业的经济活动，使香山人懂得了学习借鉴的重要，感受到了商务活动中诚信的力量，明白了商务行为中的契约关系规则的价值，由此以更加雄阔的魄力把商业经济的活动从香山推向了更广大的社会。由买办起家的唐廷枢所创办的轮船招商局，开创了近代中国航海商务的新领域，并由此首开了中国的保险业务。而开平矿务局更成了中国近代民族工业起步的标志。以创立先施百货而成为"中华百货鼻祖"的马应彪率先进入上海，引来了后来有名的郭乐兄弟的永安百货、李敏周家族的新新百货、蔡昌兄弟的大新百货的抢滩大上海。"四大百货"在上海滩的相映生辉，不仅开创了近代中国百货业的先河，更在其经营过程中创新出了"彩票"、"礼券"、"摸奖"、"电台广告"等现代的管理规章和营销策略。生长于拱北口岸北岭村的徐润，是16年勤恳于英人手下的买办，终于独立成为20世纪初中国最大的茶叶出口商、最大的房地产商、最早的股份制企业创始人而雄霸上海。作为香山买办，他经历了由商务雇佣者到独立商人再到民族资本家的三个发展阶段。尤其是当他以充裕的经济资本影响到国家社会发展时，买办们就成了近代中国第一批民族工业的开拓者，中国社会由于他们的存在开始了由农业文明时代向工业文明时代的转换。

可以说，有了广东香山买办所奠定的中国现代工商业基础，才有了已经在西方社会早已普及成型的、与现代文明社会相适应的各种现代工商产业，随着一批批留学生的归来，其在中国大地上也渐次地落地生根开花结果了。一个古老的封建社会，就在这样的现代文明思想之风的吹拂下，就在这样的现代工商产业大潮的冲击下，开始了它的社会转型，开始了它现代文明的发展脚步。

4. 广东留学与近现代中国现代教育发展

广东留学，促成了中国两千多年私塾式教育的覆灭，加速了中国千年科举取士教育制度的灭亡，实现了中国教育由传统的单一人文经学教育向现代人文科学教育的全面转变，实现了旧式教育体制向现代新教育体制的完全改变。

中国社会的教育，从孔夫子弟子三千贤者七十有二开始，传承的就是一种个人化的私塾性体制，传教的就是单一的四书五经之类的人文教化内容，所以拜师认师是中国人非常严肃的事项，所以才会有一日为师终身为父的观念。

如此教育体制，是建立在人与人相依附的关系机制当中的。在个人，就是依附师傅。在国家，就是依附皇帝。所以这种教育，就不仅仅是知识的学习，更是一种人与人的社会关系的培养，由此实现社会大关系间的平衡和谐。这是一种与中国社会建立在农耕土地文明基础上的血缘氏族宗法关系相适应的教育体制。

如此教育内容，是只为御人和治人而安排的。所谓的四书五经，皆是儒家怎样做人怎样治于人的人文之术。在个人，多是怎样受化而向圣；在国家，多是怎样被化而受服。所以这种教育，固然能识文断字地明事明理，但更多的是驯化中要人们恪守一种活人的礼法。为他人而活，为皇上而活，为自己也不清楚的那个未来而活。于是，人的价值不是建立在个人基础上的评判认定，而是在集体、在社会中去寻找、去表现、去肯定。这样就把一个活生生的生命人依附在一个冷冰冰的机制中，人的受教就只有一种关系，要么你依附于人，要么人依附于你。中国文学几千年的辉煌，看看创造这些辉煌的作家们，哪一个不是在读书而为仕的路途上拼死拼活？不就是都想着要实现那个让人依附于他的梦吗？可最后都是因了这样那样的原因而断了让人依附于他的意图，从而不得不依附于人地开始了他们的文学之路。中国读书人仕途的坎坷，成就了许多文学上的辉煌。就是日后兴起的书院式教育也是一种导师教授经学的高级形式的新依附，它绝不是中国真正的大学教育，现在有些大学把自己办学的历史与所处地域的先前书院相联系来确定大学创办的历史，实在是滑稽可笑之为。现代大学是工业文明的产物，中国封建农耕文明的土地上没有也不可能有现代性大学教育的出现。

历史进入隋朝，世袭门阀的社会终于在行进中深感因自家读书人的不长进而导致的可用人才之匮乏，于是有了专为读书人进士而设置的科举制度，读书优而仕的选用人才策略，不仅提高了读书风气，更促使了社会进步，但科举这个好制度在隋的发明、唐的推广、宋的完善、元的成熟中，还没走完就被明清两朝扭曲畸形为了一个坏制度，以至于鲁迅先生都写进了小说，塑造了穿着长衫站着喝酒只会说茴香豆的茴有几种写法的孔乙己形象，痛批科举吃人的罪恶。产生于隋朝大业元年（公元605年）的科举制度，运行不到千年就开始先变形再扭曲直到腐烂，所以在以留学教育为潮的西学冲击下于清光绪三十一年（1905年）寿终正寝。中国的教育与中国的选人用人制度，都没能救了中国式的教育体制，使教育内容再续。

因为工业文明的时代一定会取代农业文明时代，以土地为生的生活如果还能与私塾经学的教育相适应的话，工业文明时代一定是要有新的现代教育体制与现代人文科学教育来适应。于是，在留学教育学成归来的学子们的呼唤与实践下，中小学教育的各色新式学堂如雨后春笋，人文加科学的新式教育风潮迭起。尤其是现代性大学教育的创建，开创了中国教育的全新时代。创办于1895年的中国第一所现代型大学北洋大学即现在的天津大学，广东留学人蔡绍基和唐绍仪分别荣任早期的校长之职，培养了中国社会第一批工学人才。是广东留学人唐国安成了创办清华大学的首任校长，推行庚子赔款留学教育，培养了20世纪初中国社会的一大批栋梁人物。

正是有了留学人的这种带动效应，中国现代教育观念和实践才得以快速成长式地发展。可以说，容闳教育救国、教育强国的"以西方之学术灌输于中国，使中国日趋于文明与富强之境"的教育思想，在一批批一个个留学人的实践下，不仅革命性地改变了中国传统教育的痼疾，而且创造性地开辟了中国现代教育的新纪元。中国现代教育开始于广东留学人，中国现代教育体系也是由广东留学人奠基的。

第二章

广东社会与留学美国

广东人留学美国，开始于1847年1月广东香山县南屏村人容闳。

留学美国起先只是由美国传教士临时起意，教会学堂学生响应的偶发性事件。19世纪70年代，随着派遣幼童留美运动的兴起，留学美国逐渐向制度化转变，但亦属昙花一现。庚款留美运动的促成使得官派留美制度基本成型，与自费留美、各省公派留美、各学堂公派留美彼此相合，经过晚清、民国几届政府调整变化，到民国中叶留学美国最终完成其制度化的过程，成为一项重要的教育制度。广东是中国最早接受西方文化的地区，是近代留美运动的发源地、示范地、兴盛地。无论是幼童留美、庚款留美，还是省费、部费留美，自费留美，广东人的身影始终络绎不绝。广东留美运动是中国近代留美运动最值得浓墨重彩的一笔。广东留美运动的蓬勃发展显示了近代广东敢为人先、尚新图变的文化内涵。广东留美运动的蓬勃发展锻造了一个数量庞大、人才济济的留美学生群体，他们是近代岭南先进文化的代表，对广东地方社会、中美文化交流以及中国现代化进程起到了重要的推动作用。

一 广东人美国留学教育概述

无论从绵延的时间还是从历史影响看，广东的留美运动无疑是广东留学教育最核心的组成部分。以1847年容闳赴美留学为标志，广东的留美教育正式翻开了第一页。1872年开始的幼童留美，开创了中国官费留学美国的先河，84名广东幼童加入了漂洋过海的行列，创造了留学史上的奇迹。19世纪80年代以后，幼童被撤回国内，赴美留学一度中断。在此后相当长的一段时间内，留美教育陷入低潮，除了少数官派生外，留美教育主要靠自费生支撑。广东买办、侨商众多，自费留学此起彼伏，在低迷不振的留美情势中格外引人注目。20世纪之后，在庚款留美倡议的引导下，留美教育进入新的高潮时期。广东由于在庚子赔款的摊派中所占份额较多，自然持有较多的留美学生名额，自1909年广东6名青年考取庚款留美资格到1943年最后一次全国考选，广东共选派187名留美学生，人数居全国前列。另外在北洋初年的稽勋留学、中央部费、地方省费等各种形式的公费留学和自费留学中，广东省继续积极探索与总结，形成了此后广东留美教育的基本格局。国民政府成立以后，留美教育进入制度化、规范化的发展时期，但是由于世界经济危机及日本侵华战争的影响，留美教育经历了曲折复杂、高潮跌宕的过程。

晚清广东留美教育的产生和推进遵循了中国近代留学教育发展的一般规律，但是广东作为一个在"社会历史发展中，由具有均质（同质）性社会诸要素或单要素有机构成的，具有自身社会历史发展特征和自成系统的历史地理单位"，独特的自然、社会、经济、政治、文化特征使广东的留美教育呈现出明显的区域性特色。对近代广东留美教育历史的深入了解和认识，可以从另一个侧面清晰展示广东在近代中国从传统社会向现代社会转变过程中承担的独特历史使命，以及源远流长、意蕴深厚的岭南文化在中西文化交流的大势下开创的新格局。

1. 珠江口岸的美国梦：广东人留学美国的时代背景

鸦片战争后，中国在国际战争中屡遭败北，"创巨痛深"，朝野上下纷纷主张变法图强，培育人才。国人有感于中西方文化形势的逆转，开始走出国门，竞习西学。政府迫不得已，也派遣留学生，留学深造，学习西方科学。这是留学教育在近代中国兴起的时代背景。

从历史上日本留学生、新罗留学生到中国学习唐文化，直至当代世界范围内的留学交流，其中隐含的留学目的基本一致，即希望留学生"在出国之后，能够尽量观察别国富强康乐的原因所在，学习其优良学术和技能，以期在将来回国服务时，能斟酌自己国家的民情、风俗、环境，提出最妥善的改进办法，使自己的国家蒸蒸日上，与他国并驾齐驱，以增进国家民族之幸福"[①]。

---

① 刘真主编，王焕琛编著《留学教育》，"国立编译馆"，1980，前言，第7~8页。

第二章　广东社会与留学美国

出国留学与国人了解留学目的地和对西学的认识积累是分不开的。中国早期的留学人物多出自广东，最早的自费、官费留学生都是远赴美国，这可从广东与美国的历史交往探究原因。

广东自古是中国海上贸易和移民出洋最早、最多的省份，早在1788年，广东就有一批华人船工，木工、金工和海员被英国东印度公司招募到美洲西部海岸，利用那里的森林木材造船，这是目前所见广东人抵美的最早记录。1815年，又有一个来自广东的厨师在美洲西海岸皈依基督教。1820年，美国移民委员会第一次记录到一名中国人到美，在以后的二十多年的时间里大约有十多名广东人到美，其中包括容闳等三名留学生。总之，在鸦片战争以前，广东人已多次踏上美洲的土地。

近代以来，中美之间交往逐渐增多，广东出现了美国传教士创办的教会学校，这为彼此的文化交流搭建了新的桥梁。除了办教育外，传教士还在广州、澳门等地创办中外文报刊、开办新式医院，这些直接、间接的文化活动刺激岭南地区的知识分子、文化精英开眼看世界，同时也在岭南造成其他地区所不具备的社会心理氛围。鸦片战争前后，得风气之先的广东人已经或多或少地了解了包括美国在内的西方国家的政治、经济、社会状况。我们从广东地区的知识分子、思想家的著作中可以了解时人对美国的印象和认识。

广东著名学者梁廷枬是近代史上最早倡导"开眼看世界"思潮的先驱之一。鸦片战争后，他采集海外旧闻和外国人写的有关资料认真进行研究，先后编写了《耶稣教难入中国说》、《粤道贡图说》、《合省国说》、《兰仑偶说》，这四部书后来合编在一起为《海国四说》。其中《合省国说》是中国第一部介绍美国国情的专著，在书中，梁廷枬对美国开国总统华盛顿的德行和能力非常看重，说华盛顿"为人公正自矢，不事福威，不辞劳瘁"，即使卸任，也仍旧"常以暇日率官绅人士与农并力耕作，国人传为美谈"。梁廷枬对美国的民主体制也自有观察，"彼自立国以来，凡一国之赏罚禁令，咸于民定其议，而后择人以守。未有统领，先有国法，法也者，民心之公也"。著名的改良主义思想家、香山人郑观应在1875年所撰《易言》中进一步主张与美国发展友好关系，他认为："美国秉信守礼，风俗庞厚，与中国素无猜嫌，当相与推诚布公，立敦和好，有事则稍资臂助，无事亦遥藉声援。"尽管他们对美国的认识明显带有理想化的想象成分，但是其思想和学说表明鸦片战后中美文化交往即将跨入一个新阶段。

在中美文化交流中，教育始终是一个重要的方面，这与美国的对华政策密切相关。通过对比可以发现，与其他国家相比，美国更注重对中国文化的影响和对中国教育的渗透。在他们看来，"中国作为儒家思想的支柱，是受到高等教育的士大夫阶层"。在中国，"一个没有受过教育的人在社会上所能起的影响极其有限。而一个精通地理学、物理学、植物学、化学和天文学知识的人将取得良好的声誉和影响"。如果能培养一批亲近美国的知识分子，它可能比"迄今为止任何陆海军事力量，或最兴旺的商业之刺激，或所有其他手段联合起来在特定时间里所产生的效果还大得多"①。为了达到这样的目的，美国采取吸收学生到美留学和在中国办学堂参与中国教育两种方式，传教士在此过程中扮演了急先锋的角色。

1830年2月，美国传教士稗治文在广州创办了贝满学校，这是美国传教士在华建立的第一所学堂，但由于学校规模小，开办不久就关闭了，没有发挥什么影响。1839年，由英商、美商赞助的马礼逊教育会为纪念第一个来华新教传教士——马礼逊在澳门开办了马礼逊学堂，来自美国的布朗长期担任学校校长兼教师，学生多来自澳门周边地区。1842年学校迁到香港，学生人数逐渐增加，生源也日益广泛。作为一所有着宗教背景的学校，其不言而喻带有浓郁的宗教色彩，但学校也为中国提供了西方文化的教育。1844年，美国通过《望厦条约》取得了在通商口岸设立礼拜堂的权利，美国传教士借机在华开办若干学校。1868年中美签订《中美天津条约续增条约》（亦称蒲安臣条约），其中第七条规定，"美国人可以在中国按约指准外国人居住地方设立学堂"，打开了美国传教士在中国自由办学的道路。从此，美国教会学校进入一个快速发展阶段。据统计，到清末，美国传教士在广东创办的教会学校已有35所。

继美国传教士在广东沿海地区设立教会学校、参与中国教育之后，广东沿海零星出现了若干青年到美国留学的现象，起初留学的青年都是得到美国教会资助的。1868年中美签订的《中美天津条约续增条约》，第七条规定，"嗣后中国人欲入美国大小官学学习各等文艺，须照相待最优国之人民一体优待"，为中国留学生赴美提供了条约依据，也是清政府派遣首批官费留学生去美国留学的重要原因。

除了美国政府对中国留学生的欢迎态度外，美国高等教育的快速发展

---

① 傅琼：《美国与近代中国高等农业教育》，《中国农史》2007年第1期。

也是其能吸引中国学生前去留学的外因之一。

美国高等教育起步并不早，在殖民地时期，全美只有九所高校，且多是教会学校或私立学校。独立后，美国高等教育逐渐摆脱英国和教会的控制，州立大学纷纷出现，到内战以前，全国27个州已有25个建立了州立大学，大学的教学内容也开始削减古典科目而重视实际知识。南北战争后，美国经济发展突飞猛进，为适应社会需要，高等教育渐渐重视实用的农工科学技术，理工大学、农业大学纷纷涌现。同时，向德国学习，美国大学开始重视学术研究水平的提高和研究生的培养，形成了具有美国特色的教育模式。据统计，到1870年，美国的高等学校已达563所，到1910年发展到近1000所，入校学生总数有33万人[①]。而相比之下，中国除了洋务运动时期创办的少数语言学堂、技术学堂、军事学堂外，到19世纪末，教育系统的主体仍然是各级府州县学，教授的内容仍然是脱离实际的四书五经等传统典籍，中国第一所近代意义上的大学直到1896年才出现，而真正形成一批具有一定规模的公私立大学则是20世纪30年代的事情了。

由于前述各方面条件的促使，晚清岭南地区的留美教育成为中国近代留学运动中引人注目的现象。

2. 广东人留学美国的历史过程及分布情况

在近代广东的留美运动中，有三个重要的历史事件成为把握这一历史进程的关键点。

第一个是1847年容闳、黄宽、黄胜在教会资助下，赴美留学，开启了中国人留学美国的新篇章。其中容闳在美国完成了大学教育，成为第一个在美国取得学士学位的东方人。尤其意义重大的是，为了让下一代中国同胞享受到和自己一样的教育权利，容闳策划并最终实施了四批中国幼童官费留美，奠定了中国学生赴国外留学、研究高深知识技术的教育基础，开创了我国新教育的先声。

第二件是在1872～1875年的四年间，84名广东幼童先后考取官费留美资格，在美国接受正规教育，由于封建顽固派的阻挠及美国排华风潮的影响等，1881年全部幼童中断学业凄然回国，但他们当中涌现了中国最早的工程师、铁路家、电话工程师、矿冶及海军专才，成为传播西方近代科技的早期桥梁。

---

① 刘莲芬：《近代美国教育的发展及其影响》，《贵州师范大学学报》1998年第3期。

第三件是 1909~1929 年，广东籍学生考取庚款留美资格，大多数获得了美国大学硕士学位、学士学位，还有少数是博士学位获得者。他们学业出类拔萃，满怀爱国之情，积极宣传民主、科学思想，为国家建设和中美文化交流做出了巨大贡献。

美国幅员辽阔，以东西论，可分为东部、中部、西部；以南北而论，可分为南部、北部。东部是美国的文化中心，大学最多、中国留学生最多；西部距离中国最近，有中国学生最早。随着中国学生到美人数逐渐增多，在中部求学的人也日益增加。

中国留学生到美国留学多选择著名学校，美国东部著名学堂哈佛大学、哥伦比亚大学、康奈尔大学、宾夕法尼亚大学等都是中国留学生比较集中的地方。光绪年间，梁启超到美国游历，记录 21 名广东籍留学生，其中 3 人就读于位于纽黑文的耶鲁大学，10 人就读于旧金山附近的加州大学伯克利分校，1 人就读于斯坦福大学，1 人就读于哥伦比亚大学，还有数名散居在芝加哥、哈佛、费城等地，入当地的中等学校①。美国麻省理工学院，课程高深，声誉卓著，我国留学生肄业于该校的不乏其人，据统计，1914~1915 年，有 13 名学生毕业，其中包括 3 名广东籍学生：陈焜、方御友、卢维溥②。庚款留美持续时间长，经费充足，人数众多，是广东留美生的重要组成部分。他们在美国多习理工科，广泛分布于美国各大高校，除了哥伦比亚大学、麻省理工学院等世界名校外，还有凯斯西储大学、斯沃斯莫尔学院、鲍登学院、阿尔弗雷德大学、阿勒格尼学院等专在某一领域的中小学校。总之，随着留美人数的增多，美国的大小学校均能看到中国留学生的身影。虽然分布分散，但留美生素有团结精神，大学内会社众多，如"哈佛大学的会社就有百数十计，文学有会、运动有会、出报有会、专门有会、演戏有会、宗教有会，以至同省及旧同学等皆有会"③。会社在一定程度上起到了沟通联络、交流感情、互相帮助的作用，也充分展示了中华民族固有的凝聚力精神。

3. 广东留美教育的特点及产生的影响

广东留美教育在近代留学教育史上地位显著，影响深远。

---

① 梁启超：《卜技利大学之中国留学生》，载陈学恂、田正平编《中国近代教育史资料汇编·留学教育》，上海教育出版社，2007，第 176~177 页。
② 《美国麻省理工学校中国学生毕业》，《教育杂志》第 7 卷第 8 号。
③ 《美国留学界情形》，《留美学生年报》（1910 年），第 24 页。

首先，广东是中国近代留美教育的原发地，涌现了众多近代留学的先锋。"海禁初开之时，广东值交通之冲，故求新学最早"，中国第一个留美学生容闳是广东香山人。1847年他赴美留学时，中美两国还处于对彼此极不了解的状态，在耶鲁大学毕业时，容闳确立了用西方文化振兴中国的政治追求，即说服清政府向美国派遣留学生，接受美国的教育。容闳不仅为大洋两岸相互隔绝的两国架起了沟通的桥梁，而且奠定了中美文化沟通的基础。容闳从美国回国后，为振兴中国，全力促成了幼童留美。幼童留美是中华创始之举，古来未有之事，它开启了中国近代留学教育的先河，为接下来的留学教育，尤其是间隔五年后的留欧教育奠定了坚实的基础。在文化交流史上，幼童留美加强了中美文化交流，留美幼童在中西文化的熏陶和感染下，形成了半中半西的文化人格，在此过程中，中美文化在相互选择、冲突与碰撞中，实现着彼此的交流和传递。在对西学的吸收上，他们是承受者和集成者。在对中学的新建中，他们又是先驱和开山者。他们身上，既有中国传统儒家文化的烙印，又承载着先进资本主义文化的精华，所以或多或少发挥着西学东渐使者的作用，为中国教育带来了新思想、新观念，对教育近代化起到了推动作用。广东在这一开天辟地的留学活动中大放异彩，四批留美幼童绝大部分来自广东，创造了留学史上的奇迹。尽管由于这一计划的中途夭折，幼童在学业上留下了半途而废的遗憾，但他们都在近代中国的时代变迁中找到了各自的人生位置，促进了自然科学思想的高涨，推动了近代工业建设和科学技术的发展。在真正意义上实现了中美文化的沟通。

其次，广东留学生涌现出了众多近代中国社会的伟人和风云人物。孙中山是广东籍的历史人物中，对中国历史、世界历史贡献最大的人，他是中国的民主共和的开创者和奠基人，被称为"国父"。他的思想理论体系和他制定的政纲是全面推进中国近代化的理论和方案，他为建立一个独立、统一、民主和富强的中国献出了全部精力和智慧，推动了中国近代社会的进步和发展，他的思想和实践是中国人民的宝贵财富。唐绍仪是第三批留美幼童，留美回国后，一度在封建宦海中随波逐流，辛亥革命爆发后，他投身于缔造共和的伟大事业中，担任中华民国第一任国务内阁总理，是民主共和的功臣、反对专制复辟的护国志士，创造了人生最辉煌的事业。此外，内阁代总理蔡廷干，外交总长及交通总长梁如浩，南京临时政府总统府高级顾问容星桥，铁路总办钟文耀，外交官欧阳庚，大学校长唐国安、蔡绍基，著名律师张康仁，国民政府财政部长及金融家宋子文，对20世纪中国具有不可思议影响力的宋氏三姐妹，著名政治学家陈之迈，在近代学术界取得卓越成就的梁思成、梁思永、梁思礼三兄弟等，形成了广东近代历史上的人才群，他们无一不在各自的领域里，以出色的成就诠释着站在时代前列的近代广东文化内涵。

最后，广东是近代留美教育的大省，留美生人数众多，成绩骄人。20世纪之前，留学美国者，广东人十之八九。新政以后，江浙人渐渐增多，但总人数与广东相比，仍逊色很多。民国以后，因为战乱频仍，时局动荡，公费留学逐渐衰落，自费留学成为主流。广东社会经济发达，华侨众多，是自费留学生的主要输出地。总体看，广东留美教育远超其他地域，持续保持相当规模，始终是中国留美教育的重心。留美学界素有好学之风，除幼童留美中途夭折外，其后到美国的留学生多入大学，入大学者皆术有专攻。根据1917年、1918年所汇编的《游美同学录》，有35人获得博士学位，其中广东籍学生有7人，他们的留学学校和博士论文题目分别是：司徒尧在康奈尔大学，论文题目是《警察权及市区规划》；梅华铨在纽约大学（无论文）；刁庆湘在宾夕法尼亚大学，论文题目是《近世医学之急需》；徐墀在哥伦比亚大学，论文题目是《铁路问题》；陈锦涛在耶鲁大学，论文题目是《社会流转货币论》；陈焕章在哥伦比亚大学，论文题目是《孔门理财学》；陈兆焜在哥伦比亚大学，论文题目是《中国赋税沿革考》。众多留美生回国后部分回归家乡，部分活跃于祖国各地，他们是近代中国经济现代化、教育现代化、制度现代化、文化现代化的关键推动者，显示了广东作为近代留美生的模范区域所具有的巨大能量和潜力。

二 晚清广东的留美教育

晚清的留美运动中，广东始终具有不可替代的地位。广东社会经济文化发达，最早沐浴了欧风美雨，中国最早的三个留美学生容闳、黄宽、黄胜是广东香山人，中国最早的官派留美生70%出自广东，自费赴美留学的青年也多来自广东的富商大贾，据1910年《留美学生年报》统计，当年留美学生490人中，广东人有251人[①]。晚清广东留美生是中国近代出国

---

① 李喜所：《清末民初的留美学生》，《史学月刊》1982年第4期。

留学的先驱和开拓者，是近代早期中西文化交流的桥梁和纽带，也是肇启中国现代化进程的早期启蒙者和开拓者。

（一）容闳与中西文化会通

在中美文化交流史上，1872年的清朝幼童留美是一件具有里程碑意义的事件，它营造了中美两国人民友好关系的优良传统，在中美教育交流和两国人民增进了解和建立友谊方面架起了一座桥梁，这一留学事件从策划、组织到实施过程的背后，凝聚着一个珠海人——容闳毕生的心血。

1. 容闳的家世

早在鸦片战争之前，开风气之先的东南沿海一带，就有人去美国或欧洲学习和游历。但一般认为，中国近代史上第一位留学生，同时也是第一位留学美国的学生是容闳。

容闳是广东人，1828年11月17日，出生于距离澳门七八里地的彼多罗岛之南屏村（今珠海市南屏）一个贫苦农民家庭。一家六口，上有哥姐，下有弟弟，全靠父亲下田劳动来供养。容闳没有读过中国人办的学堂。7岁就被送进澳门英教士古特拉富夫人所设西塾读书。关于为什么容闳一开始就被送到外国学校去念书，而没有像他哥哥一样被送到当地的私塾，这实在无从了解。根据容闳自己的猜测，当时中西交往刚开始，他的父母可能已经预料到这个交往将来一定会日渐扩大，因此必须把握机会，送孩子到外国学习，让他能够学习英语，将来可作一个通译，这样可以取得一个较好的工作，进而为进入商界和外交界铺路。

然而，事情的发展并不顺利。1838年，澳门教会学校因为经费不足而停办，容闳只得回家务农。两年以后，他的父亲不幸病逝，容闳为生活所迫或提篮小卖，或打草，或拾稻穗，过着一种衣食不足的流浪儿生活。

1841年，少年容闳的生活出现转机，他闻知澳门出现了一所新的教会学校——马礼逊学校，在征得母亲的同意后，他得以入该校继续读书。马礼逊学校是在澳门的传教士为纪念英国传道会所委托之传教士马礼逊而创办的。美国人布朗出任校长。布朗于1832年毕业于耶鲁大学，获得名誉博士学位。容闳进入该校时，先一年已有黄胜、李刚、周文、唐杰、黄宽五人入学，第二年容闳也进入该校，他们六人是马礼逊学校的第一班学生。鸦片战争爆发后，香港割让给英国，马礼逊学校迁至香港。直到1846年，容闳始终在这所学校读书。

根据马礼逊学堂的一份课程表（见表2-1），可以大略了解容闳在去美国之前所受的教育。

表2-1 马礼逊学堂课程表

年 份	所学课程与教科书				备 注
1839~1840	英语阅读和口语，布朗所编教材	地理（Parley编写的教材）	算术（Gorden编写的教材）		
1841~1842	英语阅读	地理	算术	历史	历史课上讲述英国、美国历史上的重大事件
1842~1843	英语阅读、写作、书写训练	地理	算术、代数	历史（罗马人入侵到查理一世时期）	
1843~1844	英文阅读、写作、英文书写	地理（欧洲、非洲、美洲及部分亚洲地区的自然地理）	算术、代数、几何	历史教材同上年度（查理一世到维多利亚女王时期）	1844年5月开始学习力学三大定律和万有引力定律
1844~1845	英文阅读、写作	地理（各种地图）	算术、代数、几何	力学结束初等课程	本年度开设声乐课程
1845~1846	英语阅读、作文以《圣经》为教材	地理	代数、几何		

资料来源：马礼逊教育会1839~1846年各年度报告，《中国丛报》（6~15卷）。

1846年，布朗先生由于个人及家人的健康关系，准备离开中国，出于对这批学生的情感和培养教徒的目的，他希望能带少数学生，跟他赴美，继续完成教育，并在课堂上要求愿意跟他去的学生马上起立。

按照容闳的回忆，当时教室鸦雀无声，容闳是第一个起立的人，黄宽是第二个，接着是黄胜。他们赴美的斧资，按照布朗和该校校董的安排，由香港《中国日报》的主笔肖德鲁特、美商麦企、苏格兰人康白尔等资助,以两年为期,并补助三个人父母两年之赡养费。

容闳的母亲起初自然不愿意,但经过容闳的再三请求,最后不得不让步。容闳与其他二人就此离开故土,踏上异国求学之路。

2. 容闳扬帆美国

1847年1月4日,容闳一行在上海黄浦起航远赴美国,他们乘坐的是一艘名叫女猎人的豪华轮船。经过98天的航程,4月12日,他们到达纽约。

容闳等三人进入麻省孟松学校求学,孟松学校是当时美国最好的一所预备学校,因为当时美国还没有正规的高级中学,所以整个新英格兰区的优秀学生都集中在这里为考入大学预备功课。孟松学校的校长自开创以来也一直由"名誉特著"的品学兼优者担任。容闳入学时孟松学校的校长为海门德。海氏毕业于耶鲁大学,夙好古典文学,尤嗜英国文学。他思想豁达,富有同情心,是新英格兰地区著名教育家和"戒酒与新英格兰精神运动"的倡议者,由于他的威望,孟松学校获得了广泛的声誉,兴盛空前。容闳三人受到美国人士的礼遇。海门德对中国素抱好感,希望三位中国学生学成之后能回国有所作为。他把三位中国学生都安排在态度温和的瑞白克·勃朗小姐的英文班里。勃朗小姐对容闳关怀备至,假期里时常请容闳住在她们家里,帮助他学习功课。容闳在孟松学校学习了算术、文学、生理、心理和哲学等课程,成绩最好的课程是英国文学。这主要是受了校长海门德的影响。海门德在英国文学上造诣很深,善于演说,上课时感染力极强。经他指点,容闳阅读了爱迪逊、戈德斯密士、狄更斯、史考特、麦考莱和莎士比亚等大文豪的作品。

因为香港方面对容闳等的学费资助只有两年,所以容闳和黄宽(黄胜因病已提前回国)不得不为下一步的求学早做打算。黄宽为了继续得到香港教会的资助选择到英国爱丁堡大学学习专科,容闳则选择继续留在美国。从孟松学校毕业后,除了自食其力外,容闳幸运地获得了乔治亚州萨伐那妇女会的资助。1850年容闳考入耶鲁大学,开始了为期四年的大学生涯。

容闳的大学生活既丰富多彩,又充满艰辛。他描述他在一年级时的情况时说:"余之入耶鲁大学,虽尚无不及格之学科,然在教室授课,辄觉预备工夫实为未足,以故备形困难。盖一方面须筹划经费,使无缺乏之虞;一方面又须致力所业,以冀不落人后也。尚忆在第一年级时,读书恒至夜半，日间亦无余暑为游戏运动。坐是体魄日就羸弱，曾因精力不支，请假赴东温若休息一星期，乃能继续求学焉。"① 沉重的经济和学习负担使容闳的学习成绩不尽理想，数学差到几乎不及格的程度。一年级时他时常担心因数学成绩差而被留级。但由于他的英语作文经常在全校比赛中得一等奖，他的平均分数仍在中上水平。

从三年级开始，他的状况略有好转。经济上除了得到一些来自萨伐那妇女会和纽约奥利芬公司的资助外，他在校内又谋得几个工作机会。高年级学生的一个俱乐部聘请他去做办事员，负责一切采买和伙食供应工作。用这种方式容闳获得了今后两年的食宿费用。他又于学校内的"兄弟会图书馆"得到图书管理员的职位，可得薪金30元；学习上也追赶上来，各门成绩都有提高。所有这些加上他的中国国籍，使容闳在四年级时已经变成全校人人皆知的人物了。1854年夏，容闳在学完了所有必修课程之后，获得了耶鲁大学学士学位，从而成为第一个受过完整西方教育并取得学位的中国人。

3. 容闳留学思想的形成

按照容闳在自传中所记，大约在美留学的最后一年，他对于自己应该要做的事情做了一个计划，这个"应该要做的事"就是让中国的下一代"能够享受到像我现在所享受的教育成果"②，即后来的敦促清政府选派青年赴美留学。

作为一个支配了容闳一生事业的指导思想，它的形成绝不是某一时刻的突发奇想，而是经过长期观察、思考，建立在个人人生观、价值观基础上的思想沉淀的结果。

首先，容闳对祖国的贫穷落后、面临的巨大危机有直观的认识。他在赴美留学之前，对贫困农民家庭的生活有深刻的体会，对家乡珠江三角洲一带的情形有初步印象。在美国留学期间，"中国悲惨的情况，时萦于怀，使我的心境非常沉重"③。如何复兴中国，把中国变成富强康乐的大国是满怀爱国情感的容闳在美期间常常思考的问题。

---

① 容闳：《西学东渐记》，湖南人民出版社，1981，第20～21页。
② 刘真主编，王焕琛编著《留学教育——中国留学教育史料》第一册，"国立编译馆"，1980，第6页。
③ 刘真主编，王焕琛编著《留学教育——中国留学教育史料》第一册，"国立编译馆"，1980，第6页。

其次，容闳从少年时代起就在澳门、香港的教会学校读书，后来又到美国留学，接受西方教育17年，对中西教育的差距以及美国等发达国家的法律、政治、经济、教育状况有切身的体会和观察。向西方学习、把中国建设成现代化的国家是他给落后的中国开出的治病药方。

容闳所处的时代正是中国新旧变革的前期。同时代的洋务派、早期维新派知识分子也逐渐认识到西方物质文明的力量，在"师夷长技以制夷"思想基础上又进一步提出"中学为体，西学为用"。国人了解西方文化的范围和内容逐渐丰富和扩大。与其他人相比，容闳的优势在于他是第一个留学生，他能提出很多向西方学习的具体建议。

作为第一个从美国大学毕业的中国留学生，容闳赴美时刚刚20岁。如果说后来那些比他年岁大得多的学者的留学欧美，更多是从学术和技术的角度学习西方先进之处的话，那么容闳就更容易地接受了美式思想和西方价值观，而不仅局限于学术或技术层面。也就是说，容闳是第一个全盘西化了的中国人。除了大学里开设的各门课程，容闳在美国的2000多个日子里，学到了自由、平等、博爱的普世价值以及作为公民为众生谋福祉的社会责任感。为了实现自己的人生理想，他多次拒绝了学校给贫困学生提供的资助金，因为领取资助金的前提是要承诺成为传教士，容闳认为这样的承诺会对他理想的实现造成损害。

从后来容闳回国后的所行所思，可以看出容闳改造中国的思想是全面的，既包括人才教育，也包括制度建设，还包括设立银行、修筑铁路、引进器物等。当然其中最重要的，在历史上最具划时代意义的是派遣留学生。

4. 容闳的永恒意义

选派幼童出洋肄业，"属中华创始之举，抑亦古来未有之事"。因此，容闳常常被视为中国近代化的先行者。

近代化是晚清以来中国社会发展的核心命题，容闳的永恒意义主要体现在他的现代化思想品格具有超人一等的高度。

众所周知，近代以来中西文化交流的过程大体沿着器物、制度、思想三个层面展开。一般而言，学习西方的思潮有赖于林则徐、魏源等的"师夷长技以制夷"的先行呐喊，继之由洋务派承其后续，付诸实践。洋务运动时期，西学东渐的核心思想是中体西用，洋务派和早期改良主义思想家在变局危机和忧患意识下，虽然各自对中学和西学的含义和内容理解不尽一致，但以传统的认知心理去附会西学，以道器体用关系审视和汲取西学，"以中国之伦常名教为原本，辅以诸国富强之术"的思想主张，成了他们向西方学习的基本理论框架。这一理论框架支配了甲午战争之前中国改革的基调和方向，并取得了一定成果，但随着改革的推进和社会的发展，这一理论又成了处在传统社会里的中国人开眼看世界后不可跨越的思想障碍。与其他同时代人不同的是，容闳青少年时代特殊的成长道路，使他亲尝了西方文明的教育，对西方文化有着更深层更真切的理解，因此较早地产生了以模仿西方资本主义为特征实行社会改革的维新思想。他的代表作《西学东渐记》中所表述的西学东渐要旨，没有具体的理论阐发，失之笼统，但结合他的一系列社会实践活动可见，容闳心目中的西学，是一整套以美国为模式的资本主义国家的政治、经济、法律、文化，是对封建的中国进行的根本性的资本主义改造。他的经历决定了他能够突破长期生活在儒家传统文化环境中的早期改良主义者的困扰，能够突破中体西用的理论局限。

（二）石破天惊的幼童留美

19世纪60年代，洋务派基于对洋务人才的迫切需求，萌发了派遣学生出洋学习的想法。美国政府为了加强对中国的文化影响和商业渗透而积极响应。在容闳的促动下，经曾国藩等奏请清政府批准，中国近代史上第一次官派留学计划付诸实施。尽管由于诸多时代原因，幼童留美计划中途夭折，但它的实施培养了一批近代新式人才，对推动中国近代教育乃至社会转型，进而促进中国早期现代化的启动与发展产生了深远的历史影响。

1. 幼童留美计划之源流

幼童留美是晚清的首次官派留学，作为洋务教育的组成部分之一，它的直接目的是为洋务运动培养所需人才。奕訢等洋务派在兴办洋务的过程中深谙人才匮乏之弊，人才的培养依靠近代新式的教育机构，为此自1862年起，洋务派先后创办了京师同文馆、上海广方言馆、福州船政学堂等一批洋务学堂，这些学堂的创办促进了西方先进文明的传播，培养了不少了解西方的专业人才。然而，"古人谓学齐语者，须引而置之庄岳之间，又曰百闻不如一见"，洋务派官僚逐渐意识到，只有主动派员前往西方，才可真正学到西学的精髓，一些有识之士便提出了派遣学生出洋学习的主张。最早提出派遣留学生想法的是中国一位官卑职低的小官吏——拣选知县桂文灿。1863年，他在向总理衙门大臣奕訢呈递的条陈中说："闻日本近遣幼童分往俄、美两国，学习制造船炮、铅药及一切军器之法，期以十年而回。此事如确，日本必强，有明倭患，可为预虑；学习制造船炮等法，我国家亦宜引之。"对此奕䜣深表赞同："伏思购买外国炮船，由外国派员前来教习，若各督抚处置不当，流弊原多，诚不若派员带人分往外国学习之便。"① 薛福成亦提出："仿俄人国子监读书之例，招后生之敏慧者，俾适各国，习其语言文字，考其学问机器。其杰出者，旌以爵赏。"② 由此可见，对洋务人才的渴求是遣童留美的主要动因。

洋务运动以来，中国风气日开，派遣学生出洋留学具备了基本的社会条件和思想基础，但距离具体留学计划的出台尚有不小的距离。中国第一个在美国获得学位的留学生——容闳的个人努力直接催生了幼童留美计划的蓝图。有人说，如果没有容闳，虽说中国迟早也会派遣学生出洋，但既不可能这样早，更不可能想象会有幼童留学这样的事情。

容闳在美国留学期间，深受西方资本主义文明浸染，形成了彻底开放的中西文化观，他在树立了"以西方之学术灌输于中国，使中国日趋于文明富强之境"的理想目标后，毅然归国。他的具体想法就是要促使清政府"选派颖秀青年，送之出洋留学"。从他在心中萌生出这样的想法到说服洋务大臣为此事联名上奏清政府，前后共经历了二十多年的曲折努力。

1854 年，容闳回国后，以其没有丝毫政治关系的一介平民身份，想把自己的留学计划付诸实际确实十分艰难。在头十年的时间里，他出入香港、广州、上海等地，先后担任过西人书记、海关翻译，还从事过丝茶贸易。在求职谋生过程中，他始终为实现自己的留学计划寻求机会：1855 年，他回家小住后，就到广州找到美国驻华代理公使派克，希望通过他结识中国上层官僚，派留学生出国，结果失败。稍后，容闳又到香港，希望会见清政府要员，支持其教育计划，结果失败。1856 年，他前往上海海关，企望找到清朝权贵，结果失败。1857 年，他仍然在上海，一面译书，一面借结识一些社会名流去结交清朝重臣，结果还是失败。

直到 1863 年，经朋友介绍，他与曾国藩初识，成为曾国藩的幕僚。此后，容闳有机会结交了一些清政府要员，他心中搁置了十年的计划得以

---

① 《筹办夷务始末（同治朝）》15 卷，故宫博物院抄本影印（1930 年刊），第 32 页。
② 丁凤麟、王欣之编《薛福成选集》，上海人民出版社，1987，第 23 页。

逐步实行。

根据资料所记，直接促成其教育计划实行的关键步骤如下。

第一是条陈四则。1868年，容闳转托丁日昌上呈给清政府，其中第二条为派遣留学生，内容如下：

> 政府宜选派颖秀青年，送之出洋留学，以为国家储蓄人才。派遣之法，初次可先定一百二十名学额以试行之。此百二十人中，又分为四批，按年递派，每年派送三十人。留学期限定为十五年。学生年龄，须以十二岁至十四岁为度。视第一、第二批学生出洋留学卓有成效，则以后即永定为例，每年派出此人数。派出时并须以汉文教习同往，庶幼年学生在美，仍可兼习汉文。至学生在外国膳宿入学等事，当另设留学生监督二人以管理之。此项留学经费，可于上海关税项下，提拨数成以充之①。

条陈写好后，由丁日昌送呈军机大臣文祥转奏。不料，文祥丁忧回籍，条陈石沉大海。

第二是天津教案。1870年春，天津民众袭击法国天主教徒，焚毁教堂和医院，酿成天津教案。曾国藩、丁日昌受命处理此事，急调容闳到天津担任翻译。容闳认为这是与曾密切接触的良机，可乘机向他提出自己的主张，于是急忙赴津。天津教案处理基本结束时，容闳再次向丁日昌详述了自己的计划，要他向曾国藩进言。第二天，丁日昌就向曾国藩大力推荐容闳的留学计划，终于获得曾国藩的首肯，他表示愿向朝廷奏请。

第三是曾国藩、李鸿章于1871年9月3日（同治十年七月十九日）联名呈上《奏选派幼童赴美肄业酌议章程折》（附章程）：

> 斌椿及志刚、孙家穀两次奉命游历各国，于海外情形亦已窥其要领……凡游学他邦得有长技者，归即延入书院……今中国欲仿效其意而精通其法。当此风气既开，似宜亟选聪颖子弟，携往外国肄业，实力讲求，以仰副我皇上徐图日强之至意……中国欲取其长，一旦遽图尽购其器，不惟力有不逮，且此中奥窔，苟非遍览久习，则本原无由

---

① 容闳：《西学东渐记》，湖南人民出版社，1981，第86~87页。

洞彻，而曲折无以自明。古人谓学齐语者，须引而置之庄岳之间，又曰百闻不如一见，此物此志也！①

第四是曾国藩、李鸿章接着于1872年2月27日（同治十一年正月十九日）再次联呈《奏遴派委员携带幼童出洋肄业兼陈应办事宜折》，进一步明确了幼童留学的规章，确定了有关负责人：

  查有奏调来江之四品衔刑部候补主事陈兰彬，夙抱伟志，以用世自命，挹其容貌则粥粥若无能，绝不矜才使气，与之讨论时事，皆能洞烛几微，益有远略而具内心者。又运同衔江苏候补同知容闳，前在花旗居处最久，而志趣深远，不为习俗所囿，同治二年曾派令出洋购买机器，该员练习外洋风土人情，美国尤熟游之地，足以联外交而窥秘钥……请旨饬派陈兰彬为正委员、容闳为副委员，常川驻扎美国，经理一切事宜。至挑选幼童应在上海先行设局，头批出洋后，即挑选次年之第二批，又挑选第三、第四年各批，与出洋之员呼吸相通。查有盐运使衔分发候补知府刘翰清，渊雅纯笃，熟悉洋务，业经檄令总理沪局（指在上海成立的选拔训练幼童的机构——作者注）事宜②。

至此，派遣幼童留美计划成定案，近代官费留学运动拉开帷幕。

容闳的留学计划能够得到洋务重臣的支持，并最终获得清政府的旨准，是多方面因素共同作用的结果。首先，自鸦片战争尤其太平天国事件以来，清政府和外国的交往日渐增多，急需有懂得外国语言文字，了解国际事务的外交人才，又因为引进了洋枪洋炮，设立了兵工厂，以及驾船舰、办工厂、开矿山等，需要大批科学技术人才，然而国内洋务学堂培养的学生远远不能满足现实的需要，因此派遣留学生出国，成为解决洋务人才匮乏的必要途径。其次，19世纪60年代以来，清政府几次派遣官员出外游历。1866年，斌椿带领其子和同文馆学生，由担任清政府海关总税务司的英人赫德做向导，游历了法国、英国、荷兰、丹麦、瑞典、芬兰、俄

---

① 中国史学会主编《中国近代史资料丛刊·洋务运动》（二），上海人民出版社，1961，第153~157页。
② 中国史学会主编《中国近代史资料丛刊·洋务运动》（二），上海人民出版社，1961，第157~159页。

国、普鲁士、汉诺威、比利时等国家。1868年，志刚（总理衙门章京、花翎记名海关道）、孙家谷（总理衙门章京、礼部郎中）等，在美国人蒲安臣的协助下，出访美、英、法、普、俄等国。官员游历使朝野上下于海外情形已窥其要领，闭目塞听的情况有所改观。最后，西方国家如英、美诸国欲借招收中国学子留学以拉拢清政府。例如在1868年，志刚、孙家谷等出使美国所订《中美天津条约续增条约》第七条规定："嗣后中国人欲入美国大小官学学习各等文艺，须照相待最优国之人民一体优待；美国人可以在中国按约指准外国人居住地方设立学堂，中国人亦可在美国一体照办。"① 这就为中国留学生的派遣提供了条约依据。又如1871年春，李鸿章与英国公使谈及派留美生时，英国公使"意颇欣许"，加之官派留学的倡导者容闳本身是留美生，"熟悉美国情形，而于学界中交游尤广"。且中美两国虽然相隔遥远，但"由太平洋乘轮船径达美国，月余可至，尚非甚难之事"②。诸多因素相互作用，导致了中国首批赴美官派留学，掀开了中国留学教育史上最重要的一页。

2. 幼童的选拔与派遣

幼童留学的具体计划一经确定，容闳即着手筹备招生。挑选学生出洋肄业，在中国为首创之举，显然挑选什么样的人出国留学是至为关键的问题。

早在1871年9月3日，曾国藩和李鸿章在他们上奏的《奏选派幼童赴美肄业酌议章程折》中即指出，选派学生赴泰西肄业，"惟是试办之难有二：一曰选材，一曰筹费"。何谓选材难？他们认为，"盖聪颖子弟不可多得，必其志趣远大，品质朴实，不牵于家累，不役于纷华者，方能远游异国，安心学习"③。这里，已为挑选什么样的人出国留学定下了基调标准。即是说，被挑选出洋肄业者应具备的素质为聪颖、志趣远大、品质朴实、没有家累牵制。在折中，他们还定下了具体的招生办法："上海设局经理挑选幼童、派送出洋等事，拟派大小委员三员，由通商大臣札饬在于上海、宁波、福建、广东等处挑选聪慧幼童，年十三四岁至二十岁为止，曾

---

① 褚德新、梁德主编《中外约章汇要1689～1949》，黑龙江人民出版社，1991，第187页。
② 陈学恂、田正平编《中国近代教育史资料汇编·留学教育》，上海教育出版社，2007，第91～92页。
③ 中国史学会主编《中国近代史资料丛刊·洋务运动》（二），上海人民出版社，1961，第153～157页。

经读中国书数年，其亲属情愿送往西国肄业者，即会同地方官取具亲属甘结，并开明年貌籍贯存案，携至上海公局考试。如姿性聪慧，并稍通中国文理者，即在公局暂住，听候齐集出洋，否即撤退，以节糜费。"①

这个招生章程和后来实际的招生办法略有差异，主要是年龄上的规定存在出入。真正招生时将年龄定为十二岁以上，十五岁以下。

容闳在他的回忆录中也提到了招生办法："暂定为百二十人，分四批，每批三十人，按年分送出洋。学生年龄，定在十二岁以上，十五岁以下，须身家清白，有殷实保证，体质经医士检验，方为合格。考试科目为汉文之写读；其曾入学校已习英文者，则并须试验其英文。"② 具体的操作程序是："至挑选幼童，应在上海先行设局，头批出洋后，即挑选次年之第二批，又挑选第三、第四年各批，与出洋之员呼吸相通。"③ 即先在上海设立一预备学校，逐年招考学生入校，预备期满，陆续派送。

19 世纪 70 年代的中国，社会闭塞，民智未开，舆论对出洋留学颇抱怀疑态度，民众受中国传统乡土观念影响，也不愿子弟背井离乡，远赴外邦求学，因此预备学校初次招考未满定额。容闳亲赴香港，到英政府所设学校中，挑选少年，以补足其数。学生选定后，由学生父兄在志愿书签名"载明自愿听其子弟出洋留学十五年（自抵美入学之日起，至学成止）；十五年中如有疾病死亡及意外灾害，政府皆不负责"。詹天佑是第一批留美的幼童之一，《詹天佑》一书中记录了詹天佑父亲所立"具结"的样式和内容：

> 具结人詹兴洪今与具结事，兹有子天佑情愿送赴宪局带往花旗国肄业，学习机艺回来之日，听从中国差遣，不得在外国逗留生理，倘有疾病生死，各安天命，此结是实。
>
> 童男，詹天佑，年十二岁，身中，面圆白，徽州府婺源县人氏。
>
> 曾祖文贤　祖世贤　父兴洪。
>
> 同治十一年三月十五日④
>
> 　　　　　　　　　　　　　　　　　詹兴洪　亲笔画押

---

① 中国史学会主编《中国近代史资料丛刊·洋务运动》（二），上海人民出版社，1961，第 153~157 页。
② 容闳：《西学东渐记》，湖南人民出版社，1981，第 92 页。
③ 中国史学会主编《中国近代史资料丛刊·洋务运动》（二），上海人民出版社，1961，第 157~159 页。
④ 王秋霞编著《詹天佑》，中国国际广播出版社，1998，第 6~7 页。

关于幼童留美时的自然情况，可从他们注册时留下的个人资料一窥究竟①。例如姓名、年龄、籍贯、受教育程度、家庭情况等。

第一，年龄。在120名幼童中，除了第二批幼童中容尚勤、曾溥二人年龄不详外，其余118人赴美时的年龄为：10岁者7人，11岁者19人，12岁者26人，13岁者35人，14岁者26人，15岁者4人，16岁者1人。可见年龄幼小是他们的共同特点。官方对此有特殊的考虑：幼童"在洋肄业以十五年为率"，"所选学生以十二岁计算，至十五年艺成后回至中国时已二十七八岁，若以二十岁计算，则肄业十五年回至中国将及三十六七岁，其家中父母难保必无事故。且年近二十，再行出洋肄业，未免时过后学，难望有成"②。但是年龄小，势必使学生的学习基础薄弱，从而影响学习成效。更重要的是，在此年幼时，幼童尚未形成稳定的世界观和价值观，随着在美岁月的增多，其言行举止，受美人同化而渐改其故态，对中学的兴趣日渐减少，甚至到达"厌弃儒学"的地步，为后来的文化冲突、计划夭折埋下了伏笔。

第二，籍贯。120名幼童以广东籍为84人，江苏籍21人，浙江籍8人，安徽籍4人，福建籍2人，山东籍1人。留美幼童多来自广东，是颇引人注意的现象。究其原因，可以约略归为四点：（1）广东地处近代资本主义经济的萌发地和对外开放的前沿阵地，较早受西方先进的物质文明和思想学说的浸染，在观念上比较容易接受出国留学和向西方学习。（2）按照考选计划，具备一定的英文基础是派赴美国的必要条件，广东地区多有青年曾在教会学校接受过英语训练。（3）因无报纸传播消息，北方人多不知此事，导致应考者"皆粤人，粤人中又多半为香山籍"。（4）容闳的示范作用。容闳自己是广东香山人，是近代中国第一个留美学子，幼童籍贯的集中与容闳的个人努力和示范作用有很大关系。

第三，出身。留美幼童出身于传统士大夫家庭的非常少，大部分是"身家清白，有殷实保证"者，少数是为"衣食而来"的贫穷子弟，这也是近代早期留学教育的特点之一。鸦片战争后，中外交往虽然逐渐增多，

---

① 参考徐润《徐愚斋自序年谱》，上海古籍出版社，2002。罗香林：《容闳与中国新文化运动之启发》，《新亚学报》1956年第1卷第2期。容尚谦：《中国近代早期留美学生小传》，李喜所译，《南开史学》1984年第1期。

② 陈学恂、田正平编《中国近代教育史资料汇编·留学教育》，上海教育出版社，2007，第97~98页。

但洋务运动时期，中国知识界注重的仍然是传统的四书五经和科举应试，对西学、西艺则不屑一顾，因此极少有大家子弟远适外国。平民、部分买办及经常与外商打交道的商人家庭是大部分幼童的出身背景。例如，第一批幼童邝荣光，其父在澳洲金矿任矿工，1871年获悉招考幼童出洋，便欣然送子应考；第二批幼童李恩富，其表兄在上海经营茶业，返家时将幼童留美计划说得天花乱坠，并且说幼童以后前程似锦，这才说服了李恩富的母亲同意儿子报名；第三批幼童唐国安，其族叔唐廷枢是洋务要员，曾和容闳在香港是同学；第四批幼童祁祖彝，其父祁兆熙，从事洋务，曾携第三批幼童赴美留学。

第四，学业根基。在120名出洋留学应选幼童中，有一部分人（如第一批在香港英政府所设学校学习的学生）从小就中西方兼学。另外，在以后所招三批学生中，仍有一些中西文兼学的学生，其中第三批幼童唐绍仪赴美前，求学于香港皇仁书院（其前身为中央书院）。但从总体上看，这些学生大多来自中国东南沿海一带出生于19世纪50年代末60年代初的学童，自小仍是以接受中国传统文化教育为主，具备一定的汉文基础。例如第一批从香港招来的詹天佑，1860年出生，七八岁入私塾，1871年即十一岁时读完私塾，适逢清政府招收幼童出洋肄业。第二批幼童苏锐钊，广东南海人，他在自传中说自己在5～16岁，是接受中国式教育。16岁那年，去上海进入幼童出洋肄业局学校，同年，被选入第二批幼童赴美留学。还有第三批幼童容耀垣自幼熟读中国书，因读书聪慧，以九岁幼龄入选赴美留学。因为这批孩子在洋务派看来肩负着大清国的未来，所以按要求在出国前需要在上海预备学校接受严格而正规的训练。在预备学校，学生读书时间多，而游戏时间少。学校的监督非常严格，强迫这些孩子读写中文，稍不尽如人意，学生就会遭到竹板的惩罚。但多少年以后，这些孩子仍然非常怀念这位暴君，因为在美国留学几年后，他们的中文水平没有落后，反较在国内有了一定的进步，这大大出乎人们的意料。

1872年8月11日，经过容闳的用心挑选和精心准备，第一批幼童30人在陈兰彬率领下启程赴美，陪同前往者还有中文教员叶绪东和容元甫，以及翻译曾兰生。而容闳本人则先此一月赴美，接洽学生膳宿和入学事宜。

1873年5月18日，第二批学生出国，由黄胜率领前往。

1874年8月9日，第三批学生出国，由祁兆熙率领前往。

1875年9月16日，第四批学生出国，由邝其昭率领前往。

到1875年，先后4批共120名学生全部抵美，这是中国近代史上第一次官费留学，容闳努力了近20年的愿望终得实现。正如其本人所言："至此予之教育计划，方成为确有之事实，将于中国二千年历史中，特开新纪元矣。"① 就促成幼童留美本身而言，容闳的开山导路之功毋庸置疑。

3. 广东留美幼童

第一批幼童中有24人是广东籍，第二批幼童中24人是广东籍，第三批幼童中17人是广东籍，第四批幼童中19人是广东籍，总计84人，占总数的69.7%。具体分析84名广东籍幼童的县籍，以香山县为最多，共40人。南海县次之，有15人，番禺县6人，新宁、顺德各5人，四会、新会各3人，博罗、镇平、海阳、开平、朝阳、新安、鹤山等县各1人。具体名单如下。

属于香山县的有蔡绍基、钟文耀、欧阳庚、容尚谦、蔡锦章、张康仁、刘家照、谭耀勋、程大器、陆永泉、邓士聪、钟俊成、史锦镛、蔡廷干、梁金荣、李恩富、黄有章、容尚勤、李桂攀、唐国安、宋文翔、张有恭、邓桂庭、唐元湛、卓仁志、唐绍仪、梁如浩、容耀垣、徐振鹏、唐致尧、郑廷襄、刘玉麟、黄耀昌、吴其藻、谭耀芳、盛文扬、唐荣浩、唐荣俊、陈绍昌、陈金揆。

属于南海县的有潘铭钟、苏锐钊、陈佩瑚、邝景垣、邝咏钟、邝景扬、徐之煊、祁贤俦、杨兆楠、潘斯炽、陶廷赓、林联盛、梁鳌登、陈福增、林联辉。

属于番禺县的有黄仲良、梁普时、梁普照、林沛泉、黄季良、梁丕旭。

属于新宁县的有邝荣光、容揆、温秉忠、邝国光、邝炳光。

属于顺德县的有梁敦彦、何廷梁、曹家祥、曹家爵、杨昌龄。

属于四会县的有吴仰曾、吴应科、吴仲贤。

属于新会县的有陈巨镛、陈荣贵、卢祖华。

属于博罗县的有罗国瑞。

属于镇平县的有黄开甲。

属于海阳县的有曾笃恭。

---

① 容闳：《西学东渐记》，湖南人民出版社，1981，第91页。

属于开平县的有方伯梁。

属于朝阳县的有曾溥。

属于新安县的有周长龄。

属于鹤山县的有冯炳忠。

4. 新大陆的新生活

关于广东幼童在美国受教育、生活的情况,并没有完整的资料保存下来,根据目前所见的零星史料可以掇其半鳞片羽。

一是《奏选派幼童赴美肄业酌议章程折》[①]:

> 至带赴外国,悉归委员管束,分门别类,务求学术精到。又有翻译教习,随时课以中国文艺,俾识立身大节,可冀成有用之才。

二是《挑选幼童前赴泰西肄业章程》[②]:

> 此系官生,不准在外洋入籍逗留,及私自先回,遽谋别业。赴洋幼童学习一年,如气性顽劣,或不服水土,将来难望成就,应由驻洋委员随时撤回。如访有金山地方华人年在十五岁内外,西学已有几分工夫者,应由驻洋委员随时募补,以收得人之效,临时斟酌办理。
>
> 赴洋学习幼童,入学之初所习何书,所肄何业,应由驻洋委员列册登注。四月考验一次,年终注明等第,详载细册……

三是《奏遴派委员携带幼童出洋肄业兼陈应办事宜折》[③]:

> 将来出洋后肄习西学,仍兼讲中学,课以孝经、小学、五经及国朝律例等书,随资高下,循序渐进。每遇房、虚、昴、星等日,正副二委员传集各童,宣讲圣谕广训,示以尊君亲上之意。

上列史料透露出清政府对首次派遣的留学生如何管理,曾有过周密的考虑。在幼童赴美时,清政府还在美国设有幼童出洋肄业局。该局除负责

[①] 中国史学会主编《中国近代史资料丛刊·洋务运动》(二),上海人民出版社,1961,第153~157页。

[②] 中国史学会主编《中国近代史资料丛刊·洋务运动》(二),上海人民出版社,1961,第153~257页。

[③] 中国史学会主编《中国近代史资料丛刊·洋务运动》(二),上海人民出版社,1961,第157~159页。

幼童的各种费用开支、安排汉文教习外，主要监督幼童在美国的学习和生活，委员有随时撤回、募补幼童的权利。在学业上，因朝中大臣都没有在国外留学的经验，只能从原则上规定"肄习西学，兼讲中学"，特别强调传统伦理道德和四书五经的学习。出洋肄业局也非常注重从道德上管教幼童。与之相应，留美幼童所在的美国康涅狄格州教育局也是管理留美幼童的具体机构，负责安排幼童的寄宿、入学以及指导美国教师如何教养中国幼童等。现撷取1872年10月9日康涅狄格州教育局局长诺索布（Northrop）发表的《致中国幼童教师函》以见其端。此函要求的美国教师注意事项甚多，其主要内容有：

其一，凡中国学生读背书，及散息安歇，须有一定时刻，现视华生虽皆性聪品正，然在幼稚之年，当于慈爱之中，仍寓严整之意。在该生等，虽言听句从，尤须自行勉励，厥有恒心，庶望为异日之能才。总之中国之人，勉除犹豫，振换惰懒，崇尚俭勤，各华生如亦能仿效行之，将来不失为中华好男子也！

其二，华生将来学成回国，各受执掌，其于中国文字，尤须兼习勿弃。应于每日间酌留四刻，以便专心温习汉书。先期汉教习预定三月功课，届时统由汉教习查对，庶中国文字，亦日有进益，腹笥必能阔广。

其三，华生先须勉学忠孝，及爱戴国家，凡所肄我国之才艺，均须克尽心力，猛著祖鞭，勿遗人后。庶中国之人，感受厥益，如能循循善诱，俾其念兹在兹，庶将来实效可收。

其四，华生尤须令知保身之道，须令其时常沐浴。遇有天变，务必躲避风寒，若当出汗之后，曾须加意谨慎，俾保无虞①。

作为副监督的容闳在美国留学多年，熟悉美国风土人情，在幼童的教育和生活安排方面，起着主导作用。他通过与耶鲁大学校长鲍脱尔商量，安排学生两三人一组分住在美国家庭里，以期他们能一开始就在美国环境下生活。美国自1776年独立后，其教育制度开始实施普及的或单轨的教育。教育行政权力操于各州，联邦政府依法不得干预各州教育设施。根据美国人大多以乡村为中心且居住分散的特点，建立了一种以社区为范围的

---

① 勒法吉：《中国幼童留美史》，高宗鲁译，珠海出版社，2006，第33~34页。

学区制,全美五十州,计有十万个学区。中国幼童先后四批抵美后,便被妥善地安置在新英格兰地区教育最发达的康涅狄格州、马萨诸塞州两州邻近哈特福德地区的美国家庭。这些美国家庭承担起监护和教育的双重责任,英文合格的幼童,直接进入美国学校,不合格者在老师家内接受个别补习,做入学准备。美国老师及监护人"家长式的爱护",显然对初到美国的幼童帮助极大。据梁敦彦回忆,他抵美后在康涅狄格州首府哈特福德美人巴特力君家居住。巴氏是耶稣教士,哈特福德学校教师,有一妻三女一子,家境不算丰盈,但能自足,全家和美安然。巴夫人学问精通,视梁敦彦为己出,照顾颇周到。梁敦彦夜间温习功课,遇有疑问之处,必请教于巴夫人,夫人无不一一详为指教,且选英文中高尚小说嘱咐梁敦彦用心浏览,文字之外,于书中高尚人物品行,尽力进学劝勉。初抵美时,同学中能操英语者仅梁敦彦一人,后又跟从巴氏长女玛丽学习英语,半年后他的英语就讲得和那些美国人一样了①。

按照留学计划,幼童们先学习英语,等才智逐步增长以后,再攻读各种专门课程,如物理、机械、军事、政治、经济、国际法等一切实用学科。经过短暂的磨合,幼童们很快适应了美国的学习和生活。他们"聪明而有趣,在游戏场上经常是获胜的;英语学得很好……上公立学校以后,与同学相处得很好,由于学业的进步,使老师感到无上的愉快"②。

在哈特福德读完小学、中学后,有28名幼童考入了著名哈特福德公立中学就读。哈特福德中学是一所声名卓著的高中,创建于1683年,是美国历史上第二古老的中学,以教学管理严格著称。毋庸置疑,幼童们在这里获得了学业上的严格训练。梁敦彦还在毕业当年被选为杰出学生代表,参加毕业班讲演比赛。他的讲演题目是"北极熊",围绕俄土战争揭露沙俄的强盗行径,听众深受感动,报以热烈的掌声。

除了学业上的进步外,孩子们在哈特福德的课外生活显然也是丰富多彩的。当时的哈特福德是美国保险业中心、制枪业中心、出版业中心,众多有影响的教育家、艺术家、文学家都集中在那里。美国的大文豪马克·吐温

---

① 裴燕生:《从〈顺德梁崧生尚书生平事迹草稿〉(手抄本)看清外务部尚书梁敦彦早年事迹》,《档案学通讯》2007年第1期。
② 刘真主编,王焕琛编著《留学教育——中国留学教育史料》第一册,"国立编译馆",1980,第32页。

就是幼童们的邻居，据说，当年的幼童经常和马克·吐温的女儿跳舞。

1939年耶鲁大学教授菲尔浦斯出版了他的自传，其中有一个章节的题目是《中国同学》。在书中，他用充满感情的文字叙说了自己与幼童在哈特福德中学的同窗经历以及对中国同学的印象：

> 这许多孩子们的装饰，除了拖着一根辫子，与我们无异。当他们踢足球的时候，将辫子塞进内衣里，有时候缠在头上，辫子一散开，对对手的诱惑过大。我们所玩的各种游戏，他们都感到新颖，但是他们都是排球、足球、冰上的曲棍球戏的好手，尤其是溜冰，他们的技艺已到达巅峰。当脚踏车问世时，学校里第一个拥有脚踏车的孩子就是张，现在我能眼看他们骑着这奇怪的机器上街了。
>
> 这许多孩子们，不仅在运动方面比我们美国人卓越，在其他方面也要比我们强。由于这种原因，往往引起我们内心的激愤，当他们参加任何社交场所，我们许多美国人即失去所有的机会。他们对于女孩子那么彬彬有礼的风度，是我们万万不及的。女孩子们老是喜欢与东方人士跳舞，是否他们的风度与谈吐具有正直的魔力，我不敢确定，不过，任何舞会或招待会上，最美丽与动人的女孩子们，终是对东方人特别恩宠有加，这是事实。当他们从我们的面前通过，或者接受中国学生们注意的那种温柔，以及使美国孩子感到痛苦的那种表情，使我永远不能忘怀。以我个人来说，对这种场合，反感兴趣，因为我的父母不允许我学跳舞，而这种民族的竞争，引起我戏剧性的直觉，认为东方人的跳舞很优美①。

5. 关于留美幼童留与撤的争论

幼童留美是清政府在内外交困的局势下不得不实行的应时之举，并非一项稳定的国家政策，自计划和行动的那日起，就始终处在清政府守旧势力的包围和攻击下。它的付诸实施很大程度上得力于晚清重臣曾国藩、李鸿章、丁日昌等的支持，但随着1872年对幼童留美支持最有力的曾国藩去世、丁日昌丁忧回籍，"支持派"的力量受到很大削弱。适逢美国排华气氛炽烈，清政府守旧势力乘机向主张洋务的李鸿章等展开攻击性的夺权斗

---

① 刘真主编，王焕琛编著《留学教育——中国留学教育史料》第一册，"国立编译馆"，1980，第33页。

争，幼童计划也被戴上"西化教育"的帽子受到攻击。1878年之后，两方关于留美肄业局撤废的矛盾已经日益明朗。

1878年，清政府委任顽固守旧的吴子登为留美肄业局新任监督，因对遣派留学一事素有成见，加之与容闳在共事时有龃龉，吴子登于是向李鸿章不断上书，大肆攻击容闳及在美学童。据容闳所记，吴在上书中攻讦：

> 谓予（指容闳，作者加）若何不尽职，若何纵容学生，任其放荡淫乱，并授学生以种种不应得之权利，实毫无裨益。学生在美国，专好学美国人为运动游戏之事，读书时少而游戏时多；或且效尤美人，入各种秘密社会，此种社会有为宗教者，有为政治者，要皆有不正当之行为；坐是之故，学生绝无敬师之礼，对于新监督之训言，若东风之过耳；又因习耶教科学，或入星期学校，故学生已多半入耶稣教；此等学生，若更令其久居美国，必致全失其爱国之心，他日纵能学成回国，此特无益于国家，亦且有害于社会。欲为中国国家谋幸福计，当从速解散留学事务所，撤回留美学生，能早一日施行，即国家早获一日之福云云①。

关于留美学生荒废中学，生活方式自由散漫等指责言论早在第一任监督陈兰彬在任时就常有。陈兰彬为"老成端谨，中学较深"的旧学派人物，与副监督容闳两者在观念、志趣、培养留学生的目标方面均大相径庭。容闳是按照美国教育方式的标准去衡量和评价学生的行为方式的，而陈兰彬虽身在美国，但对影响留学生观念变化的美国教育环境漠然无知，揣度物情，评衡事理，其心中所依据为标准者，仍完全为古旧中国人的见解。因此，陈兰彬不会理解和容忍在留学生身上所发生的变化，视这些变化为"流弊"、"恶习"或"离经叛道"，反而对接受民主观念的幼童采取的是愈来愈严厉的管教："每遇极正当之事，大可著为定律，以期永久遵行者，陈辄故为反对以阻挠之。例如学生在校中或假期中之正杂各费，又如学生寄居美人寓中随美人而同为祈祷之事，或星期日至教堂瞻礼，以及平日之游戏、运动、改装等问题，凡此琐琐细事，随时发生。"② 继陈兰彬之后，清政府派充留学正监督者先后还有三人，即区谔良、容增祥、吴子

---

① 陈学恂、田正平编《中国近代教育史资料汇编·留学教育》，上海教育出版社，2007，第162页。
② 容闳：《西学东渐记》，湖南人民出版社，1981，第102页。

登。此三人均为翰林出身,对待幼童的态度与陈兰彬有异曲同工之处。例如,区谔良上书条陈局中利弊,要求中道撤回留学生;容增祥也向李鸿章告状,认为学生抛弃中国传统,都是由于容闳偏执纵容。尽管几位监督都先后上过指责幼童离经叛道、容闳纵容幼童的报告,但是由于当时肄业局得到李鸿章的大力支持,所以这些报告没有给肄业局带来太大的影响。所谓三人成虎,随着时局的变化,李鸿章的态度也逐渐变得不再积极,尤其值得注意的是,在书信中,吴子登明确提出"解散留学事务所,撤回留美学生"的建议,说明守旧力量有把攻击留美幼童的声浪推向高潮的趋势。

1880年12月17日,江南道监察御史李文彬与在美国的吴子登遥相呼应,以幼童入教为借口向朝廷上奏,主张裁撤出洋肄业局,撤回留美幼童:

> 至出洋学生,原不准流为异教,闻近来多入耶稣教门,其寄回家信有入教恨晚,死不易志等语。该局帮办翻译黄姓,久为教徒,暗诱各生进教,偕入礼拜堂中……该学生等毫无管束,遂致抛荒本业,纷纷入教。是闽局之废弛如此,洋局之废弛又如彼,该学生等或习为游戏,或流为异教,非徒无益,反致有损,关系实非浅鲜……请旨饬下南北洋大臣转饬确查洋局劣员,分别参撤;其入教各生,一并撤令回华,免除流弊①。

朝廷接奏后,当日发出上谕:"著李鸿章、刘坤一、陈兰彬查明洋局劣员,分别参撤,将该学生严加约束,如有私自入教者,即行撤回,仍妥定章程,免滋流弊。"②

清政府考虑裁撤留美肄业局,召回留美幼童的消息传出后,在美国社会引起一些反响。在容闳的吁请下,杜吉尔牧师起草了一个声明书寄给美国驻华公使,再转呈李鸿章。在声明书中,杜吉尔说明"肄业局成绩卓著,成功在即,如中途撤回,实属可惜"③。美国总统格兰特也致函李鸿章,强调指出"幼童在美颇有进益,如修路、开矿、筑炮台、制机器各艺,可期有成,若裁撤极为可惜"④。

如果说美国官方的态度尚属温和,那么相较而言,美国教育界的态度

---

① 中国史学会主编《中国近代史资料丛刊·洋务运动》(五),上海人民出版社,1961,第249页。
② 顾廷龙、戴逸主编《李鸿章全集》(第9集·奏议九),安徽教育出版社,2008,第252页。
③ 石霓译注《容闳自传 我在中国和美国的生活》,百家出版社,2003,第275页。
④ 顾廷龙、戴逸主编《李鸿章全集》(第21集·电报一),安徽教育出版社,2008,第14页。

则比较激进直接，可谓全力阻止。耶鲁大学校长朴德执笔的签名书，代表了美国大多数教育家和大学校长的意见：

> 贵国派遣之青年学生，自抵美以来，人人能善用其光阴，以研究学术……今日正为至关重要时期，曩之所受者，犹不过为预备教育，今则将进而求学问之精华矣。譬之于物，学生犹树也，教育学生之人犹农也。农人之辛勤灌溉，胼手胝足，固将以求后日之收获。今学生如树木之久受灌溉培养，发芽滋长，行且开花结果矣，顾欲摧毁于一旦而尽弃前功耶？……乃贵国政府不加详细调查，亦无正式照会，遽由予等校中召之返国，此等举动，于贵国国体，无乃有亏乎？……且敝国无端蒙此教育不良之恶名，遂使美利坚大国之名誉亦受莫大之影响，此某等所以不能安之恶名，遂使美利坚大国之名誉亦受莫大之影响，此某等所以不能安缄默也①。

在朝野上下及美国各方的压力面前，李鸿章对肄业局的态度变得模棱两可，其意在半撤半留之间，"鸿章平心察之，学生大半粤产，早岁出洋，其沾染洋习或所难免；子登绳之过严……以为悉数可撤，未免近于固执。后次来信，则谓学生之习气过深与资性顽钝者可撤回华，其已入大书院者满期可近，成材较速，可交使署兼管。其总办、教习、翻译等员，一概可裁，尚系审时度势之言。莼甫久管此局，以谓体面攸关，其不愿裁撤，自在意中；然阅其致子登函中，有分数年裁撤之说，尚非不可理喻者"②。

由于李鸿章的回避态度，1881年6月8日总理衙门上奏，"与其逐渐撤还，莫若概行停止，较为直截"。慈禧太后当日即批示同意，下令将幼童悉数撤回，这场关于"留"与"撤"的争论就此画上句号。

清政府的反应是其主观意识的合理发展。在清政府和洋务官僚看来，派幼童到域外学习是不得已而为之的举动，它的前提是要有完备无缺的定制，有留学监督的严厉管束，有汉文教习教授汉文，这样就能够保证西学中学齐头并进，又能保证幼童不"囿于西学"，从而达到"中学为体、西学为用"的目的。但是作为文化交流的一种形式，留学行为本身必然会带

---

① 容闳：《西学东渐记》，湖南人民出版社，1981，第108~110页。
② 陈学恂、田正平编《中国近代教育史资料汇编·留学教育》，上海教育出版社，2007，第155~156页。

来异域文化的影响，因为文化交流是相互渗透的，这由文化的排他性和融合性所决定。所以，留学生在异域学习本国文化，只能加强对本土文化的学习，但不能阻止异域文化的影响，更不能在接受一部分异域文化的同时而不受其他部分的影响，清政府企望留美幼童在学习西方自然科学的同时又不受其社会科学及观念信仰的影响，显然行不通。

1881年7月，清政府撤回幼童的谕令传到美国，幼童开始准备撤离。由于幼童们年龄不一，出国时间不一，在美国的学业情况也不同。根据目前掌握的资料，84名广东幼童的肄业情况如下。

19名幼童肄业（毕业）于耶鲁大学，包括欧阳庚、容揆、黄开甲、梁敦彦、张康仁、钟文耀、蔡绍基、唐国安、谭耀勋、李恩富、容耀垣、曾溥、陈佩瑚、刘家照、陈巨溶、陆永泉、卢祖华、徐振鹏、钟俊成。只有欧阳庚1881年从大学毕业。容揆和谭耀勋则是抗拒被召回，留在美国完成耶鲁大学学业的。李恩富和陆永泉是被召回后，重新回到美国，完成了大学学业。

7名幼童肄业于麻省理工学院，包括邝咏钟、方伯梁、邝贤俦、宋文翔、邝景扬、邓士聪、杨兆楠。

3名幼童肄业于哥伦比亚大学，是唐绍仪、周寿臣、吴仰曾。曾进入耶鲁大学的张康仁，被召回国后，又重返美国，在哥伦比亚大学法学院毕业。

4名幼童肄业于瑞萨莱尔理工学院，包括吴应科、苏锐钊、罗国瑞、潘铭钟。

2名幼童何廷良、邝国光肄业于安姆斯特学院，2名幼童邝炳光、温秉忠肄业于伍斯特理工学院。

还有邝荣光肄业于拉法叶学院、吴仲贤肄业于布朗大学、梁如浩肄业于斯蒂文斯理工学院、黄仲良肄业于理海大学。

幼童被召回时，多数刚刚进入大学，是为"所学未成"，"如树木之久受灌溉培养，发芽滋长，行且开花结果"，却被"摧毁于一旦"，不能不说是留学教育史上的一大损失。

6. 广东留美幼童的历史遗产

按照清政府计划，留美幼童学成回国后，由政府授以正当的官阶，俸禄地位与经过传统考试及格之官员相类似。但由于新旧纷争而导致被中途撤回的留美幼童，在1881年回国之初即遭到冷遇。这从幼童黄开甲以充满愤懑和苦涩的情绪写给美国友人的信中可以得见：

> 船头划开扬子江平静而黄色的水波，当靠码头时，那船弦碰岸的巨响，才惊醒我们"乌托邦式"的幻梦。
>
> 人潮围绕，但却不见一个亲友。没有微笑来迎接我们这失望的一群……为防我们脱逃，一队中国水兵，押送我们去上海道台衙门后面的"求知书院"。
>
> ……"求知书院"已关闭十年了，迷信人们相信此处常有幽魂出现，惊恐的中国同胞言之凿凿。大门十年未开启，墙壁剥落，地板肮脏，石阶满布青苔，门窗均已潮湿腐烂。
>
> 当你跨进门桩，立刻霉气熏鼻，这些阴暗似乎象征我们的命运……①

至于工作分配，据1881年6月8日（光绪七年五月十二日）总理各国事务衙门奕䜣等在撤回留美幼童的奏折中所说："至诸生肄业既久。于原定章程九门当亦渐通门径，回华后察其造诣浅深，分配各处，庶无失材器使之意。"② 事实上，他们多被送入洋务学堂，改学国内急需的其他专业。有的被送到电报局学传电报，有的被船政局、上海机器局留用，还有的被分拨到天津水师、机器、鱼雷、水雷、电报、医馆等处学习当差。幼童们虽然全都服从分配，但他们对职业分配大为失望，因为其"完全不按个人志趣及在美所学，全由中国官员来决定。而他们的笨拙无知，使他们对这种事根本无法下判断"③。

但是，历史的车轮已经将中国社会推向现代化的道路，在国外学习了军政、船政、步算、制造诸学的幼童，在经历了人生的种种低谷后，最终还是在这个处在伟大变革时代的国家中找到自己应有的位置，在封建官僚集团的怀疑和压制下，实现着振兴祖国、捍卫民族尊严的人生理想。

84名广东籍幼童中最为人熟知，取得了最杰出成就的是三唐、三梁、三邝、二蔡。

---

① 李喜所：《近代留学生与中外文化》，天津教育出版社，2006，第56~57页。
② 中国史学会主编《中国近代史资料丛刊·洋务运动》（二），上海人民出版社，1961，第165~166页。
③ 高宗鲁编译《中国留美幼童书信集》续一，《传记文学》，传记文学杂志社，1986，第81页。

唐国安（1860～1913年），字介臣，广东香山人。1873年被选送为第二批官费生赴美国留学，初入新不列颠中学，毕业后考入耶鲁大学法律系。1885年归国，初任上海某校教员，继任教于圣约翰书院（即后来的圣约翰大学），与颜惠庆（民国著名外交家）相善，订莫逆之交。其时，上海一家中英文合璧的《南方报》影响颇大，唐被聘为编辑，他常常撰文抨击由外国人控制的上海工部局制定的多项损害中国人的法令，争民族之权益，直言正论，词锋犀利，为洋人所嫉妒，唐国安由此几被逐出租界。其间，唐国安还兼任环球中国学生会会董。

1907年，唐国安调北京，任外务部司员，兼任职于京奉铁路。1909年，被委为在上海召开的万国禁烟会议的中国代表，他在会上慷慨陈词，力主禁烟禁毒，以利民生。

禁烟会后，唐国安出任游美学务处会办，总办为外务部丞参周自齐。1909～1911年的三年中，唐国安协助各省直接派遣了三批留美学生。1910年，清政府正式任命唐国安为外务部考工司主事。

1911年2月，游美学务处将"游美肄业馆"正式定名为"清华学堂"，唐国安兼任副监督。同年，复任在荷兰海牙召开的万国禁烟会议代表。

1912年元月，民国肇建。4月，北京政府外交部取消游美学务处，其原有一切职权划归清华学堂接管，唐国安被任命为正监督。5月，清华学堂改称为清华学校，唐国安出任第一任校长。此后，每年都将该校高等学科的毕业生资送美国留学。建校后，唐国安殚精竭虑，尽力为学校的发展制定规划，台湾学者林子勋称唐国安晚年主持的游美学务和清华学校工作，是容闳留美教育计划的"复活与延续"，为日后清华大学的发展打下了良好的基础，无愧为清末民初留美教育事业承前启后之人。

1913年8月，唐国安因患心脏病在北京逝世，时年53岁。举殡时，袁世凯特派大员代表致祭，美国派其驻华公使威廉等亲临祭吊，足见他在中外政界影响之大。

唐绍仪（1860～1938年），字少川，广东香山人，自幼到上海学外语，1874年被清政府选派赴美留学。1881年回国，入天津水师附设的洋务学堂学习。1885年在天津税务衙门任职，后被派往朝鲜办理税务，得袁世凯赏识，被调任西文翻译。1894年7月代理袁世凯驻扎朝鲜总理交涉的通商事宜职务。1895年随袁世凯至小站练兵。后袁世凯任山东巡抚，随其前往山东办理外交和商务事宜。1901年，袁世凯署直隶总督兼北洋大臣，补荐为津海关道。1904年任清政府议藏约全权大臣，与英国交涉英国侵略西藏事件。1906年4月与英国签署《续订藏印条约》，英国确认中国对西藏地方的领土主权。1907年任奉天巡抚，1910年任邮传部尚书。1911年武昌起义爆发后，任袁世凯内阁全权代表，参加南北议和。1912年中华民国成立，3月任首任国务总理，加入同盟会。力图推行责任内阁制，6月不满袁世凯破坏内阁副署权，辞职居上海。1915年反对袁世凯帝制活动，1916年6月被任为段祺瑞内阁外交总长，未就职。1917年9月随孙中山南下护法，任广州护法军政府财政部长，1918年5月军政府改为总裁制，为七总裁之一。1919年初南北议和，任南方总代表。1920年冬随孙中山重返广州，恢复军政府，但未任职。后退隐家乡。1922年8月被任为北京政府国务总理，未到任。1931年5月，汪精卫等在广州成立反蒋政府，任常务委员。是年冬任国民党中央监察委员、国民政府委员。1932年任西南政务委员会常务委员兼中山县县长，1934年10月，为广东军阀陈济棠所迫回上海。抗战爆发后，日本曾拉拢其出任伪政权首脑，未就，1938年9月被军统特务杀死。唐绍仪长子唐榴曾任中国驻新加坡总领事、中国驻檀香山总领事等外交职务。长婿诸昌年，二婿张谦，四婿顾维钧都持过使节，可谓外交世家。

唐元湛（1861~1922年），字露园，广东香山县人，1873年，第二批官费留美学生，回国后，在天津北洋的学校完成电报工程和管理方面的学业后，被分配到上海，供职电报局。1905年，清政府派"五大臣"出洋考察宪政，唐元湛随戴鸿慈、端方等前往美国、德国、意大利、奥地利等九个国家，考察政治制度。考察回国后，唐元湛暂时离开了电报业从事商业。一方面，他在上海商务总会任职，同时，还是上海商业储蓄银行的董事长。期间，唐元湛在天津路打理自己的银行，同时在当时的海格路创办了红十字医院，并担任董事长。1911年6月，唐元湛调任上海电报局总办兼任中国邮电总局提调和上海邮电分局总办。二次革命后，唐元湛被撤职，从此离开电报事业。开办学校是唐元湛对社会另一不得不提及的贡献。唐元湛曾是复旦大学和同济大学的校董之一，还是上海"童子军"的董事长。包括聋哑学校在内，唐元湛一生创办了十余所学校。1919年，唐元湛担任中国红十字会理事长，三年后因中风在自己的红十字医院去世。享年61岁。唐元湛长子唐观翼、次子唐观爵皆为英国留学生，在机械工程专业学有所成，为国家机械工业贡献作用。

梁敦彦（1857～1924年），字崧生，广东顺德人。香港中央书院肄业。1872年官派赴美留学，先后在美国哈特福德中学、耶鲁大学学习。1881年回国，任福州船政学堂、天津电报学堂英文教习。1884年为张之洞幕僚。1904年任汉阳海关道，旋充天津海关道。1907年以直隶海关道出使美国、墨西哥、古巴等国。1908年任外务部尚书。1909年任外务部会办大臣兼尚书，后任袁世凯内阁外务部大臣。1913年袁世凯解散国民党，成立政治会议代替国会，其被指定为议员。1914年5月任交通总长，被袁世凯授予中卿和上卿衔。1915年12月至1916年3月任陆征祥内阁交通总长。1916年4月又任段祺瑞内阁交通总长。张勋复辟时，任外务部尚书兼内阁议政大臣。张勋复辟失败后被通缉，此后闲居天津，1924年病逝。

梁如浩（1863～1941年），字孟亭，亦作梦亭，广东香山人，1874年赴美留学。1881年归国后，任天津西局兵工厂绘图员。1883年，任德籍顾问穆林德随员，赴朝鲜筹设海关。1885年，为驻朝鲜通商事宜大臣袁世凯幕僚。1894年，日本挑起甲午战争，梁如浩随袁世凯回国，任关内铁路运输处处长，后升北宁路总办。1902年，奉命接收关外铁路。1905年，任驻荷兰钦差大臣陆征祥之随员。后捐纳为候补道。1906年秋，负责修筑高碑店至梁格庄之西陵铁路支线。1907年，任奉锦山海关道，兼关内外铁路总办、天津海关监督、牛庄海关道、天津海关道、上海海关道。1908年1月，出任外务部右参议。6月，出任外务部右丞，署奉天左参赞。1909年9月，免去外务部右丞职。1911年9月，出任邮传部副大臣。后又任广东省交通部长。民国元年，清帝退位。9月，出任外交总长。11月，因不愿签订外蒙条约而辞职。1921年，任出席华盛顿会议中国代表团高等顾问。1922年9月。任接收威海卫委员会委员长。1924年5月辞职。退休后定居天津，曾任华洋义赈会会长。1941年去世，终年79岁。

梁诚（1864～1917年），原名丕旭，字震东，广东番禺人。1875年公派美国留学，进菲力学院肄业，1881年被召回在总理衙门任章京，兼理电信和记录工作。1886年以候选县丞资格，随张荫桓公使赴美，后升任使馆参赞。1897年随张氏赴英，奉贺英女皇维多利亚登基60年庆典，返国后获授直隶候补道。1901年随载沣赴德国，依《辛丑条约》向德皇谢罪。1903年以记名简放道加三品卿衔，出使美国、西班牙、秘鲁、古巴等国。在任四年，交涉退回庚款事宜；奏请清政府依照西法创立红十字会；又因承办粤汉铁路的美国合兴公司私将公司底股的 2/3 售予比利时国公司，与美国有关各方文涉，得以赎回路权。任满返国，升为头品顶戴。随后任粤汉铁路广东部分总理。1909 年受命随海军考察团出洋考察，1910 年任驻德国公使，次年出席荷兰海牙万国禁烟会议。民国成立后，交卸公使职回国。晚年移居香港。

邝荣光（1863～1962 年），广东新宁县人，首批留美幼童，1881 年回国，曾在唐山开滦煤矿、直隶（河北）省林西、临清煤矿从事地质矿业工作。1905 年清政府在直隶成立全省矿政调查局，邝荣光受聘担任矿政调查局的总勘矿师。他绘制的《直隶省地质图》、《直隶省矿产图》和《直隶石层古迹》，填补了我国矿产业的一项空白。邝荣光还积极培养了一大批中国地质人才，为完成中国近代的大量地质调查和科学研究工作做出了贡献。日俄战争后，长春以南的中国东北地区南部成了日本的"势力范围"，日本人乘机强行将本溪湖煤矿占据并开采、掠夺中国资源。1909 年，邝荣光两次奉清政府之命到本溪湖勘察煤矿储藏量，他与日方针锋相对，据理力争。1910 年 5 月，中日双方在《中日合办本溪湖煤矿合同》上正式签字。中国虽然只争回本溪湖煤矿的一半矿权，但邝荣光为维护主权完整做出了不懈努力，功不可没。1962 年，邝荣光在天津辞世，享年 102 岁，是 120 名留美幼童中最高寿的一个。

邝景扬（1862～?），广东南海县人，与詹天佑同为我国最早的铁路工程师，第三批留美幼童，曾就读于麻省理工学院，1881 年回国后分往唐山采矿工程公司，参加京沈铁路采矿工程队，曾任粤汉铁路广东段的总工程师和京张铁路的总工程师，死于天津。

邝国光，广东新宁县人，第四批幼童，归国后被分发到天津海军学校，服役于北洋海军定远军舰，退役后在武昌纺织厂工作，后任河北省政府人事秘书及江南造船厂厂长多年，死于上海。值得一提的是，邝氏家族可看作广东留学史上的家族留学的缩影。除了邝国光作为幼童留美外，其叔邝其昭曾受清政府遣派带领第四批幼童到美，其兄邝荣光为第一批幼童，其弟邝炳光同为第四批幼童。一个儿子邝熙堃、一个女儿曾在清华学校读书，后来取得官费留美资格，另有一个儿子邝安堃是留法医学博士。

蔡绍基（1859～1933 年），名述堂，字以行，广东香山人，第一批留美幼童，曾入耶鲁大学，1881 年奉召回国后，先在上海海关道署任翻译，后入招商局任低级职员，也曾短期在大北电报公司任翻译员。蔡绍基于

1886年赴韩国入袁世凯幕府任秘书。1903年回国任北洋洋务总办，为直隶总督管外交事宜。第二年出任天津北洋大学校长。1907年（光绪三十三年）继梁加浩任天津海关道，直到1910年止。1910年（宣统二年）由公职退休，致力于慈善事业并协助扩充北洋大学。1933年5月23日在天津去世。

蔡廷干（1861~1935年），字耀堂，广东香山人。早期赴美国留学生。回国后入天津水雷学堂，后在大沽炮台鱼雷艇队任职。中日甲午海战时，指挥鱼雷艇作战，受伤被俘，后经交涉被释放回国。1911年任海军部军制司长。中华民国成立后，任总统府高等军事顾问，授海军中将。1914年任袁世凯英文秘书长，对袁世凯的称帝活动表示不满。1919年任中国红十字会副会长。1921年任华盛领会议中国代表团顾问。1923年任关税会议中方筹备委员会副主任。1926年一度代理杜锡珪的内阁外交总长职务，后病逝于北京。著有《老解老》，译诗集《唐诗英韵》等。

除了以上数位，其他广东幼童对我国政治、经济、社会等方面的贡献和影响也值得记录。按照职业分类，这些幼童从事外交洋务（包括海关）的有14人、海军和航海业15人、邮电业8人、铁路界9人、矿务有4人、商界8人、教育界2人、新闻出版界1人、医药界1人。

在外交界领域从业的有14位，他们是：

陆永泉，分发福州海军学校，未毕业赴美继续深造，曾任纽约领事，在办公室被暗杀。

张康仁，重赴美完成学业，在火奴鲁鲁与旧金山两地执律师业，曾任驻西雅图领事，死在美国。

钟俊成，任广州、香港、厦门、重庆等地美国领事馆职员，死于上海。

欧阳庚，分发福州海军学校。其后派往纽约领事馆服务，曾任智利代办，一直在外交界服务。

钟文耀，初在上海港务局工作，后转入外交界，先后任华府中国使馆翻译，驻西班牙马德里代办，驻马尼拉总领事馆及京沪、沪杭甬铁路局局长，铁道部顾问。

刘家照，参加外务部天津局工作，死于广州。

苏锐钊，福州海军学校毕业，任黄埔海军学校教官，后转入外交界服务。

吴仲贤，驻高丽领事，驻日本横滨总领事，驻墨西哥代办，汉口海关税务司。

温秉忠，曾服务于上海纺织厂，后入美国领事馆工作，曾任北京海关及苏州海关税务司，死于上海。

陈佩瑚，服务于美国驻广州、香港等地领事馆，死于香港。

容揆，曾任驻美国大使馆参事及代办。

唐荣浩，任山东外事局局长，山东省候补道台，死于济南。

刘玉麟，入外交界服务，曾在欧美各国任领事，驻英国公使。

吴其藻，分发至福州海军学校，参加甲午海战，任高丽领事多年，后在京沪路工作。死于上海。

在海军和航海领域从业的有15位，他们是：

邓士聪，分发福州海军学校，毕业后调派北洋舰队服务，后又调广州，离职后经商，死于香港。

容尚谦，分发福州海军学校，毕业后在扬武旗舰见习，参加中法海战。中日战争中，担任环泰军舰舰长，后任轮船公司经理多年，再转任平沈路运输处长。

何廷梁，分发天津医药学校，毕业后任海军医官，早年殁于广州。

陈钜镛，分发福州海军学校，毕业后在舰上见习，跳水时受伤，血液中毒而亡。

吴应科，分发福州海军学校，后派至北洋舰队服务，曾任北京电报局长，江南造船厂厂长，舰队司令等。

邝永钟，分发福州海军学校，1884年中法海战中阵亡。

宋文翙，分发福州海军学校，后调北洋舰队服务，任长江舰队炮舰舰长，死于上海。

杨兆楠，分发福州海军学校，中法海战中牺牲。

黄季良，分发福州海军学校，中法海战中牺牲。

徐之煊，早亡于大沽要塞。

郑廷襄，初在大沽炮台鱼雷舰队，后赴美继续深造，后为机械工程师，死于纽约。

徐振鹏，分发福州海军学校，后派往北洋舰队，曾参加甲午海战，死于上海。

曹家祥，分发天津海军学校，参与甲午海战，天津民政局局长，而后经商，死于天津。

邝炳光，初在大沽炮台，后服务北洋海军，后在汉阳兵工厂、平汉铁路工作，得科学进士学位，死于上海。

陈金揆，分发天津海军学校，后来任致远号军舰舰长，在鸭绿江战役殉职。

在邮电业领域从业的有8位，他们是：

黄开甲，曾任盛宣怀秘书，招商局与电报局经理，殁于日本。

方伯梁，在电报局服务，曾任粤汉路电报局主管，死于汉口。

梁金荣，在电报局服务，死于江西省电报局局长任内。

卓仁志，曾在电报局工作。

林联盛，初在电报局工作，后服务于平汉路，死于北京。

冯炳忠，在电报界工作，死于广州。

陶廷赓，初在电报局工作，后执教吴淞学院，曾任湖北省电报局局长。

盛文扬，初在电报局工作，后来主持地方行政，死于福州。

在铁路界从业的有9位，他们是：

曾笃恭，曾任上海华北日报编辑，津浦铁路局秘书，死于天津。

黄仲良，驻旧金山领事，汉口汉冶萍公司秘书，粤汉铁路广州段段长，津浦局局长，死于天津。

蔡锦堂，经商，其后任职于津沪铁路，死于上海。

罗国瑞，初在上海港务局工作，曾勘察并协助修筑大冶至萍乡间铁路。勘察云贵及粤汉铁路线，勘察并协助修筑津浦路两段。

周长龄，初在海关工作，后任招商局天津分局经理，平沈路局长，营口海关道台，香港立法局议员，英政府曾授予爵士。

唐致尧，初经商，后入平汉铁路与天津税务局工作，死于上海。

梁普时，派往大沽炮台服务，后参加平沈路工作，死于上海。

杨昌龄，分发大沽炮台，后为军校教官，转入平汉铁路工作，任平绥路运输处长及副局长，死于天津。

黄耀昌，初在上海纺织厂，后进入英商轮船公司。后进招商局及京沪路、平汉路工作，死于上海。

在矿务业领域从业的有4位，他们是：

陈荣贵，服务于中国工矿公司，死于天津。

吴仰曾，归国后转赴英国攻读矿冶工程，曾在热河创办多种矿业，其后任职于南京政府及浙江、河北等省政府。

祁贤俦，分发唐山工矿公司，早死于唐山。

卢祖华，分派大沽炮台，旋转往唐山工矿公司，曾在平汉铁路服务，死于广州。

在商业界从业的有8位，他们是：

史锦镛，经商，死于上海。

李桂攀，重赴美国完成学业，经商，早死于纽约。

邓桂庭，分发福州海军学校，未毕业即离校，赴日本经商，早年死于神户。

梁普照，派在唐山工矿公司工作，担任秘书。后任英国轮船公司宜昌代理人，死于宜昌。

林沛泉，初在韩国海关服务，入平沈路工作，后转入商界。

容耀垣，分发天津海军学校，毕业转往汉口、香港经商，曾任孙中山大总统顾问，死于上海。

唐荣俊，经营父遗商业，死于上海。

潘斯炽，初在上海官办纺织厂工作，后在北京政府任职，死于北京。

在教育界从业的有两位，他们是：

程大器，执教于江南武备学堂，死于上海。

容尚勤，教书，死于广州。

在新闻出版界从业的有1位，他是：

李恩富，重赴美留学，毕业于耶鲁学院，后在广州办报。

在医药界从业的有1位，他是：

林联辉，分发北洋医药学校，后任北洋医院院长，早死于天津。

此外还有数名广东留美幼童早年夭折：谭耀勋，1883年毕业于耶鲁学院，同年死于美国。潘铭铨，在美攻读期间亡故。曾溥，毕业于耶鲁学院，又赴德国学习矿业工程，早年死于香港。邝景垣，早亡于广州。黄有章，家居。张有恭，早年溺毙于黄浦江。曹家爵夭折于美国。陈福增，早亡。陈绍昌，早亡。梁龙登，早亡。谭耀芳，早亡于广州。

（三）晚清时期其他留学美国的学生

清政府撤回留美幼童之后，留美教育陷入萧条，后来美国实行排华政策，致使留美一度中断。1900年，留美学生人数只有十多名。进入20世纪后，清政府实行新政，热心于派学养才，留美教育逐渐复苏。1908年，美国退还部分庚款，给晚清留美教育注入新的动力，清政府的措施也迎合了美国的政策，为留美提供种种便利条件，留美教育出现高潮。

1. 官费留学

广东的留美情形可分官费和自费来区别看待。总体来看，新政以后的广东官费留学在全国各省的比较中已经逐渐失去了优势地位，和幼童时期留学不能相提并论。广东官费留学的迟缓是相对于其他省份的后来居上而言的。

晚清官费留学区域性特征明显，新政之后两江、两湖、直隶、四川等省官派留学较为兴盛，横向比较，广东省官费留学比较迟缓。这是因为广东"财力奇绌"，而当时的官费留学主要依靠各地方筹措经费，更为主要的是广东缺乏强有力的留学推动者。张之洞、端方、袁世凯等是新政以来倡导留学教育最力者，这些官员任职之地，如福建、天津、两湖、江浙一带，便是留学教育较为发达之处。广东显然缺乏这样的支持者，以致"粤省通商最早，士气开通，工商发达，而选派游学之举，除前督臣陶模派往日本留学速成师范外，绝无所闻"①。这种情况到岑春煊任两广总督之后有所改变，他上任后注意到广东农工商务人才匮乏，几次选派人员出外游学。

1903年两广学务处成立后，岑春煊就提出"兹当新政权舆，百端待举，欲广储才俊，应时世之要需，若仅于现办之学堂求之，实恐缓不济急。且学科不备，师范难求，欲猝然自跻于欧美学者之列，亦必无之事"，只有"智识互换，而后进化乃速。互换智识，实以出外游学为最易收效"②。1904年，两广学务处拟定留学招选章程十六条，选派学生到日本和欧美学习。

章程内容大略如下③。

> 1. 游学之额为欧美二十人、日本二十人；学生年龄限定二十岁以上三十岁以下；招考学生不问满汉本省外籍，但外籍人不得超过十分之三。

---

① 一档：《宫中档案朱批奏折文教类》第9册，缩微胶片号：1591 – 1593，转引自刘晓琴《中国近代留英教育史》，南开大学出版社，2005，第75~76页。
② 《东方杂志》1904年第1期，"教育"。
③ 《东方杂志》1904年第1期，"教育"。

2. 粤省官现任官知县以上，或中书以上、知府以上的绅官，均可保送学生；粤省官私立各学堂均可保送本学堂学生；本省外省学堂学生均可报名考试；保送生报名者一律参加考试；有高等学堂、西学堂肄业生优先择优选送；有名誉夙著、有真知灼见者无须考试特别取送。

3. 考试照额取定，并宽取若干名留在学务处考察。
4. 游学生须有保证人，出具保结交学务处存案。
5. 游学生在外入何学堂、卒业年限待选取后查看定之。
6. 卒业返国后一般以五年为在粤省服务期限。
7. 得取游学文凭后按章程给予各项出身。

此章程内容较详细，包括招考办法、保送办法、遣派办法及卒业后对粤省的义务等。此章程的出台对两湖、直隶等游学发达的省份的相关章程有所模仿，由于是探索阶段的产物，章程对学生的资格、出外游学的年限、专业都没有明确规定，这在一定程度上必然影响留学教育的成效。

为响应清政府敦促兴学育才之策，在其后的几年中，广东省采取了一系列措施发展留学，如对报效田产充作留学经费的寺僧给予褒奖，完善留学章程，出台《两广学务处派游学规约》，使在外留学生的管理有法可依。1905年，岑春煊还在广东省城内设立游学预备科，考选有一定根基的学生入堂学习两年预科，然后派往国外学习高等师范，为广东省新式学校培养师资。1905年，两广学务委员带领15名学生游学美国，其中温诚、陈廷麒二人入纽约的西点军校，开华人入该校的先例。经过一段时间的努力，广东的留学人数"大有增进"，从数量上计，广东的官费留日学生数占据优势，但官费留美生声誉卓著，在晚清留学生中堪称佼佼者。

1904年，《东方杂志》第1卷第6期刊登广东留美学生严锦榕在美国考试中夺取殊荣的消息。

英美各大学校每年有大考一次会集各国学校之学生功课合考选之，被选为首列者名曰花罗涉，盖以其智识学问为各国学生之最特出者，于世界上有至高之价值者也。今年纽约哥伦比亚大学堂开考，夺此标者为吾国严君锦榕。

1905 年，《东方杂志》第 2 卷第 2 期刊登：

> 粤省游美学生东莞王君宠惠甲辰年在耶鲁大学卒业，考得头等文凭，为全班冠，并得博士学位。

这两名留美生都是用北洋官费留美的。在晚清的官费留学教育中，学堂派遣留学是重要形式之一。北洋大学是中国第一所近代大学，也是最早启动学堂留学的机构之一。1901 年，北洋大学陈锦涛、王宠惠、王宠佑、张煜全、胡栋朝、陆耀廷、吴桂龄、严锦榕 8 人从上海出发，赴美留学，是该校首批留美生①，此 8 名学生均为广东籍人士。

梁启超在《新大陆游记及其他》一书中，曾经提到这批学生，根据他的记述，可知他们在美国学业情况。

陈锦涛，广东南海人，耶鲁大学，政法数学专业。

王宠惠，广东东莞人，耶鲁大学，法律专业。

张煜全，广东南海人，耶鲁大学，政治专业。

王宠佑，广东东莞人，加州大学伯克利分校，矿务专业。

陆耀廷，广东人，加州大学伯克利分校，工程专业。

胡栋朝，广东人，加州大学伯克利分校，工程专业。

吴桂龄，广东新安人，斯坦福大学，电学专业。

严锦榕，广东东莞人，哥伦比亚大学，政法专业。

耶鲁大学为美国最著名的大学之一，在此间就读的陈锦涛、张煜全、王宠惠得入此间大学足以说明他们的成绩之优异，后来在 1906 年清政府第二次留学毕业生考试中，三人又位列最优等，被授予进士出身。陈锦涛在晚清担任过大清银行稽核、度支部预算司司长、统计局局长、印铸局副局长等职。民国以后，他先后担任过南京临时政府首任财政总长、北京政府财政总长兼盐务署督办、外交总长、西北银行经理、清华大学教授等职。王宠佑在美国加利福尼亚大学获硕士学位后，又留学英国、法国、德国，获博士学位。回国后，在长沙建立了中国第一个采用近代方法炼锑的工厂，并任总工程师。1914 年任大冶铁矿矿长。后参加发起组织中国地质学

---

① 1900 年，八国联军攻陷天津后，北洋大学学生到南洋公学，完成学业。这七人就是在南洋公学完成学业并留美的，也有人将其看作南洋公学留学生，但留学经费均为北洋学堂所出，所以这里仍将之归为北洋公费生。

会和中国矿冶工程师学会，长期从事有色金属冶金研究，是世界上最早研究粉末冶金的专家之一。

除了北洋大学外，南洋公学、京师大学堂也是晚清学堂派遣留学生的两个重要机构。

南洋公学成立于1896年，创设者为招商电报局督办盛宣怀。之前一年，盛宣怀任津海关道，曾在天津创设了中国最早的高等学府——天津中西学堂。改任招商电报局督办后，又"如津学之制"在上海创办南洋公学。南洋公学分师范院、外院、中院、上院。上院程度相当于高等学堂，按照盛宣怀的设想，上院毕业后，挑选其中优异毕业生"派赴外洋，分头历练"①。

1902年，盛宣怀向清政府附奏"资送学生出洋游学片"：

> 臣维学生必出洋游历，躬验目治专门肄习，乃能窥西学之精，用其所长，补我所短。现在各省各局所司洋务、能通语言文字者皆系昔年总理衙门及曾国藩、李鸿章、沈葆桢派赴出洋之学生，尚惜限于经费未能卒业专门之学。今蒙朝廷饬催各督抚选择学生出洋，诚为急切要著。……臣所设之南洋公学及天津头等学堂资格较深，曾已分次选择高等学堂学生陈锦涛、章宗祥……等二十一名，皆由臣派赴英美国大学校肄业或由公学筹给经费或由该学生自行筹集斧资②。

根据现存的1897~1906年留学生名单③，可知10年间，南洋公学派赴留学生共58人，赴欧洲、日本留学者占多数，留美生共有10人，其中属广东籍的即是前文提到的北洋大学学生。

1907年起，南洋公学移交邮传部接管，更名为高等实业学堂，根据现存的1907~1920年出国留学生名单，可知此阶段，学堂派遣的留学生分留美、留英、留法三种。211名留学生中留美者184人。由于资料所限，我们无法确知到底有多少人是广东学生，但由于清末民初全国的工业学堂较少，各省要办工业学堂人才和财力都不允许，许多省份都送些学生到公学就读，只需负担少量经费即可，所以公学内的学生来自全国多个省份，据

---

① 夏东元编著《盛宣怀年谱长编》上册，上海交通大学出版社，第491页。
② 夏东元编著《盛宣怀年谱长编》下册，上海交通大学出版社，第760~761页。
③ 《交通大学校史》撰写组编《交通大学校史资料选编》第一卷，西安交通大学出版社，1986年，第256~259页。

1926年的统计（见表2-2），可以推测学堂中广东籍学生的比例。

表2-2 专科、大学毕业生各省人数比较表

省	直隶	山东	江苏	河南	湖南	广东	浙江	陕西	云南	奉天	黑龙江
人数	10	2	337	9	22	49	119	0	1	0	0
省	四川	山西	安徽	江西	湖北	广西	福建	甘肃	贵州	吉林	新疆
人数	9	0	24	11	8	12	20	0	3	0	0

资料来源：《交通大学校史资料选编》第一卷，第409页。

1915年交通部上海工业专门学堂（1912年改为此校名）派出的11名公费留美生中的凌鸿勋是广东籍人士，1910年从广州考入上海高等工业学堂求学，由附中到本科共度过了五年整，后来到美留学，回国后在母校教书有三年多，还担任过两年多的校长。他在回忆中谈到清末上海高等实业学堂在广东招考及其在学校读书的情况，为我们留下了可贵的资料。

  我考进这所学校真可以说得来全不费功夫。我本来生长在广州，十二岁那年（光绪三十一年）考入了开办不久的一所广州府中学堂，这是五年旧制的中学。我父亲是前清的一名举人，做了一生穷教员，家况是困难极了。所以我十七岁那年在广州府中学毕业之后，便想找一件工作来帮助家计，真是无心于进取。而且当时广州所有的较高级学校只有法政或师范之类，和我格格不相入，所以便不作升学的念头。正在我找工作未成的时候，偶然在报上看到一段小新闻，说上海的工业专门学堂要在广州招考四十名的官费生，每年由广东省库补助学堂经费银二百两，学堂里便免收学生的膳宿各费。学科则有铁路、电机、船政等科系，可以选择。我的几位同届毕业同学看了这段小新闻都彼此相告，我父亲也知道这是一所有名的学堂，监督唐文治先生又是一位德高望重的人，所办的都是专门科学，将来找事吃饭是没有问题的，而且费用除了旅费之外，其余学膳宿费一概不必要，家中还可以省了一个人的伙食费。因为我家中实在穷得可怜，不得不忍痛多读几年书，多学些本领。十七岁便要出来做事，也未免幼稚一点。好在招考就在广州市，不须跑到上海去，而且只须花一块钱的报名费，另缴两张照片，便可参加，则又何妨去试一下。于是约了同班毕业的

同学十几人，姑且去报名应试，这是宣统二年（1910年）夏天的事。
……

现在要谈谈当时在广州考试的情形。主持考试的是广东省提学使，等于现在的省教育厅厅长。虽然学堂是希望广东省保送四十名，可是报名考试的人只有七十几个。因为投考的资格是要中学毕业，而那时广东省的中学毕业生还不太多。广州市内只有一所府立中学和南海、番禺两县立中学，都才只有六七年的历史，外县中学有毕业生者只不过一二间。我们在考场还看见有好几位由香港来的学生，一同应考。这样的考试场面似乎是很轻松的，可是考试的题目看来就紧张了。题目大约总是由上海学堂寄来的。英文题目里有一段是翻译，内容是关于英国史提芬荪氏发明铁路机车的叙述，由中文翻作英文。现在的中学生也许都听过这段故事，但是在七十多年前在广州的中学生对于这个故事真是闻所未闻。何况拿中文来译成英文，在那时也是很不容易的事。我只可糊里糊涂翻了几句。至于算学及理化，内地中学全是用中文本教授，而出的题目却全用英文。题目尚有点看得懂，但用英文写答案却难了。我看了题目已灰了大半的心，既然入了考场，总不想交白卷了事，我现在真想不起我当时卷子上写了些什么东西。至于中文题目，我记得是："文章根本六经说"。那时内地的中学还相当注重中文，我父亲就是一名经学教员，我少时受过几年的庭训，虽然还未读毕六经，却对这个题目拿起笔来洋洋洒洒有条有理的写了五六百字。出了考场，和别的同学接谈一下，都是说答得一塌糊涂。我们听见一位香港来的学生还说："根本不根本暂且勿论，六经是那六经我就不知道清楚。"在我呢，原本不是真有心去应考，既然考得不好那就把这事忘记了。

过了约一个月，报上一段小新闻登载考取的学生姓名。名额虽然有四十，但录取的只有六个人，我竟名列第一，第二和第四、第五都是和我在广州府中学堂同届毕业的，第三名还是比我早一届毕业的同学。只有第六名是香港来的一位学生，其余县立中学生毕业竟没有一个被录取。第六名自然是以英文取胜，第一名大约是以中文见长，因为后来知道我那篇中文得了九十五分。

……

学校复课了，教务长叫了我们去问话。这位教务长是广东人胡朝栋先生，美国康奈尔大学土木系硕士，回国后考取工科进士，是一位个子短小的学者。他说我们的英文程度太差。因为学校自附中一年级起，所有算学、生物、理化等科学是完全用英文直接教授的，怕我跟不上，现在既然保送来到，要我们插入附中四年级试读。……

我进了学校之后，觉得校中功课很认真，同学的水准很高，而且地方离城市较远，是一个修学的好环境。我且初次体会到学问的领域的广大和师生人才的众多，虽然要我多读一年，但让我根底打得好一点，是很值得的。唐监督是一位经学大师，所以学校中对国文也特别注重，除了普通国文功课之外，唐监督也常在星期日自己讲一堂国文课，同学可以自由听讲。……他自己除了注意学生的品德和国学外，还注意于学生的课外活动，这是非常难得的。例如体育、拳术、演讲、辩论、音乐等，别的官立学堂多不注意，但他都极力提倡，并且提倡军事教育。

……

南洋初时只办有铁路科、电机科和商船科，到了我在附中毕业，铁路科已改作土木科，范围较广。我对于电机科恐怕学不来，对商船科不甚感兴趣，对土木科虽然没有很深的认识，可是对于铁路有过了小小一段姻缘，所以我在附中毕业之后，就选了土木科……

1915 年，凌鸿勋从土木工程科毕业后，被选送到美国桥梁公司实习，并在哥伦比亚大学选读。1918 年回国。1920 年在上海高等实业学堂任教并暂代校长职务。1921~1922 年，参加京汉铁路黄河新桥设计及国有铁路建筑规范的制定。1923 年回上海高等实业学堂任教，次年任校长。建立了工业研究所，首创国内大学附设研究所的范例。1929 年后任陇海铁路工程局长，兼任粤汉铁路株韶段工程局长，并任总工程师。株韶段在他的主持下，工期比原定四年缩短了一年。获中国工程师学会的金质奖章。1936 年 8 月他就任粤汉铁路管理局局长，翌年 7 月中日战争全面爆发，海口堵塞。他主持接通了粤汉路与广九路，利用香港海口，同时抢筑武汉两岸码头，用民船过驳机车车辆。1939 年 11 月任天成铁路工程局局长，1941 年兼任西北公路管理局局长，1942 年 2 月任宝天铁路工程局局长，主持修建了宝天铁路，该条铁路于 1945 年通车。1945 年 2 月至 1949 年 3 月任交通部常务次长，1950 年 10 月应邀在台湾大学任教，并受聘为一家石油公司董事长达 20 年。他的著译有《八十年来之中国铁路》、《中国铁路概况》、《中国铁路志》、《七十年来东清、中东、中长铁路变迁之经过》和《詹天佑先生年谱》等。

京师大学堂成立于 1898 年，1900 年八国联军侵占北京后停办，1902 年复校，清政府将同文馆并入大学堂，1902～1909 年京师大学堂的主要机构有预备科、速成科（仕学馆、师范馆）、进士馆、译书局、译学馆、医学实业馆。

京师大学堂首次派出留学是在 1903 年，同年 12 月 21 日，管学大臣张百熙上折，"奏陈京师大学堂宜派学生出洋分习专门，以备教习之选"。在奏折中张百熙陈述了派遣留学生的理由："计自开学以来，将及一载。臣等随时体察，益觉资遣学生出洋之举万不可缓，诚以教育初基，必从培养教员入手。而大学堂教习尤当储之于早，以资任用。查日本明治八年，选优等学生留学外国，至明治十三年，留学生毕业归国，多任为大学堂教员。迄今博士学士人才众多，六科大师，取材本国。从前所延欧美教员，每科不过数人，去留皆无足轻重。而日本留学欧美者尚源源不绝。此用心深远，可为前事之师。"京师大学堂首次挑选 47 名学生留学日本、欧洲，此后数年间，京师大学堂又从译学馆和师范班中多次挑选学生出洋。目前已知 1907 年 8 月曾在旧班师范毕业生中挑选朱兆莘、曹冕、何焱森、程祖彝四人到美国留学[①]，此四人均为师范旧班第一类广东省学生。

朱兆莘（1879～1932 年），字鼎馨，广东广州府花县人，广雅书院西学堂肄业后被选送至京师大学堂师范馆第一类分科习英文，毕业后钦赐举人。1907 年留美后先入纽约大学，毕业后获商务财政学士学位，后入哥伦比亚大学获法政硕士学位，最后又入博士研究科深造。1912 回国后，朱兆莘先后担任过北洋政府参议院议员、参议院外交委员会主席、宪法起草委员会委员。袁世凯解散国会后，曾短暂从事律师业。自 1918 年起任外交使领职。国民政府成立后，曾任外交部政务次长、广东省政府委员、粤海关监督兼外交部特派广东交涉员等职务。1932 年去世。

曹冕，字競生，广东广州府番禺县人，广雅书院西学堂肄业后被选送至京师大学堂师范馆第一类分科习英文，1907 年获官费留美资格。曾在华

---

① 北京大学校史研究室编《北京大学史料》（第一卷·1898–1911），北京大学出版社，1993，第 444 页。

盛顿大学修习教育学、政治学，1912年获学士学位，1913年回国。曾先后在广东高等师范学校、北京师范学校任教员。

何焱森（1868～1947年），字伯述，广东广州府三水县人，曾在广东时敏学堂读书，后被选送至京师大学堂师范馆第一类分科习英文，卒业后被授举人、内阁中书、农工商部小京官。1907年获官费留美资格，在西北大学修习教育学、经济学，1913年获硕士学位，曾短暂任职留美学生会书记、华侨学堂教员。同年回国，任米支油矿处勘矿主任。1916年，任北京广东学校校长，著有《中西教育概论》。

程祖彝，字吉宣，广东广州府南海县，民籍附贡生，被选送至师范馆第一类分科习英文。1907年获留美资格，回国后曾任广东国立高等师范教务长①。

特别值得说明的是，由于这批师范生在遣派留学时，即被告知"兼尽华侨教育义务"②，他们在美期间对华侨学校的发展做出了重要贡献，朱兆莘、程祖彝曾先后任纽约侨民学堂的首任和次任校长。纽约侨民学堂后来改为纽约华侨公立学校，历史久远，是全美华侨教育传统的代表。

2. 自费留学

自费生作为留学生群体的一个组成部分是不容忽视的，晚清留美自费生的增多与朝廷鼓励留学和引导学生去欧美游学的政策导向有关。1901年，清政府提出以造就人才为急务，敦促各省督抚选派学生出洋肄业的同时，也积极倡导自费留学，规定"如有自备旅资出洋游学者，著各该省督抚咨明该出使大臣随时照料。如果学成得有优等凭照回华，准照派出学生一体考验奖励，侯旨分别赏给进士举人各项出身，以备任用而资鼓舞"③。1904年，清政府又发布上谕"各该学生远涉重瀛，将为国家效用，朝廷深为嘉许。各出使大臣皆有监督之责，当视学生如子弟，随时考查，无论官费自费，如能坚苦向学，志正品端，应一体认真爱护"，"毕业回华，考试合格，优予出身，用备器使"④。

---

① 此处人物的生平简历主要参考《近代中国史料丛刊·清末民初中国官绅人名录》。
② "大学堂告示出国游学事"，北京大学校史研究室编《北京大学史料》（第一卷·1898-1911），北京大学出版社，1993，第444页。
③ "清帝广派游学谕"，陈学恂、田正平编《中国近代教育史资料汇编·留学教育》，上海教育出版社，2007，第4页。
④ "清帝多派学生分赴欧美游学谕"，陈学恂、田正平编《中国近代教育史资料汇编·留学教育》，上海教育出版社，2007，第4页。

清政府对自费生的鼓励是在衡量各方面的利弊后做出的决策，1898年9月11日，刑部候补郎中章京霍翔上奏清政府推广游学。令有财力的文武大臣及各省富商，选聪颖子弟，自备斧资出洋。这封奏折后来经过总理衙门代呈清政府。10月10日，清政府谕旨总理衙门"妥议具奏"。根据后来清政府的一系列举措可以看出这封奏折在推广自费留学中曾起到过关键作用。霍翔在奏折中分析了自费留学的必要性和可能性，归纳起来如下：

1. 有财力之家，出己资以造就子弟，国家无丝毫烦费。
2. 乡邑善举，绅富好义，尚肯乐输成人之美；今游学乃成其子弟之美，当不吝所费。
3. 自出其资，远涉重洋，学无成就，子弟无以对父兄，必倍加勤奋，而学易成。
4. 纨绔膏粱，积习颇深；贤而多才，犹捐其志。然极其势力以靡得官，出资入仕，均能夤缘要津，妨塞贤路，官常吏治，颇为所梗。今使之折节游学，阅历增而器识伟，化不才为有才，易庸吏为能吏。
5. 大贵大富之家，皆凡民所系望，朝廷变法颁行一切新政，富贵家先徘徊观望，阳奉阴违，凡民更甚。此皆囿于井蛙之见，虽三令五申，莫启聋聩。今令其子弟亲历外洋，熟谙情形，晓谕父兄，昭若发蒙，风气易开。
6. 凡农工商矿等学，学成后虽知举办，然购机器等事，犹烦资本，寒素之家，尚难措手，而若辈则长袖善舞，咄嗟可办，为所欲为，无不如志。
7. 其人皆身家殷实，必能轻利重名，学成录用，操守易端。

当时的自费留学没有资历和学历的限制，只需要自备斧资即可成行，从上面的意见可以看出"大富大贵"、"身家殷实"、"有财力之家"是社会普遍认可的输送自费留学生的社会群体。

广东商贸经济发达，广州作为对外贸易的港口历两千年而不衰，粤商文化既具有中国传统商业文化的底蕴，更带有浓厚的近代商业特质。广东是中国最大的侨乡，华侨众多，在长期的商贸活动中，他们积累了大量的商业财富，尤其近代以来一批买办商人在广东崛起，他们成为近代社会经济活动中非常活跃的群体，这些因素都导致广东成为晚清自费留学生的主要来源地。

广东是最早产生自费留美生的地方，容闳就是第一个由教会协助的自费留美生。其后的第二批官费幼童留美时，曾有7名自费留美生相追随。在第四批幼童留美时，同行的还有徐润三位本家弟弟自费留学。1881年清政府将留美幼童全部撤回后，留美运动陷入低潮，以清政府名义选派留美学生告一段落，但广东的自费留美并没有停止。例如，1896年，在纽约基督教长老会的资助下，许芹曾带领30名少年乘船赴美国，他们中有李照松、曾锦湘、谭锡金、曾捷恩、陈信宏、龚光显等。20世纪初随着废科举、兴学校，社会风气逐渐开化，留学教育进入新的热潮，"海内有志之士闻风兴起，朝欧西而暮东洋，环球万国视若户庭"。在官费留美的带动下，广东自费留美生日益增多。这些自费生有的是由传教士带出，如傅兰雅曾于1901~1902年携带广东籍学生徐建侯等赴美留学，年限缴费万金（其中一部分为官费生）[1]；有的是由美国留学者回国携带，如留美大学堂学生伍汝康，携带青年学生17人来美留学，学生年龄为12~18岁，都是广东巨绅富商之子[2]。

1903年，梁启超在《新大陆游记》中，记载当时留美学生50名，其中籍贯为广东省的自费生有11人。

薛颂瀛，广东香山人，加州大学伯克利分校，经济专业。

徐建侯，广东香山人，私立大学，工商专业。

程斗，广东香山人，私立学校。

程耀，广东香山人，私立学校。

黄旭，广东香山人，私立学校。

梁启勋，广东新会人，私立学校。

薛锦琴女士，广东香山人，中学校。

薛锦标，广东香山人，中学校。

康同璧女士，广东南海人，高等学校。

李国波，广东鹤山人，中学校。

张谦，广东新会人，中学校。

梁启超所举为自己的记忆，"其余漏略尚多"，实际的自费生当远远超过此数。

他记忆所及的11名自费生的履历无法完全掌握，已知的有：薛颂瀛，

---

[1] 刘真主编，王焕琛编著《留学教育》，"国立编译馆"，1980，第229页。
[2] 刘真主编，王焕琛编著《留学教育》，"国立编译馆"，1980，第259页。

早年曾在北洋大学就读，毕业后在唐绍仪的资助下去美国留学。薛锦琴和薛锦标是薛颂瀛的侄女和侄子，据相关资料，他们从美国中学校毕业后，也相继进入薛颂瀛的母校加州大学伯克利分校。康同璧是康有为的女公子，光绪年间，梁启超到美国游历，行后三月，康同璧到留美幼童曾经就读的高等学校留学。梁启勋是梁启超的弟弟，早年曾在广州万木草堂从学于康有为。他在美国私立学校毕业后，又入哥伦比亚大学学习经济学。程斗似乎是程天斗的误写，是华侨子弟，早前侨居檀香山，曾先后就学于弥儿公学、卡湖公学，1902年入美国摩根克中高等学校，后来在芝加哥大学获得学士学位。广东的旅美华侨数量众多，像程天斗这样跟随父辈在海外侨居，在美国当地就学的情况非常常见。根据相关的人物辞典，初步整理出的华侨自费留美生还有孙中山、孙科、李树芬、李铁夫、宋嘉树、程天固、谭根、陈龙、唐雄、唐球、陈永善、古桂芬等，由于人物辞典、相关工具书所收录的人物均为有一定历史影响的精英人物，他们的经历在多大程度上能代表广东自费留美的整体情形，是值得考究的。所幸，1913年，《留美学生年报》曾对当时在美的留学生做过细致统计，他们来美时间多为清朝末年，可作为透视广东自费留学生的一个样本。

在这份统计中，共收录在美大学生人数397人，其中广东籍学生共151人，广东籍自费生100人，具体情况如表2-3所示。

表2-3 广东籍留美自费生情况

姓 名	籍 贯	母 校	到美年份	现在学校	学 科	毕业年份
王冠英	广东香山		1909	科罗拉多矿业学院	矿 学	1913
王彦祖	广东广州	圣约翰大学	1910	康奈尔大学	农 学	1914
方御友	广东开平		1906	加州大学伯克利分校	电机工程	1915
朱武周	广东新宁		1905			
朱汝梅	广 东	两广中学	1908	波士顿大学工程学院	电机工程	1914
朱汝铨	广东新宁			加州大学伯克利分校	商 学	1914
朱汉年	广东广州		1909	天普大学		
伍湖镜	广东新宁		1898		土木工程	1912
伍碧犀	广 东			普渡大学	土木工程	1914
伍成源	广东开平		1907	普渡大学	机械工程	1915

续表

姓名	籍贯	母校	到美年份	现在学校	学科	毕业年份
江和贞	广东广州		1898	加州大学伯克利分校	社会学	1915
李肇安	广东新宁		1893	哥伦比亚大学	土木工程	
李纯	广东南海	广东高等实业学堂	1907	康奈尔大学	格致	1912
李亦榆	广东			哈佛大学	文学	1912
李耀邦	广东			芝加哥大学	物理	1913
李觐森	广东新会			康奈尔大学	土木工程	1913
李景佑	广东			耶鲁大学		1913
李信谅	广东新宁			加州大学伯克利分校	电学	1914
李寿华	广东			斯坦福大学	地质学	1914
李郭功	广东	北京译学馆	1908			1914
李福耀	广东鹤山		1902	卓克斯大学		
何锦荣	广东	檀香山高等学堂	1908	威斯康星大学	政治	1912
何乃成	广东			斯坦福大学	财政	1913
林彪	广东香山	圣约翰大学	1909	威斯康星大学	政治	1912
林煖	广东		1908	普渡大学	格致	1914
林云芳	广东新会		1909	波士顿大学工程学院		1915
林鑑诚	广东番禺	圣约翰大学	1911	弗吉尼亚大学	土木工程	1915
林齐恩	广东香山		1910	加州大学伯克利分校	商学	1915
周煌	广东开平		1909	俄亥俄大学	电机工程	1914
吴祖耀	广东四会	上海尚贤堂	1909	威斯康星大学	农学	1913
吴维勋	广东	唐山路矿	1908	伊利诺伊大学	农学	1913
吴美利	广东			斯坦福大学	农学	1915
卓容思	广东香山		1911	加州大学伯克利分校	商学	1915
岑念慈	广东广州		1909	威斯康星大学	化学	1914
胡章	广东东莞		1908	威斯康星大学	化学工程	1913
胡佐熙	广东番禺		1910	威斯康星大学	土木工程	1914
唐瑞华	广东香山	南洋大学	1908	康奈尔大学	机械工程	1913
梁福初	广东广州	广东耶教学堂	1910		森林	1915
姚觐顺	广东香山			加州大学伯克利分校	机械工程	1915

续表

姓名	籍贯	母校	到美年份	现在学校	学科	毕业年份
韦颂观	广东	约翰大学	1907	康奈尔大学	农学	1913
凌道扬	广东新安	约翰大学	1909		森林	1912
陈兆煜	广东番禺		1909	哥伦比亚大学	政治理财	1913
陈伯颙	广东新宁			密歇根大学	理财学社会学	1912
陈耀荣	广东番禺		1903	哥伦比亚大学	公法	1912
陈永善	广东			耶鲁大学		1912
陈华	广东新会		1907	俄亥俄州立大学	农学	1913
陈宏经	广东新会	唐山路矿	1908		机械工程	1913
陈英梅	广东	上海中西女塾	1905	威斯利女子学院	文学	1913
陈长乐	广东			芝加哥大学	法律	1913
陈天杰	广东香山		1908	俄亥俄州立大学	农学	1915
陈炳基	广东番禺		1910	密歇根大学	工程	1915
陈秉和	广东番禺		1907	哥伦比亚大学	土木工程	
郭尚贤	广东香山		1911	加州大学伯克利分校	医学	1914
陆镜清	广东新会		1910	伍斯特学院	机械工程	1915
麦藉贤	广东新宁			天普大学		
张耀乾	广东			耶鲁大学		1912
黄福	广东龙川		1908	哈佛大学	理财公法	
黄荣辉	广东			伊利诺伊大学	商学	1913
黄德清	广东新宁		1905	哥伦比亚大学	政治	1913
黄启明	广东清远	岭南学堂	1911	哥伦比亚大学	教育	1913
黄伯芹	广东			康奈尔大学	文学	1913
黄福祥	广东新宁			加州大学伯克利分校	机械工程	1913
黄义清	广东羊城		1908	佐治亚大学	农学	1914
黄振声	广东高要	北洋大学	1906	哥伦比亚大学	理财	
程康恩	广东香山		1903	加州大学伯克利分校	法律	1913
程华璨	广东香山			加州大学伯克利分校	化学	1912
程关照	广东		1909	普渡大学	农学	1913
汤逵	广东		1910	普渡大学	机械工程	1915
梅华铨	广东		1900	哥伦比亚大学	文学	1915
傅保光	广东香山		1910	伍斯特学院	农林	1914

续表

姓 名	籍 贯	母 校	到美年份	现在学校	学 科	毕业年份
彭 回	广 东			伊利诺伊大学	土木工程	1913
冯善彰	广东新安		1910	伊利诺伊大学	土木工程	1914
赵恩赐	广东新会		1908	加州大学伯克利分校	化 学	1914
邓益光	广 东	南洋大学	1907	俄亥俄北方大学	电机工程	1913
邓植宜	广东东莞		1909	威斯康星大学	农 学	1913
邓悦南	广 东			斯坦福大学	电机工程	1914
邓 源	广东开平			加州大学伯克利分校	商 学	1915
邓文海	广东羊城	广东耶教学堂	1910	哈佛大学	格 致	1915
黎耀生	广东南海		1907	哥伦比亚大学	理 财	1913
黎寿祺	广东新会			加州大学伯克利分校	土木工程	1915
刘 朗	广东香山		1911	波士顿大学工程学院	矿 学	1914
刘 涧	广东新会		1910	密歇根大学	矿 工	1915
刘社明	广东新宁			伍斯特学院	农 学	1915
刘佰枝	广东新会		1907			
郑 来	广东香山			哈佛大学	文 学	1913
郑肇桐	广 东	圣约翰大学	1910		农 学	1913
卢宾贤	广东广州			密歇根大学	建筑学	1914
欧华清	广东归善	北洋大学	1909	伊利诺伊大学	农 学	
骆绍堃	广 东			哥伦比亚大学	纺 织	1914
钟望荣	广 东		1909	耶鲁大学	矿 学	1912
邝金泮	广东新宁		1911	加州大学伯克利分校	土木工程	
关菁麟	广东南海	南洋大学	1908	密歇根大学	化 学	1912
关恩佐		广东耶教学堂	1908	哥伦比亚大学		1912
谭 辉	广东新宁			哥伦比亚大学		1915
谭保寿	广东新会		1911	密歇根大学		
罗文栢	广东羊城		1908			1913
罗新保	广 东		1905	斯坦福大学	土木工程	1914
严炳照	广 东			伊利诺伊大学	陶 学	1914
司徒如坤	广东开平		1896	加州大学伯克利分校	社 会 学	1915
欧阳月	广东香山			哈佛大学	理 财	1912

要彻底探究众多自费留学生的出身、家庭背景是非常困难的,但大体

上，可以做三种区分：①由教会学校或教士资助者。这部分人多系贫民子弟，家庭地位在当时处于社会底层。②出身商人、华侨家庭。他们的家庭地位在社会上并不高，但是在长期的商业活动中积累了较多的财富，为了在新的社会形势下获得向上流动的渠道，不惜花费巨资设法送子女出国深造。③具有较高社会地位的官绅、富商、地主和有远见的开明之士。20 世纪初，随着国内西学中心地位日渐确立，留学风气大开，出国留学已成变相科举。这部分人掌握了一定比例的出国留学的机会，他们常常想方设法为子女争取官费名额，即使不成，也争先恐后将自己的子女送往海外留学。

从专业分布来看，学习工程、矿学、化工、农学的学生占有较大比例。按照清政府的官方规定，自费生既系自筹经费，"欲附民间何学，听其自择"①，但社会风气以及官费留学的趋势显然对自费生的选择有一定影响。中国早期的出洋留学多肄习造船、制器、测海等有关军事国防、工艺制造等科目，对各种专门实学科目涉及较少，甲午战后，社会风气大变，法政等科一时泛滥成灾，这促使清政府在 20 世纪初把留学科目导向鼓励实学。1899 年，清政府谕旨"农工商及矿务等项，泰西各国讲求有素，夙擅专长。中国风气未开，绝少精于各种学问之人。嗣后出洋学生……分入各国农工商等学堂专门肄业"②。1907 年学部上奏请选派子弟到各国学习工艺，因为"造就人才，必因乎时势，欲救贫弱，在图富强，欲图富强，在重实业……以后凡官费出洋之学生，概学习农工格致各项专科，不得改习他科。又，以前自费出洋之学生，概学习农工格致各项专科，不得改习他科"③。在清政府的三令五申和政策鼓励下，自费留学生的专业表现为在农工商矿等科目的集中也是很自然的现象了。

与之前的自费生相比，清亡前几年的留美自费生留学之前学问多有一定根基。从 1913 年的统计来看，广东自费生有相当部分在国内从新式学堂毕业。这些学堂有广东地区的教会学校，以及当时国内比较著名的新式学

---

① "外务部：奏议复派赴出洋游学办法章程折"，陈学恂、田正平编《中国近代教育史资料汇编·留学教育》，上海教育出版社，2007，第 17～18 页。
② "总理各国事务衙门：奏遵议出洋学生肄业实学章程折"，陈学恂、田正平编《中国近代教育史资料汇编·留学教育》，上海教育出版社，2007，第 8 页。
③ "学部等：奏请选派子弟送各国学习工艺折"，陈学恂、田正平编《中国近代教育史资料汇编·留学教育》，上海教育出版社，2007，第 34～35 页。

堂，包括唐山路矿、北洋大学、南洋公学等。由于在国内已经肄习普通之学，出洋后，他们才有可能精求专门之学，因此大多数人都获得了大学本科以上学历，反映了自费留学教育随着时代发展日益精英化的趋势。

最后值得一提的是，晚清广东的自费留美生中表现出了家族的集中性，即子女常常借助于其父辈早年开辟的对外通道出洋留学的情况比较普遍。孙中山在早年随母亲侨居檀香山，就读于意奥兰尼学校和粤阿厚书院。其子孙科四岁时随母亲迁居夏威夷，在圣安东尼学校学习。1911年入美国加利福尼亚大学读书。孙中山是中国资产阶级民族民主革命的伟大领袖，为推翻帝制、结束中国几千年的封建皇权统治、建立民主主义共和国，做出了不朽的贡献。孙科1917年回国后，先后担任广州大元帅府外交秘书，广州市市长，国民党中央执行委员，广东省省长，南京政府财政部部长、建设部部长、铁道部部长、考试院副院长、行政院院长等职，在民国的政治舞台上同样扮演了重要角色。

中国早期的留英法科生伍廷芳1897年赴美时，带其子伍朝枢随同，伍朝枢借此在华盛顿完成了小学、中学教育，后来又得到了官费留英的机会，成为近代出色的法律家和外交家。

同样引人注目的还有宋氏家族。宋嘉树生于广东南海县，年少时随舅父到美国波士顿，在丝茶店铺中学徒，受结识的留美幼童影响，对美国的校园生活产生向往，1881年到北卡罗来纳州杜克大学圣三一学院学习，1882年入田纳西州范德堡大学神学院，1885年毕业，次年回国，在苏州、上海等地传教，并执教于教会学校。

受父亲影响，宋家小辈自小就在上海教会学校读书，被按照"一种混合了中国和西方思想的方法哺育成人"。由于宋嘉树在美国的特殊经历，"他把美国看作自己的家……像任何溺爱孩子的父亲一样查理（即宋嘉树，著者加）要他们都在'家'里受到教育"①。显然，他的想法如愿以偿了，他的三个女儿，一般所说的宋氏三姐妹，均曾在卫斯理女子学院就学，宋霭龄毕业于1909年，宋庆龄于1908年入校，1913年毕业，宋美龄在1908年至1913年间亦在该校肄业。民国以后，他的儿子宋子文、宋子良、宋子安也都曾先后留美。在近代中国，宋氏家族占有异常显赫的地位，宋霭龄嫁给了孔子的第七十五代孙裔孔祥熙，孔祥熙曾任国民政府财政部部长、

---

① 〔美〕埃米莉·哈恩：《宋氏家族——父女婚姻家庭》，新华出版社，1985，第23页。

行政院院长。宋庆龄是孙中山夫人,后来曾任中华人民共和国副主席。宋子文亦当过国民政府的财政部部长与行政院院长。宋美龄是蒋介石夫人。这个家族的几个成员,都攀上了中国政治权力的最高峰。我们无法在他们的留学经历与后来人生中的煊赫地位之间建立必然的联系,但是我们可以同意的是,在晚清,接受西方教育是中国上流阶层孩子远大志向中的一部分,正如观察家所评,"名誉以及朝廷对西方教育的赞许是人们赶时髦以及走西方世界神圣历程的根本原因,豪门大族的子弟纷纷离家出走,从牛津大学、剑桥大学、哈佛大学或巴黎大学取得学位"①。

三 广东与庚款留美教育

甲午中日战争之后,中国学生大量涌向日本留学,到1905年、1906年达到高峰。这种情况也引起美国的注意。他们对中国学生大量到欧洲和日本留学而很少赴美留学颇为不安。他们认为这些留学生回国之后会受到这些国家的影响,会购买这些国家的商品,而不买美国的商品。这不利于美国在华的长远战略目标。他们主张将庚子赔款中多出的部分返还给清政府,用这笔钱资助中国学生赴美留学。这项计划得到了罗斯福总统的支持。1901年的庚子赔款,是中国最大的一次战争赔偿,中国允付列强偿金4.5亿两,自1902年起,分39年还清,年息4厘。美国分得赔款的7%,约合2444万多美元。1908年5月25日,美国国会通过退还一部分赔款给中国的议案,仅照收所谓应赔之数1165万美元,其余原定所开之数概行退还,用于设立清华学校及选派留学生,开庚款留学的先河。庚款留美的实施掀起幼童留美之后的第二次留美高潮。广东在庚款留美运动中扮演了重要角色。

(一) 梁诚与退还庚款的提出

庚款退还作为影响20世纪中美关系的重大外交事件之一,它的提出和实现必须放在广阔的国际背景和特定的历史条件下认识。国家利益的代表者们在这个特定的历史事件中扮演了不同的角色,发挥了不同的作用,正是他们的合力引导了事态发展的方向,很难说某一个人发挥了决定性的作

---

① 〔美〕埃米莉·哈恩:《宋氏家族——父女婚姻家庭》,新华出版社,1985,第2页。

用。但一般认为，梁诚是庚款退还及庚款留美计划的首倡者，在这一历史事件中发挥了重要作用。

梁诚，原名丕旭，字义哀，号镇东，广东番禺人。1875年作为第四批留美幼童成员之一赴美留学，后从美国菲力学院肄业。1881年奉召回国。1886年为驻美使馆参赞，1901年为中国政府赴德国专使团首席随员。1903年为驻美公使，1907年离任。在任驻美公使期间，梁诚在收回粤汉铁路，制止美国、墨西哥不人道的华工契约，协助五大臣在美国的考察等方面做了大量工作。尤其值得一提的是他与美国交涉退还庚款的成功，在中美教育关系史上留下了不可磨灭的功绩。

1903年，梁诚接替伍廷芳出任驻美公使，开始接触到庚款的溢款谈判问题。海约翰在与梁诚的多次会晤中表示美国将来可能会对庚款做适当的调整。海约翰的这个表态，使梁诚了解到美国有退款的意向。1905年1月，梁诚首先商请美国政府，就庚款付金付银问题与海约翰交涉，希望美方同意付银（1904年年底，由于银价下跌，一些国家提出以金本位货币为准支付赔款，这将使中国支付更多的银两，所以中国政府坚持以银为准），但美国国务卿"以各国既得贵政府允认还金，美国自当一例相待"为由，拒绝了这一提议。梁诚继续向美国剖陈利弊"中国财政支绌……现筹赔款已穷罗掘，一概还金……大局或有动摇，祸患何堪设想"。此话触碰了美国的痛处，"海为动容，默然良久，乃谓庚子赔款原属过多……"。此言引出了一个新的转机。睿智的梁诚便没有在赔款支付方式上继续周旋，转而利用身处美国的便利，立刻展开调查，发现美国"当初的实际损失额不及分摊所得庚子赔款额的一半"。梁诚就此巧妙地向美国提出减收赔款的建议，"诚以其（海约翰）语意较松，或不过于坚执，因语以各国若将赔款核减，于我财政殊有补益，贵国如能倡首，义声所播，兴起闻风矣，海言贵大臣所言确有至理，自当极力代谋"①。可见，美国退还多余部分的庚子赔款，并非出于主动，而是缘起于驻美公使梁诚的不懈努力。至于退还庚款的具体用法，其创意也始于梁诚。

1905年5月13日在致外务部函中，梁诚明确说明"赔款减收似可图成，宜声告作为设学游学之用"，因为此举"在美廷既喜得归款之义声，又乐观育才之盛举，纵有少数议绅或生异议，而词旨光大，必受全国欢

---

① 清华大学校史研究室编《清华大学史料选编》，清华大学出版社，1994，第74页。

迎,此两千两百万金元断不至竟归他人掌握矣。在我国以已出之资财,造无穷之才俊,利害损益已适相反"①。

梁诚做出庚款留美计划的创意,绝非偶然。考察梁诚的人生经历,作为留美幼童中的第四批学生,就像当初的容闳一样,他亲眼目睹了美国的民主政治制度和创新精神,深刻感受了美国先进科技的魅力,领略了美国教育的真谛。回国后他始终不忘寻找机会,让更多的中国青年走出国门,在他赴美就任公使时,曾偕同赴美留学的学生多达 26 人。在庚款退还的斡旋谈判中,在双方势力的极大悬殊之下,身为中国驻美公使的梁诚,深知退款用于何处与庚款退还是否成功休戚相关,于是提出减收之款用于广设学堂派遣游学的主张。这既顺应了美国的意图,也充分考虑了中国的利益。事实证明,这一主张不但切实可行,而且也得到了中美官方的认可。在这曲折而艰难的庚款兴学谈判过程中,梁诚的名字载入了中美教育关系的史册。从容闳到梁诚再到庚款留学生,中国走向现代化的大门,就这样被这些先进的中国青年们持续不懈地逐渐打开。

(二) 唐国安与庚款留美的奠基

唐国安,字国禄,号介臣,广东省香山县人,1873 年作为第二批幼童成员之一赴美留学,1881 年被迫中断学业奉召回国,初不为清政府重用。在长达二十多年的日子里,他当过小职员、教员、工程师、报社主笔。1907 年唐国安到外交部任职,由此在庚款留美初期,担任了重要角色。

1907 年 7 月,外务部、学部《会奏收还美国赔款遣派学生赴美留学办法折》,详细规定了派遣留学生的办法。在奏折中开列了《遣派留美学生办法大纲》:

一、设游美学务处。由外务部、学部会派办事人员,专司考选学生、管理肄业馆、遣送学生及与驻美监督通信等事,并与美国公使所派人员商榷一切。

二、设肄业馆。在京城外择清旷地方建肄业馆一所(约容学生三百名,其中办事室、讲舍、书库、操场、教习学生等居室均备)。延用美国高等初级各科教习。所有办法均照美国学堂,以便学生熟悉课程到美入学,可无扞格。此馆专为选取各省学生暂留学习,以便考察

---

① 清华大学校史研究室编《清华大学史料选编》,清华大学出版社,1994,第 77 页。

品学而设。（详细章程另拟）

三、考选学生各条。所取学生拟分两格：第一格年在二十以下，国文通达，英文及科学程度可入美国大学或专门学。第二格年在十五以下，国文通达，资禀特异。以上二项，均须身体强壮，性情纯正，相貌完全，身家清白，始为合格。每年拟取第一格学生一百名，除由外务部、学部在京招考外，并分咨各省提学使在各省招考，录取合格学生，不拘额数，咨送外务部、学部复考，选取实在合格者，送入肄业馆学习，或数月，或一年再行由馆甄别。拟取第二格学生二百名凡二十二省民籍、满、蒙、汉旗人及内外蒙古、西藏等处，参照省份大小，赔款多寡，以及有无赔款，斟酌衰益，定为额数。由学部行知各省提学使，各按单开定额，选取送京入肄业馆学习，或数月，或一年，再行由馆甄别。甄别办法，系将考试分数及平日分数合计，甄别之后，于两格学生内各选五十名，送赴美国留学。其不入选之生，仍留馆肄业。所有各省提学使咨送入馆之第二格学生，如查有年岁不符，及学行不纯者，咨回本省，其往来川费，责令该提学使赔缴。本年应派学生为时已迫，拟电行各省，选取合格学生各若干名，克期送部考试，择优送往美国，仍一面在京招考派送。

四、津贴在美自费生。经费如有盈余，每年酌拨若干为奖赏自费学生之用，至多者每年约五百美金，至少者为一百美金。此项学生须由驻美出使大臣，或部派驻美留学监督查找，确系在大学正班肄习实业，已入第二年班以上，功课实有成绩，景况实在困苦者，方为合格。至于奖金多少，亦按照景况功课酌定。

五、专设驻美监督。在美学生人数众多，安置学校、照料起居、稽查功课、收支学费等事，自必异常繁重，应设监督管理，选品学材望足资矜式之员，派充驻美学生监督。准其调用汉洋文书记支应员各一人，帮同办理①。

按照这个大纲，清政府在京成立"游美学务处"，在美国设立办事机构"游美学生监督处"。任命外务部丞参周自齐为总办，学部郎中范源镰为会办。由于外务部主事唐国安曾留美，又担任过教职，其也被任命为会

---

① 陈学恂、田正平编《中国近代教育史资料汇编·留学教育》，上海教育出版社，2007，第180~181页。

办。1909年,"游美学务处"组织第一批留美学生的考试,考试科目试题大部分出自唐国安之手,除了国文外,特别加重外语、数理、化学的分量,原定在各省选送来的600名考生中录取100名,唐国安严格把关,宁少毋滥,只录取了47名,一些官僚贵族以名额空缺为由,都想把自己的子弟塞进留美名单中,唐国安严加拒绝,但仍有3名考生不经过考试而入选。这批学生后来由唐国安亲自带往美国,交予在美接应的容揆(广东新会人,唐国安早年留美同学,主理游美学生监督处)。1910年,清政府正式任命唐国安为外务部考工司主事(正六品),唐国安上任后就亲自参与了1910年、1911年两次挑选留学生的考试。这些留学生,大都在美学业优异,表现突出,毕业后在近代中国历史舞台上扮演了重要的角色,如杰出科学家竺可桢、国学大师胡适、语言大师赵元任,曾任国民政府外交部代部长的唐悦良等,无不称自己是唐国安的"弟子",故后人对唐国安有"容闳第二"的称谓。

"游美学务处"初设时只不过是一个考试机构,生源来自全国各省,由于考试难度大,许多应考者都有畏难之叹,当时各省政要,为培养本省人才都希望选送者能赴美,结果常令人失望,于是各省均独自选派学生出国,不愿选派生员来京考试,游美学务处只组织了两次考试后便遇到了困难。在这种情况下,1911年2月,清政府将"游美肄业馆"正式定名为"清华学堂",实行总办制,唐国安任会办。清华学堂已不再是行政考试机构,属于学校性质。它的培养目标是为美国输送合格的留学生,其实质是一所留学预备学校。

1911年武昌起义爆发,清王朝摇摇欲坠,全国形势十分混乱,清华学堂位于郊外,社会上一些不法之徒,乘机想侵占清华学堂的财产,常常纠集在校门口肇事,总办周自齐、会办范源镰等清朝遗老已不问校事。只有唐国安与侄儿唐贻典(清华学堂总务)组织护校队,保持了正常教学。

1912年5月,清华学堂改名为清华学校,并实行校长负责制,唐国安被任命为校长。他推举了留美硕士毕业生周诒春为副校长。上任后,唐国安对学校进行了全面整肃,整顿校务和教学秩序,制定学制和课程,将原来的校址面积从370亩扩展到480亩,聘请了一些外籍教师,使教师人数从30人增至50多人,还开设了体育课程,把学制定为8年,分中、高两个阶段,每段4年。在北京和上海设立招生处,在全国范围内招生,高阶段的毕业生相当于美国大学一年级的水平,凡从清华学校输送的留学生,即可直接进入美国大学二年级就读，一至两年便可取得学位。因此当英国大哲学家罗素做客该校时，把清华形容为美国移来的大学。清华学校为我国培养了一大批优秀的留学生，这与唐国安在筹建、发展时期所奠定的基础是分不开的。

(三) 庚款"甄别生"中的24个广东人

庚款留美计划启动后，政府采取公开考试的方式，从全国选拔留美学生，陆续派往美国。这些留学生大致可分为直接派遣赴美的甄别生和接受培训后赴美的清华毕业生。在两类学生中，广东学生都占有相当的比例。

庚款甄别生的选派是整个留美计划的序曲，可视为留美预备学校——清华学堂成立前，清政府实施"庚款兴学"的变通之法。按照中美协议，美国退还庚款始于1909年，当年应退款项为483094美元。但是到1909年7月，清政府才制定遣派学生赴美留学办法大纲，为了赶上9月美国学校开学的时间，外务部和学部决定改变大纲中第一批学生的考选办法①，在国内已具有可入美国大学之资格的青年中，组织考试择优选送学生直接赴美留学。为此，外务部和学部一面在京发布招考启示，一面通电各省巡抚选派学生到京参加统一考试。

1909年7月20~21日，第一次留美考试初试在学部举行，第一场考国文，第二场考英文，24日初试放榜，录取68人。25日起举行复试，当天考代数、平面几何、法文、德文、拉丁文，为第三场；26日考立体几何、物理、英史、美史，为第四场；27日考三角、化学、罗马史、希腊史，为第五场。8月3日，复试放榜，录取47名。根据游美学务处为报第一次考取留美学生姓名、年岁、籍贯事致外务部呈文，第一批留美学生中广东籍的有唐悦良、何杰、陈煜、陈兆贞、邝煦、卢景泰六人。

---

① 考选学生分两格：第一格年在二十以下，国文通达，英文及科学程度可入美国大学或专门学堂；第二格年在十五以下，国文通达，资质特异。每年拟取第一格学生一百名，除由外务部在京招考外，并分咨各省提学使在各省招考录取合格学生，不拘额数，咨送外务部覆考选取实在合格者，送入肄业馆学习，或数月或一年，再行由馆甄别。拟取第二格学生二百名，凡二十二行省民籍、满、蒙、汉、旗人，及内外蒙古西藏等处，参照省份大小，赔款多寡，以及有无赔款，定为额数，由学部行知各省提学使，各按单开定额数选取送京入肄业馆学习，或数月或一年，再行由馆甄别。办法系将考试分数及平日分数合计，甄别之后，于两格学生内各选五十名送赴美国留学；不入选之生，仍留馆肄业。

10月，第一批学生由唐国安护送出洋，到美国东部时已近12月，来不及编入美国各大学上学期班级，所以大多先入补习学校，经与驻美监督容揆会商，唐悦良、何杰、邝煦被选送入飞猎士高等学校，陈熀、陈兆贞、卢景泰入惟士来安高等学校。第二年都进入大学或专门学校正规班学习。

首批庚款留美生派出后，学务处筹备第二次留美考试。1910年4月，学部制定了《游美学生招考办法》，规定：①本年招收第一格学生一百名，在京考试。②本年招收第二格学生二百名，除在京考取一百名外，余二百名由各省按照赔款实数所占学额考取合格者送京复试。③第一格考中文论说、英文论说、历史、地理、算学、格致、法文或德文（第二项至第六项用英文考），第二格考中文论说、英文、历史、地理、算学。

1910年7月，学务处举行第二次留美考试，根据胡适回忆，考试分两场，第一场考国文、英文，及格者才许考第二场的各种科学。国文试题为"不以规矩不成方圆说"。经过初试复试后，学务处优录取70名径送美国。另外录取143名年龄较小，有一定基础的学生，准备在肄业馆建成后，收入高等科，作为留美的预备。根据游美学务处为报第二次考取留美学生姓名、年岁、籍贯事致外务部呈文，录取的第二批留美学生中广东籍的有10人，他们是王绍礽、胡继贤、邓鸿宜、区其伟、陈延寿、刘寰伟、徐墀、郭守纯、霍炎昌、邝翼堃。

第二批庚款生于1910年8月赴美后，游美学务处于1911年7月又举行第三次留美考试，考录清华学堂高等科63名学生，广东籍8人，有史宣、司徒尧、何庆曾、梁杜蘅、梁基泰、张景芬、黄明道、罗邦杰。

三次庚款甄别考试共录取180人，不足招考办法中原定额数，说明庚款选拔取宁缺毋滥的原则。正是因为考选严格，甄别生的质量之高在近代留学史上罕见。

为准确把握广东庚款甄别生在全国的位置，有必要进行横向比较，全国庚款甄别生情况如表2－4所示[①]。

---

① 中国第一历史档案馆：《宣统年间清廷选派赴美留学生史料选》，《历史档案》1997年第2期。

表 2-4 全国庚款甄别生情况

单位：人

第一次	江苏	浙江	广东	湖南	北京	天津	河北	河南	山东	安徽	湖北	福建	
47	21	9	6	3	1	1	1	1	1	1	1	1	
第二次	江苏	浙江	广东	安徽	福建	四川	河北	贵州	湖南	山东	广西		
70	29	14	10	3	3	3	3	2	1	1	1		
第三次	江苏	浙江	福建	广东	安徽	山东	四川	湖北	湖南	直隶	贵州	甘肃	江西
63	16	14	9	6	4	4	3	2	1	1	1	1	1

显然，在晚清的庚款留美生中，江浙的人数最多，广东也算位居前列。

（四）清华学堂与广东庚款留美

清华学堂由游美肄业馆改名而来，肄业馆为选取学生未赴美国留学之前，暂留馆内分班学习而设。原定于1911年春开学，生源分两类，一各省按照定额选送生，一在京招考生。1910年12月，游美学务处提出，肄业馆命名取义太狭窄，馆内学额已到500名，且每年添招新生，而遣派名额有定数，旧生未尽派出，新生相继入堂，因此建议改肄业馆学制为八年，高等四年，初等四年。高等科参照美国大学课程办理，将来派遣各生，分入美国大学获入大学研究科，而未经派遣的学生在馆内也可学成专门之学。这样，肄业馆学生的出路就不仅限于游美一途，因此应改名为学堂。北洋政府时期的庚款留美生都是在清华学校接受培训后赴美留学的。

清华学堂于1911年4月开学，首批学生包括各省咨送的184名学生，当年在京考取的第二格正取学生116名，备取学生25名，上年备取的第一格学生143名，统共460余人。辛亥革命爆发后，学堂关闭。民国元年，学堂改名学校，1912年5月，教职员、学生重新聚集，清华学校正式开学。

由游美肄业馆演化而来的清华学校，始终把选派学生赴美留学作为本校的一项重要职能。1912年，清华首届毕业生16人毕业赴美，是清华学校的第一批留美学生。此后直到1929年，清华学校不断派出留美学生。为了规范管理，1919年，学校还颁布了选派学生赴美游学章程，对学生资格、游学年限、学校选科、川资费用、调查实习、论文以及请假辍学等事项都做了详细规定。摘录如下：

第一条资格：

1. 清华学校选派游美之学生，以本校三育俱优之毕业生，及由本校临时考取之专科生于女学生为合格。

第三条游学年期：

2. 在本校毕业之学生，定游学五年；其临时考取之学生，由本校按其学程随时酌定。

3. 学生如有于所定年期内毕业而有特殊成绩，或学生专习医科、法科，不及于所定年期内毕业，各欲展长年期者，应于六个月以前，将最近成绩寄至监督处，并请该校教务长或教员，迳函监督处证明以凭核办。

第四条学校与学科：

1. 学生入校后，如实有不得已情形必须改校者，应于阳历二月底以前，函请监督处转商本校核办。

2. 如未满游学年期已经毕业，而欲继习本科，或更习他科，或更入他校者，应于阳历二月底以前，函请监督处转商本校核办。

除了清华学校直接培养的学生（一般称留美预备部毕业生）外，在此期间，清华学校还拿出一部分经费考选校外女生和专科男生出洋深造。招考校外女生始于1914年，隔年招考，学额十人，以体质健全、品行端淑，天足且未订婚，年在23岁以内，国学至少有中学毕业程度，英文科及科学能直入美国大学肄业者为合格。游学研究学科限定在教育、幼稚园专科、体育、家政、医科内，留学年限定为四年[①]。专科男生考选始于1916年，此后每年招考，学额为十名。凡属本国国籍，年龄在28岁以内，曾在国内矿科、电科、机械科、土木工程科、农科、林科等各科专门学校毕业，能入美国大学研究院进求高深学问者，均可报考。在美期间不得中途改换学校及课程，留学年限定为三年[②]。

除以上三类外，清华学校还拿出部分经费对在美大学本科二年级肄业的自费生择优给予年费津贴。到20世纪20年代初期，清华留美学生人数达到高潮。此后因为留美费用激增，退款数目入不敷出，清华学校遣派留

---

① "女学生赴美留学试验规则"，清华大学校史研究室编《清华大学史料选编》，清华大学出版社，1994，第226~228页。

② "专科学生赴美留学试验规则"，清华大学校史研究室编《清华大学史料选编》，清华大学出版社，1994，第224~226页。

美采取收缩政策，留美学额日渐减少。随着国内教育思潮趋向学术独立、教育自主，清华学校遂有自办一完整大学的设想，1921年停招中等科学生，1924年停招高等科学生，1925年改招大学一年级学生100名，同时附办国学研究院，招收研究生30名。1929年，旧制学生最后一批毕业赴美，清华学校停止遣派毕业生出国留学。

1912~1929年，清华学校派出的留美生共有1089人，具体省籍分布如表2-5所示。

表2-5 留美生具体省籍分布情况

省份	江苏	广东	浙江	福建	河北	四川	湖北	江西	湖南	安徽	河南
人数	209	161	121	80	74	72	64	58	44	43	37
省份	山东	山西	陕西	贵州	云南	广西	甘肃	辽宁	新疆	吉林	总计
人数	36	24	13	13	11	9	9	5	4	2	1089

资料来源：根据"本校历年毕业生统计表"制。《清华大学史料选编》第50~55页。

在各省人数多寡的排名中，广东省居第二，共有161人，占全部学生比例为14.8%。具体分类，旧制留美预备部毕业生有145人，专科女生7人，专科男生9人。广东籍学生在清华留美生中的较高比例主要受以下因素影响。

（1）清华学校的留美经费来自美国退还的部分庚子赔款，而赔款是由各省摊派的，摊派的原则"按省份大小、财力多寡为断"，广东省每年分摊的份额为200万银两，占总数的10.6%，在全国各省排列第二位（第一位是江苏，每年250万银两）①，所以清华最初招生，都是由各省教育机关承办，其录取名额，则照所摊赔款数额比例规定。这使得广东学生在清华留美生中始终占有较高的比例。

（2）清华学校招考的专科男生和女生都是直接咨送美国留学，预备部学生也以出洋为直接目标，这就要求学生英文程度及科学具有相当根基。广东地区教会学校起源最早，清末民初教会教育日益兴盛，除了岭南大学外，还发展了华南医学堂、真光中学、私立培英中学、培正中学、协和神学院、协和女子师范学校等一批大中专学校，教会学校普遍重视科学教育和英语教育，这使得教会学校培养的学生在选拔考试中具有较多的优势，也为广东的庚款留美创造了有利条件。

---

① 《清朝续文献通考》卷七七，第8276页。

广东庚款留美发展态势与清华学校留美总体发展情形息息相关,广东历年留美统计表如表2-6所示。

表2-6 广东历年留美生统计表

单位:人

年 份	1912	1913	1914	1915	1916	1917	1918	1919	1920
人 数	5	8	10	10	7	13	9	17	6
年 份	1921	1922	1923	1924	1925	1926	1927	1928	1929
人 数	17	4	5	18	9	8	4	5	6

资料来源:根据"本校历年毕业生统计表"制。《清华大学史料选编》第50~55页

总体来看,广东省的留美人数呈现波峰状的态势。在1921年之前,随着清华学校逐渐扩大学额,留美人数也相应激增,尤其在1917年、1919年、1921年三年,达到较高峰值。1922年,由于美国留学费用增加,清华学校在招生和遣派留美两方面都采取收缩政策,广东出洋生也相应锐减。1924年,广东省留美学生额创历史最高,达到18人,这在分省的历年留美人数中也是不多见的高值,但随着清华学校向独立大学的转型,此后直到1929年,留美人数回落,均在10人以下。

(五) 清华大学留美公费考试

清华学堂改为完全大学后,将入校与留学划为两事。教育方针改为以在国内"造就今日需用之人才为目的,不再为出洋游学之预备"[①]。留美学额通过全国公开考试确定,全国各大学的毕业生都可以报考。整个国民政府时期,清华大学共举办六届留美公费生考试,在全国范围内公开考试。

1933年,第一届清华大学留美生考试录取25人,没有广东籍学生。

1934年,第二届清华大学留美生考试录取20人,广东籍1人。黄开禄,广东焦龄人,1909年出生,清华大学1934年经济科毕业,入美国威斯康星大学。

1935年,第三届清华大学留美公费生考试举行,录取30人,广东籍2人。杨遵仪,27岁,广东揭阳人,清华大学地学系毕业,曾在清华大学地

---

① "大学部组织及课程",清华大学校史研究室编《清华大学史料选编》,清华大学出版社,1994,第293页。

学系担任古生物学及史地学助教两年，编有中国地质论文目录一册，考试成绩64.21分，专修古生物学。钟朗璇，23岁，广东南海人，交通大学毕业，曾在上海中国亚浦耳电气厂电机部任助理工程师一年，考试成绩64.97分，专修电机制造科。

1936年，依照教育部令，清华大学组织第四届留美生考试，8月24日，考试在清华大学和南京中央大学两地举行，共录取18人，广东籍1人。马大猷，23岁，广东潮阳人，北京大学物理学系毕业，考试成绩56.8分，专修科目物理（注重电音学）。

1937年抗战爆发，由于清华大学迁校复课等种种原因，留美公费考试一度暂停。直到1940年，第五届公费生考试在昆明、重庆、香港等地同时举行，录取17人，具体情况不详。

1941年秋曾核准举办清华大学第六届留美公费生考试，但因太平洋战事发生，中美交通困难，不得不延期。1943年，抗战形势趋于缓和，海上交通渐趋稳定，国家迫切需要人才，第六届留美公费生考试于是年举行，录取22人，其中广东籍1人。李志伟，27岁，广东中山人，清华大学经济系毕业，曾于1941~1942年在清华大学经济系做研究工作，考试成绩65.7分，专修科目社会学（注重社会保险）。

（六）庚款广东留美生的群体分析

根据《清华同学录》记载，广东留美学生共有187人，具体如表2-7所示。

表2-7 广东留美学生

序号	姓名	籍贯	学校、科目及学位	来美年份	服务处所或职务	生源类别
1	何杰	广东番禺	1913年科罗拉多矿业学院工程管理硕士，1914年理海大学理学硕士	1909	中山大学地质系教授，两广地质调查所所长	庚款甄别生
2	唐悦良	广东中山	1913年耶鲁大学教育学士，1915年普林斯顿大学政治科硕士	1909	北京大学教授	庚款甄别生
3	陈兆贞	广东番禺	麻省理工学院铁道管理学士	1909	上海交通大学	庚款甄别生
4	陈煐	广东增城	1913年伊利诺伊大学化学工程学士，1915年麻省理工学院硕士	1909	中山大学理工学院院长	庚款甄别生

续表

序号	姓名	籍贯	学校、科目及学位	来美年份	服务处所或职务	生源类别
5	卢景泰	广东顺德	1915年哥伦比亚大学道路工程硕士	1909	北平平遂铁路局工务处	庚款甄别生
6	邝煦堃	广东番禺	1914年普林斯顿大学文学科学士，1916年哥伦比亚大学新闻学硕士	1909	曾从事新闻事业，已故	庚款甄别生
7	王绍礽	广东南海	1913年科罗拉多大学机械科硕士	1910	广东地质调查所	庚款甄别生
8	胡继贤	广东番禺	1914年密歇根大学政治经济普通文科学士	1910	南京审计部	庚款甄别生
9	徐墀	广东台山	1912年伊利诺伊大学铁道管理学士，1913年宾夕法尼亚大学硕士，1915年哥伦比亚大学财政学博士	1910	曾在京奉铁路任职，已故	庚款甄别生
10	陈伯庄	广东番禺	1914年哥伦比亚大学化学工程师，1914~1915年哥伦比亚大学经济科，1915~1916年哈佛大学	1910		庚款甄别生
11	郭守纯	广东潮阳	1914年康奈尔大学农科学士，1915年威斯康星大学畜牧学理科硕士	1910	上海私立贫儿教养院院长	庚款甄别生
12	区其伟	广东新会	1914年密歇根大学化学工程师，1916年哥伦比亚大学硕士	1910	广州东山沙地工业试验所	庚款甄别生
13	刘寰伟	广东台山	1914年康奈尔大学政治经济科学士，1915年土木工程科工程师，1916年里文瓦陆军学院军事工程科	1910	上海京沪沪杭铁路产业课课长	庚款甄别生
14	邓鸿宜	广东顺德	1914年密歇根大学化学工程科硕士	1910	广东河南小港桥永荣矿厂	庚款甄别生

续表

序号	姓名	籍贯	学校、科目及学位	来美年份	服务处所或职务	生源类别
15	霍炎昌	广东南海	1914年密歇根大学化学工程科硕士	1910	广州市立第三中学	庚款甄别生
16	邝翼堃	广东新宁	1919年明尼苏达大学采矿科工程师	1910	平绥路口泉协兴煤矿公司	庚款甄别生
17	史宣	广东番禺	1915年哈佛大学机械科学士，1916年麻省理工学院硕士	1911		庚款甄别生
18	司徒尧	广东开平	1915年康奈尔大学宪政科学士，1917年博士	1911	香港广东省银行香港分行经理	庚款甄别生
19	何庆曾	广东顺德	1917年密歇根大学化学科学士	1911	广州白云山第一集团军科学研究会	庚款甄别生
20	梁杜衡	广东三水	伊利诺伊大学农科学士	1911	已故	庚款甄别生
21	梁基泰	广东番禺	1914年威斯康星大学政治科学士，1916年哥伦比亚大学硕士	1911	南京实业部商标局	庚款甄别生
22	张景芬	广东大埔	1915年理海大学矿业工程师	1911	广东富国煤矿公司经理兼总工程师	庚款甄别生
23	黄明道	广东中山	1914年威斯康星大学财政科学士	1911	已故	庚款甄别生
24	罗邦杰	广东大埔	1918年明尼苏达大学建筑科学士	1911	上海罗邦杰建筑师事务所	庚款甄别生
25	何穆	广东番禺	芝加哥大学政治学学士	1912	早逝	预备部毕业生
26	李宝鎏	广东中山	1916年芝加哥大学经济学学士，1917年威斯康星大学硕士，1919年哈佛大学硕士	1912	香港中协德洋行	预备部毕业生

第二章 广东社会与留学美国

续表

序号	姓名	籍贯	学校、科目及学位	来美年份	服务处所或职务	生源类别
27	余文灿	广东台山	1916年芝加哥大学经济学学士，1919年哈佛大学法学士	1912	上海经济委员会	预备部毕业生
28	卓越	广东中山	1916年康奈尔大学土木工程工程师	1912	上海市政府	预备部毕业生
29	叶玉良	广东三水	1916年康奈尔大学化学学士，1920年麻省理工学院博士	1912	香港中协德洋行	预备部毕业生
30	李绍昌	广东中山	1917年耶鲁大学教育学学士，1918年哥伦比亚大学硕士	1913	檀香山夏威夷大学	预备部毕业生
31	黄光	广东中山	1918年财政学学士	1913	广州丰宁县自动电话委员会	预备部毕业生
32	黄纯光	广东香山	宾夕法尼亚大学经济科	1913	国民政府财政部秘书	预备部毕业生
33	郭承志	广东潮阳	康奈尔大学机械科	1913		预备部毕业生
34	杨绵魁	广东惠阳	凯斯西储大学工业化学学士	1913		预备部毕业生
35	叶桂馥	广东惠阳	1917年斯沃斯莫尔学院经济科学士	1913	上海永康保险公司	预备部毕业生
36	蔡星五	广东台山	1918年芝加哥大学经济政治科学士，1919年纽约大学商业管理硕士，哈佛大学经济财政科	1913	上海交通大学事务长兼副教授	预备部毕业生
37	关颂声	广东番禺	1918年麻省理工学院建筑学学士	1913	天津基泰工程公司工程师	预备部毕业生
38	李国均	广东中山	1918年普渡大学土木工程工程师，哈佛大学铁路工程科	1914	广州市黄沙粤汉路南段工务处处长	预备部毕业生

续表

序号	姓名	籍贯	学校、科目及学位	来美年份	服务处所或职务	生源类别
39	李权亨	广东南海	科罗拉多大学采矿科，1918年康奈尔大学土木工程科工程师	1914	岭南大学工学院院长	预备部毕业生
40	胡己修	广东番禺	耶鲁大学、宾夕法尼亚大学经济科	1914	上海邮政储金储业局	预备部毕业生
41	陈荣鼎	广东新会	1917年伊利诺伊大学农科学士，1919年伊利诺伊大学畜牧科硕士	1914	实业部上海兽疫防治所主任	预备部毕业生
42	黄凤华	广东四会	哥伦比亚大学政治学博士	1914	早逝	预备部毕业生
43	冯建统	广东南海	1913年圣约翰大学文科学士，1915年普林斯顿大学外交科硕士，1918年哈佛大学铁道管理科硕士	1914	南京铁道部业务司司长室	预备部毕业生
44	温毓庆	广东台山	1921年哈佛大学无线电博士	1914	南京交通部电政司司长	预备部毕业生
45	卢正持	广东香山	1918年理海大学电机科电子工程师	1914	香港洋行	预备部毕业生
46	戴恩赛	广东五华	1915年哥伦比亚大学法科硕士	1914		预备部毕业生
47	王瑞娴	广东东莞	1919年新英格兰音乐学院音乐科学士	1914	自办音乐馆于上海	专科女生
48	何墨林	广东顺德	凯斯西储大学电机科	1915	沪杭铁路管理局	预备部毕业生
49	巫振英	广东龙川	1921年哥伦比亚大学建筑科学士	1915	上海	预备部毕业生
50	凌达扬	广东宝安	1918年耶鲁大学历史科学士，1920年哥伦比亚大学硕士	1915	济南齐鲁大学外文系教授	预备部毕业生

续表

序号	姓名	籍贯	学校、科目及学位	来美年份	服务处所或职务	生源类别
51	黄元道	广东中山	明尼苏达大学经济科学士	1915	上海太平保险公司	预备部毕业生
52	黄百练	广东台山	1919年芝加哥大学工商管理学士，哈佛大学银行科	1915	广州	预备部毕业生
53	黄叔培	广东揭阳	1918年凯斯西储大学机械科学士，1921年伦斯勒理工大学教育学博士	1915	上海交通大学教授	预备部毕业生
54	黄卓群	广东香山	1918年三一大学经济科学士，1919年哥伦比亚大学硕士	1915	上海盐务稽核总所	预备部毕业生
55	黄炯华	广东顺德	1919年西北大学化学科学士	1915	广东佛山	预备部毕业生
56	温万庆	广东台山	1915年三一大学经济科，1918年耶鲁大学经济科	1915	广州交通银行经理	预备部毕业生
57	钟可成	广东梅县	1917年阿尔弗雷德大学政治科学士	1915	上海中国营业公司	预备部毕业生
58	梁平	广东顺德	1919年伊利诺伊大学银行科学士，芝加哥大学经济科	1916	中央银行稽核处稽核	预备部毕业生
59	唐官赏	广东香山	鲍登学院铁道管理科	1916	上海市审计处	预备部毕业生
60	黄华	广东东莞	1918年达特茅斯学院政治经济科学士，1921年哈佛大学法学士	1916	上海市政府公安局	预备部毕业生
61	谭世藩	广东香山	1920年康奈尔大学化学工程学士，1924年博士	1916	广西省政府化学试验所兼广西大学理工学院化学系主任	预备部毕业生

续表

序号	姓名	籍贯	学校、科目及学位	来美年份	服务处所或职务	生源类别
62	李清廉	广东清远	1917年密歇根大学医学士，1923年硕士	1916	上海	专科女生
63	梁逸群	广东三水	1920年芝加哥大学社会学学士，1921年哥伦比亚大学硕士	1916	杭州	专科女生
64	邝翠娥	广东番禺	1922年康奈尔大学文科学士	1916	上海江南造船厂	专科女生
65	李衷	广东梅县	1921年麻省理工学院化学士，1922年硕士	1917	汕头梅县万福公司	预备部毕业生
66	沈鹏飞	广东番禺	1920年俄勒冈大学森林科学士，1921年耶鲁大学硕士	1917	上海真如暨南大学校长	预备部毕业生
67	梁承厦	广东顺德	1920年俄亥俄州立大学化学工程科学士	1917	广东西村士敏土场化验师	预备部毕业生
68	张福生	广东大埔			早逝	
69	陈佐璇	广东南海	1920年纽约大学商业经济科学士，1921年哥伦比亚大学经济银行科硕士	1917	广东丝业银行经理	预备部毕业生
70	陆明	广东鹤山	1920年阿勒格尼学院商业经济科学士，1922年哥伦比亚大学硕士	1917		预备部毕业生
71	曹琎	广东番禺	1920年路易斯安那大学制糖工程科学士	1917	杭州浙赣铁路局总务科	预备部毕业生
72	郭熙棠	广东番禺	1921年普渡大学畜牧科学士，1922年康奈尔大学硕士	1917	广州河南南武中学	预备部毕业生
73	麦佐衡	广东南海	1919年伯洛伊特学院银行科学士，芝加哥大学硕士	1917	中国信托公司总经理	预备部毕业生

续表

序号	姓名	籍贯	学校、科目及学位	来美年份	服务处所或职务	生源类别
74	彭尧祥	广东南海	1921年卡内基·梅隆大学国际公法学士，1922年哥伦比亚大学硕士，1925年博士	1917		预备部毕业生
75	罗荣安	广东博罗	1921年麻省理工学院机械工程科学士，1922年航空工程科硕士	1917	南京中央大学机械系教授	预备部毕业生
76	黄家齐	广东惠阳	1918年康奈尔大学土木工程科硕士	1917	汕头潮汕铁路局经理兼工程师	1917年专科男生
77	谭真	广东中山	1918年麻省理工学院土木工程科硕士	1917	天津建筑工程公司工程师	1917年专科男生
78	王贵循	广东南海	1922年土木工程科工程师	1918	早逝	预备部毕业生
79	朱彬	广东南海	1923年宾夕法尼亚大学建筑科硕士	1918	上海，建筑师	预备部毕业生
80	李耀煌	广东东莞	1920年麻省理工学院机械科学士	1918	上海中央信托局	预备部毕业生
81	刘树墉	广东台山	1921年俄亥俄州立大学陶瓷工程科学士	1918	天津安利洋行内中英商业公司	预备部毕业生
82	黎藻鑑	广东番禺	1925年哥伦比亚大学经济科硕士	1918	广州市政府	预备部毕业生
83	鲍国宝	广东中山	1922年康奈尔大学机械工程科硕士	1918	福州电厂厂长	预备部毕业生
84	谢宝添	广东南海	达特茅斯学院政治科	1018	早逝	预备部毕业生
85	关颂韬	广东番禺	1920年芝加哥大学医药科学士，1923年拉什大学医学院硕士	1918	北平协和医院外科医生	预备部毕业生
86	邝照祁	广东台山	1922年康奈尔大学机械科硕士	1918	上海全国经济委员会专员	预备部毕业生

续表

序号	姓名	籍贯	学校、科目及学位	来美年份	服务处所或职务	生源类别
87	李春荣	广东惠阳	1925年爱荷华州立大学农科硕士、兽医科学士	1919	广州商品检验局技术官	预备部毕业生
88	李福苍	广东中山	1922年哥伦比亚大学银行科学士	1919	香港先施人寿公司总行司理	预备部毕业生
89	林世熙	广东南海	1921年约翰霍普金斯大学医学士，1925年硕士	1919	上海行医	预备部毕业生
90	凌庚扬	广东宝安	1923年宾夕法尼亚大学经济科学士	1919	早逝	预备部毕业生
91	容启兆	广东中山	1898年塔夫茨大学化学科学士，1923年弗吉尼亚大学硕士，1924年博士	1919	上海光华大学化学系主任教授兼理学院院长	预备部毕业生
92	陈永杰	广东新会	1922年麻省理工学院化学工程科学士	1919	上海	预备部毕业生
93	崔学攸	广东南海	1922年麻省理工学院土木工程科学士	1919		预备部毕业生
94	崔学韩	广东南海	1923年伍斯特理工学院电机科工程师	1919	美国西屋电气公司电机工程师	预备部毕业生
95	程耀椿	广东中山	1922年伦斯勒理工学院化学工程师，1924年哥伦比亚大学硕士，1927年博士	1919	国立浙江大学工学院化学工程系副教授	预备部毕业生
96	汤武杰	广东焦岭	1923年卡内基·梅隆大学机械科学士	1919	爪哇巴达维亚学校	预备部毕业生
97	曾心铭	广东揭阳	1922年伦斯勒理工学院电机工程师	1919	广东西村士敏土厂机械工程师	预备部毕业生
98	刘宝琛	广东台山	1923年伦斯勒理工学院化学工程师，1924年缅因大学造纸工程硕士	1919	广东西村士敏土厂工务处处长	预备部毕业生

续表

序号	姓名	籍贯	学校、科目及学位	来美年份	服务处所或职务	生源类别
99	谢保樵	广东南海	1920年约翰霍普金斯大学经济科学士，1923年政治科博士	1919	南京立法院编辑处处长	预备部毕业生
100	邝寿堃	广东番禺	1923年明尼苏达大学矿冶科硕士	1919	北京门头沟中英煤矿公司华总工程师	预备部毕业生
101	罗清生	广东南海	1923年堪萨斯州立大学兽医科学士	1919	中央大学农学院教授	预备部毕业生
102	胡经甫	广东三水	1917年东吴大学生物科学士，1919年硕士，1922年康奈尔大学生物科博士	1919	燕京大学生物系教授	1919年专科男生
103	余英杰	广东梅县	1922年威斯康星大学商科学士，1926年哈佛大学银行科硕士	1920	上海中国银行管理处信托部襄理	预备部毕业生
104	施宗岳	广东鹤山	约翰霍普金斯大学国际公法科学士，哥伦比亚大学硕士	1920	上海苏浙皖统税处副处长	预备部毕业生
105	袁锦昌	广东香山	1922年俄亥俄大学经济科学士，1923年哥伦比亚大学硕士	1920	上海苏浙皖统税处	预备部毕业生
106	陈同白	广东中山	1923年华盛顿大学水产科学士，1925年硕士	1920	浙江省水产试验场场长	预备部毕业生
107	陈思度	广东新会	1922年密歇根大学银行科学士，1925年硕士	1920	上海华安合群保寿公司会计	预备部毕业生
108	邝宝常	广东南海	1925年哥伦比亚大学经济科学士	1920	早逝	预备部毕业生
109	凌继扬	广东宝安	1924年拉法叶学院会计科学士	1921		预备部毕业生

续表

序 号	姓 名	籍 贯	学校、科目及学位	来美年份	服务处所或职务	生源类别
110	容启雄	广东香山	1921年塔夫茨大学化学科学士，1923年宾夕法尼亚大学硕士，1924年弗吉尼亚大学博士	1921		预备部毕业生
111	张福铨	广东顺德	1925年科罗拉多大学采矿科硕士，1928年伦敦大学博士	1921	南京资源委员会专员	预备部毕业生
112	陈步高	广东潮安	1923年威廉玛丽学院文科学士，1924年弗吉尼亚大学经济科硕士，1925年宾夕法尼亚大学工商管理科硕士	1921	上海新华信托储蓄银行	预备部毕业生
113	黄博文	广东台山	1922年俄亥俄大学化学工程科学士，1923年哥伦比亚大学国际公法科硕士，1925年哈佛大学商科硕士	1921		预备部毕业生
114	黄宪儒	广东开平	1923年欧柏林学院经济科学士，1924年哥伦比亚大学硕士，1928年博士	1921	上海全国经济委员会	预备部毕业生
115	曾昭德	广东番禺	1923年华盛顿大学医科学士，1927年宾夕法尼亚大学医学博士	1921	天津，医生	预备部毕业生
116	区沛玖	广东番禺	1923年芝加哥大学法学士，1925年法学博士	1921	上海财政部驻沪办事处	预备部毕业生
117	邓耀冠	广东焦岭	1923年欧柏林学院工商管理学士，1925年哈佛大学工商管理硕士	1921	广东焦岭	预备部毕业生

续表

序号	姓名	籍贯	学校、科目及学位	来美年份	服务处所或职务	生源类别
118	桂铭敬	广东南海	1922年康奈尔大学铁路科及建筑科硕士	1921	湖南粤汉铁路株韶段工程局工程师兼技术股主任	1921年专科男生
119	冯锐	广东番禺	1922年康奈尔大学农科硕士，1924年博士	1921	早逝	1921年专科男生
120	林钧	广东台山		1922	早逝	预备部毕业生
121	黄子	广东梅县	1924年威斯康星大学理论化学学士，1925年康奈尔大学硕士，1935年麻省理工学院博士	1922	清华大学教授	预备部毕业生
122	黄卓凡	广东梅县	1924年耶鲁大学政治经济科学士	1922	南京立法院编译处专员	预备部毕业生
123	黄荫普	广东番禺	1924年哥伦比亚大学会计银行科学士，1925年硕士	1922	中山大学教授	预备部毕业生
124	郑辉	广东东莞	1923年奥特本大学商业经济科学士，1925年哈佛大学硕士，1928年耶鲁大学法学硕士	1922	上海沪江大学教员	预备部毕业生
125	饶引之	广东兴宁	1924年密苏里州立大学新闻学学士，1926年宾夕法尼亚大学工商管理科硕士	1922	南京铁道部秘书	预备部毕业生
126	邝耀堃	广东番禺	1925年珀莫娜学院银行学学士，1928年哥伦比亚大学硕士	1922	上海交通大学副教授	预备部毕业生
127	梁思成	广东新会	1927年宾夕法尼亚大学建筑科学士，1927年哈佛大学硕士	1923	中国营造学社主任兼北京大学讲师	预备部毕业生

续表

序号	姓名	籍贯	学校、科目及学位	来美年份	服务处所或职务	生源类别
128	麦健曾	广东顺德	1924年科罗拉多大学经济学学士，1926年哈佛大学商业管理硕士，1930年哥伦比亚大学财政学博士	1923	广州市财政局局长	预备部毕业生
129	刘纯聪	广东台山	1925年华盛顿大学工商管理硕士	1923		预备部毕业生
130	谢奋程	广东梅县	1924年科罗拉多大学经济科学士，1926年哈佛大学财政银行学硕士	1923	南京铁道部总务司司长	预备部毕业生
131	谭广德	广东新会	1925年威斯康星大学经济科学士，1928年哥伦比亚大学硕士	1923	广州越山中学	预备部毕业生
132	何永吉	广东番禺	1925年伯洛伊特学院历史学学士	1924	广州	预备部毕业生
133	李树翘	广东开平	1925年科罗拉多大学经济科学士	1924	广州中国银行	预备部毕业生
134	吴鲁强	广东开平	1928年麻省理工学院化学工程科学士，1931年博士	1924	广州	预备部毕业生
135	余　良	广东台山	1926年欧柏林学院经济科学士	1924	上海交通大学	预备部毕业生
136	余相林	广东台山	1926年芝加哥大学商科学士，哥伦比亚大学银行学硕士	1924	上海全国经济委员会专员	预备部毕业生
137	余绍光	广东台山	1926年达特茅斯学院财政学学士，1927年哈佛大学国际贸易硕士	1924	上海关务署秘书	预备部毕业生
138	余泽棠	广东台山	威斯康星大学经济科学士	1924	广州	预备部毕业生

第二章 广东社会与留学美国

续表

序号	姓名	籍贯	学校、科目及学位	来美年份	服务处所或职务	生源类别
139	梁思永	广东新会	达特茅斯学院历史科学士	1924	中央研究院历史语言研究所	预备部毕业生
140	高荫棠	广东新会	1926年威廉姆斯大学政治科学士，1927年哥伦比亚大学硕士，1931年博士	1924	南京立法院编修	预备部毕业生
141	陈仕庆	广东番禺	1927年麻省理工学院化学工程学士	1924		预备部毕业生
142	陈叔平	广东台山	1925年科罗拉多大学社会学学士	1924	早逝	预备部毕业生
143	黄元照	广东台山	1926年华盛顿大学生物科学士	1924	永利化学工业公司广州经理处经理	预备部毕业生
144	黄培坤	广东台山	1926年华盛顿大学政治科学士，宾夕法尼亚大学国际公法科硕士	1924	南京立法院专员	预备部毕业生
145	区嘉炜	广东顺德	1926年麻省理工学院化学科学士，1927年硕士，1931年博士	1924	天津塘沽黄海化学工业社	预备部毕业生
146	杨兆焘	广东中山	1925年科罗拉多大学经济科学士，1927年密歇根大学市政科硕士	1924	广州国民大学教授	预备部毕业生
147	赵士寿	广东新会	1926年威斯康星大学制药科学士	1924	广东新会	预备部毕业生
148	谭遂淮	广东开平	1926年约翰霍普金斯大学医科学士	1924	天津，医生	预备部毕业生
149	伍长庚	广东台山	1927年约翰霍普金斯大学医科学士	1925	北平市政府卫生局	预备部毕业生
150	吴年吉	广东新会	1928年威斯康星大学农科学士	1925	四川省家畜保育所	预备部毕业生

续表

序 号	姓 名	籍 贯	学校、科目及学位	来美年份	服务处所或职务	生源类别
151	梁梦熊	广东中山	1928年宾夕法尼亚大学保险及国外贸易学士	1925	郑州陇海铁路会计	预备部毕业生
152	高承志	广东番禺	1927年斯坦福大学物理化学科学士，约翰霍普金斯大学博士	1925	广州勤勤大学	预备部毕业生
153	黄文炜	广东台山	1927年俄亥俄大学工业化学科学士，博士	1925	岭南大学教授	预备部毕业生
154	邝凯华	广东香山	1927年俄亥俄州立大学铁道管理科学士	1925	上海中国银行	预备部毕业生
155	曾友豪	广东梅县	约翰霍普金斯大学历史政治科法学博士，1928年哥伦比亚大学博士	1925	甘肃高等法院院长	1925年专科男生
156	凌淑浩	广东番禺	1928年凯斯西储大学医科博士	1925	美国印第安纳波里研究实验室	1925年专科女生
157	黄桂芳	广东南海	芝加哥大学文学科	1925		1925年专科女生
158	汪德亮	广东番禺	哥伦比亚大学教育科	1926	武汉大学文学院教授	预备部毕业生
159	梁思忠	广东新会	威斯康星大学政治科，美国野战炮兵学院陆军科	1926	早逝	预备部毕业生
160	梁矩章	广东南海	1928年宾夕法尼亚大学运输科学士，1929年工商管理科硕士	1926	平绥铁路车务处及交通大学（北平）	预备部毕业生
161	张葆恒	广东东莞	1928年斯坦福大学经济科学士，1930年芝加哥大学法律科博士	1926	中山大学英语系主任	预备部毕业生
162	崔龙光	广东南海	1929年普渡大学土木工程科工程师，伦敦大学道路工程科博士	1926	中山大学教授	预备部毕业生

续表

序号	姓名	籍贯	学校、科目及学位	来美年份	服务处所或职务	生源类别
163	云照坤	广东文昌	1929年华盛顿大学经济科学士，1930年哥伦比亚大学硕士	1926	广东省银行	预备部毕业生
164	郑骏全	广东中山	—	1926	早逝	预备部毕业生
165	关锡麟	广东南海	欧柏林学院会计学	1926	南京铁道部专员	预备部毕业生
166	刁毓芳	广东新宁	—	1927	早逝	预备部毕业生
167	黄弁群	广东开平	—	1927	早逝	预备部毕业生
168	曾纪桐	广东焦岭	1929年华盛顿大学经济科学士，1932年哈佛大学硕士	1927	广州中山大学教授	预备部毕业生
169	张资	广东梅县	1930年约翰霍普金斯大学纯粹化学科博士	1927	武昌华中大学化学系主任兼教授	1927年专科男生
170	林宣璧	广东	1932年刘易斯大学商科学士	1928		预备部毕业生
171	梁衍	广东	1931年耶鲁大学建筑科学士	1928	基泰建筑公司建筑师	预备部毕业生
172	陈之迈	广东番禺	俄亥俄州立大学历史科学士，1933年哥伦比亚大学公法博士	1928	清华大学政治系教授	预备部毕业生
173	程伯京	广东南海	1930年芝加哥大学医学士，1934年硕士	1928	北平协和医院医师	预备部毕业生
174	钟俊麟	广东梅县	1931年哥伦比亚大学果树学学士，1931年伊利诺伊大学果树园艺硕士	1928	国立浙江大学农学院副教授	预备部毕业生

续表

序号	姓名	籍贯	学校、科目及学位	来美年份	服务处所或职务	生源类别
175	钟耀天	广东五华	1930年芝加哥大学社会学学士，1931年锡拉丘兹大学市政管理科硕士	1928	广州市政府市政专员	预备部毕业生
176	何争铮	广东潮安	1930年斯坦福大学经济科学士	1929	广东潮安	预备部毕业生
177	金澍荣	广东番禺	斯坦福大学中等教育科学士，哥伦比亚大学博士	1929	北平师范大学教授	预备部毕业生
178	张荫麟	广东东莞	1931年斯坦福大学哲学科学士	1929	清华大学哲学系历史系教授	预备部毕业生
179	陆起华	广东昌宁	俄亥俄州立大学社会学学士，哥伦比亚大学硕士	1929	广西省政府	预备部毕业生
180	冯桂连	广州	1931年麻省理工学院航空工程科学士，1932年硕士	1929	清华大学机械系教授	预备部毕业生
181	龙程芙	广东琼山	1931年斯坦福大学社会学学士	1929	南京金陵女子大学	预备部毕业生
182	梁庆椿	广东中山	1927年东南大学经济科学士，1932年哈佛大学硕士，1933年博士	1929	浙江大学农学院教授	1929年专科男生
183	黄开禄	广东焦岭	1934年清华大学经济科，入美国威斯康星大学	1934		全国招考录取生
184	杨遵仪	广东揭阳	清华大学地学系毕业	1935		全国招考录取生
185	钟朗璇	广东南海人	交通大学毕业	1935		全国招考录取生

续表

序号	姓名	籍贯	学校、科目及学位	来美年份	服务处所或职务	生源类别
186	马大猷	广东潮阳	北京大学物理系毕业	1936		全国招考录取生
187	李志伟	广东中山	清华大学经济系毕业	1943		全国招考录取生

1. 庚款留学时的国内教育背景

庚款留美生根据生源类别大致可分为庚款甄别生、清华预备部毕业生、专科生、公开考试录取生四类。如果从国内教育背景角度划分，清华预备部毕业生和其他三种完全不同。庚款甄别生、专科生、公开考试录取生的重要特征是在全国范围内招考，择优录取，而不是像清华学堂招生，将名额按摊派庚款的多少摊到省里，各省再根据规定名额推荐考选，在清华学堂培训毕业后，统一遣派美国留学。

学务处考选甄别生以英文和专业成绩能直接入美国大专院校为标准，这样全国范围内的公平竞争就使得重视英文和自然科学课程的教会学校及官私新学学生充分发挥了自身的优势。从广东籍庚款生留学前的学习经历看，岭南学堂、上海圣约翰书院、唐山路矿学堂、清华学校是广东学生相对集中的地方。因此有必要重点论述这几所学校的背景。

（1）岭南学堂。

目前已知的24名甄别生中至少有七人毕业于岭南学堂。三人学习化工，三人学习政治经济，一人学习道路工程。

岭南学堂的前身是格致书院，是美国北长老会海外差会1888年在广州建立的一所基督教书院，课程标准按照科举考试美国中学的课业程度设定，相当于大学预科。庚子事变后书院迁到澳门更名为岭南学堂。1904年，迁回广州。岭南学堂对英文和科学教育的注重可以追溯到建校伊始，1899年尹士嘉牧师掌校的时候就以英文直接教授各学科，并发展其他自然科学的课程，他认为这样的课程"是适应中国学生的需要"。这样的传统在学校从澳门迁回广州后一直延续下来。根据一份课程表来看，学校一周开设的课程有《圣经》、英文、地理、历史、算术、数学（代数、几何、三角）、物理、化学、动物、植物、生理学、图画、体操等。各级学生程度不等，课目各异，但"皆以英文直接教授，惟汉文则用粤语施教耳"。

科学教育方面，岭南学堂第一届毕业生钱数芬回忆说"凡自然科学各科目几无不齐备，而且各有实验室，实为当时在国内中外公私学校所仅见"。因此有人评价，当时岭南学堂课程水准甚高，当时官立私立之学校固非所匹，即香港之英文学校，于数学、科学，及汉文诸科，其程度亦有逊焉①。

作为一个教会学校，岭南学堂与美国和教会有着千丝万缕的联系，学校所聘教师多为美籍，如学堂监督兼教授英文、《圣经》的尹士嘉，教授数学、物理、化学兼任校医的林安德，教授体操、历史、地理并兼任总务的刘惠士，教授英文、书法、图画的左治女士，教授高级英文及诗词的黄念美，教授英文、科学的彭美赞，教授物理学的亚历山大，等等，皆为美籍。此外还有华籍之徐甘棠、崔通约、许中庸、钟荣光以及法籍的 Dayon 教授等。

总之，由于学堂办学之初就以适应时势和地方发展需要为出发点，以建成最高标准之学府为目的，在晚清末年培养了一批杰出人才，当时各级同学中常未到毕业就中途考取公费学额而出国留学，可见成绩之优异。清政府举行第一次招考留美官费生，岭南同学中仅有卢景泰一人投考。第二次则有胡继贤、区其伟、霍炎昌、刘寰伟（其他资料表明邓鸿宜也为岭南学堂同学）四人，第三次有司徒尧一人，均得取录，这也是岭南学堂教育水准的明证。

（2）上海圣约翰书院。

目前已知毕业于上海圣约翰书院的有四人，一人习教育政治、一人习文学新闻学、一人习农学、一人习采矿。

圣约翰书院始建于1879年，由美国圣公会上海主教施约瑟（Samuel Isaac Joseph Schereschewsky）将原来的两所圣公会学校培雅书院和度恩书院合并而成，办学初期设西学、国学和神学三门课程。1892年起书院正式开设大学课程。1905年，圣约翰书院正式升格为圣约翰大学，并在美国华盛顿州注册，大学设文学院、理学院、医学院、神学院4所大学学院以及一所附属预科学校，成为美国政府认可的在华教会学校。1913年，圣约翰大学开始招收研究生，1936年开始招收女生，后来发展成为一所拥有5个学院（原来的4所加上后来的农学院）、16个系的综合性教会大学，是当时上海乃

---

① 《简又文记岭南大学之创始时期》，载朱有瓛、高时良主编《中国近代学制史料》第4辑，华东师范大学出版社，1993，第521~529页。

至全中国优秀大学之一,入读者多是政商名流的后代或富家子弟,而且拥有很浓厚的教会背景。学校直到1947年才向国民政府注册。

圣约翰大学最为世人称道和铭记的是其英语教学,早在19世纪后期教会圈子还在辩论"是否教授英语"而非"如何教授英语"时,圣约翰大学就已经开始大张旗鼓地推动英语教学,而且学校为此制定了较高的目标:"我们要在中国地道地教授英语。许多学校仅仅为了商业的目的极为浅显地教授一点英语,圣约翰不能浅尝辄止。"20世纪以后,圣约翰大学的全部课程,甚至包括中国历史课,已基本全部用英语教授。学校几乎所有的章程、规则、通告、往来公函、会议记录、年度报告等均使用英语,形成十分独特的英语环境。曾有刊物对这种风气做了如下描述。

> 圣约翰学生与众不同的最大标志,是他们地道的英语。本校因此而远近闻名,令人羡慕;圣约翰学生也因此趾高气扬,不可一世。……毫不夸张地说,一些学生甚至发展到对中文书刊不屑一顾的地步。在本校,中文演讲往往令人厌倦,中文告示也常常无人注意。在谈话时,学生们认为他们用英语更加轻松自如,即便用中文交谈,如果不时时夹带几句英文,那将是不可思议的事①。

良好的英文训练使圣约翰学生在前往英语国家深造方面具有明显的优势,该学校在国内高校中以出国留学人数众多而著称。第二次庚款考选录取的70名甄别生,有12人肄(毕)业于圣约翰书院,另一统计显示,到1948年圣约翰在美学习进修的学生有400余人②。

(3)唐山路矿学堂。

目前已知至少有四人是唐山路矿学堂学生,一人习化工、一人习采矿、一人习铁道管理,一人习机械。

唐山路矿学堂的前身为1896年建于山海关的北洋铁路学堂,这是中国第一所铁路学堂,1905年迁到唐山后更名为唐山铁路学堂,1906年应开平矿务局要求,招40名矿班学生,定名为路矿学堂。

学堂发展初期,早期留美幼童发挥了重要作用。铁路工程师詹天佑亲自参与培养学堂的中国第一批工程师,主动担任带领学生实习。严格的教

---

① 《约翰周刊》,1929年11月12日。
② 徐以骅:《教育与宗教:作为传教媒介的圣约翰大学》,珠海出版社,1999,第40页。

学要求和詹天佑先生的亲自培育，使中国培养出了最早的优秀工程师，也使学堂声誉卓著。1905年，詹天佑主持修建我国第一条铁路京张铁路，这是早期中国科学技术史上最伟大的工程之一，他的两名助手张鸿诰、徐士远皆为学堂毕业生。学堂迁到唐山后，梁如浩亲自担任首任总办（校长），学校迎来了良好的发展时期，唐山路矿学堂成为志在报国的有志青年的首选学府。后周长龄先生、方伯梁先生曾先后担任学堂总办。

在教学实践方面，学堂创立伊始，就采用欧美大学原版教材，重金聘用英籍教师，以口授、笔记为主要教学形式。在唐山路矿学堂时期，学校已经因为"治学严谨、教学实验设备精良、图书资料丰富"，不但在四大实业学府中领先，而且也不逊于当时的香港大学。据中国现代桥梁先驱——茅以升回忆，他在唐山路矿学堂读书时，老师都用英语讲课，而且学校没有正式课本。茅以升每听完一节课，都要翻阅几十本参考书，自己整理笔记，在唐山路矿学堂学习的五年里，他整理了200多本笔记。后来茅以升考取了公费留美资格，入康奈尔大学读研究生，茅以升是唐山工业专门学校（1912年后学堂改名唐山工业专门学校）第一个来到这个学校注册报到的研究生。该校教授说："唐山工业专门学校从未听说过，须经考试方能注册。"出乎他们的意料，茅以升的考试成绩荣登榜首，为此，学校规定，今后凡是唐山工业专门学校的毕业生，可以免试直接入学。

后来许多唐山路矿学堂时期的毕业生闻名天下，如庄俊（建筑泰斗，中国第一位建筑师）、李光前（全球华人十大超级富豪，新加坡大学首任校长）、竺可桢（世界一流气象学家）、李俨（中国科学院院士）、何杰（中国科学院院士）、周厚坤（发明世界第一台中文打字机）等。

（4）清华学校。

庚款留美生的主体是清华预备部毕业生，广东庚款生中有143人在清华学堂（校）修业。

清华学堂1911年由外务部、学部奏设成立，办学经费来自美国退还赔款。民国以后改称清华学校。根据章程，清华学校以培植全才、增进国力为宗旨，"以造成能考入美国大学与彼都人士受同等之教育为范围"。学校参照中美学科制度，分设高等、中等两科，学制各为四年。高等科教授科目有修身、国文、英文学、修辞作论、德法文、通史、上古文（上古史）、中古文（中古近代史）、美史、地文、生理、物理、高等物理、化学、高等化学、高等算学、平面几何、经济、政治、手工、音乐（用器画）、体操。中等科教授科目有修身、国文、中国历史、中国地理、世界地理、英文读本、英文文范（造句）、英文文范（修辞学）、英文作论、默写、习字、英语会话、算学、代数、博物、卫生、化学、手工、图画、音乐、体操等。

由于清华是预备留美的学校，所以特别注重英文课，使用的教材开始是《鲍尔文读本》，以后就由浅而深地选读文学作品。而且除了国文、历史、地理、修身、哲学史、伦理学、修辞学、中国文学史等科用中文教授外，其他课程都用英语讲授，一律用美国出版的教科书，所以清华学生的英文水平比其他学校略优。清华学校还仿照美国学校，注重体育，每天早晨安排有十五分钟的柔体操，下午还有一个小时的强迫运动。为了丰富学生的课余生活，学校还组织演说辩论赛、科学社团、艺术社团，以帮助学生进德修业和练习其办事才能等。据梁思成回忆，他在清华读书期间，不但学业优秀，而且兴趣广泛。他爱好美术和音乐，经常为校刊画插图，被聘为美术编辑。他参加学校的合唱队、军乐队，担任过乐队队长和第一小号手。

清华学校培养了大批现代专业人才，在促进国家现代化方面做出了突出的贡献。据统计，从清华学校毕业留美的学生有千余人，其中获得硕士以上学位者占64％，到1926年止至少有80余名清华学生学成回国，服务于文化、科学、教育、商界、实业、政治等各行业。中国现代史上许多赫赫有名的人物，如胡适、赵元任、金岳霖、梁思成、竺可桢、茅以升、梅光迪、汤用彤、吴宓、梁实秋、闻一多、雷海宗、潘光旦、罗隆基等，都是清华学校的毕业生。

此外，还有四名学生分别是从东吴大学、东南大学、交通大学、北京大学毕业后参加全国考试获取留美资格的。民国以后，中国自办的高等教育逐渐发展，到20世纪30年代中期，已经形成一批传统的、综合性的并有一定水准的国（公）立大学和学院。东吴大学、东南大学、交通大学、北京大学即是其中代表，不再赘述。

2. 庚款留学的经历概况

庚款留美生的留学情况，包括留学生在留学期间的各个方面，如他们所入的大学、所习的专业、学习、生活情况以及活动等。

从表2-7可以得知，187名学生在美所入学校集中于哥伦比亚大学、麻省理工学院、密歇根大学、哈佛大学、康奈尔大学、普林斯顿大学、威斯康星大学、科罗拉多矿业学院等。其他还有理海大学、普渡大学、伊利诺伊大学等。我们择其重点对大学简况和课程内容进行介绍,可以略知留学生之所得。

(1) 留学生在哥伦比亚大学。

哥伦比亚大学是一所与中国人留学美国史渊源极深的大学。从留学史来看,粗略统计一下,就发现著名的中国学者,如胡适、冯友兰、徐志摩、宋子文、顾维均、梅光迪、任叔永、陈衡哲、潘光旦、闻一多、吴健雄、李政道、谢希德、赵元任、李芳桂等,都在哥伦比亚大学学习或工作过。广东的庚款留美生中也有多人在哥伦比亚大学毕业。哥伦比亚大学自晚清开始就聚集了大量的中国留学生,个中原因,陈焕章博士(广东高要人,哥伦比亚大学博士)的《说哥伦比亚大学堂》一文可供参考:

今吾中国之游美学生日众矣,然美国之大学以数十计,其最宜于中国学生者何校乎,曰,哥伦比亚哉,哥伦比亚哉,何以故。则以哥伦比亚在于纽约故。

……以美国而论,则纽约为全美之首都,更无待言。华盛顿虽为京城,然其实不过政界中人之旅舍耳。其余各省都市,亦无从争胜。美以民主立国,中央之政权范围极狭,故欲观美国之文明,必在纽约而不在华盛顿。且即以政界言之,其竞争之要点,尤在纽约。盖纽约者,政党逐鹿之场,而华盛顿者不过成功后安居之地耳。又以外交言之,凡各国之伟大人物,无不到纽约。而纽约之讲坛及纽约之报馆,尤外交家所借以鼓动全美振生全球者也。纽约者人口最多,财力最雄,工商最盛,交通最便,实为凡百社会之中心点。非独实业界而已也。凡文学界、美术界、新闻界、宗教界、慈善界无不荟萃于是,盖无论何种社会,必走集于富庶之地,亦无论何种文明,必发达于富庶之地。纽约既最富庶,故纽约必最文明,此可不烦言而喻也,外则直接欧洲,内则灌输全美。士夫辐辏,文物光辉,居之者但觉耳濡目染,移气移体,受益而不自知。岂复言语所能形容者乎,故游美而不居纽约,殆不可谓智也。

哥伦比亚大学,握纽约之上游,脱市尘之俗气,雄踞高岗,旁枕大河,左右皆有公园,而右之河边园风景尤胜,与格阑德之墓,咫尺相望,即李合肥植树之地也。学生功课稍暇,可以散步河边,领略佳趣,实兼得藏修息游之妙。街道及隧道之电车,皆与校地接近,于纽约全市瞬息可达，故能吸取纽约之精华，而不染其尘浊之气，诚为校地之最良者也。

校内之学科，殆无所不备，其专门之学，若法若医若矿若工若化，此专为男而设者也。若美术若药物若师范，此兼为男女而设者也。凡毕业及格者，则学位凭照，各随其分量而与之，其已在大学卒业之学生，则男女同学，而学科分为三大类，曰政学，曰哲学，曰科学，毕业及格者，得硕士及博士之学位焉，其未在大学卒业之学生，则男女分学，两大学院分立，可各就其性之所近而学之，毕业及格者，得学士之学位焉。每年暑假之期，另设夏学。……

校内特设华文一门，教授吾中国语言文字历史及文学美术政治风俗种种……吾中国人来此，尤可温习国学，其新入校者，亦可借其介绍……

陈焕章在文章中主要从地理位置、自然环境、学科专业等方面介绍了哥伦比亚大学的优势。那么留学生在该大学的学习和生活状况到底是怎样的呢？

第二批甄别生陈延寿（后改名陈伯庄）在20世纪40年代发表过一篇写给青年人的文章——《假如我还是一个学生》，在文章中他回忆了在哥伦比亚大学时的留学生活[①]，提供了一个学生在美国接受大学教育的一些情况，摘录如下。

我的母校，有一个老规矩，每逢开学的时候，一年级生要和二年级生"打架"三次——打架式的竞赛，第一次拉绳子——拔河，第二次推大皮球，第三次高杆夺帜。第一次我参加了，第二次把一个五尺多直径的大皮球，放在操场当中，两班学生，分集操场两端，一声哨子，齐向场中，要把大皮球推到对方的球门，一时人声鼎沸，混战一场，有流血的，有拉破衣服的。第三次场中竖一根长约丈半的粗木杆，竿顶插着校旗，竿身上端插有数根横木，可以蹬竿顶夺帜。二年级生把木杆团团围着，竿身还涂有脂肪，使他滑溜。一年级生成群结队，一声哨子，四面齐向木杆击打，谁爱奋勇向前夺帜的便站在好几个同学的肩上，蜂拥上前拼命冲去，对方坚守阵地，生吞活剥的把他拉下来。经过多次的冲打，便有矫健勇敢的同学爬上木杆，脚踏横木，又被人拉破裤子，跌下来。一队败退，又一队冲上。这场恶战，十分热闹，受伤也更多了。这

---

① 陈伯庄：《假如我还是一个学生》，《读书通讯》1942年第37期。

样的老规矩，充分激发竞赛的美德和个人的勇敢……

这段文字描述的是哥伦比亚大学的传统活动，顾维钧在自己的回忆录中也特别提及，并称其为"令人激动的美国大学生活"①。

关于在哥伦比亚大学读书的情形，陈延寿也有详细的记录：

> 第一年功课有机械图画，剖面斜线，要十分匀净，字体要十分齐整，心中很不耐烦，以为作图合法，投影合理，便很够了，何必把无关宏旨的字体，表示剖面的线条，看得这么要紧。一面画，一面老在肚皮里抗议的是"雕虫小技，壮夫不为"那套话。过了一两年才知道这见解是错误的。工程是不许有半点错误的，而草率则为错误之门……
>
> 第一年还有木工，也极不感觉兴趣。……当时抱了实业救国的志愿去学工程，以为要紧的是学工程的大道理，何必一定要学做艺徒，刨刨木，都要十分平直，因此不肯起劲，去学手工。过了一年才知道这个观念，是大错特错的。对实物不感觉真兴趣，对工作的准确程度，不感觉十分重要，竟直不配做工程师，不配谈物质建设……
>
> 第四年功课有理论化学（亦称物理化学），成绩甚高，以为已经懂了，其后到麻省理工做研究工作，从 Noyau 大师再学理论化学，才知道并没有懂。原来上次所用课本和教法，还是教学告知式被动接受的途径，第二次从 Noyau 先生学的是循严格科学的自动推求的途径。经过这段艰辛困苦，才算真正受过科学的洗礼。被动接受和自动推求的思路，是完全不同的。

陈延寿先入哥伦比亚大学学习工程，1916 年又入哈佛大学学习，获经济学学士学位。回国后曾执教于国立政治大学、大夏大学、国立中央大学。1928 年任国民政府铁道部建设司司长，是粤汉铁路委员会的委员长，1931~1933 年、1939~1946 年任立法院立法委员。后来他的兴趣又从社会经济和管理转入哲学及社会学，编有《美国哲学选》、《卅年存稿》。

（2）留学生在麻省理工学院。

麻省理工学院成立于 1861 年，是一所著名的综合性理工大学。学校分

---

① 《顾维钧回忆录》第一分册，中国社会科学院近代史研究所译，中华书局，1985，第 29~30 页。

14科：土木工程、机械工程、矿冶工程、建筑工程、化学、电机工程、生物学及公共卫生、物理、普通学、化学工程、卫生工程、地质学、造船、电气化学。学级为四年，第一学年习普通学，各科相仿，第二学年后归入专门各科，第三年级开设政治、经济、法律、历史等课程。学生分正科生和选课生两种，选习数门而无意学位者称选课生。

麻省理工学院14个学科皆著名，其中化学科最为突出，1912年，曾有哥伦比亚大学某教师在全美范围内做过调查，断言以化学论，"麻省理工学校当推第一"。下面重点介绍化学院的情形。

麻省理工学院化学院是全校最大的学院，有正教授八人，副教授一人，助教授一人，教员八人，助教十一人。该校实验室设施尤其美备，化学实验室有25个，包括无机实验室、分析实验室、有机实验室、有机燃烧室、饮水空气分析室、食物分析室、工业化学实验室、理论化学实验室、工业物品分析室、煤气炉烟分析室、油类分析室、糖粉分析室等。化学院下设化学和化学工程两个学科。化学科又分三门：化学研究、工业及分析化学、卫生化学。化学科主要培养专门人才，研究工业学理。化学工程主要培养工业上的建设管理人才，学习科目除化学外，机械工程占大半。

现存当时化学两科的课程表[①]，可知该校理工科之大概。

化学科的学制与课程安排：

学年	科目及上课时数
第一学年	无机化学（八）、图形几何（三）、机械画（三）、自在画（一）、中等德文（三）、英文（二）、兵学（三）、体操（二）、美国史（二）。
第二学年	定性化学分析（十四）、物理^{力学声学光学}（五）、高等德文（三）、英文（二）、欧洲史（二）、算学^{三角解析几何微积}（三）。
	定量化学分析（九）、无机化学（二）、物理^{电学光学}（五）、物理实习（二）、测验求精法（一）、德文（三）、英文（二）、算学^{微积微分方程式}（三）、矿物学（七）。

---

① 根据《麻省理工学校化学院述略》中课程表改制。

第三学年　　　定量化学分析（十四）、矿苗鉴别（二）、理论化学（三）、理论化学实验（三）、物理^{热学}（一）、物理实习（一）、理财学（三）、普通学选习（二）、电学实习（二）、生物学（二）。

有机化学（四）、有机化学实习（八）、理论化学（三）、理论化学实习（三）、商律（二）、普通学选习（三）、定量化学分析（十）、微菌学（四）、食物分析（二）、饮水空气分析（三）。

第四学年　　　工业化学（三）、有机化学（三）、有机化学实习（十）、专门研究（十二）、工业化学实习（或工业物品分析、或饮水食物糖类分析）（七）、工业化学实习（七）、工业物品分析（七）、电学实验（二）、饮水沟渠之微菌（二）、工业应用微菌学（四）、高等食物分析（五）、糖类分析（二）、电学实验（二）。

工业化学（三）、化学史（一）、煤气炉烟分析（二）、外国文学报（一）、著作报告（一）、毕业著作（十）、高等理论化学（二）、食物分析高等（三）、饮水空气分析（三）、糖类分析（二）、公共卫生学（一）、卫生行政（四）、工业物（六）。

化学工程科的学制与课程安排：

学年　　　　　科目及上课时数

第一学年　　　无机化学（八）、图形几何（三）、机械画（三）、自在画（一）、中等德文（三）、英文（二）、兵学（三）、体操（二）、美国史（二）。

第二学年　　　定性化学分析（八）、算学微积分方程式（三）、机械学（三）、物理（五）、图形几何（三）、高等德文（二）、英文（二）、欧洲史（二）。

算学微积分方程式（三）、机械学（二）、物理（五）、英文（二）、定量化学分析（八）、无机化学

	（二）、机械工程画（二）、物理实习（二）、测验求精法（一）。
第三学年	定量化学分析（九）、热力学（三）、机械工程画（一）、机器画（五）、物理热学（一）、热学实习（一）、应用力学（三）、理财学（三）、普通学选习（二）、物理实习（二）、测验求精法（一）。
第四学年	应用力学（三）、普通学选习（三）、有机化学（四）、有机实习（六）、工业物品分析（九）、汽锅及汽机学（四）、商律（一）、汽锅画（二）。 有机化学（三）、有机化学实习（八）、工业化学（三）、理论化学（三）、理论化学实验（三）、水力学（一）、应用力学（二）、应用力学实验（二）、机械工程实习（四）、机械工作（二）、电机工程学（二）。 工业化学（三）、理论化学（三）、理论化学实验（三）、化学工程（二）、工业化学实习（七）、电机实习（三）、毕业著作（十）、著作报告（二）。

（3）留学生在密歇根大学。

美国著名大学之一，为密歇根省公立学校，分文、工、医、法、牙、制药六科。文科之中除文学、科学、美术外，特设特别专科，以造就森林、园艺、政治、理财诸学家，以及银行、铁路、矿山、保险管理人及新闻记者等。工科之中，如土木、机械、电机、造船、建筑及化学工程种种，粲然大备。凡与大学各科有关系的图书馆、实验室等，密歇根大学也是应有尽有，化学实验室尤其完备，密歇根大学的中国留学生4/5学工科，尤以化学工程为最多。

（4）留学生在耶鲁大学。

在美国大学中素以功课切实，规制整严著称，早期留美幼童多入此校。耶鲁大学规定中国官费留学生可免试入学，留美生中入此校者颇多。一年级不分专业，在三类课程中任选一类，二年级以后认习两门专业。一年级课程主要有：第一类，高等拉丁文或高等希腊文、初等法文或初等德文、三角立体几何或初等化学或初等物理、一年级文学或欧洲史、外语一种。第二类，初等德文或初等法文、三角及立体几何、初等物理或初等化学、英文历史或外国文一种。第三类，高等拉丁文或高等希腊文、初等法文或初等德文、三角立体几何或初等物理或初等化学、一年级文学、欧洲史。因中国学生多无拉丁文基础，所以多习第二类。

（5）留学生在科罗拉多矿业学院。

科罗拉多矿业学院位于美国西部科罗拉多省内，该省因其地矿产资源丰富，遂于1874年建立大学，学校课程前两年不分科，第三年以后分为四类：金矿采矿、煤类采矿、冶金、矿科地质，第三、第四年除了正常课程外，另有实地考察，省内金银铅铁矿无一不有，并有十多处冶金工厂，为学生课外实习考察提供了便利。学院为公立大学，每年学费、试验费、房租、膳金、书籍仪器费、实地考察费总数约八九百元。据1913年统计，中国留学生有15人，占全校学生的5%。

（6）留学生在普渡大学。

普渡大学的立学宗旨注重实业，以电机科、汽机科、农科、工程科最为著名。电机科、汽机科尤其注重工场实习，第一、第二学年1/4时间和第三、第四学年1/5时间用于实习。工程科注重实地测绘，农科注重田园讲习，在中美各大学中，此二科成绩骄人。其他理科如化学制造医药等科，办理也甚得法，教习亦得人。学校校规无学期总数，以临时小试，平时积分，甄别学生去留，学生不得任意请假，对教习可随时发问，目的是鼓励学生之精神，造就实在之学问。

（7）留学生在哈佛大学。

美国最早的大学之一，设立于1636年，到19世纪中叶已发展为美国最优之大学，生徒济济，人才辈出，美国政界、学界诸伟人大半为该校毕业生。学科共分为四大类：文学，政治、经济、历史及艺术学，各种理科及工艺学，象数及哲学。各科教师均为欧美知名人士，专业深邃程度不言而喻。

（8）留学生在理海大学。

位于美国东部的宾夕法尼亚州，学校所在城市矿产资源丰富，有最大的纺织工厂。办学宗旨尤其侧重实科，以建筑、电学、矿学三科最为著名。

（9）留学生在威斯康星大学。

威斯康星大学位于美国中部，"学校美备，气候宜人"，有十余分科，最著名者为农科、林科、理财经济、理化等科。据1913年统计，中国留学生有33人，相互之间常有沟通，三两星期必开会一次，或交换智识，或请名流演讲，有和衷共济之谊。

（10）留学生在康奈尔大学。

康奈尔大学成立于1885年，校中学科有文艺、土木工程、机械工程、农学、法律、医学、建筑、兽医。

（11）留学生在伊利诺伊大学。

伊利诺伊大学位于美国中部伊利诺伊州，学校学科完备，规模宏大，据1912年统计，全校学生有五千余人，中国留学生有三十余人。以农科、工程科最为著名。农学中尤其以稼穑学和畜牧学见长，工程科中电机工程、建筑工程、土木工程最优，格致科中以化学为人称道。

庚款留美生在美国选习专业以理工科为主，中美会商的庚款留美学生办法对留学生赴美学习科目做了限制，"十分之八习农、工、商、矿等科，以十分之二习法政、理财、师范诸学"①。这样的限制规定首先与晚清政府对西方学术的认识有关。

20世纪以后，在有识之士看来，游学西洋，应注重武备、制造、农工商诸学，因为欧美各国在"农工商及矿务等项"，"讲求有素、夙擅专长"，"英、德有农政公会，美国有农政学院，最为讲求耕垦收获之务……至商矿学堂，各国多有之"，"泰西素以商战立国，而近来农学大兴…泰西农家新法，多从格致化学中出"，"工商矿务之学，则泰西以商立国，以兵卫商，专门之学，专营之政，讲求最精"②。在西方各国中，美国是以"工程实业立国者"，具体地说，美国幅员广大，土地肥饶，物产繁多，金银铜铁各种矿产极富，"美国赖以发达其天然之富者，工艺工程也"，所以"工艺之巧，工程之精，各国中当推美国第一"。相比之下，英德法等旧邦古国，文物甚备，理想诸学更为发达。清末民初的中国正处于建设时代，铁路开矿实业及一切之事，均属建设问题，所以留美学生

---

① "外务部、学部：会奏为收还美国赔款遣派学生赴美留学办法折"，陈学恂、田正平编《中国近代教育史资料汇编·留学教育》，上海教育出版社，2007，第180页。
② "总理各国事务衙门：奏遵议出洋学生肄业实学章程折"，陈学恂、田正平编《中国近代教育史资料汇编·留学教育》，上海教育出版社，2007，第8~9页。

8/10习农、工、商、矿等科,以 2/10 习法政、理财、师范诸学的限制规定,是结合美国学术优势及中国国情的需要制定的,具有特定的历史背景。

同时,这样的规定也是对甲午战后法政留学教育畸形高涨趋势的有意识纠正。对此,早期留美生、近代著名外交家颜惠庆在自传中也曾提及,"鉴于彼时留日学生多趋于政法一途,回国后,志在做一小官,获公务员,以资糊口,殊少立志改造社会,与办企业的人。因此多数主张学生游美,必须着重理、工、农、商等实际有用的学术与技能"。当然在实际推行的过程中,许多人抵美后往往根据自己的兴趣,改变初衷,或者在主修之外,还副修其他专业科目,许多学生都是同时获得了数个学士、硕士学位。所以这样的规定只是反映了一个大体的趋势。从广东籍庚款生的专业统计看,大约有 80 人学习工程、理化、实业类,还有约 66 人学习法政经济科,显然突破了"十分之八习农、工、商、矿等科,以十分之二习法政、理财、师范诸学"的规定。

清华学校对预备部毕业生的留学年限限定在五年之内,在国内他们接受中学、大学预科教育,到国外能直接入大学二年级,专科生要求在国内已经接受了系统的专科教育,可以到美国直接入研究院学习。从留学成效分析,有 53 人获得学士学位,58 人获得硕士学位,29 人获得博士学位,16 人情况不详,基本达到了清华学校所预期的留学目标。如果以今天教育发展和国内科技发展的观点评价,大多数的留美生在国外留学期间主要完成大学本科教育和硕士研究生教育,而没有机会获得最高层次的科学训练,显然没有发挥出留学教育的最大优势,但是当时国内科学教育还处在初级阶段,大量的留美生回国后,运用了在国外掌握的科学理论、方法,把有限的知识传授给年轻的一代,在较短的时间内提升了国内的科技教育水平和国民的科学知识素养,在特定的时期内解决了中国近代科技发展的诸多难题,这就充分彰显了留美教育在近代中国的独特意义。

3. 庚款留学生的籍贯、出身与服务处所

庚款留美生作为一个特殊的群体,与其他的广东留美生相比,在籍贯分布上也自有特点。一般来说,留学生的来源与地区的社会开化程度和经济发展状况直接相关。

容闳倡导幼童留美时,中国内地的社会风气还很闭塞,报名的幼童多来自南方沿海，尤其是广东省，在广东幼童中，香山籍幼童又占了绝大多数，以香山地区最早沐浴欧风美雨、民众思想开化为主要原因。随着晚清政府对留学运动的一再倡导，到民国初年，留学已经不再是一般民众心中的新奇事，从前相对闭塞的广东西部、北部各县也逐渐接受了出洋留学的形式。具体统计广东庚款生的县籍，番禺县有29人，南海县23人，台山县22人，中山县20人，新会县11人，顺德县10人，香山县8人，梅县9人，开平县6人，东莞县6人，三水县4人，惠阳县4人，焦岭县4人，宝安县3人，揭阳县3人，三水县3人，潮阳县3人，大浦县3人，五华县2人，新宁县2人，琼山县2人，广州2人，鹤山县2人，增城县1人，四会县1人，龙川县1人，昌宁县1人，文昌县1人，兴宁县1人，潮安县1人，博罗县1人，清远县1人，不详2人。人口较多的大县留学人数也相对较多，地处偏僻之处的小县也偶有留学生，这在一定程度上改变了之前留学生地域分布不均衡的状况。

另外庚款生的县籍相对平均与留学经费来源也有一定关系。一般来说，广东的贸易发达，经济力量雄厚，在全国范围内，是自费留学繁盛的省份。在广东省内，由于台山、开平等县华侨众多，集中了较多的富商大户，因此，广东的自费生又以这两县居多。而清华学堂的办学经费和毕业留美经费出自美国退还的庚子赔款，其有充足的资金做后盾，学生学、膳、宿费全免，且将来可以公费留美，这吸引了经济状况普通的家庭子弟入学，同时打破了留学生籍属地的过分集中。

在《近代中国的留美教育》一书中，作者曾挑选一部分在学术上比较有成就的庚款留美生进行典型分析，并得出结论：大多数官费生家庭属于教师或官吏，虽然有部分人家道中落，比较清贫，但仍有一定的社会地位。这样的结论在广东的留美生中也同样适用。例如，梁思成的父亲梁启超是近代著名的思想家、教育家、文学家，他使出洋留学不再是富商、官僚等特权阶层的专属。当然在具体操作的过程中，仍然有少数人通过特殊的渠道获得入学和出洋的名额，但是从大方向看，庚款留美还是打破了特权阶层对留学教育的垄断，显示了相对的教育公平。

从服务处所分析，庚款留美生基本做到了学、业统一。留学生所习科目以理工农医、法政经济为主。习理工农医类多入铁路、交通、防疫、建筑公司等，习法政经济者多在金融机构就职，这些地方包括中国银行、中央银行、中央信托局、邮政储金汇业局等。从所在城市分析，上海、南京、天津、广州等是民国经贸、政治中心，因此广东的留美生多在这四处集中，为留学生学成回国集中于大城市提供了切实的保证。还有部分学生在高等院校担任教职。我国近代意义上的高等教育起步较晚，20世纪20年代以前，我国自办的大学，大多高高在上，隔膜于社会实情，以培养精英、贵族式人才为旨归，科系设置趋于单一，课程水平也比较低下。庚款留美学生归国后，积极引进美国高等学校办学经验，对当时中国的高等教育进行了大刀阔斧的改革，创建新系科，引进先进学术成果。在创建新系科的同时，在讲课过程中，庚款留美学生还非常注重吸收国内外前沿科研成果，以提高学术水准。例如1928年，梁思成回国到东北大学担任建筑系主任，创办建筑系；陈之迈1934年回国任清华大学政治系教授，以后历任北京大学、南开大学、西南联合大学及国民党中央政治学校教授，此类人物还有张荫麟、金澍荣等。总之，庚款留美生是开拓了中国现代科技事业的一代，很多成了学科奠基人和学术栋梁，为中国高等教育的现代化做出了重要贡献。

4. 梁思成等与近代学术

广东的庚款生中在学术上成就比较大的有梁思成、胡经甫、黄子卿等。

梁思成（1901~1972年），梁启超的长子，生于日本东京，14岁回北京，入清华学校。1924年，梁思成赴美国宾夕法尼亚大学学习建筑，他刻苦好学，尤其对西方文化和建筑历史有特殊爱好。他说自己是用"笨功夫"到图书馆博览群书，研究古代历史，参观古代文物，把著名古建筑一个个默画下来的，1927年以优异成绩获得建筑硕士学位。接着他到美国哈佛大学入研究生院，准备进行《中国宫室史》的博士论文撰写，但是他感到研究工作不能光在书本中寻找资料而必须到实践中去考察研究，于是决定离开哈佛大学到欧洲考察建筑。1928年，梁思成回国后应东北大学之邀去沈阳创办了建筑系，任系主任和教授。1931年，九一八事变，日本帝国主义侵占东北，梁思成举家迁到北平，他参加了中国营造学社，这是专门从事中国古代建筑研究的学术机构，他在其中担任法式部主任，从此投入了对中国古代建筑的研究。抗日战争爆发后，在极端困难的条件下，他率领营造学社的少数同人坚持在抗日战争后方继续古建筑的调查研究工作，直至抗日战争胜利。1946年，梁思成赴美国讲学，被美国普林斯顿大学授予名誉文学博士学位。1946年，梁思成回到母校清华大学创办了建筑系。

1947年，被中国政府派往美国担任联合国大厦设计顾问团的中国顾问。1948年，被选为中央研究院院士。

梁思成在建筑学上的最大成就是对中国古代建筑的研究。几千年来，中国大地上虽然出现了许多辉煌的古建筑，但可资借鉴的文字建筑技术书籍却只有两部，一部是宋代的《营造法式》，另一部是清代的《工程做法则例》。这两部书的内容既专又偏，因年代过于久远，有些术语难于索解。因而，这两部书便成了今日之谜。梁思成认为，要全方位透视中国的建筑史，务必解开这两部书的"谜"，使一般人能够看懂。清代的《工程做法则例》更接近于现代，要攻克《营造法式》就应先从该书入手。正是基于这种考虑，他以故宫为目标，手拿此书，对照实物，从整体到局部，从构造到装饰，逐个认识、测量、记录，遇到天书般的怪名词，就向修缮故宫的老工匠请教。到1932年，他已基本把《工程做法则例》弄懂弄通，并且整理成《清式营造则例》一书，该书于1934年出版，第一次对繁杂的中国古建筑的构造和形制做了科学的整理。在研究《工程做法则例》的同时，梁思成还着手进行古建筑调查。这种调查十分艰苦，因为中国有价值的古建筑物往往在偏僻的地区才能找到。梁思成不仅调查名刹古寺，同时还有意识地到山沟荒野里去发掘那些名不见经传的民间遗迹。为此，他和妻子林徽因曾专程到晋汾一带沿途八县，两次到北京四郊访寻古迹。到了1937年，梁思成夫妇和营造学社的成员已经考察了很多地区，并有了不少重要发现。经过对古建筑的长期调查研究，梁思成终于获得了丰硕的成果。1944年，梁思成开始撰写《中国建筑史》。该书按中国历史的发展顺序，对各个时期的建筑从文献记载到实物勘察，从城市规划、宫殿、陵墓到寺庙、园林、民居，进行了详尽的叙述。随后，梁思成又开始用英文撰写《中国建筑史图录》，介绍中国建筑艺术的宝藏及其结构原理，使世人了解中国的建筑学不仅是一门艺术，也是一门科学。

梁思成的《中国建筑史》和《中国建筑史图录》出版后，在学术界引起轰动，尤其是后者，获得了美国1984年最优秀出版物的殊荣。在西方人眼中，梁思成是"中国建筑历史的宗师"。

胡经甫（1896~1972年），昆虫学家，原籍广东三水，出生于上海市。1917年毕业于东吴大学生物系，获理学学士学位后，留校任助教兼读研究生，1919年获硕士学位。之后，他曾在上海圣约翰大学担任讲师，不久通过了清华大学公费留学美国的考试。1920年秋进入美国康奈尔大学深造，以20个月的时间修完博士生课程，撰写了当时世界上最好水平的《襀翅目形态解剖及生活史研究》论文，获得博士学位和自然科学西格玛赛（Sigma Xi）金钥匙奖。1922年回国任国立东南大学农学院教授，次年回东吴大学生物系任教授。1926～1941年任燕京大学生物系教授。其间，于1933年去康奈尔大学研究生院昆虫系任客座教授一年。他在20世纪20～30年代曾任美国寄生虫学会中国分会会员、中华教育文化基金会科学会员、中华海产生物学会会长、中国动物学会会长等职。1941年再次出国讲学途中，因珍珠港事件羁留于马尼拉，此时45岁的他立志学医，就读于菲律宾大学医学院，1945年回国后在重庆实习，获得了湘雅医学院毕业证书。1951年胡经甫应聘到军事医学科学院任研究员，从事医学昆虫学的研究工作。1954年应中国科学院之聘，任中国动物图谱编辑委员会委员。1955年当选为中国科学院院士。

胡经甫是中国现代生物学的开拓者和教育家行列中杰出的一员。1926～1949年，胡经甫在燕京大学生物系任教授，在教学和科研中都取得了卓著成绩。他的文化基础、专业知识和语言才能在教学中都得到充分的发挥。他编写的讲义，取材新颖、内容充实，很受学生欢迎，如他写的《无脊椎动物学》和《无脊椎动物实验》等，均被视为当时国内优秀的大学教材。他讲课条理清晰、重点突出、富于吸引力，他的黑板字和手绘图表均清新悦目。他指导学生实习，联系实际，生动活泼，使学生印象深刻。他对学生一向诚恳热情，有求必应，百问不厌。他先后在四个大学任教，为我国生物学界、医学界培养了大批人才。当时他与老友秉志博士在国内生物学界齐享盛名，因胡经甫在北京，秉志在上海，被时人誉为"南秉北胡"，受到学术界的尊崇。胡经甫的《中国昆虫名录》是中国昆虫学研究史中值得大书一笔的巨著。这部专著于1933年完成初稿，1941年全部出版，共6卷，4286页。这项浩繁的宏伟工程，胡经甫自1929年起着手编写，历时12个寒暑，长年累月，查阅了浩瀚的文献资料，编制了难以计数的卡片，倾注了大量心血，广征博引，仔细核实，并远涉重洋，遍访美国、英国、法国、比利时、德国、瑞士和意大利等国有关的博物馆，查阅有关中国昆虫的标本和资料，历时一年回国，才最后修订定稿。此后，经中华教育文化基金会的资助和北平静生生物调查所的帮助，他于1941年将6卷巨著陆续出齐。此书首次以现代生物科学分类学的理论对中国昆虫做了系统、全面整理，记载了见于我国的昆虫25目，392科，4968属，共20069种及其有关文献资料。胡经甫树立的这块丰碑，不仅是一份厚重的科学遗产，也是激励后人为科学事业坚韧不拔而献身的精神财富。

黄子卿（1900~1982年），生于广东省梅县，1919年考入清华留美预备班，1922年9月入美国威斯康星大学，主修化学，1924年毕业，获理学学士学位。随即转入康奈尔大学，于1925年获理学硕士学位。同年9月入麻省理工学院化学系，攻读博士学位。后因公费到期，1927年12月结业回国。

黄子卿回国后首先在北京协和医学院生物化学系做助教。在吴宪教授指导下做蛋白质变性研究。1929年应聘任清华大学化学系教授。1934年黄子卿再度赴美国，回到麻省理工学院，师从热力学名家比泰，做热力学温标的实验研究，精确测定了水的三相点。1935年获麻省理工学院哲学博士学位。同年回清华大学任教。他克服重重困难，建立了电化学研究的实验设备，开始从事溶液理论的探索研究。1937年七七事变后，黄子卿随清华大学辗转千里，从北京到长沙，又从长沙到昆明，在由北京大学、清华大学、南开大学三校联合成立的西南联合大学任教授。当时，中国大部分化学界的英才汇集于西南联合大学。他们在极端艰苦的条件下，紧跟化学科学的世界步伐，坚持国内化学教育事业，培养了一批蜚声中外的中国化学家。1945年抗日战争胜利后，黄子卿随清华大学回到北京。1948年第三次赴美国，应聘加州理工学院客座教授，做结晶学研究。1949年7月回国，继续在清华大学任教。由于科学研究中的卓著成绩，黄子卿曾被载入美国1948年出版的《世界名人录》。1955年6月被选为中国科学院院士。

黄子卿毕生从事化学教育事业，不遗余力地培育人才，一生勤奋好学，勇于探索，五十多年科学生涯中，涉足物理化学的多个领域，被誉为我国物理化学的一代宗师。

四　北洋政府时期的留美政策

北洋时代是一个混乱的时代，它的特色是军阀割据、军阀争权，这对留学教育的健康、持续发展造成极大的制约。但由于教育宗旨、教育方针的进步，北洋政府也曾出台了一系列的留学政策，包括特别官费留学政策、一般公费留学政策、自费留学政策等。这些政策较之清末无疑有着鲜明的进步，推动了近代留学运动的发展，同时为其后南京国民政府时期的留学教育奠定了较好的基础。

（一）广东与稽勋留美

民国政体初易，在孙中山的倡议下，北京政府选拔对革命有功的青年子弟赴东西洋各国留学，旨在奖酬有功于民国的人员。稽勋留学生是中华民国的首批官费留学生，派遣工作由中央政府委托临时稽勋局以"酬勋"的名义办理，留学费用由财政部全额拨款，不归教育部按一般留学生管理，是留学教育中一个特殊的群体。由于稽勋留学的选派以对民国建立有功者为标准，所以广东及重要起义省份的名额较多。在遣派过程中，决策者孙中山、执行者冯自由是关键人物，发挥了重要作用。

1. 孙中山与稽勋留学的批准

孙中山倡议选派稽勋留学生，与孙中山在民国建立初期处理稽勋与任官时的基本态度密切相关。

民国的建立是集合了各方力量经过长久努力而取得的革命成果，当政局甫定，如何论功行赏、分官授职就成为首先要处理的大事。正如孙中山所说，"现在统一之局大定，干戈待偃，国家之设官有限而论功者众，借官为酬与有功不禄，皆伤国本"。1912年2月19日，孙中山急咨临时参议院，请该院速行开设一开国稽勋局。孙中山在咨文中明确表达了自己处理稽勋与任官的想法：

> 概闻劝扬之典，莫要于赏功；服务之官，必望其称职。是故官惟其才，赏惟其功，截然为两事，断未有以官为赏，论功授职者也。溯我民国自造谋光复、称兵统一以来，殉义与积功者既已不可殚数，夫在个人私愿尽分子之劳，决非市赏；然建国通法，造公家之利，必当酬庸，此赏恤之规制，未可不定。况赏恤之制未建，军兴之际，将佐官属，杂以有功与有才者兼任，国人之官听易淆，必有以为既树建国之勋，例应得官，故有立功而已官者，更望因功迁擢，其尽命而不及官者，亦议按事赠荫。如此，则帝王以官赏功之流毒不塞，竟可以不止①。

孙中山明确将任官与赏功划清界限。2月27日，孙中山复咨请参议院，将临时稽勋局设立案从速付议。3月15日，孙中山令法制局就此事悉

---

① 《大总统咨参议院设立稽勋局文》，《临时政府公报》1912年2月19日，第20号。

心筹议，时任局长宋教仁拟定了《临时稽勋局官职令草案》十条咨请参议院议决施行，但到南北议和时稽勋局官制未有定案。

南北议和后，因临时政府秘书处的一部分职员不愿在北京政府任职，因此提议出洋留学，他们当中的一部分本来就是留学生，因为参与革命工作才中途返国的。孙中山以众青年"有功民国，向学甚诚"为由批准了这一提议，命稽勋局选派审核留学人员，乃有稽勋学生的产生。

孙中山支持青年留学与自身经历和辛亥革命后国内形势和社会风气的变化有密切关系。孙中山"幼尝游学外洋"，通过出国留学，他感受到了中弱西强的鲜明对比和悬殊的反差，从而毅然决然地走上了革命的道路。此后孙中山又依靠留学生尤其是留日学生，以其为骨干和基本会员创建了中国同盟会，通过不懈努力，推翻了腐败的清政府，建立了中华民国。孙中山的亲身经历使其对派遣青年出国留学的重要性有着清醒的认识。另外，民国初建，百废待举，各项兴革事业头绪万端，正是亟须用人之际，为给新国家培育人才，孙中山对于有志青年出国留学的要求非常重视。而当时社会上游学气氛非常浓郁，在南京临时政府内，9个部18名总长、次长中，除程德全、张謇、汤寿潜为清末官僚名士外，其余15名皆为留学生。武昌起义后，首举义旗的各地都督府就先后提出了筹送东西洋留学生的计划，一时各地出国留学之风盛行。例如，湖北省曾"选择其确有功绩，尚待深造之士140人，拟以120名遣送日本，学习陆军、法政、实业，余20人则皆英法文程度甚高者，拟即咨送美、法、德各国留学"。这些因素都导致孙中山对民国初年的政府遣派留学采取了积极的支持态度。

2. 冯自由与临时稽勋局

1912年5月，袁世凯临时大总统咨送参议院官制草案八种，其中就包括了《临时稽勋局官制修正草案》，是月，设临时稽勋局，首任局长为冯自由。

冯自由（1882~1958年），广东南海人，出生于日本横滨的一个侨商家庭，14岁加入兴中会。1905年，中国同盟会在东京成立，他是第一批加入的成员之一。此后他主要在加拿大等地为革命筹款。1911年秋武昌首义后，他即从美国启程回国，在南京总统府秘书处官报组工作。不久即由孙中山、黄兴推荐为临时稽勋局局长。

根据《临时稽勋局官制》九条，稽勋局主要职责为调查审议、办理请赏请恤等。冯自由任职期间"于开国之赏恤，统筹建立制度，研定规章，并在各省设置分局，管理赏恤事项"。当时因为南方各省调查不易，而赏恤章程亦有"造车不能合辙之虞",且虽经电请各都督于三个月内设会调查,但至9月间,"各省尚有未经设立者,或已设而未进行者,或进行而仍因循者",冯自由亲赴南方各省,与各都督及各调查会,详细商榷,斟酌划一。冯自由请命南行,由北京出发,途经上海、南京、广东、杭州、九江、安庆、武汉等地,历时两个月。关于稽勋局的工作,冯自由曾回忆:

> 设局之初,即以调查为入手办法。虽明知调查手续,必发现种种之困难,唯审议之资料在是,即赏恤之根据亦在是;而后此我大总统为国家彰酬庸之盛典、崇临节之孤忠者,亦无不在是。关系如是其重,尤不能不慎于始①。

稽勋留学生的派遣属于临时稽勋局的一项特殊工作,在冯自由任职稽勋局局长时经手办理的众多稽勋调查事务中,顺利派遣两期稽勋留学生成为他经常向人夸耀的几件事之一。

在为稽勋留学事宜递交给新大总统袁世凯的呈文中,冯自由写道:"窃查该员等多留学外洋,闻风慕义,辍学归来,各表所长,相助为理,勤劳数月,厥绩实多。即未曾出洋留学诸员,亦多在本国学堂肄业有年者。"② 袁世凯本来对官派革命党人出国留学很不满,但碍于孙中山之前已经批准并坚决支持,只好批准了呈文,并很快派出了第一批稽勋留学生。

稽勋留学生虽然是由国家提供公费,但不归教育部按一般留学生统一办理,为保证留学活动的顺利进行,临时稽勋局对稽勋留学生的派遣及管理工作做了比较周密的安排,并制定了详尽的管理办法。以第二期留学生为例,临时稽勋局规定:

1. 被派各生限于7月20日前来部填写愿书,领取川资、治装费。第一次3个月学费及留学证书等项。
2. 凡由海轮出发所需护照,概向上海通商交涉使署领取。其由西伯利亚铁路出发者应由本部给发。

---

① 《临时稽勋局局长冯自由呈大总统报明前赴南省调查情形并拟定进行大要请鉴核批示文并批》,转引自赖淑卿《民初稽勋局于稽勋留学生的派遣(1912-1913)》,《国史馆馆刊》2009年12月。
② 《陆军部发给尹志锐等出国川资学费缴稿》,载《"中华民国"档案资料汇编》第二辑,江苏人民出版社,1981。

3. 凡填写愿书时应取得临时稽勋局给予之证书，呈请存据始能发付川资等项。

4. 填写愿书应自备半身四寸相片四纸，愿书、护照及留学证书上各贴一纸。由本部寄交留学国代表以凭核对。

5. 留学同国之学生，应同时出发，惟往欧洲者，或乘海轮，或由铁道各从其便。

6. 出发之前，应将船名及出发期报明本部。其往美国者，先由本部电嘱旧金山总领事，照料上岸。

7. 出发之期，最迟不得过8月1日。

8. 抵留学国后，限于3日内一面赴所在国代表署呈请注明到境日期，一面将行抵该国日期、就学日期及住址，呈报本部。嗣后，如有变更，亦应详报。

9. 如留学地点距代表署远，可向附近领事署报到，再由领事将证书转送代表核验签注，再行发还该生收执。

10. 此项留学生非毕业于原学校，或经教育总长特许，不得转学他国或他校①。

1913年下半年，冯自由又呈袁世凯，请饬相关部门将已经批准的第三期学生的出发费尽速发下，以便早日放洋。但他不久即被告知"库款支绌，此项经费实属无从筹措"②，第三批稽勋留学生的行程只有作罢。

3. 稽勋留学生

稽勋留学生就荐送性质可略分为四类：（1）原先留学国外，学成或辍学回国帮助革命者；（2）原先在国内各学堂肄业者；（3）南京总统府解散时遣送之秘书处职员；（4）勋人子弟。

目前确知的第一期稽勋留学生共25人，1912年10月17日晚，寰球中国学生会召开欢迎会，当时上海《申报》对此事做了报道："北京教育部准稽勋局之请，派赴欧、美、日各国留学生刘鞠可君等20余名，近已先后到沪。……此为民国第一次派出学生。"③ 10月26日，首批稽勋留学生

---

① 《教育部通告第二期派遣临时稽勋局咨送学生出洋留学办法》，《中华教育界》1913年8月号。
② 《教育部呈大总统文》，《中华教育界》1913年12月号。
③ 《欢迎部派留学生》，《申报》1912年10月17日，第2张，第3页。

由上海首途，乘蒙古号轮船启程前往各国。《中国留美学生月报》于1912年12月10日报道首批稽勋学生出洋之事，谓：

> 25名有功于民国的稽勋学生，由北京政府提供出国进修机会。25人中有14人来美，有些人希望能申请进入美国大学就读，有些则来美进行游历考察。

目前已知的广东省留美生有8人，分别是余森、宋子文、曾广智、冯伟、黄云苏、赵昱、刘鞠可、邝辉。

第一期稽勋留学生的顺利出行在革命党人中产生了很大影响。各地陆续提出援例遣送的请求。刚刚辞去湖北省实业司长职务的李四光得知不少革命党人由公费派送出国学习的消息后，想到自己现在既然"力量不够，造反不成，一肚子的秽气，计算年龄还不太大，不如再读书十年，准备一份力量"，就向黎元洪提出继续到国外留学的要求。1913年1月，辛亥重庆起义时之蜀军都督，时任四川民政长的张培爵，荐送同盟会蜀人朱芾煌，时任副总统黎元洪即电请袁世凯"恳仍照前案，饬交稽勋局会办游学，再由鄂生酌给治装费，以慰前劳而期后效"[①]。

7月初，稽勋局通告第二期派遣留学生名单计53名赴教育部领取经费。实际出行者计30人。其中广东的留美者6人，分别是李援、卓文、孙琬、孙珽、徐振、张蔼蕴。

紧接着是第二期的荐送，7月15日稽勋局复呈列第三期派赴东西洋留学生66名，请求速发出发费。其时，二次革命已经发动，11月4日，袁世凯下令解散国民党。财政总长熊希龄、教育总长汪大，针对派遣稽勋学生一事进行商议，7日，袁世凯同意将已经批准各生从缓派遣，理由是稽勋局第三次派遣的学生人数较多，需款较巨，值此财政支绌之际，筹措不易，加之各生程度参差不一，设非酌予限制，则派遣之后，必至旷日持久，成效难期。25日，教育部公告：

> 所有第三期内各生既经决定停派，各该生等毋得借口先已出洋，要求给费；所有未出洋学生，切勿率尔先行，自取扰异[②]。

---

① 《黎元洪上大总统书》，载易国乾等辑《黎副总统政书》第16卷，台北文海出版社，1913，第197页。
② 《政府公报》1913年11月27日，第563号，第593~594页。

12月19日,教育部呈文暂行停派留东学生各办法:

> 谨查目前财政困难,所有临时稽勋局第三期学生,前经本部会同财政部呈请缓派,业奉批准……①

民国初年稽勋学生的派遣,至此告一段落。

然从文献记载看,仍有特例准列稽勋学生者。这部分人既有曾列入第三期暂缓遣派名单的,也有原来未见于拟荐名单的。特例的稽勋生共有22人,其中广东的留美人员共有欧庆初、李熙斌、梁定蓟、程祖彝、卢维溥5人。广东稽勋留美生概况如表2-8所示。

表2-8 广东稽勋留美生概况

编号	姓名	生卒年	荐送年龄(岁)	荐送性质	最高学位或科别	留学时间	返国服务情况
1	余森	—	—	华侨	—	1912年10月26日至	—
2	宋子文	1894~1971年	19	勋人子弟(宋嘉树子)	经济学博士	1912年10月26日至1917年	汉冶萍公司上海总办事处秘书,后历任国民政府要职
3	曾广智	—	—	—	机械工程师	1912年10月26日至1919年	—
4	冯伟	1892~?	21	勋人子弟(冯自由弟)	电机硕士	1912年10月26日至1920年3月	广州市公用局副局长、大本营无限电报局少将局长,后任党政要职
5	黄云苏	1883~1974年	31	华侨,南京临时政府秘书	硕士	1912年10月26日至1921年	大本营秘书,后历任国民政府要职。退休后去美,从事侨教工作

---

① 《大事记》,《教育杂志》1914年第5卷第11号。

续表

编号	姓名	生卒年	荐送年龄（岁）	荐送性质	最高学位或科别	留学时间	返国服务情况
6	赵昱	—	—	华侨	预科	1912年10月26日至1916年	因病回国，为致公堂首领
7	刘鞠可	1890~?	23	原留学生，南京临时政府秘书	土木工程学士	1912年10月26日至1921年	广东省河印花税处处长，1937年左右任职广州士敏土厂
8	邝辉	—	—	华侨，南京临时政府秘书	机器	1912年10月26日至	—
9	李援	1893~1932年	18	行刺粤督凤山	造船科	1912年至1920年	南洋兄弟烟草公司监工
10	卓文	—	—	—	—	－1919年	—
11	孙琬	1896~1979年	17	勋人子弟（孙中山女）	文学学士	1912年7月27日至1919年	回澳门侍奉母亲卢幕贞
12	孙珽	1895~1913年	18	勋人子弟（孙中山女）	—	1912年7月27日至1913年	因病回国，早逝
13	徐振	—	—	—	法律	?~1918年	—
14	张蔼蕴	1884~1958年	—	华侨，南京临时政府秘书	法学学士	?~1924年	广东国民政府教授，后返美
15	欧庆初	—	21	—	机械工程	?~1918年	—
16	李熙斌	1892~1960年	21	国内学堂肄业，广州新军起义者	游学	1912年	在国内大学进修毕业，任岭南大学教授
17	梁定蓟	1898~?	—	—	商科学士	—	任职交通银行。1937年左右任广东银行广州分行经理

续表

编号	姓　名	生卒年	荐送年龄（岁）	荐送性质	最高学位或科别	留学时间	返国服务情况
18	程祖彝				文科硕士	-1916年	
19	卢维溥	1890~	23		飞机科硕士	1912年9月至	

资料来源：参考"稽勋学生名单初表"，赖淑卿：《民初稽勋局与稽勋留学生的派遣（1912~1913）》。

从荐送年龄看，已知的10人年龄在17~31岁，以二十岁左右居多，与适合留学的年龄相符。从荐送性质分析，4人是勋人子弟，4人曾在临时政府秘书处任职，还有两个出身新军者。从留学成效看，在美国他们多进入正规学校，取得正式学位，其中1人获博士学位，4人获硕士学位，取得学士学位及其他证照者5人，学习科别以理工类为主，7人学习理工科，学习法政经济的有4人，还有两个学习文教艺术类，符合民国初年倡行实业的潮流。

就返国后服务的层面来看，稽勋留学生于1912年、1913年分别出洋留学后，1916年后陆续返国服务，其出路与广东方面关系密切。有多人再度集聚共同协助孙中山，如冯伟、黄云苏等在南方协助孙中山从事革命事业，在大本营任秘书、少将局长等。还有的先就他职后转而协助南方，如宋子文归国后先在汉冶萍公司，1923年，受孙中山邀请担任其英文秘书监理盐务，并派赴广东省财政厅，命其筹办中央银行。还有二人在广东任教于高等院校。

稽勋学生日后因环境的变化及个人选择而有不同的发展方向，但海外就学的经验、献身国家社会的革命情怀是这一群体特有的文化背景。

（二）广东留美生派遣制度的演变

民国元年到民国二年，教育部将留学教育重点放在旧有留学生的核定、救济及管理上，未派遣除稽勋留学生以外的其他类留学生。各省都是根据本省情况选派留学生。1913年10月，北洋政府教育部通咨各省暂停派遣东西各国留学生，停派原因一是各留学生程度参差不齐，二是经费严重困难，遂决定在制定有计划的派遣办法之前，不派遣留学生。

1914年，教育部制定了选送留学生办法。这一办法的最大特点是以省派为主，"各省游学经费每岁划出若干，并定东西洋定额若干，各有缺额者，一律由部选送"①。基本的办法即由各省制定留学学额及经费，然后由教育部招考，如遇缺额，即通过考试（或直接补额）使各省留学数额经常保持一定。1914年6月，各省报教育部现有之留学官费生数额及存记生（按照籍贯存记、遇缺选补）数额如表2-9所示。

表2-9 留学官费生数额及存记生数额

单位：人

省 别	定 额		存 记		总 计
	欧 美	日 本	欧 美	日 本	
直 隶	12	38	3	0	53
山 东	15	62	2	2	81
山 西	12	36	2	1	51
河 南	12	14	4	2	32
陕 西	8	60	0	0	68
甘 肃	1	6	1	0	8
江 苏	25	60	29	40	154
福 建	10	60	12	1	83
安 徽	12	19	6	0	37
广 东	30	81	11	2	124
广 西	3	15	0	0	18
四 川	17	87	14	21	139
云 南	17	27	1	0	45
贵 州	0	22	0	5	27
浙 江	20	120	18	3	161
江 西	21	93	4	5	123
湖 北	22	71	2	2	97
湖 南	25	96	19	15	155
奉 天	38	72	8	0	118

---

① 刘真主编，王焕琛编著《留学教育》，（台）"国立"编译馆，1980，第987页。

续表

省别	定额		存记		总计
	欧美	日本	欧美	日本	
吉林	9	35	0	0	44
黑龙江	0	1	0	0	1
总计	309	1075	136	99	1619

注：各省留学生的派遣是以本省所确定的定额为标准的，而不是上表统计的定额与存记生的总和。

资料来源：全国教育行政会议记录：《教育部行政纪要（自民国元年四月至民国四年十二月）》，（台）文海出版社，1986年影印版，丙编，专业教育，留学生事项，第151~152页。

广东省的官费定额为111人，其中欧美30人，日本81人。存记生为13人，欧美11人，日本2人。在各省的比较中，比较靠前，欧美的定额在全国居第二位（第一位是奉天，38人），在欧美学额中不再细分国别，但以留美生居多。此后广东派遣留学生就以1914年确定的额数为基本标准，存记生则逐渐补为官费生。各省所定留学额数也有增减，1917年，各省留学数额较以前多有扩充，但多数是在1914年确定的留学定额基础上的上下浮动。各省留学学额确定之后，即按所定学额派遣留学生，当遇有缺额时即予以补选。为此，教育部在1914年7月22日制定了《各省官费留学生缺额选补规程》，在1916年10月18日教育部公布《选派留学外国学生规程》之前，它充当了这个时期的选派规程，其规定了补选官费留学生的资格限制，根据各省情况分别考试或直接补选。这一规程的核心内容规定了教育部有补选留学生的权力，各省派遣留学生都要经教育部核定或考试后才能派遣，但对留学生所习学科、修业年限、派往国家等未做详细规定。

在各省派遣留学生以及教育部选补各省留学生缺额过程中，北洋政府教育部对选派留学生已积累了一定的经验，在此基础上，1916年10月教育部制定了《选派留学外国学生规程》，这是北洋政府制定的第一份完整的留学教育规程。该规程规定了选派留学生的办法，提高了留学生选派资格的标准，规定必须在本国大学及专门学校、高等师范学校本科毕业以上，方有官费留学生资格；还规定高等学校教师可留学且视情况予以免试，这表明派遣留学生的目的是到外国研究专门学术，而非接受普通教育。对于留学生考试分第一试（各省分别选拔）、第二试（各省考试合格者）两部分，合格后予以确定资格，并注重各学生所习专业考试成绩的审核。每届选派的留学生，由教育部根据各省留学缺额及需要，议定名额、留学国别、专业、年限等。这一选拔制度表明北洋政府加强了对留学生选拔的管理，提高了资格限制标准，而公费留学生的派遣仍以省派为主。对于留学官费生的年限问题，教育部颁行的各种留学生规程中都没有明确的规定，在《江苏省费派遣留学欧美日本学生规程》中有"省费留学生留学年期至短以三年为限，至长以八年为限"的规定，这一规定基本反映了北洋时期官费留学生的年限范围。规程制定后，留学生的选拔、派遣即按照这一规程进行。根据教育部的上述规程，1917年北洋政府开始选派公费留学生，先由各省进行第一试，然后教育部进行第二试。北洋政府时期有记载的考选留学生共有六届，只有1920年广东省录取了一名派补生刘英伦，留学国家不详。

袁世凯死后，北洋军阀拥兵自重，中央政府权力有限，留学政策沦入放任状态。随着地方势力的增长，由中央统一派遣的方式，日益遭到地方各省的反对。但是，当时各省一方面争夺留学生派遣权，另一方面又拖欠留学经费，原因主要是军阀混战，地方财政收入多充作内战之资。

20世纪20年代以后，因各省拖欠留学费用，省费留学生的派遣逐渐减少以致停派。但在动荡的时局中，自费留学教育在困境中不断发展起来，留美生中自费人数逐年增加，据统计，1915年留美学生增至1461人，其中自费生占2/3。五四运动以后，国内青年求知欲增强，美国成为中国人科学寻梦的国度，每年暑假都有几百人赴美留学，据1924年留美学生录统计，该年留学美国的人数为1637人，其中自费生1075名，占总数的65%以上[①]。

民国初年对于自费留学生资格标准也有限制，规定自费留学生须于中学以上学校毕业，而且在出国前必须领取留学证书，抵达留学国后，应将所领留学证书向驻该国办理学务机关呈验报到，并随时将留学情形呈报该管理机关，毕业回国时，须将毕业证书呈请管理机关验明，请其发给证明书。

（三）1912~1927年广东留美生的统计

北洋政府时期，广东派遣的留美生按照费别来划分主要包括公费生、

---

① 《教育杂志》1925年第16卷第3期。

自费生。

1. 公费留美生

北洋政府时期，省派留美生是公费留学的主流。广东省的省费生和官费生主要是民国初年集中派遣的，根据教育部残存的各省官费留美学生名单（见表2－10），可知概况。

表2－10 官费留美学生名单

姓　名	籍　贯	费　别	留美时间	在学年限	毕业学校及学位
吴　莹	广东平远县	官　费	1912年9月	四　年	伊利诺伊大学商科学士
罗有节	广东开平县	省　费	1912年8月	五　年	哥伦比亚大学教育硕士
廖奉恩	广东番禺	省　费	1912年8月	五　年	哥伦比亚大学教育硕士
陈廷均	广东新会县	官　费	1912年9月	四　年	普林斯顿大学财政硕士
梁朝玉	广东高要县	官　费	1912年9月	四　年	康奈尔大学土木工程硕士
邝英杰	广东新宁县	官　费	1912年9月	四　年	哥伦比亚大学采矿冶金科及应用地质学硕士
何家焯	广东顺德县	官　费	1912年	四　年	纽约大学商务理财科学士
刘伯棠	广东新会县	省　费	1913年	五　年	哈佛大学硕士
张　銮	广东番禺县	省　费	1912年8月	五年半	伊利诺伊大学工学硕士
韦　悫	广　东	省　费	1915年4月	五年半	芝加哥大学政治哲学博士
莫介恩	广　东	省　费	1912年9月	六　年	伍斯特理工学院电机工科硕士

续表

姓　名	籍　贯	费　别	留美时间	在学年限	毕业学校及学位
林云陔	广东信宜	省费	1913年8月	六年	锡拉丘兹大学法学硕士
邹　铭	广东大埔县	官费	1914年9月	四年半	哥伦比亚大学公法科硕士
颜任光	广东崖县	省费	1912年	八年	芝加哥大学哲学博士
卢维溥	广东新会县	省费	1912年9月	七年	曼彻斯特技术学院飞机科硕士
张卓坤	广东香山县	省费	1912年9月	七年	康奈尔大学农学学士
饶士彝	广东梅县	省费	1912年9月	六年	纽约大学经济学学士
何起南	广东	省费	1912年9月	八年	路易斯安那州立大学化学硕士
陈茹元	广东	省费	1913年	七年半	哥伦比亚大学政治科硕士
李子先	广东	省费	1912年	八年半	爱荷华大学土木工程科学士

　　这些公费生的派遣时间多集中于1912~1913年，民国初建，胡汉民任广东省都督，其求贤若渴，励精图治，在教育方面采取了很多新举措，包括完善教育组织、整顿学堂、召开教育大会等。在遣派留学方面，广东主要公开举行了两次留学考试：一是为了培养本省发展需要的专门人才，请准省议会拨款20万元招考130名学生出洋留学，其中留美名额30人。表2-10所列多数省费生均为此次招考录取的青年

学生，他们大多毕业于国内新式学堂，其中岭南学堂的毕业生尤其多，如罗有节和廖奉恩均为岭南学堂毕业的女生。二是由广东省署经过审核选派的一批对民国有功的革命青年，出洋留学，如饶士彝、林云陔属此类。从留学生毕业服务的情况看，他们大多回本籍服务，符合当初广东省培养人才的目的。他们的就职领域包括教育界、金融界、党政机关等。成就突出的有：罗有节，担任广州真光中学校长二十余年；颜任光，中国实验物理学奠基人；林云陔，曾任粤省主席，对广州市政建设、工业建设贡献良多。

颜任光（1888～1968年），又名颜嘉禄，字耀秋，生于广东崖县（今属海南省）。颜家是当地有名望的没落书香之家，颜任光的父亲颜荣清是前清贡生。家境贫困的颜任光在该村基督教堂附设的小学就读，接着被送往海南圣经学校读书，后被保送至广州的岭南中学，接着升入岭南大学。1912年，颜任光考取公费留学美国资格。1915年9月，颜任光在美国康奈尔大学获得硕士学位，接着考入美国芝加哥大学攻读物理，1918年夏，他以一篇题为《气体黏滞系数测定法》的论文获得博士学位。后留校任教，次年又在该校赖尔逊物理实验室从事研究工作。1921年8月至1924年，经著名学者朱经农的极力举荐，颜任光回到北京大学，担任物理系主任。他对北京大学物理系的教学和实验室的建设做出了重要贡献。20世纪20年代初，教育界有"南胡北颜"之说，推崇主持东南大学的胡刚复和北京大学物理系的颜任光，足见其在中国物理学教学和培养人才上所建立的功勋。

1920年底，出访德国的夏元瑮教授来信告知北京大学，爱因斯坦有意访问中国。闻此讯，北京大学师生欢欣雀跃。当时在国际学术界有一个传说，"真能了解相对论原理者在世界上不过半打"，或说"不过6人"。为了迎接爱因斯坦到北京大学讲学，尤其是为了让北京大学师生对相对论基本知识有所了解，北京大学物理系的教授们顿时紧张忙碌起来。颜任光从1921年1月起，在北京大学做关于相对论的系统的演讲，报告了"相对论的起源"、"爱因斯坦的相对论"、"相对论的发展"等内容。在他的带领下，许多教授争先做有关相对论的报告，或撰文刊载于报纸、杂志。一时间掀起了一股学习相对论的热潮。虽然爱因斯坦并未如愿到北京大学访问，但是，人们却从北京大学教授们的讲演中获得了有关知识，对相对论有了深刻印象。

1924~1925年，颜任光休假出国访问一年，曾在英国剑桥大学卡文迪许实验室参观学习，这次出国，使他最为感慨的是"巧妇难做无米之炊"，中国太缺少科学研究的仪器设备了！手中不掌握任何仪器的物理学家，再好的科学见解也未必能付诸实现。回国后，颜任光毅然放弃北京大学教授职位，和物理学家丁佐成（又名佐臣）共同创办了中国第一个现代科学仪器工厂——上海大华科学仪器公司。从此，中国有了自己生产的物理仪器、仪表。

1932年，中国物理学会在北京成立。颜任光作为特邀代表，从上海赶到北京与会。在成立会上，他被选为中国物理学会第一届董事会董事（中国物理学会成立最初几年，设董事会），以后又曾任理事。他热心支持并赞助物理学事业，在物理学界留下了极深的印象。

离开北京大学转入工业界后，颜任光一直关心教育事业的发展。在上海，他不仅兼任海南（海南岛）大学校长，还曾任上海光华大学物理系主任、理学院院长和副校长。20世纪30年代中期，一度出任交通部电政司司长、建设委员会委员、资源委员会委员等职。抗日战争期间，他主办桂林无线电器材厂。50~60年代，历任上海大华科学仪器公司研究室主任、工程师，华东工业部电器工业局电表制造指导，上海电表厂副厂长兼总工程师。"文化大革命"中遭受迫害，1968年在上海愤懑而卒。

颜任光次子颜瑞麟博士是世界工程学界超长基干理论的创立者，获得该领域的世界最高奖——罗诺福奖，还获得爱因斯坦奖和爱迪生奖，是美国科学领域里杰出的华裔科学家之一；长子颜瑞琪留学加拿大，获博士学位，曾是加拿大参议院议员。

颜任光先生及其子嗣，以聪明才智和杰出贡献，在我国的科技文化事业上写下了光辉的一页，创造出海南岛"博士村"的美名。

2. 自费留美生

根据北洋政府时期《教育公报》历年呈请自费留学生一览表，1918年广东核准自费留学生19人，其中17人留美。1920年核准自费留学生32人，其中留美25人。1921年核准自费留学生7人，留美6人。1922年核准自费留学生11人，留美9人。1924年核准自费留学生21人，11人留美。1927年核准自费留学生16人，2人留美。具体情况如表2-11所示。

表 2-11　自费留学生一览表

姓　名	籍　贯	年　龄（岁）	资　格	肄习科目	预定经费	保证人	核准年份
黄汉捷	广东南海	27	南海县立中学	习哲学	8000美元	教导团教官江春姻谊	1918
卓福泰	广东海康	24	广东时敏中学校	习经济	10000元	教导团教官江春姻谊	1918
梅联辉	广东台山	22	台山县立中学校	习化学	5000美元	教导团教官江春姻谊	1918
陈均耀	广东台山	26	台山中学	习经济	6000美元	北京大学教员卫梓松师生	1918
伍燦桐	广东台山	24	北京大学预科毕业	习经济	8000元	协和医校教授黄新彦戚属	1918
朱忠存	广东台山	23	北京大学预科毕业	习经济	6000元	北京大学教授黄节　师生	1918
伍炳寅	广东台山	23	中国大学预科一年	习经济科	4500美元	财政部科长黄体濂　乡谊	1918
黄新荣	广东台山	21	台山县立中学	习经济	6000美元	本部部员雷通群　戚属	1918
黄荫余	广东台山	20	台山师范学校毕业	习农业	10000美元	教导团教官江春　同乡	1918
黄英汉	广东台山	21	台山师范学校毕业	习农业	10000美元	教导团教官江春　同乡	1918
黄毓芳	广东台山	20	台山师范学校毕业	习政治经济	9500美元	教导团教官江春　同乡	1918
江　淮	广东台山	21	台山师范学校毕业	习农科	12000美元	教导团教官江春　同乡	1918
吴　垫	广东新会	24	广州私立法专毕业	习法政	7000元	交通部部员周士毅　世交	1918
吴赞臣	广东新会	19	广州中学	习法律	10000美元	交通部部员周士毅　世交	1918

续表

姓　名	籍　贯	年龄（岁）	资　格	肄习科目	预定经费	保证人	核准年份
伍艺勋	广东新会	24	广州中学	习法律	6000元	教导团教官江春　世交	1918
钟子	广东台山	21	广州培英中学校	习机械科	7000元	陆军织呢厂总技师钟子玑兄弟	1918
余绥南	广东台山	20	台山县立师范学校	—	12500元	陆军部委员凌佩　世谊	1918
朱相吾	广东开平	25	肇庆中学毕业	习经济	5000美元	农商部主事司徒衎	1920
甄俊彦	广东台山	20	北京法政专校修业	习经济科	6000美元	翁瑞徵　乡谊	1920
林继庸	广东香山	22	北京大学预科	习采矿及化学工业	4000美元	海军部科长唐文源	1920
金锦河	广东台山	22	广州中学毕业中国大学肄业	习经济	—	—	—
余杰生	广东台山	23	北京中国大学肄业	习经济	6000美元	交通部秘书黄宝楠　世谊	1920
伍金声	广东开平	23	北京中国大学肄业	习土木科	5000美元	北京工科主任教员罗听余　友谊	1920
朱肇章	广东台山	27	广东高等警察学校	习政治	12000元	财政部司长黄体濂　乡谊	1920
梅树培	广东台山	25	广东省立第一中学	习经济	1000美元/年	财政部司长黄体濂　乡谊	1920
黄勉志	广东台山	26	广东光华医学专校	习医学	10000元	财政部司长黄体濂　族属	1920

续表

姓　名	籍　贯	年　龄（岁）	资　格	肄习科目	预定经费	保证人	核准年份
余荣本	广东台山	23	中国大学专门部法预一年级	习经济	6000元	中国银行监理官梁启勋 世谊	1920
邝文英	广东台山	24	金陵女子大学肄业生	习医科	5000美元	农商部主事司徒衍　姻亲	1920
甄俊彦	广东台山	26	国立法专肄业生	习经济	6000美元	赴美考察政治专员翁瑞徵　乡谊	1920
关佑庭	广东开平	26	北京大学商科	习经济	3000美元	农商部主事司徒衍　世谊	1920
曹汝匡	广东台山	24	大学本科肄业一年	习哲学	4000元	本部办事员谭孔新　乡谊	1920
梅亦近	广东台山	26	广东私立法政本科修业一年	习法律	6000元	本部办事员谭孔新　乡谊	1920
张家驹	广东香山	22	唐山工业专校	习工科	5000美元	陆军部咨议何乃中	1920
余维明	广东台山	19	台山县立中学	习经济	6000美元	国务院主事吴士彬　乡谊	1920
黄勉志	广东台山	—	—	赴美（后改赴英国）	—	财政部司长黄体濂　乡谊	1920
朱启章	广东台山	—	—	赴美（后改赴英国）	—	财政部司长黄体濂　乡谊	1920
潘眉寿	广东开平	22	广州中学	习商科	5000美元	财政部办事员梁解俊　友谊	1920
朱如濡	广东台山	22	北京大学预科肄业	习教育	6000美元	翁瑞徵　乡谊	1920
司徒锐	广东恩平	23	广东无线电报学校	赴美国	6000美元	农商部主事司徒衍　乡谊	1920
刘天英	广东台山	28	北京法政专校经济科	习经济	9000元	本部办事员谭孔新　乡谊	1920

续表

姓　名	籍　贯	年龄（岁）	资格	肄习科目	预定经费	保证人	核准年份
杨丁酉	广东鹤山	24	北京大学预科	习经济	1000美元	外交部部员符烜　乡谊	1920
杨善贞	广东鹤山	22	—	赴美匹斯堡埠小学校	12000美元	外交部部员符烜　乡谊	1920
朱贯日	广东台山	25	日本明治大学法律本科	赴美国	现3000美元 以后1700美元/年	金山大埠荣发祥新昌公司　乡谊	1921
黄德刚	广东惠阳	29	北大预科毕业	习理化科	5000美元	李肇统	1921
李　勋	广东台山	25	北大预科	习经济	10000元	盐务署科员李伯荃　叔侄	1921
朱守仁	广东台山	24	北大预科	习经济	12000元	本部主事周溥　友谊	1921
翁耀云	广东台山	26	民国大学预科	习经济	6000元	中国大学职员党仑　世谊	1921
翁玉麟	广东台山	28	北京大学预科	习法律	5000元	农商部主事李肇统　乡谊	1921
麦　洪	广东南海	28	北京法专	习政治经济	5000元	航空教练所教官甄扶　乡谊	1922
陈　宝	广东顺德	25	广州中学	习工科	3000美元	总检察厅检察官汪祖泽　世谊	1922
赵翰焯	广东新会	30	广东省立第一中学	习商科	1200美元/年	中国银行监理梁启勋　戚谊	1922
邝淑贞	广东台山	22	北京贝满中学毕业	习家政	5000美元	农商部主事司徒衍　姻亲	1922
邝瑞英	广东台山	20	北京贝满中学毕业	习音乐美术	5000美元	盐务署课员梁安　姻亲	1922

续表

姓 名	籍 贯	年龄（岁）	资 格	肄习科目	预定经费	保证人	核准年份
张天爵	广东开平	31	北京警官高等学校	习警察科	二年4000美元	内务部周宝銮 友谊	1922
梅金榜	广东台山	24	广东肇庆中学校	习工程	1500美元/年	高等警官教员李景棠 师生	1922
梅金球	广东台山	18	广东肇庆中学校	习工程	1500美元/年	高等警官教员李景棠 师生	1922
陈道存	广东台山	24	广东肇庆中学校	习农科	1500美元/年	高等警官教员李景棠 师生	1922
张振祥	广东连山	28	广东监狱专门学校	习经济	5000元	政治讨论会秘书罗宗孟 友谊	1923
何家龄	广东顺德	29	广东法政专门学校	习经济	5000元	航空校教练官甄扶 戚谊	1923
丘 喆	广东梅县	27	日本早稻田大学	习经济	5000美元	众议院议员饶芙裳 师生	1923
赵崇鼎	广东新会	32	新会中学毕业	习商科	1000元/年	中国银行监理官梁启勋 戚谊	1923
伍吉龙	广东台山	23	台山中学毕业	习政治经济	20000元	交通部司长黄崇龄 至戚	1923
黄吉善	广东番禺	23	上海复旦大学商科毕业	赴美	经费筹足	复旦大学校长李登辉 师生	1923
马燦然	广东潮阳	24	上海复旦大学商科毕业	赴美	经费筹足	复旦大学校长李登辉 师生	1923
李泰初	广东番禺	21	复旦大学商科二年	赴美	经费筹足	复旦大学校长李登辉 师生	1923

续表

姓　名	籍　贯	年　龄（岁）	资　格	肄习科目	预定经费	保证人	核准年份
卓　乃	广东香山	18	复旦大学商科一年	赴美	经费筹足	复旦大学校长李登辉　师生	1923
钟子珠	广东仓山	27	国立法政专校	习法律	7000元	陆军机械厂工程师钟子玑兄弟	1924
周思齐	广东开平	23	国立工专校肄业	习化学	1000美元/年	众议院议员蔡公一	1924
袁佑宽	广东台山	26	国立法政专校	习经济	5000美元	本部办事员谭孔新　乡谊	1924
司徒鼎	广东开平	25	国立法政专校	习法律	5000美元	农商部主事司徒衍　族侄	1924
张汝器	广东潮安	21	中学毕业	习美术	2000美元	张先器　胞兄	1924
方彦儒	广东开平	27	国立北京法政大学专门部毕业	习经济科	6000美元	京绥铁路车务长方伯麟叔侄	1924
吴耀宗	广东顺德	30	北京税务专门学校毕业	习神学	3000美元	教育部佥事吴震春　朋友	1924
杨瑞卿	广东	22	上海圣玛利亚高等女校毕业	习教育	—	杨梅南　父子	1924
甄卓然	广东台山	22	国立北京工业专校毕业	习工科	8000元	工业大学教授王永灵　师生	1924
邬爱莲	广东番禺	20	中学肄业	习医药	经费筹足	基督复临安息会教育股干事梁思德	1924
林崇真	广东信宜	20	上海大同大学普通科毕业	习农	5000美元	林云陔　父	1924

续表

姓　名	籍　贯	年龄（岁）	资　格	肄习科目	预定经费	保证人	核准年份
徐承熙	广东番禺	25	交通部立上海南洋大学毕业	赴美费省本薛文尼大学	6000美元	钟锷　世交	1927
陈跃云	广东台山	24	北京中国大学本科毕业	习经济	5000美元	吴家镇　师生	1927

表2-11所列自费生，从籍贯观察，以台山县为最多。台山县的"侨乡"特征显然起到了关键作用。台山县濒临南海，由于地理的优势，很早便有涉外交往。唐宋时期，是广东对外贸易的口岸。明清以来，因社会关系的影响，对外移民日渐增多。台山人出洋历史悠久，华侨、华人及其后裔分布广泛。其中美洲是台山人的主要移居地。晚清以来，台山人移居美洲出现过两次高潮：1848年美国西部发现金矿，大批台山人向该地区移居，加入淘金行列，形成第一次高潮；1865年美国太平洋铁路开始修筑，需雇佣大批劳工，台山人移居美国形成第二次高潮。

近代华侨出洋目的主要是谋生，他们为了养活自己、赡养家人，刻苦耐劳，随遇而安，主要从事重体力劳动，后来逐渐转向饮食业、洗衣业、杂货行业等。在异地谋生的过程中，他们虽然积攒了一定的财富，但在移居地职业和地位的低贱使他们深知缺乏文化知识会到处吃亏，他们便鼓励后人刻苦读书，奋发图强，以求摆脱受异族歧视、地位低微的境地。美国距离中国路途遥远，路费、学费极其昂贵，华侨家庭经济实力雄厚，为子弟自费留学提供了物质保障，这是大量台山子弟赴美自费留学的历史背景。

留美自费生所学专业，习法政经济等文科者占较多数，个中原因很复杂，其中一点，大概学理工科难度较大，需要付出更多的时间和精力，特别是要获取较高学历，就更不易，自费生很多是想获取一张文凭，而习文科者较易获得。另外，华侨子弟的出身或许使他们在选择科目时更倾向于工商经济等热门方向。法政经济之外，学工农理科者也不在少数。晚清末年以来，政府为培养实用人才，鼓励留美生学习对实际有用的知识，以期回国后能服务社会，尤其公费生中学理工科者明显增多，这也在一定程度上影响了自费生的科目选择，此外美国在自然科学等科目上的国际先进地位，也吸引了大批学子选择理工科。

从留学资格看，按照北洋政府自费留学规定，自费生必须为中学以上毕业，须筹集一定数额的经费，北洋政府对于自费留学的限制事实上并不高，但规定自费留学者必须取得留学资格证书，这意味着北洋政府试图加强对留学教育的控制，将留学的派遣权收归中央。从表2－11的实际情况来看，呈领自费生证书的包括中学毕业者、大学本科在读者、大学毕业者（甚至包括部分学者）或已留学获有学位者。他们在国内主要是在广东、北京、上海等地就读，广东新式教育自晚清以来逐步发展，到民国时已经形成了一个完整的教育系统，大量的中学学校、专科学校是本地学生接受中等教育的首选之地。北京、上海是全国的政治、经济中心，集中了一批较有名气的大学、高级专门学校，如南洋大学、复旦大学、圣约翰大学等，华南省区的学生也有很多选择到这里就学。

随着自费留美人数增多，社会舆论担心留美人数过多，会使美国在华文化渗透过深，有积重难返之虞。北洋政府教育部也认为，"即使美国学术优于他国，亦当限制留学人数，勿使人数过多，潜植一国之精神势力"①。1924年2月，美国颁布了新移民律。根据新移民律的规定，凡在1924年7月1日以后所有以例外等级身份入境的华人，已不是移民，仅能在美国暂时居留，限定时间，期满即须离境。所谓例外等级华人，是指华工以外的教师、学生、商人、游客、官员、牧师等身份的华人。而且新移民律对学生身份的解释也愈加严格："凡亚洲各国学生年满15岁以上，具有插入北美合众国有名学校之资格，且业经本部特许收留亚洲学生之学校之一，准其入校习一相当学科，而呈请暂时入境，以达其唯一求学额之目的者，始得确称为学生。"② 针对美国新移民律对中国留学生的苛刻待遇，北洋政府教育部愤而通令全国各省停止派遣官费留美学生，以示报复。美国新移民律后因日本的齐声反对而特准放宽对学生入境的限制，北洋政府的上述通令也宣布取消。

---

① 《限制留学生之美国移民律》，《中华教育界》1924年第14卷第3期。
② 《限制留学生之美国移民律》，《中华教育界》1924年第14卷第3期。

五　国民政府时期留美教育

1927年国民政府定都南京以后，在留学教育方面颁布了一系列法令，对留学政策进行了调整与规划。国民政府对留学政策的调整与规划，有利于提高整体留学质量，扭转了文理不平衡的留学状态，有利于调动地方政府的积极性，使我国的留学管理措施逐步趋向合理和完善。广东省的留美教育在这一新的历史时期取得了新的成就。

（一）国民政府时期留学政策的演变

南京国民政府成立之后，国民党政权为了培养各种专门人才，十分重视留学教育的发展，在20年的时间里不断调整留学政策，导致留学政策起伏不定。

国民政府成立初期，留学生选派办法基本继承了北洋政府时期的留学政策，无论是官费留学生资格、研究期限、给费标准等都与上一阶段的留学政策非常相似，但对留学生的学科做了限制，"各省今后选派学生，须注重理工科并严格考试"[①]。1930年教育部制定"增派国外留学生办法"，核心内容包括三方面：一是扩大留学生派遣规模；二是提高留学生资格限制标准，公费生须是大学毕业，自费生以中学毕业为限，但要通过外语考试；三是公费、自费留学科目以理、工、农、医类为主。此后，留学教育进入快速发展时期。

1933年，教育部公布《国外留学规程》，该规程内容包括46条，对公费生资格、考选办法、经费及管理等内容做了详细规定，对自费生资格、经费筹备及管理等也做了限定，而且制定了公自费学生呈领留学证书办法等。《国外留学规程》是民国时期制定的最详备的留学政策，也是南京国民政府时期有关留学教育的最基本的法规，其主要内容如下。

1. 选派机构。主要是各省市教育行政机关（省派），还有公共机关选派（部派）。

---

① 刘真主编，王焕琛编著《留学教育》，"国立"编译馆，1980，第1661页。

2. 选派资格。无论公自费留学生，均须在国内外公立或已立案之私立专科以上学校毕业。

3. 选派办法。公费生通过考试录取，各省市初试录取后，经教育部复试才能确定留学资格。各省市考选公费留学生，应注重理、农、工、医等专科。

4. 留学证书制度。公自费留学生都须呈领留学证书。

5. 留学管理制度。留学生在国外的管理主要是由留学监督处及使领馆负责。

6. 回国后任用办法。公费生在归国两个月内，回本省市报到，听候任用。自费生在回国两个月内到教育部登记。

在1937年之前，此规程是普通类留学生派遣的主要依据，这一时期，国内社会比较稳定，留学教育得到良好的发展机会，每年都有大批学生出洋留学。

抗日战争爆发以后，为了节省外汇，同时为避免留学科目不适合抗战需要，1938年6月，国民政府颁布《限制留学生暂行办法》，将留学生派遣资格提高到研究生或研究人员以上级别，将留学科目规定为有关军事国防的军工理医各科，大大缩小了留学范围。两个月后，教育部又公布了《修正限制留学暂行办法》，规定"在抗战期内公费留学生，非经特准派遣者，一律暂缓派遣；自费留学生，除得有国外奖学金或其他外汇补助费，足供留学期间全部费用，无须请购外汇者外，一律暂缓出国"。同时，对于已在国外之留学生，视情况令其回国。这样，从1939年8月起，教育部基本停止了各类留学生的派遣，而将主要工作放在留学生归国和救济上，留学人数大大减少。

1943年以后，随着抗战形势的好转，国民政府改变了限制留学教育的政策，制订了长期留学教育计划，扶植鼓励有志青年出国深造。另外，抗战后期，留学政策的一个显著变化是取消了各省派遣留学生的权力，规定所有公费留学生的派遣或是国外赠予奖学金的留学生的派遣，都由教育部统一考试，涉及留美生的考试包括英美奖学金研究生、实习生考试，清华大学第六届公费留美考试，教育部公费考试，第一届、第二届自费留学考试，等等。

（二）1928～1937年广东省派留美生

自国民党建立对全国的统治后到抗日战争全面爆发之前，广东的留美教育进入了一个平稳发展的时期，省派留美生人数稳中有升，成就卓著。

1. 省派留美生的考选

南京国民政府时期，对留学教育非常重视，但因为兵连祸接，财政困难，所以公费留学仍然以省费为主（1944年以后国民政府取消了各省派遣留学生的权力）。省费留学生可以根据本省需要斟酌派遣，留学费用由各省自行负担，毕业后直接回本省市报到，至少需依其留学年限在本省市服务。

这一政策调动了各省市地方的积极性，各省纷纷整顿留学教育，清理过去积欠的留学费用，并制订本省的遣派留学计划。1935年3月28日，广东省教育厅颁布《修正广东考选国外留学公费生章程》，包括28条，对选派资格、选派办法、出国川资、留学年限、留学管理等做了详细规定，基本原则以教育部《国外留学规程》为准，如选派留学生注重理、工、农、医等科，投考资格为在国内外公私立专科以上学校毕业，在学期间成绩优良或曾任与所属学科有关之技术职务两年以上，或曾继续研究所习学科两年以上，具有有价值之专门著作或其他成绩者。公费生留学年限为三年至五年，在留学期内非有特别情形，不得变更研习科目及留学国等。由于国民政府时期的省派办法仍是延续北洋政府以来的派遣政策，即规定本省公费留学学生定额，如遇缺额，即行补派。因此，章程规定每届省派公费生考选日期、考选名额、留学地方、留学年限、研习学科由省教育厅酌定后登报发布，学生照章报名投考。留学生的经费标准各省不同，根据实际需要以及本省财力制定标准。广东省对于留美学生的经费规定为：①出国川资及治装费1000元。②每期缴纳学校所徵费用照数发给。③每月生活费75美元。④回国川资300美元①。

在制订留学计划的同时，广东省从1934年至1936年连续三年举办公费留学生考试，资遣优秀学子出国深造。1934年广东举办第一届公费留学考试，共录取四人，即黄冠岳、唐玉书、卢文、符迪才。已知黄冠岳为留美生，曾入密歇根大学化学工程系，专习造纸三年，但后来经教育厅呈请教育部批准，转赴英国伦敦大学继续深造。

1935年，广东省举行第二届考选国外留学公费生考试，当时《修正广

---

① 林清芬编《抗战时期我国留学教育史料——各省考选留学生》（一），广东省，国史馆，1997，第10页。

东考选国外留学公费生章程》已经出台，因此考试照章办理。1935年4月2日，广东省教育厅拟定第二届考选国外留学公费生简章。应派留学名额20人，其中英国2名，德国2名，美国3名，荷兰1名，加拿大1名，日本10名①。按照当时考选的程序，先由本省组织初试，然后由教育部复核。为此广东省专门组织考试委员会，特别聘请中山大学、勷勤大学、岭南大学及军事政治学校教授及广东省党政机关高级人员充任考试委员，负责拟定试题、监考、评阅试卷。考试择优录取留美者三人，即林士谔、赵善欢、黄逸尘②。

林士谔，22岁，广东平远人，国立交通大学电机科电信门毕业，赴美学习飞机制造。

赵善欢，22岁，广东高要人，国立中山大学农学院农业专门部毕业，曾任中山大学农学院昆虫学助教兼稻作试验场研究员，赴美学习昆虫科。

黄逸尘，29岁，广东梅县人，国立暨南大学理学院物理系毕业，曾任广东省立第五中学教员、浙江电话公务员。1935年曾在《南洋研究》（1935年第二期）发表《马来亚之交通事业》，赴美学习建筑工程科。

1936年，广东省教育厅举行第三届公费生留学考试，根据招考简章，当年留学名额12名，全部派往欧美研习各种专门学术。其中荷兰1名，瑞士1名，美国1名，德国4名，英国2名，丹麦1名，另外还有2名留学国未定③。与上年相比，本届简章还增加了"广东考选国外留学公费生服务章程"，规定公费生毕业回国后，由本省政府指派在机关或工厂工作。服务年限与所领学费之年限相同④。考试择优录取留美生二人，分别为钟高光、刘鸿。另有一名留德生刘桂灼因为外语成绩不合格，一度被教育部拒绝核定发给留学证书，后经广东省教育厅向教育部去电呈请，并按照教育部指令重新对其进行英文考试，最后教育部准其改派美国专习教育，最后广东省第三届公费留美生共录取三人。

---

① 林清芬编《抗战时期我国留学教育史料——各省考选留学生》（一），广东省，国史馆，1997，第14页。
② 林清芬编《抗战时期我国留学教育史料——各省考选留学生》（一），广东省，国史馆，1997，第39~43页。
③ 林清芬编《抗战时期我国留学教育史料——各省考选留学生》（一），广东省，国史馆，1997，第23页。
④ 林清芬编《抗战时期我国留学教育史料——各省考选留学生》（一），广东省，国史馆，1997，第27页。

钟高光，30 岁，广东梅县人，交通大学机械工程科毕业，曾任广东省立第五中学校长，广州陆地测量学校数理教官，梅县广益中学、广州南京中学等校数理教员，赴美学习机械科。

刘鸿，33 岁，广东潮安人，广东高等师范毕业，曾任中山大学化学系助教，中山大学附属高中部化学教员，赴美学习人造丝科。

刘桂灼，25 岁，广东新会人，私立暨南大学毕业，曾任岭南大学附设华侨学校教职员，岭南大学附设中学教员，赴美学习中等教育。

能够反映当时广东省公费考选留学生情况的，还有现存的两届考试试题，故录之如下：

1935 年广东省第二届考选国外留学公费生试题

国文科（任择一题）

1. 吾人宜如何取西方科学文明以促进新中国建设说。
2. 物质科学能生人能杀人，至近世而其效大睹矣。将如何究极其利而慎防其弊，切实论之。

党义科

1. 试略述三民主义具有连环性之理由。
2. 孙中山先生引用机器为例，证明权和能分开，政治方能进步，试说明之。
3. 民生主义与资本主义，有何不同？
4. 试举例证明"行易知难"说之正确。
5. 试就实业计划中略述一计划内容之大概。

本国史地科

1. 试略述明末清初西方科学输入情形。
2. 王安石新法能否行于今日试举其制分别论之。
3. 试略述广东省水陆交通概况。
4. 试述南京之形势。

（专业科及外文科略）

1936 年广东省第三届考选国外留学公费生试题

党义科（在三类中各择一题解答）

第一类

1. 试说明目前举行扩大民族主义宣传之意义与必要。

2. 民族意识、国家意义与阶级意识三者之区别若何？

第二类

1. 目前政象，究系一权政制，抑系五权政制。

2. 目前应否颁行宪法？试根据建国大纲及第一次全国代表大会宣言说明之。

第三类

1. 马克思说：资本家要多得盈余价值必须有三条件：减少工人的工钱；延长工人做工的时间；抬高出品的价格。试说明此三条件是不是合理。

2. 略说孙中山先生钱币革命理论之要点。

国文科

1. 我国公私费出洋留学举行之数十年矣，其成效若何？可择其大要而究其原因否？今日国难时期宜如何本卧薪尝胆之精神采昔日之长，去昔日之弊，各尽其能力吸收世界学术，以为救国之基本欤？切实言之。

2. 顾亭林谓文须有益于天下，有益于将来，试申言其义。

史地科

1. 南宋偏安江左，罢李纲，相汪黄，金人立叛臣刘豫于汴京，号称伪齐，迭相侵寇，其时韩岳张刘主战，秦桧主和，孰得孰失，试详论之！

2. 举我国近数十年来被日本侵占之各地而略说其影响于国势之变迁。

（专业科及外文科略）

2. 在美国的学习生活

经过公费考选到美国的留学生，都在国内取得了大学、高等专科以上学历，且有自己的研究方向，因此到国外以后他们都充分利用国外的学术资源和教育资源，在专业方面打下了深厚的基础，为以后的事业发展奠定了基础。

他们的学习有一个重要的特点，即呈现出明显的主动性，无论是在学校的选择还是研究方向的选择上，都表现出明确的目的性。在派出的公费生中，经过一段时间的学习，提出转学的不乏其人。1937年，第一届留美生黄冠岳提出从密歇根大学化学工程系转到伦敦大学化工系,因为密歇根大学三年的学习使他修完了化工系的重要课程,具备了造纸的工程基础,但是密歇根大学"专门研究不适合于中国环境所需要","而英国大学注重基本训练","注重专业研究","伦敦大学化工系有特殊设备,为英国各大学之冠",因此呈教育部要求转学到英国继续学业。像这样的例子并非罕见。刘桂灼到美国后先入斯坦福大学研究中等教育问题,一年之后,他呈教育厅请求转学到哥伦比亚大学师范院做进一步的研究,"因为斯坦福大学既无中等教育之教授,复无中等教育之分科",而"哥伦比亚大学师范院为全美教育人才荟萃之地,有中等教育专科之设……图书设备亦较他校为完善"①。经广东省教育厅与教育部核商,刘桂灼转学到哥伦比亚大学继续学业。1938年9月,刘鸿也向广东省教育厅商请转学到哥伦比亚大学,据他自述"奉派来美国密歇根大学学习化学工程二年,兹对于化学工程项目大都修习完毕。……生原奉派习人造丝,而该校对于此科非所擅长……近查得哥伦比亚大学所设工业化学项目,种类较多,教授 Mckee 对于纤维化学之研究,尤负盛望"②,因此拟转学到哥伦比亚大学,经教育部批准,刘鸿转学到哥伦比亚大学。

此外,留学生大多志向高远,学习刻苦,因此成绩非常优异。第二届留美生赵善欢到美国后先入俄勒冈农业大学,仅一年他就取得了学士学位。第二年他转学到康奈尔大学继续深造。据他自述,在康奈尔大学三年,他对知识的渴求达到了忘我的境界,当时感受最深刻的就是时间不够用,在图书馆埋头苦读,在实验室认真开展各项实验,还到各农场去观察研究。读书的内容除了生物科学之外,也涉猎其他许多领域,特别是对心理学和化学,兴趣非常浓厚③。由于他的刻苦努力,仅一年他就获得了硕士学位,并于1939年以《惰性物质的毒理及其对昆虫作用的研究》获得博士学位。在他的留学生涯中,还曾经发生过一件曲折的事情。1938年国民政府开始限制留学规模,非有必要原因,留学国外人员学习期满理应回国,根据规定,公费生一般学习期限为三年,因此赵善欢函请驻美大使胡

---

① 林清芬编《抗战时期我国留学教育史料——各省考选留学生》(一),广东省,国史馆,1997,第95页。
② 林清芬编《抗战时期我国留学教育史料——各省考选留学生》(一),广东省,国史馆,1997,第98页。
③ 孙殿义、卢盛魁主编《院士成才启示录》(上册),广东科技出版社,2003,第58页。

适转呈教育部请求延长留学期限一年。

他的原呈如下：

　　适之大使钧鉴：敬启者，善欢又广东省教育厅考选派来美专攻昆虫学，已历三载；今年夏因学业尚未完成，曾请求延长留学期限一年，业经该厅批准在案。据该厅最近遵教育部颁布之限制留学暂行办法，取消前案，命于九月前离美归国。善欢对此，经详加考虑，认为有请求通融延长留学年限之必要。其重要理由有三：

　　（一）善欢于康奈尔大学专攻应用昆虫学，现正攻读哲学博士学位，博士论文为"贮粮害虫防治试验"。此项研究，纯以我国目前贮粮抗战问题为对象。盖我国积谷及其他贮粮，每年受虫害之损失极巨，为能防治或消灭之，无异直接增加生产，间接增厚抗战之力量，善欢研究此问题，经已半载，已获得相当之成绩。至少再需一年，始能全部完成对此重要之研究工作，实不宜废于半途。

　　（二）善欢拟于民国二十七年度下学期起，于康奈尔大学随美国著名昆虫专家 Robert Matheson 教授学习医学昆虫半年，从事研究疟疾、鼠疫及其他我国目前以昆虫为传染媒介流行之病症。此为回国服务时应具备之知识，于抗战期内尤觉重要。未获此而回国，固为个人训练之一大缺点，然国家亦失一战时需用之专才。

　　（三）善欢于康奈尔大学研究院肄业，虽已称二载，然而学校规定应选读之课程过多，尚有数门重要之科目，须于本年内修完，始能毕业。

　　根据教育部颁布之限制留学办法，凡在外所研究之学科，有关军事国防者，经肄业学校及驻外各大使馆证明后，得予通融延长留学期限，基于上述三点，善欢现今所习者，直接间接均与国防有关。兹特附上康奈尔大学校长致教育部证明书，恳请大使俯察实情，迅转教育部说明善欢有再留美学习一年之必要，亦请该部饬广东教育厅维持原案，准予延长留美期限一年（由民国二十七年一月展至二十八年八月止），无任祷感之至。谨此，敬请钧安。

赵善欢谨上

二十七年十一月

这份材料在陈述展期理由的同时，也提供了很多赵善欢在美学习的信息。

显然赵善欢的成绩得到了校方的认可，为了帮助赵善欢的呈请取得教育部的许可，康奈尔大学校长还就此事专门写了一封信，由胡适转致中国教育部。

Minister of Education　　October 10, 1938
Chinese National Government
Dear Sir:

I am taking the liberty of addressing you in behalf of Shin-Foon Chiu, who is pursuing under your auspices a course of graduate study at Cornell University. Mr. Chiu is being trained here as a professional entumologist. Upon the completion of his present schedule, he will study for half a year in a special field of medical entomology. The authorities under whom he is working have assured me that he shows such promise that it would be a great mistake to interrupt his studies until they are completed. It seems to me that insofar as he is equipping himself to enter the conflict against malaria, bubonic vogue, and other diseases transmitted by insects, he will be particularly valuable to his country in a time when unsettled conditions prevail. Accordingly, I urge that every consideration be given to the possibility of allowing Mr. Chiu to remain in the United States during the months necessary for him to finish the program of training which he had planned.

Sincerely yours,
president

然而，赵善欢的呈请并未得到教育部的特批，教育部的回复直截了当"查该生出国已逾三年，并已由该厅汇发回国川资在案，应即回国，所请延长留学期限无庸议"[①]，不过其时已是 1939 年 5 月。在美国大使馆和广东省教育厅、国民政府教育部的往复函电中，赵善欢利用这段时间继续康奈尔大学的学业，取得了博士学位，为之后的学术道路奠定了深厚的基础。

---

① 林清芬编《抗战时期我国留学教育史料——各省考选留学生》（一），广东省，国史馆，1997，第 111 页。

3. 林士谔等的学术成就

在省派留美生中，林士谔、赵善欢、钟高光在学术上的成就最为突出。

（1）林士谔。

林士谔（1913～1987年），又名粤龄，广东平远人，出身书香世家，外祖父是近代著名教育家、诗人丘逢甲。其父林震是一位将军，辛亥革命时追随孙中山，曾任北伐军师团长，在北伐战争中因战功获得金质勋章。他的姑姑林演存，是平远第一位女留学生，民国之初曾参与创办红十字军，他的伯父林商翼也是平远著名的教育先贤，良好的家庭背景为日后林士谔学有所成奠定了基础。

林士谔早年在北京等地求学，1935年在国立交通大学电机科电信门毕业后考取了公费留美资格，入美国麻省理工学院学习飞机制造。师从世界著名科学家陀螺仪表专家德雷珀博士。

中国的航空业起源于鸦片战争后。新政以后，陆续有留学生出国学习飞机驾驶和飞机制造。到20世纪30年代初，公费、自费到各国学习航空的留学生约有七十人。国民政府建立后引导留学教育向理工农医类倾斜，尤其抗日战争后为满足军事国防的需要，把留学生的学科限定在军工理医的范围，林士谔的专业适合抗战建国的需要，在留学经费严重短缺的抗战时期，教育部曾特别批准他延长留学期限一年。

林士谔在麻省理工学院期间学习刻苦，成绩突出，学校还曾特别免除其学费，以资鼓励。1936年，林士谔获得了硕士学位。1939年6月又获得了博士学位，他的博士论文题目为《飞机自动控制理论》。在这篇文章中，林士谔创造性地提出了"高阶方程劈因解根法"。在当时计算机科学尚不发达的情况下，要解四阶以上的高阶代数方程，非常困难，林士谔以自己独特而高效的方法求解高阶方程，避免了复数运算，引起了国际数学界的极大兴趣，后来这种方法被国际数学界命名为"林士谔法"，这一方法曾为自动控制系统稳定性的研究以及计算数学领域中的近似求解做出了重要的贡献。这个以中国人名字命名的方法至今还在发展，并应用于现代计算机进行快速运算。在1940年8月、1943年8月和1947年7月，林士谔先后在麻省理工学院出版的《数学及物理》杂志上发表了3篇关于解算高阶方程式复根方法的论文，均获得了国际数学界相当高的评价。

1939年6月，林士谔在美国麻省理工学院毕业后回国，先在成都空军机械学校担任航空仪表高级教官，后兼任高级班主任。1942年夏，林士谔调至附近的空军仪表修造厂任副厂长，在此期间，林士谔开始研制一种膜盒式真空速表。为了实地试验，他曾将试制的仪表委托当时在成都空军工程局办事处的苏联飞行顾问，将其在苏式战斗机上进行了试飞。试飞数据证明，仪表符合理论设计要求，和国外后来采用的真空速表设计原理相同，但性能要好，发明要早。林士谔因首创膜盒式真空速表而获得当时航空委员会颁发的光华发明奖。1944年夏到1946年春，林士谔调往成都航空研究院仪表组任研究员，从事仪表研制工作。1946年春到1946年5月，林士谔调至南京空军总部航空工业计划室，承办向英美订购航空设备工作。1946年夏天，厦门大学校长汪德耀至南京要求空军支援人员去厦门大学教书，此时，林士谔正想脱离空军，遂于同年10月赴厦门大学航空系任教授兼系主任。在厦门大学，林士谔开设了航空仪器及设备、空气动力学、空气动力设计三门课，并且从事飞机控制的安定性专题研究。

中华人民共和国成立后，林士谔历任清华大学航空系教授、北京航空学院一级教授。1958年，他积极筹建了中国第一个陀螺号惯性导航研究室，并在钱学森教授的大力推荐下担任研究室主任，他和青年教师一道设计出一种新型的液浮陀螺仪，填补了当时我国航空陀螺仪领域的一项空白。如今这个实验室几经变迁，已经成为北京航空学院（现北京航空航天大学）的国家重点学科基地之一，并发展壮大了一支包括7名教授、10名副教授、6名讲师和工程师、40名博士生、71名硕士生的科研队伍。在他们的共同努力下，其先后成功研制出磁悬浮姿控储能两用飞轮、高精度磁悬浮反作用飞轮、单框架磁悬浮控制力矩陀螺，并在国际上首次研制出双框架磁悬浮控制力矩陀螺原理样机，解决了各类卫星姿态稳定、姿态机动、大型航天器姿态控制和储存能量、延长寿命的共性核心技术瓶颈问题，令国外同行惊叹不已。林士谔是著名的航空自动控制专家和航空教育家，长期从事教学、科研工作，由其创办和主持的陀螺惯导专业，历届培养的本科生已逾千人，这些毕业生遍布在全国航空、航海、航天各部门，不少人已成为学科带头人、技术骨干或业务领导干部。此外，他也极其关心中青年教师的成长，经常给予他们有益的教诲，经他培养的几名中青年教师，目前都成为博士研究生导师，成为专业梯队重要的后继力量。林士谔教授一生致力于研究生的培养，1985年成立了以他为首的我国陀螺惯导第一个博士重点学科专业点，已培养了近十名博士，经他亲自指导的研究生已有二十多名，林士谔对科学事业的无限热爱和对教育工作的崇高责任感深深感染了这些学子。1987年9月28日，林士谔告别了他热爱的科学事业，因病离去，终年74岁。

2008年1月，北京航空航天大学先进惯性仪表与导航技术创新团队的"卫星新型姿控储能两用飞轮技术"项目荣获2007年度国家技术发明一等奖，同时，他们的"新型高性能捷联惯性测量装置关键技术研究及应用"项目还获得了国家科技进步二等奖。面对鲜花和掌声，团队的带头人房建成说："我们的很多经验、精神是从老一辈身上学来的，自从林士谔先生1956年在北航创立我国第一个航空陀螺与惯性导航专业，至今已经50多年了。我们现在取得的成果实际上是老一辈人长期积累的结果。学科创立50年，我们新一辈团队的研发也近10年，我们赶上了国防科技工业快速发展的大好机遇，得到学校和学院对我们的大力支持，老一辈播种、长苗，到了现在，水到渠成，开花结果。"

林士谔一生耕耘过的园地不断结出累累硕果，这恐怕是他最大的安慰吧！

（2）赵善欢。

1983年10月10日，康奈尔大学举行国际农业科研活动二十周年纪念大会。这一天学校举行了隆重的纪念活动，一百多名著名学者、教授应邀参加了纪念活动，这当中有一个中国人的面孔。会议开始不久，主持人特地走到会场中间，把这位中国人介绍给到会的人，全场顿时响起了热烈的掌声。他就是我国著名的昆虫学家、中国科学院院士赵善欢教授。

赵善欢（1914～1999年），广东高要人，出生于一个知识分子家庭，父亲赵可槐早年毕业于保定军官学校，后离鞍任教。赵善欢在家乡读完初中后，到广州就读于文华英文补习学校，1929年，年仅15岁的他考取中山大学农学院农业专门部，在校期间他勤奋好学，受到许多知名教授（如水稻专家丁颖、植物学家陈焕镛、土壤学家邓植仪和昆虫学家尤其伟等）的高度赞赏。1933年赵善欢毕业留校任中山大学农学院昆虫学助教兼稻作试验场研究员。在此期间，他深入广东十余县，调查当地农作物的主要害虫，并写出考察报告。

1935年赵善欢考取公费留美资格，先入俄勒冈农业大学深造，获得学士学位。1936年转入康乃尔大学习昆虫学，一年后取得硕士学位。接着他师从美国著名医学昆虫家Robert Matheson教授继续学习昆虫医学，从事研究疟疾、鼠疫及其他以昆虫为传染媒介的流行病症。1939年获得博士学位，博士论文题目为《惰性物质的毒理及其对昆虫作用的研究》（Toxicity Studies of So-called "Insert" Materials On Insects），他的这一成果后来被很多专著引用。

1939年底，赵善欢学成归国，在中山大学农学院担任昆虫学副教授，第二年晋升为教授，当时年仅26岁。此后他一直在中山大学农学院任教，并从事昆虫学研究工作，在抗日战争中中山大学辗转关山的危难时期，他认真教学，还开展多项研究，先后完成《云南澄江蚕豆田的昆虫相》、《植物性杀虫剂研究》等多篇论文。抗战胜利后他先后被借聘到台湾省农业试验所、北京大学农学院、台湾大学农学院，1948年应中山大学要求，赵善欢返回广州，继续在中山大学担任教授。

中华人民共和国成立后，赵善欢担任了中山大学农学院副院长。1950年，借调到北京，参与筹建中国科学院昆虫毒理研究室。1952年，全国高等院校调整，中山大学农学院与岭南大学农学院合并，成立华南农学院，赵善欢被任命为副院长，主管教学和科研工作。1957年他出访苏联，进行科研、考察和讲学。一年后回国，亲手创建华南农学院生物物理研究室，并担任主任。1960年受国家委托，主办全国植物化学保护师资培训班，赵善欢亲自编写教材、讲课和指导科研。1961年赵善欢提出"田间毒理"的学术观点，并以华南果树重要害虫荔枝蝽为对象，进行一系列实验研究。在"文化大革命"中，他虽遭受迫害，仍利用一切可能条件坚持科学研究工作。

1978年，赵善欢重新被任命为华南农学院副院长、院长。1980年当选为中国科学院学部委员，并兼任中国科学院广州分院副院长。他还先后担任过中国昆虫学会副理事长、中国植物保护学会副理事长，广东省植物保护学会理事长，广东省科学技术协会副主席、名誉主席等职。数十年的科研生涯中，赵善欢先后访问和考察过美国、苏联、德国、日本、菲律宾、肯尼亚等国家，多次在国际学术会议上宣读论文。他在母校康奈尔大学所做的学术报告《中国水稻害虫综合防治》、《中国农药的发展和使用情况》、《植物杀虫药剂的研究》受到国际学术界的重视。当时，中国刚刚改革开放，经济科技发展远远落后于发达国家，赵善欢的研究成果让国外学者既惊讶又赞叹，他们感慨地说："在科学技术上，中国并非一切都落后，他们也有许多先进的东西，很多宝贵的人才啊！"

赵善欢的研究领域主要包括植物化学保护、水稻害虫的发生规律及其防治、植物质杀虫药剂、有机合成杀虫药剂及昆虫保幼激素、昆虫辐射不育及化学不育、昆虫毒理学等。在学术的道路上，他有独特的治学之道，他认为做学问要"抓两头"，一头是了解国外先进科技的最新成就，因此，他常年订阅国内外十多种科技杂志，发挥自己熟练掌握英、俄、日、德多门外语的优势，博览群书，不断从国外先进科技中汲取第一手资料；另一头是了解国内的生产实际，包括农民的经验，他常说，了解中国，才能有选择地吸收外国的长处，再加上创造性的劳动，祖国的科学就昌明。凭着严谨的治学之道和科学的研究方法，赵善欢取得了丰硕的学术成果，他先后在国内外的杂志上发表论文130多篇。

除了从事科学研究外，他还一直活跃在大学的讲台上，为培养人才贡献自己的才智，他的学生遍布全国，有的远在大洋彼岸，可谓桃李满天下。

赵善欢还十分重视科学普及和科学推广工作，他几乎每年都深入农村，指导害虫防治工作，调查了解生产中出现的新虫害问题，他常与助手撰写通俗易懂的科普文章，使广大农民和基层科技人员掌握有关科技的新成果。

2003年，广东科技出版社曾出版一本《院士成才启示录》，收录了赵善欢的文章《探求大自然真谛是我一生的愿望》，在文章的末尾，赵善欢用充满情感的文字描述了自己的学术情怀："每当在实验室用过午餐后，我漫步于研究室所在的标本园里，这里一片郁郁葱葱，异常宁静，只有虫儿声声鸣叫，仿佛呼唤着绿色；或站立在书室外的阳台上，眺望着棵棵参天大树和茂密的丛林，我似乎回到了绿色之中，仿佛看到了整个中华大地都变成了绿色，不仅富饶，而且优美。为了这一天的到来，为了子孙后代，我还必须继续努力工作。"

1999年，在昆虫世界遨游60多个春秋后，赵善欢离开了这个世界，他的履历、他的教学科研成果都向世界证明，他从田间开始的理想，最终开出了令人向往的奇葩。

(3) 钟高光。

钟高光（1907～1996年），原名钟皎光，字高光，广东梅县人，早年入广东省立梅州中学学习，在校成绩优异。1924年，从梅州中学毕业后，钟高光考入东南大学理科，翌年转学上海交通大学专攻工程机械。在校期间，勤奋努力，自修每至深夜，疲倦时便洗冷水澡，鼓起精神，继续钻研。因而在上海交通大学本科期间，成绩极为突出。1929年在上海交通大学毕业后，执教于广州陆军测量学校。1933年出任梅州中学校长，一年后卸任，又被兴宁一中聘为数学专业教员。1936年，钟高光考取广东省公费留美资格，入麻省理工学院，专攻机械工程，获得机械工程硕士、博士学位。

1940年钟高光学成返国，先在广州中山大学当教授，第二年辞职赴渝，就职于经济部工业试验所，主持开发热工试验室与动力试验室，兼任中央大学工学院教授。抗日战争胜利后，辞卸试验所各职，专任广州中山大学教授。1946年，受校长吴有训委托，留渝主持工学院设备拆迁事宜。工作之余，受聘在重庆大学与中央工业专科学校讲学。1947年始返南京中山大学，担任机械系主任及研究所所长。1948年秋，应台湾大学之聘，任台湾大学工学院机械系教授，1953年2月兼任系主任，1954年3月兼任工学院院长。1956年当选为台湾中国机械工程学会理事长，任内创办《机械工程》杂志。1958年3月奉派赴欧美考察工程教育，对各国工程教育之现状与趋势，获深切之了解。1961年秋至1962年夏，应美国密歇根州立大学之聘，任纪念美国拔地兴学一百周年（Land Grant Centennial）所特设之工学院客座教授，讲授热力学。1965年8月出任台湾大学教务长。1967年10月奉派借调任台湾交通大学改制后首任工学院院长。任内为配合恢复大学名称，加紧修订学则、建立制度，在电子所增设博士班，洽请补助经费，商请国内外企业捐赠款项、图书、器材，申请分配教育贷款，延聘客座教授，遴选教员出国进修等方面，均有长足进展。

1968年12月，钟高光任"台湾教育主管部门"政务次长，后晋升部长。任内业绩有：①召开第五次全台会议，集台湾岛内外教育专家400余人，共谋教育革新，筹划教育施政之蓝图。②研订与实施九年国民义务教育各项基本法规与施行计划。拟订辅导国民中学毕业生升学就业实施计划纲要，成立升学就业指导委员会，在教材中增加职业科目及技艺训练。③发展科学教育，增设科技学系与研究所，充实图书仪器及设备，改进中小学科学教育，洽办世界银行贷款以供扩充学校校舍及设备，遴选教师赴国外进修。④充实与改进高等教育，增设公私立各大学研究所22所，策划增设大学院校，举行博士学位考试，评审学术奖金，改进大专联招，创设大学内辅系制度，改进学审会教员著作审查办法。⑤发展专科职业教育，督促改善已成立之五年制专科学校，从严审核专科学校之设立，鼓励培养工业技术专门人才。⑥增进国际文化交流，参加联合国教育科学及文化组织活动，出席国际会议，主办国际性文教会议，签订文化专约，交换学人互访留学生，举办公自费留学考试，创办《海外学人》杂志。⑦合作筹设中华电视台，以扩大进行中华文化复兴运动，加强推行社会教育。⑧兴建部办公大楼。

1971年4月钟高光卸部长职后，受聘为台湾的"总统府"国策顾问。同年8月接任考选部部长。到任后即修订考选法令规章，编印《考选法令汇编》，首开公务员高普考试采取总录取标准之例，并调整计分方式，实施电脑阅卷，推动试务工作自动化，增加学科测验科目，逐步推行面试制度，每年办理考试共约40次，考试科目数百种，应考人员20余万，事无巨细，必躬自参与。

自1967年起，屡任行政要职，均系自台大借调，故课务从未间断。1978年辞卸考选部部长职务，再度受聘为"总统府"国策顾问。1988年夏，应子女恳求，偕夫人移居美国俄勒冈州波特兰市，1996年11月23日逝世。

(三) 1928~1937年的自费留美生

国民政府成立后，自费留学生的选派也经过一定调整。在1930年制定的《增派留学生》办法中，规定自费留学生以中学毕业为限，但必须通过外语考试才能取得留学资格证书。1933年教育部公布《国外留学规程》，降低了自费生的选派标准，只要满足在国外公私立专科以上学校毕业的基本要求，无须参加考试，只要筹足经费就可取得留学资格。但教育部对自费生的管理也比较严格，规定必须呈领留学证书后，才能以留学生名义领取护照，否则不得请求管理留学机关介绍入学，不得呈请奖学金补助，回国时呈验毕业证书不予登记。另外，自费生在回国两个月内也需要到教育部登记。通过实施留学证书以及回国登记的办法，南京政府加强了对留学生的管理。

据目前资料已知的广东省籍的自费留美生有1930年核定的七人。

陈恩成，毕业于东吴大学法学院。
邓振光，毕业于光华大学。
叶虞，毕业于今是学校。
谭坤英，毕业于沪江大学。
邓觉生，毕业于光华大学。
杨雅各，毕业于复旦大学。
郑泽均，毕业于岭南大学。

（四）抗日战争期间及战后留美情况

抗日战争开始后，政府对于国外留学生特别重视，国民政府军事委员会曾致函教育部了解国外留学生的生活情形及日常组织。

根据教育部对国外留学生的调查，在国外留学的公自费生约有2500人，美国最多，有1000余人。在行政管理方面，除清华留学生曾委托华美协进社代办留学事务外，其他留美公自费生的事务都由驻美大使馆处理，学务管理也由驻美大使馆负责。在留学生团体方面，美国有留学生总会、各分会、各校分会等机构。

在生活方面，抗日战争以后由于越来越多的省份沦为战区，加之战争影响，给留学生提供经费支持的组织越来越少，留学生除一部分陆续回国外，其余大多生活困难，向教育部申请救济者不在少数，据统计自抗日战争爆发后到1939年1月底，经教育部批准得到救济者共267人，在美国留学的广东学生有二人（见表2-12）。

表2-12　在美留学的广东学生

姓　名	籍贯（及来美时间）	现肄业学校	研究学科及学业成绩	请求资助数目	附　注
蔡显裕	广东南海	康奈尔大学	土木工程，已得硕士学位	回国川资250美元	来美求学系由上海华盛顿工程师资助，现在公司行将解散难继续相助
文启昌	广东番禺，1937年秋来美	斯坦福大学	英文文学语言学，成绩尚好	学费880美元	自费生，家长因战争失业，存款被人掠去

另外，教育部还令学生协助抗日战争之国际宣传工作。宣传分一般宣传和专门宣传两类。一般宣传每日至少工作半小时，周日至少工作两小时，采用口头宣传方式，以校内教授及同学为主要对象。公自费留学生都有担任宣传的义务。专门宣传由驻外使馆在该国公自费留学生中选定适当人员担任，以留学国全体人民为宣传对象。口头宣传选择擅长演说者为之，主要是在公众集会时，做抗战救国之讲演，并注意寻求机会做电台广播工作。文字宣传主要是翻译长篇新闻、重要论文或自著论文，在外国著名报纸或杂志上发表，或汇印此项论文编印成书。

在救助在外留学生的同时，为节省外汇，国民政府教育部也采取了限制留学的措施，出国人数锐减。据统计，1938年出国留学者仅92人，1939年又减至65人，直到1942年随着国际形势的好转，留学教育才逐渐恢复。

在此期间，根据教育部核发的留学证书，可以略知广东省留美教育情况（见表2-13）。

表2-13 广东省留美教育情况

姓 名	性 别	年 龄（岁）	籍 贯	预定所习科目
叶意贤	男	34	广东河源	现代教育及文学
黄惠平	男	29	广东台山	水利工程
杨占臣	男	31	广 东	兽医血清及防疫菌苗之制造
李仁祥	男	24	广东台山	电机工程
唐宝坤	女	20	广东中山	经济政治
陈永祥	男	35	广东台山	药物学
司徒仲卿	男	25	广东开平	经济地质学
黄俭溥	男	26	广 东	行政学
何雅谷	男	30	广 东	经济财政
伍岱光	男	25	广 东	周率调幅及定向无线电
余日新	女	24	广 东	农学化学

根据1942年回国留学生之审查登记，可知广东省留美学生情况（见表2-14）。

表 2-14 广东省留美学生情况

姓 名	性 别	年 龄（岁）	籍 贯	经 历	专 长	志愿工作及希望待遇
陈启森	男	30	广东	美国印地安纳工程学院电机系，毕业（1938年）曾任中国运输公司技士交通部公路运输总局副工程师（1941年）	电机炼钢汽车修理	电机工程及制炼钢铁，700元
谭毓柏	男	37	广东	美国印地安纳大学化学工程系，毕业曾任经济部汕头市商品检验局化验股股长	化学	化验工作，500元

1942年后，随着抗战形势的好转，国民政府的留学教育逐渐复苏，为了满足国家对战后建设人才的需要，教育部、经济部、交通部等部门制订了中短期的留学计划和派遣国外实习人员的方案，但这些计划多半没有实施。

公费留学计划虽然流产了，但自费留学受到国民政府的提倡，闭关政策取消后，青年学子趋之若鹜。1943年10月，国民政府颁布《自费留学生派遣办法》，规定，自费留学一律由教育部统筹派遣和管理；凡专科以上学校毕业而有志自费留学者，每年由教育部统一考试，考试及格后，由教育部发给留学证书；自费留学名额每年以600名为限，留学科目规定3/5学习理工科，2/5学习文科，自费留学期限暂定两年。

1943年，国民党政府举办了首届自费留学考试，应考者751人，录取327人。

1944年12月，国民政府又颁布《国外留学办法》。根据这个办法的规定，以后无论公费自费，出国前均须经教育部统一考试。应考资格为专科以上学校毕业生。1944年12月教育部举办了首届公费留学统考，应考者1824人，录取209人。

抗日战争胜利后，国民政府还都南京。教育部于1946年7月同时举办了第二届全国自费留学考试和公费留学考试。因为战后交通不便，教育部在全国分设九个考区，其中公费应考人数为 3296 人，录取 148 人；自费应考人数为 2774 人，录取 1216 人，外加 718 名公费考试落选而成绩符合自费录取标准者，共录取 1934 人。自费生多去美国。

此后，1947 年，教育部又举行了一次翻译官留学考试。抗日战争后期，美国军队前来中国战区参战，国民政府曾征调一批知识青年充当美军翻译。战后，为奖励这批翻译青年，国民政府决定从中选拔少数优秀之士出国深造。考选共分南京、重庆、北平、昆明、广州、武汉、福建七个考区进行，考试科目包括普通科和专门科，普通科为国文、英文、本国史地三类，专门科根据应考者学历和专业不同而不同。考试于 1947 年 4 月 1 日至 3 日分区举行，共录取 97 人，其中粤籍共 12 名（见表 2-15）。

表 2-15　粤籍学生录取情况

所在学院	文法学院	理工学院	师范学院	农学院	医学院	高　中
姓　名	翁显良 刘丹青 陈荣光 胡小仲	程源锴	李　仁	林孔勋 王义南	潘以洁 李清波	何万化 何万修

1948 年 1 月，国民政府因为外汇支绌，宣布停止公自费留学生考试。除少数获得国外奖学金和自备外汇者出国外，大规模的留学运动随着国民党在大陆的垮台而画上句号。

六　留美生对广东及中国社会发展的作用和影响

中国近代以来西洋、东洋留学生甚众，由于所入国家、所入学堂精神不同，各国留学生的精神风貌亦不同。美国素为民主自由共和国，科技发达，留美生回国后将美国的科学民主精神播撒到中国，推动了广东及中国的近代化进程。

（一）中美文化的交汇与互通

广东留美学生是近代中美文化交流的先驱者和开拓者，容闳作为第一个从美国耶鲁大学获得学位的中国人，也是最早接受美国文化影响的中国人,他留学回国后,提出了幼童留美的计划,并说服曾国藩和李鸿章联名上奏清政府派遣留学生赴美学习,才有了后来120名幼童出国的先例,开启了中美文化交流的新篇章。容闳不仅是西学东渐的先驱,还是中学西传的代表人物,他曾促成耶鲁大学"中国文化讲座"的创立及中国图书馆的收藏,并于1878年将40种、1237卷中文书籍赠送给母校。如今在耶鲁大学图书馆内,仍保存着一百多年前容闳亲笔题写的部分英译目录,包括《三字经》、《百家姓》、《四书》、《五经》、《山海经》、《三国志》、《康熙字典》及《四才子书》等①。

在中国近代传播西方先进科技方面,120名留美幼童是最早通晓西学的人才,并且由于自身官派留学生的特殊身份,在中美文化交流中的地位非常重要。耶鲁大学的校长曾经评价"诸生虽年幼,然已能知彼等在美国之一举一动,皆与祖国之名誉极有关系,故能谨言慎行,过于成人。各种学科之进步,成绩极佳。其礼貌之周至,持躬之谦抑,尤为外人所乐道。所至之处,咸受美人之欢迎而引为良友。……美国少数无识之人,其平日对于今国人之偏见,至此逐渐消灭。而美国人对华之感情,已日趋于欢洽之地位。"留美幼童回国后,投身于祖国工程、铁路、通讯、矿冶、海军各领域,是近代早期传播西方近代科技的重要桥梁。

甲午战争之后,中西文化交流达到新的水平,如果说之前留美学生介绍西方文化还停留在一般性的知识介绍上,此后则发展到专研西方的自然科学、社会科学理论,并在中西文化的对比中,吸取改造中国社会的思想养料,这方面的代表首推岭南革命派代表人物——孙中山。孙中山的启蒙教育是在美国檀香山完成的。在檀香山,他先后就读于英美的基督教会设立的学校,学习英文、算术、兵式体操及宗教等课程,课余时间除了勤读中国书外,还好读"华盛顿林肯诸先进的革命过程史乘"。孙中山后来回忆檀香山学习所获时说:"忆吾幼年,从学村塾,仅识之无。不数年得至檀香山,就傅西校,其教法之善,远胜吾乡。故每课暇辄与同国同学谙人,相谈衷曲,而改良祖国,拯救同群之愿,于是乎生。当时所怀,必一若使我国人人皆免苦难,皆享福乐而后快。"除学校教育之外,檀香山社会环境对孙中山亦有多方面的影响。例如,他对檀香山的邮政事业、良好的秩序和法治印象深刻,并认为"中国所急需的,就是美国式的法律"。

---

① 石霓:《观念与悲剧》,上海人民出版社,2000,第138页。

更大的影响则是国外社会情形与中国社会情形形成的鲜明对比给予孙中山思想的触动。据陈少白记载，从檀香山返国后，孙中山对中国贫弱腐败的情形感触很深，"伤心之余，以为国家为什么这样衰，政府为什么这样糟，推究其故，就是政府的权柄，握在异种人——满洲人手里。如果拿回来，自己去管理，一定可以办好"。可以说，五年的檀香山生活，对孙中山后来的成长具有重大意义。他掌握了英语，学习了近代科学的基础知识，对资本主义社会有了具体了解，最重要的是，产生了改良中国社会的意识。此后孙中山进一步研究西方世界和中国的现实，并在理论和实践中寻找按照西方资本主义国家模式改造中国的道路，成为中国近代资产阶级革命的先行者。

中华民国建立后，中国进入建设的时代，留学史上出现了前所未有的以传播民主和科学为主要内容的留美高潮。对于民主和科学，留美生有自己独特的理解，对其注入了新鲜的内容。以陈之迈为例，介绍广东留美生对民主政治思想的贡献。

陈之迈（1908~1978年），原籍番禺，生于天津，陈澧曾孙，1928年毕业于清华大学，后赴美留学，1934年获哥伦比亚大学哲学博士学位。回国后历任清华大学、北京大学、南开大学及中央政治大学等校教授。1938年任行政院参事。1944年任驻美大使馆参事。陈之迈的民主政治思想主要包括：

（1）对"民主政治"和"独裁政治"的概念的诠释和规范。

在《民主政治的根本》等文章中，陈之迈系统地考察了西方近代民主政治的起源。他说：近代民主政治起源于英国。英国在实行民主政治以前，也曾经历过长期的战乱和政治纷争。在历史发展的过程中，人们逐渐意识到"内战永远不能把引起内战的问题根本解决，它只能把整个社会弄到体无完肤……因为受了这个教训，英国人才发明了代替内战来解决政治问题的方法——民主政治"。他反复强调民主政治的精义在于"一切国内问题取决于政治而不取决于武力"。为了进一步澄清民主的内涵，陈之迈还从语源学的角度，详细辨析了"民主"、"独裁"、"专制"等概念的原始含义和相互关系。他指出在古代罗马的政治实践中，"民主"与"独裁"并不是一对矛盾对立的范畴；同时，"独裁"与"专制"也不是两个可以简单等同的概念。"独裁"制度最初是古罗马民主政治体制下的一种应付非常时局的临时性措施。"独裁者"在职期间虽然大权在握，但他是由

"长老会"按照法定程式遴选而不是自封的,他的权力源自"长老会"的合法授权。因此,古罗马的独裁制度并不是对民主政治的一个否定,而是民主政治在非常时局下的一种权变。到苏拉(Lucius Cornelius Sulla)和恺撒(Gaius Julius Caesar)当政时期,古罗马独裁政治的性质开始发生变异,其任期也逐渐由六个月延长至一年、三年、十年,乃至终身。当时的政论家们普遍认为,苏拉和恺撒在位时的罗马政治是"专制",而不再是原始意义上的"独裁政治"了。陈之迈认为民主政治是上轨道的政治,而专制独裁政治是不上轨道的政治。他说:"举凡一切政治问题发生的时候,一定有两种以上不同的意见;他们的意见怎样不同不要紧,要紧的是它们意见冲突有什么方法来解决。""民主政治与独裁政治不同的地方便在这解决政治问题方法之不同:前者的方法是讨论,折中,调和,它的真谛是政治上的和平;后者的方法是专断,压迫,钳制,它的真谛是以武力来解决政治及其他一切问题。""所以独裁政治总是未上轨道的政治,而唯有民主政治才是上轨道的政治。"

(2)强调民主政治的功效。

陈之迈认为民主政治可以很好地协调国家与社会、中央与地方的关系,可以保证国家的长治久安。他说:"每一个国家都有政治野心家,每一个国家都有抱持特殊政见的人物。民治的政治制度给予这种人以合法的和平的活动方式;独裁的政治制度则剥夺他们活动的权利。在民治下政治野心家尽可公开组织政党批评政府;在独裁下他们只能做暗室地窖的下层工作,用暴力来争权。民治政府应付反对势力是令其公开宣传与批评,故用不着党狱放逐与屠杀;独裁政府却只知用暴力来抑压反对势力,故舍党狱放逐与屠杀别无其他途径。"

他还认为民主政治可以保证政府政治行为的廉洁与高效,更好地防范与杜绝政治腐败行为的发生。在与张纯明商榷政治贪污问题的文章中,陈之迈总结出了中国传统政治实践中防治腐败的几种主要方法:①儒家的道德自律;②商鞅韩非的严刑重典;③言官的纠举监察;④武力的革命。他认为这些方法都属于体制内监督的方法,历史的经验反复证明,这些方法并不能取得真正的成效。他还指出,近代西方民主国家的政治由污浊到比较清明有一个渐进的过程。英美各国都曾经历过政治的腐败与黑暗。但是"自从民主政治抬头以后,政治的确随着清廉起来,卒至今日完美的境地"。这主要是因为:第一,民主政治下的舆论远较专制独裁下自由发达。在民主政治下贪污的惩处虽然由政府机关去执行，但是举发和监督的则是舆论机关。所以舆论如果发达，监督自然彻底，贪污也自然容易杜绝。在专制独裁下，政府以外的人对于政府不能置喙，不能批评指摘，所以如果政府营私舞弊，只有政府本身去惩处，政府如果有姑容情事则无法补救。第二，民主政治下照例有议会代表人民，他们往往组织各种委员会来调查政府各部。他们如果发现某人有贪污嫌疑时，不但可以掀起舆论的制裁，并且有合法手续，如弹劾，如不信任案，使其离职并受惩处。在专制独裁下，政府没有这种代表民意的机关，当然不会产生这样的功用。

(3)"专家治国"主张中隐含的民主政治思想。

陈之迈的"专家政治"主张中，所谓的专家是指那些具有较高知识素养同时具有丰富行政管理经验的职业官僚。陈之迈以近代西方国家（英、法、美）的政治实践为例，说明了行政专家在政府行政职能部门中的角色分工和重要作用。他说："这些人是政府的基础。他们的升降迁调有充分法律的保障，他们的薪俸相当优越，退休时也有丰裕的养老金。他们不与政潮同起伏，政府只管更替，他们是永远存在的。政府里的要员向来要仰赖他们的帮助，他们供给材料，建议政策，说明政策之是否可行，草拟法律案。他们的权力是非常之大的。"他还指出西方民主国家的政治稳定与专家政治制度有紧密的关联。他说："在国家承平的时候，政府定下了几个不易的政策，向前迈进，即使政局稍为不稳，政潮时时起伏，如果有一班循谨奉公的公务员是能把政府维持到相当满意的程度的。"除了担负政府的日常管理工作之外，陈之迈还主张专家介入国家立法机关的工作。他在1934年7月撰写的《读宪法修正稿》一文中曾经提出：国家立法机构成员的构成上，应该包括民意代表和一部分行政、法律专家。前者由人民选举产生；后者由国家行政当局举荐，经民意机构批准成为特别代表。考虑到国民党执政以后始终坚持所谓党治、训政的主张，任人唯亲，以党员把持各级政权的所有重要职位，实行权力的全面垄断，使国家权力由一种社会公器沦为少数人维护既得利益的工具的事实，有人把陈之迈的专家治国主张等同于反对民主、拥护专制的看法。但是陈之迈的专家政治主张特别强调各级政府官吏的权力由社会公众赋予而非某个党派赋予，他们服务的对象应该是社会公众而非某个党派，他们的行为准则必须依据国家宪法而非某个政党的党纲，他们是社会公众的雇佣者而不是社会公众的主宰者。因此陈之迈的专家治国主张实际上还具有批判现实的积极意义。

(4)"党内民主"、"党外无党,党内有派"主张中的政治民主思想。

陈之迈提出的"党内民主"、"党外无党,党内有派"主张,是另一个引起广泛争议的问题。许多论者因此将陈之迈看作国民党专制独裁的拥护者。那么如何理解陈之迈"党内民主"主张与其民主政治思想体系之间的关系呢?

从陈之迈的个人历史和当时他所处的环境去分析,陈之迈早年在清华学校学习,1928年赴美留学,1934年回国,1935年7月发表《政制改革的必要》一文,首次提出"党内民主"主张,没有迹象表明他在此期间与国民党南京政府有什么瓜葛。此外,从他在《独立评论》上发表的文章看,他提出"党内民主"的主张,与他对国民党党治、训政理论与实践的尖锐批评,是两个始终相伴、前后一贯的主题。他并没有因为主张党内民主而减弱对国民党的批评力度。事实上,他的这个主张与他对当时中国政治现状的分析有关,也与他对"民主政治"观念的理解有关。陈之迈在论述政治改革的系列论文中多次强调过:政治改革必须基于事实而不是基于理想,任何政治改革的前提是从现实出发。他对胡适等民治派的重要批评之一,就是胡适等过分渲染了民主宪政的所谓幼稚特征,对民主宪政在中国的实行过于乐观,而忽略了实现民主宪政的种种必要前提。他认为中国的政治民主化是一个长期的渐进过程,不可能一蹴而就。但他也不是一个消极的历史宿命论者。在他看来,既然全社会范围的民主宪政无法立即实现,首先在执政的国民党内部建立起一种民主机制,切实实现党内民主,作为中国政治民主化的初级阶段,未尝不是解决中国现实政治问题的一个可行办法。其次陈之迈"党内民主"主张的最初提出是在1935年7月,引发他提出这个主张的重要触媒是此前不久汪精卫去职,南京国民政府陷入无政府状态。他认为这个偶然事件既充分暴露了国民党统治的深刻危机,同时也为政治改革提供了一个难得的契机。他提出这个主张是想通过党内民主制度的建立,理顺国民党内部各派的关系,迫使国民党各派领袖切实担负起政治责任,建立起一个有政纲、有组织、肯负责、受监督、高效廉洁的政府,使中国的政治走上轨道。

(二) 奠定了中国现代科学发展的基石

17世纪以前,从中国与西方世界科学知识的内容来看,二者并没有很大的差距。但是,经历了17~20世纪300多年的发展之后,西方近代科学革命的蓬勃发展终于把中国科学技术远远地留在了古代传统文化时期。明末清初，中西文化交流虽然使中国知识分子初步接触了西方近代科技的一些内容，但没有造成中国科技知识内容向近代的大转换，这些知识分子只是接触到了一些皮毛而已。

鸦片战争以后，中西文化交流进入一个新的时代，从第一批幼童留美开始，中国人开始深入西方国家，实地大量吸取西方近代科学技术，但由于中途遣返留美幼童，中国刚刚开始的近代科技知识内容的移植历程就夭折了。20世纪后，随着留美高潮的出现，留学生才终于把近代科技知识的全貌介绍给了国人。

留美学生主要通过翻译、在杂志上撰写科普文章进入教育领域，通过编写教科书、出版学术著作等方式传播近代科技知识。随着科技传播的深入，科技体制的建立提上日程。科技体制一般指科学技术活动的组织、管理和制度，在西方主要表现为科学技术学会的普遍建立和自然科学专业报刊的出版、全国性科学研究机构的设立等。留美学生在其中起到了重要的作用。比如美国加州大学伯克利分校留学生王宠佑是近代中国著名的矿冶工程师，曾发起组织中国地质学会和中国矿冶工程师学会。邬保良是美国华盛顿州立大学化学博士，执教于武汉大学后，曾先后担任理科研究所所长、理科季刊总编辑以及中国化工学会编辑等。陈同白毕业于美国华盛顿大学水产学院及麻省理工学院水产工程学系，1929年曾担任广东省水产试验场场长，创办水产讲习所并任所长。1935年又担任浙江省水产试验场场长。20世纪40年代到台湾后，担任"中国水产协会"理事长，主编《中国水产》月刊。陈宗南是美国伊利诺伊大学化学硕士，1933年创办广东省建设厅工业试验所，任所长。抗日战争胜利后还曾担任中国工程师学会广东分会会长。1928年国家最高科学研究机关国立中央研究院正式成立，标志着中国近代科技体制的建立。国立中央研究院主要有两个方面的任务：一是进行科学研究，二是指导联络奖励学术研究。国立中央研究院建立后，经历几年的发展，中国近代科学技术研究体系已经初步建立，中国开始了真正意义上的学术研究。在近代科学技术体制从无到有的过程中，到处可以见到留美学生的身影。

在现代社会，学术文化的分类是按照学科来进行的。留美学生是在投身现代学科的建设中，促进了传统科学向近代科学的转型。

在医学方面，近代广东的留美学生中，学医学的不乏其人。他们把在国外学到的先进医疗技术带到中国，促进了中国医学水平的提高。广东台山县陈耀真是著名的眼科专家，22岁考入美国波士顿大学，经过六年的系统学习，掌握了西医理论，先后获得理学学士、医学博士学位，1927年开始在美国的医院里任职。1929年应聘为约翰霍普金斯大学魏尔玛眼科研究所研究员，从事眼科生物化学和视网膜色素变性的病理研究，并发表了九篇论文。1934年回国后，历任齐鲁大学、华西大学、广州岭南大学眼科主任和教授。1965年参与创建中国最大的眼科医院——广州中山医学院眼科医院，任首任院长。1977～1982年任中国医学科学院首都医院教授，兼任广州中山医学院名誉院长。曾任中华医学会学科学会名誉主任委员。半个世纪以来，献身于眼科教育、科研和医疗工作，为奠定我国现代眼科学基础和开拓现代眼科科学事业做出了重要贡献。同时致力于中国眼科史的研究，总结出我国古代医学对世界眼科学的贡献。曾翻译英文第19版《梅氏眼科学》，主编我国第一部高等医学院校教科书《眼科学》。

陈国帧于1939年赴美进修消化病学并进行科学研究，先后在美国斯坦福大学、芝加哥大学等的医学院学习和工作。1940年归国，并首次将硬式胃镜技术带入我国，为我国消化道内镜诊断的开展奠定了基础。在不断的临床实践和科学研究中，他的学识得到较快提高，抗日战争胜利后，他先后在北京大学医学院、北平医院和北平同仁医院任内科临床教授兼任主任委员等职。1948年秋，陈国帧从北京来到广州岭南大学医学院任内科主任，继任博济医院副院长和副教务长。

在物理学方面，吴大猷，广东高要人，美国密歇根大学物理学博士。1934年任北京大学物理学教授，1938年任昆明西南联合大学教授，1946年由国民政府军政部借聘，率数名研究生赴美研习并筹划科技研究机构事宜。1948年4月当选为中央研究院院士。后又在美国、加拿大、中国台湾等地从事教学研究工作。著有《量子力学散射论》、《气体及电离体方程式》、《狭义及广义相对论》、《近代物理学的基础》及《古典动力学》等。

在历史学方面，张荫麟，广东东莞人，美国斯坦福大学文学硕士。1934年任清华大学哲学系、历史系讲师，后升任教授。1935年受国民政府教育部委托，主编初高中及小学历史教科书。1937年抗日战争爆发后，应浙江大学之邀前往天目山讲学。1938年后，任教于西南联合大学，兼任国防设计委员会文化组研究员。1939年任中央研究院社会科学研究所《中国社会经济史集刊》主编。1940年秋，任浙江大学教授。1940年与张其昀等发起刊行《时代与思想》月刊，著有《中国史纲》等。

在政治学方面，陈之迈，广东番禺人，美国哥伦比亚大学博士。1934年任清华大学教授，翌年加入独立评论社。1936年夏，受行政院行政效率研究会之聘，考察东南各省行政督察专员制度。后任北京大学、南开大学、西南联合大学及中央政治学校教授。1939年起，任行政院参事，在重庆创办《新经济》半月刊。1944年后先后任驻美国、菲律宾、澳大利亚、新西兰大使。著有《中国政制建设的理论》、《政治学》、《中国政府》及《天主教流传中国史》等。

在经济学方面，陈观烈，广东潮阳人，美国哈佛大学经济学硕士，1947年回国在国民政府资源委员会经济研究所工作。第二年起任复旦大学经济学教授，历任经济系副主任、世界经济系主任和经济学院院长，世界经济专业货币银行学方向的博士生导师，中国金融学会名誉理事，中国国际贸易学会顾问，宁波大学顾问。他长期从事经济学，特别是世界经济的教学和研究工作，在货币银行学领域提出许多独到见解。与他人合著有《战后帝国主义》、《战后日本经济》、《世界经济》、《世界经济概论》及《当代西方经济思潮》等。译有《经济发展的理论与策略》等。

在建筑学方面，梁思成，广东新会人，美国宾夕法尼亚大学建筑学硕士。1928年夏回国，同年任沈阳东北大学教授、建筑系主任。1931~1946年任中国营造学社法式部主任。1933~1946年任中研院历史语言研究所通讯研究员和兼职研究员。1946年创办清华大学建筑系，任教授、系主任，同年被聘为美国耶鲁大学客座教授，讲授中国建筑，同期被普林斯顿大学授予名誉文学博士学位。梁思成长期从事建筑科学的教学、研究和建筑设计工作，是我国现代卓有成就的建筑学家，中国建筑史学科的奠基人和著名的建筑教育开拓者。自20世纪30年代起，他对我国古代建筑进行了大量调查研究，并多有著述，新中国成立后参加了国徽、人民英雄纪念碑及扬州鉴真和尚纪念堂等重要工程设计，培养了大批建筑学人才。他一生著述很多，论著有《清式营造则例》、《正定古建筑调查纪略》、《古建筑序论》、《中国建筑特征》、《漫谈佛塔》、《日本唐招提寺与中国唐代建筑》、《人民首都的市政建设》及《拙匠随笔》等多部。

在考古学方面，梁思永，广东新会人，留美博士。美国哈佛大学考古学和人类学专业毕业，1930年获硕士学位回国，在中研院历史语言研究所考古组工作，先后支持和参加的重要发掘有新石器时代的昂溪遗址、城子崖遗址和两城镇遗址、安阳殷墟和侯家庄商王陵区及后冈遗址等。新中国成立后，任中国科学院考古研究所副所长。通过后冈遗址的发现，第一次从地层学上判定仰韶、龙山和商文化的相对年代关系，解决了中国考古学上的这一关键性问题。在侯家庄商王陵区主持了中国考古学史上少有的大规模发掘，发掘十座大型陵墓和上千座"人牲"祭祀坑，为中国古代社会研究提供了重要资料。1930年用英文发表的《山西西阴村史前遗址的新石器时代的陶器》一文，是国内对仰韶文化进行认真比较研究的第一篇论文。他主持编写的《城子崖》，是我国第一部田野考古报告。

（三）加快了中国近代教育的发展

中国传统教育是以经史之学为主要内容，以科举考试及第为主要目的的封建主义教育。鸦片战争后，近代教育在中国兴起，传教士及外籍教师在早期的新式学校的创办和发展中起到了主导作用。随着教育规模的拓展、国内教育人才的增多，近代教育系统逐渐变为中国人自己主导的模式。留美学生是近代中国形成的一个重要的新型知识分子群体，在教育救国、科学救国思想的影响下，他们投身近代教育的洪流，为近代教育的发展做出了重要贡献。

1. 提供了教育近代化的人力和组织保障

众多留学生作为教学和管理工作的主要承担者，是我国近代教育的重要师资来源。近代教育家舒新城曾说，"高等教育界之人员十分之九以上为留学生……高等以上学校之科学教师，更无一非留学生"①。1931年全国共有公立私立大学79所，留学出身的校长有65人，同期全国专科学校29所，留学出身的校长19人。再以1931年出版的《当代中国名人录》统计，教育界人士1103人，国内新旧教育出身的199人，留学出身的904人。以广东省学校统计，1924年，广东大学全校教师共149人，其中留过学的102人②，除了大学外，著名的教会中学的师资力量中留学生也占有相当比例。20世纪20年代末，广东著名教会学校培正中学的教职员多由国内外大学毕业生及负盛名之学者充任，中学部28名教员中21名是高等大学毕业，其中有6人是留学归来，物理、化学、数学、商科等科教员，

---

① 舒新城：《近代中国留学史》，上海文化出版社，1989，第212～213页。
② 《国立广东大学文科学院一览》，1924年。

均属美国大学毕业生①。培正中学 1914~1939 年的两位校长均为美国留学生。杨元勋是美国列文治大学的法学硕士，任校长 12 年，黄启明是美国哥伦比亚大学教育学硕士，任校长 14 年，良好的教育背景、中外文化的共同哺育，塑造了他们宽阔的眼界和包容的心态。1914 年，任培正中学校长的杨元勋把他在美国就读的列文治大学的校色——红与蓝作为培正学校校色，红色代表热情勇敢，蓝代表朴素正直，大力提倡红蓝精神，学生也自称红蓝儿女②，这种精神上的认同有效地团结和激励了学生。

校长是一个学校的掌舵者，是一个集多重身份和多重角色于一身的人。英国诺丁汉大学校长科林·坎普贝尔曾经把大学校长的职责归纳为三方面：第一，他要制定发展战略；第二，大学校长要成为道义上的领导人，要清楚地表明大学应该坚持和必须反对的价值观念；第三，大学校长要实施管理。在中国近代的大学校长中，岭南大学的钟荣光是声名卓著的一位，是可以与北京大学的蔡元培、蒋梦麟、胡适，清华的梅贻琦、罗家伦，南开大学的张伯苓和东南大学的郭秉文诸先生相提并论的前贤，早在 20 世纪 20 年代，就有"北张（伯苓）南钟"之称。钟荣光与岭南大学结缘 40 年，坚持教育自主、关注华侨教育、倡导实业教育，使岭南大学迎来了发展史上的黄金时代。

钟荣光，广东香山县人，举人出身，曾游学美国，获名誉法学博士学位。1899 年在岭南学堂任汉文总教习，1927 年岭南大学收归国人自办，钟荣光成为学校首任华人校长，主持校政十余年。1937 年后任岭南大学名誉校长。正是在岭南大学时期，钟荣光形成了自己独特的教育思想。

（1）强调教育自主的思想。

岭南大学是一所教会大学，发展初期，学校的经济、行政、学制等都操诸美国人之手，钟荣光认为岭南大学应该独立自主。但独立自主，首先要经济独立，于是他向海外侨胞积极筹集教育基金。他不辞劳苦，到处奔走，足迹几乎遍及南洋每一个大城市，也到过美洲许多地方，得到港澳同胞以及南洋、美洲华侨的大力支持。校园中的许多建筑物，如荣光堂、爪哇堂、陆佑堂、张弼士堂、陈嘉庚堂、文虎堂等，都是用筹款建筑起来的。

---

① 李兴韵：《二十世纪二十年代广东教会中学研究》，硕士学位论文，华南师范大学，2003，第 26~27 页。
② 冼子恩：《六十年间私立广州培正中学的变迁》，《广东文史资料》第 45 辑。

(2) 倡导实业教育的思想。

钟荣光认为教育的最终目的在于学以致用、服务社会，因此大力实行实业教育。"从前教育分为两途，今则教育家趋向实业，出力为大农场，大工场，大商店，训练适用之才，研究兴利之方法，实业家趋向教育，出力助其经费之不足，成为文明各国之常例，中国陈嘉庚先生外，岂少其人。"① 为了给国家培养出一批具有真才实学的知识分子，他除了办好原来开设的文学院和理学院外，还坚持把农学院办起来，后来又办了蚕丝学院、工学院、商学院、医学院、神学院。岭南的农学院在国内是较早开办的，也有相当成绩，做过一些研究试验，如奶牛杂交试验。工学院办的一些学系，也是为满足国内需要而办的。

(3) 注重华侨教育的思想。

钟荣光一生四次出洋募捐，对海外华侨子女的教育状况有直接而深刻的了解，他抓住华侨不愿自己后代背离祖国的传统文化心理，极力宣传并改善岭南大学的办学条件，以适应华侨教育的需要。1918年，学校开设华侨特别班，接受12岁以上18岁以下的华侨子弟前来就读，学科设置上"注重中文，其他英文算术等科，按其程度，分班补习"，管理上"务求严密，对于年幼各生，更聘校姆一人提携保护，使天涯游子，不啻咫尺慈帏"。灵活的办学方式加上人性化的管理，使得岭南大学的华侨教育得到海外华侨及国内社会的一致肯定，深具社会影响。

2. 创设新系科，编写教材，推动科学研究

中国传统的学术体系是按照经史子集进行分类的，近代科系是随着近代大学的产生逐渐成为知识分类的方法的，它来源于西方，随着西学东渐来到中国。民国建立后，中国科技发展仍比较落后，在欧美一些先进资本主义国家中已充分发展的自然科学知识在中国还付之阙如。为了适应政体变更和民族资本主义工商业发展的需要，新的学科尤其是有关自然科学学科的设置与开设必然提上议事日程。大学发展科学教育的客观需要，对一批学有专长的留美学生提出了挑战，于是他们不仅成为众多新系科的创建者，而且借鉴西方自然科学的发展，利用自己的所学之长，通过编写新教材，积极投身到学科的创建和开拓中，推动了学术研究的发展进程。

广东省东莞县的谢志光是我国著名的临床放射学专家，1925年被送往美

---

① 钟荣光：《教育家之一席话》，《南大与华侨》1923年第1卷第2号。

国密歇根大学跟 Hickey 教授进修放射学。他在美国见到的普遍在西方国家使用的用放射线诊治疾病的设备和技术，在中国却还是一片空白，只有在外国人开办的少数几个教会医院中才有放射诊疗设备。这使谢志光感到屈辱，他决心要学习外国的先进医疗技术，创造和发展中国自己的放射学，一年后他即获美国医学科学硕士学位。回国后不久，1928 年谢志光接任了北平协和医学院放射科主任的职务，他先后组织建立了 X 线诊断室、放射治疗室、放射物理学室，还培训了大批医科大学的毕业生，并从理工科大学招收专科毕业生来进修培养，造就了一批从基础到临床的专业人才。

邓植仪，美国威斯康星大学农学硕士，是我国现代高等农业教育的开拓者和土壤科学的奠基人之一，他认为，"欲科学化其农业，必首先建设有系统而充实之农业科学机关以为中枢"。1930 年 10 月 1 日邓植仪建议成立了广东土壤调查所，这是我国建立土壤研究机构的开端。该所由广东建设厅农林局、农矿部广州农产物检查所及中山大学农学院三个单位联合筹建，负责广东土壤的系统调查研究，隶属于农林局，挂靠于中山大学农学院。邓植仪受聘为首任所长。调查所的中高级科技人员主要由农学院教师兼任，拥有由 3 名技正、2 名技士、6 名技佐组成的较强的科技队伍。1932 年 9 月该所改隶中山大学农学院，1947 年又与中山大学研究院土壤学部合并，改称中山大学农学院土壤研究所，继续进行土壤调查研究和培养研究生的工作。该所在邓植仪亲自领导下，不仅摸清了广东土壤概况，而且培养了一批土壤学专家，是我国建立最早，成绩卓著的土壤研究机构之一。

胡金昌，美国加利福尼亚大学数学博士，1932 年回国后任中山大学教授、理工学院院长。1937 年出版了中国第一部《矢算论》，被列为大学丛书。杨遵仪，耶鲁大学地层学和古生物学博士，回国后历任中山大学地质系教授兼主任，清华大学教授，北京大学地质学院教授、系主任，是北京地质学院地层古生物专业创建人之一。1956 年与郝纯志、陈国达合著的《古生物学教程》为我国高校第一部古生物学教材。1962 年讲授的生物地层学为国内首次开设的新课程。陈焕镛，美国哈佛大学森林学硕士，曾任金陵大学、东南大学教授，中山大学教授、植物系主任。还在广州创办植物研究所，并任香港皇家植物园主任。1956 年主持编写的《广州植物志》是我国第一部地方植物志。

在全国各地的大学中任职的知名教授还有：叶雅名（1894～1967 年），林业学家，又名叶雅容，广州番禺人。1919 年获美国耶鲁大学森林学院硕士学位后回国。1921 年起任金陵大学教授，森林系主任；武汉大学生物系教授和工学院、农学院院长。邬保良，美国华盛顿州立大学化学博士，回国后任教于武汉大学，1939年提出"原子可能由重原子分裂或轻原子合成而得出"的理论，是我国早期的核理论专家之一。

（四）促成了广东城乡社会的演变

留美生就业处所的选择由于人事关系、家庭关系等因素影响具有一定的偶然性，根据《清华留美生同学录》、《欧美留学生同学录》等资料，可以发现有相当比例的青年曾经回原籍就职。当然由于各种统计都有一定的时限性，不能完全代表他们的从业经历，或有之前曾在广东就职后又转往他处，也有当时在广东就职，但随后又居停未定者，但透过这些资料仍然可以初步得出结论：广东留美生有相当比例回原籍服务，留学输出地和服务处所存在一定的趋同性，他们在广东的近代化进程中发挥了重要作用。

留美生在广东城乡社会演变进程中能够发挥重要作用，主要原因有以下几点：

第一，留美生的地域主义意识。"夫治公事者，不如治私事之勇；救他人者，不如救其家人亲戚之急；爱国者，不如爱其所生省份之亲。人情所趋……"①

从心理学的角度，地域主义主要是指爱护家乡故里的一种乡土情感和地方观念。乡土故里是人们出生和童年时期度过的地方，也是家族聚居的地方，特定的自然景观是人们社会化的最初环境，容易使人发生留恋之情。从社会学的角度分析，近代中国的基层社区单位是乡村，乡村社会是以家族和宗族关系为主，这些关系由于小农经济的封闭性和社会流动的弱化而相当稳定和持久，容易产生休戚相关的感情和共同的利害关系。这些就构成了一种传统型的对家乡、对地域的认同意识。

一般认为，近代留美生与留日生相比具有较少的畛域观念，这主要是基于政治层面的观察。近代留日生在海外常常聚合成许多同乡、同籍组织，这些组织除了联络会员情感外，还常常是政治活动的基层组织，相比之下，留美生在海外的组织比较倾向于学术性、公益性，但这并不能说明留美生完全抛弃了省籍意识。1904年《东方杂志》第1卷第8期报道了广东留美学生力争国体的事件，这充分表明留美生把对省区认同和对国家热

---

① 欧榘甲：《新广东》，转引自张玉法编《晚清革命文学》，台北经世书局，1981，第2页。

爱两种情感结合起来了。

第二，与广东地方政府采用延揽与笼络政策相关。清末民初，中央政权势力衰微，省区独立促进了地方分权和地方自治。在中央和地方势力争夺的过程中，广东政府整合地方社会资源，广泛招贤纳才，积极谋求广东的近代化进程，这方面的代表首推陈济棠。

1929~1936年，广东为陈济棠统治时期，为了进行地方性的实业建设，陈济棠采取重视知识和知识分子的政策，使大批留美学生云集广东，参与广东的实业建设，梁承厦、刘宝琛、曾心铭等均被延揽至西敏土厂担任技术人员。在所有为陈济棠效力的知识分子中，要数冯锐最为显赫。冯锐，广东番禺人，在岭南大学附中毕业后升南京金陵大学农科院读书，毕业后考取清华公费留美生，入康奈尔大学攻读育种学，得硕士学位，后又获得农业经济学博士学位。学成回国后先后出任南京东南大学教授和广州岭南大学农学院教授、院长，并于1931年因陈济棠建设广东的需要，进入仕途，兼任省建设厅农林局局长职务。1933年他建议以"舶来农产品、杂项专税"取代南京下令开征的"洋米进口税"，使国税收入变为地方税收入，为陈济棠争得大量税收，因而深受陈济棠赏识。随后，又根据广东适宜种植甘蔗的自然条件，建议陈济棠从办糖厂入手，发展实业，取得了骄人的硕果。此外，冯锐还为陈济棠设计过钢铁厂，争取到了1000万元捷克设备贷款和北欧国家合作成立新式渔场的两项投资意向。

第三，留美学生在广东的地方建设中发挥了重要作用。由于近代中国国势的屡弱以及"西学东渐"的不断深入，清末民初之时，"大多数士民对中国的制度和文化逐渐丧失信心，对西洋由自卑而衍生尊崇的观念。崇尚西洋也连同景仰从西洋学成而归的留学生"，留学生尤其是留美生的社会地位极高，被看作是未来中国的领导和救星。当时社会上有"西洋一等，东洋二等，国内三等"的说法，这都为留美生大显身手提供了良好的氛围。

1. 广东留美生之分析

1926年《欧美留学生同学录》收录了欧美同学会会员题名录，根据同学会章程，无论男女凡在欧美大学肄业两年以上或取得相当资格或在其他程度经众认可之专门学校毕业者均可为该会会员。在同学录中共收录广东留美学生123人（见表2-16）。通过他们的任职部门，可以反映出他们在选择职业时的倾向和对广东地方社会的影响程度。

第二章 广东社会与留学美国

表 2-16 广东留美学生情况

序号	姓名	籍贯	学业	职业
1	区萃纶	广东南海	美国夏威夷大学商科毕业、芝加哥洛约拉大学	广东大学专任讲师
2	陈煜南	广东台山	美国伦斯勒理工学院土木工程师	工务局技师
3	周长伟	广东开平	美国伊利诺伊理工学院工程学院电学工程学士	广州市市长堤羊城置业保险公司经理
4	周贯明	广东顺德	美国明尼苏达大学医学选科	广州市周贯明医务所
5	陈炎兴	广东台山	美国乔治华盛顿大学政治科硕士	广东大学教师
6	陈肇祥	广东南海	美国芝加哥大学社会学、商科硕士	远东实业储备银行副司理
7	黄玉莲	广东台山	美国北野山中学家政科	
8	陈公博	广东南海	美国哥伦比亚大学经济科	农工厅
9	陈庆江	广东新会	美国联合建筑大学学士	建筑工程师
10	陈耀祖	广东新会	美国康奈尔大学工程科学士	广三铁路局长
11	陈宗南	广东增城	美国伊利诺伊大学化学科	广东大学教授
12	陈炳权	广东台山	美国密歇根大学经济学硕士	广州天官立法科学院
13	陈荣	广州	美国鲍德温华莱士学院教育科硕士	广东大学文学院教授
14	陈国机	广东台山	美国康奈尔大学土木工程科硕士	广州市工务局取缔课课长
15	陈耀佳	广东中山	美国芝加哥大学医科博士	广州市立医院院监
16	朱广陶	广东开平	美国印第安纳大学医药科博士	广州市立医院院长
17	朱国典	广东台山	美国呢拿达大学矿学学士	
18	朱汝瑢	广东台山	美国斯坦福大学商科学士	商业
19	朱汝梅	广东台山	美国马萨诸塞大学电科工程学士	广州长堤电灯局工程师
20	陈少芬	广东香山	美国密歇根大学土木工程科学士	广州市工务局技士
21	张霭蕴	广东番禺	美国加利福尼亚大学社会学学士	商业
22	陈正元	广东台山	美国俄亥俄州立大学矿务工程科硕士	商务厅测勘课主任兼技士
23	张道深	广东高要	美国宾夕法尼亚大学教育科硕士	教员
24	程华燦	广东香山	美国加利福尼亚大学化学科硕士	制皮师
25	卓观芳	广东	美国斯坦福大学经济科硕士	教员

续表

序号	姓名	籍贯	学业	职业
26	徐学桢	广东番禺	美国明尼苏达大学生物科学士	广东改良蚕丝局技术员
27	卓越	广东中山	美国康奈尔大学土木工程科工程师	中山县工务局局长
28	程学澧	广东南海	美国欧柏林学院理财科学士	广州市大中储蓄银行
29	赵观海	广东南海	美国耶鲁大学神学院神道学学士	中华基督教会广东大会主任干事
30	赵柏	广东	美国印第安纳大学化学科学士	市政委员
31	赵甘霖	广东新会	美国芝加哥大学社会学学士	广州青年会干事
32	曹文辉	广东番禺	美国哥伦比亚大学商科	商业
33	冯钢百	广东新会	美国纽约艺术学院美术专科	广州市立美术学校图画教员
34	胡章	广东东莞	美国加利福尼亚大学化学工程学士	卫生局化验专员
35	蔡文昭	广东台山	美国普度大学电学工程科工程师	广州市工务局
36	程天固	广东香山	美国加利福尼亚大学政治经济科硕士	大学法科院长
37	方季良	广东开平	美国麻省理工学院电学工程科硕士	商业
38	傅保光	广东中山	美国密歇根大学农科、化学科硕士	岭南农科大学
39	何乃成	广东南海	美国法政科学士	学界
40	简帝奋	广东中山	美国密歇根大学农科硕士	岭南大学助教授
41	邝赐崐	广东台山	美国费城大学药科	中美药行
42	许海阳	广东韶州	美国芝加哥大学物理学硕士	东山培正中学
43	郭瑞坤	广东番禺	美国哥伦比亚大学经济商科学士	广东交涉署第二科科长
44	邝国珍	广东台山	美国芝加哥大学化学科学士	制药行
45	邝嵩龄	广东中山	美国加利福尼亚大学农科	广东大学农科教授
46	刘荣基	广东台山	美国堪萨斯州立农业大学农科学士	广州市加拿大汽车公司
47	黎藻槛	广东番禺	美国哈佛大学政治经济科硕士	市政厅秘书
48	刘瑞	广东	美国俄亥俄州立大学制药科学士	药房

续表

序 号	姓 名	籍 贯	学 业	职 业
49	刘汝梗	广东台山	美国南加州大学商科学士	赋闲
50	郭熙棠	广 东	美国普度大学畜牧科学士	南武中学
51	刘体志	广东番禺	美国宾夕法尼亚大学牙科博士	牙医
52	刘广俊	广东台山	美国波士顿大学商科学士	学界
53	李奉藻	广东香山	美国田纳西大学医学博士	广东大学医科教授
54	李禄超	广东香山	美国印第安纳大学农科	
55	李宝慈	广东新会	美国加利福尼亚大学教育科硕士	教授
56	李德芬	广东新会	美国加利福尼亚大学教育科硕士	教授
57	严观韶	广东香山	美国芝加哥大学	教员
58	李作荣	广东台山	美国斯坦福大学经济科学士	广东公路局局长
59	李澄澜	广东南海	美国哥伦比亚大学化学科	教育
60	李春荣	广东惠阳	美国爱荷华州立大学畜牧兽医科学士	岭南农科大学教授
61	梁廷美	广东鹤山	美国旧金山大学牙科博士	休养
62	梁植槐	广东台山	美国哥伦比亚大学万国公法及外交科硕士	教学
63	梁乃铿	广东南海	美国马萨诸塞大学电学工程硕士	广东大学讲师
64	梁承厦	广东顺德	美国俄亥俄州立大学应用化学科学士	南武中学校教员
65	李谓霖	广东香山	美国马萨诸塞大学牙科	牙医
66	梁耀芳	广东高要	美国弗吉尼亚大学理科学士	东山培道中学
67	梁銮	广东顺德	美国加利福尼亚大学美术专科	图画及英文教员
68	罗有节	广东开平	美国哥伦比亚大学教育科	真光中学
69	卢景瑞	广东香山	美国理海大学电学工程科工程师	岭南大学
70	罗道真	广东开平	美国加利福尼亚大学哲学兼心理学学士	真光小学
71	卢宝书	广东东莞	美国密歇根大学	华安保寿公司
72	卢维溥	广东新会	美国加利福尼亚大学机械科造船科飞机科	广州南石头维溥机器有限公司经理
73	罗国琛	广东台山	美国明尼苏达大学医学选科	香山岐光医院
74	雷官	广东中山	美国密苏里大学土木工程科	广东省建设厅土木工程技士

续表

序号	姓名	籍贯	学业	职业
75	雷泽镏	广东台山	美国费城大学织染科	工业专门机织科教员
76	林吉天	广东文昌	美国伊利诺伊大学商科学士	十三行东亚银行
77	雷文泮	广东台山	美国俄勒冈州立大学文科硕士	教员
78	林逸民	广东新会	美国普度大学土木工程科学士	广州市工务局局长
79	莫伯郇	广东东莞	美国纽约大学政治经济科硕士	政界
80	麦廷锦	广东台山	美国旧金山大学化学科	广州协和神科大学教授
81	孙科	广东香山	美国加利福尼亚大学硕士	建设厅长
82	宋子文	广东香山	美国哈佛大学经济科学士	中央银行
83	林耀翔	广东番禺	美国哥伦比亚大学教育学院	岭南大学
84	司徒朝	广东开平	美国雪城大学	卫生局局长
85	邓盛仪	广东东莞	美国密歇根大学土木工程科	广东大学讲师
86	曾中瀛	广东五华	美国伊利诺伊大学化学科学士	广东大学讲师
87	唐星球	广东南海	美国圣何塞州立大学工程科学士	广东大学教员
88	邓鸿仪	广东东莞	美国密歇根大学化工科学士	广州士敏土厂工务科长
89	邓植仪	广东东莞	美国威斯康星大学农科硕士	广东大学农科学院院长
90	曾镜涵	广东南海	美国哥伦比亚大学政治科硕士	南海中学校教员
91	邓月霞	广东开平	美国哥伦比亚大学教育学硕士	家居
92	黄槐庭	广东开平	美国伊利诺伊大学化学科学士	教员
93	谢保樵	广东南海	美国约翰霍普金斯大学经济政治科博士	国民政府外交部
94	黄建熙	广东南海	美国哥伦比亚大学商科	香港黄建熙写字楼
95	谢作楷	广东新会	美国马萨诸塞理工大学矿科硕士	广州电力公司
96	黄森光	广东恩平	美国密歇根大学建筑工程科学士	工务局技士
97	黄希声	广东台山	美国加利福尼亚大学教育心理学硕士	广东大学教授
98	黄著勋	广东化县	美国理海大学矿学工程科	广东大学教授兼地质系主任
99	黄兆栋	广东台山	美国华盛顿大学商业学士	大学教授
100	黄鸿恩	广东新会	美国芝加哥大学医科博士	广东公医医科大学教授 西医生

续表

序号	姓名	籍贯	学业	职业
101	黄安福	广东香山	美国爱荷华大学商科学士	商界
102	黄肇翔	广东香山	美国西北大学土木工程学士	广州市工务局建筑课长
103	黄启明	广东清远	美国哥伦比亚大学教育科硕士	东山培正学校
104	黄沧海	广东台山	美国西北大学法律科学士	律师，广东大学教授
105	陈春梅	广东台山	美国威斯康星大学商科学士	
106	王志远	广东	美国芝加哥大学工科学士	农工厅技士
107	黄准	广东台山	美国华盛顿大学化学科学士	制药行
108	黄培杯	广东顺德	美国哥伦比亚大学商科及财政科学士	广东大学教员
109	韦增复	广东香山	美国马萨诸塞理工大学造艇及输机学士	广东大学讲师，军事委员会兵工厂总工程师兼督工处长
110	温福田	广东鹤山	美国加利福尼亚大学	广东商务厅秘书兼中央银行秘书
111	伍藉磐	广东台山	哥伦比亚大学法律科学士	商界
112	王观慈	广东东莞	美国伊利诺伊大学经济学硕士	学界
113	伍朝枢	广东新会	大西洋学院	广州市政委员长
114	江丽莲	广东台山	美国加利福尼亚大学理科学士	教员
115	叶家俊	广东南海	美国康奈尔大学工程师	广二铁路车务工程师
116	杨锡宗	广东香山	美国康奈尔大学建筑学士	省城永汉路香港必行
117	余怀德	广东台山	美国密歇根大学铁路科硕士	广东公路局总工程师
118	余后常	广东台山	美国芝加哥大学美术专科	
119	叶素志	广东台山	美国加利福尼亚大学家政兼教育科硕士	教学
120	姚观顺	广东中山	美国陆军大学陆军工科	
121	杨冠球	广东香山	美国加利福尼亚大学医科	医生
122	饶士彝	广东梅县	美国纽约大学经济科硕士	中央银行出纳课长
123	叶家垣	广东南海	美国哥伦比亚大学电机工程科硕士	广东建设厅技士

具体统计他们的任职部门及人数，在大学、中学、小学校任职的有50人，学校主要包括广东大学、岭南大学、广州协和神科大学、广东公医医

科大学，还有真光中学、培正中学等一些教会中学。在医药领域任职的有13人，有的在医院当医生，有的在卫生局等行政单位，还有的在药行、个人诊所从业。工矿、铁路、建设部门从业者有20人，主要是担任建设部门、交通部门管理者，工程师等专业技术人员。银行任职者6人，从商者有8人，还有少数人在市政机关、外交部门、宗教社团任职。

总体来说，留学生的就业部门与他们在国外所学基本一致，而留学生在出国选择专业的时候，往往本着从兴趣出发、满足社会需要两点。美国教育一向主张博中取专，学自然科学者往往副修经济、教育等专业，学文法政治者往往修习组织管理等，这就为他们未来能够在事业中发挥核心作用奠定了基础。近代中国百废待兴，铁路、开矿、实业一切都需建设，但是学铁路工程与能办路相去甚远，筑路为工程建筑之事，办路为组织管理之事，有工程而无办路之人，好像一军中有炮兵马步兵而无将帅。从表2-16中可以看到，许多留学生回国后在铁路局、公路局、工务局任管理职位，成为既有专业特长又有组织管理才能的人才。医学人才也是近代中国所急需者，在封建社会，由于"交通不便、商务不盛，人之集于一城一市者不众，故病之传染难，病之种类少"①，而随着时代变迁，人员群集一地，交通往来四通八达，疾病传染容易，病的种类也逐渐增多，这就需要有大量的掌握近代医学知识的医师，传播医学常识、为患者解除病痛，满足社会民众健康的需要。

当然，在众多行业中，在大学任教师的人数是最多的。留学生回国后从事教育教学工作是近代教育史上比较普遍的现象。这种现象的出现，既有留学生自身的原因，也与我国的高等教育发展、经济水平、政治局势密切相关。

第一，我国近代高等教育起步较晚，到20世纪初，全国只有三所大学。民国以后，随着新学制的颁布，高等教育进入长足发展阶段，大学数量骤增，随着大学数量的增加，师资匮乏成为一个随之而来的问题，许多高校争相以高薪、高职位延聘师资，留学生尤其是层次较高的留美生成为各大学竞相追逐的目标，留美生到高校从教解决了教育界师资匮乏的问题。

第二，国内生产发展水平低下，理工科学生就业困难。留美学生总体

---

① 《美国留学界情形》，《留美学生年报》（1910年）。

专业分布以理工科为主,当他们学成回国后,面对的是国内相当低下的生产力水平,他们中一部分找不到适合的职位以发挥专业所长,无奈之下,许多人栖身高等教育界。

第三,鸦片战争后,中国内忧外患频仍,局势动荡。北洋政府时期,军阀割据,社会政治经济发展受到严重影响,大批留学生渴望投身实业,报效祖国的理想受到挫折,他们既不愿随波逐流,也不愿学无所用,而民国时代大学教师相对优越的社会地位和工资待遇,也是吸引留学生的原因之一。

留学生到高校任职促进了高等教育的近代化,影响深远。

2. 留学生对中国实业的推进

在近代,广东是早期现代化"先行一步"的省份,19世纪40年代,英商、美商就先后在黄埔开办了船舶工厂和铁厂。60~70年代,广东出现了近代工业,主要是洋务运动中广东地方大员在广州创建的机器局和轮船运输企业,还有一些近代商人投资开办的新式企业,据统计,到1912年,全国有使用动力的工厂363家,其中有136家集中在广东[①]。这些机器工厂主要分布在缫丝、造纸、织布、玻璃、火柴、砖瓦、水泥、卷烟、榨油、碾米、食品等行业。从数量上看,广东是国内使用动力工厂数最多的省份,工厂数占了全国的1/3以上,但每厂平均拥有的动力却不多,说明广东使用机器的工厂多为中小厂。

辛亥革命后,广东近代工业的发展远远落后于江苏、浙江等省,错过了第一次世界大战期间中国民族工业发展的"黄金时代"。这其中很重要的原因是政治局势的动荡和社会的不稳定。民国初年广东长期处于动乱和战乱之中,以孙中山为首的资产阶级革命党人长期以广东为坚持斗争的大本营,无论革命党还是南北军阀都无法在广东取得绝对优势。因此,新旧势力之间,南北军阀之间,在十余年中一直把广东作为战场,从清朝覆灭到1923年,广州城六易其手。由于政治上的不稳定,晚清以来广东严重的盗匪问题更恶性发展,工商业活动受到极大阻碍。直到30年代,陈济棠主粤期间,广东才建了一批较大的工业企业,广东的近代化建设进入快速发展阶段。以林云陔为首的留美生发挥了重要作用。

林云陔(1883~1948年),广东省信宜县人,早年参加同盟会,1912

---

① 农商部总务厅统计科编《"中华民国"元年第一次农商统计表》,1914,"工厂"表。

年赴美国留学，学习法律、政治，获硕士学位。1919年回国后，在上海担任孙中山的翻译，并主编《建设》杂志，将孙中山用英文写的《建国方略》之二——《实业计划》译成中文，并以实现《实业计划》为己任。1931年6月，林云陔担任广东省政府主席兼财政厅厅长，1932年又兼任建设厅厅长。20世纪30年代广东的实业建设主要是在他的主持下进行的。

林云陔领导广东的实业建设，首重计划。1932年10月，修正通过了陈济棠拟定的《广东省三年施政计划草案》，交广东省政府拟定详细计划。林云陔在一个月内写好了《广东三年施政计划建设事项述要》（以下简称"述要"）和《建设厅三年建设计划纲要》（以下简称《纲要》），这两份文件有两个特点：一是全面规划，突出重点；二是循序渐进，讲求实效。

林云陔认为，实业之发达，每每有连带关系。"如种蔗之与制糖，采矿之与交通，均互相依赖，利害相关。而渔业之与水产制造亦然。"因此，《述要》和《纲要》都规划得很全面。从地域看，它以广州为中心，沿四通八达的珠江水网，顺纵贯南北的粤汉、广三和广九铁路伸展开来，北至南岭，南至高雷钦廉，东至潮汕，西至梧州。从内容看，它包括工业、交通、电气、农业、矿业、渔业、蚕丝改良及其他事项。对于兴建的项目，其目的要求、设计步骤、资金筹措、设备、施工、生产、管理、原料供应、产品销售、困难与解决办法、技术力量安排、补救与辅助措施等，均做了适当的说明。但是《述要》和《纲要》又是有重点的。林云陔认为：工业不发达，则国计民生愈无希望，办工业"应斟酌地方物力与国人需求情形"，"应为救济本省农村社会经济之切实而急待施行者"，"杜外货之侵入，以塞漏卮"。因此，他编入计划内的，"大抵以市场畅销，进口数量巨大，目前本省有条件生产，而符合发展生产，振兴土货，抵御洋货的目的者"。根据《广东三年施政计划》，林云陔制定的《纲要》分农林、工商、蚕桑、矿业、公路、铁路、航政、电力、电话等几个方面。在工业建设上，以硫酸和苛性纳为重点。

林云陔认为："计划之设，贵乎实际。预算之编，尤应核实，编计划与预算经实地调查，悉心研究，确有相当把握。"他立足国内，根据市场的需求、利润的多寡以及关系到国计民生根本的事业，考虑到原料的供求、运输条件，确定兴办什么实业，规模大小，先后缓急。对于工厂的建立次序，先择利达而易于周转的，除西村士敏土厂外，继续设立市头糖厂、新造糖厂、顺德糖厂、揭阳糖厂、硫酸梳打厂、西村新电厂、饮料厂、肥田料厂、纺织厂、制纸厂。对于较大的项目，则采取分年举办的办法。

为使周密的计划成为现实，林云陔做了充分的准备。首先，在组织上，林云陔任建设厅厅长后，即以陈元瑛为主任秘书，柳子毅为秘书，官其钦、胡雄、邓拜言、陈国机、何志虔分别任五个科的科长，林廷熙为总务主任，黄森光、胡栋朝、朱国典为技正，陈国机兼技正，组成名副其实、各有专长的建设厅领导班子。其次，在资金上，林云陔将原来广东中央银行改组，成立广东省银行，授予广东省银行一系列特权：代政府募集或经理债款、发行货币、代理省政府现金之出纳及暂行代理国税收支。他维护银行威信，使其为实业建设服务。最后，在大力发展工业的同时，林云陔还注意农业尤其是开发性农业的发展。比如着手修正《模范林场章程》，筹办蚕种制造场暨冷藏库，举办中山农事试验场，提出开辟南路琼崖荒地。设立广东各县农业推广处，以普及农业设计，从而增加农民生产。同时，为适应大规模经济建设，林云陔十分注意办好教育，除开办勤勤大学外，还把部分学校改为专业学校。

在林云陔的主持下，广东工业建设开始发展起来，先后新建和扩建的工厂有20余个，这些工厂主要分成两类：一类是军事工业，也称省营工业；另一类是民营工业。省营工业引进了当时世界上先进的设备，吸收和消化了先进的工业国家的技术，有的还全部实现了机械化，大部分省营工业的经济效益都很可观。正是广东省营工业的成就使得广东工业在全国的地位急剧上升，以至于"在民国二十五年以前，所有全国各省，所办之省营工厂，亦无有一省，较广东工业建设，有系统、有计划、出品质地胜于舶来，而能压倒洋货者"。广东省营工业的发展，也在一定程度上遏制了列强对广东的经济侵略。民营工业在多方的鼓励和支持下，也有很大发展，数量由原来的几百家发展到2000余家，其中新式企业达350家左右，主要在缫丝、碾米、电器、榨油、火柴、煤油、肥皂、机器、橡胶、化妆品、皮革、玻璃等行业。

在20世纪30年代广东实业建设中，除了林云陔担任主角发挥重要作用外，还有一批知识分子参与，他们是林业（士敏土厂总工程师）、马某和黄炳芳（硫酸厂第一任、第二任厂长）、陈宗南（肥料厂厂长）、方宁赞（肥料厂工程师）、陈国机（饮料厂厂长）、余骥（饮料厂技正）、梁卓严和司徒灼（无烟药厂技正）、王福卫（纺织工程师）、刘宝琛（纸厂厂长)、赵帝森(纸厂技术员)。此外还有广东省建设厅的林崇真、李炳垣、黄森光、李巨扬、区其伟、林郁文,广州市公用事业局局长李仲振,市工务局工程师赵帝煜,省农林局局长兼蔗糖营造场总经理冯锐和技正陆启先等,这些人大多具有留美背景。

3. 留学生促成市政建设的新气象

中国社会的近代化是全方位、多层次的革新和蜕变,城市近代化是其中的重要方面。广州是一座有着悠久历史和文化传统的城市,在晚清民国时期的城市近代化进程中,起步较早,发展也很快,其间留美学生发挥了重要作用。

广州城市近代化开始于鸦片战争之后,最早出现的带有近代化色彩的新事物,主要是由外国人引入和经办的。洋务运动时期,广东地区的地方官员在广州设立同文馆、开办民营机械制造企业,广东在全国属于较早迈开近代化步伐的城市之一。但在甲午战争之前,广州城市近代化涉及的领域还是比较狭窄的,主要集中在城市经济结构转型和教育设施更新等方面,城市的行政管理体制、社会结构和文化功能等方面少有变化。广州城市近代化的真正全面展开是在20世纪后,尤其是20世纪20年代,留美多年的孙科支持实施的市政体制改革,使广州的市政面貌发生了巨变,推动了广州城市的现代化进程,并对民国时期的城市管理和城市建设,产生了深远影响。

孙科,留学于美国加利福尼亚大学,1916年毕业获学士学位,后进哥伦比亚大学研究院,主修政治、经济和理财,选修新闻学,同年返国,著有《都市规划论》。孙科回到国内先在大元帅府任秘书,1921年2月任广州市市长。孙科对城市问题很有研究,早在1920年陈炯明任广东省长兼粤军总司令时,孙科就被推举起草新的广州市制——《广州市暂行条例》。条例是孙科参照美国市政制度的最新发展趋势为广州设计的新制,"而全省地方自治之基亦于此奠焉"①。该条例共8章57条,规定:广州市的行政事务由市行政委员会议决执行。市行政委员会由市长和各局局长组成。市长是一市的代表,又是市行政委员会主席,有综理全市行政事务的大权。市长由省长委任,任期5年。市政府下设财政、工务、公安、卫生、公用、教育6局,各局设局长一人由市长荐请省长委任,另设有秘书处和

---

① 《广州市政实况》,《申报》1922年1月1日。

总务处。除市行政委员会这一议决和执行市务的重要机构外，另设有两个独立机构：市参事会和审计处。市参事会为代表市民辅助市行政的代议机关，有议决市民请愿案咨送市行政委员会处理、议决市行政委员会送交案件、审查市行政各局办事成绩三项职权；审计处办理审计事宜，处长由省长委任，任期1年，可以连任。

《广州市暂行条例》经陈炯明核定后于1920年正式颁布，次年正式实施。广州市政公所即按条例改组为广州市政厅，孙科被委任为广州市首任市长。1921年，孙科率各局局长宣告就职，组成广州市第一届政府。广州市政厅的职员构成多为留学生，尤其留美学生居多。除市长孙科外，财政局局长蔡增基留美哥伦比亚大学毕业，继任李思辕也为留美毕业生；工务局局长程天固留美加利福尼亚大学毕业；卫生局局长胡宣明留美约翰霍普金斯大学、哈佛大学毕业，专研卫生行政；继任李奉藻为留美医学博士。还有各局的课长、课员也有相当比例为留美学生。他们没有沾染官僚恶习，工作努力，富有朝气，而且学有所长，敢于大胆创新，为广州20年代的城市现代化做出了较大贡献。

广州市政厅成立后，市行政委员会在行政职权范围内全面推行市政建设。

第一，筑路浚渠，拓宽街道。广州在市政公所时代已经制订有修建24.5英里现代化道路的筑路计划并完成了8英里。广州市政厅成立后，工务局将剩余的筑路工程完成，这条水泥铺就的道路与广三铁路相连，对广州市区范围的外拓意义重大。工务局和卫生局还用新式街沟法成功地改造了广州市年久失修、水泻不畅的排污渠沟。开拓新路的同时，市政厅颁布《暂行拓宽街道规则》及其修正条例，重点整顿居民侵街占道问题，使全城原有街道普遍拓宽2.5~5米。街道的改善为城市规划蓝图的实现奠定了基础。

第二，建设公园，规划模范村，筹建行政中枢。孙科对城市规划很感兴趣，曾在中华民国军政府的喉舌《建设》杂志上发表过不少关于近代都市规划的文章。他在广州观音山、东校场、海珠三地各规划建成一所公园，东校场公园还附设公共体育场。另在广州市郊的乱坟岗地带迁墓平地，按规划设计建立模范村。孙科还计划仿西方惯例，将现在广州全市各大行政公署，合并建筑于市之中枢，以便集中开展政务，节省经费。

第三，强化治安，整顿风纪。孙科责成公安局保护市民安全，维持市区秩序，并建立了一支4000余人的警察队伍，对卖淫、赌博、吸食鸦片等社会丑恶现象予以严厉打击，整顿社会风气，加强城市管理的力度。

第四，注重市区环境卫生建设。孙科对广州市的环境卫生相当重视。当时的广州市政公报凡文告规章之类，以属于卫生者为最多。市卫生局把全市划分为6个卫生区，每区由5人管理，负责调查市民的卫生状况并逐日向上级报告。卫生局下设的卫生教育课负责向市民宣传卫生知识，洁净可负责清除街道，疏浚壕沟。全市有800名清道夫扫除大街，以至"广州市街道之清洁"为其"往日所见于国内各地者，实罕其匹"。①

第五，大力推行教育。为提高市民素质，市教育局在推行学校教育、社会教育方面不遗余力。广州市颁布《实行义务教育暂行规程》，保证学龄儿童就学接受教育，同时选派师范类毕业生任巡回教员，指导私塾改良。社会教育方面，市教育局设有各种成人教育学校和职业训练学校，传授一般劳工以普通知识及实用技能。教育局还定期举办展览会、通俗讲演，以生动活泼的形式向市民传授近代知识。广州市设有通俗图书馆一所，置备各种通俗图书日报，每日公开，任市民观览。为完善市区的社会教育设施，广州市还依照美国各都市办法，建成多所儿童游乐园。对市区各戏院上演的剧目，教育局随时派员视察，遇有不良之剧，勒令改良，以移风易俗，净化社会环境。

以孙科为首的留美知识分子在推进广州城市近代化改革中借鉴了美国市政改革的经验。具体地说，19世纪末20世纪初，美国初步形成了以城市为中心的经济体系，美国城市政府体制为适应急剧的社会变迁而发生重大变革，由单一的弱市长制演变为强市长制、委员会制和经理制。这三种新型市政体制提高了美国城市的管理效率，促进了城市问题的解决。美国市政体制改革对留美知识分子的影响十分深刻。他们回国后，面对中国落后的城市形象和市政体制，首先提出要借鉴国外尤其是美国的经验进行改革，事实证明，在留美知识分子主持下的广州市政改革，改变了广州古老城市的面貌，推动了广州城市基础设施的更新和市政组织管理的进步，使广州城市的现代化因素日益增多，从而促进了广州由传统城市向现代化城

---

① 黄炎培编《一岁之广州市》，商务印书馆，1922，第60页。

市的转变，加速了广州城市的现代化进程。《广州市暂行条例》以后成为南京国民政府时期城市组织立法的蓝本，深刻影响着民国时期的市政体制。但随着南京国民政府一党专政的集权统治的确立，留美知识分子市政改革的空间日益缩小，从城市改革入手实现城市自治，进而实现民主政治的目标最终没能实现。

七　留美教育的得与失

鸦片战争以来，由于地缘与人缘的契机，广东较早成为中西文化交融的地域，得以开风气之先，又能领风气之先。广东人最早睁眼看世界，率先跨出国门，书写了中国人自强兴国的恢宏篇章。他们当中有为国家富强而对民主革命做出巨大贡献的孙中山、容闳、唐绍仪，也有为推进中国近代对外贸易和工商业发展而功绩卓越的林云陔、冯锐，还有众多学者、艺术家……呈现出群星灿烂的景象。广东留美教育的萌生掀起了中国近代留美运动的风潮，有力地推动了中国近代社会的历史进程，体现了广东近代文化的先导性。

近代广东留美教育始终在全国居于前列，最早的留美生容闳来自广东，洋务运动时期派出的120名官费留美幼童，广东有84名，占70%，清华从1909年到1929年约派出1200名留美生，广东有将近200名。20世纪三四十年代留美生的地域分布，虽然华北、东北、西北的省份占有一些名额，但位居东南沿海的广东占绝对优势的格局并没有改变。人数众多的留美生回国以后，投身教育界、各级政府机关、工厂矿业、外交、实业各领域，成为近代中国现代化建设的中坚力量。

总体来说，广东留美教育的发展脉络受国内政治、总的留学政策影响很大。从晚清到民国，留美教育的开展都是在总的留学政策指导之下进行的。从官派留美幼童到清华庚款留学，从稽勋留学到官费、自费留学，广东的留美教育与国内政治变化和相应留学政策的调整有密切关系。由于中国近代政治局势动荡，始终没有一贯的留学方略，且民国之后军阀混战、民族战争、国内战争连绵不断，广东的留美教育起伏不定，反映出中国在教育近代化进程中的阻滞和多艰命运。

1949年以后，由于以美国为首的西方资本主义国家对社会主义阵营的封锁，中美之间的教育交流中断，虽然在1950年至1966年间，中国政府接受了美国派出的少数留学人员，中国却始终未派出人员留美。1972年尼克松访华后，中美教育交流出现转机，1978年6月，邓小平在听取清华大学工作汇报时对我国的留学工作做了划时代的指示，"我赞成留学生的数量增大……是提高我国水平的重要方法之一。要成千成万地派，不是只派十个八个"。8月，教育部发出《关于增选出国留学生的通知》，1979年，中美建交，中美之间的政治关系得到改善。1981年，国务院颁布了《关于自费出国留学的暂行规定》，为自费留学提供了政策保障。中国教育从此彻底打开了对外开放的大门，中美教育交流与合作在更高水平上进入了一个崭新的发展时期。为了进一步合理有效地做好国家公费出国留学工作，1995年，国家教委提出了新的选派、管理办法。同时经中央编制委员会批准，我国正式成立了国家留学基金管理委员会，负责有关公费出国留学人员的工作，将中美教育交流与合作中的公费出国留学工作纳入了法制化管理轨道。据统计，1979年至1990年间，赴美的中国大陆公费留学生和访问学者有60967人，自费留学生41501人，共计102468人①。广东是中国改革开放的前沿阵地，是较早派出留美生并采取措施吸纳海外留学人员的省份之一。1998年广州市举办第一届中国留学人员广州科技交流会和深圳的高新技术成果交易会，吸引了大量留学生回国创业，从深圳市引进留学人员的情况（见表2-17）来看，归国人员从以前的每年几十人上升到现在的上千人。

表2-17 深圳市引进留学人员的情况

单位：人

年　　份	1992	1995	1998	2002	2003
引进数量	50	50	55	283	1075

归国的留学生中，以留美者人数最多，留英次之，其他如日本、澳大利亚、新西兰等国家回来的留学人员所占份额也在大幅攀升。

从目前掌握的资料来看，新时代的归国留学生的特点主要有：①学历普遍较高，普遍年轻。到2001年5月，全省5314名归国留学人员中，具

---

① 〔美〕哈里·哈丁：《脆弱的关系——1972年以来的美国和中国》，三联书店（香港）有限公司，1993，第492页。

有博士学位者有790人，具有硕士学位者2476名。深圳市2003年引进的1075名留学生中，博士196人，硕士696人，学士120人，访问学者63人。在广东的留学人员中，年龄多在30~50岁之间，占总数的50%以上；其次是21~30岁，占总数的30%以上；少部分是50岁以上的，占总数的15%左右。②分布相对集中。广东归国留学人员多集中在珠江三角洲地区和广州、深圳等大城市，大部分地级市的海归人员数量很少。从专业分布看，归国留学生的专业大多数是理工科，管理学和社会学类人数较少；从行业分布看，主要集中在高校，企业次之。③回国创业的趋势日益明显，比例不断上升。1998年中国留学人员广州科技交流会（简称留交会）之前，在广东留学人员企业几乎是空白，留交会后，特别是广州、深圳、珠海相继成立留学人员创业园后，"留字号"企业逐渐递增。据省人事厅统计，2001年广州、深圳、珠海、佛山、汕头的留学创业园，有239名留学人员从事创业，创办的企业达148家。2002年，仅广州、深圳、珠海三个园区就有566家企业，深圳2002年引进的千余名留学人员中，创业的就有276人。④群体意识浓，参政愿望强烈。除了参加政府有关部门组建的留学人员联谊会外，归国留学人员还自发成立了有关社团，加强了自身群体间、群体与政府间的联系。例如，2001年广州留学人员成立了"广州留学人员商会"。目前，该商会有会员273人，联系非会员2830人，联系面达46个国家和地区①。

随着党和国家科教兴国战略的进一步实施，随着"尊重劳动、尊重知识、尊重人才、尊重创造"重大方针在全社会的贯彻，随着广东各级政府和有关部门在吸引留学人员回国、支持留学人员创业等方面所做的大量工作，将有越来越多的留学生回国参加社会主义现代化建设。作为一个特殊的群体，广东的归国留学生将进一步发挥排头兵的作用，推动广东高等教育和科研事业的发展与变革，为新时代下广东经济结构转型和再次腾飞贡献智慧和力量。

---

① 冯颖红、谢新华：《关于广东归国留学人员统战工作的调研报告》，《广东省社会主义学院学报》2004年第2期。

第三章

广东社会与留学欧洲

广东人留学欧洲,开始于1850年11月广东香山县唐家湾村人黄宽。

黄宽留学的时代,正值清朝洋务运动的发起阶段,富国强兵的愿望对当时积贫积弱的中国来说极为强烈。无论是广东的官派留学欧洲还是广东人的自费留欧,都契合了这个社会需求。19世纪的欧洲,经过了血与火的资本原始积累,已经巍然矗立起英国、法国、德国、意大利、比利时、俄国等强国,其强劲的国家实力在政治、经济、文化、科技、外交、军事等领域都有体现。正是这个原因,清朝以及后继的北洋政府、孙中山的南方革命政权、蒋介石南京国民政府都对向欧洲学习、派遣留学生赴欧非常重视,实业、军事、政治、自然科学、工程建筑成为历届中国政府孜孜以求的留欧派遣学习目标,而自费留欧生的学习范围较多涉及法律、教育、哲学、文学等社会科学领域,以及医学和音乐、美术等艺术领域。不同历史阶段的广东官费留欧生派遣,以及广东自费留欧生的学习专业都体现出了上述特点。广东留欧生中的不少人后来成了中国社会发展的栋梁之材。

一 广东人欧洲留学教育概述

广东人对于欧洲文明的了解,早在葡萄牙人占据澳门时就开始了。澳门是中西方交往的重要枢纽,属于香山地区。香山包括今天的珠海、中山、澳门三地。西方人来到香山,给当地带来了西方物品与思想,香山人逐渐加深了对西方的认识,包括对西方教育的了解。鸦片战争后国门打开,向西方学习逐渐成为主流社会的共识,广东的留欧遂纳入了全国性的留学洪流中,同时也保持了一些地域性特点。

1. 岭南地域的欧洲风：广东人留学欧洲的时代背景

广东是近代中国最早受到西方殖民主义者侵略的地区。与殖民者一起进入的，还有西方文明。毗连港澳的地缘，使得广东人容易接触欧洲的思想文化。一方面，广东人大批出国，成为华工，异国经历使其开阔了视野，返乡之后表现出的一些欧洲生活方式说明欧洲文化对侨乡人具有一定影响；另一方面，西方传教士在广东城乡的活动，让粤人了解到西方文明与岭南文明以及中华文明的不同，从而增加了对欧洲文明的了解。传教士所开办的免费学校，更是让穷苦孩子接受西方文化的熏染。相比那些有钱人家的子弟，贫穷家庭孩子更易于接受西方文明。因此，近代中国最先留学国外的人物出现在广东香山地区，并不奇怪。不管是清初的郑玛诺还是后来的容闳、黄胜、黄宽，抑或是容闳所带领的留美幼童，都反映出香山人对西方文化的了解和接纳，这也是后世涌现大批出国留学的广东人，而这些人又在中国近现代史上留下浓墨重彩的原因之一。

另外，到19世纪末，华人社区在海外许多国家和地区逐渐建立并巩固扩大，华侨成为中外文化经济交流的重要纽带。新思想通过华侨以及新闻媒体在岭南开始广泛传播，一批广东知识分子在探索国家发展之路、拯救国家多舛命运的过程中选择了留学欧洲。特别是清末民初，一大批广东文人志士去西方接受文化熏陶，对近代广东乃至近代中国社会产生了极大影响。他们的社会活动也影响到广东学子，激励他们产生新思想，从而主动追求西方先进文化。

2. 广东人留学欧洲的历史过程及分布情况

自从葡萄牙人在澳门获得定居许可之后，广东人尤其是香山人接触外国人的机会多了，对西方的印象也逐渐由模糊变得清晰起来。西方的文化和思想，也随着传教士们的勤奋工作而逐渐渗透到部分中国人的意识里。在近代中国，当内地很多人还秉持着对西方社会的抵触心理，认为西方人是红眼睛绿鼻子专门吃人的怪物时，广东香山已有人随传教士远赴欧洲留学，并带动了更多的年轻人纷纷效仿。中国历史上大规模向西方求学的大幕缓慢拉开了。

在清军入关的第二年即1645年，广东香山县青年郑玛诺离别父母，随西方传教士赴欧洲学习天主教义，成为中国以宗教名义留学欧洲的第一人。

郑玛诺的父亲是一位虔诚的天主教徒，和法国人陆德神父往来密切，郑玛诺正是在陆德的带领下进入教会。郑玛诺天资聪敏，他在皈依天主教后进入神学院修读，成绩优异，深受陆德神父的喜爱。1645年郑玛诺随陆德神父从澳门乘船出发，赴罗马深造。途中遍历艰险，花费5年时间才抵达罗马。在耶稣会主办的圣安德勒学院，郑玛诺以1年10个月时间修完欧洲中学生4年的课程。之后入读罗马学院、意大利波伦亚耶稣会神学院、葡萄牙科英布拉大学，修习西欧国家的语言文字、修辞学、逻辑学、音乐、天主教经典理论、自然神学、哲学、物理学、化学等。大学毕业后，郑玛诺留居罗马，当了一名教师，讲授拉丁文、希腊文法与文学。在欧洲期间，郑玛诺晋铎，成为神父，后于1668年返回澳门。他曾上书耶稣会亚洲区总会长，提出教会本地化的问题，认为让中国人担任神职会比欧洲传教士担任神职更利于在中国传播福音，这对中国基督教事业的开拓有重大影响。

1671年，38岁的郑玛诺奉康熙上谕进京供职。不幸的是，此时他已身患严重肺病，终在1673年5月26日病逝。郑玛诺知识渊博，经历丰富，极富语言天赋，在赴欧旅途中他曾用6个月的时间熟练掌握了亚美尼亚语，与当地人谈吐无异，可惜英年早逝，未能施展所学[①]。

在郑玛诺之后的若干年中，陆续有一百多位中国青年随外国传教士到达西欧，学习天主教义。他们学成后大都回国，成为传教士。鸦片战争爆发后，强兵富国的迫切需要让部分中国人开始重视西方，留学西方成为洋务运动的重要手段之一。在此后约一个世纪的过程中，诸多广东学子留学欧洲，成为近代中国社会变革的重要力量。

1877年，福州船政局首批30名出洋学生前往欧洲留学，标志着近代中国正式派遣赴欧留学活动的开始。此后，李鸿章又分别于1881年、1886年两次从北洋水师学堂选取优秀学生赴欧留学。20世纪初，清政府继续选派一些留学生赴德、英、法、比利时等欧洲国家学习海军技术，以及法律、冶金、地质等专业，同时地方各省也各派出留学生，这些留学生在国内已有西式教育基础，具备一定专业知识和外语水平，但就目前所发现的历史资料来看，尚未发现清末广东省留学生派遣的详细情况，因此只能从众多的其他资料中梳理、汇总出个梗概。

辛亥革命后，中华民国政府分两次将数十位青年才俊送到国外留学，

---

① 《信德报》2010年6月1日第16期（总第411期）。

以嘉奖他们对革命成功做出的贡献,这被称为"稽勋留学"。1912年派出第一批25名留学生,广东籍有15人,其中留欧生3人:张竞生留法学习文科,冯伟留英学习路矿,萧友梅留德学习教育学,其他人或留美或留日。在1914~1915年的官费留欧生中,广东有15人,属于较多的省份,仅次于江苏的17人,同期其他省份的情况是:江西7人,河南、云南各9人,浙江11人,安徽12人,山西10人。1921~1926年,广东留欧学生86人,占全国留欧总数的7.23%,居第四位。汪一驹先生的统计结果认为,1921~1934年,广东的留欧学生占全国留欧生的比例为9.16%,排在第三位,前两位是江苏和浙江,所占比例分别为20%和13.9%[①]。

第一次世界大战结束后,大批中国青年留法勤工俭学,广东政府对广东留法生给予了经济支持。

1927年南京国民政府成立后,中国的留法勤工俭学活动仍在进行。根据1925年签署的《中法协定》,法国将退还的庚款用于中国的文化教育事业,这促使庚款留法派遣逐渐走向正规,广东生的公费和自费留欧也随之进入了一个较快发展时期。留德生在此阶段的人数上升,原因是:一战后中德不平等条约被废除,代之以平等的邦交协定,中国知识青年愿意赴德留学;德国拥有领先于世界的科技、医学和工程学,受到中国政府和知识界的青睐;一战后德国经济衰退,马克贬值,有利于留学消费。

1931年,英国决定归还1922年以后中国支付的庚子赔款,归还的款项作为基金,所得利息的15%用于向英国派遣留学生,使得广东学生有机会留英。庚款留英考试严格,应考者必须是大专以上毕业生,而且毕业后从事学科研究两年以上。留英费用较贵,只有家境殷实的人才可能自费赴英。

从南京国民政府建立到全面抗战爆发前,广东留欧习工科、理科者比例逐渐增大,原因一方面是社会变革和社会发展对实用学科的需要,另一方面也是民国政府对留学教育的积极鼓励和有效管理。例如,国民政府在1930年召开第二次全国教育会议,通过了八项留学教育原则,确定留学生的选派要注重理、工、农、医等学科,这些科目人数至少应占总数的70%,至于文科等专业公费生原则上一般不予派遣。

---

① 汪一驹著《中国知识分子与西方》,梅寅生译,台北久大文化股份有限公司,1991,第93~95页。

抗日战争爆发后，南京政府为了适应战时体制，于1938年6月颁布《限制留学生暂行办法》，规定学科只限于军、工、理、医等科。进而于次年4月颁布《修改限制留学暂行办法》，规定：在抗战期间，非经特准派遣者，一律暂缓选派公费留学生，特准公费留学生一律以军、工、理、医等与军事国防有关的学科为限；在国外留学满三年以上者，一律限期回国。因此，这一时期的广东公费留欧生主要学习军事。

总体来看，广东在清朝末期派遣赴欧留学的人数远少于留美生，这可能与早期容闳等开启形成的留美传统有关。民国时期广东学生留学国及专业的选择，与近代中国社会时势走向以及学生自身的经济能力紧密相连：留法、留苏的学生参与政治、军事的比较多；留学德国的学生，自费的主要习社会科学和实业，官费的大多是军事政治；而留学英国、意大利、比利时等国的人虽然也有学习军事政治的，但更多的是从事军事政治之外的学科领域。

二 问学英国的广东留学生

作为老牌的资本主义国家，英国通过殖民扩张，积累了大量财富，在经济、政治、军事、科技、文化方面具有强大优势。因此，近代中国人把英国列为主要留学目的国。广东留英学生的学习领域主要包括医学、法学、哲学、工程学和军事。随着社会局势的发展，其在不同时期呈现出不同特点。

（一）鸦片战争后到清朝灭亡前广东人的英国留学

清朝国门打开后，随侵略者一同进入的还有西方传教士。从客观上讲，传教士促成了中国青年到西方的留学，对中西文化交流做出了贡献，值得肯定。在郑玛诺留学欧洲约两个世纪后，又一位香山人黄宽在教会支持下踏进了欧洲的大学校门，成为第一位留学英国并获得医学博士学位的中国人。在黄宽之后，一批广东学子自费赴英国高校，进修社会科学或实业，后来还有公费到英国学习军事的，他们回国后成为中国社会的弄潮儿。这些人里面，较著名的有伍廷芳、何启、伍连德、郭承恩、罗文干。

1. 医学领域留英生及其历史贡献

在医学领域，留英生中比较著名的广东人有两位：一位是爱丁堡大学医学博士黄宽，一位是剑桥大学医学博士伍连德。

黄宽（1829~1878年），英文名 Afan，广东香山（今珠海市）人，著名西医，曾先后留学美国孟松学校和英国爱丁堡大学。

黄宽的一生似乎与基督教有不解之缘。他留学美、英是教会资助的，他本人是虔诚的基督徒，他的婚姻也跟基督教有关——他的岳父是英国伦敦传道会在香港佑宁堂的第一位中国籍牧师。

从贫寒孤儿到医学博士，黄宽经历了人生的艰苦。在他年幼时，其父母就相继去世，祖母抚养照顾着他和姐姐。黄宽小时候读了很短一段时间私塾，因无力支付学费辍学。1840年，11岁的黄宽找到了读书的机会——到离家不太远的澳门教会学校马礼逊学堂就读。

通过读书来改变命运，是社会底层人们的最基本渴望，黄宽属于这种类型。与他一同入读该校的还有容闳。容闳曾坦言，自己去马礼逊学堂读书的唯一理由就是，在当时中外交往越来越密切的形势下，父母希望他去学英文，以图将来可以当个翻译，谋取个优越的赚钱职位。这说明，当时的香山贫穷家庭已经认识到，跟洋人打交道更可能赚到生活费，改善生计。如果读教会学校，学生不但不用缴学费，还能免费吃住，另外教会学校还会给学生家长补贴，作为家庭缺少了一个小劳动力的补偿。富人家不会也不屑于让孩子读洋人学校，但所有这一切正适合穷人家的孩子。

也是基于上述原因，1847年1月4日，黄宽和容闳、黄胜三人接受了布朗夫妇的邀请，同赴美国读书。这一年黄宽18岁。三人能够成行，源于四位外国基督徒的资助，虽然这些资助者在后世很少有人去注意，但他们的确应该被中国历史所铭记，因为没有他们的热忱相助，这些懵懂的孩子就不能磨炼成对后世中国有影响的人物。这些资助者是肖德鲁特（Andrew Shortrede）——当时是 *China Mail* 的主笔、李企（Ritchie）——一位美国商人、康白尔（Cambell）——苏格兰人、美国同孚洋行"亨特利思"号商船老板。给三个中国孩子的资助包括三部分：一是提供两年的留学费用。二是给孩子们的父母"养家费"，实际上就是给缺少了一个小劳动力的家庭的补贴。学费、养家费资助由前三位资助者包揽。三是旅费，解决方式是由"亨特利思"号商船老板让三人免费搭船赴美。

商船到达美国后，黄宽三人由布朗介绍到马萨诸塞州的孟松学校就读，学习数学、文法、生理、心理与哲学。一年后，黄胜因病回国。布朗先生出面与香港教会联系，为黄宽、容闳申请后面的留学资助。教会答应了布朗的申请,但提出两个条件:第一,资助黄宽、容闳到爱丁堡大学学习专门科;第二,黄宽、容闳要承诺毕业后服务于教会。最终容闳因为有独立的人生设想而放弃了受教会资助的机会,黄宽则接受了教会的资助条件,于1850年从美国孟松学校毕业后考入英国爱丁堡大学学习医科,成为第一位中国留英医学生。

尽管黄宽得到了教会资助,但资助仅限于满足学习之需,他在爱丁堡大学读书的生活实际上并不宽裕。黄宽珍惜得来不易的机会,加上对医学有浓厚的兴趣,而且好学善记、勤于思考,1855年,他以优异成绩拿到医学学士学位,之后继续攻读解剖学、外科学,于1857年获得博士学位。

按照当初与教会的资助协议,黄宽于毕业当年履行承诺,回到香港,在伦敦传道会医院做了一名医生,拥有和西方传教医生同样的权益,开设私人诊所,收治病人[①]。

在这一年,黄宽的人生道路开始了新的一页。除了从学生转变为医生之外,还完成了婚姻大事。在香港伦敦传道会医院,黄宽认识了传道会香港佑宁堂(Union Church)当家牧师英国人理雅各(James Legge),理雅各时任香港英华书院院长,也是一位汉学家、教育家。通过理雅各介绍,黄宽结识了何福堂——英国伦敦传道会香港佑宁堂的第一位中国人牧师,并成为何福堂的女婿。顺便一提的是,黄宽的连襟伍廷芳也是一位留学英国的著名人物,广东老乡。本节后面对伍廷芳有专门介绍。

1858年,即到香港当医生后的第二年,黄宽赴广州主持广州伦敦会医院——惠爱医馆的工作,并开始实施外科手术。在广东,膀胱结石病症比较多见,黄宽以精于膀胱碎石术而知名,是当时中国第一个拿手术刀救人的西医。然而1859年,黄宽因与医馆同事的人事关系紧张,愤而辞职,自开诊所行医。1860年黄宽施行胚胎截开术一例,成为首位国内施行该手术的医生。

1862年,时为江苏巡抚的李鸿章聘黄宽做私人医生,但半年后,黄宽便以不适应为由辞职。次年,他应聘中国海关医务处,成为17名医官中的唯一一名中国医生。1866年广州博济医院创设中国最早培养西医的学校——附属南华医科学堂,聘请黄宽为教师,讲授解剖学、生理学和外科学,黄宽成为这所医科大学最早的华籍教授。黄宽编写教材,也协助做外

---

① 梁碧莹:《简论黄宽、黄胜对西学的传播》,《广东社会科学》1997年第4期。

科与妇产科手术。他以深厚的理论基础,将西医手术在他的医疗实践中发扬光大[①]。1867年黄宽暂理博济医院院长一职,次年离开博济医院,再次自开诊所营业。

作为第一位获得英国医学博士学位的中国人,黄宽还拥有多个第一:他是第一个施行产科碎胎术的中国医生,第一个以西医教学的中国人,第一个在博济医院进行尸体解剖的执刀医生。

黄宽在任广东粤海关医官时,每年提交一份当地病情报告,收录进海关总税务司的《海关医报》(Medical Reports of Chinese Maritime Customs),其中关于牛痘和霍乱发病情况的报告,对临床应用及研究广东近代的病情发展历史有一定参考价值。1873年,广州流行大霍乱,当时黄宽兼任慈善医院西南施医局主任,他撰写《真假霍乱的区别》一文,对即时防治霍乱起到了指导作用。

1871年,何福堂去世之后,黄宽因与妻子感情不和而离婚。此后黄宽与姐姐同住,终生未再娶。

黄宽一生不抽烟、不喝酒,洁身自好。他不仅有深厚的外科手术技术,还有良好的职业道德,对病人和蔼,不追名逐利。尽管他自开诊所,找他看病的人却很多,受到病人的尊重爱戴,又因为能说流利的英语,所以广州的外国侨民往往更愿意到他的诊所去看病。容闳在后来的自传里称赞黄宽是好望角以东的"良外科"。诊所生意兴隆,使黄宽富有资财,但他生活却始终保持简单,不奢华。

有学者论及了黄宽性格上的缺点,即"不太善于与人作比较长期的合作",认为他特立独行,性格内向,有时显得过分倔强。这种性格可能是由两方面原因导致的:一是他过惯了长期自我封闭、刻苦学习的生活;二是多年的外国生活使他养成了西方式的思维习惯和处事方式,而对中国社会的人际关系"潜规则"缺乏起码认识。这种性格对黄宽的事业发展起了负面作用。表现之一是他长期自设诊所行医,却没有一个稳定的手术团队,这对其医疗水平的发挥有不利影响。表现之二是黄宽处理社会人事关系方面的耐心不足。他在伦敦传道会的支持下主持惠爱医馆,卓有成效,就因"人事复杂"便轻易放弃了岗位。在李鸿章幕府时,黄宽由于不适应官场,又急于求去。该观点推断,上述情况的发生,

---

① 李志刚:《基督教早期在华传教史》,(台北)商务印书馆,1985,第273页。

也许是因为黄宽没有宏图，在历尽艰难困苦后，更向往恬静、与世无争的行医生活①。

黄宽后来与妻子感情不和而离婚，也是其性格因素所致。黄宽年幼时候的不幸生活经历，是养成其性格的根源。黄宽从小缺少正常的家庭关爱，导致他没有安全感，不可能像普通家庭的孩子一样想问题做事情，所以成年之后在生活中遇到挫折容易选择逃避并不难以理解。但在医风医德上，毫无疑问他是一位医德高尚、技术精湛的外科医生。

1878年10月，黄宽患上一种危险的病症——项疽。正在这时，英国驻华领事夫人难产，向他求助，黄宽不顾姐姐和外甥的劝阻出诊。孕妇产后平安，而黄宽归家后项疽突发导致败血症，于10月2日去世，享年49岁。

在黄宽去世的第二年，马来西亚一个华侨家庭里诞生了一个男孩，起名伍连德，他后来成为英国剑桥大学的医学博士，对中国的医疗事业做出了巨大贡献。

伍连德（1879～1960年），字星联，祖籍广东台山，生于马来西亚槟榔屿，曾任国民政府中将军医司长，留学英国、美国、日本，获医学博士学位。

伍连德17岁入英国剑桥大学，是第二位入读剑桥大学的中国人（第一位是学习法律的福建华侨宋旺相）。他在英国留学7年，共获得5个剑桥大学学位，分别是医学学士、文学学士、外科学硕士、文学硕士、医学博士。1903年，伍连德提前两年获博士学位时年仅24岁，成为第一位获得剑桥大学博士学位的华人。在英国利物浦热带病学院、德国哈勒－维腾贝格大学医学院及法国巴斯德研究所进修与研究后，他于1904年回到出生地槟榔屿开业。

1907年，伍连德回国，受袁世凯之聘，任天津北洋陆军医学堂副监督。在他的主持下，陆军军医学堂摆脱了日本人把持陆军军医学堂的局面，真正为中国军队培养合格的军医。

三年后，对伍连德一生具有重大意义的转折到来了。1910年，东北地区爆发严重鼠疫，不到4个月的时间死亡6万人。伍连德临危受命，被任命为东三省防鼠疫全权总医官，奔赴防治第一线。这次防疫，不仅承担了

---

① 刘泽生：《首位留学美英的医生黄宽》，《中华医史杂志》2006年第3期。

东三省人们的命运,也涉及国际关系的严峻政治问题——俄罗斯和日本在中国的利益受鼠疫影响遭到损失,认为清政府没有能力解决鼠疫,声称要由自己来处理。如果伍连德防治失败,其后果不可想象。

伍连德到任后,依靠仔细分析化验,在清政府的倾力支持下,找到了鼠疫传播的原因和途径,千万人的生命得以摆脱鼠疫威胁,伍连德也因此名扬世界。

正因为这次令举世瞩目的鼠疫防治,1911 年万国鼠疫研究会议选择在沈阳召开,包括日本、英国、美国、俄国、德国、法国、意大利、荷兰、奥地利、墨西哥和中国在内的 11 个国家的微生物学权威参加了这次大会,伍连德被公选为大会主席。由衰败的清朝子民担任此职,在当时的国际环境下是相当不容易的事情。这也是中国历史上举行的第一次国际学术会议。伍连德为中国现代医学和生命科学的发展做出了卓越贡献。

1917 年年底,山西鼠疫流行,夺去 16000 人的生命;1919 年 8 月,哈尔滨霍乱流行,死亡 4500 人;1920 年年底,西伯利亚和满洲里北部地区第二次爆发鼠疫,死亡 6500 人;1926 年,霍乱在远东爆发,满洲里地区死亡 1500 人,哈尔滨死亡 280 人;1932 年,霍乱流行全国 24 个省中的 23 个,近 10 万人发病,死亡 31000 人。在灾疫频发的严峻形势下,伍连德通过不懈的呼吁奔走,在全国部分地区部署了早期预防措施。由于处置得力,上述几次鼠疫、霍乱的危害被逐步控制在了很小范围内。

中国的医疗设备相对落后,但在伍连德的常年不懈努力下,鼠疫、霍乱发病死亡率被控制在 8%~14% 范围内,而租界内的外国医院感染死亡率平均达到 30%,其中俄国医院高达 65%,日本医院为 56%,后来日本患者不得不被全部送往中方医院治疗。病死率的显著差异,显示了中国在防疫上的优势。在这个方面,伍连德功不可没。

伍连德对中国医学的贡献还表现在建立新式医学会、医院和医学院校上。他参与创建的有关医学会医学院,有中华医学会、协和医院、哈尔滨医院、三姓医院、大黑河医院、满洲里医院、同江医院、营口医院、东北陆军医院、齐齐哈尔市民医院、北京中央医院(今北京大学人民医院)、哈尔滨医学专科学校等。

伍连德对中国的另一大贡献是帮助中国收回了海港检疫权,进而逐渐收回了各港口检疫权。经过多年调查,他发现霍乱、鼠疫等很多流行病都是从海关进入的,而当时的海港检疫权却把持在外国列强手里。伍连德与列强据理力争，使得列强不得不认同他的道理，从而把检疫权还给中国。伍连德亲自起草了全国第一部海港检疫章程《海港检疫章程》，并用了七年的时间，深入各主要港口，在全国培训检疫人员，充实医疗设备和交通工具，使中国的检疫水平达到了国际标准，为我国自主发展海港检疫事业奠定了坚固的基础。

1924 年后伍连德赴美国、日本继续攻读医学，获公共卫生博士学位。1928 年回国，任国民政府军政部陆军署军医司中将司长，然而军阀派系的争斗让他感到厌烦，他两次辞去卫生部部长的任命，务实地在全国检疫事务所总监位置上抗击瘟疫。

抗日战争爆发后，伍连德定居马来亚，继续从医，直到 1960 年 1 月 21 日在马来西亚的寓所逝世。他撰写的著名学术文章有《鼠疫论》、《疟疾论》，与王吉民用英文合撰的《中国医学史》，至今仍被国外列为医史参考书①。

上述黄宽、伍连德两位在清末留英的广东人，出身背景和生活经历不同，但他们都不断钻研医术，发扬医德，为社会和国家做出了杰出贡献。

2. 社会科学领域的留英生及其历史贡献

在近代中国与列强的交往中，中国屡屡遇到国际交涉事件，而中国方面谙熟国际法的人才缺乏，导致国家利益在交涉中受损却无可奈何，后来一批有志于精通西洋法律的留学人才学成归国，为维护国家利益做出了贡献。其中比较著名的广东人有伍廷芳、何启、罗文干。

伍廷芳（1842～1922 年），字文府，号扶庸，祖籍广东新会，出生于新加坡，英国伦敦林肯法学院博士、大律师。他在清末民初的中国外交上有巨大贡献，对近代中国法律的修订也厥功甚伟。

伍廷芳 3 岁时，随父从新加坡回到广东定居，13 岁时被土匪绑架一个多月，后寻机逃离匪窟，父亲伍荣彰送他到香港圣保禄学院读书，接受了六年西式教育。1874 年，伍廷芳自费留学英国伦敦林肯法学院，攻读法学。博士毕业后获得大律师资格，回到香港任律师，被第八任港督轩尼诗任命为"太平绅士"，并成为香港立法局第一位华人议员。1882 年起伍廷芳受李鸿章之聘办洋务，一度被清政府任命为驻美、西班牙、秘鲁等国公

---

① 陈予欢编著《民国广东将领志》，第 93 页；京虎子：《国士无双》，http://www.tianya.cn/new/publicforum/Content.asp? strItem = no05&idArticle = 26425。

使,以及清末新政的法律修订大臣。辛亥革命爆发后,他被任命为南京临时政府司法总长,追随孙中山,1922年病逝于广州,享年80岁。

伍廷芳对近代中国的贡献,几乎都与法律有关。他所秉承的法律精神,不仅仅在于他在清末民初对中国法制的改革,更在于贯穿其中的寻求公平正义的精神。这种精神最典型的是捍卫国家利益,以下以两件事为例来说明。

第一件事是他在《马关条约》换约中与日本人的较量。

由于中国在甲午战争中战败,1895年4月17日中国被迫与日本签定了丧权辱国的《马关条约》。包括条约签字人李鸿章在内的众多清朝官员虽然尽了最大努力,但无法挽回国力衰微带来的颓势,这是国之不幸。按程序,接下来要由两国君主批准并互换条约,条约方能生效。而即便在换约环节上,国家利益的矛盾必然也会体现,双方的外交代表也需继续斗智斗勇。

中方的换约代表正是伍廷芳。这个曾留学英国的法学博士此时重任在肩。此时让清朝少受损失的一个办法是让欧美列强出面干涉。因为日本在《马关条约》中割占辽东半岛的做法对列强构成利益威胁,如果让列强出面,可使日本受到某些制约——这是弱国外交的被动行为。所以,当1895年5月7日下午日方代表伊东巳代治拿着天皇签字的条约与伍廷芳在烟台会晤时,伍廷芳就采取了拖延战术,希望欧美列强能稍晚做出回应。

然而日方代表盛气凌人,态度强硬地要求换约时间最迟不能超过第二天(8日)下午5点,如果超过时间他就要回国,并威胁说,如果因此导致两国战争,中国要承担全部责任。面对日本代表的跋扈,伍廷芳反驳:按照中日双方此前的协议,两国停战最后期限为5月8日深夜12时,根据国际惯例,在此之前任何时候换约都不算违约。而如果日方代表8日午后5时不换约就要回国,那才是违约!日方代表没有料到伍廷芳对国际法了解得如此通透,极为尴尬,不得不接受。

日本方面早换约的心愿没实现,但仍不断催促伍廷芳,于是开始了第二轮会晤。这次日本代表拿出日本天皇签字的条约文本,要求马上与清政府签约的文本互换。因为欧美列强仍然没有出面,伍廷芳只有继续拖延。此时的伍廷芳面临着巨大压力,他一面派人探听欧美列强方面的反应,一面告诉日方代表,本朝皇帝签字条约文本还未到达,按国际法规定,交换没有清朝皇帝签字的条约无效,且此时仍然未到协议最后期限。日方代表的攻势第二次被挡住了。

但中国方面最不愿见到的结果还是发生了。探知得来确实消息，日本在催促中国尽快换约的同时也在跟西方列强谈判周旋，而且为了获得最大利益，在最后时刻向列强妥协，放弃了其在《马关条约》中所取得的辽东半岛，因此作为回报，西方列强不再过问中日《马关条约》的换约。中国的利益再次被出卖，期待列强干涉来制约日本的愿望完全化为泡影。1895年5月8日晚11时30分，伍廷芳与伊东巳代治互换《马关条约》文本，甲午中日战争正式宣告结束①。

常言道"弱国无外交"，但这不等于说弱国无杰出外交家。站在战败国的角度上，任何优秀的外交人才都不可能取得让世人振奋的成绩，这些外交家们维护国家利益的努力的确值得国人称赞。伍廷芳作为中方谈判代表，在几次会晤中充分运用国际法知识，为挽回清朝利益尽了最大努力。正如前文所说，他和李鸿章等清朝重臣一样，虽然最终不能力挽狂澜，但他们在维护清朝最大利益方面尽职尽责，值得国人敬重，理应名留青史。

第二件事是他是用炮舰政策向洋人施压。

炮舰政策在一般人心中，往往是近代中国遭受西方列强屈辱的标志，但这次不是。伍廷芳把炮舰政策用在了洋人身上。洋人国家是远在万里之外的墨西哥。

1905年，墨西哥议会通过了歧视华工的政策。近代华工在海外受歧视并不罕见，但随着对外交往的增多，起初对此不以为然的清政府越来越感受到其带来的屈辱和压力，清朝有识之士保护海外华工的呼声也日渐高涨。但是在国力衰败的情况下，清政府更多的是无奈地接受不公现状，如1904年美国国会颁布《排华法案》，虽然曾任驻美公使的伍廷芳也在美国国会据理力争，但却无法阻止法案的执行。

这次墨西哥议会提出禁止华工入境的法案，无疑是受了前一年美国出台的限制华工入境政策的影响。对此，清政府再次命令伍廷芳与洋人交涉。萨苏描述当时的情况——令墨西哥人没想到的是，这个姓伍的中国人却在谈判桌上拍案而起，毅然喝道："下旗！回国！电中国政府，派兵船来，再和你们周旋！"据当时美国报纸报道，伍博士此言一出，墨西哥官员目瞪口呆！② 虽然甲午一战让清朝海军实力大失，但1895年后，在张之

---

① 陈煜、张仁善：《律师出身的司法总长伍廷芳》，《法学天地》2002年第3期。
② 萨苏：《那些中国人》，中国社会科学出版社，2010，第101~105页。

洞、刘坤一等有识之士的呼吁下,清政府逐渐重建海军,先后从英德等国买回43艘军舰,其中从英国订造的巡洋舰海天号和海圻号是世界领先的战舰,建造规模仅次于甲午海战沉没的旗舰致远号。不过1904年海天号因大雾偏离航线,在长江鼎星岛外触礁损毁,清朝海军却也因此一度备受各国关注。

伍廷芳提出如此强硬的措辞,除了有清朝海军实力为后盾外,还因为对墨西哥国情非常了解:1896~1902年,他曾任清政府驻美国、西班牙、秘鲁公使,1899年他还与墨西哥就通商事宜谈判,签订了《中墨通商条约》,对墨西哥国情相当熟悉。伍廷芳清楚,墨西哥与美国在1846~1848年的战争导致墨西哥约230万平方千米领土被美国攫取,国力受到重创,因此肯定害怕与中国开战。果然让伍廷芳估计中了,第二天各国媒体纷纷报道此事,宣称大清国要与墨西哥开战,有的报纸还把清朝的各种大型巡洋舰照片附在醒目位置,大肆制造紧张气氛。墨西哥政府摸不清虚实,非常紧张,赶紧请美国政府出面斡旋,表示愿意废除已经颁布的"禁止华工入境"法令来换取大清国息兵。伍廷芳的炮舰政策奏效了。

六年之后的1911年,墨西哥再次爆发排华事件,而古巴的排华浪潮也在逐渐升级。有一支清朝舰队此时正在英国参加庆贺英王加冕仪式,清政府命令舰队在加冕仪式结束后,直接赶赴美国、古巴、墨西哥示威护侨。

中国舰队抵达古巴的第三天,古巴总统就向舰队统领程璧光保证,古巴军民决不会歧视华侨。墨西哥政府得知中国舰队抵达古巴的消息,也大大出乎他们的意料,而且此时墨西哥与邻国又爆发了战争,于是墨西哥政府赶紧就排华事件向中国赔礼道歉,并签订了协议,赔偿受害侨民的损失。1911年的这次炮舰政策很可能是受到几年前伍廷芳护侨炮舰政策的启发。值得一提的是,伍廷芳从没向清政府汇报过1905年的那次外交胜利,这表明那次外交事务很可能当时是他擅自越权处置的——即拍案说"下旗!回国!电中国政府,派兵船来,再和你们周旋"极有可能并非清政府之前授意的。也就是说,伍廷芳是根据自己对局势的掌控做出了果断判断,其中包含他对墨西哥政府的了解,也包括对清政府的了解。所以,那次使人扬眉吐气的炮舰政策本非清政府授意的国家行为,而是伍廷芳的个人综合外交素质的产物,但客观上成为清政府晚清外交的亮点。

实际上，伍廷芳没有向清政府上报此事，与清政府是否知道此事并不矛盾。这么大一件事，清政府怎能不知道?！但毕竟炮舰政策奏效了，而且这为大清国争了面子，清政府即使后来知道也就睁一只眼闭一只眼过去，算是让伍廷芳功过相抵。第二次遇到墨西哥、古巴排华，清政府顺手如法炮制一番吓退洋人，当然也算挽回点大清帝国的尊严了。

伍廷芳不仅在外交方面有胆有识，在内政方面也颇有创意，这突出表现在他对清末法律的改革和民国法律的制定与维护上。

1901年，英、日、美、葡诸国向清政府开出条件：如果中国律例与列强国家法律接轨，那么他们就放弃在华的领事裁判权。清政府旋于同年宣布实行新政，其中就包括律令改革。次年，伍廷芳和沈家本被保举修改《大清律例》。沈家本（1840～1913年）曾任职刑部多年，从未出国修习西方法律制度，但对清朝乃至中国历代法律非常熟稔，也是一位务实的官员，他非常希望清朝借此修律之机发愤图强。在这一点上，他与有西学经历的伍廷芳具有一致性，这是二人合作的共同基础。

很多人以为，对于清政府而言，清末新政是一种政策上的权宜之计，但笔者认为这种观点不客观，不能否认清政府为挽救自身危机而做出的改革决心与努力。以新政中的修律为例，修律对于中国延续几千年来的法律框架和内容来说都有极大突破，伍廷芳和沈家本主持的法律改革具有划时代意义。任何改革都不可避免地会遇到各种障碍，有诸多局限，但后人应当站在当时、当地的历史环境和社会环境下综合改革的动机与结果去分析评价改革，绝不应该站在后人的立场，尤其是阶级、政治立场上去评判前人的活动。因此，清末律令改革乃至清末新政的积极意义不容抹杀，清末新政的发起者值得历史肯定。

对《大清律例》的改造成果主要体现在《大清现行刑律》中：废除了凌迟、枭首、戮尸、缘坐和刺字等酷刑，禁止刑讯和买卖人口，废弃奴婢律例，统一满汉刑律等。这对于实施上述酷刑约两千年的中国社会来说，其进步意义是不言而喻的，可以说是中国传统法制创新的开始。

正如前文所言，任何社会的改革都会遇到某些障碍，清政府的新政也不例外。拿伍廷芳等修改律例的阻碍来说，障碍来自中国的现状，包括政治现状和社会现状对法律修订的制约，而这些现状无不与传统息息相关，要引入西律，其阻力之大可想而知。因此伍廷芳在比较中西法律时，不得不采取迂回策略，首先要对中国封建法律表示肯定。他指出，中西法律的立法目的一致,都在于"教"而不在于"惩";任何国家的法律,都要对内防止和镇压人民反抗,对外维护国家主权。这是在为后面学习西方制度的改革进行铺垫,以避免保守派对法律改革者的过分疑虑和反对。然后他进一步表示,古代西方的法律更糟糕,西方随着社会文明的进步,酷刑律法也逐渐发生改变,慢慢地人性化了,西方的法律之所以比较先进,是它们随着社会的发展而不断调整的结果,中国的法律改革也要走这样的道路。任廷芳以此迂回方式为进一步引进西方法律思想和法理原则打下了基础。

随后进行的是对旧法律的改革。伍廷芳指出,中西法律最大的差异在于中国司法不独立。中国司法制度两千多年来,立法、执法、司法政出同门,权力高度集中,政府官员有权干预司法,导致不公,中国律法因而被外国人轻视,使其不愿遵守。而在西方,君主或总统也无权干涉审判官的工作,所以法律能给予社会公众以公允公正;"文明之国,均有三权鼎立,各不相侵,立法一也,司法二也,行法三也"①。此外,中西法律的巨大差异还在于中法重,西法轻。他举例说,唐朝三百年间律法宽松,废止了酷刑,但犯罪者并没暴涨,而在秦代、辽代、明代,动辄"凌迟、枭首、戮尸",犯罪行为反而层出不穷,说明一个社会的稳定太平不是实行严刑酷法就可达到的。西方列强之所以提出领事裁判权,主要原因固然是其强权霸道,但来自中国方面的影响因素,则是中国刑法中的部分酷刑(如凌迟、枭首、戮尸、缘坐、刺字等)与西方的人权平等理念相悖,普遍发生的刑讯逼供也严重违背人权与法律公正,引起西方人的极大抵触,很多犯了罪的西方人也以此为借口,不接受中国法律的制裁,领事裁判权由此被西方人提出并强加于中国。外国人在中国犯罪不由中国法律制裁,却由该国领事裁决,严重侵害了中国的主权。

在引用参照西方法律观念的同时,伍廷芳注意到西法在中国的适应性问题。他主张在中国创立法律学堂,培养会通中西的法律人才,根据中国社会的现实情况有选择地吸收欧美国家的法律规章,以适应中国社会的司法实际。

1905年4月,清政府批准伍廷芳所奏的《删除律例内重法折》,这是中国法制出现转折的标志。此后,《各级审判厅试办章程》、《法院编

---

① 丁俊贤、喻作凤主编《伍廷芳集》(下册),中华书局,1993,第593~594页。

制法》、《民事诉讼律草案》、《大清刑事诉讼律》、《大清现行刑律》、《大清新刑律》、《大清刑事民事诉讼法》、《大清商律》、《大清印刷物件专律》、《商会简明章程二十六条》、《铁路简明章程二十四条》和《大清监狱律草案》等一系列法律规章，在伍廷芳等提出的西方近代法理基础上陆续出台。

作为清末修律的负责人之一，伍廷芳把近代西方法律思想与实践引入修律活动中，中国法制开始步入近代化。然而应当指出的是，由于各种条件制约，清末新政中出台的法律、法规只是部分地得到了贯彻实施，没有也不可能全面执行。修律的历史意义在于，许多法律草案成为后继的南京临时政府、北洋政府及南京国民政府的立法基础和依据，甚至中华人民共和国的立法也受此影响。从中国法制现代化的角度考虑，伍廷芳和由他参与主持的清末修律实践是应该被给予特别关注的，单从这一点来说，清末新政的历史进步意义也是不能抹杀的。

法律的制定需要实践来检验、执行。民国肇始，伍廷芳出任南京临时政府司法总长。这位伦敦林肯法学院毕业的法学博士对民国的振兴充满渴望，也期盼法律在中国得到真正的尊重。而中国的审判制度，注定要经历"以权代法"与"司法独立"的矛盾与过渡。伍廷芳和陈其美的"法"、"权"之争堪为检验新审判制度的案例典型。

"权"、"法"之争的典型案例之一，是伍廷芳与沪军都督陈其美针对"姚荣泽案"（简称姚案）的处理分歧。

"姚荣泽案"，是由山阴县司法长姚荣泽秘密杀害革命党人周实、阮式而起的。由于是民国刚诞生就发生的案件，上到大总统，下到普通民众，都关注该案的审理。民众关注的是本案要按照旧法律还是按照新法律进行审判，因此也有人称之为"民国第一大案"。

被杀害的周实、阮式二人均为江苏省山阳县人、同盟会会员，他们也是武昌起义爆发后山阳巡逻队的正队长、副队长。独立之日，原山阳县令姚荣泽声称拥护起义，被推举为山阳县司法长，但在开会讨论实施具体起义措施时，姚荣泽缺席回避了，由此被阮式等批评是"骑墙"观望，假革命，姚荣泽因此怀恨在心。1911年11月，姚荣泽以议事为名，将周、阮二人诱捕，诬陷他们是土匪而将其杀害，周实连中七枪毙命，阮式被剖腹剖心。

媒体披露姚案后，舆论哗然，军队也介入调查，姚荣泽心虚害怕，辞职逃匿到通州。1912年2月初,沪军都督陈其美要求通州捉拿姚荣泽,遭到拒绝。军界、政界、学界、被害者家属群起要求都督府迅速办结案件,舆论鼎沸,惊动了临时大总统孙中山,他电令江苏都督、通州军事长官将姚荣泽押解到上海,按军法审讯。

在姚案如何审理的问题上,伍廷芳、陈其美发生了一系列矛盾。伍廷芳主张以西方的审判方式,在案件没有判决前,不认定姚荣泽有罪,这遭到陈其美的强烈反对。陈其美一向疾恶如仇、爱憎分明,认为姚荣泽罪证确凿,毋庸置疑,这种"以权代法"的理念在当时的中国具有典型代表性。二人的一系列激烈争辩由此开始。

民国初年有关法令规定:司法总长执掌一切司法行政事务,法官独立审判,不受上级官厅干涉。而陈其美认为案子在自己辖区内发生,应当由自己辖区审判,于是任命了临时审判长。伍廷芳大为不满,致书陈其美驳斥,二人一度僵持不下,最后达成妥协,由伍廷芳任命审判长,伍廷芳和陈其美各自任命一位副审判长。

在后面的审讯程序上,二人仍然有矛盾分歧,争执的焦点是被告能否聘请外国律师。伍廷芳按照国际通例,提出案件当事人可以聘请律师,包括外国律师。陈其美对此坚决反对,他认为此案不是华洋交涉案件,请外国律师有损主权,而且外国法院也不许中国律师出庭辩护,因此不能同意外国律师在中国法庭参与辩护。伍廷芳以其子伍朝枢及其他中国律师在英国法庭为人辩护的事例予以反驳,说明有损主权的说法不成立。后来在案件审理时,姚荣泽没有聘请外国律师,二人的争论才得以平息。

自1912年2月初到4月,前后经过五次辩论,临时合议庭和陪审团判处姚荣泽死刑。法庭沿用西方审判方式,终审判决后,给姚荣泽五分钟陈述自己的意见。最后姚荣泽被大总统袁世凯特赦,改为监禁十年。

"权"、"法"之争的典型案例之二,是伍廷芳跟陈其美在维护法律尊严、实现真正的审判独立和文明审判方面争论的另一起案件,即"宋汉章案"。

该案发生于1912年3月,也就是在姚案还未结案时,身为沪军都督的陈其美为缓解财政困难,多次向中国银行借款,均遭经理宋汉章拒绝。陈其美不满,指使手下诬告宋汉章贪污并实施逮捕。获悉此事的伍廷芳非常震惊,致电陈其美,指出陈逮捕宋汉章是藐视司法的越权行为。二人展开了争论。伍廷芳站在大公的位置上阐释要文明审判,获得了舆论的普遍支持。经调查，没有发现宋汉章贪污公款的证据，最终宋汉章获释，陈其美亲自道歉。

作为一名受到过系统西方法律知识熏陶的司法官员，伍廷芳在中国推行西方式的审判方式，可想而知他会受到多少旧习惯、旧势力的阻碍，甚至很多革命党人都不理解乃至误解他。复杂时代背景下的法律制定和执行得不到有效保障，即使在当今社会有时也难以避免，这在当时恐怕是最令伍廷芳痛心的事情。

1916年，伍廷芳出任段祺瑞内阁外交总长，次年代总理，不久即因拒绝副署解散国会令而被解职。1917年，他追随孙中山参加护法运动，任护法军政府外交总长。1921年任广州军政府外长兼财政总长。1922年4月，伍廷芳被孙中山任命为广东省长，取代陈炯明。由于年事已高，又受战乱惊吓，伍廷芳病倒，于6月23日逝世，享年80岁。

何启（1859～1914年），也留学英国学习法律，且和伍廷芳是林肯法学院校友，还是伍廷芳的妻舅。与伍廷芳的不同之处在于，他在学习法律之前，还修读了医学，获得了外科硕士学位，不过他对中国社会发展的贡献主要在社会科学领域。

何启，原名何神启，字迪之，号沃生，祖籍广东省南海县，曾留学英国阿伯丁大学（University of Aberdeen）学习医科，在林肯律师学院学习法律。何启发表过一系列政论文章，在中国近代思想史上有重要影响，但他的名字从不见于我国的中学历史教科书之中，这是值得历史教科书编纂者们思考的。

从1990年开始，由匡亚明先生主编的"中国思想家评传丛书"陆续出版，有人称之为目前"规模最大的中国传统思想文化研究工程"。丛书在中国历史人物中选出两百余人作为传主，力图纵向勾勒出中国传统思想文化的发展脉络，何启名列这两百人之中。关于入围者的影响力，侯林莉在《中华读书报》评价道：他们曾像流星一样划破中国历史的夜空，如今却早已消失在人们的视野，可是一旦被关注，却又会带给人们一种久违的感动，历史也会因此变得丰富而生动起来①。

何启，1859年生于香港，1870年就读香港中央书院（Hong Kong Cen-

---

① 侯林莉：《何启、胡礼垣：不应沉寂的声音》，《中华读书报》2006年10月18日第11版。

tral College），1872 年赴英国就读于肯特郡巴尔玛中学，1875 年考入阿伯丁大学学习医科，1879 年毕业，取得内科学士及外科硕士学位，同年通过伦敦皇家外科学院考试，成为院士，又入林肯法律学院修读法律，于 1882 年获得高级法律学士学位，取得大律师资格，当年返回香港，成为在香港历史上继黄宽之后的第二位华人西医，也是香港历史上继伍廷芳之后的第二位华人大律师。有趣的是，前面占"第一"的两位都是他的姐夫。

返港之初，何启便挂牌行医，次年（1883 年）改行做律师。1884 年，夫人雅丽氏因病去世，为纪念亡妻，何启出资创办了一所西医医院，将其命名为雅丽氏医院。何启还参与创办了香港西医书院，这是当时东亚地区的第一所西医书院。他被聘为名誉秘书并担任教授，讲授法医学与生理学近 20 年。孙中山当年在香港学医，就是在西医书院学习，是西医书院的首批 12 名学生之一。

1887 年，何启先后发表政论文章《新政始基》、《新政议论》、《康说书后》、《曾论书后》、《劝学篇书后》及《新政通变》等，发表他对中国政治发展的关注。他的同学胡礼垣与其合作，将文章译为中文，汇编成《新政真诠》，于 1901 年出版。其中的《中国之睡与醒——与曾侯商榷》是他的首篇政论文章。

1887 年 1 月，曾纪泽在英国《亚洲季刊》杂志发表了一篇文章《中国先睡后醒论》（China—The Sleep and the Awakening），向欧洲人宣示中国的基本外交政策，指出中国已从天朝上国的"睡梦"中觉醒，正在进行的"洋务运动"将逐步使中国"全备稳固"。该文是曾纪泽在 1886 年结束清朝驻英、法、俄公使外交生涯回国时撰写的，本是外交官员离任前做出的例行文章，其重点不在于表达他自己对中国政局和变革事业的看法，且文章以英文发表，目的是给外国人看的，这一点是理解曾纪泽此文的关键①。该文发表后，国内外很多报纸争相转载。由于对文章理解的角度不同，赞同者和批评者均大有其人，其中何启以"华士"为笔名，在《德臣西报》发表《中国之睡与醒——与曾侯商榷》，反驳曾纪泽所认为的洋务运动会将中国带入富强文明的观点。通过他对西方制度的了解，结合对中国国情的阐述，认为中国未来的发展必须解决许多让人担心的问题。在当时的社

---

① 单正平：《因误读而虚构的派别之争——〈醒睡之间与古今之别〉读后》，《书屋》2006 年第 6 期。

会环境下，何启对国家前途的审视是深刻的。

戊戌政变后，张之洞于1898年发表《劝学篇》，何启次年撰写了《劝学篇书后》，对《劝学篇》的宗旨大加鞭挞，在近代中国思想史上有一定影响。《劝学篇》的出炉源于戊戌变法。戊戌变法给包括张之洞在内的洋务派以巨大震撼，清王朝岌岌可危的统治地位让他们不安，促使他们进一步考虑怎样学习西方使中国富强，摆脱内外政治危机。该文在颂扬清王朝"深仁厚泽"的同时，将同样要向西方学习的维新派思想称为邪说，认为兴民权理论"无一益而有百害"。慈禧太后阅后，很快就谕令各省广泛刊布学习。何启的《劝学篇书后》也由此而生，他认为这种"倾天下以顾一家"的言论具有非常大的迷惑性，专制下的"西用"无法真正使中国富强，《劝学篇》的说法是在引导中国社会走向毁灭，必须实行民权政治这样的"西用"，才能真正富国强兵。何启既不属于维新派，也不属于洋务派，他身处的香港也不受清政府控制，所以他能够对中国的未来走向畅所欲言，大声疾呼。

1890年，何启任香港立法局议员。1895年他利用在香港的地位和身份，参与筹划兴中会广州起义，并起草对外宣言。在1900年义和团运动时，他曾谋划兴中会与两广总督李鸿章联合，实现两广独立，但被李鸿章拒绝。1910年，英国给何启颁发爵士勋位。

1911年武昌起义成功，何启应孙中山邀请，任广东省都督胡汉民的总顾问。1912年将所办西医书院并入香港大学。1914年7月，何启病逝于香港，享年55岁[1]。

罗文干（1888～1941年），字钧任，广东番禺人，曾任中华民国外交部部长、司法行政部长，曾留学英国牛津大学。罗文干出身于富商家庭，自幼受到良好的传统文化教育。1904年，16岁的罗文干入读牛津大学，在完成应修功课外，加修德文、拉丁文、罗马法、法制史四门课程，由此打下了法学基础。大学毕业后，他又进入英国著名的"内寺院"读书，获得牛津大学法学硕士学位，获准执行律师业务（一说其没有获得正式律师和法学硕士文凭）。

1909年罗文干回国，参加了清政府特设的留学生考试，考中法政科进

---

[1] Carroll, JM' Ho Kai, *A Chinese Reformer in Colonial Hong Kong* ' in the Human Tradition in Modern China (Lanham, Maryland: Rowman and Littlefield, 2008), pp. 55~72.

士。1912年8月，年仅24岁的罗文干就任北京政府总检察厅检察长。1915年他因反对袁世凯复辟帝制隐退，后在袁世凯败亡后复职。1919年，罗文干前往欧洲考察司法，回国后，兼任北京大学、法官讲习所法学教授。1920年出任大理院副院长，1921年任司法部次长。他还作为中国代表团司法部专门委员参加华盛顿会议，从法律的角度指出《二十一条》等中日条约的不合法性，力主收回领事裁判权。

1922年，吴佩孚上台执政，罗文干被任命为财政总长，通过发行特种库券，解决了财政燃眉之急。11月，为解决袁世凯时期遗留的"对奥（奥匈帝国）借款案"，罗文干未经国会同意便与华义银行经理罗森达·柯索利签订奥国借款展期合同，受到政敌诬陷攻击，接连三次遭受牢狱之灾，但最终被判无罪。

1924~1927年，罗文干先后任俄退还庚款委员会委员、司法总长。1928年2月，张作霖改组政府，任命罗文干为外交总长，同年12月，张学良改旗易帜，罗文干遂转入南京国民政府阵营。

九一八事变后，外交部部长陈友仁因不满蒋介石的对日屈辱外交政策而辞职，罗文干继任。罗文干主张通过国联解决问题，但同时要求坚决抵抗日军的侵略，同蒋介石"攘外必先安内"方针发生冲突。1932年中日《淞沪停战协定》、1933年中日《塘沽停战协定》签订，意味着中国变相承认日本占领东三省和热河的"现状"。随后，罗文干步陈友仁的后尘，黯然辞去外交部部长职位，继而辞去司法行政部长职务，脱离了政治舞台，任教于西南联合大学。1941年10月，罗文干在粤北乐昌县城患恶性疟疾，医治无效逝世，享年53岁[①]。

上述伍廷芳、何启、罗文干三位广东留英生的共同之处，一是都学习法学专业，二是都为自费。清朝末期的中国在为富国强兵而努力，实业救国的声浪掩盖了包括法学在内的社会科学发展的需求，大多数留学者选择了实业留学，因为这与国家的号召一致，而且可以解决或部分解决求学所费不赀的困境，只有家境殷实且有独立追求的人才能够负担得起昂贵的在英求学费用，上述三位自费留英学生即属此类。他们学成归国后，在纷繁

---

① 张皓：《1932~1933年罗文干出掌外交与国民政府对日政策》，《抗日战争研究》2000年第3期；石建国：《罗文干：曾三度入狱的外交总长》，《世界知识》2008年第14期；陶永江、陶仁人：《政海妙人罗文干》，《钟山风雨》2008年第1期。

复杂的近代中国社会进程中,利用专业所学,为广东和国家做出了贡献,应当为历史所铭记。

3. 实业留英生及其历史贡献

在清末实业救国思想号召下,不少人转向西方高校,谋求学习先进科技,改变中国的落后挨打局面,郭承恩是其中的一员。

郭承恩(1884~1937年),字伯良,广东潮阳人,曾任南京国民政府财政部中央造币厂厂长,少将军衔,曾留学英国谢菲尔德大学。

1895年,11岁的郭承恩入读上海圣约翰书院,1903毕业后当了一名英文教师,后任上海市公立学校主任,1906年回母校圣约翰书院任教。1910年,郭承恩赴英国留学,入谢菲尔德大学,同时修读电机与机械工程两个专业。他勤于思考钻研,先后获工厂实习工具设计一等奖、电机实验与提高机械效率杰出奖,1913年获得电机、机械工程两个专业的毕业文凭。1915年,他巡旅英国及美国各城市,考察英美的主要钢铁生产基地,同年回国,任上海方言学堂及圣约翰大学教授。

到圣约翰大学教学不久,郭承恩被调到企业负责管理工作,从此离开教育界。先后任汉阳铁厂机器股长、大冶铁厂工代总工程师兼副厂长。1925年进入沪宁及沪杭甬铁路局,负责上海—杭州路段的修筑及维护。1929年,郭承恩任国民政府兵工署上海兵工厂少将厂长兼总工程师、中央兵工委员会委员兼军械组少将组长。1931年任京沪、沪杭甬铁路管理局长,平汉铁路管理委员会委员。1932年9月任中央造币厂厂长。1933年任上海华益银行行长。1937年春,郭承恩在南京病逝,享年53岁①。

当实业救国成为一种社会共识时,向西方学习理工科学技术就成了更多留学生的选择。1908年的《留学苏格兰学生姓氏录》就记载了当时广东留英理工学生的情况。因为在清末,有不少中国学生是自费出国留学,所以他们的事迹并不一定见于史籍资料记载,《留学苏格兰学生姓氏录》中所记载的留英生就很少为人所知。

光绪年间,江苏人林汝耀留学英国格拉斯哥大学,习工科船政。他在1907年任中国留苏格兰学生会的年度副书记,次年与其他留苏格兰学生共同撰写《苏格兰留学指南》一书。在序中,林汝耀列出当时在苏格兰留学

---

① 陈予欢编著《民国广东将领志》,第341页;刘国铭:《〈民国职官年表·人名录〉校读》,http://www.cass.net.cn/file/20091127248696.html。

的33位中国留学生名单,其中广东人9人。时代的变迁仅仅留下他们彼时的寥寥足迹(见表3-1)①。

表3-1 广东苏格兰留学学生名单

姓　　名	籍　　贯	校　　名	学　　科
王宠庆(景臣)	广东东莞	爱丁堡大学	医　　科
虞锡晋(叔昭)	广东番禺	爱丁堡大学	纯正理科
刘国珍(颂超)	广东南海	爱丁堡大学	工科建筑
潘绍棠(泽庶)	广东新会	格拉斯哥大学	工科铁路
唐文盛(季和)	广东香山	蔼尔萨船厂	工科舟机
李和泰	广　　东	温布尔登中学	
陆益孚	广　　东	温布尔登中学	
陆苏锦(女)	广　　东	温布尔登中学	
陆球琳(女)	广　　东	温布尔登中学	

4. 军事方面留英生及其历史贡献

在洋务运动时期,张之洞、李鸿章等清政府重臣竭力主张外派留学生,以期重振大清基业。1887年,两广总督张之洞仿照马尾、天津水师学堂,并根据广东实际情况,创设广州水陆师学堂,设有驾驶、管轮两个专业。学生毕业后,拨入练船厂实习一年,然后考核,选择优秀者送外国学院、军舰学习。派送出的优秀学员中,在中国近代历史中做出了重要贡献的有广东学生汤廷光。

汤廷光(1865~1933年),幼名朝焰,字朗亭,广东花县人,曾留学英国普茨茅斯海军学校。1887年,22岁的汤廷光考入广州黄埔水师学堂,学习驾驶专业,成绩优异。在洋务派"师夷长技以制夷"思想指导下,时任海军衙门会办的李鸿章选拔了一批水师精英去英国学习,汤廷光名列其中,被派往普茨茅斯海军学校深造。学成归国后,在北洋舰队历任三副、二副、大副,1894年升任定远舰管带。

1894年9月,中日黄海海战爆发,汤廷光指挥定远等舰奋勇作战。北洋舰队在海战中被日舰击沉五艘,定远舰是其中之一,汤廷光自救脱险。

---

① 整理自林汝耀等:《苏格兰留学指南》,载钟叔河主编《走向世界丛书》(第一辑,第一册),岳麓书社,1985,第660~662页。

因海战有功，受到政府嘉奖。

威海卫战役让北洋舰队全军覆没，清朝海军力量遭受重创。为了抗衡日本和俄国海军，李鸿章向德国订造了3艘2900吨的吉野型防护巡洋舰，分别命名为"海容"、"海筹"、"海琛"，编入重建的北洋水师。1908年，汤廷光任"海琛"号舰长，驾驶巡洋舰护送清朝特使赴东京回访日本天皇。这次中国军舰访日极大地鼓舞了日本华侨，受到热烈欢迎。

1909年，汤廷光晋升"海圻"号巡洋舰舰长。当年5月，奉命驾驶"海圻"舰参加英皇乔治五世的加冕盛典，典礼结束后，又受命从英国驶往美国、古巴、墨西哥，去抚慰遭受歧视的华侨。"海圻"号先后抵达美国、古巴，两国总统厚礼相待，两国华侨派代表也登舰祝贺中国海军的扬威之行。古巴当时的排华行动因清朝军舰造访而得到遏制，墨西哥的排华行动也在中国军舰造访后自动平息。前文对伍廷芳的介绍中已有详述。"海圻"号巡洋舰远航欧美是中国海军的第一次成功远航，宣扬了国威，振奋了海外华侨的爱国心。

在汤廷光舰队出访欧洲和美洲时，国内局势发生了翻天覆地的变化。1911年10月10日，武昌起义爆发，随后中华民国于1912年1月1日宣布成立，孙中山出任临时大总统。2月12日清帝溥仪退位，孙中山辞职，袁世凯继任中华民国总统。因此，当汤廷光舰队于1912年5月返回祖国，抵达上海的时候，他们已经成为清朝的遗民了。获悉中华民国成立后，舰队立即宣布拥护共和。大总统袁世凯专门授予汤廷光奖章，表扬他率舰"远涉重洋，驾驶尽善"，光大国威。

1917年，护法运动爆发，汤廷光驾驶"海圻"舰由上海南下护法，被孙中山委任为广州海陆军大元帅府参军，他所率领的海军坚定支持孙中山。汤廷光后任广东军政府海军部次长，领海军中将衔。1920年在讨伐桂系运动中，海军将士和各界函电支持并敦促汤廷光接任广东督军、广东省长之职，稳定了广州局势。在帮助粤军顺利接管广州后，汤廷光主动辞去省长、督军职，以行动表现了自己对家乡父老的诚心与爱护，以及对功名利禄的态度。同年年底，他被军政府委任为海军部长。

1921年，孙中山当选为中华民国非常大总统，他决议北伐，遭到陈炯明的反对和阻挠。孙中山罢免了陈炯明的广东省省长、粤军总司令及内务部部长职务。1922年6月16日清晨，陈炯明的粤军炮轰总统府，孙中山命令北伐军回师攻打粤军，陈、孙矛盾大爆发。在广州的汤廷光以海军名义布告，要求孙、陈停战，并要求孙中山下野。随后，他拒绝了陈炯明对其广东省省长的任命，并通电辞去海军部部长职务，解甲归田。新任的广东省省长陈席儒深知汤廷光明大义，礼聘他为治河督办，汤廷光于是接受任命，督修水利去了。

1923年，孙中山回粤重建陆海军大元帅大本营，有感于汤廷光公而忘私的为人，遂不计前嫌，任命其为海军部部长。汤廷光也尽职尽责，不负所命。1925年，孙中山逝世，国民党各派势力争夺权势，汤廷光深感失望，再次辞职回乡，回花县领衔县志局局长，主持重修《花县县志》。

1933年1月27日，汤廷光因突发脑溢血，猝然逝世，享年68岁。国民政府特地发布褒扬令，表彰他在辛亥革命、护国、护法等运动中的贡献。广东民众在汤廷光曾经督修的芦苞水闸处，修建了一座汤廷光纪念碑，纪念这位有功于清朝和中华民国的英雄①。

上述清代后期的著名广东籍人士，除了汤廷光为官派留学之外，其他人基本上都是自费留学的，这与他们有较殷实的经济基础分不开，没有经济后盾的黄宽则是在教会和教会人士的资助下，完成了留英学业。由于留英费用高，清朝后期留学英国的人相对留美、留日，甚至相对留学欧洲某些国家的人数少得多。遗憾的是，现在能看到的留英生资料远不够全面详细，导致一些人物事迹无法详记，除了表3-1中的部分留英生外，还有相当多留英人士的资料信息不全或缺载，如清末留英的广东人中还有：唐康泰（1889~1971年），1901~1910年留英，后任唐山铁路南厂厂长；唐观翼、唐观爵入读阿姆斯特朗维克斯学院；等等。其他人有待于今后的资料发掘。就前文所述的广东留英生来看，留学使他们的人生与国家、民族的命运紧密贴合，他们实干的行动也证明，他们的留英是卓有成效的。

（二）北洋政府时期广东人的英国留学

广东人在北洋政府时期的英国留学大约是1912~1927年这个时段。清朝被推翻后，以袁世凯为首的北洋政府形式上是统一的中央政权，但实际上军阀割据，很多地方的管辖权不掌握在中央政府手里。在北洋政府时

---

① 汤锦程：《淡泊名利的海军部长汤廷光》，《中国海军史研究会论坛·中国近现代海军史》，http://www.cnhi.org/b/viewthread.php?tid=442564；陈予欢编著《民国广东将领志》，第252页。

期，混乱的国内局势阻碍了中国的社会发展，留学派遣也大受影响，一共才颁布了三个专门针对欧洲留学的政策文件，即1913年教育部颁布的《经理欧洲留学生事务暂行规程》，1915年颁布的《管理留欧学生事务规程》，1919年颁布的《呈大总统拟订留欧学生监督处简章并遴员请予简派文并指令》，这些规程没有表现出积极派遣学生留欧的意向。1915年，北洋政府曾仿照前清进行过一次留学毕业生考试，这也是形式上的临时举措，袁世凯去世之后，连这样形式化的考试也取消了。此时期留学英国的人数仍然不多，而在赴英的留学生中，官费派遣的多是军政相关专业，自费生则有进修军事专业的、实业的以及社会科学诸专业的，专业范围较广。

1. 官费留学英国的广东留学生

在北洋政府时期，国内政局动荡，官费留学的人不多，而到英国留学的就更少，据笔者目前掌握的资料来看，其中较为闻名的广东籍官费生有徐健行和刘纪文。

徐健行的相关资料，目前所能看到的较少，仅见于陈予欢编著的《民国广东将领志》。徐健行（1893~1936年），字再佀，广东蕉岭县（今属梅州市）人，国民党少将，曾留学英国、苏联。徐健行青年时期留学英国陆军步兵专门学校、苏联莫斯科东方大学。1920~1926年历任援闽粤军总司令部军事委员、中校参谋、东路讨贼军第八旅上校副官长、建国粤军第二师少将秘书长、国民革命军总司令部苏联顾问兼鲍罗庭翻译官。1933年起，先后任福建政府军事委员会秘书长、广东陆丰县县长、江西德安县县长、贵州赤县县长、开阳县县长等职。1936年秋在贵州开阳县县长任内病故①。

刘纪文（1890~1957年），原名兆滔，字兆铭，祖籍广东顺德，生于东莞，国民党中将，曾留学日本志成学校及法政大学、英国伦敦大学政治经济学院和剑桥大学，后来任职军界，担负后勤和农工方面的工作。

刘纪文20岁时加入同盟会，1912年留学日本志成学校及法政大学，学习政治经济。1914年他随孙中山组建广东军政府，参加护法运动。1917年，归国之后的刘纪文步入了人生的辉煌阶段，先后任孙中山广东军政府审计局局长、广州大元帅府陆军部军需司长，领陆军少将衔。1923年，他以广东省

---

① 陈予欢编著《民国广东将领志》，第332页。

政府欧美市政考察专员的身份，入英国伦敦大学政治经济学院和剑桥大学学习，并赴欧美各国考察市政建设。1926年回国后，任广东省农工厅厅长。北伐战争中任国民革命军总司令部行营军需处处长，领中将衔。

1927年，蒋介石国民政府定都南京，刘纪文被任命为第一任首都市长。他利用国民政府筹备孙中山奉安大典的机会，将在欧美考察的城市规划经验用于南京城的设计，使之发生了巨大变化：首先更改了南京城六个城门名字，并请蒋介石、于右任等名人题写新城门匾额，这些匾额使用至今；其次是用沥青铺成一条长12千米、宽40米的中山大道；最后就是将玄武湖辟为五洲公园，分别陈列世界五大洲物产。1928年年底，刘纪文与许淑珍在自己设计的南京城举行了婚礼，蒋介石、谭延闿担任证婚人。

1930年4月，刘纪文调往上海任财政部江海关监督，次年卷入国民党派系斗争，仕途从此受阻。1932年至1936年，刘纪文在陈济棠控制的广州担任市长，利用所学的专业知识系统规划了全市道路，建成开通了珠江上的第一座桥梁——海珠桥，结束了两岸市民以轮渡来往的历史。随着陈济棠与中央政府较量失败，刘纪文被迫离开广州，此后不再担任重要职务。

1949年，刘纪文去了日本，后迁居台湾，被聘为总统府国策顾问。1957年病逝于美国洛杉矶，享年67岁[①]。

2. 自费留学英国的广东留学生

北洋政府时期，广东的自费留英生较官费生多，这一方面是因为北洋政府财力不足，另一方面也跟部分自费生家庭能够支付高昂学费有重要关系。在自费留英的学生中，闻名于世的有卓仁机、韦悫、何世礼、郭德华和郑为惠。

卓仁机（1890~1972年），字西斋，广东香山（今珠海市）人，曾任广东国民政府少将，留学英国伯明翰飞机学校。

卓仁机出身于商人家庭，幼年随家人迁到上海，入英文夜校读书，曾在洋行做工。1911年武昌起义爆发后，卓仁机赴武汉从军，后任九江赣军敢死队副队长。1913年"二次革命"中，参加李烈钧在江西湖口组织的讨袁军，任机关炮大队长。讨袁军失败后，卓仁机离开江西，转赴英国学习无线电技术，不久进入伯明翰飞机学校，学习飞机驾驶。

---

① 陈予欢编著《民国广东将领志》，第71~72页。

1915年12月，李烈钧、蔡锷、唐继尧联合发起护国运动，讨伐袁世凯。卓仁机闻讯回国，参加李烈钧部护国军，转战黔、湘、粤、赣四省，拥护孙中山的主张，讨伐占据广东的桂系军阀。1922年陈炯明与孙中山矛盾激化，卓仁机所在的部队被陈炯明改编为粤军第一师第二团，卓仁机任团长。同年12月，卓仁机与营长张发奎及陈济棠发动倒陈起义，重新效力于孙中山。卓仁机被任命为少将旅长，成为孙中山大本营的中坚力量。1923年8月，孙中山急调卓仁机旅驰援博罗，解救遭陈炯明部围攻的许崇智部，成功解除了许部的博罗之围，受到孙中山嘉奖。孙中山逝世后，粤军内部派系倾轧，1926年粤军整编，卓被解除军权，出任台山县县长，兼任国民革命军总司令部高级参议。后因病辞县长职务，来往于上海与广州，做古董生意。

抗日战争时期，卓仁机曾任第四战区广东驿运处处长。抗战胜利后，他一面继续经商，一面师从京剧名家汪桂芬，得其真传，还一度回乡献艺。

中华人民共和国成立后，卓仁机历任广东省政协委员、广东省文史馆馆员，撰写《旧粤军纪事》等著作，他还是鉴别古陶瓷方面的行家。

1972年，卓仁机病逝于广州，享年82岁[①]。

韦悫（1896~1976年）是另一位著名广东籍留英学者，原名韦乃坤，别号捧丹，笔名普天，香山翠微（今属珠海）人。韦悫少年时期就加入了同盟会。1911年武昌起义成功时，他正在读中学，因参加刺杀广州将军凤山的行动，遭到清政府的通缉追捕，那年他15岁。

1914年，韦悫赴英国留学，先在一所学校学习，次年考入格拉斯哥大学学习机械工程专业。受第一次世界大战迫近的影响，刚刚入学便转入美国俄亥俄州奥柏林学院。世界大战的爆发使他开始深度思考人类社会的发展问题，遂改学哲学和政治学。1918年获文学学士学位，进芝加哥大学研究政治和社会哲学，次年获中国政府教育公费资助，1920年获哲学博士学位。

1921年，韦悫回国，先后在岭南大学、复旦大学、光华大学等校任教，还一度任孙中山秘书兼护法政府外交部秘书、广东省教育委员会代委

---

① 珠海地方志办公室：《珠海市人物志·卓仁机》，广东人民出版社，1993；陈予欢编著《民国广东将领志》，第303页；中山档案信息网，http://www.zsda.gov.cn/index.html。

员长。在香港海员罢工时，协助苏兆征办理与香港英政府交涉事宜。1925年，韦悫加入中国共产党，在国共合作时期任广州国民政府外交部秘书兼国际司司长、国民政府教育行政委员会委员。1927年蒋介石发动四一二反革命政变后，韦悫离开白色恐怖的上海，赴加拿大温哥华参加世界教育会议，并在英国伦敦大学、利物浦大学、牛津大学讲学，与党组织失去了联系。

1928年，在蔡元培的推荐下，韦悫先后出任上海市教育局局长、中央大学教育学院院长、南京中央实验小学校长、上海青年会中学校长等职，还被聘为复旦大学、光华大学、暨南大学、大夏大学教授，并任《译报》总经理，创办《上海周报》并任总编辑，经常发表抗日时评。

抗日战争爆发后，他积极参加各种抗日救国活动，国民党人士企图绑架他。在新四军军长陈毅、副军长张云逸的帮助下，韦悫离开上海，到达苏北解放区，任江淮大学校长。1943年由陈毅、张云逸介绍重新入党。1948年，中共中央华东局在潍县组建华东大学，韦悫被任命为第一任校长。在他任职期间，华东大学为适应当时解放战争需要，为大军解放江南短期培训急需干部两千多人。

1949年后，韦悫历任上海市副市长、教育部副部长、《中国语文》杂志社社长、中华全国体育总会副主席、华侨大学代理校长、中国文字改革委员会常务委员兼副主任。他是我国文字改革运动的领导者和组织者之一，在简化汉字、推广普通话、制订汉语拼音方案以及扫盲活动等方面有巨大贡献。他曾发表《文字改革和汉字简化》、《略谈新民主主义教育》、《全面发展的教育》、《巩固和发展新中国的初等教育和师范教育》、《新中国普及义务教育的前景》等有关教育的论文五六十篇。他还是第一届全国政协会议代表，第一届、第二届、第三届全国人大代表。

1966年"文化大革命"开始后，韦悫被认定为"资产阶级当权派"与"资产阶级反动学术权威"，双重罪名使他受到严重迫害。1976年冬因病去世，享年80岁。

何世礼（1906~1998年），广东宝安（今深圳市）人，生于香港，曾留学英国胡列兹皇家军事学院和勒希尔炮兵学校，法国布鲁尔炮兵专门学校，位至国民党陆军二级上将。

何世礼的父亲何东是香港著名富商，一生乐善好施，为香港修建了东华医院，还捐资修路建桥，经常赈济难民穷户。何东加入了英国籍，但何世礼却从小就不愿持英国国籍。9岁那年，他参加了父亲接待港督麦士礼的宴会，麦士礼问何世礼是否以随父母入籍大英帝国为荣。小何世礼摇头说，自己是个中国孩子，这没什么不好，让充满殖民者优越感的麦士礼一时大为惊讶。何世礼的这种态度与父亲的意愿相悖，后来何世礼为了保留拥有中国国籍的权利，竟然在上海将父亲告上法庭，结果胜诉。一时间，上海各报争相报道这起官司，人们钦佩何世礼的民族气节，当然也有人对他不理解。

1923年，何世礼于香港皇仁书院毕业，入南京陆军军官学校学习。1925年考取英国胡列兹皇家军事学院，接受严格的骑马、射击、游泳等技能训练。1926年结业，再入英国勒希尔炮兵学校专攻炮科，分入英国装甲兵团实习，实习结束后赴法国，入布鲁尔炮兵专门学校学习炮兵战术和作战指挥。

虽然何世礼不愿持英国国籍，一度跟父亲产生矛盾，但父亲也是为了他的前途考虑，这一点何世礼很清楚。他之所以能顺利入读英、法军事院校，与父亲对他的支持分不开。何世礼从小就立志为国服务，也没有辜负何东一直以来的栽培，他在英国和法国军校学习时非常刻苦。有一次法国炮兵学校领导和军方高层下基层视察，当得知在炎炎烈日下打着赤膊熟练拆卸加农炮的一位年轻人就是何东之子时，他们无不表示惊讶。当时在法国的中国留学生很少有学军事的，一大批勤工俭学的学生在法国加入共产党，投身革命，其他留学生也大多以美术、雕塑、音乐等艺术为主修方向。

1930年8月，何世礼学成回国并成婚。有与他父亲熟识的中央大员准备安排他到中央陆军大学任教官，或者进海军司令部，都被他拒绝了。他自己选择去东北张学良部。何世礼认为，日本关东军在那里虎视眈眈，辽东实际上是至关重要的国防前线，那是他渴望施展才干的地方。父亲何东出于爱国之心，另一方面也出于对爱子的关心，向张学良表示，愿为东北军购进各种火炮，组建炮兵师和机械化部队，以加强东北军的实力，但张学良因顾忌日本关东军的反应而谢绝了。在当时，张学良在沈阳哪怕多驻扎一个团的兵力，也会招致日本关东军司令部的蛮横抗议，这在当今是难以理解的事情，但在当时却是活生生的现实。

张学良在接见何世礼时，发现这位年轻人不仅学历高，而且头脑灵活，看问题深刻，便想任命他为自己的上校高级参谋兼炮兵副参谋长。何世礼婉言拒绝了这项任命，他认为自己资望太浅，又没带过兵，难以服众，宁愿下基层磨练。1930年11月，张学良改任何世礼为驻沈阳北大营王铁汉团的炮兵连长，授上尉军衔。

九一八事变之夜，日寇突袭北大营，然而东北军被命令不准抵抗，甚至北大营守军的枪支也被收进仓库，何世礼炮连的20余门德国进口速射火炮被卸去炮闩，丢给了日军，官兵们死伤惨重。不抵抗政策断送了东三省，也让何世礼痛心疾首，他一度想离开部队。后来父亲从香港的来信勉励才使他安下心来，继续为国奋战。1931年11月，何世礼被提升为少校炮兵营长。此后他率领炮兵营参加抵抗日寇的战斗，战斗间隙，他还不忘在阵地中架起黑板，向炮兵们讲授测距计算公式。张学良在一次视察阵地时，对炮兵营的教学模式非常满意，还特意将自己的佩剑赠给何世礼。1934年9月，何世礼由张学良保送去美国陆军军官学校，研习步炮兵及装甲兵大规模协同作战技术，毕业后又回到原部队。张学良为了提高指挥效率，大规模更新部队通信装备，任命何世礼为通信大队上校大队长。

1936年"西安事变"发生时，何世礼刚巧在香港省亲，从香港报刊和电台报道中才得知发生事变。尽管没参与事变，但他仍然受到影响，被解除了军职，并遭到军调处（军统局前身）特务监视，连打电话也被监听，这让他再度心灰意冷。1937年年初，何世礼被宋子文委派为广东盐务管理局潮梅营销局局长，不久升为省盐管局副局长。何世礼作风廉正泼辣，不畏权势，敢于裁汰冗员，惩办贪官污吏，还定期公开账目，以取信于民，广东各界人士对他的业绩予以好评。

七七事变爆发后，何世礼毅然辞去官职，向南京国民政府军委会请命，希望能重回抗日战场。第三战区前敌总司令薛岳发来加急电，邀他去皖南出任炮兵指挥官。何世礼顾不上回香港拜别双亲，便匆匆赶赴战场。他一边紧急编练受到重创的炮兵部队，一边通过父亲，设法从驻港英军那儿购来100副炮兵测距镜、100副军用望远镜，加强炮兵装备，甚至利用了曾经想跟他父亲拉近乎的南京政府高官的关系，使其把国民政府税警总团库存的一批德制战防炮和4万发炮弹调拨给了他。经过近三个月的大力编练，何世礼的炮兵部队跟随薛岳参加各战役（其中有安徽流动桥战役、河南开封战役、兰封血战、万家岭战役），立功卓著，共消灭日寇近万人。当时的新四军军长叶挺称万家岭大捷与平型关战役、台儿庄战役为中国最著名的对日三大战役。何世礼在作战中两次负伤，仍坚持不下火线。

1939年春武汉失陷后，日本和中国都认识到香港地位举足轻重。何世礼此时被委任为驻港联合办事处主任，赴香港搜集日寇陆军、海军运输情报。他利用家庭的有利条件，与驻港英军及南洋侨胞密切联系，将日军情报源源不断提供给国民政府战区司令部。1941年香港陷落，何世礼携家小调往重庆，负责轮训炮兵指挥官。1944年升任后勤部中将副司令，负责协同联络盟军总部。盟军总部参谋长魏德迈中将恰好是其美国陆军军官学校的同学，双方的协调洽商极为顺利，大量美国飞机、坦克、大炮、卡车等装备进入中国西南大后方，为中国远征军坦克战车部队在印缅战场打击日军提供了条件。

1945年抗日战争胜利，何世礼奉令赴广东，联络社会绅商贤达，安揖民心，收编地方武装。其背后的原因，当然仍是利用他的家族影响发挥号召力。1946年春，国共内战爆发在即，何世礼受命出任辽宁葫芦岛及河北秦皇岛的秦葫港口司令，不久调任联勤中将副司令兼冀热辽边区剿总副总司令。1949年春，何世礼再次被调往广东，负责指挥运输华南国民党军队补给，随后赴台。先后任台湾"国防部"常务次长、驻日本军事代表团团长、"行政院"顾问、驻联合国军事代表团首席代表、陆军二级上将。

1962年，在获得蒋介石批准后，何世礼辞掉军职，回香港经营父亲留下的庞大家族事业。晚年的何世礼仍然念重旧情，20世纪90年代中期，他曾两次赴美国夏威夷探望老长官张学良将军。何世礼对祖国的感情依旧，一向反对"两个中国论"，更反对"台独"，赞成"一国两制"。

1998年7月26日，何世礼在香港的寓所里无疾而逝，享年92岁。他在抗日战争中为祖国做出的贡献使他无愧于一个爱国者和民族英雄的称号①。

郭德华（1898~1975年），籍贯广东番禺，曾先后留学美国华盛顿大学、哈佛大学，1930年获得英国剑桥大学国际公法博士学位，回国后历任中国公学大学部教授兼政务长、江苏交涉公署科长、外交部财政部秘书。抗日战争爆发后，郭德华兼任淞沪警备司令少将参谋，出席淞沪停战会议。后任全国经济委员会秘书、外交部交际处主任，兼办黔省外交，表现

---

① 王炳毅、周勇：《香港豪门何世礼的抗日生涯》，《炎黄春秋杂志》2003年第8期。

也很出色①。

抗日战争胜利后,郭德华任广州行辕少将交际处长,外交部广东外交特派员公署特派员。1947年11月,香港当局通令九龙寨内的居民自行拆除所建木屋,限两星期内拆除完毕,郭德华代表中国外交部对此表示抗议,认为英当局侵犯了中国主权、管辖权,因为根据1898年《中英展拓香港界址专条》的约定,中国保有其在九龙城之管辖权。香港当局则发表声明,强词夺理地认为他们对九龙城寨享有管辖权,居民必须迁出,并派警察强拆居民房屋,甚至开枪击伤中国居民。郭德华与中国政府外交部次长叶公超赴港与港督葛量洪交涉,得到广东各界民众响应。迅速组成的"粤穗各界对九龙事件后援会",以及广东各高校学生和华侨团体成立的后援会发出通电,誓为外交后盾,慰问九龙城寨同胞。四万多人在广州中山纪念堂前举行声援大会和示威游行。散会时,部分愤怒的群众还前往沙面,焚烧了英国领事馆。

1949年,郭德华迁居美国,此后的情况笔者未见史料记载。

郑为惠(1903~?),字谭,广东揭阳人,南京国民政府少将,曾留学英国牛津大学。1930年,郑为惠从牛津大学毕业,获硕士学位,回国后任香港圣彼得书院院长。1932年再赴英国留学。抗日战争爆发后,郑为惠应召回国,任外交部亚洲司参赞、专员。1943年任国防部少将专员,驻越南,负责与盟军协调作战事宜。抗战胜利后,在越南负责受理日军投降事宜。1946年,郑为惠任国防部史料局专员,广东国民大学教授。同年因全国政治形势变化而移居香港,其后的事迹不详②。

(三) 国民政府时期广东人的英国留学

广东人赴英国留学大约是在1928~1949年这个时段。1928年蒋介石南京国民政府形式上统一了中国,之后经过几年的讨论,于1933年颁布《国外留学规程》,对留学有关的资格审查、考选方式、留学生管理以及任用等方面做出了规定。首先是提高了留学资格标准,规定公费留学生必须由考试选拔,而且要达到专科以上学校毕业,且从事与本专业有关的工作

---

① 陈予欢编著《民国广东将领志》,第343页;《上海圣约翰大学人物志》,http://www.lib.sju.edu.tw/school_history/stjohn5-1-14.asp。

② 陈予欢编著《民国广东将领志》,第289~290页。

达两年以上，还需有专门著作或其他成绩；自费生则必须具备留学期间全部费用的财力，还要有财力充足的商号或个人作担保。其次是把派遣理工科留学生作为留学重点，以培养实用人才来进行国民党的训政，并在留学生中强化"党化"教育，强调只有在国民党指导下的留学生才可供使用。再次是对留学生的管理也大大加强，不论公费自费都要取得政府的留学证书，凭证书领取出国护照，回国后还须由教育部审查登记。最后是南京国民政府还重新确认了由各省来执行公费留学的政策，学生由各省甄选、派送、资助，学成归国后回本省效力。这在一定程度上鼓励了各省的留学发展。广东省和一些其他省份分别进行了省费留学考试，派遣学生出国深造。

在南京国民政府时期，广东派遣的官费留英生不多，目前有确切资料可证的有三位，他们是罗明燏、余伯泉和魏崇良。

罗明燏（1905～1987年），广东番禺人，南京国民政府少将衔总工程师，曾留学美国麻省理工学院、英国帝国理工学院，获土木工程和航空工程硕士学位。

1926年，罗明燏从唐山交通大学土木工程系毕业。1932年至1934年在美国麻省理工学院航空、土木两专业攻读硕士。在此期间，他先后在广州工务局、广东省政府、广东省立勷勤大学及国内几所大学任职，受聘为广东省政府技正（即总工程师），规划广州市的长堤和滨江大堤等建筑，受到广东省主席林云陔及陈济棠重视。1928年，罗明燏被广东政府委任为工程监理，负责在广州东山的一片坟场上设计建造别墅式住宅区——梅花村工程。1928～1932年，一百多栋楼房竣工，成为当时广州高官和富人聚居的高级住宅区。罗明燏作为设计者，不仅没收设计费，还推辞了当局拨给他建住宅的一块地皮。

顺带说一下广州梅花村村名的故事。梅花村建成后，正如它的名称一样，村中的马路及住宅旁专门遍种梅花。梅花盛开时，很多人前来赏花，非常热闹。但赏花者攀摘花枝的现象严重，造成树残枝折，景象残败；有时高官富人家的小孩攀摘梅花跌伤，又引发纠纷，这些很令政府公务局头疼。后来广州公务局索性刨走梅花，改种桉树、相思、石栗等杂树。跌伤引发的纠纷没有了，可此后的梅花村再也见不到梅花了。

1932年起，罗明燏先是赴美国麻省理工学院，后去英国帝国理工学院留学，1934年获土木工程和航空工程硕士学位。归国后，历任国民党第一集团军总司令部少将技正、第二飞机制造厂副厂长兼总工程师、第四路军总部少将工程顾问。抗日战争爆发后，任西安工学院航空系教授、主任。1947年转任中山大学机械系主任、工学院院长。

中华人民共和国成立后，罗明燏任华南工学院院长，广东省政治协商会议常务委员，省人民代表大会常务委员会委员。作为有多年海外留学经历的专家，罗明燏把在西方学习到的土木工程和航空工程知识结合国内实际，灵活加以运用，参与了许多工厂大厦、道路桥梁的设计，还设计过飞机跑道，修过飞机库，并造过大船，人们把他称为"海陆空专家"。他的著作有《高等结构学》、《飞机结构学》等。

1987年10月11日，罗明燏在广州逝世，享年82岁①。

余伯泉（1910～1982年），广东台山人，生于香港，国民党陆军上将，曾留学英国剑桥大学、胡列兹皇家军事院校、勒希尔炮兵学校、美国陆军军官学校，先后出任过台湾"国防大学"教育长、"台湾三军联合参谋大学"校长。

余伯泉青年时赴英国剑桥大学留学，1932年获法律硕士学位，后以黄埔陆军军官学校第八期学生身份入英国皇家陆军军官学校、皇家炮兵专门学校和高射炮学校学习。1936年回国后任第四路军司令部少校参谋，高炮营中校营长，又入陆军大学特别班第五期进修。

抗日战争期间，余伯泉任职于第十二集团军、军政部和军事委员会。抗战胜利后授陆军少将军衔（1946年），先后担任陆军总司令何应钦的侍从高参、联合国军事参谋委员会中国代表团代表、国防部部长办公室副主任。1950年去台湾，任国民党陆军总司令部作战处处长。1952年任台湾"国防大学"教育长，到美国陆军军官学校学习，1953年毕业。先后任"国防部"中将副参谋总长（1954年）、金门防卫司令部副司令官（1961年）、陆军二级上将（1963年）、"台湾三军联合参谋大学"校长（1968年）。

1975年，余伯泉主动辞掉陆军上将之职，而当时他还没到退役年限。主动请辞是为了给蒋纬国让出一个空缺。时为中将军衔的蒋纬国限龄将到，而上将名额已满，无法提升，因此不得不报请及龄退役。宋美龄为此曾质问蒋经国为什么不帮忙让蒋纬国升迁。时任三军大学校长的余伯泉上

---

① 陈予欢编著《民国广东将领志》，第283～284页；页丘帆：《粤海风流：罗明燏与广州梅花村》，http://www.ycwb.com/gb/content/2005—07/24/content_946987.htm。

将得知蒋纬国的困境及"总统"蒋经国为此而面临的尴尬后,主动向蒋经国提出,自己愿意提前退役,腾出空缺给蒋纬国,并力荐蒋纬国出任三军大学校长。余伯泉的行动令蒋经国震惊,但余伯泉去意已定,无法挽留,声称不需要任何安排照顾。于是蒋纬国顶替了余伯泉退役留下的空缺,顺利晋升为陆军二级上将并出任三军大学校长,退役危机解除。余伯泉由此受到很多人钦佩。1977年,余伯泉转入官办外贸企业界,出任台港贸易公司董事长,主管香港与台湾之间的贸易业务。

1982年5月28日,余伯泉病逝于台北,享年72岁。他在生前著有《美联合参谋战略计划作为之研究》、《陆军战术详记》等①。

魏崇良(1903~1982年),又名建鹤,别号雄球,广东五华(今属梅州市)人,曾留学英国皇家空军军事学院,是军事留英生中成就较高者之一,后来官至国民党空军二级上将。

19岁时,魏崇良考取梅县省立五中,中学毕业后考入中山大学理科。在中山大学读书三个月时,转考入黄埔陆军军官学校第六期。通过在黄埔军校严格的军事知识训练和对孙中山先生三民主义理论的学习,确立了三民主义信念。他常以黄埔军校门联上的话激励自己:"升官发财,请往别处;贪生怕死,勿入斯门。"军校毕业后,魏崇良考取笕桥中央航空学校。后在航空部门服务多年,又被选派赴英国皇家空军军事学院深造。返国后,先后任飞行员、教官、队长。

抗日战争爆发后,魏崇良历任空军第二路司令部少校作战参谋、中校作战科长、第一路上校副司令、第二勤务大队长。1943年,日寇飞机空袭重庆,时任第一路副司令的魏崇良指挥战机顽强反击,为保卫重庆立下大功。1946年任空军总司令部人事署长。

1949年,魏崇良迁到台湾,任国民党空军供应司令。此后陆续授任空军少将衔(1953年)、空军参谋大学校长(1954年)、空军中将衔政战部主任(1956年)、空中训练司令(1962年)、"国防部"常务次长(1964年)、副总参谋长(1966年)、空军二级上将(1967年)。1968年,魏崇良退役,任"'行政院'国军退除役官兵辅导委员会"副主任委员。1977年转入官办企业界,出任泰欣冷藏公司董事长。1982年9月8日,魏崇良

---

① 朱汝略、奚永宽:《浙东军事芜史》,吉林文史出版社,2005;陈予欢编著《民国广东将领志》,第203~204页。

病逝于台北，享年79岁。①

上述广东军事留英生的一个共同特点是，都在国家面临外患时赴英国留学。他们学成归国后，或抗御外敌，或在国家所需的其他领域发挥专业特长。同时，也应当看到，随着国际、国内政治形势的变化，这些优秀的留学人才不得不在政治大潮中选择自己的阵营。绝大多数军事留英生归属南京国民政府。

有一份《广东留英同学会会员录》记载了当时的留学情况。在广东省档案馆的馆藏中，有一份1937年制作的《广东留英同学会会员录》，内容包括同学会会章以及会员的基本资料，其中包括上文中提到的何世礼和余伯泉。这份资料，之前似乎没有人在研究中提及，为便于比较以及更加直观，笔者根据原文将其制成表格（见表3-2），附录于下：

广东留英同学会会员录

会章

第一条　本会以联络感情、研究学术、努力公共利益、促进中英文化为宗旨。

第二条　会址：广州仁济路博济医院黄雯院长转。

会员　凡曾在英国留学、经入会手续者为会员。

会集　董事会每月最少开会一次，由会长召集。

会员录。

例言。

本录以会员姓名字划多寡为排列次序。

会员姓名下分注下列各项：

籍贯；

留英毕业（肄业）大学（或其他学院）；

留英学科，学位（或其他）及毕业（肄业）年份；

曾任职业；

现任职业；

通讯处及电话号数。

---

① 陈予欢编著《民国广东将领志》，第459页；《客家人物·魏崇良》，http://www.hakka-online.com/forum/thread.php?tid=1206&t1206.html。

表3-2 广东留英同学会会员录

留学者姓名	籍贯	毕(肄)业大学或学院	学科,学位(或其他)及毕业(肄业)年份	曾任职务或任职单位	现任职务或任职单位	通讯处及电话
伍英树	台山县	爱丁堡大学	经济学,经济学硕士,民国13年(1924年)	国民政府财政部秘书	广州国立中山大学教授	广州东山墓园东33号,70097
李芳	五华县	剑桥大学	法律,民国前11年(1901年)	广东国际情报处主任	—	广州市西关多宝路26号3楼,12350
李颂清	新会县	帝国理工学院	建筑学,工学士,民国14年至19年(1925~1930年)	汕头市工务科科长,广东勷勤大学教授	港粤建业建筑公司总工程师	广州惠爱西路24号3楼建业公司,15317;香港皇后大道中华人行7楼
李宪龙	新会县	利物浦大学	建筑学,建筑学士,御立建筑师会会员学位,民国25年(1936年)	—	黄埔开埠督办公署画则师	广州汉民路橘香斋,10612
何世礼	广东省	英国胡列兹皇家军事学院、勒希尔炮兵学校	军事学,炮科,民国14年至16年(1925~1927年)	陆军通信大队大队长	财政部监务稽核总所税警视察	香港西摩道8号
何致荣	南海县	爱丁堡大学	医学,医学士,民国13年(1924年)	广州国立中山大学教授,国立中山大学第一医院外科主任	广州行医	广州市长堤189号2楼,17931
吴恩豪	东莞县	伦敦大学御立矿学院,伦敦肱力臣及威顿律师事务所	矿学,法律,律师学位,民国2年至5年(1913~1916年),民国24年(1935年)	江西潘东煤矿公司矿师	律师	香港东亚银行9楼布津端律师行,26695
沈祥虎	番禺县	伦敦大学	矿科,冶金科,矿科工程师学位,民国元年至6年(1912~1917年)	矿科技士,广州中山大学教授	广州勷勤大学讲师,国民大学教授	广州市豪贤路96号,17282
余宏锦	台山县	剑桥大学	机械工程学,机械工程学士,民国5年至8年(1916~1919年)	—	商界	广州长堤市立银行楼上四海保险公司,13760

续表

留学者姓名	籍贯	毕(肄)业大学或学院	学科,学位(或其他)及毕业(肄业)年份	曾任职务或任职单位	现任职务或任职单位	通讯处及电话
余伯泉	广东省	剑桥大学,英国胡列兹皇家军事院校,勒希尔炮兵学校	法律,历史,军事学(炮科专门),文学士(优等),文学硕士,大律师学位,少尉,民国17年至25年(1928~1936年)	英国国防军实习官	第四路军总司令部少校参谋	广州市越华路第四路军总司令部参谋处第一科,11503
于郁纷(莫庆淞夫人)	台山县	伦敦葛理士教授剑学专门学校及私人教授	剑学,簿记学,英国体育会剑学文凭,御立艺术会簿记学一等文凭,民国9年至17年(1920~1928年)	香港约智女子中学校长	—	广州市西关逢源东2号
利寅(青峰)	花县	伦敦大学	化学,民国前9年至前3年(1903~1909年)	广东农事试验场场长兼技师,广东农林专门学校教授,广东大学农科教授	广州国立中山大学农学院教授	广州国立中山大学农学院,70021
利铭泽	新会县	牛津大学	工程学,工科学士	广州市政府公务员,广州自来水管理处副经理	琼崖公路处技正	香港坚尼地道74号
余光祥	中山县	伦敦	民国14年至15年(1925~1926年)	—	广东省财政厅	广东省财政厅
金美英(陈武汤夫人)	中山县	伦敦秘书学院	民国17年至20年(1928~1931年)			广州市西关梯云路183号
周日光	广东省	伦敦	—	—	—	香港寿山村22号,26301
林炳良	博罗县	利物浦大学,伦敦林肯律师学院	法律,法学硕士,民国15年至17年(1926~1928年)	直隶交涉公署英文秘书	律师	香港铁岗5号,32377,26668,香港邮政箱903号

247

续表

留学者姓名	籍贯	毕（肄）业大学或学院	学科，学位（或其他）及毕业（肄业）年份	曾任职务或任职单位	现任职务或任职单位	通讯处及电话
冼秉熹	中山县	伦敦	—	律师	—	香港皇后大道中友邦行
容玉枝（黄文夫人）	中山县	伦敦东北医学研究院	医学，肄业文凭，民国14年（1925年）	广州来济医院及颐养院驻院医师	—	广州康乐岭南大学，50057
伦允襄	广东省	孟城大学，爱丁堡市政府	工程学，市政管理学，工程学文凭，民国前3年至民国6年（1909~1917年）	广州工务局工程师，广州中山纪念堂纪念碑建委会工程师	广东省警察局秘书兼省政府提犯委员	广州市维新路警察局秘书处，10104
陈元英	台山县	爱丁堡大学	医学，政治经济学，医学士，经济学硕士，民国元年至7年（1912~1918年）	广东开平县县长，琼海关监督兼琼州交涉员，检务总处副处长，税务总处副处长，广东中央银行总计里	实习	广州市东皋大道皋园11号
陈元荣	台山县	里治大学	工业化学，染色科文凭，民国10年至14年（1921~1925年）	—	—	广州市海珠北路亦卢巷5号3楼
陈武汤	广东省	伦敦大学	政治经济学，民国16年至20年（1927~1931年）	—	广东省政府财政厅	广州西关梯云东路183号
陈斯锐	南海县	伦敦大学，伦敦中寺法学院	法律，法学士，大律师学位，民国前4年至民国元年（1908~1912年）	琼崖特区审计处处长，外交部佥事科科长，国务院秘书	—	广州西关宝庆新中14号之一
莫庆淞	中山县	伦敦达力芝中学，牛津大学	法文，经济，英国历史，拉丁文，文学硕士，牛津大学舞剑代表，民国元年至7年（1912~1918年），民国9年至17年（1920~1928年）	广东交涉公署秘书兼科长，广州市立银行董事兼市金库主任	中国农民银行广州分行营业主任	广州市西堤434号中国农民银行广州分行，11376，11402

248

续表

留学者姓名	籍贯	毕（肄）业大学或学院	学科，学位（或其他）及毕业（肄业）年份	曾任职务或任职单位	现任职务或任职单位	通讯处及电话
许乃波	福建省	茂伟电机制造厂，孟城大学	电气工程，电气工程学士，电机工程会会员学位，民国21年至23年（1932~1934年）	香港大学电机助教	广州沙面安利洋行工程师	广州沙面英界37号安利洋行，13107
梁明致	梅县	爱丁堡大学	经济学	—	南京	
梁胡天（应贤）（辰）	新会县	利物浦大学	经济学，经济学硕士，民国25年（1936年）	—	南京市政府社会局	南京市政府社会局或广州市将军东路3号楼下
郭振生	番禺县	伦敦大学建筑系，皇家艺术学院建筑系	建筑学，建筑学特等文凭，民国前1年至民国6年（1911~1917年）	广州市政公所及工务局工程科技士兼主任，广州中山纪念堂纪念碑建委会副工程师，广州南武学校及省立第一职业学校测量及建筑学教员	—	广州河南同福上街23号
黄文	宝安县	剑桥大学	医学，硕士，医学士，民国前6年至民国10年（1906~1921年）	—	广州孙逸仙博士医学院及博济医院院长	广州仁济路博济医院，16098，10777
黄子静（兆镇）	台山县	牛津大学	法律，文学硕士，大律师学位，民国前5年至民国2年（1907~1913年）	—	商界	广州市西关三连直街80号，12149
黄守勤	广东省	伦敦	—	—	—	广州市东皋大道二横街8号2楼
黄秉华	台山县	剑桥大学	建筑学，建筑学硕士，伦敦建筑师学位，民国17年至24年（1928~1935年）	广州勤勤大学建筑学讲师	建筑师	广州西关三连直街80号，12149；广州汉民路橘香斋，10612

续表

留学者姓名	籍贯	毕（肄）业大学或学院	学科，学位（或其他）及毕业（肄业）年份	曾任职务或任职单位	现任职务或任职单位	通讯处及电话
黄传国（檀甫）	台山县	坚治大学	非纺织工程学，纺织工程学文凭，民国2年至11年（1913～1922年）	计划及督造南京中山陵及广州中山纪念堂纪念碑	广东省政府西村士敏土厂经理	广州西村士敏土厂，15312
黄荫普	广东省	伦敦大学	经济学，民国15年至16年（1926～1927年）	广州国立中山大学教授	商务印书馆广州分馆经理	广州市汉民北路商务印书馆，17563
黄锡汉	宝安县	礼顿书院	—	—	广州夏正汽车行	广州市丰宁路40号夏正汽车行，14376
冯定一	恩平县	爱丁堡大学	商科，商学士，民国24年（1935年）	广东国民大学教授	广州孙逸仙博士医学院及博济医院庶务主任	广州市仁济路博济医院，16098
傅尚霖	汕头市	伦敦政治经济学院	社会学，文学博士，民国14年至18年（1925～1929年）	福建协和大学学武主任，社会学及历史学主任兼教授，国立清华大学教授	广州国立中山大学教授兼社会学系及社会研究所主任	广州市东山竹丝冈二马路3号3楼或中山大学文学院，70481
刘荣	新会县	爱丁堡大学	经济，商科，商科学士，民国24年（1935年）	广州隆盛银号正司账	财政部广东印花烟酒税局土烟叶专卖办事处供职	广州市西关逢源北28号，11360
刘传敦	阳春县	爱丁堡大学，伦敦政治经济学院	法律，法学士，民国23年（1934年）	—	广东阳春县立中学校长	广州市教育路62号三后或广东阳春县立中学
刘宝霖	新会县	爱丁堡大学，伦敦政治经济学院	经济学，肄业证书，民国20年至21年（1931～1932年）	广东省政府财政厅	—	广州市教育路62号2楼，16840
潘万波	番禺县	爱丁堡大学	商科，文学硕士，商学士，民国15年（1926年）	—	广州四海保险公司司理	广州长堤市立银行4楼四海保险公司，13760

续表

留学者姓名	籍贯	毕（肄）业大学或学院	学科，学位（或其他）及毕业（肄业）年份	曾任职务或任职单位	现任职务或任职单位	通讯处及电话
郑以淦	中山县	伦敦大学	冶矿学	—	—	广州西关五福二巷新街11号2楼
郑芷湘	中山县	伦敦大学	经济学，民国前2年至民国3年（1910~1914年）	—	广州市营业税局局长	广州市汉民北路营业税局，13063
蔡绮桐	梅县	里治大学	染化系，染化系文凭，民国8年至12年（1919~1923年）	霹雳育才中学校长，南通大学教授，杭州浙赣铁路秘书	广州市政府购料委员会	广州长堤141号市政府购料委员会，17771
陆观伟	中山县	伦敦政治经济学院	哲学，民国15年至17年（1926~1928年）	—	广州岭南大学哲学系教授	广州康乐岭南大学，广州市东山百子路6号2楼
戴翰琛	东莞县	爱丁堡大学	医学，医学士，民国21年（1932年）	南京过楼医院外科医师兼泌尿科主任	广州行医，广州岭南大学孙逸仙博士医学院药理学讲师	广州市惠爱西路12号，10058
戴翰芬	东莞县	爱丁堡大学	医学，医学士，民国22年（1933年）	广州珠江颐养院痔肛门专科主任，广州光华医学病理学及细菌学教授	云南昆明惠滇医院医师	云南昆明惠滇医院
韩仁（姜炳麟夫人）	山东省	爱丁堡大学	文学，文学硕士	—	南京中央政治学校教授	南京中央政治学校或广州东山保安北横街3号2楼姜宅转
邝森活	台山县	剑桥大学	经济学，文学硕士，民国17年（1928年）	—	广州中美药房司理	广州太平南路中美药房，10627
邝森杨	台山县	爱丁堡大学	化学工程，理学士，民国15年（1926年）	广州商品检验局化工品检验处主任	南京军事委员会资源委员会专门委员	南京三元巷2号或广州太平南路中美药房转

续表

留学者姓名	籍贯	毕（肄）业大学或学院	学科，学位（或其他）及毕业（肄业）年份	曾任职务或任职单位	现任职务或任职单位	通讯处及电话
肖祐承	湖南省长沙市	白洛克伦航空学校，帝国理工学院	航空及机械工程，御立航空会会员学位，民国19年（1930年）	空军飞行及机械教官，航空工厂厂长	广东肥田料厂厂长	广州市西村肥田料场，16129
罗大尧	南海县	伦敦	商科，民国17年至19年（1928~1930年）	香港先施公司	广州先施公司付司理	广州长堤先施公司，12702
罗文惠	广东省	伦敦	民国前6年至民国5年（1906~1916年）	—	律师	香港亚力山大行2楼，28368
罗文锦	广东省	伦敦	民国前6年至民国4年（1906~1915年）	—	律师	香港亚力山大行2楼，24210
罗友仁	顺德县	爱丁堡大学	医学，医学士，民国20年（1931年）	—	广州博济医院医师，广州培英中学校医	广州市仁济路博济医院，16098
罗栋勋	东莞县	伦敦大学	法律，法学士，大律师学位，民国16年至18年（1927~1929年）	—	中英大律师	广州市惠爱西路26号2楼，16522；香港德辅道中4号3楼，27525
罗所馀（绰裕）	东莞县	里治大学	染织学，染织学文凭	北平大学机织系主任教授，北平开源呢绒工厂总理，军政部北平制呢厂顾问，农商部技监上凡事，广东纺织厂经理	—	广州市杉木栏88号，13101
关文锐	开平县	爱丁堡大学	商科，商学士，民国19年至22年（1930~1933年）	—	会计师	香港文咸西街60号裕丰和转
吴祖尧	广东省	伦敦大学	法律，法学士	—	律师	香港德辅道中4A号，25921

这份同学录反映出以下几方面信息：

首先，同学会是留英广东生自发组织的，不带有政治方面的意图。正如会章第一条所讲，它是"以联络感情、研究学术、努力公共利益、促进中英文化为宗旨"的，与留学法国、日本、苏联等国的留学生组织有所不同。广东留英生在英国没有组织政治团体，可能由多种因素造成：一是留学英国的费用不菲，所以留英生大多是经济上无顾虑的富家子弟，这部分人的家庭对于政治上的革命热情不如那些留不起学的穷困子弟高。受家庭出身的影响，这些留学子弟在留学期间也就相应地能够专心于学业。

其次，留英生多学习与政治、军事较远的专业，专业相对分散，留学高校众多。留学专业有经济学、法律、建筑学、军事学、医学、矿学、工程学、历史、剑学、簿记学、化学、政治经济学、文学、商学、社会学、哲学等至少 16 个。相对集中的专业是经济学、法律、医学，其次是工程学、商学、化学，这些专业跟政治保持着一定距离，而且无论在和平时期还是战乱期间，这些专业都是社会不可或缺的，从中也可以折射出家庭出身在留学生的专业上潜移默化的影响。上述留学生分别就读在 21 所高校，绝大多数高校的就读人数在 3 人以下，比较分散，超过 5 人的只有 3 所，即爱丁堡大学、伦敦大学和剑桥大学，其中前二者超过了 15 人，是留英广东生最集中的高校。

最后，同学录显示，有三位外省留学生加入了广东同学会，一位是福建籍，一位是山东籍，一位是湖南籍，从中可以看出同学会的自发性和自由性。所有的同学会会员都详细填写了自己的通信地址或电话号码，这反映出大家对日后联系的重视，也侧面反映出该同学会"联络感情"的宗旨得到大家的响应。其中颇具历史意义的是那些所留的电话号码，当时只有五位数，而今天已增加到八位数，令人感叹社会发展速度之快。另外，从通信地址来看，广东留英生多集中于广州和香港两地，可以侧面说明很多人早已离开家乡，在省城或香港打拼。

有不少留英生在登记信息的时候缺漏了部分内容，如留学的具体学校，有些人只填写了"伦敦"二字，无法确知是在伦敦的哪所学校，还有的学习专业和学历获得方面的登记也是空白，不排除个别留英生是抱着"镀金"想法而去留学的可能。

当然，上述同学会会员情况不能代表当时所有留英广东生的情况，还有一些人由于各种原因没有参与进来，如香山（中山）县唐家湾人唐君铂

(1907~?) 1932年留学剑桥大学、皇家工兵学校，归国后任职于国民政府，历任陆军指挥参谋学校校长、台湾"国防部"常务次长、陆军供应司令部司令等职；唐统一（1917~?）于1942年留学伦敦大学，学习机电专业，归国后任清华大学教授；唐家湾人唐绍仪的十二女和六子唐宝珊（1930~?）、唐健（1935~?）留学英国，归国后分别在香港的政府和医院工作，等等。另外，后来留英的人数情况也没有资料详细记录统计。不过，从这份资料上，我们还是看得到当年留英广东生概况的历史片段。

三 以德为师的广东留学生

19世纪后期，德国经济获得了突飞猛进的发展。普法战争的胜利和对外扩张政策的推行刺激了德国工业发展，经济制度的统一和关税保护政策的实施为经济的高速发展提供了保障。德国是世界上最早实现现代化的国家之一，是后起的工业强国。德国的崛起也被中国人所关注，图强求存的清政府派人赴德"师夷长技"，后继的北洋政府遣送人才求学，再后来的蒋介石政府仿效德国军国主义，中国历史上出现了以德为师的留学浪潮。赴德留学的广东生们也以所学为中国社会的发展做出了贡献。

（一）近代广东生留学德国的时代背景

近代广东生留学德国，是随着国内外局势变幻而产生并发展的。

首先，从国外局势来看：德国自1871年统一，成为欧洲强国，其军事和科技的世界领先地位被中国统治阶层关注，中国政府希望能通过效仿学习来改变境遇。而德国此时正乐于接收中国留学生，这当然是从德国国家利益角度考虑的。正在崛起的德国，相比其他列强，扩张起步较晚，要在激烈的竞争中弥补劣势，要尽量多分取一杯羹，其眼光时刻关注着正被列强瓜分的猎物，因而不会错过资源富庶、人口众多的中国发出的交往信号。在他们看来，接纳中国留学生，有利于德国文化向中国的渗透，以此为突破点，德国可以跻身于从中国谋利的列强队伍之中。

1903年德国主动邀请中国留学生的事例同样如此。当时，清政府因为经费问题在考虑取消向英国派遣水兵留学，德国政府闻讯后，立即向中方表示，愿意接收这批学生赴德深造。在看似友好的邀请背后，德国是另有打算的。德国驻华公使在为此给帝国外交部的信中道出了真实想法："阻止他们（中国）向英国派人，这对我们（德国）在扬子江的统治是有益的。"① 对于民国时期中国派遣学生赴德国留学，德国当然与之前一样，首先考虑的是自己国家的利益。

1876年，清朝洋务派派遣官费军事留学生赴德，其后有福州船政学堂生赴德学习海军科目。清末废科举后，德国成为清政府官派或国人自费留学的重要目的国之一。1908年至1910年前后，中国留德学生有77人，人数虽少，但留学德国在人才培养、教育影响和文化传播方面已初显成效。

此外，中国当权者的政治选择推进留学德国。德国陆军雄霸全球，除了清政府"以德为师"外，北洋政权也大力鼓励留学德国，德国陆军是除了日本之外的留学首选。但中德之间路途遥远，实在不如到日本这个近邻学习方便，因此留德生要少于留日生，但数量又多于到其他国家的军事留学生。近代中国学习德国陆军制度最热切的是蒋介石国民政府，在其执政期间，"军国主义"受到追捧，国家政策以及社会生活各个方面都推行"以德为师"制度，特别是整个军事训练都是学习德国。蒋介石的儿子蒋纬国就被派赴德国学习军事，其对德国的军事制度极尽赞美。中国国内一度大量出版鼓吹法西斯主义的著作，经济上的组织机构、国防设计也是走德国的道路，所以官办企业对后来中国官僚经济膨胀起了很大作用。在思想方面，德国强调国家利益至上，民族利益至上，集体利益至上，对个人的权利、个人的自由很少考虑，这正好跟中国传统合拍，蒋介石也正是以所谓国家至上、民族至上的名义建立起了独裁制度②。在这样的政治利益驱动下，留学德国成为南京国民政府大力推进的事务。

德国文化中的确有诸多优秀的成果值得中国学习。有不少中国人前往德国学习其发达的哲学、医学、音乐、工程学等，如蔡元培等到德国留学，学到了德国大学的独立、学术自由思想。当然，也应当看到，蔡元培同时也提倡德国的"军国主义"。留德人群中，就包括一些优秀的广东留学生。

近代中国政府在留学方面看好德国，还有另一层原因，这一原因跟日

---

① "1903年8月1日德国公使致外交部信"，BundesarchivR 901/38091。
② 凤凰卫视出版中心、世纪大讲堂栏目组：《开放·国民党以德为师》，中国友谊出版公司，2009。http://book.ifeng.com/lianzai/detail_2009_04/02/291309_48.shtml。

本有关。在清末，特别是 1896 年后，中国留日学生急速增加，1902 年人数甚至超过留学欧美学生的总和。有些留学生在学习之余谈论时事政治，秘密参加革命活动，有些学生回国之后传播革命思想，危及了清朝统治。在这种情况下，清政府逐渐把留学目标国从日本转向欧洲，以遏制越来越汹涌的留日潮带来的不良后果。德国远离中国，留学费用远比留日高，可以限制相当多的不富裕学生出境，赴德的留学生们就不太容易聚众闹事，而且德国发达的军事、科学和技术又在日本之上，因此留学德国成为中国官方的优先考虑，各地方政府派遣留学生也遵照这个政策。20 世纪 30 年代，蒋介石大量聘请德国军事顾问协助围剿共产党军队，同时加大了军事留德生派遣力度。抗日战争全面爆发后，大量留日学生中断学业归国，中国的留日活动锐减，更多的留学生选择了欧洲，留学德国的人数进一步增加。不少留德科技人才归国后，加入了南京政府期间各军事部门的兵工署，对中国军事科技发展做出重要贡献。

中国留德教育经历了两次高潮期。第一次高潮出现在 20 世纪 20 年代初。1924 年，仅柏林一地就有近千名中国留学生。1925 年，受欧洲经济危机和德国物价上涨的影响，留学费用增加，中国留德学生人数出现低谷，仅剩 232 人，到 1929 年降至 153 人。至 20 世纪 30 年代，中国学生留德出现第二次高潮。1932 年有 300 人，1936 年增至 500 人，1937 年达 700 人，其中公费占 20%，自费占 80%。抗日战争全面爆发后，因德国与日本结盟，中德绝交，留德学生大多撤回国内。1939 年后赴德留学完全中止[①]。

（二）清朝末期广东人的德国留学

19 世纪后期德国的崛起，跟其经济、军事、政治、科技、文化实力的快速稳定发展密切相关。德国发达的医学、社会科学、军事和音乐，也吸引着包括中国在内的诸多国家的留学生前往进修。在留德的广东生中有研习医科、法律、军事和音乐专业的，比较著名的有徐静澜、杨晟和赵丽莲。

---

① 王奇生：《中国留学生的历史轨迹：1872～1949》，湖北教育出版社，1992，第 82～84、90 页；卫道治：《中外教育交流史》，湖南教育出版社，1998，第 291 页；张亚群、肖娟群：《20 世纪 20～30 年代中国留德教育述论》，《徐州师范大学学报》（哲学社会科学版）2007 年第 5 期；胡凯：《19 世纪中国人眼中的德国形象》，博士学位论文，上海外国语大学，2005。

徐静澜（1861~1924年），又名华清，广东五华人，北洋政府陆军上将，曾留学德国柏林大学。

徐静澜早年入读香港皇仁书院、香港大学医科，后自费留学德国柏林大学医学院，获医学博士学位。回国后在天津行医，曾因给慈禧太后看病得到赏识，官封一品花翎顶戴，授皇宫医政总办、陆军马医学堂堂长。1911年，与陈熊圃、孙实甫等发起创设天津红十字会。1912年任北洋陆军军医学堂总监，授陆军上将衔。兼任中国红十字会会长。国内军阀混战时，曾率医疗队赴战场救护。1924年夏在天津病逝[①]。

杨晟（1867~1936年），字少川，广东东莞人，清末曾任出使奥地利大臣、荷兰大臣和驻德国大臣，中华民国时期曾任北洋政府外交部特派江苏交涉员，先后留学过日本、德国。

在清朝末期和民国初期，政治和外交领域是最受人瞩目的领域，也是最容易为人诟病的领域。国家利益在国际交往中的得失，与外交官们的才能和努力分不开，但同时与国家实力有莫大关系。而中国在近代时期的积贫积弱，在相当程度上制约了外交官们的才能施展。

1877年，十岁的杨晟前往日本留学，在那里学习了五年，又回国考入广东同文馆，毕业后任农工商部侨务专员。1886年考取生员，1892年出任农工商部侨务专员，随后被派往德国莱比锡大学留学，学习法律和军事。1894年杨晟获得硕士学位，毕业回国，先后任京师大学堂教习兼军机处英文翻译官、官书局英文翻译官、京师大学堂德文教习。

1900年，义和团运动在北京迅速发展，杨晟因自己曾留学国外，又是翻译官和教习，担心义和团排洋排到自己头上，于是选择了离开北京。途经济南时，被山东巡抚袁世凯招为幕宾。次年，为消弭义和团烧毁德国使馆带来的不利影响，杨晟奉命随醇亲王载沣赴德"赔礼道歉"。1902年，杨晟又先后担任帮办山东全省洋务事宜、商办华德路矿公司事件专员、总理山东华德矿务事宜、总理山东巡警事宜、办山东省营务、总理武卫先锋队参谋营务处等职务。翌年任出使奥地利大臣、荷兰大臣，1905年改任驻德国大臣。1907年因母亲亡故，辞官回国奔丧，守孝三年后出任两江总督张人骏的顾问、南洋商务交涉使兼督署军事总参议。

中华民国成立后，杨晟历任山东巡警道、山东省内务司司长、北洋政

---

① 陈予欢编著《民国广东将领志》，第333页。

府外交部特派江苏交涉员、沪海道尹等职。1915 年，杨晟辞职，在上海经商，他出面发起成立了中华国货维持会和工商业研究会，并担任两会会长。1921 年重新接受北京政府的任命，以考察南洋华侨专使的身份，前往南洋考察华侨状况。1922 年任中国红十字会副会长，1926 年任北洋政府侨务局总裁。

1928 年，杨晟退休，继续在上海经商。因为关心桑梓，热心慈善事业，他还被选为上海的广东同乡会会长。其后的事迹不详①。

赵丽莲（1899～1989 年），籍贯广东新会，出生于美国纽约州，她是德国莱比锡音乐学院的高才生，后来却成为以英语教学闻名的教育家。

赵丽莲出身于中德联姻家庭，父亲赵士北是美国哥伦比亚大学法学博士，也是中华民国开国功臣，曾任中华民国临时议会议长，给孙中山授玺；母亲白慧熙（Bornstein）是德裔美籍，康奈尔大学医学博士。

1907 年，赵丽莲随父母回到中国，就读于上海的一所美国学校，那时就已经表现出在语言及音乐方面的天赋。1909 年，赵丽莲留学德国莱比锡音乐学院。辛亥革命成功的消息传到德国后，她休学返回中国，1915 年返校完成学业，获得音乐硕士学位。

回国后，赵丽莲被聘为北平女子高等师范学院的音乐教师，开始了她长达 70 年的教学生涯。1920 年，赵丽莲与唐荣祚（唐绍仪侄子）结婚，由于在个性、理念与生活习惯等方面不相适应，二人最终于十年后离婚，育有一女三子。

自 1936 年秋季起，赵丽莲的教书生涯由教音乐为主开始转向英语教育，先后在燕京大学、北平大学、北平师范学院等高校任教。抗日战争全面爆发后曾被日军监禁半年。

1946 年，赵丽莲申请进入了北平电台，开辟了《英语讲座》节目，利用电台进行英语教学，是中国第一位用此方式进行英语教学的教师。1948 年，赵丽莲迁居台湾，任台湾大学外文系教授，并先后在中广公司、教育电台及中华电视台的英语教学节目中做主持人，成为继利用电台教学外，用电视进行英语教学的第一位教师。她的英语教学栏目《鹅妈妈教室》持续 40 年，受到台湾民众的喜爱，人们亲切地称呼她"鹅妈妈"，她也因此

---

① 《北洋后期政界名人肖像集》，http：//bbs.ilzp.com/viewthread.php？tid=3666&page=8；陈予欢编著《民国广东将领志》，第 102 页。

成为台湾家喻户晓的英语教学权威教授。

作为桃李满天下的英语老师，赵丽莲一边关心着台湾大学的学生，一边帮助着相距遥远且不认识的学生。20 世纪 60 年代，她曾拿出十万元资助台湾大学的学生；又拿十万元买录音机赠送给偏远地区的中学，作为英语教学工具。学生出国留学，赵丽莲也会解囊资助，前后有四五十位学生得到过她的资助。

1965 年，赵丽莲自台湾大学外文系退休，但仍在多所高校兼课，后来不幸被查出患上了血癌。此后近二十年中，她一面接受医疗，一面仍旧继续教课，她的乐观和坚强感动了周围的人。1981 年，赵丽莲获得台湾优良电视节目金钟奖的特别奖，她在领奖时说，自己的学生遍及全世界，这些成就使她非常快乐，虽然自己已经年迈，但身为一个中国老师，身为一个中国人，她觉得很快乐、很骄傲。

1983 年，84 岁高龄的赵丽莲应邀参加在新加坡举办的亚洲妇女协会大会。会议授予她"优雅妇女选拔赛冠军"称号，这是融智慧、精神和风采于一身的荣誉，是对她人生成就的充分肯定和鼓励。在回答海外记者问她如何面对血癌挑战时，她轻松地答道："心情开朗些，不要老记挂着年龄与病痛"，显示出豁达乐观的人生态度。

1989 年 6 月 12 日，赵丽莲因血癌并发肺衰竭逝世，享年 90 岁。在发病前，她还在家里为小朋友开班授课。在台湾生活的 40 年中，赵丽莲没有子女或亲人在身边，也没有再成家。她把精力与时间几乎全部投在教学工作上，奔波于工作单位与简朴的宿舍之间。赵丽莲去世后，她的门生故旧们联合发起成立了财团法人赵丽莲教授文教基金会，以推广英语教育，促进文化交流为宗旨，进行有关促进英语教学的各种工作，借以表达对赵丽莲教授的怀念。诗人余光中为她撰写墓碑碑铭，碑文是：

> 安息在此的是一个美丽的灵魂。生前她具有智者的头脑，仁者的心肠，健美的体格，清澈的语音。她是赵士北与白慧熙的女儿，唐荣祚的妻子，唐鸿光、唐鸿滨、唐楣的母亲，但是对于无数的学生、读者、听众，她永远是众所敬爱的赵丽莲老师。无论在教室的内外，无论在退休的前后，无论气候是晴是阴，无论身体有病无病，这位有教无类的老师永远娓娓而教，谆谆而诲。她口头教的虽是国际的英语，身上流的虽有一半是西方的血液，但她的遗言，她的榜

样却恒在提醒我们：莫忘爱国，莫忘做自尊自豪的中国人。在乐山乐水的福岛福地，我们为她建造这安息的墓园，以表最高的崇仰，最深的怀念①。

（三）北洋政府时期广东人的德国留学

与清末留德生的学习方向相同，军事仍是北洋政府留德生深造的重点。虽然开始仍属于官费派遣，但在后来割据混乱的局面下，一些经济富足的子弟也自费留学学习军事，北洋政府也取消了对自费军事留学的限制。不过对于广大不富裕的民众来说，高昂的军事留学费用是根本承担不起的，因而去路途遥远的德国学习军事只能靠努力考取公费名额来实现。这在某种程度上还成为有志向的富家子弟可选择的事务，前文所述的典型的富家子弟何世礼自费赴英、法军事留学，而自费赴德学习军事的广东生资料，仍有待发掘和考证。第一次世界大战后，德国一时成为中国学子的重要留学目的国，仅柏林一地就有1000多人，1925年以后，因为通货膨胀的压力，留学生数降到232人，1927年降到193人。官费留德的广东生，多是学习军事和社会科学；自费赴德国进修的则基本上研习实业、医学和社会科学相关专业。

1. 官费留学德国的广东留学生

在留学德国的官费生中，学习军事的有三位，一位是就读于陆军军官学校及陆军大学的吕治国，一位是陆军大学毕业生李铁军，一位是在德国多所军事院校见习的范汉杰。还有两位广东官费生学习社会科学，他们分别是进修教育学的萧友梅和学习法学的廖尚果。

吕治国（1899~1963年），字次湄，广东南海人，国民党中将，曾留学德国陆军军官学校及陆军大学。

吕治国青年时考入广东黄埔陆军速成学校，毕业后留学德国陆军军官学校及陆军大学，学成后回国，任陆海军西江讲武堂教官、队长。孙中山与陈炯明矛盾爆发后，吕治国参加了进攻陈炯明部的东征军，任东路讨贼军第二路指挥部参谋。此后历任广东警卫军中校团副，国民革命军第五军十六师团长、副师长，第七十一军参谋长。国共内战期间，吕治国被委任

---
① 转引自海蓝云天《一篇纪念赵丽莲教授的文章（台湾）》（原作者不详），http://hi.baidu.com/情飞东京/blog/item/f637072a1b1cc529d52af17d.html。

为豫鄂皖"剿匪"总司令部南路副总指挥，进攻中国共产党红军根据地。1936年任南京陆军大学高级班少将主任教官。1945年任军事委员会中将高参。抗日战争结束后，吕治国被任命为广东省政府顾问、国民党广东省党部监察委员、广东全省水灾赈济委员会委员。1949年，随着国民党在大陆统治的瓦解，吕治国移居香港。此后的情况不详①。

李铁军（1903～2002年），原名李培元，字虞午，广东梅县人，国民党陆军中将，曾留学德国陆军大学。

青年时，李铁军曾在孙中山大元帅府军士连、大本营陆军讲武学校学习，后在黄埔军校第一期步科、陆军大学将官班第一期及德国陆军大学毕业，参加了孙中山对陈炯明的两次东征和北伐战争。1925年军校毕业后，历任排长、连长、营长、团长、旅长、副师长。1935年授陆军少将，1936年升中将师长。

抗日战争爆发后，李铁军任军长。1937年8月参加淞沪抗战，在吴淞、宝山、月埔一带抗击日军。1939年晋任陆军中将。1942～1943年任第三十七集团军副总司令、总司令，因武力镇压大刀会被免职。1944年任第二十九集团军总司令兼新编第二军军长，驻防甘肃河西走廊，获南京国民政府三等宝鼎勋章。1945年当选国民党中央候补监察委员，获颁忠勤勋章。

1946年，李铁军调任河西警备总司令部总司令，获颁胜利勋章。1947年9月调任第五兵团司令官，所部在豫西西平县西南的祝王寨、金刚寺一带被人民解放军围歼，李铁军率少数残部逃脱。该年年底，李铁军辞职赋闲。

作为黄埔一期生，李铁军在抗日战争中表现不凡，但在解放战争期间却战绩不佳，多次惨败在黄埔军校老同学陈赓的手里，他曾哀叹自己的半世英名被陈赓毁于一旦，甚至抱怨老天爷厚彼薄此，偏爱自己的黄埔老同学，这在解放军将士中被传颂一时。

1949年，李铁军前往台湾，年底被重新启用，任海南防卫总司令部北线兵团司令官，兼陆军步兵学校教导师师长。1950年调任台湾"国防部"部员。1954年5月退役，隐居台湾新竹。1981年移居美国。1998年，李铁军曾回广州过节。2002年6月9日在美国加州病逝，享年99岁。曾著

---

① 陈予欢编著《民国广东将领志》，第95～96页。

有《抗战回忆录》①。

范汉杰（1894~1976年），又名其迭，字韶宾，广东大埔人，国民党陆军中将，曾在多所德国军事学校见习。

范汉杰出身清贫之家，幼年就读于他父亲与乡人共办的公学。1911年夏考入广东陆军测量学院，两年后毕业，在广东陆军测量局做了一名科员。1918年后，历任援闽粤军总司令部军事委员、兵站所长、营长、副团长、代理团长。1920年调任两广盐运使署缉私船管带，后升任江平舰舰长。1923年进阶上校。

1924年5月，已从军多年的范汉杰前去报考黄埔军校，成为黄埔一期生中唯一的上校军衔学员，后以优异成绩毕业。毕业后，任国民革命军第一师营长、团长等职。1925年，孙中山与陈炯明矛盾激化，范汉杰两次参加广东革命政府对陈炯明的东征，屡立战功。1926年7月，国民革命军北伐，范汉杰先后升任国民革命军团长、副师长，参加了平江战役、汨罗江战役、汀泗桥战役、贺胜桥战役、武昌战役等，他所在的第四军在北伐战争中被誉为"铁军"。

1927年，宁汉分裂。范汉杰随部离开武汉转赴南京，被蒋介石任命为浙江警备师师长，成为最早任师长的黄埔一期生。随后蒋介石派范汉杰去日本考察政治、军事，接着又转赴德国，在德国多所军事学校见习。九一八事变爆发后回国，任国民党军事委员会高级参谋。丰富的从军资历，加上在国外留学深造的阅历，使范汉杰成为国民党军内为数不多的军事教育家之一，多次被委以军事培训重任，成为蒋介石嫡系中的心腹爱将。

1932年年初，范汉杰调任十九路军参谋处处长，参加"一·二八"淞沪抗战。后十九路军转驻福建，范汉杰担任国民政府驻闽绥靖公署参谋处处长。翌年，李济深、陈铭枢、蒋光鼐、蔡廷锴率十九路军发动反蒋抗日的"福建事变"，成立人民政府，范汉杰被任命为副参谋长兼参谋处处长。蒋介石大怒，集结15万兵力大举进攻十九路军，同时用各种手段策反十九路军人员。范汉杰遂暗中倒戈，把军中电报密码密报蒋介石，闽方的军事部署遂被蒋介石洞悉，不到一个月的时间，曾在"一·二八"淞沪抗战中威震中外的十九路军被彻底消灭。范汉杰再次受到蒋介石的嘉许，被委任

---

① 求己斋：《平心静气叙民国》，http://blog.stnn.cc/bzy/Efp_Bl_1002187984.aspx；陈予欢编著《民国广东将领志》，第241~242页。

为中央军校教育处处长、南昌行营中将高参，从而进入蒋介石的军事中枢。随后任第三路军总部军长兼副总指挥，参加国民党在江西"剿共"行动。1936年1月授陆军少将。1937年夏任中央军校教育处处长兼高等教育班主任。

抗日战争过程中，范汉杰对日作战捷报频传。1938年，他受任军事委员会政治部第一厅厅长、第二十七军军长兼郑州警备司令，率军守备陕东河防、进驻晋南太行山区，在第一战区卫立煌和十八集团军（原八路军）朱德总司令指挥下于敌后对日作战，在1940年5月的长治、高平战役中重创日军。日本方面对范汉杰抛出高官诱饵，派他的日本军校同学去劝降，但等到的是范汉杰部更猛烈的打击，范汉杰部一时威震太行。朱德总司令曾亲自到二十七军军部慰问，并赠一面"太行屏障"锦旗。1941年春，日军抽调关东军赴晋南大扫荡，二十七军奉命掩护主力南撤，陷入日军重围。全军将士浴血奋战，宁死不降，最后范汉杰仅率少数部队杀出重围。事后，二十七军受到最高当局特电嘉奖，日军从此称范汉杰为"大胆将军"。直到抗日战争胜利，范汉杰一直在太行山区率军抗击日寇。1945年3月，范汉杰授陆军中将，任第一战区副司令长官兼参谋长。

抗日战争胜利后，范汉杰赴郑州，与胡宗南一起接受日军驻河南司令官的投降，后调任国防部参谋次长、国防部陆军副司令兼郑州指挥部主任、第一兵团司令、冀热察边区总司令兼热河省主席、装甲兵团司令等职。

1946年，国共内战爆发。1948年，范汉杰历任陆军副总司令、山东第一兵团司令官、热河省政府主席、东北"剿总"副总司令，整编驻锦州、山海关的国民党部队，他所率的部队成为解放军辽沈战役的重点攻击目标。当年9月，东北野战军主力发起锦州战役，范汉杰军被围歼，范汉杰与兵团司令、参谋长被解放军俘虏。

范汉杰被俘后，被人民政府关押改造，1960年11月由最高人民法院特赦。获释后的范汉杰在北京郊区红星人民公社园艺队劳动，1962年任全国政协文史资料研究委员会委员，1964年任第四届全国政协委员，1976年1月16日在北京逝世，终年82岁。

范汉杰青年时嗜读文史，精通日语、德语，曾翻译《德国步兵小动作》等小丛书，著有《抗战回忆记》，被国民党军界誉为文武全才之将。还撰写了《锦州战役回忆》等文章。他生活俭朴，戎马生涯中，每天清晨坚持骑马锻炼身体。在治军方面，态度极为严谨，绝少任用亲朋。这位在抗日战争中威震敌胆的将军，他的名字应该铭刻于中国历史之中[①]。

德国是推行学校音乐教育最早的国家之一，音乐教育在德国学校中占有重要位置，16世纪文艺复兴时期的德国教育家、宗教改革家马丁·路德甚至认为音乐一半是纪律，一半是教育。宗教改革和战争等大事件极大地影响了德国社会的发展，包括对音乐的促进，这也是19世纪德国音乐再繁荣的深层历史原因[②]。在中国留德学生中，萧友梅和廖尚果这两位广东生比较特别，二人留德学习的本非音乐专业，萧友梅学习的是教育学，获得的是哲学博士学位，而廖尚果获得的是法学博士学位，但两位博士后来在音乐方面的造诣均超出了他们在本专业的成就。

萧友梅（1884~1942年），字思鹤，又名雪朋，广东香山（今中山市）人，中国近代音乐教育家、作曲家，曾留学日本东京帝国大学、德国莱比锡音乐学院。

萧友梅五岁时随父亲移居澳门，在那里就学。1889年入读广州时敏学堂，这是一所西式学堂。1901年毕业后自费留学日本，在东京高等师范附属中学学习。从1904年开始还在东京音乐学校学习声乐、钢琴。萧友梅和孙中山从小就熟识。1906年，经孙中山介绍，萧友梅加入同盟会。同年，他还获广东省官费留学名额，进入日本东京帝国大学哲学系攻读教育学。1909年，萧友梅毕业回国，参加了清政府为留日学生举行的毕业殿试，中文科举人。1910年被清政府委派为学部视事。

1912年中华民国成立，孙中山就任民国临时政府大总统，任命萧友梅为总统府秘书。孙中山辞去临时大总统职务后，萧友梅返回广东，任职于广东省都督府教育司。1912年11月，萧友梅作为官费生赴德国留学，入莱比锡音乐学院学习教育学，1916年获得哲学博士学位。1920年初回国后，任教育部编审员兼北京高等师范附属实验小学主任。次年任北大讲师及所属音乐研究会导师，与赵元任等发起成立乐友社。又在教育部长蔡元培的支持下创建北京女子高师音乐体育科，分科后任音乐科主任，我国大专院校音乐系科的设置开端于此时。1922年北大将所属音乐研究会改组为

[①] 《范汉杰》，大埔网，http：//www.514200.com/viewnews—33355；陈予欢编著《民国广东将领志》，第256页。

[②] 李伯杰等著《德国文化史》，对外经济贸易大学出版社，2002，绪言第3页。

附设音乐传习所,萧友梅任教务主任,成立了我国第一支基本由国人组成的附设小型管弦乐队,由他亲任指挥。1927年秋,与蔡元培等在上海创办中国第一所独立建制的高等专业音乐学院——上海国立音乐学院,萧友梅任教务主任兼理论作曲组主任,同年冬任代理院长。1929年学院改制为音乐专科学校后留任校长,直至辞世。

生活于动乱国家中,萧友梅始终关注民族命运的安危。1928年,得知日本军队在济南制造了震惊中外的"五卅惨案"后,他创作了《国难歌》和《国耻》。1931年九一八事变期间,又谱写了《从军歌》,被传唱一时。抗日战争爆发后,萧友梅处于贫病交困的境地,但他拒不接受汪伪政府的聘任,且蓄胡明志,显示了其追求民族大义的高风亮节。1942年12月,萧友梅在贫病之中去世,享年58岁。

萧友梅是我国较早掌握西洋近代作曲理论并进行专业音乐创作的作曲家。他在留德期间所做的《D大调弦乐四重奏》是我国第一部弦乐四重奏。《今乐初集》(1922年)和《新歌初集》(1923年),是我国最早出版的两本中小学教材歌曲和个人作品专集,其中的《问》是他的代表作,曾在当时青年学生和知识分子中广为传唱。1924年作的《五四纪念爱国歌》,是我国最早讴歌五四运动的曲作。作于1930年的《秋思》是我国第一首大提琴独奏曲。

就萧友梅的音乐思想而言,他对中国新音乐创作人才的培养十分重视。他1916年的博士论文,就是用下面的话结束的:"我个人的愿望是应该更多地注意音乐的,特别是系统的理论和作曲学在中国的人才的培养。"这表明他学术研究的最终服务方向是指向祖国音乐人才培养的。

萧友梅指出,根据美育原则,可以利用音乐的感化力量来美化学校生活,陶冶学生德行,这是音乐功课的第一目标,至于学习音乐技能可当为第二目标,以歌唱激励时代热情则为附带目标。他的这个观点成为当时最为著名的音乐教育经典论断,即使在今天看来也仍然是真知灼见,蕴含着音乐教育的艺术规律[①]。

廖尚果(1893～1959年),笔名青主,广东惠州人,法学博士、音乐

---

① 《萧友梅全集》(第一卷),上海音乐学院出版社,2004;杨婉琴:《萧友梅:中国现代音乐教育的开创者》,《人物春秋》2008年第6期;魏廷格:《萧友梅的音乐思想及其现实意义——有"罪"还是有功》(下),《中央音乐学院学报》1998年第2期。

家、翻译家,曾留学德国柏林大学。

廖尚果出身书香大族,从小对音乐感兴趣。他的父亲是前清秀才,大部分时间以教书为业,辛亥革命后一度出任福建安溪县县长。1908年廖尚果入读广东黄埔陆军小学堂。1911年辛亥革命爆发,18岁的廖尚果和他的同学们响应革命,从广州出发,经香港赴潮州。他们攻占潮州知府衙门并杀死知府,因而立功,获革命军功章。1912年,廖尚果以民国功臣身份赴德国柏林大学。由于受袁世凯政府阻挠,由原来计划的学习军事改为攻读法学,又兼学自己喜欢的钢琴和作曲理论。11年后获柏林大学法学博士学位。他在留学期间练就了一口纯正的德语,20世纪20年代初梁启超受邀赴德讲授中国哲学、思想史的时候,廖尚果因为德语最佳、兼通中国文史哲,被选为梁启超的翻译。

廖尚果归国后,任北京政府大理院推事。1924~1927年,历任国民党黄埔军校校长办公室中校秘书、国民革命军总政治部上校秘书、广东省立法官学校校务委员会副主席、第四军政治部少将主任。1927年参加广州起义,起义失败后被国民党通缉,潜至上海租界。上海国立音乐专科学校的校长萧友梅是他留德时的老同学,在萧友梅的帮助和掩护下,他化名"青主"("青主"一名,本是明末清初思想家傅山的字,傅山博通经史诸子和佛道之学。明朝灭亡后,傅山衣朱衣,居土穴中,拒绝做官),留在了上海音乐专科学校,主编校刊《乐艺》,开始专心于音乐事业,这样的生活持续了六年。在流亡期间,曾主编《乐艺》杂志,出版了《乐话》和《音乐通论》两本美学专著。他在1929年创作的《大江东去》是我国现代音乐史上最早的一首艺术歌曲,有人称他为我国近代研究音乐美学的第一人。

1934年,在蔡元培先生的斡旋下,当局取消了对他的通缉令,廖尚果得以恢复原名。重获自由之身的廖尚果遂脱离乐坛,进入德商欧亚航空公司,先后任秘书、营运组主任、主任秘书,参与了国内几条航线的开辟工作。1937年抗日战争全面爆发后,廖尚果本想为抗战尽一分力量,却不为蒋介石所用,只好在李济深手下做幕僚。抗战结束后任教于同济大学,教授德文。中华人民共和国成立后,任复旦大学、南京大学艺术系教授。

1959年廖尚果在上海逝世,享年66岁[1]。

---

[1] 陈予欢编著《民国广东将领志》,第441页。

萧友梅、廖尚果两位音乐家，在国家处于动荡环境时都以音乐抒发情怀，特别是萧友梅，把音乐作为激励民族向前迈步的手段，更为可贵的是其崇尚民族大义的高贵人格，他理应留名青史；廖尚果的一生也在坎坷中度过，而抗战时期有志却无法伸展，让他尤感苦恼，晚年时心情归于平淡，投身于教育事业，也算聊以安慰未竟之志。

2. 自费留学德国的广东留学生

北洋政府时期自费留德的广东学生，目前确知的有两位：一位是医学博士张建，一位是工科博士刘东骝。

张建（1901～1974年），又名张健，字扫霆，广东梅县人，国民党陆军中将，德国柏林大学医学博士。

有关张建留学德国之前的历史资料，目前所知较少。仅知道他在取得柏林大学医学博士学位回国后，自1930年起先后任第一集团军野战医院院长、广东陆军总医院院长、广东陆军军医学校校长。1936年被授予陆军少将军衔。1937年5月任国民政府军事委员会军医署署长，授陆军中将。抗日战争爆发后，张建任南京中央陆军军医学校教育长、代校长。1947年赴美英讲学和考察，代表南京国民政府卫生部赴日内瓦出席世界卫生会议。1949年2月任广东省政府委员、教育厅厅长。同年秋移居美国。1974年夏，张建病逝于美国洛杉矶①。

刘东骝（1900～1976年），别号良右，广东东莞人，南京国民政府少将，柏林大学工科博士。

刘东骝少年时随父到广州，在中德中学读书，后考取同济大学机械系，1920年毕业，任职于广东石井兵工厂，先后做过审检员、技士、处长等。1924年，刘东骝加入中国国民党。1927年自费留学德国柏林高等工业学校机械系，四年后获工科博士学位。回国后，任国民政府军事委员会兵工署工程师。

抗日战争爆发后，刘东骝任兵工署军备处长、航空兵器技术研究处处长、少将兵工司长、汉阳兵工总厂少将厂长。在武器研制方面，刘东骝发明了枪榴弹，也叫二八式枪榴、手榴两用弹，装备部队使用后，给日军极大杀伤，日军对此极为惊惧，称之为催命弹。

抗日战争胜利后，刘东骝任国防部兵工署少将设计委员，1947年任中

---

① 陈予欢编著《民国广东将领志》，第114页。

国驻日本代表团赔偿委员会专门委员，1948年任广东省保安司令部军械顾问，1949年2月离职家居。

中华人民共和国成立后，刘东骙转而从事教育工作，任东北工学院机械系一级教授，兼沈阳市机械工程学会理事，全国教材编委会特邀代表。1950年参加皇姑屯车辆厂冷铸车轮铸造研究、离心铸造大型气缸套铸研究、石墨钢研究、合金体脱硫研究。著有《铸铁与熔炼》（高校教材）及有关铸造合金材料方面学术论文二十多篇。

1976年11月，刘东骙在沈阳病逝，享年76岁[①]。

（四）国民政府时期广东人的德国留学

在蒋介石国民政府执政期间，国家政策以及社会生活各个方面都在仿效德国，整个军事训练，包括部队中的医官制度，还有社会管理中的警察制度都是仿照德国制度来进行的。因此，广东学生赴德国基本也是学习上述领域各专业，其中进修医学专业的有张勇斌、邝公道，研习军事的有黄镇球、陈籍、区寿年，学习警务的有曾磊。

1. 医学领域留学德国的广东留学生

近代德国医学集16~17世纪欧洲实验医学、18世纪生理学研究之大成，而19世纪自然科学的三大发现更加促进了德国医学的发展。医学交流架起了医学发展的桥梁作用，欧洲各国之间的医学交流频繁，新发明和新发现迅速在各国间传播，也被具有开阔视野的中国人所关注。来自广东的张勇斌、邝公道加入了这个医学交流传播的行列。

张勇斌（1909~?），广东始兴人，张发奎的胞弟，国民党陆军军医少将，德国汉堡大学医学博士。有关张勇斌的历史资料也不完整，目前仅知他留德回国之后的部分。

1936年，张勇斌从德国汉堡大学医学院毕业，获医学博士学位。他在毕业当年回到广东，任第四路军总部军医处视察官，兼全省救护委员会主任委员。1939~1941年，先后任第四战区军医处副处长、处长、军政部军医署驻桂林办事处处长。1945年任第二方面军卫生处处长、军医监。1946年任广州行营军医监、卫生处处长，授陆军军医少将军衔。1947年后任国

[①] 陈予欢编著《民国广东将领志》，第70页；《道滘历史名人目录·刘东骙》，中国·道滘网，http://www.daojiao.gov.cn/Item/222.aspx。

防部军医署军医监,联勤总司令部广州总医院院长,兼光华医学院院长。1949年移居香港行医。此后的情况不详①。

邝公道(1916~2003年),广东开平人,著名医学矫形整形专家,德国柏林大学医学博士,被誉为"华南一把刀"。

邝公道出身于医学世家,他于1933年考入德国柏林大学医学院,六年后毕业,进入柏林大学外科医院任助教,1940年他又获得柏林大学医学院博士学位,并取得德国医师资格,成为为数不多的能在德国行医的中国人。1943年,邝公道转至德国东北钢铁联合企业创伤医院任教,两年后被提升为主治医师及柏林市工业外伤监督医师。

1945年10月,邝公道回国,应邀出任广州陆军总医院外科主治医师兼代主任。1947年,中山大学医学院聘他为外科副教授,次年升任外科教授,此时他年仅32岁。邝公道受命创立了中山医学院外科学系,成为第一任系主任。此外,他还加入国际外科学会,成为当时我国华南地区唯一的会员。

20世纪50年代朝鲜战争爆发,邝公道报名参加抗美援朝手术队,担任中南医疗队队长。也是在50年代,他实施局麻环痔切除术、采取胃黏膜下止血法,率先在广东省成功开展门脉分流术、心脏二尖瓣狭窄分离术、肺部分切除术和跟骨病灶清新术,还于1959年成功抢救大面积烧伤病人。60年代,他实施了人造血管移植、小血管吻合、断肢再植等手术,开展了无机骨、人造骨等实验并应用于临床,还成功进行了我国首例断足再植手术、我国第四例断指再植手术。

"文化大革命"时,邝公道被扣上"叛国投敌"的帽子,遭到抄家,被投入监牢。"文化大革命"结束后,于1978年出任暨南大学医学院教授,同时参与筹建暨南大学医学院和广州华侨医院。1980年晋级为一级教授。1986年,邝公道退休,与广州经济技术开发区合作,创办了我国第一所专门为小儿麻痹后遗症病人服务的外科医院——广州开发区邝公道矫形中心,致力于儿童脑瘫外科治疗和研究。

从医60多年来,邝公道先后在国内外医学刊物上发表了50多篇论文。他主译的R. Stich等《外科手术时的错误和危险》一书,该书成为外科医生的必读书。他主编的《小儿麻痹后遗症外科手术治疗》一书,从理论和

---

① 陈予欢编著《民国广东将领志》,第131页。

实践上解决了小儿麻痹后遗症外科矫形治疗的不少难题,受到国内外手术界的高度评价。1992年,邝公道获颁"发展我国医疗卫生事业突出贡献奖",享受国家特殊津贴。2003年,邝公道因心脏病去世,享年87岁①。

2. 军事领域留学德国的广东留学生

广东赴德国进修军事的留学生都成行于20世纪30年代,目前所知有三人,即黄镇球、陈籍、区寿年,他们均受南京国民政府官费派遣。

黄镇球(1898~1979年),字剑霆,广东梅县人,国民党陆军一级上将,曾留学德国学习防空,在抗日战争中的贡献巨大。

1911年,黄镇球考入著名的广东陆军小学。受孙中山革命理论影响,于1912年加入中国同盟会。1914~1919年先后入读湖北陆军第二预备学校、保定陆军军官学校。1920年,黄镇球南下广东,加入粤军,任上尉参谋,后升为少校副官,因作战勇敢且足智多谋,被人称为"老虎仔",升任粤军第一师参谋。1922年,黄镇球追随孙中山北伐,代理师副官长,随后参加孙中山指挥的对陈炯明的东征。1926年年底任琼崖警备司令,率团驻防海南岛。1927年任新编第三师师长,参加北伐。此后两次参与张发奎发起的"护党"运动,均以兵败告终。

1931年6月,黄镇球由张发奎资助赴德国学习防空,1933年回国。次年被蒋介石聘任为中央防空学校校长兼军政部兵工制造研究委员会副主任委员。1936年1月授陆军少将军衔,10月升中将,任防空委员会副主任委员、防空处长。1937年抗日战争全面爆发后,任首都防空司令部副司令、航空委员会防空厅厅长、防空总监。

1934~1936年的三年中,黄镇球军衔呈快速升迁趋势,从中可以看出他在蒋介石心中的分量和蒋介石对防空事务的重视。黄镇球的功绩就在于他一贯主张注重实效的防空,他设计的防空工程让日军的轰炸威力大减。

实际上,在黄镇球从德国留学回来,被人介绍给蒋介石时,蒋介石起初并没有立即委以重任,而是先要求他到南京、杭州等地考察防化部队和防空工作。考察之后,黄镇球给蒋介石提交了一份详细报告和防空计划。在计划中,他严厉批评当时拒敌机于国门外的观念,认为那是不切实际的做法,并提出以消极防空为主的主张,即在敌强我弱的情况下,不能与敌

---

① 彭梅蕾:《百年暨南人物志 邝公道》,《暨南大学学报》(自然科学与医学版)2006年第2期;周树芬:《敬爱的老师邝公道教授》,http://sums56.hitechemall.com/ani/kwong.htm。

人硬拼空中力量，而要加强防御，减少伤亡，让敌人的空中优势得不到发挥，达到我方以退为进的目的。对比跟日本空军硬碰硬的观点，黄镇球的思想更切合实际，所以蒋介石在看了报告后，大为赞赏，批示照办，由此非常信任黄镇球的军事能力，撤换了原防空学校校长，改由黄镇球接任。从此，黄镇球开始大力推进中国防空建设。在他接任校长半年后，蒋介石要求他在南京进行一次防空演习，以检阅防空建设的成绩，而且不让其提前排练。结果，为期三天的防空演习顺利完成，并受到国内外一致好评。蒋介石非常高兴，下令把演习开始的日子定为全国防空节。

在开展以军队政府为主的防空建设的同时，黄镇球发动全国各级地方政府调动民间力量进行防空建设，宣传防空知识，培训组织防空救护团。除了在城市组织建设防空设施外，还在全国建立了近五千个防空哨，每个哨所配三至四名官兵和一部电台。在抗日战争全面爆发前，这样的防空哨几乎遍布中国的乡村山野。

七七事变后，黄镇球受蒋介石委任，在南京秘密成立防空司令部，抓紧准备抗战事宜。在1937年8月15日，当日机第一次空袭南京时，市民得以及时躲避，防空部队也及时反击，还有过一发炮弹击落三架敌机的记录（一发炮弹击中一架轰炸机，引爆了机上的炸弹，并波及另两架敌机，三机尽毁）。南京战后，他因防空有功，升任航空委员会防空厅厅长。在南京陷落前，蒋介石委派黄镇球到后方部署全国防空事宜，并把防空重点移到重庆。

淞沪会战、武汉会战后，中国空军基本力量消耗殆尽。到国民政府退守重庆时，中国的防空力量基本上仅剩下一些残破的高炮部队了，而此时的日本空军正频繁轰炸大后方的抗日基地和交通干线，中国方面无力进行有效反击，只有用疏散、隐蔽等消极办法来减少伤亡。在这种情况下，黄镇球的消极防空战略奏效，由他号召建立的广大乡村山野上的庞大防空哨体系起到了理想的预警作用。当时中国的地面上没有一部雷达，全靠防空哨对敌机进行监控预警。这些防空哨大多在高山峻岭之上，在全国数量达到了一万多个。依靠组织严密而又高效的电台传递信息，使敌人的所有前线机场全在监视之下，敌机只要一起飞，不用20分钟，我后方的防空指挥部就能收到预警信息，从容组织疏散、隐蔽、伪装。这种防御方式的性质类似于中国古代的烽火台狼烟预警信号传递，不过更迅捷、隐蔽。

在整个抗日战争期间,黄镇球几乎跑遍了全国的非沦陷区。他亲自去选点考察重要的防空哨所,判断哪里可能是敌人的轰炸重点,在现场指导军队和民众进行防空。他对部属们说,我们多尽一分精力多尽一分脑力,就能为国家多保存一分元气,就能为胜利多增添一分希望。他所推行的"消极防空"、"广建防空哨体系"政策,令中国在大量日军飞机轰炸的威胁下,有效减少了伤亡人数。即使美国派飞虎队来中国协同抗日之后,中国的防空还是以这些防空哨为耳目。雷达虽然先进,但当时的体积非常庞大,在高山峻岭之上安装很困难,而且容易受到敌人攻击而失效。抗战胜利后,飞虎队陈纳德将军回到美国,特制了一万个飞机徽章,委托黄镇球赠予那些曾在高山峻岭之上为国家站岗放哨的空防人员。美国总统罗斯福也因防空哨的设立大大减少了美国空军伤亡人数,特授予黄镇球自由勋章。

1945年抗日战争胜利后,黄镇球任后方勤务总司令。1946年任联合勤务总司令、参谋本部参谋次长、国防部次长。1947年任广州绥靖公署副主任、广东保安司令、广东省警保处长。1949年任总统府战略顾问。

1949年黄镇球迁往台湾,任联勤总司令。1951年晋任陆军二级上将。1954~1957年先后调任"国防部"副部长、台北卫戍总司令。1962年授任陆军一级上将、"总统府"战略顾问委员会副主任委员。曾当选中国国民党第七届候补中央委员,第八届、第九届中央委员,第十届、第十一届中央评议委员。

1979年7月5日,黄镇球病逝于台北,享年81岁。国民政府授予他青天白日勋章,以表彰他一生在军事领域中的巨大贡献。黄镇球的代表著作有《防空讲话》、《防空十二年》、《联勤讲话》等①。

陈籍(1900~1974年),又名明臣,字叔平,广东琼山(今属海南省)人,陈策(1893~1949年,中华民国海军二级上将,国民党中央执委)的胞弟,国民党少将,曾赴德国研习军事。

1927年,陈籍毕业于日本陆军步兵学校,回国后历任海军陆战队连长、营长、团长、旅长。1936年升任军事参议院少将参议,赴德国留学研习军事。1939年回国,再入陆军大学将官班接受培训。次年任第七战区司令部高参。抗日战争结束后任广州行辕少将参议。1949年秋任海南防卫总

---

① 陈予欢编著《民国广东将领志》,第396页。

司令部保安第二师副师长。1950年5月到台湾，任台湾警备总司令部民防处专员。1958年退役①。

区寿年（1902~1957年），字介眉，广东罗定人，国民党陆军中将，曾赴德国学习军事。

1919年，年仅17岁的区寿年加入粤军。1921年冬，由他的舅舅蔡廷锴保送入粤军阳江军事教习所学习，结业后历任司务长、排长、连长。1925年参加北伐战争，1927年升任营长、团长，1929年任旅长。参加了粤桂战争和中原大战，并参加了国民党对中央苏区红军的围剿。1931年5月任国民革命军第十九路军第七十八师师长。

九一八事变后，区寿年所在的十九路军第七十八师调防上海。1932年"一·二八"淞沪抗战，日本派陆战队猛攻上海，区寿年率十九路军第七十八师奋起迎战，被授予青天白日勋章。1933年1月，区寿年任赣粤闽湘边区左路军第七十八师师长，率军围剿中共红军根据地。1933年11月20日参加福建事变反蒋介石，任人民革命军第一方面军第三军军长，后蒋介石调大兵入闽镇压事变，区寿年遂宣布拥护南京中央，闽变因此失败。之后，十九路军被分散收编，番号取消，区寿年改任国民革命军第一七六师师长。

1934年，区寿年赴香港居住，不久赴德国学习军事。1936年回国后在第五路军任师长。1937年3月授陆军少将军衔。全面抗战爆发后，区寿年率军参加淞沪会战、徐州会战与武汉会战。1938年5月被授予中将军衔，9月任第四十八军副军长兼一七六师师长。1939年11月任第四十八军军长，1943年3月任第二十六集团军副总司令。

抗日战争胜利后，国共两党再次内战，区寿年任国民党第六绥靖区副司令官，进攻共产党军队，并在黄泛区大战中取得胜利。1948年6月，兼任整编第七兵团中将司令官，于7月6日的豫东战役中被解放军俘虏。

1950年，区寿年获特赦，回到广州，任民革华南临时工作委员会宣传委员会委员，1954年任广州市政治协商会议常务委员。1957年1月15日，区寿年在广州病逝，享年55岁②。

---

① 陈予欢编著《民国广东将领志》，第146~147页。
② 陈予欢编著《民国广东将领志》，第66页；《南昌起义中走出的国军将领之区寿年篇》，铁血社区，http：//bbs.tiexue.net/post2_2967866_1.html。

3. 警务领域留学德国的广东留学生

留学德国学习警务的广东留学生，目前笔者仅知有曾磊。

曾磊（1909~1978年），广东五华人，国民党少将，曾留学德国慕尼黑警察学校。

有关曾磊赴德前的历史资料不多，仅知道他曾在广东警官学校第六期进修。1934年，曾磊从德国慕尼黑警察学校毕业回国，历任南京中央宪兵学校教官、警训处长、军事委员会防空总监部上校科长、中央训练团高级警训班第四期训导处处长。1948年任广东保安司令部上校科长、少将警务处处长兼特勤团长。1949年到台湾。其后情况不详[①]。

军事留学生在为国家效力、抗击外敌入侵方面起到了积极作用，但也不可避免地卷入了内战的漩涡，客观上消耗了国力。上述南京国民政府时期广东军事类留德生的共同特点是，他们都效忠于南京国民政府，都参加了对中国共产党军队的围剿，都在抗日战争中奋勇作战，因此，对这些军事将领的评价也应客观。

笔者认为，效忠国民党还是共产党应属于信仰选择问题，不宜过分指责国民党阵营中的将士。因为国民党在孙中山掌权时期，反抗北洋政府统治的行动以及纲领是符合历史发展潮流的；在一段时期内，国共两党还实现了合作，许多共产党员以个人身份加入国民党，联合北伐，不少军事人才就是在这个时期被派赴国外深造的。南京国民政府是当时国际上代表中国的唯一合法政府，留学生们得到了官费资助，回国后重新回到国内，为政府效力也是不难理解的事情。

对于留学归国的军事将领参加对中国共产党军队围剿的问题，似乎也不宜过分苛责。除了上述所讲的信仰原因外，首先应该清楚的是这是他们的军人职责之所在，即使归国将领不愿意打内战，但国内政局也绝不是个人能随意左右的。我们应当看到，有相当一部分国民党将士不愿意打内战，在日本军队全面侵华的时候，许多国民党内的有识之士也希望一致对外，特别是当抗日民族统一战线形成之后，国民党的不少高级将领率领军队与中国共产党军队团结作战，相互支援，取得了一个又一个的胜利。当抗日战争进入相持阶段之后，国民党当局抗战指导思想发生变化，国共双方一边抗日，一边又重新发生摩擦甚至军事冲突，使得抗日力量内耗，这

---

① 陈予欢编著《民国广东将领志》，第404页。

当然也不是军事留学人员所愿意看到的。抗日战争胜利后不久,国共双方又进入内战状态,人民又面临着战乱深渊,那些曾经留学国外、见识过外国富庶强大的将领又何尝不想自己的祖国统一富强,又岂愿意同胞相残,生灵涂炭?! 上述解释或许不会让所有人认同,但笔者坚信,除了信仰方面的对立之外,国共双方拥有共同的祖国,有着共同的人性,而这是让曾经饱受战乱之苦的中华民族由分裂走向统一,由贫穷走向富强的坚实基础,也应该是绝大多数留学归国志士的追求目标。

四 求知法兰西的广东留学生

在世界现代化发展过程中,法国是18世纪世界上经济最为发达的国家之一。在19世纪至20世纪,法国始终处在世界工业发达国家行列。与德国相比,无论是自然科学还是社会科学,法国也都不逊色,因此近代中国派遣学生留欧,法国也是重要目的国。进入民国时期后,中国知识分子阶层认识到,法国共和制是在破坏封建制度以后才确立的,中国破除专制,建设共和,法国经验是值得学习借鉴的。于是,在近代中国历史上,出现了一大批留法生的身影,除了少量官费生外,更多的是自费生。他们留学的专业领域广阔,除了传统的军事、实业留学外,社会科学诸学科、音乐、美术也是研修的重点。广东学生赴法留学也是在这个大历史潮流中进行的。

(一) 清末时期广东人的法国留学

有关清末赴法国留学的广东生资料,目前可掌握的不多,已知的有三位,他们是:唐宝潮、沈纮和邓鄂,均为公费生。

唐宝潮(1884~?),广东香山县人,1905年留学法国圣锡陆军学校,归国后在清朝禁卫军中任职,但其详细资料目前笔者尚未发现。

根据《教育公报》第四年(1917年)第10期的记载:1905年,一位25岁的叫沈纮的广东官费生,赴法进入中学预科,考入巴黎大学法科,在获得法学博士学位后,又转攻理科博士学位,但终因学习过于刻苦,劳累过度而病逝,时年37岁。沈纮离国赴法时,留欧学生监督还是清朝委派的官员,而当其去世时,已换成北洋政府任命的了。当时的留欧监督在给北洋政府教育部的呈文中评述沈纮说，沈纮节衣缩食，数年间节省下来的留学费用竟达两万多法郎，他全部用于买书了。沈纮终日闭门读书，休息和睡眠时间很少，他的猝然逝世，连医生也诊断不出病因，很可能是因过于用功刻苦而过于劳累，加上营养不良所致。

邓鄂（1898～1977年），又名邓锷，广东茂名人，国民党陆军中将，曾留学法国陆军步兵学校和陆军大学。

邓鄂先是就读于广东海军学校第十二期，后留学法国陆军步兵学校及陆军大学，毕业后归国，历任国民革命军连长、营长、团长。1928年任广东西区绥靖公署军务科科长、代参谋长。1934年任第一集团军第二军高参。

抗日战争全面爆发后，邓鄂先后任广东南路民众抗日自卫统率委员会委员、广东第七区保安副司令、第四战区南路特别守备区司令官、第六十四军一五五师师长。1942年6月授陆军少将。1944年任第六十四军副军长，国防部中将部员。

1949年10月，邓鄂为国民党广东暂编第一纵队司令，在国民党政府的大陆统治面临覆灭之际率部起义，但这一史实由于当时局势发展比较复杂而被很多媒体报道误解。例如，当年11月16日的《南方日报》第二七号版新闻以"清剿三角洲残匪，十分钟歼敌一纵队，俘匪司令邓鄂等七百余人"为题做了报告。《越华报》、《中山日报》等也报道了类似新闻。这导致20世纪90年代编的县志大事记只能以"邓鄂率部起义投诚"的文字载述，把"起义"与"投诚"两个不同概念内容一起叠用。新编的《中共顺德地方史》也因为历史资料记载矛盾而没有记录。直到2007年徐国芳撰写《国民党邓鄂率部起义真相》才给邓鄂的起义以澄清。

根据徐文的考证，邓鄂起义的大体经过是：1949年5月，国民党行政院南逃广州，成立广州卫戍总司令部，邓鄂任该司令部河南地区指挥部指挥官，统管武装部队。7月，成立了以邓鄂为少将司令的广东暂编第一纵队，其装备全为日式、美式的新型各类轻重武器，火力较强。9月28日，叶剑英、陈赓命令解放军兵分三路从湘赣边境向广东进军，构成对广州的包围。在前无去路后有追兵，以及共产党的强大政治宣传压力下，邓鄂权衡利弊，做出了归顺共产党的决定。当时来看，这个决定也带有一定投机性。之所以说是投机，主要表现在以下两方面：一是当1949年9月底中国共产党顺德地下党宣传解放大军南下时，邓鄂禁止部队干扰宣传，但又在10月12日派士兵协同顺德保安营和联防区队"围剿"共产党，不过到达目的地后未有任何动作；二是 10 月 15 日邓鄂率部协同地方反共势力组织所谓"庆祝解放"活动，宣布容奇"解放"，命令各处悬挂五星红旗，但随后又纠集反动武装，强行接管中共顺德地下党早已秘密掌管的容奇镇公所。

对于邓鄂的起义要求，叶剑英亲自过问，同意他们起义，并对起义宣言做了修改，签署了《确认与欢迎邓鄂起义》的函件。随后，解放军第四十四军的一个团不知情的情况下包围了邓鄂部，而邓鄂部一枪未发，就地放下武器，听令维持地方治安。1949 年 10 月中旬，邓鄂部先是在容奇河面截获一艘国民党弹药运输船，后又俘获广东第一专署保安副司令谢丽天率领的武装 30 余人和所乘的装甲船 1 艘，全部交给中共部队。17 日，邓鄂又召集容桂地区商会，宣布起义，脱离国民党，拥护共产党受到华南分局第三书记方方嘉奖。随后，邓鄂游说其胞兄国民党中将邓龙光起义。

1949 年 12 月，邓鄂移居香港，后定居加拿大。起义前后的邓鄂，经历了从反共、疑共到投共的复杂心路轨迹。在国民党众多的起义将领中，具有一定的典型性①。

我们后人在评价类似事件的时候，应该持客观的态度，对当事人进行实事求是的记述，不可过分褒贬。

（二）北洋政府时期广东人的法国留学

在北洋政府初期，首先获得官费留学资格的，是对民国建立有功的人士，这部分人在中华民国建立后不愿做官，而是选择了出国深造，被称为稽勋留学。此外，常规的公费留学生遴选也在进行，成绩和表现优秀的学生可以获得政府资助。稽勋留学生和常规官费留学生中都有广东籍人士，而且他们在中国社会发展中发挥了重要影响力。

1. 官费留学法国的广东留学生

在官费留法的广东籍人士中，张竞生、汪精卫是稽勋留学生，他们和郑毓秀、沈纮、翟俊千、叶公超等官费生在法国各高校研习哲学、社会学、文学、国际政治和经济理论等社会科学各专业，郑彦棻学习统计学，符岸坛、李煦寰、官其慎、陈道衡、梁子骏、文华宙、薛仲述则学习军事。

汪精卫、张竞生可以算是近代中国留法稽勋留学生中最为人注意，同

---

① 徐国芳：《国民党邓鄂率部起义真相》，《广东党史》2007 年第 6 期。

时也是最具争议的两位人物。

汪精卫（1883~1944年）被认为是中国历史上"最大的汉奸"，似乎已无争议。社会舆论一致说他为了当上中国的"第一人"而投降日本，出卖中国利益。现在回过头来看，汪精卫投靠日本人，出卖中国利益是无可争辩的。可是他在抗日战争前却多次主动放弃手中的权力，以辞职来换取国民党内部的稳定和团结，这也不能说他是为了名利；抗日战争爆发后，他也深知与日媾和将背上汉奸的罪名，却毫不犹豫地走了下去，这似乎也不是一个真正精心算计的政客的做法，因而某些所谓"定论"也就有重新讨论的必要了。

辛亥革命成功后，汪精卫实践了他"革命成功后，一不作官，二不作议员，功成身退"的诺言，在和陈璧君举办了结婚仪式后，于1912年9月前往法国留学。1913年3月，南方革命派发动了反对袁世凯的"二次革命"，汪精卫应孙中山的要求，回国加入讨袁行列，失败后又逃回法国，入法国里昂大学攻读社会学。在他流亡法国期间，袁世凯还曾经不计前嫌，托蔡元培代请他回国做总统府的高级顾问，被汪精卫拒绝。由此再次可以看出，说汪精卫是喜欢追逐权力的野心家并不公允。

1915年12月，袁世凯复辟帝制。汪精卫再次应孙中山急召回国反袁。孙中山病逝后，广东政府于1925年7月改组，汪精卫因众望所归，被举为国民政府常务委员会主席兼军事委员会主席。1926年3月18日，蒋介石不请示汪精卫就发动了中山舰事件，这种目无中央的行为自然引起汪精卫的不满和愤怒，然而此刻大部分国民党中央委员赞同蒋介石的排俄排共行动——汪精卫的权力被蒋介石架空。见蒋介石已经在权位争夺上表现出咄咄逼人的态势，为了避免国民党因此内讧，能集中力量北伐，汪精卫决定辞职让权给蒋介石。在他看来，让蒋来领导完成孙中山的三民主义目标也未尝不可。于是，本来就无权力欲的汪精卫主动让位，于1926年5月11日第三次前往法国。

没想到局势的发展很有戏剧性，蒋介石当权后实行的独裁统治很快就让国民党内众多人失望，国内要求汪精卫回国复职的呼声转而高涨，蒋介石也不得不假意电请他回国。1927年2月下旬，汪精卫归国。回国后的汪精卫除了他高高的名望外，手里依然没有军队可指挥，而蒋介石牢牢抓住了军权，已尾大不掉，无人能与之抗衡了。继蒋介石发动"四·一二"反革命政变另立政权后，汪精卫在武汉也实行"分共"，随后与蒋介石合流，但在政治形势逼迫下，在9月通电全国，宣布下野，年底发表声明退出政界，第四次前往法国。

1930年，汪精卫联合冯玉祥、阎锡山、李宗仁共同反蒋，再次失败，潜逃香港。1931年，又纠合各派反蒋势力，在广东另立国民政府。九一八事变后，与蒋介石合作，西安事变后出任国民党政治委员会主席。

1937年全面抗日战争开始，汪精卫被举为国防最高会议副主席、国民党副总裁、国民参政会议长。对于中国正在进行的抗战，汪精卫持悲观态度，认为抗日必败，应该及早与日本达成和解，以免中国国土全部沦亡。在这种观念的指导下，1938年12月，汪精卫潜逃到越南，发表通电，表明自己将与日本和平共处，走一条曲线救国之路，这成为汪"汉奸"之路的开始。然而汪精卫的"救国"算盘遭到中国各阶层的强烈反对。在日本的层层威逼胁迫下，汪伪国民政府被日本裹挟着，一步步走向中华民族的对立面，最后连本来就显得牵强的曲线救国理论也不攻自破——汪精卫再也没有回头路了。1944年11月10日，汪精卫在日本名古屋病逝，享年61岁。

1912年到1913年，民国政府先后向美、英、日、法、德等国派出了两批稽勋留学生，他们多为原先追随孙中山打天下的革命党人，或是对辛亥革命有功人士的子弟。目前确知的第一期稽勋留学生共25人，其中广东生16人，16人中留学欧洲的有3人，他们是张竞生、冯伟、萧友梅。张竞生留法学习文科，冯伟（临时稽勋局局长冯自由的弟弟，历史资料不详）留英学习路矿，萧友梅留德学习教育学（已见前述）。

张竞生（1888～1970年），原名张江流、张公室，广东饶平人，是中国20世纪20～30年代著名的哲学家、美学家、性学家、文学家和教育家，曾留学法国巴黎大学、里昂大学。

张竞生青年时期加入同盟会，后被孙中山委任为南方议和团首席秘书，参与南北议和谈判。民国肇建后，张竞生没有留恋国内的高官厚禄，而是选择了出国留学。在稽勋留学生派遣名单中，张竞生排名第一。留学法国的经历让他对社会以及人类发展等问题有了独到的思考。回国后，他曾任北京大学哲学系教授，也曾在粤东山区开展轰轰烈烈的"乡村建设运动"。他还曾率先提出计划生育，首倡爱情大讨论，征集出版《性史》，引起世人广泛关注，褒贬不一。

张竞生与故乡广东有不解的情缘。小时候的他对家乡的感情是复杂的。他所在的村子生活环境不安定，与邻村经常发生械斗，他的父亲因此受过伤，一个堂兄因此丧命。更不安定的是他的家庭，父亲的妾挑拨离间，让原本和睦的家庭支离破碎，大哥、二哥被逼出走南洋，大嫂、二嫂先后被逼自尽。幸亏有母亲极力呵护，张竞生才能入读私塾，但科场的暗箱操作使他在童试中名落孙山。清末新政废除科举后，张竞生先后就读县立小学、汕头岭东同文学堂、黄埔陆军小学，逐渐接受了西式教育理念和孙中山革命思想。1908年，张竞生因带头剪辫和安排饭厅就餐秩序引发斗殴，被早就对他有成见的校长开除，于是投奔远在新加坡的孙中山。一个多月后重返家乡，想继续读书，却被迫答应父亲先结婚的条件。婚后一个月，他便远赴上海求学。

1909年，18岁的张竞生考入京师大学堂法文系，在那里他参加了援救因刺杀摄政王而被捕的汪精卫的行动，从此与汪精卫结下革命友谊。辛亥革命后，南北议和开始，张竞生被同盟会委任为南方代表团首席秘书。民国建立后，张竞生主动放弃即将到来的大好仕途，申请了赴法国读书。留学期间，张竞生博览群书，参与社会实践，顺利通过考试和答辩，获授巴黎大学文学院文学学士文凭，之后继续深造，于1919年4月通过了论文答辩，被授予里昂大学文学院哲学博士学位。

1920年2月，张竞生回到了阔别八年的家乡，受聘为潮州金山中学校长。在归国的船上，踌躇满志的张竞生写了一份建设家乡广东的施政建议。建议洋洋洒洒，包括社会改良、经济发展、教育振兴、民生福祉。特别值得一提的是，张竞生还建议广东实行避孕节育，提高人口素质。张竞生在开放、发达的法国社会熏染多年，自觉收获满满，所以面对即将参与改造的事业，显得意气风发，但他忽视了一个问题，即在中国传统文化中，性和生育作为禁忌仍然不能轻易突破，即使作为省长的陈炯明也不能脱此窠臼，因此张竞生在见到陈炯明的时候，施政建议碰了个大钉子——陈炯明对他的施政建议并不满意，这让张竞生受聘金山中学校长之事蒙上了阴影。

1921年2月，张竞生在好友的说情下就任金山中学校长。他上任后着力做了三件事：一是整顿教学。他开设拼音课，推广普通话，注重外语教学，按西方标准调整课程，开设实验室，还亲自深入课堂，听课、评课，使学校的教学环境大为改观。二是整顿校风。他要求教师为人师表，学生一律穿制服，集中住宿，严格遵守作息时间，还在学校显眼处设置意见箱，校风由此焕然一新。三是整顿校产。金山中学虽拥有庞大的校产，多年来却被各方面的人瓜分殆尽，所以张竞生回收学校利权的举措惹恼了既得利益者，他们随后抓住张竞生的计划生育理论和教学过程中出现的意外事件大造舆论，鼓动潮汕人和学生围攻学校。张竞生被打伤右眼，县政府出动警察才把这场风潮平息下去。校产整顿失败。

1921年9月，改革遭遇挫折的张竞生辞职，受聘为北京大学哲学系教授。在北京大学，西方教育的积淀发挥出了优势，张竞生的讲课受到师生广泛肯定，但由于他策划和准备出版《性史》一书，舆论一时鼎沸。《性史》是西方文化与中国文化在张竞生思想中碰撞的产物，认真严谨的专业研究态度使他将精力集中于他所进行的工作，再一次忽略了中国传统文化可能带来的巨大反弹力。迫于舆论压力，张竞生又不得不离开北京大学。1925年冬，以张竞生为主任委员的北大风俗调查会进行了一次风俗调查，受英国大文豪蔼理士性心理丛书的启发，张竞生把对性史的调查列入三十多项调查内容中，并在报纸上刊登启事，公开向社会征集个人性史，共收到二百余篇稿件，他从中选出七篇，加上按语，于次年4月出版了《性史》第一集。

张竞生的本意是借出版《性史》来开启中国的性教育，这在西方不是难以接受的事，但在传统的保守文化占绝对优势地位的中国，这必定是越雷池之举。出人意料的是，《性史》出版后，国人争相购买却将其视为淫书，卫道者纷纷指责张竞生传播西方淫风，败坏风俗。虽然张竞生指天发誓说自己敢向天、向良心宣誓，他的主意是正当的，但仍然被扣上"性学博士"、"大淫虫"的帽子，这给他造成了巨大困扰。

西方文化思想引导张竞生走到中国文化思想队伍的前列，他却因此受到中国传统文化的强烈阻击而败退。如果不是《性史》引起如此巨大的社会反响，他也许不会那么快就终止追寻理想的脚步，也不会在后来的日子里处处碰壁，在落寞中走完他的后半生。这些经历之所以汇集在他的身上，跟他在法国留学时所接受的思想有密切联系。张竞生留学期间，注意观察了解法国社会，他的博士论文《关于卢梭古代教育起源理论之探讨》答辩获得教授们的肯定，论文中有对于情人制的探讨，在当时也没有受到哲学教授们的质疑。从张竞生早年的博士论文，到北大教书时的专著《美的人生观》、《美的社会组织法》，到离开学界后的译述《卢梭忏悔录》、《梦与放逐》、《歌德自传》、《烂漫派概论》、《伟大怪恶的艺术》，一直到晚年撰写半自传式的小品文《浮生漫谈》、《十年情场》、《爱的漩涡》等，几乎张竞生所有的著译中，都隐隐约约可见卢梭的影子，说明留法经历对他的思想影响之深。

离开北京大学后，张竞生于1926年在上海开设了一间美的书店，并创办了《新文化》月刊，仍然因受传统文化之阻而宣告失败。几年后，张竞生再度赴法，1933年回国。当时主持粤政的陈济棠让他主编《广东经济建设》月刊，兼任广州《群声报》编辑。张竞生不满意在广州的生活，遂回到家乡饶平县，组织乡亲们修通了饶钱公路，兴建了苗圃，并引进台湾的良种甘蔗和优质桐油树种，实施他理想中的乡村建设运动。抗日战争全面爆发后，张竞生出任饶平县民众抗日统率委员会副主任，率民众忍痛将刚刚建设好的公路毁坏，并多次严词拒绝汪精卫请他到南京出任伪职的邀请。1949年以后，张竞生先后任饶平县生产备能委员会主任、广东省农林厅技正等职。"文化大革命"期间，张竞生被遣送到饶平县樟溪厂埔村改造。1970年突发脑溢血去世，享年82岁。

近代中国落后挨打的局面，促使一批批知识分子从西方吸取知识以图改良中国。张竞生当初作为第一批稽勋留学生，就是抱此目的而选择攻读哲学。他希望从老百姓日常生活入手，提高人们的认知度和幸福度，从而提升国家力量。他的美学思想力图将他所理解的西方哲学理论与中国实际结合，提高老百姓的日常生活习惯素养，但当他企图将西方观念植入中国的现实社会中时，所产生的结果却不是他能完全预料到的。他极力宣扬美的生活，认为要追求生活中美的衣食住行，公民要追求美的身体、美的事业、美的娱乐、美的性育、美的节日、美的政府组织、美的政策构架。他甚至在北京大学成立了审美学社，极力提倡美的生活和美的艺术。

张竞生认为人类社会发展会经历三种政治体制：鬼治、法治和美治。古代的鬼治不适用于近世，现代的法治妨碍聪明人的自由发展，未来社会的人们将充分享受物质与精神上的娱乐与幸福，那就是美治时代。他甚至预言，在未来的美治社会，国家将实行"一院八部制"。一院即爱美院，是国家的最高权力机关，由全国各地经过公平竞赛选出的"五后"（即女性的美的后、艺术的后、慈善的后、才能的后、勤务的后）、"八王"（即男子的美的王、艺术王、学问王、慈善王、勤务王、技能王、冒险王、大力王）组成，下辖以广义的美为目的的八部，即国势部、工程部、教育艺术部、游艺部、纠仪部、交际部、实业与理财部、交通与游历部，各部均以考虑审美效果为要。

从人类社会的发展阶段,特别是当时中国社会的发展阶段来看,张竞生的设想显然不合时宜,但他的思想中也有现实可行的内容,如他在设计"美的北京"计划时提出的城市按功能分区和绿化的主张,在当时不被人们重视,当今却已被应用到城市建设中。张竞生的美治主义社会蓝图有太多不现实的因素,但是他立足生活、着眼民生、充满人文关怀的构想是值得后世钦佩和学习的[①]。所以,陈平原教授在为张培忠《张竞生评传》写序时感慨地说,张竞生是一个生错了时代、选错了职业因而注定命途多舛的浪漫派文人。

郑毓秀(1891~1959年),广东新安县(在今深圳市)人,曾留学法国巴黎大学。在清末民初的中国,郑毓秀集诸多开风气之先的"第一"于一身:她是中国第一位获得博士学位的女律师,民国第一位省级女政务官,民国第一位女地方法院院长与审检两厅厅长,第一位参与起草《中华民国民法典草案》的女性。

郑毓秀是一位奇女子。她出身于清末一个封建官吏家庭,天性叛逆,不愿意受"三从四德"的约束,五六岁时强烈拒绝缠脚,父母最终只好让步。13岁时,得知祖母给她与两广总督的儿子定了娃娃亲,便立即写信给男方,解除了婚约。此事给她的家庭引来一场不小的麻烦,后来举家搬迁到天津。

1905年,郑毓秀入读天津崇实女塾教会学校,两年后东渡日本,加入同盟会,1908年回国从事革命活动。1909年,汪精卫等赴北京刺杀清政府要员,郑毓秀在同盟会的安排下负责接应。她利用社交活动,通过一位西欧外交官与几位外国朋友的掩护和帮助,顺利完成了运送炸弹的任务。

除此之外,郑毓秀曾两次参与了革命党人暗杀清政府要员的活动。第一次是刺杀袁世凯。辛亥革命爆发后,袁世凯被清政府任命为内阁总理大臣。1912年1月9日,革命党人认为袁世凯阻挠南北议和,派出四个暗杀小组设伏暗杀他,但刺袁未遂,大批军警捕获了暗杀小组中的十余人,郑毓秀受伤逃脱。随后她设法找外国记者出面保释了罪证不足的七人。刺袁行动十几天后,郑毓秀又加入了第二次暗杀活动——行刺良弼。良弼坚决反对清帝退位,且掌握着一定数量的军队,是真正阻挠南北议和的阻力。

---

① 刘淑锋:《张竞生生活美学思想初探》,硕士学位论文,首都师范大学,2008,第35页。

郑毓秀和其他同盟会员周密安排，暗杀行动成功。

1914年，袁世凯得知郑毓秀曾经参与暗杀自己的行动，非常恼怒，下令暗杀郑毓秀。同盟会得知消息，遂安排郑毓秀赴法国留学避难，入索邦大学（巴黎大学前身）攻读法学专业。1917年郑毓秀获法学硕士学位，继续攻读博士，于1924年毕业，成为中国第一位取得巴黎大学法学博士学位的女子。在留法期间，她加入了法国法律协会，成为该学会的第一位中国人。

1919年1月，巴黎和会召开。郑毓秀被任命为中国代表团成员，担任联络和翻译工作，她同时还是留法学生组织的重要领袖。6月27日晚上，郑毓秀被留法学生与华工推举为代表，前往中国首席代表外交总长陆征祥住处谈判。在谈判时，郑毓秀用藏在衣袖里的一段玫瑰枝突然顶住陆征祥，冒称是手枪，以枪毙他为威胁，要求陆不听从北京政府，拒签合约。最终陆征祥没有去凡尔赛宫签字，为中国政府后来收回山东扫清了障碍。

一个较为普遍的观点认为，是郑毓秀的玫瑰枝恐吓阻止了中国首席代表陆征祥签署《巴黎和约》，笔者认为这很可能不是真相。按照正常逻辑，陆征祥作为中国首席谈判代表，如果因为怕死保命就违背中国政府意志而私自决定不去凡尔赛宫，不在合约上签字，那其行为的后果对于自己、对于国家都是相当严重的。这是一个连普通老百姓都明白的道理，重任在肩的首席谈判代表当然不会犯此低级错误。事实上，中国代表团最终拒绝在《巴黎和约》上签字是在非常复杂紧张的环境中做出的决定①，郑毓秀的玫瑰枝恐吓所起到的作用微乎其微。换言之，即使没有郑毓秀的恐吓，中国代表团也是会按照当时的局势发展而最终拒签合约的，但郑的中国职业外交官的敬业精神还是应该给予充分肯定的。

1919年，广州军政府外交部任命郑毓秀为外交调查名誉会员，被称为中国女子参政之先例。1920年，郑毓秀一度受邀回国，赴四川携六位女生赴法勤工俭学。在法国，她结识了一位法国参议员格儒夫人，该夫人应郑毓秀之请援助过中国留学生。

1925年郑毓秀回国后，被聘为北京女子师范大学校长。1926年，郑与

---

① 参见石建国《陆征祥与巴黎和会》，《历史档案》2003年第1期；黄尊严：《也论陆征祥在巴黎和会中的作用——与石建国先生商榷》，《历史档案》2003年第4期。

她同学——后来成为丈夫的魏道明博士在上海法租界开设了律师事务所，成为中国第一位女律师。除了从事律师工作外，郑毓秀还在1927年后历任上海审判厅厅长、国民党上海市党部委员、江苏政治委员会委员、江苏地方检察厅厅长、上海临时法院院长兼上海发行院院长、国民党立法院委员、建设委员会委员。

抗日战争期间，郑毓秀曾任教育部次长。1942年，她作为驻美大使夫人，随丈夫魏道明开展外交工作。1943年，陪同宋美龄访美，其外交能力和品格分别受到罗斯福总统夫人和杜鲁门总统夫人的称赞。1947年，魏道明改任台湾省主席，郑毓秀随夫赴台北。1948年，魏道明被免去台湾省主席职务，仕途受阻，夫妇俩移居美国，从此淡出了政治舞台。二人曾一度赴巴西经商，但商场不顺，而蒋介石则无限期缓发他们回台湾的通行证，夫妇二人最后只好复返美国。漂泊异乡的郑毓秀，晚年落魄，疾病缠身，于1959年12月16日病逝于美国洛杉矶，终年68岁①。

翟俊千（1891～1990年），广东东莞人，曾留学法国里昂大学，获法学博士学位。他一生近百年，半在教育领域，半在军事领域；半在国民党阵营，半在共产党阵营，是一位传奇式的人物。

1914年，翟俊千在东莞中学毕业，考入北京大学，因为学习成绩优异，受到校长蔡元培的器重。他还是五四运动中的学生领袖之一。1920年大学毕业后，在劳工教育指导委员会任职，兼铁路劳工师资养成所所长。1921年考取官费赴法留学，入里昂大学攻读国际政治和经济理论专业。留学期间，他与同学筹建了中国社会民主党，以马克思列宁主义为指导，并与周恩来领导的旅欧共产党巴黎支部有密切联系。1924年，翟俊千作为中国代表团成员参加了在比利时首都布鲁塞尔召开的反帝反殖大同盟国际会议。

1927年，翟俊千在获法学博士学位后回国，在上海国立暨南学堂任教。适逢南京国民政府在暨南学堂基础上扩建暨南大学，要使之成为一所综合性的全国华侨最高学府，身为政治经济系主任的翟俊千被任命为副校长，实际上校长事务基本都由他处理。翟俊千对暨南大学最大的贡献之一，就是效法蔡元培"思想自由，兼容并包"的办学方针，主张学术民主，广罗人才。他聘请了许多不同学术观点的知名学者来校任教授，如郑

---

① 张玉光：《民国女杰——郑毓秀》，《文史月刊》2006年第4期。

振铎、冯沅君、梁实秋、夏衍、黄宾虹等，还邀请鲁迅、蔡元培、徐志摩等名人来校做演讲，使暨南大学成为知名学者和专家云集的学府。

翟俊千还曾担任大夏大学法科教授、国立劳动大学社会科学院教授、上海建设大学校长、香港南华工商学校校长，及北京大学、清华大学、中山大学、上海法政大学、法商学院等校的校董、教授等职。1930年，他还担任广东军事政治学校政治部主任，第一集团军第三军政治部少将主任兼特别党部书记长。1932年任教中山大学时，还一度出任汕头市市长。翟俊千在任上解决了两大难题：一是英国怡和洋行殴伤中国工人致死案，二是地方驻军长期把持税捐案。卸任市长后，翟俊千重返暨南大学任教。

1941年，翟俊千赴重庆，任中央银行经济研究处专门委员。1943年，与谭平山等在重庆秘密成立三民主义同志联合会。1947年冬参加以李济深、蒋光鼐等为首的民革章程起草小组，筹备成立中国国民党革命委员会。

中华人民共和国建立后，翟俊千在上海人民银行任高级计划经济员。后来，随着阶级斗争不断升温，他的工作不断地调动，地位不断下降。他曾在银行学校任中专教师，在人民银行干部培训班做政治经济学教员，最后到苏州做了中学历史老师，直到1961年退休。他曾于新中国成立初期任上海市第一届、第二届、第三届政协委员，后来只在区里任政协委员。

在高等院校里任职三十多年，翟俊千的学生可谓桃李满天下。而经历了几十年风雨的他，也养成了淡泊名利、乐观知足、随遇而安的习惯。一家三代五口人，居住一间28平方米的房子，生活简朴，他从没抱怨过。人们似乎很难把这位老人与那位曾经的国民党少将、汕头市市长和全国著名高校校长联系在一起。1986年，已经95岁高龄的翟俊千特意回广州参加暨南大学80周年校庆。阔别暨南大学大半个世纪的老校长重返校园，成为一时的佳话。自此，翟俊千再次走入公众的视野，被视为"国宝"。1986年5月，时任上海市市长的江泽民特地签署了上海文史馆名誉馆员的聘书，并亲自送到老人手中。1990年7月16日，翟俊千在上海逝世，享年99岁①。

叶公超（1904~1981年），原名崇智，字公超，广东番禺人，出生于

---

① 捷英：《爱国办学万千热血 寡欲知足蛰居民间》，《南方都市报》，http://epaper.nddaily.com/I/html/2008—12/10/content_652781.htm。

江西九江，著名外交家、书法家，曾先后留学美国艾姆赫斯特学院（Amherst College）、英国剑桥大学、法国巴黎大学。

1912年，年仅8岁的叶公超被叔父送到英国和美国读了三年书。11岁回国，入读南开学校。1919年五四运动爆发，家人认为他参加学校学生救国十人团是荒废学业，于是在1920年把他送到美国接受高中及大学教育。在艾姆赫斯特学院获得学士学位后，叶公超又转赴英国剑桥大学，1924年获剑桥大学文学硕士学位，接着入读法国巴黎大学。长期的留学生涯，使叶公超深受人文主义熏陶，他对人友善、自由、开放、洒脱，但同时直言不讳，具有一种独特的绅士味道。

1926年，22岁的叶公超归国受聘为北京大学英文系讲师，主讲"英文作文"和"英国短篇小说"，凭借自己广博的知识赢得了同事和学生们的普遍尊敬，并很快在中国文学圈崭露头角。1927年春参与创办新月书店，同年任暨南大学外国文学系主任、图书馆馆长，并兼吴淞中国公学英国文学教授。1929年任清华大学外国文学系教授。从1932年9月开始，叶公超负责《新月》编务工作，他视《新月》为自文学革命以来唯一坚守自由纯正原则的砥柱。叶公超还主编了《学文》杂志。在他的栽培下，一些新人逐渐崭露头角，如钱钟书、杨联升、李健吾、卞之琳、吴世昌、何其芳、季羡林等。1935年复任北京大学英文系讲师，1937年抗日战争爆发，他随校南迁，任西南联合大学外国文学系主任。

1940年，一向秉持文学理想、不问政治的叶公超因为保护国宝——西周青铜器毛公鼎，被觊觎国宝的日本宪兵逮捕，饱受刑讯。出狱后，他弃学从政，于1941年秋受聘为国民党中央宣传部国际宣传处驻马来亚专员，为中国抗日做国际宣传。这一年，叶公超37岁。1942年2月，叶公超被委任为中央宣传部国际宣传处驻伦敦办事处处长，凭借流畅的英语、雄辩的口才以及儒雅的绅士风度，给丘吉尔等英国政要留下了深刻印象，也受到顾维钧、王世杰等老资格外交家的好评，被誉为国民党中央宣传部国际宣传处三员大将之一。1947~1949年，他先后任国民政府外交部参事兼欧洲司司长、外交部常务次长、外交部政务次长、外交部部长。自弃学从政到出任国民政府外交部部长，仅用了八年的时间。

蒋介石败退台湾后，叶公超为稳定中华民国的国际地位做出了巨大贡献，特别是1954年《中美共同防御条约》的签订，让台湾国民党政权吃了定心丸。1961年11月，叶公超在外蒙古加入联合国问题上主张坚持强硬态度，与蒋介石意见相左，被罢免外交部部长职务。即便如此，叶公超也成为国民党政权史上任期最长的外交部部长。此后的叶公超身挂闲职，喜则画兰，怒则绘竹，生活平静。

1981年11月20日，叶公超病逝于台北荣民总医院，终年77岁。他的著作有《介绍中国》、《中国古代文化生活》、《英国文学中之社会原动力》、《叶公超散文集》等。

研究叶公超的人认为，叶公超最让人怀念的，不是他在外交上的成就，而是在外交工作之外过人的学识和率真的性情，这其实是一种让人喜爱的文化人品格。比如在非工作场合"处处藐视外国规矩"：他讽刺西装，说西装袖子上的纽扣现在用来装饰，其起源却是防止大家吃喝之后，用袖子揩嘴巴。洋人打领带，更"妙不可言"，是为了便于让人牵着脖子走，且对牵着他的人，表示由衷的臣服。如果换作一个老谋深算的政客，是绝不会说这样的话的。因此也有学者评价叶公超说，他从未想到政治的严酷性，始终只是一个身在政坛的文化人。这评价不无道理①。

郑彦棻（1902～1990年），广东顺德人，国民党陆军少将，曾留学法国里昂中法大学、巴黎大学。郑彦棻幼年丧父，母亲体弱多病，是祖母把他带大的。1918年郑彦棻越级考入广东高等师范学校，接受进步思想，逐步走上革命道路。师范毕业后，任职于广东大学教育系。1926年春冬，郑彦棻被广东大学派赴法国留学，入读以广东大学海外部的名义开办的里昂中法大学学习统计学专业。1926年转入巴黎大学统计学院，1928年取得统计师学位，成为第一位在该院毕业的中国学生。1935年郑彦棻回国，受聘担任中山大学法学院院长。

抗日战争爆发后，郑彦棻先后出任国际反侵略会中国分会秘书、国民党中央训练委员会委员、军事委员会政治部设计委员、中训团党政训练班指导员等职，领陆军少将衔。1939年8月起先后担任广东省临时参议会参议员、广东省政府委员兼秘书长、广东省政府统计长等职务。

1946年，郑彦棻出任制宪国民大会代表，参与制定中华民国宪法。

---

① 杨志敏：《叶公超：才具超拔的饱学之士》，《晶报》（多媒体数字版）2009年5月5日；黄天才：《"外蒙入会"与"叶公超去职"》，《台湾周刊》2003年第9期；张芙鸣：《人物春秋：消失于文坛的叶公超》，《文汇报》（电子版）2004年12月17日；徐百柯：《叶公超：还是文人最自由》，《中国青年报》（电子版）2006年3月22日；傅国涌：《叶公超传》，河南人民出版社，2004。

1947年出任立法院立法委员,并在行宪后成为第一届立法委员。这一年,郑彦棻在泛亚洲会议上,挫败了一起"藏独"阴谋。郑彦棻率中国代表团参加在印度新德里召开的泛亚洲会议,然而英国政府策动印度邀请中国西藏派团与会,企图分裂中国。西藏地方政府派了三名代表去印度,用的是藏族军队的"雪山狮子旗"作为"西藏国国旗"。在英国的授意下,这面"国旗"与中华民国国旗一起挂在会场上。更令人难以容忍的是,在主席台后墙上的亚洲地图中,中国西藏被划成了一个国家。此情此景惹怒了国民政府代表团和中央社记者。会议快开幕时,印度临时政府总理尼赫鲁步入会场,郑彦棻立即走向他,抗议说:西藏自古就是中国的领土,不是一个国家,这次会议把西藏弄成一个国家是严重损害中国主权和领土完整的举动,如果会议主办方不立即改正并向中国道歉,中方就要退出此次会议。尼赫鲁感到事态严重,当即道歉。当天中午,泛亚洲会议秘书处改画了地图,将西藏区域重新划到了中国版图内,并撤下"雪山狮子旗",将"西藏代表团"驱逐出会场。

1949年,郑彦棻随国民政府前往台湾,任"侨务委员会"委员长、"司法行政部"部长、"总统府"秘书长及国民党中央常务委员。1990年6月21日在台北去世[①]。

法国是欧洲的军事强国,是最早建立并实行普遍义务兵役制度的国家。早在17世纪中期,国王路易十四就建立了庞大的陆军和海军,其中陆军在训练、装备及纪律、士气等方面的先进程度,几乎超前了同时代欧洲大陆其他国军队半个世纪;从事筑路、修桥、设障等军事工程的士兵,最早也是出现于17世纪的法国军队中。18世纪末,法国人首次用气球进行了军事侦察,还组建了一支气球航空队,在战场上服务多年,这是空军的雏形。法国大革命时期,拿破仑的名言"不想当元帅的士兵不是好士兵"对各国军队都产生了一定影响。法国海军在19世纪末始终占据着世界海军第二的位置。因此,近代中国向海外派送的军事留学生中,前往法国的占相当比例。一批北洋政府时期留法学习军事的广东学生,在中国近代历史进程中,特别是军事史中扮演了重要角色。这些人中,知名的有符岸坛、

---

① 陈予欢编著《民国广东将领志》,第296~297页;汪幸福:《国民政府三挫"藏独"阴谋》,《世界新闻报》(网络版)2008年4月18日。http://gb.cri.cn/12764@2008/04/18/29452025859.htm。

李煦寰、官其慎、陈道衡、梁子骏、文华宙、薛仲述等。

符岸坛（1897~1937年），广东文昌（今属海南省）人，国民党陆军少将，曾留学法国陆军大学。符岸坛幼年在家乡读书，1917年考入云南陆军讲武堂第12期步科，次年毕业，赴法国陆军大学留学。学成回国后，在国民党军中历任广东保安第五师排长、连长、营长，第十九路军教导团团长、陆军步兵学校军事教官。1932年，符岸坛率部参加上海"一·二八"淞沪抗战，后随军开赴福建进攻红军。参与福建事变失败后，在上海任保安团团长。1937年8月9日，日本驻沪海军陆战队两名官兵驾驶汽车，冲击虹桥机场，被符岸坛保安部队击毙。日寇以此为借口大量增兵，8月13日大举进攻上海，淞沪会战爆发。符岸坛奉命率保安总团部历经三个月浴血奋战，于11月1日奉命随军撤离上海。符岸坛升任预备第六师少将副师长，在福建长汀训练新兵。由于军务繁重，积劳成疾，1937年11月病逝于任所，年仅40岁。符岸坛的夫人梁仲筠，广东琼山县人（今属海南省），与符岸坛一样，曾赴法留学，但具体生平资料不详①。

李煦寰（1896~1989年），字彦和，广东惠阳人，国民党陆军上将，法国里昂大学药物学博士。李煦寰在少年时考入广东黄埔陆军小学第五期，后在湖北陆军第二预备学校读书。辛亥革命后就读天津北洋陆军军医学校，不久获庚款留法机会，赴里昂大学深造，获药物学博士学位。

1926年李煦寰回国，历任第八路军总指挥部军医处上校科长、北平中央政治分会机要秘书。1927年冬返回广东，先后任余汉谋第五十九师、第一军、第四路军政治部主任。1936年8月授陆军少将。1936年，陈济棠在广东经过多年积蓄力量，且暗中接受日本接济，有脱离南京中央政府、割据一方的趋势。为顾全大局，李煦寰不顾个人得失，向他的上司同时也是拜把兄弟余汉谋犯颜直谏，力陈以国家民族大局为重的必要性，促使余下最后决心，发出归顺中央的通电，从而牵动各省响应，避免了中国内战兵灾升级，为全民族抗战局面的形成做出了贡献。

抗日战争爆发后，李煦寰任广东绥靖公署政治部主任，第十二集团军及第四战区政治部主任。1940年8月授陆军中将，任第七战区政治部主任，兼战地党政委员会主任委员、广东省政府委员、《建国日报》社董事

---

① 陈予欢编著《民国广东将领志》，第366页；范运晞编著《琼籍民国将军录》，南海出版公司，1993，第352~353页。

长。在抗日战争后期，国民党右派不断搞反共摩擦，但李煦寰坚持抗日，倾向进步，他想方设法保护爱国抗日的下属，包括一些中共地下党人士，这让蒋介石很不满意，蒋一度把他调到重庆，不让他接触军中事务。一些曾受到李煦寰多方设法保护的下属在时隔数十年之后仍然对李煦寰感念不忘。

抗日战争胜利后，李煦寰被委派为监察院委员，调离军职，但他遇事不避权贵，以社稷为重的秉性仍然不变。当时孔祥熙开办的扬子江公司以公谋私，李煦寰依法对其提出弹劾，在当时引起巨大反响，但在四大家族的垄断局势下，他的个人力量无法改变混乱黑暗的局势。

国民党溃退台湾后，李煦寰没有赴台，而是携妻儿到了香港，任教于高校，直到80岁时才从教学岗位退下来。他一生清廉，没有积蓄，以至于定居香港后，家境清贫，其菲薄的教学薪金几乎难以维持生计，甚至要依靠在港的老部下余叔韶的资助。受过他的教诲的人都知道，李煦寰两袖清风，一身傲骨，对他非常敬重。1987年他在自己91岁寿辰时题句"酒肠枯竭诗堪朴，琴韵悠扬调自高"，这是他平生清廉高尚品格的写照。1989年2月4日，李煦寰在香港病逝，享年93岁[①]。

官其慎（1899～1986年），字师亮，广东始兴人，国民党陆军少将，曾留学日本神户海军学校、法国巴黎大学。官其慎曾先后就读于广东黄埔海军学校第十五期、日本神户海军学校、法国巴黎大学政治系。历任国民革命军第四军军长张发奎的中校秘书、副官、江西临川县县长、始兴县县长。1934年任第四集团军独立第三师政治部主任，广西南宁军事政治学校上校教官。抗日战争爆发后，任第四战区政治部政工大队长，少将高级参议。1945年任第二方面军司令部少将军法处处长。1946年任广州行辕军法处处长。1947年辞职到香港经商，1949年秋转赴台湾，其后事迹不详[②]。

陈道衡（1900～1986年），原名修行，又名道行，广东兴宁人，国民党陆军中将，曾留学日本陆军士官学校、法国陆军大学。陈道衡早年参加粤军，就读于广东宪兵学校，毕业后历任排长、连长、广东陆军速成学校教官。在参加对陈炯明的东征期间，屡立战功，由排长、连长升任上校

---

① 李慕程：《我所知道的李煦寰先生》、钟承宗：《李煦寰其人其事》，均见《惠城文史资料》第5辑。
② 陈予欢编著《民国广东将领志》，第255页。

团长。

1925年，陈道衡辞职赴日本留学，入读陆军士官学校第二十期工兵科，后到法国留学，入读巴黎陆军大学。1930年回国后任广东绥靖公署少将参议、广西第四集团军总司令部少将高参。抗日战争全面爆发后，南京国民政府委任陈道衡为广西绥靖公署中将高参。1939年后任第三战区司令部工兵主任、军事委员会中将参事兼西南国际交通线视察组长。1945年9月，任国防部高级参议，授陆军中将军衔。

1947年，陈道衡因无意仕途而选择了退役，移居香港。他热心公益，曾为家乡捐资，创办兴宁民众医院，筹资修复被洪水毁坏的岸堤。1949年，陈道衡移居美国檀香山。1984年捐资10万元给兴宁县人民医院建造玉英楼，以纪念其逝世的夫人。1986年7月16日，陈道衡在檀香山病逝，享年86岁①。

梁子骏（1892～1961年），广东开平人，国民党陆军少将，曾留学法国陆军大学。梁子骏的事迹资料所见较少，仅知其法国陆军大学毕业后回国，从1920年起先后任广东陆军测量学校、国民革命军第四军、南京中央军校教官。1934年任军政部军学处上校科长。1936年任驻法国公使馆武官。1938年10月授陆军少将，任军事参议院参议。1945年冬退役，后移居南美洲②。

文华宙（1892～1954年），广东文昌（今属海南省）人，国民党少将，曾留学法兰西军官学校、巴黎陆军大学。文华宙留法前就读于广东黄埔海军学校。1929年从法国归国，历任南京陆军步兵学校中校教官、上海市税警第二团中校副团长、税警总团上校副总团长。抗日战争爆发后，调任海南岛广东保安第七团上校团长、第七战区第六十三军一五八师少将副师长兼政治部主任。1946年起任国防部第九军官总队少将大队长、茂名师管区少将副司令。1954年病逝于张家口③。

薛仲述（1906～1996年），字力生，广东乐昌人，国民党少将，曾留学法国航空学校。薛仲述共兄弟四人，他排行第二，其中大哥薛岳为人所熟知，三弟为薛叔达，四弟为薛季良。四兄弟都是国民党将军。1927年，

---

① 叶少华：《"中委盐"与粤湘盐粮互换》，载广州市委员会文史资料研究委员会：《广州文史资料》第八辑，1963。
② 陈予欢编著《民国广东将领志》，第335页。
③ 陈予欢编著《民国广东将领志》，第45页。

薛仲述从中央军事政治学校第五期步兵科毕业，被派往法国航空学校学习飞行，回国后任广东航空学校飞行教官。因派系斗争被排挤，调入其兄薛岳所在的第四军，任特务团中校团附。1938年，又在薛岳的支持下考入陆军大学正则班第十六期。1940年毕业后在薛岳的长官部参谋处任作战科科长。此时，薛岳升任第九战区司令长官，三弟薛叔达在作战科当中校参谋，四弟薛季良在长官部特务团当少校团附，一家四兄弟，齐聚薛岳的长官部。1943年到1944年中，薛仲述陆续任陆军步兵上校、少将参谋长、少将副师长、少将师长。1946年获颁胜利勋章、忠勤勋章，1949年1月获颁四等云麾勋章。此后相继调任广东省政府政治干部训练团少将教育长、暂编第五军少将军长、第四军少将军长。1950年，薛仲述赴台湾，任第五军少将军长。1954年调任三军联合大学战术系主任教官。1967年退役。1996年12月13日，薛仲述病逝于台北，享年90岁。

2. 自费留学法国的广东留学生

在北洋政府时期，有一批广东人依靠富裕的家境或他人的资助去法国研习文学、艺术、法学、实业或军事，有一部分人无法得到资助却也登上了赴法的轮船，在法国依靠勤工俭学圆满完成了学业，回到祖国后开辟出了一片崭新的事业。目前已知的广东自费留法生有赖玉润、马思聪、陈洪、黄强、吴国光、林文铮、林风眠、李金发。

赖玉润（1899~1975年），又名先声、希如，广东大埔人，曾留学法国巴黎大学和国际学院。在广东留法生中，他的经历是最曲折的。他曾是勇敢忠诚的共产党员，汕头市革命政府市长，但又先后两次加入国民党，一度任湖南省国民政府少将参议员，最后还被国民党除名、通缉。

赖玉润出身于农民家庭，1916年考入潮州金山中学，读书期间参加了宣传抵制日货的学潮。中学毕业后，回乡任广德学校校长。1921年，赖玉润任职于两广盐运署，两年后考取广东高等师范学校文史部，受社会改革主义影响，发表过《平民教育》、《改革丧制刍议》等文章。1922年加入社会主义青年团，任高等师范学校团支部书记兼新学生社主任。1924年出席中国社会主义青年团扩大会议、团广东区委暨广州地委第四次代表大会，参与制定广东团的主要工作方针。

国共合作初期，他根据团组织的安排加入国民党，历任青年团广东区委和广州地方委员会执行委员、书记、学生委员会书记、组织部长、宣传部长等职。1925年5月，赖玉润加入中国共产党，不久升任共产主义青年团广东区委书记。省港大罢工爆发后，他动员团员、学生、城镇青年参加游行示威，吸收进步青年入团，发展壮大共青团组织，出版了《平民教育》、《岭东评论》、《琼崖评论》等革命刊物，还开办工人补习夜校，宣传革命理论。同年，经东征军总政治部主任兼东江行政委员长周恩来提名，广东区委任命赖玉润为中共汕头地委书记兼国民党潮梅特别委员会主任委员。他拥护和贯彻执行孙中山的三民主义，发展联合统一阵线，在各县市建立共产党和共青团及工会、农会、妇女、学联等组织。1926年春，调任中共两广区委秘书长。

国共两党分裂后，赖玉润数次召集中共两广区委成员开会，研讨反抗国民党的方针和应变策略，起草了《中共两广区委反抗反革命屠杀宣言》。1927年南昌起义爆发，赖玉润受命赴汕头策应南下的南昌起义军，并组织武装暴动，与朱德、叶挺、贺龙率领的军队一起占领潮州、汕头，并被委任为汕头市革命政府市长。起义失败后，赖玉润逃到香港。11月底，他以中共广州市委宣传部长的身份领导广州起义的宣传工作。广州起义失败后，遭到通缉，再次逃往香港。

在中国共产党革命受挫、处于低潮的时候，赖玉润对革命前途感到悲观绝望，他由香港逃到上海，避居在朋友家中，从此脱离了革命队伍。后来得到同乡富商的赞助，前往法国巴黎大学和国际学院留学。六年后获文学硕士、法学硕士学位，遍游美国、法国、德国、瑞士、意大利、比利时。从此，他由一个无产阶级革命者转变为资产阶级改良主义者。1933年，赖玉润回国，任教于上海法政学院，兼任私立大厦大学经济学教授。他对上海经济进行了专题调查，还撰写了《中华民族史》、《中华民族的血统源流的考证》等论文。

抗日战争时期，全民族实现了联合抗战，赖玉润再次加入国民党。先后充任国民革命军第十九集团军第四路军总部和武汉卫戍区司令部中校秘书、《月刊》总编辑及青年军事训练班上校教务处处长等职，同时教授国际政治课程，撰写《欧洲战势》、《国际时局》等述评，发表《民族团结》、《统一抗日》、《开发海南岛，建立对日防务》等政论文章。1940年夏，他被保送到重庆国民党中央高级干部训练团受训，之后任湖南省国民政府少将参议员，行政训练团教授、教务长、邵阳县县长。1942年，因和军政头目意见分歧，辞去县长之职回乡。1945年，任广东省参事室参议和行政训练团教导处处长。

第三章 广东社会与留学欧洲

抗日战争胜利后,赖玉润历任广东省训练团处长、地政局秘书、省政府参议处处长、经济顾问兼省府设计考核委员会副主任委员、华南区人口管委会委员。1948年受聘为上海私立华侨中学校长。新中国成立前夕,赖玉润因不满国民党内部的种种腐败和黑暗,脱离国民党阵营,举家移居香港。1949年8月,他参加了《华南民主人士起义宣言》签名义举,因此被广东国民党开除党籍并被严令通缉。

1950年2月至7月,赖玉润在南方大学第四期学习马列主义,他认真回顾、总结了个人的历程。结业鉴定书认为他对马列主义认识较深,思想意识方面已初步克服非无产阶级意识和个人主义的生活方式。同年8月,他被分配工作,先后任广东省人民政府参事室研究员兼财经组秘书、华南联合大学财经学院教授,后参加政协土地改革工作队,到珠江三角洲农村去探索土地改革经验。1955年任教于广州华侨文化补习学校、商业学校。两年后被错划为右派分子,下放到三水县农场劳动。1962年任广东省文史馆馆员。

1975年5月31日,赖玉润病逝于广州。他的复杂人生经历,从一个独特的角度折射了近现代中国的一段历史[①]。

19世纪时,法国巴黎已经成为欧洲音乐文化的一个中心,尤其是法国小提琴学派对欧洲影响较大。19世纪末20世纪初的法国音乐界,享有世界盛誉,印象主义音乐吸收了东方音乐因素,大大丰富了音乐的表现力,芭蕾作为独立的艺术形式,开始在法国盛行,法国音乐界可谓盛况空前。广东人马思聪和陈洪就是在这个历史时期自费赴法学习音乐的。

马思聪(1912~1987年),广东海丰人,中国著名小提琴家、作曲家、音乐教育家,曾两次留学法国,入读南锡音乐学院、巴黎国立音乐学院。

马思聪出生于官宦家庭,父亲马育杭曾担任过陈炯明的省财政厅厅长。童年的马思聪即表现出对音乐的兴趣,7岁开始学习风琴,9岁学会口琴和月琴。1923年,11岁的马思聪随大哥留学法国,1925年考入法国南锡音乐学院,学习小提琴、钢琴、视唱和室内乐。同年冬,师从法国著名小提琴家、巴黎国立歌剧院奥别菲尔多教授学习小提琴。1927年秋考入巴黎国立音乐学院提琴班,成为该院第一个中国学生。

1929年年初,17岁的马思聪回国探亲,在香港、广州、上海等地演

---

① 何展琼、赖柱胜:《赖玉润》,《广东党史》1994年第4期。

出，获得成功，被誉为音乐神童。1931年，广东省政府官费资助马思聪再次赴法学作曲。次年归国，任私立广州音乐学院院长，并在香港与大陆各大城市演出，同年与他的女弟子王慕理结婚。1933年任教于南京中央大学艺术系。1937年受聘为中山大学教授，同年创作代表作《思乡曲》，这一年他26岁。

1937年抗日战争全面爆发后，马思聪担任中华交响乐团指挥、贵阳艺术馆馆长等职，在华南、西南各地演出，宣传号召抗战。1945年抗战胜利后，先后担任台湾交响乐团指挥、广州艺术音乐系主任、上海中华音乐学校校长、香港中华音乐学院院长等。1948年，他拒绝了美国驻华大使司徒雷登赴美定居的两次邀请，留在大陆，1950年任中央音乐学院首任院长，并兼任中国音乐家协会副主席、《音乐创作》主编等职。

1966年"文化大革命"一开始，马思聪就被揪斗、抄家、关"牛棚"。1967年他偷渡至香港，转赴美国，继续音乐创作，被国内定性为叛国投敌分子。马思聪50多岁时被逼无奈，背井离乡去美国，这被周恩来总理视为自己平生深感遗憾和难过的两件事之一。1985年，中国政府宣布为马思聪彻底平反，戴了19年的叛国帽子终于摘掉，此时马思聪已是74岁的老人。当收到《对马思聪冤案彻底平反的通知》时，身在美国的马思聪一家人悲喜交加，马思聪在日记中写道："春天逐渐又回来了，祖国也逐渐走近了。"两年后的1987年5月20日，马思聪因心脏病手术失败在美国费城逝世。2007年12月14日，他的骨灰归葬广州。

从归国、"叛逃"到长眠故土，马思聪前后40年的人生轨迹折射出中国社会的巨大变迁。马思聪的一生辉煌而苦难，但他坚守自己的国格、人格尊严。他的作曲融入了19世纪末的西洋现代音乐和浓厚的民族特色因素，个性鲜明，技巧成熟，风格恬淡、素雅、简洁，音调清丽流畅。《思乡曲》、《摇篮曲》、《西藏音诗》、《塞外舞曲》是他的代表作①。

陈洪（1907~2002年），曾用名陈肇尧、陈白石、陈作献，广东海丰人，我国著名音乐教育家、音乐理论家、作曲家、翻译家，曾留学法国国立音乐学院。

陈洪出身于一个旧官僚家庭。他童年在海丰及汕头读小学，后入读

---

① 李淑琴：《论马思聪》，《中央音乐学院学报》1999年第3期；叶永烈：《爱国的"叛国者"——马思聪传（连载一）》，《音乐生活》2002年第2期。

广州培正中学。十四五岁的时候,从一位法国回来的堂兄那里得到启发,对学习音乐与美术发生了兴趣。1923~1925年在上海美术专科学校学习美术和音乐,1926~1930年赴法国国立音乐学院南锡分院学习作曲和小提琴。

1930年,陈洪回国,任职于广东戏剧研究所,与马思聪创办了一支管弦乐队和一所音乐学校,他兼任校长和小提琴教师,这一年他23岁。1931年九一八事变后,他创作了《冲锋号》、《把敌人赶出领土》、《上前线》等抗日救亡歌曲。1932年陈洪又与马思聪合作建立了私立广州音乐学院,任副院长,兼任小提琴、乐理、视唱、和声等课程的教员。

1937年8月,30岁的陈洪接受萧友梅的聘请,任上海国立音乐专科学校教授兼教务主任。当时日本正大举侵华,他组织乐队举行救济难童音乐会。上海沦为"孤岛"期间,上海国立音乐专科学校改名私立上海音乐学院,迁至租界内,陈洪改名陈白鸿。他编写了《基本乐学》和《曲式与乐曲》作为教材。他所在的音专先后造就了黄贻钧、钱仁康、邓尔敬、李德伦、韩中杰、陈传熙、吴乐懿、高芝兰等音乐界杰出人才。1941年年底音乐学院被汪伪政府接管并改名为国立音乐学院,陈洪不再担任负责人。抗战胜利后,他于1946年重新任该院教授兼管弦系主任,次年兼任国立中央大学艺术系教授。

新中国成立后,陈洪任南京大学音乐系教授兼系主任,先后创作《共青团之歌》、《教师颂》、《春风桃李》、《三门峡大合唱》等获奖作品,还著有《对位化和声》,对和声与对位进行理论研究。从1952年开始,他一直任南京师范学院音乐系主任,退休后任名誉系主任。他撰写的《视唱教程》被高教部指定为全国统一教材。他还是《中国大百科全书·音乐卷》的编委、中国音乐教育学会顾问、国务院学位委员会第一届学科评议组成员,2001年5月荣获中国文联和中国音乐家协会颁发的最高荣誉奖——金钟奖终身荣誉勋章。在陈洪80寿辰的《答谢词》中,他评价自己说,虽然教过57年书,而且很多学生都很有才能,但自己只是一名普普通通的教育工作者,所做的都是分内事,不过教龄较长罢了。

2002年7月4日,陈洪因病辞世,享年95岁。在半个多世纪的师范教育事业中,陈洪大力推广法国演唱技巧,并把一些重要的西方著作翻译成中文,培养了数以千计的音乐人才。这是一位中国现代高等音乐教育、高师音乐教育的开拓者,更是一位满怀爱国激情的作曲家①。

黄强(1887~1974年),字莫京,广东龙川县人,国民党中将,曾留学法国巴黎农业学校、英国航空学校。在北洋政府时期的广东留法生中,黄强是为数不多的自费实业留学者之一。

1904年,黄强毕业于广州天主教圣心书院,在滇越铁路公司担任法文翻译。1907年夏从保定陆军速成学堂第一期炮科肄业,1908年任两广督练公所委员,后加入北洋陆军,任炮兵排长,1911年广东光复时,任少校参谋,参加北伐。1912年后,先后任惠州绥靖处中校参谋、东江安抚使广东都督府军务副官长。

1913年,黄强参与孙中山领导的二次革命反对袁世凯,遭到通缉,遂逃往法国,入巴黎农业学校学习,后入英国航空学校学习。袁世凯败亡后回国。1916年任广东省长公署咨议,兼广东农业学校校长。1917年任粤军兵站总监、肇庆军务院航空处处长、广东工艺局局长、广东留法勤工俭学会会长,对推动广东向法国派送勤工俭学生贡献巨大。1918年,他被任命为虎门要塞司令,两年后转任潮州海关监督、广东省立甲种工业专科学校校长。1921年起任粤军第七路少将司令,陈炯明侍从副官,粤军总司令部中将总参议。1925年陈炯明军队被东征军打垮,黄强投靠国民革命军。1927年任福建漳泉留守处主任。1928年任广东南区善后公署参谋长、海南岛警备司令及琼崖实业专员。1930年任广东省保安处长兼第十九路军教导队主任。1931年任"剿匪军"右翼集团总司令部总参议、广州国民政府军事委员会委员。1932年任第十九路军参谋长,在解决上海"一·二八"淞沪抗战时和日方代表进行停战谈判,并在协定上签字。

1933年年初,为纪念十九路军"一·二八"淞沪抗战阵亡将士,黄强拿出自己名下的一大块地皮来兴建十九路军坟场。他在《黄莫京将军自述》中说,那是自己早年在广州时从当地人那里购买的多处地皮之一。1918年后由于地价涨高,遂将一些地皮卖出,获利颇巨,但对于十九路军坟场,他特别声明是按十几年前购买时的价格卖出的,没有谋利,因此说黄强捐出地皮,也无不可。据卢洁峰先生《黄强捐出私家狩猎场建十九路

---

① 林经天:《胸怀淡泊志高远 晴秋晚枫红愈深——陈洪教授传略》,《中国音乐教育》1991年第3期;《海丰名人史料》,海丰档案信息网,http://www.hfarc.gov.cn/JoinUs.asp?info=1&id=611。

军坟场》一文考证，十九路军坟场范围东到现今的东风公园，西至环市东路，北过先烈东路，南及广州大道，过去曾经是一片广袤的山林坡地，如今只剩下一条全长 300 米，宽 14 米的墓道，以及紧贴其左右的一点儿绿地了。

1933 年 11 月，十九路军参与反对蒋介石的福建事变，黄强任福建政府军事委员会参谋团主任兼厦门特别市市长，事变失败后逃往香港经商。1936 年秋任广东第九区（海南岛）行政督察专员兼保安司令，在海南岛设立农业种植场。抗日战争爆发后，任西南运输处河内及海防分处长、中国战区昆明指挥部高级参谋、第二方面军总部第五处副处长。1945 年抗战胜利后，以行政院特派员身份前往越南河内，参加侵越日军投降仪式。

1946 年，黄强授陆军中将军衔，任广东敌逆产管理局局长。1948 年夏任台湾省政府顾问，高雄市市长。1974 年，黄强在台北逝世，享年 87 岁。

然而对于黄强的评论，似乎不太容易做出。有学者认为，研究黄强时，接触的史料越多，越感到糊涂，因为在这位出身农家、却有着完整西方教育背景的高级军官身上，自相矛盾的地方太多了。比如，作为坚定的革命者，他曾积极参加 1910 年的"广州新军起义"，并因此被捕，差点被处死。他还参加了 1911 年的"辛亥革命"、1913 年讨伐袁世凯的"二次革命"、1916 年反对袁世凯称帝的"护国战争"。另外，作为行政官员，黄强先后两次主持海南岛政务（1928 年和 1936 年），设立农业种植场，开通黎区公路，并深入黎族山区进行社会调查，对海南的开发做出了贡献。但也有观点指责黄强的人品有问题。其一，有政治投机之嫌，依据是他投靠陈炯明，在陈炯明失败后又投靠广东国民革命军，且在讨论是否发动"福建事变"时，含笑不语，模棱两可，态度骑墙，甚至与红军和平相处；其二，指责他在成立福建空军而主持购买法国军用飞机时有"与法商串通作弊之事"；其三，1945 年 9 月，黄强以行政院特派员的身份入越南准备接受日军投降，可是，在越期间竟然因讨好法国人，乱说乱动，发生风波，为美军头目嘉礼格嫁祸[①]。

---

① 辛世彪：http://www.ycwb.com/ePaper/ycwb/html/2009—05/10/content_494518.htm；《黄强（莫京）将军生平撮述》，http://blog.sina.com.cn/s/blog_49d8b2980100hal7.html；卢洁峰：《黄强捐出私家狩猎场建十九路军坟场》，《羊城晚报》2009 年 5 月 10 日第 B03 版；陈予欢编著《民国广东将领志》，第 369~370 页。

对于上述指责，笔者认为，应该结合当时的历史情况，分别分析。

关于第二项指责，似乎没有什么疑问。第一项指责说他骑墙，搞政治投机，恐怕是冤枉。因为在陈炯明和孙中山反目之前，粤军是处处受到当时革命派讴歌的，以此骂他投靠军阀不公允。后来陈炯明失败逃往香港，黄强投靠广东国民革命军，也本不是难以理解的事情，像这样投靠革命军的人物不在少数，无法苛责，所以不能以此来指责他。我们不能以今天的政治形势、政治立场来要求半个多世纪前的人物，这样不符合马克思主义唯物史观。至于指责黄强在福建事变军官会议时面带笑容不开口以及与红军和平相处是他的罪过，却不详细介绍当时的环境背景，未免让人感觉缺少根据。第三项指责他乱说乱动而被嫁祸，表面黄强似乎没有主观故意，最多算是工作不利，而不应该将其作为罪责，这跟人品似乎扯不上边。

在北洋政府时期留法学生中，有一批这样的年轻人：他们家境不富裕，但却依靠勤工俭学完成了学业，中国近现代史上因此留下了他们奋斗求索的足迹。在这些勤俭生中，来自广东的有吴国光、林文铮、林风眠和李金发。其中吴国光学的是军事，林文铮、林风眠、李金发同修美术，此外林文铮还修读法国文学，李金发还修读雕塑。

吴国光（1901~1944年），广东电白人，国民党陆军中将，曾留学法国陆军大学、法国军事学院。吴国光少年时参加了陈炯明的粤军。1920年赴法勤工俭学，入读法国陆军大学，毕业后进入法国陆军实习，不久又入读法国军事学院。1928年毕业回国后，历任黄埔军校教官、南京陆军步兵学校教官、训练部上校副主任。抗日战争开始后，历任参谋本部少将国防工事督导、重庆陆军大学战役系教授、第三战区顾祝同部中将高级参谋等职。1944年因病回乡休养。当时劣绅横行乡里，吴国光对此不满，向上告发劣绅罪行，反被劣绅所杀，享年43岁[①]。

在19世纪初波旁王朝复辟的年代，法国产生了浪漫主义美术，它追求解放个性与感情，重视幻想、色彩，吸引了世界美术界人士前往法国学习。20世纪初，林文铮、林风眠和李金发也是抱着对法国浪漫主义美术的向往前去的。

林文铮（1903~1990年），广东梅县人，我国著名美术理论家和评论

---

① 陈予欢编著《民国广东将领志》，第188~189页。

家,曾留学法国巴黎大学。林文铮出生于印度尼西亚的雅加达,14岁时回到家乡,就读于梅州中学。他在那时就表现出演说才华,被同学们举推为"探丽诗社"社长。

1920年1月,中学毕业的林文铮同林风眠、李金发等百余人赴法勤工俭学,一年以后考入巴黎大学,攻读法国文学,同时研习美术理论。他的求学和生活,依靠家乡宗族公尝的助学费、亲友资助和利用假日到工厂里做工的收入维持。由于学习成绩优异,而且口才好,善外交,有组织能力,他被留法的中国学生们举推为"海外艺术运动社"社长。1923年,林文铮与本校法文系女生玛利亚相爱。

1924年5月,时任中国教育部长的蔡元培在法国考察时,参加了在巴黎举行的国际工艺美术学展览会,林文铮在中国馆任法文秘书,他的一篇介绍中国美术的论文备受蔡元培赞赏。蔡元培表示,希望他学业完成之后回国服务。1927年夏,蔡元培以中华民国教育部的名义,聘请大学毕业的林文铮回国任杭州国立艺术学院(后改为杭州国立艺专)教务处处长兼西洋美术史教授,聘请他的同学兼好友林风眠为院长。林文铮的女友因父母阻拦留在了法国。林风眠和林文铮是同宗的同学好友,但性格迥异,一个内向、不善外交,一个口才好、善外交且组织能力强,恰好利于合作。事实也证明蔡元培的判断是正确的,林文铮和林风眠携手办学,为中国的新艺术运动培养了不少杰出的艺术家。

1928年11月,在林风眠的撮合下,林文铮与同受西方教育润泽的蔡元培长女蔡威廉在杭州喜结良缘。受日本侵华影响,1938年国立杭州艺术专科学校内迁到湖南沅陵,与国立北平艺术专科学校合并为国立艺术专科学校。两校合并后出现了严重的派系纠纷,林文铮与林风眠被迫先后辞职。

1938年冬,林文铮一家随着难民潮到了昆明,夫妻二人都在西南联合大学谋得了教师职位。次年夏,蔡威廉因产后褥热缺少治疗条件而病逝,年仅36岁。林文铮痛不欲生,写下怀念亡妻的诗稿累计约百首,还一度想追随亡妻而去,然而一家老少都在依靠他生活,他不得不放弃打算。从此林文铮开始信奉佛教,每天以密宗仪式超度亡妻,不料后来竟因此获罪,下文对此有介绍。从1938年至1950年,贫困一直伴随着林文铮一家,经常发生月底无钱买菜的窘况。因为贫穷,大女儿和二女儿高中没读完就不得不辍学,三女儿更是被迫送给了朋友作养女。

抗日战争胜利后，林文铮受聘于北京中法大学，1951年任教于中山大学，1953年转到南京大学。1954年春，他与南京大学出版科的校对员广州姑娘连棣贞结婚，当时林文铮52岁，连棣贞30岁。第二次婚姻激起了林文铮对生活的信心，教学与写作都进入最佳状态，妻子帮助他抄写稿件和整理资料，二人日子过得愉快而充实。

1957年春，政府动员知识分子大鸣大放，林文铮这个出色的演说家也向政府提出了中肯的建议，受到群众欢迎，不料却因此换来一顶右派帽子。他为亡妻蔡威廉坚持近20年的密宗超度也被革命群众举报，随后他被冠以反动会道门的罪名判刑20年。因为林文铮的入狱，80多岁的老母亲哭瞎了眼睛，儿女、亲友的工作生活也大受影响，受株连最重的是他的夫人连棣贞，认识她的人避之唯恐不及，有些人甚至无事生非欺负她，乃至林文铮花费几十年心血积累的资料、诗稿、书籍也被保姆的儿子当作废纸卖掉。虽然这个坚强有毅力的女人在逆境中艰难度日，细心照顾着双目失明的婆婆，但1968年秋，当地政府仍以反革命家属为名，对她揪斗、游街、关押，倍加折磨，迫使她与林文铮办了离婚手续。连棣贞因受刺激过深患上精神抑郁症，两年后撒手人寰，时年44岁。

在林文铮服刑的日子里，南京监狱的领导和管理人员暗中给予了他不少照顾，还允许他买看法文版《毛泽东选集》、《资本论》、《列宁选集》等红书以及写笔记。因患肝炎，他的体重一度下降到只有70斤，生活极为凄苦。

1976年春，林文铮服刑期满出狱，"四人帮"垮台后得以平反。此后他受邀到厦门大学、武汉大学、南京大学等高校讲学。1990年，林文铮因患贫血症在杭州病逝，享年87岁[①]。

林风眠（1900~1991年），原名凤鸣，广东梅县人，是我国近代融合中西画法的绘画大师，曾留学法国国立第戎美术学院、法国国立高等美术学院。林风眠出身于一个普通石匠手工艺家庭，15岁时考取省立梅州中学，在绘画方面初显天赋。1919年7月，中学刚毕业的他与好友林文铮、李金发等报名去往法国勤工俭学，先是入法国枫丹白露市立中学补习法

[①] 杭杰：《马岭山房一老翁——访蔡元培之婿林文铮教授》，《今日中国》（中文版）1985年第9期；梁德新、肖伟光：《著名美术理论家和美术评论家——林文铮先生》，客家风情网，http://www.hakkaonline.com/forum/thread—50585—1—1.html。

文，1921年入读法国国立第戎美术学院。校长耶西斯器重林风眠的才华，推荐他和同学李金发转入法国国立高等美术学院学习。耶西斯的谆谆教导让林风眠意识到西方艺术拥有的巨大魅力，他也同时关注到了现代主义艺术。

1923年春，林风眠赴德国游学一年。他此行生活上最大的收获是邂逅了柏林大学化学系女生——德国姑娘罗达，二人相爱并于次年结为伉俪；事业上的收获则是广泛接触并吸收了当时作为新艺术风格形式出现的表现主义、抽象主义等新绘画流派手法。他在一年内创作了大量带有现代主义风格特征的作品，达到人生中第一个创作高峰。游学结束回到法国之后，林风眠和林文铮等组织了一个绘画沙龙——"霍普斯会"，探讨美术学理。霍普斯（Phoebus）即古希腊神话中的太阳神阿波罗，在欧洲古典神话中主宰光明、青春和艺术。1924年5月，"霍普斯会"联合另一个旅法艺术团体在法国举办了一次中国美术展览会，特邀当时正旅居法国的蔡元培为名誉会长，林风眠展出了自己的14幅油画和28幅彩墨画作品。蔡元培对这位才华横溢的年轻画家极为欣赏，法国《东方杂志》还称林风眠为"中国留学美术者的第一人"。

1924年秋，林风眠的夫人罗达分娩后不幸病逝，婴儿夭折，林风眠精神受到巨大打击。1925年4月，他和第戎美术学院雕塑系的同学爱丽丝·法当重组家庭。次年，林风眠接受蔡元培的聘请，归国担任北京国立艺术专门学校校长。到校后，林风眠着手建立了完整的教学班子，挽留住提出辞呈的教授，又请回了先前被辞退的教授，还邀请齐白石和法国画家克罗多（Claudot）来校讲学，学校的教学面貌有了新的气象。

1927年5月11日，林风眠发起并组织了"北京艺术大会"，这是中国有史以来规模最大的艺术展。林风眠希望通过这种艺术运动来改变黑暗的现实，但这种想法在政治干预和人们的不理解下受挫而失败。7月，林风眠愤然辞职，再次接受蔡元培的邀请，就任南京中华民国大学院艺术教育委员会主任委员。同年年底，受委托筹办民国政府最高美术学院——国立艺术学院，并任院长。这一次，林风眠吸取了前次的教训，注重组建一支志同道合的优秀教学队伍，他聘请林文铮、克罗多、吴大羽、潘天寿、李金发、刘既漂、王代之为各系主任或负责人，以及蔡威廉、潘玉良、李风白、方干民、李苦禅、刘开渠、姜丹书等艺坛精英分子为骨干，为现代中国培育了大量优秀艺术人才。

为进一步深化艺术运动，1928 年林风眠组织成立了"艺术运动社"，提出"为艺术而艺术"的口号，但随后出现的"为人生而艺术"的对立观点，让希望以艺术运动唤醒人民在文化上的理性和觉悟的林风眠再遭挫败。在当时的情况下，"为人生而艺术"的表现方式比艺术救国更为直接和彻底，更适应当时政治环境的变化。林风眠的艺术救国计划又遭搁浅，他的兴趣逐渐从致力于艺术改造社会转移到专注艺术变革上了。

受日本侵华的影响，1938 年国立杭州艺术专科学校（即改名后的国立艺术院）和国立北平艺术专科学校合并，时常发生派系矛盾，让林风眠越来越厌倦，于是他又选择了辞职。之后林风眠先在重庆政治部第三厅任职四年，1942 年重新在已迁至重庆的国立艺术院上课。此后直到 1991 年去世，林风眠放弃了他曾经执着过的艺术救国、美育代宗教的理想，在授课外的其他时间埋头于画室，将全部的心力都放在对艺术的探求上，基本过着半隐居式的生活。

然而即便如此，林风眠还是受到诸多有成见者的不公正对待。他在"文革"中备受冲击，他的上千幅作品被毁。值得庆幸的是，中西融合的笔墨观念在他的手上变成现实，也在绘画形式和材料方面带给传统中国以新的理念，影响了众多后来的名家，如赵无极、吴冠中、朱德群、李可染、席德进等。因此有人评价林风眠说，他是中国现代绘画艺术的启蒙者。1991 年林风眠在香港与世长辞，享年 91 岁[①]。

李金发（1900～1976 年），广东梅县人，原名李权兴，别名李遇安，李金发是笔名，曾留学法国国立第戎美术学院、法国国立高等美术学院。除工于雕塑之外，他还是一位象征派诗人，并做过中国驻伊朗、驻伊拉克大使。

1900 年 11 月 21 日，李金发出生于广东梅县的一个普通华侨家庭。他从小受到父亲极严的管教，每日练习字墨算盘，不能自由玩耍，稍有放肆即遭父亲斥骂。李金发从小营养不良，体弱多病，这很大程度上是他父亲过于要求节俭造成的。体弱多病加上严格管束下的单调，童年的李金发感

[①] 刘世敏：《林风眠传》，吉林美术出版社，1999；刘晓丹、张达莉：《林风眠为艺术的人生》，《中外文化交流》2009 年第 9 期；佚名：《林风眠生平》，中国书画网，http://www.zhshw.com/news/mingren/08328855230E5D96GE6JFEH0CF4F9A.htm。

受不到生活的乐趣,以至于成年后,他还感叹自己的童年是在无生趣中度过的。这种多病无趣的童年生活对他后来的生活经历和思想成长都产生了一定影响,孤独、忧郁经常伴随着他。

1906年,六岁的李金发入私塾读书,1915年就读梅县高等小学(相当于后来的初中),打下了较好的古文基础,但常常产生对一切都悲观、没有勇气向前奋斗的想法。1917年冬,在李金发高小毕业之际,因不满教育厅的某项规定,他跟着其他学生一起退学回家了。他一边在闲居无聊中打发日子,一边深悔自己没有像其他同学那样考入县城中学继续读书。他成天闷在家里,沉迷于鸳鸯蝴蝶派爱情小说中,这种小说的熏陶又加深了他的孤独、忧郁气质,后来这种精神气质和审美情趣在特定的机缘下与法国以忧郁为重要美学特征的象征派相遇,李金发多年来的潜能竟然找到了宣泄口。

1919年,李金发到了上海,不久便与梅州中学同学等众多青年赴法国勤工俭学。他一面学习雕塑和美术,一面研究叔本华哲学,并对法国象征派诗人波特莱尔和魏尔伦等的作品产生兴趣,开始创作这一类型的诗歌,这些因素使其早年就养成的悲观思想找到了宣泄的突破口。1923年,他创作出第一本诗集《微雨》,随后出版了《食客与凶年》和《为幸福而歌》。他的诗作在象征的整体特征下,以声形色,以色形声,表达对声、光、色、香、味的交错,渗透出浪漫的感伤主义,最突出的是对死亡、丑恶的抒写以及始终盘绕着的绝望、郁闷、悲哀的情愫,让人感到一种诗画交融的意象。诗集出版后,在文坛里引起不同凡响,有惊异的,有称许的,有讥笑的,有摇头说太过抽象看不懂的。李金发也有表现当时社会主旋律的内容,如强烈的反封建礼教和提倡个性解放之精神,以及游子对祖国思念与眷恋的乡愁等。

1925年完成雕塑学业后,李金发携他在留法期间认识并结婚的德国籍夫人回国,1927年任武昌中山大学教授,次年任国立杭州西湖艺术院雕塑系主任、教授,同时在上海商务印书馆创办《美育》杂志,引介西方绘画、雕塑、摄影、音乐、舞蹈和文学艺术作品,还先后在上海、广州等地完成《李平书铜像》、《伍廷芳坐像》、《郑仲元铜像》纪念碑。1937年,李金发出任广州市立美术学校校长。抗日战争爆发后,一度在广东、广西、越南之间颠沛流离,后任广东省革命博物馆馆长,并创办《文坛》杂志。1944年至1946年,他先后任中华民国驻伊朗、驻伊拉克大使。

1951年，李金发没有按指令去台湾，而是由伊拉克辗转去了美国，在那里独自办农业，直至1976年病逝于纽约，享年76岁[①]。

李金发是20世纪20~30年代引人瞩目的象征派诗人，他的诗风深受法国象征派诗歌的影响。周建人、鲁迅等曾对李金发的诗歌给予高度评价。他诗作的影响似乎比他的雕塑专业更引起人们的注意。因为他始终像一个令人无法猜透的谜而被戏称为"诗怪"，有人甚至认为在中国现代文学史上难以给他一个合适的定位。实际上，其充满孤独、忧郁、感伤的诗作，似乎与他的人生经历紧密联系。

综观上述几位活跃于近代中国政坛的广东留法生，可以看出，从主观上，他们都有为国为民的民族意识，这是应该给予充分肯定的，但当政局的变幻超出了个人对政治环境演变的预判时，革命热情和政治信仰往往随之发生转折，汪精卫的曲线救国、赖玉润的阵营转换经历说明了这一点；当然在客观上，因此产生的结果不是他们个人能够驾驭的。郑毓秀的被迫留法和后来的无法归台，也是一种无奈的转变；比较特殊的是翟俊千，他把精力更多地投入在教育上，且保持了知足常乐、随遇而安的心态，因而在不同历史时期都与政治漩涡保持了距离，最终以百岁高龄善终；叶公超后半生转而从政，为稳定国民党政权起到了重要作用；林文铮、林风眠和李金发三位留法的同乡同学，一位致力于美术理论研究，一位全身心投入艺术救国之路，一位在专业之外精于诗歌创作，但最后都遇到了挫折。促使他们事业发展的因素，一方面来自从小的生活经历，另一方面来自利益驱使下的整个社会发展带来的繁杂人际关系。从另一个角度来看，这一小一大两种环境的共同作用，既是他们成功的动力，也是后来导致其受挫的阻力。上述留法生的人生经历与生活环境之间的关系，值得学界进一步深思。

3. 陈炯明与广东留学教育

在中国近代史上，陈炯明是一位颇受争议的人物。他因与孙中山的政治理念出现分歧、阻挠北伐而被万夫所指，延续至今。仅从对广东教育的影响来看，陈炯明是值得称道的，他还以派送百名广东留学生为条件，每

---

① 张建智：《李金发：〈食客与凶年〉》，《博览群书》2008年9月7日。http://www.gmw.cn/02blqs/2008-09/07/content_ 859373.htm。

年捐出40万法郎支持里昂中法大学的运作，为广东乃至中国留学教育做出了巨大贡献。另外，从陈炯明捐款的条件来看，广东至少有一百名留法学生，可惜目前能了解到的留法生资料远远不够。

陈炯明（1878~1933年），名捷，字竞存，广东海丰县人，出身于一个绅商家庭，清末考中秀才，后就读于海丰师范学堂和广东法政学堂。1911年，他组织民军在惠州发动起义，同年11月在广东实行军政统治，全权代督广东20余天。随后任广东警卫军总司令、广东靖绥处经略，在振兴实业、加强社会治安、参加拒蒙运动方面业绩显著。

陈炯明一贯重视教育。1916年8月，他被孙中山任命为军政府第一军总司令，在福建漳州建立闽南护法区，提出"建立新社会"、"提倡新文化"的口号，推广新学，选派学生赴法留学。他以社会主义者自居，邀请广州的社会主义者同盟在漳州创办《闽星报》和《闽星》半周刊，并亲自为《闽星》写发刊词，他还邀请上海社会主义者同盟的发起者陈独秀来主持闽南护法区教育局。

1920年5月，陈炯明被孙中山委任为陆军部长、内务部部长、广东省省长兼粤军总司令后，继续在广东实行新学和选派学生赴法留学等政策，并再次邀请陈独秀南下主持广东教育。陈独秀接受邀请，于当年年底就任广东教育行政委员会委员长。他与陈炯明"约聘三事"：教育费拨足；教育独立；有独立的用人权。陈炯明答应陈独秀的全部条件，并在报上公布确认。

在陈炯明的坚定支持下，陈独秀在广州实行了教育改革，他创办了宣讲员养成所、机器工人夜校、俄语学校、注音字母教导团等，还顶住守旧派的反对，在省立一中（广雅中学）首创男女同校。陈独秀认为，大学是集中培养人才所在，必须建设大学，才能刷新教育，为此开始筹办广东大学（即后来的中山大学）。为推进广东的社会改造，陈独秀积极宣传新教育，先后做过多次演讲，如《新教育是什么》、《社会主义的批评》、《教育与社会》、《中学生之将来》、《工业学校与劳动运动》、《如何才是正当人生》、《女子问题与社会主义》等，宣传社会主义、禁烟、禁赌、废娼，并在报上发起讨论。陈炯明对陈独秀的工作全部鼎力支持。对于攻击陈独秀的言论，陈炯明发布省长令，严查言论制造者和散播者。陈独秀抵制某些官员干涉教育部门校长的任命时，也得到陈炯明的支持。广东省的教育经费从20余万元增至300万元。1921年8月中旬，陈独秀要到上海主持中共中央工作，向省长陈炯明提出辞职，陈极力挽留，最终没有挽留住。可以说，陈炯明信守承诺，对陈独秀在教育、文化上的工作支持是坚强有力的①。

实际上，陈炯明从当选晚清广东咨议局议员开始，就一直重视教育，包括对女学的提倡，还曾大力兴女学，倡女权。他认为，社会传统观念的转变需要女子享受到应有的权利，并需要通过教育来实现。广东由于风气未开，应当先办小学，后办师范。他还认为女学为教育之根本，为此他提出并制定《振兴女子小学议草》。1920年11月6日，陈炯明发布《告粤父老兄弟书》，宣布恢复广东人民的自治权，力图把广东建设成为南方的文化中心，实现广东人民共有、共治、共享的"平民政治"。在这样的理念下，他大力发展教育，通过对平民的精神教育，促进国民自觉自决，并把留学教育作为其中的一个环节。

受李石曾、吴稚晖、汪精卫等的宣传影响，陈炯明在漳州主政时就曾选派83名男女学生分赴法、美、英、日等国留学，还通令所辖的福建各县选派两名学生公费赴法，亲自接见留法学生并开欢送会。在陈炯明主粤之前，广东工艺局局长兼增步工业学校校长黄强于1919年10月在广州设立华法教育会广东分会，广东省省长张锦芳也支持留学事业，特通令各县送两名或三四名学生赴法深造，由县补助学费半数，以备国家之需，并函请法国政府将退还的庚子赔款拨充中国教育经费。也就是说，陈炯明与黄强、张锦芳分别在漳州与广州选送学生赴法。1920年10月陈炯明出任广东省省长后，在继续积极支持广东勤工俭学运动的同时，还提出教育立国理念，他曾表示，教育经费的支出比例应当占到全国每年经费支出的一大半才合理。他以派送广东学生百名为条件，每年捐出40万法郎支持里昂中法大学的运作。在支持留学教育的问题上，陈炯明的做法是值得称道的，他的贡献应当为历史所铭记。

陈炯明主张联省自治，反对孙中山北伐，与孙中山的政见不合。1922年6月15日，陈炯明的手下将领叶举率部轰击总统府。随后孙中山通电讨伐陈炯明，炮轰广州城。1925年3月陈炯明兵败，避居香港，后在香港组建中国致公党。

1933年9月22日，陈炯明因肠炎在香港病逝，他去世后竟无钱买棺

---

① 曾庆榴：《陈独秀与陈炯明关系考释》，《黄埔军校研究》2008年第3辑。

柩，以至于不得不用他老母亲的寿棺下葬。陈炯明的葬地今在广东惠州西湖紫薇山①。

4. 广东留法学生的勤工俭学运动

1915年，李石曾、蔡元培在法组织勤工俭学会，提倡"勤于做工、俭于求学"，旨在让更多普通中国人通过半工半读的方式留学。1917年5月，蔡元培在北京留法预备学校开学典礼上发表演说，他认为法国的政治思想、社会文化、科学技术等环境条件优越，而且留学法国费用最低，青年留学应该选择法国。北京留法俭学会的发起人华林也号召各地政府派送品学兼优的男女学生留学法国，而且最好每月补助每人50元留学费。

1917年，华法教育会、留法俭学会、留法勤工俭学会等团体先后在全国很多省市成立分会，至1919年3月，建立了留法预备学校20余家。他们的呼吁得到广东省的积极回应：一是在广州成立了留法勤工俭学预备学校，开设以法语为主的课程，为学生赴法做语言上的准备；二是广东的留法学生多数得到了政府补贴。

1917年的广东留法勤工俭学会会长是黄强，他当时为广东工艺局总办。时任广东护理省长的张锦芳也赞成半费补贴留法勤俭生。张锦芳注重教育，同情家境贫寒的读书人，认为留学法国比到其他国读书更适合广东学生，遂于1919年11月通令各县按照地方肥瘠酌予考送两名或三四名留法学生，每年由县补助学费半数。于是，广东的留法勤工俭学生先后在张锦芳、黄强和陈炯明的支持下，享受到留学半费补助，人们通常称之为半官费生。至1920年2月，广东省90余个县选送了二三百人②，成为继四川、湖南之后留法勤工俭学生人数最多的省份。

广东给留法勤工俭学生经济支持的做法受到李石曾的赞赏，他希望这种广东模式能被全国其他省份所效仿。对于广东的半费资助，鲜于浩在其《留法勤工俭学运动史稿》中评论说：由于地方政府是按俭学生每年所需五六百元的半数发给，比起没有补贴资助的有些省学生来说，他们固然是享受了半官费，但比较起享受全额官费补助的稽勋留学生来说，也仍是俭

---

① 陈三井：《陈炯明与留法勤工俭学运动》，《近代史研究》1997年第5期。
② 鲜于浩：《留法勤工俭学运动史稿》。根据华法教育会的统计，认为广东人数不足三百人（第65页）。按，华法教育会统计人数与广东选送人数有出入，这可能由多种原因导致，但不影响对广东省选送留法学生政策的评价。

学生。这个说法还是比较中肯的。

根据1922年6月20日《申报》刊登的统计数字，广东留法的勤工俭学生人数为251人。由于相关资料不足，我们今天已很难搞清楚绝大多数人留学及回国后的情况。可以确知的是，这些广东留法学生，依靠省县政府、家庭或社会名流提供的补贴，基本上能够应付基本生活需要，相比某些其他省份的勤工俭学生来说，还算是比较有保障的。广东的留法生还可以比较放松地出席一些活动，如出身武林世家的广东学生蔡伯鸿，于1920年3月10日与其他留学生组成中国武术团体游艺会，在法国国家戏院表演中国武术，受到法国人的欢迎。

然而1920年10月以后，法国经济萧条，出现工人失业风潮，勤工俭学生的做工也不可避免受到影响，陷入困境。他们每天靠从华法教育会借贷的五法郎维持生活，生活极为艰苦。由于长期营养不良又无钱看病，两年内病死60余人。在1921年1月中旬，华法教育会又以经济拮据为由，宣布与勤工俭学生断绝经济关系，让1700（一说1900）多名学生的求学和生存受到严重威胁。1921年2月28日留法俭学生向中国驻法公使馆发起了著名的"二·二八"运动，以争取"生存权"和进入里昂中法大学读书的"求学权"。中国驻法公使馆没有答应学生的要求。学生的要求却受到法国政府的重视，法国政府答应继续发放每人每月150法郎生活维持费。1921年夏，北洋政府用滇渝铁路的建筑权和全国印花税等作抵押向法国政府秘密借款5亿法郎，遭到留法勤工俭学生的强烈反对，勤工俭学生的拒款斗争取得胜利。然而这妨碍了法国在远东的利益，法国政府因此从1921年9月15日起停发留法勤工俭学生生活维持费。自华法教育会宣布与勤工俭学生断绝经济关系到争取开放里昂中法大学运动失败这段时间，广东省留法勤工俭学生仍然享受到来自家乡所在县的经济资助——每人每月400法朗。比起没有国内资助的同学，他们算是有点保障的。

在华法教育会的组织下，1919年至1920年，先后有20批共1700多人到法国留学，形成了勤工俭学高潮。据中国留法勤工俭学生总会列举的数字，截至1923年2月，"三年来死者之统计，已达百六七人"，约占留法总人数的近6%。在法国死亡的广东留法勤工俭学生，被记载的有5人，他们是王基保、王木、章泽锦，另有二人不知姓名。两位不知姓名者是因采食毒蘑菇中毒而亡，王基保因肺病不治身亡，王木遭遇车祸去世，章泽锦的死因不见于史料记载。总的来说，在法中国勤工俭学生的死因，一般均与工作劳累或生活艰辛有直接关系，广东学生因为有省县补助，劳累程度要稍小一些①。

5. 广东与里昂中法大学的办学

1919年巴黎和会期间，李石曾要求将法国退还的部分庚子赔款用于中国的海外大学建设方面，得到了里昂大学医学院院长雷宾等和里昂市政府的响应与支持，1921年7月8日，中国在海外建立中法大学，校址在里昂，称为里昂中法大学。里昂有浓郁的文化环境，数量众多的高等院校。里昂市政府专门将西郊的一座城堡拨给学校作为校舍。大学由中法大学协会负责管理，校长由中方人士担任，负责教学管理。协会董事会主席由法国政府指定人士担任，为法人代表。在决策和管理上以法方为主，招考学生工作由中方负责。

里昂中法大学的经费主要来自中国国内广东政府、中国政府的赞助或助学金、法国庚子退赔款、法国政府和里昂市政府提供的资助等。大学学制四年，招录的学生先在国内接受两年大学教育，再前往法国继续学习两年，但实际上在法学习期限并不严格，有达到三年甚至七年的。绝大部分学生在广东、北京、上海等地通过公开招考产生。一些已在法国勤工俭学的学生也在1928年和1929年经过特殊考试，进入里昂中法大学学习。

里昂中法大学的办学宗旨是为中国学生提供高等教育的机会，为中国培养一批高级学者和研究人员，同时为国内的大学提供合格的教授。因此，里昂中法大学和当时的勤工俭学运动虽然有很密切的联系，但它并不是专门为勤工俭学生而设的。里昂中法大学对报考学生有严格的资格限制，并明确宣布学习期间不得实行勤工。这项规定是为了保证学生有充足的学习时间，但对勤工俭学生来说则成了限制。里昂中法大学虽然存在时间不长（1921~1951年），但为我国自然科学、社会科学领域培养了一批高级人才。

因为有陈炯明的助款，在里昂中法大学的广东学生享受各种优待，除旅费由公家代出并免纳学、膳、医药费外，每人还可以月支零用费100法

---

① 张允候等编《留法勤工俭学运动》（资料集）第2册，上海人民出版社，1980，第482~483页；清华大学中共党史教研室编《赴法勤工俭学运动史料》第2册上，北京出版社，1980，第700~703页；鲜于浩：《留法勤工俭学运动史稿》，巴蜀书社，1994，第314~315页。

郎。比其他诸省"勤工不得，求学无门"的勤工俭学生的条件优越得多，有人甚至称之为贵族子弟。第二学年（1922~1923年），因陈炯明和孙中山矛盾激化，助学款缴纳受到战乱影响不能及时到位，后更因陈炯明失败和内战导致国内政局动荡，广东的助学款也消减下去了。

1925年2月6日，孙中山以陆海军大元帅的名义给广东省省长胡汉民及国立广东大学校长邹鲁颁布训令和指令，批准将里昂中法大学海外部作为国立广东大学海外部，然而此时纷乱的中国政局，严重影响了对里昂中法大学的拨款，学生的学业、生活受到日益严重的经济困境的影响。当时有两封学生们发给广州政府的求救电文稿，其中一封希望广州孙中山大总统、徐省长和汪精卫先生知晓广东大学海外部全体学生已款罄粮绝的境况，及早"汇款救命"；另一封是"寒叩"孙大元帅、省长、省会教育会、报界公会及里昂中法大学的中国董事，他们已经被通知即将"停膳"，希望"速电款"、"免饿毙"。电文中所用的"救命"、"饿毙"等词语说明学生们生活面临绝境。广东的全体65名留学生还一度给广东省议会、教育会及工、商、学、报各界发出催款公启，公启中描述了他们因长期欠款而使生活陷于困境的情形：他们的学费、生活费已经连续九个月不到，只靠从好心的法国人那里东挪西凑，以苟延残喘，而学校方面并不体谅这些，仍旧追讨欠款。学生们呼吁各界人士敦促政府尽快支付欠款，否则等待他们的只有饿死了。一个学生在信中写道，他们已经一年一季没收到助学款了，学费津贴俱无。这次广东欠款直至拖欠15个月后才终于汇到，但由于学生风潮，有数名学生被法方管理人员遣退回国，学业中断。广东政府曾令各县选派半官费生赴法留学，应由各县支付的半官费也因战乱而长期拖欠，战乱又影响到学生家庭的及时接济，使得许多半官费生生活、学业也陷于困境。

1923年，广东临高县的一位半官费生给主持里昂中法大学中方管理人员曾仲鸣写信，讲述自己因官费不到而使学业受影响的困境：囊空如洗，筹措无方，只恐校长不予再延期缴费，一旦停课或停膳，则一年学业全丢掉了。他在信中恳请曾仲鸣代为向法国校长求情，希望能延期交纳学费，使自己能继续学业。另一位广东龙川县半官费生也因官费积欠，学业也面临中断，请曾仲鸣敦促广东地方官尽快缴费，并在信中感叹半官费有名无实，是镜花水月，可望而不可即。有的广东学生因官费拖欠，日常食宿难以维持，不得不请求在里昂中法大学"借"膳宿两月。有的学生希望能够补入里昂大学的正式广东官费生编制内，以得到救助。还有一些即将毕业的半官费生也因官费积欠、家庭变故而学业面临停顿，请求里昂中法大学转为正式官费生以维持学业。可以说，北洋政府时期广东的留法生仅仅得到了短暂的"幸福"留法生活，随后就被国内的动荡政局影响了学业和生活。国家动荡必然影响波及国人的工作、生活，即使是海外学子的求学、生活也不例外，这是无法回避的国之不幸，民之灾难，时代之悲剧。

虽然境遇艰难，但从1921年到1951年的30年间，到里昂中法大学注册的中国学生人数仍达到了473名。他们的专业以理工科为主，主要分布在基础科学、工业技术、纺织、商业贸易、市政工程、建筑、航空等学科领域。大部分学生获得了高等教育文凭，其中131人获得博士学位，60人获得工程师文凭。不少人后来成为我国科学界、教育界和文化艺术界的中坚力量。1951年，由于经费断绝，里昂中法大学停办。里昂中法大学在促进法国学术文化在中国传播的同时，也向法国人民介绍了中国文化，加深了法国人民对中国的了解，是广东留学史乃至中国留学史上绚烂的篇章[①]。

（三）国民政府时期广东人的法国留学

蒋介石南京国民政府取得在全国的统治地位后，延续北洋政府时期的留学政策，确定留学政策原则由中央监督和指导，以各省公费派遣为重心。1929年1月，教育部颁布训令，规定各大学区、教育厅在选派留学的时候，要注重理、工两科，并选派人员严加考试。在第二年的第二次全国教育会议上，通过《改进高等教育计划》，其中的《增派国外留学生办法》强调，为适应国内建设需要，以后选派留学生应注重自然科学及应用科学，储备专科学校及大学理、农、工、医等学院的师资。学习理、农、工（包括建筑）、医药的公费留学生至少应占全额7/10，自费留学生可以按本人志愿肄习任何学科，但学理、农、工、医药、教育的，可以优先得到续

---

① 董伟锋：《里昂中法大学创办始末》，《神州学人》2005年第7期；吴稚晖：《里昂中国大学海外部的经过、性质、状况》，载北京中法大学史料编写组编《北京中法大学史料》，北京理工大学出版社，1995，第115~149页；李长莉：《民国时期留学生爱国感情的生活基础》，凤凰网＞凤凰资讯＞历史＞专题＞民国时代的大学，http://news.ifeng.com/history/special/minguodaxue/201002/0203_9438_1535941.shtml。

补公费或津贴的资格①。南京国民政府时期广东的留法生，目前所知有四位，其中两位是由中山大学选派的，他们是地理学教师吴尚时、人类学教师杨成志，另有军事留学生翁照垣，上述三人为公费留学；还有一位是自费留学生冼星海。

吴尚时（1904~1947年），广东开平人，近代著名地理学家，是近代华南地理学的开创者，曾留学于里昂大学和格朗劳布大学。吴尚时出身于书香门第。1913年就读于广东高等师范学校附小，1924年进入广东高等师范学校英语部，后转入中山大学英文系，1929年毕业，被选送法国留学，专攻地理学。他先后就读于里昂大学和格朗劳布大学，1934年获硕士学位，同年归国，受聘为中山大学地理系教授。他在讲授地形学、水文学、区域地理学、读图学的同时开始研究华南地理，这在当时具有开创性。

1938年广州沦陷，中山大学先后迁云南澄江、广东坪石、梅县、连县等地，吴尚时当时是地理系主任，他带领师生辗转随迁各地，坚持教学和研究。1945年抗日战争胜利，中山大学迁回广州，不久吴尚时转赴岭南大学任教。1947年9月22日病逝于广州，时年43岁。

据不完全统计，吴尚时在地形学、水文学、区域地理、读图学与制图等领域内的撰述，有地理专著4部，译作7部，论文62篇，合计约200万字。在地形学上，他提出珠江三角洲的峡谷生成见解，确定了广州古海岸线的位置，并确定第四纪后期海面高出今日海面约10米；提出丹霞地貌真相理论，建立了中国山脉结构"一带三弧"学说；首创用频数统计方法确定侵蚀面存在，提出旱峡成因理论，解释了广州北部山地三级侵蚀面的演进过程和特征。在水文学上，吴尚时根据地形学提出广州市东壕整治计划，论证顺德甘竹滩存炸意见，保护了水文生态和西江沿岸居民的生活、生命安全，寻找到韶关地区的水患原因并提出预防措施，论证了粤北水电开发方案。在区域地理方面，吴尚时开创区域研究与地理学相结合的先河，撰写专著《广东乐昌盆地地理纲要》、《粤北国际根据地》、《粤北四邑与南路》、《乐昌峡》、《广东南路》、《广东省之气候》等。在读图学、制图学方面，吴尚时把当时教育部规定为地理系选修的读图课列入必修科目，并预言地理制图和读图学要向空中摄影发展，领导和组织了广东地图编绘工作。

吴尚时通晓德语、英语和日语，为满足教学和科研的需要又自学了俄

---

① 教育部《改进高等教育计划》，《教育公报》1930年第2卷第30期。

语，还进修了化学方面的知识。临终前，他对未竟的研究深以为憾："余所写作，未及所愿之万一。"①

杨成志（1902~1991年），字有竟，广东海丰县人，著名人类学家、民族学家、民俗学家，曾留学法国巴黎人类学院、巴黎大学，获民族学博士学位，还曾赴美考察。1920年，杨成志考入英国教会开办的佛山华英中学，1923年就读于美国教会开办的岭南大学历史系，读书期间曾主编《南大青年》、《南大思潮》、《南风》等刊物。1927年，杨成志毕业，在中山大学跟随傅斯年、顾颉刚等教授进行民俗学调查研究。

1928年3月，中央研究院在中山大学筹建历史语言研究所，内设人类学民俗学组，由俄国学者史禄国负责，杨成志任助教。1928年夏，杨成志陪同史禄国教授夫妇及容肇祖同赴云南调查少数民族的情况，在其他人先后退出的情况下，他克服艰险，独自赴四川大凉山彝族地区调查研究彝族社会结构、风俗习惯、宗教信仰和语言文字，考察了两个多月，先后经过了200多个彝村，行程约500千米，搜集到20年代末彝民社会组织结构、文化习俗的第一手资料。回到昆明后，杨成志受到学界的褒扬，应邀在10余所学校演讲。1929年，他又用了3个月对昆明县的彝族、白族、苗族，以及金沙江沿岸和河口等地的少数民族做了调查，后来陆续发表《从西南民族说到独立罗罗》、《罗罗文的起源及其内容一般》、《云南民族调查报告》、《云南罗罗族的巫师及其经典》、《罗罗太上清净消灾经对译》等文章。

1930年，杨成志被中山大学派往法国巴黎人类学院留学，两年后毕业，又转读巴黎大学两年。在留学的四年间，他先后考察了法国、英国、德国、比利时、意大利、苏联等国的民族博物馆、大学人类学系和研究所，对欧洲文化有了深入了解。1934年由巴黎赴伦敦，出席首届国际人类民族科学大会，提交论文《罗罗的语言、文学与经典》。1935年5月获巴黎大学民族学博士学位。

1935年冬，杨成志回到中山大学，1936年任《民俗季刊》主编，1944年冬由教育部选派赴美进行人类学、民族学以及民俗、考古、语言、社会等的专题考察，其间对美国种族主义歧视发表批评看法，被新墨西哥

---

① 司徒尚纪：《吴尚时教授——华南近代地理学研究的先驱》，《地理学与国土研究》1992年第2期。

州《首府日报》专门报道。对美国人类学的考察加上之前对欧洲文化的了解，使杨成志认识到在中国创立人类学系和博物馆的必要性。1945年回国后，杨成志创办人类学系，为我国南方各高等院校培养了最早的一批人类学、民族学和民俗学等学科的教学与科研骨干，他们中的一些人已成为中国人类学、民族学界的知名专家。

1949年冬，杨成志任职于中央民族事务委员会，调查了广西的壮、侗、苗、瑶等少数民族的社会历史。自1952年起他受聘为中央民族学院教授，发表《粤桂疍民调查情况简要报告》、《广东畲民情况调查初步总结报告》，为辨识确定少数民族提供了有说服力的材料。

1957年"反右派"运动开始后，杨成志被打成右派，研究成果被当成"资产阶级民族学"而受到批判。即便如此，杨成志仍然坚持专业研究调查，1956～1962年，他多次赴广西大瑶山调查，主编《大瑶山瑶族社会历史调查报告》（共9册，约700万字），参加《瑶族简史简志》的修订。1963～1965年，先后赴广西武鸣、都安等县考察当地少数民族的社会历史、经济结构及民俗、宗教、婚姻及口头文学等的情况，分别写成四种调查报告。"文化大革命"期间他又遭到迫害，"文化大革命"后得到平反。1979年12月，他与顾颉刚、白寿彝、容肇祖、杨堃、罗致平、钟敬文等教授联名发起《建立民俗学及有关研究机构的倡议书》，在学术界引起较大反响。

1984年，82岁高龄的杨成志先生离开中国人类学、民族学教育讲坛。1991年5月逝世，终年89岁。杨成志从民俗学研究入手，在赴边疆少数民族地区考察中开始接触民族学，两度留学海外吸收西方学术理论和治学方法，又进身到人类学领域，民俗、民族、人类学兼通。在60余年的教学与科研生涯里，他先后撰写了10多本专（译）著，200多篇论（译）文，得到了国际学术界的肯定[1]。

翁照垣（1892～1972年），广东省惠来县人，国民党中将，"一·二八"淞沪抗战的首位指挥官，曾留学法国摩拉纳航空学校。翁照垣出身于

---

① 施爱东：《钟敬文与中山大学民俗学会》，《西北民族研究》2002年第2期；盛世金农网，http://www.jinnong.cc/recommend/exhibition/folkcustom/minsurenwu/2002/content_5040.shtml；《社会学家传略》，http://www.sociology.cass.cn/shxs/s09_shx/commemoration/yangchengzhi.htm；蔡家麒：《滇川民族学调查第一人——记杨成志先生滇川调查之行》，《云南民族大学学报》（哲学社会科学版）2003年第7期。

第三章 广东社会与留学欧洲

贫苦石匠家庭。青年时投军于陈炯明辖下的陈铭枢部,参加了护法战争。历任班长、排长、连长、营长、旅长、支队司令。1925年加入中国青年党。1926年任中将指挥官,后入日本陆军士官学校学习,1929年以术科第一名成绩毕业。又入法国摩拉纳航空学校深造,次年毕业,1931年回国。先后任中央警卫军旅长和十九路军七十八师一五六旅旅长。

1932年,侵华日军逼近上海,南京政府授令翁照垣一五六旅于元月28日下午四时之前调离上海。上海市民数千人聚集在旅部门口,请求翁旅长留下抵抗。翁照垣处于两难境地,他一面拖延撤退时间,一面命令部队做好抵抗日军进攻的准备。1月28日晚上11时30分,日军开始进攻闸北,翁照垣率部奋起抗击,打响了"一·二八"淞沪抗战的第一枪,也成为淞沪会战第一阶段中方前线的最高指挥官。日寇在进攻被击退后不甘失败,更换了指挥官,并再派一万兵力增援。为了激励士气,翁照垣发出《告全旅官兵书》:

> 忠诚义勇的全体官兵们,中国民族之生死存亡,已在我们的肩膀上了!大家要发扬我们铁军的精神,保持我们过去光荣的历史。日寇的陆军,在世界上算是第一强硬的,我们要把这世界上最强硬的陆军来消灭,夺取世界第一的地位。忠诚义勇的官兵们,为国家民族而牺牲,虽死亦光荣。现在各位官兵每人皆为一个指挥官,敌旗如不插在吴淞,我们死守不动。各人务求掩护之安全,以避免敌人机炮之轰击。敌如接近,即行沉着射击,子弹打完了,上起刺刀来杀敌;刺刀杀断了,用枪柄来击敌;枪柄击断了,用双拳来打敌;双手打坏了,还要用牙齿咬敌!本旅长决与大家同生死。忠诚义勇的官兵们,宁为枪下鬼,不作亡国奴,努力奋斗,坚持到底,民族之复兴,就在这一会了。我们的口号:军民团结一致!反抗日本侵略!誓死为国家求独立!誓死为民族求生存!中华民国万岁!

1932年2月28日,翁照垣接到蒋光鼐总指挥从吴淞撤退的命令。翁照垣与部下商讨后一致认为,我军已经伤亡惨重,如在敌前撤退,后果不堪想象,与其在撤退时牺牲殆尽,不如在敌人来攻时阵亡,让全世界看到大中华民族的灵魂和气节,遂号召属下各自为战,焦土抗日,和敌人拼到底!此时上海民众代表向翁旅长和一五六旅全体官兵致敬,并跪请旅长保存实力撤离,将来与日寇再战。翁照垣部队撤至苏州。"一·二八"淞沪抗战后，原燕京大学著名史学家、哲学家和诗人常燕生还专门为翁照垣作长诗《翁将军歌》。

淞沪会战结束后，翁照垣赴南洋宣传抗日并为发展中国空军募款。1933年北上抗日，先后任东北军师长、国民革命军第五军副军长。1935年任桂军纵队司令。七七事变后先后任第一战区前敌总指挥及第七战区东江游击司令。

抗日战争胜利后，翁照垣回到家乡，在汕头从事农、牧、工商业，并被推举为汕头救济院董事长。1949年中华人民共和国成立前夕移居香港。1972年病逝，享年80岁①。

19世纪20~30年代，法国音乐吸引了世界各国的音乐爱好者。法国音乐所具有的魅力来自它的不断改变、创新，其渊源可以追溯到公元5世纪的宗教音乐，后来经历了12世纪后半叶到13世纪的"古艺术"阶段、14世纪的"新艺术"时期、15世纪的从"新艺术"向文艺复兴风格的过渡时期、17~18世纪上半叶的古典主义时期、18世纪中叶的牧歌式风格的歌剧阶段、19世纪早期的喜歌剧浪漫主义化时期，到19世纪30年代，法国音乐进入繁荣期。在20世纪30年代，广东人冼星海远赴法国，接受法国音乐的熏陶，后来在发扬民族音乐、融合中西音乐元素、振奋国人抗战方面做出了杰出贡献。

冼星海（1905~1945年），广东番禺人，著名音乐家，曾留学法国巴黎音乐学院。冼星海是遗腹子，父亲生前常年在澳门捕鱼，生活贫苦。冼星海幼年时随母亲去新加坡谋生，1918年回国，进入免收学费的广州岭南大学基督教青年会所办的义学。他从小就表现出音乐天赋，有"南国箫手"的美誉。

1926年春，冼星海考入北京大学音乐传习所，师从萧友梅博士和俄籍小提琴教授托诺夫。翌年进入上海国立音乐学院，主修小提琴和钢琴。1929年夏，音乐学院学生因对学校宿舍收费不满闹学潮，冼星海作为组织者之一与同学到南京去请愿，被学校开除。之后他加入了赴法勤工俭学的队伍，买船票的钱没处筹集，他就靠一路上帮忙烧锅炉来顶替。

---

① 李韧之：《"袒怀白刃向前去，以血还血头还头"——纪念南粤名将翁照垣和"一·二八"事变奋起抗日的全体将士》，潮汕特藏网，http://cstc.lib.stu.edu.cn/renwu/wengzhaoyuan/index4.htm。

到法国后，正在巴黎学习音乐的同乡马思聪把冼星海介绍给自己的老师——巴黎国立歌剧院的帕尼·奥别多菲尔教授和国立巴黎音乐学院教授路爱日·加隆，两位教授既同情冼星海的不幸遭遇，又欣赏他的音乐天赋和吃苦精神，均免费教他提琴与和声、对位。

虽然学业上得到了支持和帮助，但冼星海依然没有任何经济资助。他一边学习一边打工，生计非常艰难，曾有几次因为又冷又饿瘫倒在街上，每次他都认为自己必死无疑，但幸而每次都有路过的好心人施舍一点儿食物，把他从死神手里拉了回来。偶尔会有人请他在别人宴会时去拉琴伴宴，给他点补贴。有几次冼星海饿得实在忍受不了，就到咖啡馆、大餐馆中去拉奏乞讨。他后来回忆起那些往事时感叹说："拉了一整天得到一点点钱，回到寓所痛哭起来，把钱扔到地下，但又不得不拾起，门外的房东在敲门催要房金，如不把讨到的钱给他，又有到捕房去坐牢的危险。"有一次在讨钱的时候，一个有钱的中国留学生把他的碟子摔碎，扇他的耳光，说他丢了中国人的脸！他当时无法反抗，含着泪，悲愤地说不出话来……

在恶劣的生存环境下，1931年冼星海以优异成绩考入巴黎音乐学院高级作曲班，成为巴黎音乐学院继马思聪以来的第二位中国学生。冼星海成绩优异，学院准备给他物质奖励时问他想要什么，冼星海朴实地回答："要饭票。"这句话至今仍给人留下很深刻的印象。

虽远在法国，冼星海还是通过报纸及国际工会的新闻影片时时了解国内的抗日战况。他把对祖国遭受苦难的悲痛、对日寇侵我中华的愤怒转化到音乐中，先后创作了《风》、《抗敌歌》、《向前进攻》、《勇健的青年》、《齐上战场》、《奋勇杀敌》、《游子吟》以及《D小调小提琴奏鸣曲》等十余首作品。

1935年春，冼星海从巴黎音乐学院高级作曲班毕业，返回祖国。他决心用自己学到的"近代音乐的力"为苦难深重的国家和劳苦大众写歌谱曲。先后参加了南国社和中国左翼戏剧家联盟音乐小组上海救亡演剧队，以及周恩来、郭沫若等领导的抗战音乐工作，深入学校、农村、厂矿，向群众教唱抗日歌曲，开展救亡歌咏运动。从1935年至1938年，他创作了《救国军歌》、《战歌》、《只怕不抵抗》、《游击军歌》、《路是我们开》、《茫茫的西伯利亚》、《夜半歌声》、《拉犁歌》、《莫提起》、《黄河之恋》、《热血》、《祖国的孩子们》、《到敌人后方去》和《在太行山上》等各种类型的救亡声乐作品，并为进步影片、话剧等谱写音乐，有力配合了民众抗日动员工作，被誉为"从法国回来把全国抗日歌咏活动搞得轰轰烈烈的音乐家"。

1938年，冼星海与钱韵玲相恋并结婚。当年10月，夫妇二人来到延安，冼星海任鲁迅文艺学院音乐系主任。他一边进行音乐教学，一边创作，一边到各处指导组织歌咏队。延安相对平和而又自由的创作环境使冼星海深受鼓舞，1939年6月，冼星海申请加入了中国共产党，他希望能改变自己的思绪和人生观，为无产阶级的音乐奋斗。

1939年3月，冼星海与诗人光未然分别作曲作词的九乐章《黄河大合唱》完成。作品气势磅礴，展现了抗日战争的壮丽画面，歌颂了中国人民的斗争精神，受到群众的强烈欢迎。毛泽东送给他一支派克钢笔和一瓶派克墨水，勉励他为人民创作更多更好的音乐作品。周恩来为大合唱题词："为抗战发出怒吼，为大众谱出呼声。"这部充满革命英雄主义气概的音乐史诗对全国军民的抗日斗志起了极大鼓舞作用。在延安期间，冼星海还创作了《生产大合唱》、《九·一八大合唱》、《三·八妇女节歌》以及《打倒汪精卫》等各类歌曲，发表了二十多篇探讨中国新音乐发展、大众化和民族形式等问题的音乐论文。

1940年5月，冼星海受党中央派遣赴苏联为大型纪录片《延安与八路军》配乐，毛泽东专门为他饯行。不久苏联卫国战争爆发，冼星海在苏联写下了交响曲《民族解放》、《神圣之战》，管弦乐组曲《满江红》、《中国狂想曲》，歌颂苏联人民的反法西斯战争，也寄托对祖国的怀念。1945年10月，由于长期劳累和营养不良，患有肺炎、肝肿、腹膜炎、心脏病的冼星海肺病加重，在莫斯科病逝。中国共产党在延安为冼星海召开了追悼会。毛泽东给他的题词是"为人民的音乐家冼星海致哀"。

1983年，应冼星海家属的请求，苏中友好协会将冼星海的骨灰移交中国，安葬于他的原籍广东番禺县城，1995年移至麓湖公园内的星海园。为了纪念这位伟大的民族音乐家，他的诞生地澳门把半岛东南部一条长450米的大街命名为"冼星海大马路"，哈萨克斯坦共和国首都阿拉木图市（当年属苏联）的一条大街被命名为"冼星海大街"。

深受法国音乐熏陶的冼星海把音乐创作同民族命运、人民的命运和愿望密切结合起来，吸收了不同民族的音乐和民歌素材，走的是一条大众化路线。他的作品至今仍具有跨时空的强烈感染力。直到今天，冼星海的一些话语还被人们时时想起，如"我有我的人格、良心，不是钱能买的。我的音乐，要献给祖国，献给劳动人民大众，为挽救民族危机服务"；"每个人在他生活中都经历过不幸和痛苦。有些人在苦难中只想到自己，他就悲观、消极，发出绝望的哀号；有些人在苦难中还想到别人，想到集体，想到祖先和子孙，想到祖国和全人类，他就得到乐观和自信"①。

五　求学苏俄的广东留学生

俄国早在1715年就以传教为名向清朝派出留学生。那些了解了中国文化的俄国留学生们，有些后来成为俄国侵略中国的工具。而中国开始向俄国派遣留学生的时间，却已是洋务运动时期了，比俄国派学生留学清朝晚了约一个半世纪。而且这还只是名义上的留学，真正意义上的留俄在清朝末年才出现。在向俄国派遣留学生方面，清朝尽管曾吃了俄国不少大亏，却一直对此重视不足。民国以后，特别是从苏联建立起，中国开始有大批的留学生赴苏联深造，出现了中国共产党、国民党历史上的一大批重要政治人才、军事人才，其中包括一些对中国社会发展产生一定影响的广东留学生。

（一）清末时期广东人留学苏俄情况概述

从18世纪初到20世纪初，俄国先后向中国派遣了18批次传教士团到北京传教。传教士在一定程度上促进了中俄文化交流，但也给俄国侵略中国提供了精准的信息，影响巨大。

彼得一世从西欧植入各种学科和管理制度，使得俄国的教育事业与欧美已没有很大差别。在教育方面，俄国的铁路学堂、矿务学堂教学质量突出，都先后接纳过中国学生。为自强御侮，清朝于1863年命令地方各省建立俄文馆或同文馆，其中在广州建立的同文馆，既直接培养俄语学生，也向俄国派遣留学生，培养更高层次的俄语人才。

清政府于1895年派遣过两批各四名留俄"住馆学生"。清政府对"住馆学生"实行谨慎的管理，学生在使馆中锻炼学习，较少真正全面接触俄国社会。几年后清政府才允许留俄学生不再住使馆，可以在学校住宿或住

---

① 马祥林：《冼星海　创作巅峰在延安》，人民网，http：//www.people.com.cn/GB/shizheng/252/5252/5253/20010606/482924.html；《冼星海》，新华网，http：//news.xinhuanet.com/ziliao/2004—10/18/content_ 2104738.htm。

在学校附近的居民家中,这样的学生被称为"学堂学生"。真正意义上的留俄开始了,但大清帝国此时的国势已日薄西山。

1903年,湖广总督端方首开省派学生留俄的先例,派遣湖北自强等学堂的学生四人。而根据清朝留俄学生监督的学务报告,在清灭亡前一年,有三位广东生在俄留学(见表3-3)①。

表3-3 广东留俄学生

姓　名	柏　山	唐宝书	刘泽荣
年龄(岁)	29	31	18
籍贯	广州驻防镶白旗满洲人	广东省香山县民籍	广东肇庆府高要县民籍
履历	翻译生员候选笔贴式	监生	
某年某月由何处咨送	光绪二十九年(1903年)十一月译学馆派,三十五年(1909年)五月到俄	光绪三十二年(1906年)闰四月黑龙江将军程咨送来俄	
费别	学部官费	黑龙江官费	自费
到学年月	光绪三十年(1904年)八月入森堡大学堂	光绪三十三年(1907年)八月入森堡大学堂	光绪三十一年(1905年)入俄南省白通府城中学堂
现习何科	法政科	格致科	普通科
预计某年毕业	宣统二年(1910年)	宣统三年(1911年)	宣统三年(1911年)
曾由某校某科几年毕业或修业几年	曾在广州同文馆肄业四年,考列第一名奏保主事在案	曾在天津俄文学堂肄业三年	
毕业后拟入何校何科或归国	毕业后拟归国	毕业后拟归国	毕业后拟入森堡大学堂

柏山与唐宝书的事迹,笔者目前只见上述资料。刘泽荣后来成为俄国共产党华员局代表,为中国的解放做出了重大贡献,并在晚年加入中国共产党。

刘泽荣(1892~1970年),又名刘绍周,广东高要人,曾留学彼得堡大学、彼得堡工业大学。

---

① 陈学恂、田正平编《中国近代教育史资料汇编·留学教育》,上海教育出版社,2007,第285~286页;郝世昌、李亚晨:《留苏教育史稿》,黑龙江教育出版社,2001,第44~45夹页图表。

1897年，刘泽荣随父母前往俄国高加索定居，在俄国接受教育，先后毕业于彼得堡大学物理系、彼得堡工业大学建筑系。虽然他是自费入学，但还是被纳入清朝驻俄学务监督的统计范围。

1917年，俄国爆发了"二月革命"，刘泽荣联络中国留学生组建中华旅俄联合会，被选为会长，为解决旅俄华工生活的困难和遣送回国做了大量工作。1919年和1920年，受邀列席了共产国际第一次、第二次代表会议，曾三次受到列宁接见。

1920年11月，刘泽荣回国定居哈尔滨，先后在铁路交涉局、中东铁路监事会工作。1921年被推选为哈尔滨市公议会议员，当时的哈尔滨市公议会把持在俄国人手中，刘泽荣与其他议员和社会知名人士开展了几年的收回市政权的斗争，终于将市公议会解散，成立了哈尔滨市自治临时委员会、市监察委员会，刘泽荣被推选为市监察委员会委员长。1930年，刘泽荣参加中苏谈判。九一八事变后去了北平。1940年6月随中国驻苏大使邵力子赴苏联，担任使馆参赞。1945年年初，从苏联调往新疆，任国民政府外交部驻新疆特派员。

1949年9月，刘泽荣支持国民党政府新疆警备总司令部总司令陶峙岳反戈起义，协助中国共产党，为新疆的和平解放做出了贡献。中华人民共和国建立后，刘泽荣先后担任外交部条约委员会的法律顾问、第二届、第三届、第四届全国政协委员、商务印书馆副总编，主编了《俄汉大辞典》。1956年，加入中国共产党。"文化大革命"中刘泽荣受到冲击，当年的历史勋绩被遗忘。

1970年7月18日，刘泽荣病逝于北京，享年78岁①。

另外，根据郝世昌、李亚晨所著《留苏教育史稿》的有关记载，除了表3-3所述三位外，刘泽荣的妹妹以及来自广东的关鹤鹏也是自费留俄生。可惜除此之外，没有其他具体信息资料。

（二）中国共产党派遣留学苏俄的广东留学生

苏联成立后，先后三次发表对华宣言，后来基本上都得到了落实。不主张侵略，信守承诺，归还在中国的不当得利，激起了中国知识分子和青年学生的强烈反响。莫斯科成了青年学生热切向往的圣地，"到苏俄学习

---

① 叶永烈：《红色三部曲》，http://q.yesky.com/group/review—18664981—2.html。

去"逐渐汇成了历史的潮流。

苏联先后创办了东方劳动者共产主义大学、莫斯科中山大学和列宁学院，还开放了伏龙芝军事学院、列宁格勒军政学院、基辅军官联合学校、莫斯科高级步兵学校、苏联空军第二飞行学校、莫斯科炮兵学校和莫斯科工兵学校等，全部向中国学生开放，并免费为中国学生提供衣、食、住、行，就连赴俄的路费也由苏联支付，甚至给中共学生的父母提供生活补贴。这种优待政策，为包括广东青年学生在内的中国留苏学生减轻了后顾之忧，中国留学史上一个留学苏联的教育运动迅速兴起。

1921～1949年的中国留苏学生选拔，大概经历了四个阶段：中国共产党成立前后（1921～1925年）、北伐战争时期（1925～1927年）、土地革命战争时期（1927～1937年）、全面抗战和解放战争时期（1937～1949年）。

在北伐战争时期，中国共产党联合国民党选拔留苏学生，同时也独立选派党团员去莫斯科东方大学和列宁学院留学。莫斯科中山大学成立于1925年9月，1930年被苏共中央解散，五年中共培养了三期中国学生共一千多人。其中第一期、第二期是国共两党联合派遣的，1927年的第三期则全部由中共中央独立秘密派遣。毛泽东在他主办的《政治周报》第二期上，曾以子任的笔名详细披露中山大学在广州的招生情况，并将派遣的140余名留苏学生的名单发表出来。在这些留苏生中，广东籍的有71人①。然而广东籍留苏生的总数目前仍然无法确定。

---

① 广东派遣的140余名留苏学生有梁福文、梁干桥、钟树棠、黄永伟、朱国贞、区就宪、邹士恬、林耀寰、刘泮珠、白瑜、郭明生、朱瑞、谢振华、龙其光、陈复、陈壁光、林爱民、邓公武、缪任衡、钟其本、汤学海、梁少强、刘驾欧、黄structure棠、郑重民、林侠、林协文、叶恩溥、周学鎏、廖化机、邵页昌、吴仲良、黄发、李林、方陶、聂甘驽、冯德恭、曾任良、陈正业、徐康、沈苑明、冯声南、陈造新、杨华波、张民权、翟荣基、林叔山、林道文、李文达、甄兆权、董良史、郑奇、董正兴、李文瑁、黄大钧、董煜、韩亮兼、郑介民、杨家腾、梁振鸿、唐君粹、邓文仪、马维禹、刘慕强、徐莹、李惠芳、阮箎、张任权、黄仲理、岑延藻、张思安、曾上、黄毅民、萧豪、叶君好、刘达元、李彦良、黄永宏、黄菊、黄文杰、张星、刘福鑫、方檀、罗英、王志鸿、吴鲁、张引岚、陆那杰、邓汉钟、郑仁波、廖开、钟琨瑜、冯洁芬、韦碧辉、刘缨舒、黄鼎新、周爱、赵愚、陈道守、吕魁文、黄夷白、萧爱贤、康泽、骆德荣、吴肃、王光樾、万徐如、张元良、李冠英、郑国琛、王觉源、陈声孚、张远新、邓敦厚、徐君虎、余鹤、余楚帆、李焜、彭寿高、杨震西、杨震藻、胡铭勖、周泳南、高云裳、蔡日秋、段世援、陈海洲、潘新卫、段平、王佐才、吴国谦、吴君实、陈志陆、黄昌光、温忠、赖芳赓、陈显尚、张恩南、刘琥昆等（转引自郝世昌、李亚晨《留苏教育史稿》，第71～72页）。其中的部分广东生生平事迹在后文有详述，但大多数目前还缺乏相关历史资料。

众所周知，中国共产党的建立与苏联有直接关系，国共第一次合作也是在苏联的支持下达成的，共产党员还一度以个人身份加入国民党。国共两党为推翻帝国主义的压迫和北洋政府而联合，并向苏联派出留学生。由于中国国内政局的变化，二者中途分道扬镳，国民党的留苏遂告终止，中国共产党的留苏生派遣则持续进行。

在目前确知的中国共产党的留苏生中，有来自广东的冯达飞、陈复、叶剑英、陈郁、林协文等，他们成为中国共产党早期的重要领导人；还有一位留苏的医学生郭迪，游离于国共两党政治外，致力于救死扶伤。

冯达飞（1901~1942年），字洵，又名冯文孝、冯国琛，广东连州人，中国共产党军队的优秀将领，曾留学苏联空军第二飞行学校、基辅混成军官学校。

由于父亲去世早，冯达飞跟母亲艰难度日。他13岁考入县立中学，五四运动爆发后，与同学走上街头发表演讲，号召群众反对帝国主义的侵略和北洋政府的卖国行为。中学毕业后考入广东陆军测绘学校，1921年转入西江讲武堂学习，1922年毕业后加入粤军。1924年，他辞去军职，报考了黄埔军校，编入第一期学生军，开始接受马克思列宁主义系统教育，参加了共产党员组织的青年军人联合会。

从黄埔军校毕业后，冯达飞被选拔到大元帅府创办的军事飞行大学学习，1925年8月奉命赴苏联空军第二飞行学校深造，于1926年秋加入了中国共产党，改名为达飞。1926年6月，冯达飞转入基辅混成军官学校东方班炮兵科学习。

1929年，中国共产党在广西组织发展革命力量，创建工农红军。冯达飞先后任广西教导总队教员、第四大队机枪连连长。他负责修配好了部队中不少残破的重型机枪，为百色起义做出了重大贡献。在百色起义中，冯达飞利用所学炮兵知识，用仅有的三发炮弹，炸掉了敌人的碉堡，被称为"百发百中的神炮手"。红七军进入湘赣根据地以后，冯达飞先后被任命为湘赣军区河西教导队队长、红八军代理军长、红军学校第四分校校长。他主持的红军学校为共产党培养了大批军事人才。

在冯达飞任职红四分校期间，红军在漳州缴获了国民党军的一架教练飞机。冯达飞奉命赶赴漳州，在没有导航和飞行路线图的情况下，从漳州机场驾机飞到中华苏维埃共和国首府瑞金。当飞越敌占区时，敌人误以为是自己人，冯达飞则投弹轰炸，让国民党军队非常震惊，认为共产党的飞机是来骚扰,命令各地严加防范。这是我军缴获的第一架国民党飞机,而且也是第一次由红军将领驾机飞回中央苏区,此事让苏区红军士气大振。

1933年,冯达飞被派到工农红军学校讲授游击战争战略战术课程,培训地、县两级党政干部。1934年任中央军委领导下的"红色干部团"地方工作科长。1935年任红军大学炮兵科科长。1937年红军学校改编为中国人民抗日军政大学,冯达飞调任教员班教员,为该校培养了一批军事教员。1938年秋,冯达飞担任新四军教导总队副总队长兼教育长,在抗日前线给总队干部和学员讲授军事技术课和炮兵、工兵知识。1940年12月调任新四军二支队副司令员,参加了新四军军史上有名的泾县战役。

1941年1月4日,皖南事变爆发,国民党调集七个师的重兵围攻新四军。在突围血战中,冯达飞大腿中弹,隐蔽在农民家中,不幸被国民党特务发现而被逮捕,囚禁于上饶集中营西山监狱。他拒绝了蒋介石派来的黄埔同学的诱降,对前来劝降的人说:"既然自己是黄埔军校毕业的,那么反对蒋介石并不是盲目的,自己到过苏联,晓得共产主义是怎么回事,投降是不可能的。"在狱中,冯达飞每天给狱友讲马克思列宁主义,难友们尊称他为冯老师,但这惹怒了监狱当局,他们以煽动暴动为名给冯达飞钉上两副铁镣,转移到其他监狱。1942年6月,冯达飞被国民党政府杀害,年仅41岁①。

陈复(1907~1932年),又名陈志复,广东番禺县人,中共早期领导人,曾留学日本、苏联莫斯科中山大学。陈复的父亲陈树人追随孙中山,曾任广东省代省长、国民政府秘书长等职务,同时也是岭南画派创始人之一。给儿子起名志复,是希望他长大后"以复兴中华为己任"。

由于革命的需要,陈复小时候的家经常搬迁。他5岁入南武小学读书,8岁随父母东渡日本,就读华侨小学,11岁时回国就读于广州南武中学。在这个迁移不定的革命家庭的熏陶中,陈复从小就开始关注国家前途。少年陈复勤奋好学,被老师和同学们称为"圣人儿",他的父亲曾写诗记述此事:"无言不戏类书痴,尚记髫年入学时,师长深怜同学爱,同声交誉圣人儿。"1922年,陈复又随父亲的任职移居上海,在复旦中学读书,并

---

① 黄津、陈楚然、黄勇:《冯达飞:工农红军首位飞行教官》,连州市政府网,http://www.lianzhou.gov.cn/news/newsshxw/2009-9-18/09918924151G62C93AI85E01GB3D8.htm。

第三章 广东社会与留学欧洲

在那里接受了马克思主义,还一度以拉黄包车为掩护,在群众中散发革命传单。他经常给国民党中央党部的父亲写信,发表对时局的评析。陈树人对儿子的见解非常欣赏,也曾赋诗记述:"万言几度寄家书,乳臭当年犹未除,至理名言惊老辈,一时传诵到中枢。"

1925年,广东革命政府选派留学生到苏联深造,陈复被录取到莫斯科中山大学。在中山大学读书期间,陈复专心学习各门课程,从不自恃炫耀自己的出身。适逢国内大革命失败,中国革命由高潮转向低潮,陈复却在此时期申请加入了中国共产党。1929年,年仅22岁的陈复毕业回国,被任命为中共广东省委宣传部部长,并任香港工人日报社副社长。他的父母也秘密支持他,还在经济上给予报社接济。

1930年,陈复化名陈志文到天津,任中共顺直省委宣传部部长,不幸被捕入狱,虽遭受多次插指甲酷刑,始终不屈服。后来父亲陈树人托关系将他保释。陈复随后任中共广州市委宣传部部长,开展地下工作。1932年8月10日下午,陈复在广州被国民党侦缉队秘密绑架。由于拒绝透露任何党的机密,当晚11时,他被秘密押送到广州南石头"惩戒场"枪杀,年仅25岁。国民党当局捏造"陈复遭土匪绑架失踪"的谣言广为散布,直到一位在"惩戒场"打杂的工人冒着生命危险偷偷把烈士遗物送到陈复住宅,才戳破了国民党当局的谎言。

接到噩耗后,父亲陈树人极为悲愤,于当年10月5日在上海《新民报》发表《为陈复惨被掳杀报告书》,控诉国民党反动当局秘密绑架并枪杀的恶行,认为其黑暗残忍的手段十倍于绑匪撕票,是中外从来未有的耻辱。陈树人将陈复生前的住处起名"思复楼",在陈复墓园中修筑了"思复亭",把《为陈复惨被掳杀报告书》全文镌刻在的石碑上,并作《哭子复》诗八首,其中"革命至情能似此,已非吾子是吾师"之句,至今受到人们的尊崇[①]。

叶剑英(1897~1986年),原名叶宜伟,字沧白,广东梅县人,中华人民共和国元帅,曾留学苏联莫斯科劳动大学。叶剑英出身于小商人家庭,从小受到良好的学校教育。19岁时他在马来亚打工,看到云南讲武堂

---

① 赵守仁:《陈公子陈复留苏与献身革命》,《辽宁师范大学学报》(社会科学版)2001年第1期;中共党史人物研究会编《中共党史人物传》第34卷,陕西人民出版社,1987;陈真魂主编《陈树人先生年谱》,岭南美术出版社,1933;《陈复:元勋后代 青年英雄》,炎黄世界,http://www.yhsjzz.com/news.php? act=page&nid=7&id=40。

在华侨中的招生信息，遂于次年回国报考，被录取进云南讲武堂学习炮科。1920年以全校最优成绩毕业。

1920年7月，叶剑英加入粤军，任少尉，逐步升为营教官、大元帅府随从副官。1922年任海军陆战队营长、旅参谋长。1924年任师参谋长，参与筹建黄埔军校，任教授部副主任。1925年2月第一次东征时任梅县县长，并由营长升任团长、东征军第一支队司令。1926年北伐战争中任少将师参谋长，参加了南昌战役。1927年蒋介石发动反共政变，以每月上万薪饷的条件邀请他加入，但叶剑英不为所动，反而向中国共产党提出入党申请，加入了共产党。在随后的广州起义中，叶剑英任军事指挥部副总指挥。

1928年，叶剑英被派赴莫斯科劳动大学学习，1930年回国。1931年到江西中央革命根据地，历任中华苏维埃共和国中央革命军事委员会委员兼总参谋长、中央军委总参谋长兼红一方面军参谋长、西北军委会参谋长兼红一方面军参谋长、工农红军学校校长、瑞金卫戍区司令、闽赣及福建军区司令员。

1935年，叶剑英参加了长征，任一纵队司令员、前敌总指挥部参谋长。1936年参与和平解决西安事变。抗日战争时期任八路军参谋长、第十八集团军总参谋长，并协同周恩来在国民党统治区做统战工作。1938年1月授陆军中将，兼任军事委员会南岳游击干部训练班副主任、副教育长。1941年任中央军委参谋长。

解放战争时期，叶剑英历任华北军政大学校长、中国人民解放军总参谋长、北平军事管制委员会主任、北平市市长。1948年任中共北京市委第一副书记。

中华人民共和国成立后，叶剑英历任广东军区司令员兼政治委员、广州市军事管制委员会主任、广州市市长、市委书记、华南军区司令员兼政委、中南军区副司令员、代司令员、中共中央中南局代书记、中南军政委员会副主席、广东省政府主席、中央人民政府人民革命军事委员会副主席、国防委员会副主席、中国人民解放军武装力量监察部部长、军事科学院第一任院长兼政委、全国政协副主席、国防部部长、全国人民代表大会常委委员会委员长、中华人民共和国中央军事委员会副主席。1955年被授予元帅军衔，并获一级八一勋章、一级独立自由勋章、一级解放勋章。1982年获哥伦比亚众议院授予的特级大十字民主勋章。1985年，叶剑英辞去党、国家和军队领导职务。1986年10月22日在北京逝世,终年89岁。

叶剑英一生中有三次非常重要的决断,对中国社会发展构成了特别的影响。

第一次是在大革命后期。1927年4月12日,蒋介石在上海发动了反革命政变,极力拉拢叶剑英,其目的一方面是要他为己效力,另一方面也是避免他为共产党所用。然而叶剑英却做出了反蒋决定,他起草了《通电全国讨蒋》电文,宣布与蒋介石彻底决裂,使军界大为震动。极为欣赏他的蒋介石听说后还将信将疑,待弄清事实真相时,叶剑英已离开了。在汪精卫发动排共的七一五反革命政变后,叶剑英选择了共产主义为自己的毕生奋斗方向。这个选择对他以及对中国革命都具有重大意义。

第二次决断是在长征过程中。时任军委第一纵队司令员、前敌指挥部参谋长的叶剑英向中央报告张国焘企图分裂党,从而使党中央及时做出反应,努力化解了红军的分裂问题。对于叶剑英的决断汇报,毛泽东高度赞扬叶剑英是"吕端大事不糊涂"。

第三次决断是在1976年10月粉碎江青、"四人帮"反革命集团的斗争中。作为唯一一位主持军队工作的老帅,叶剑英坐镇指挥,一举粉碎了祸国殃民的江青、"四人帮"集团,对结束"文化大革命"起了决定性的作用。随后,他又排除阻力,坚决主张请邓小平、陈云等主持党和国家的领导工作,主张为"天安门事件"彻底平反①。

陈郁(1901~1974年),幼名陈旭贵,广东省宝安县人,曾任中共中央委员、中共广东省委书记、省长,留学过苏联列宁学院。陈郁幼年时在香港机器厂当童工,后在一家汽车公司当学徒。1922年成为海员。1923~1925年先后被选为香港海员工会的支部负责人、香港中华海员工业联合总会干事、香港中华海员工业联合总会副主席兼太平洋航线分部主席。1925年8月加入中国共产党。1926年任中华全国海员总工会副主席,党委委员,次年任中共广东省委常务委员会委员、职工运动委员会书记、中华全国海员总工会主席、党团书记。与张太雷等策划组织广州起义,负责组织工人赤卫队。1928年7月,陈郁兼任广东省委组织部部长。1930年和1931年先后当选中央委员、中央政治局委员。1931年6月被派往苏联列宁

---

① 《叶剑英传》编写组:《叶剑英传》,当代中国出版社,2006;Supersjc:《西陆东方军事》,http://junshi.xilu.com/2009/1103/news_ 1375_ 353698.htm。

学院学习，兼任中共列宁学院中国部党支部书记、中共驻共产国际代表。

1934年，陈郁因反对王明搞宗派被打成右派，遣送到斯大林格勒拖拉机厂劳动。1938年2月，中共驻共产国际代表团团长任弼时在核查陈郁的材料时发现处理错误，展开复查。1939年11月，周恩来赴莫斯科，与共产国际监察委员会一起为陈郁平反。得到平反后，陈郁回国，此后基本致力于工业生产战线。1940年2月，陈郁到达延安，任中央职工运动委员会委员。1943年负责西北财政经济委员会，领导边区工业生产。1945年，在七大上当选为中共中央候补委员，同年9月任中共辽西省委副书记。1946年调任合江省依勃桦地区党委书记、勃利军分区政委、三五九旅政委。1947～1948年先后调任中共中央东北局生产委员会副主任、东北人民政府工业部副部长、部长，督促恢复和发展鸡西、鹤岗等大型煤炭基地和沈阳的工业生产。

新中国成立后，陈郁任中华人民共和国燃料工业部部长。1951年8月又被政务院任命为中国矿业学院院长。1955年任煤炭工业部部长。1956年在中共八大上当选为中共中央委员。1957年8月被任命为中共广东省委书记、省长。1961年任中共中央中南局第三书记兼广东省省长。1968年2月，任广东省革命委员会副主任、党的核心小组成员。

"文化大革命"期间，陈郁因是工人出身，历史清楚，被任命为省革命委员会副主任。在武斗严重的时候，他奉周恩来总理的指示，亲自到武斗现场劝阻。在中共1969年和1973年的九大、十大上两次当选为中央委员。1972年在广东省党代会上当选为省委书记。

1974年3月21日，陈郁因病在广州逝世，享年83岁。陈郁为发展新中国的煤、电、油事业立下了汗马功劳，可是他的全部遗产只有一部电视机和5000元人民币。陈郁是一位真正的一生清廉、两袖清风的共产党员①。

林协文（1906～1982年），广东斗门县人。目前所了解的林协文的资料有限，仅知其1926年参加中国共产党，曾留学苏联，后加入中国农工民主党。新中国成立后任华南农学院副教授。1982年在广州病逝②。

---

① 杨立编著《带刺的红玫瑰——古大存沉冤录》，广东省委党史研究室，1997；http://blog.sina.com.cn/s/blog_4ecd227b01000bcj.html。
② 华南农业大学校友会网，http://web.scau.edu.cn/xyh/Article_View_show.asp?id=196；康辉旅游网＞斗门区历史名人＞林协文，http://www.cctcct.com/travel-guide/1-20/1815/18622.html。

郭迪（1911~2012年），广东潮阳人，上海第二医科大学儿科学教授，博士生导师，曾赴苏联医学科学院进修，他还是美国圣约翰大学的儿科博士。

在20世纪30年代，郭迪赴美国圣约翰大学医学院学习儿科学。西医儿科在当时的中国几乎是空白。那时候的中国儿童发病率、死亡率高，流行性急性传染病普遍发生，往往夺去孩子的生命。1935年，郭迪获得医学博士学位，又入宾夕法尼亚大学医学院进修，1937年获美国儿科学硕士学位。

回国后，郭迪在上海开办了自己的诊所。在20世纪40年代的上海，坊间流传这位儿科医生的神奇本事：他能与孩子"心意互通"，不管闹得如何凶的顽童，他一抱就安静下来了；孩子发出各种哭声，郭迪一听就知道是什么原因导致的不舒服；根据孩子的脸色和嘴唇颜色，再配合听诊器，他就能找到病因，对症下药。精湛的医术让郭迪声名远播，他的挂号费是隔壁德国餐厅一餐饭钱的两倍，上海的一些大户人家争相聘请他做自己子女的保健医生。郭迪也因此富有，拥有自己的花园洋房和汽车。而对于来求医的穷人，郭迪往往少收费乃至分文不取。

新中国成立后，郭迪响应国家召唤，关掉诊所，受聘到上海第二医学院筹建儿科系。此后50年，郭迪和同事们既做医生又当教师，共培养了5000余名儿科医师，为促进我国儿童健康事业的发展做出了杰出贡献。

1956年，45岁的郭迪加入中国共产党，第二年被派遣到苏联医学科学院儿科研究所进修"小儿的高级神经活动"。历任上海第二医学院儿科系主任、上海市儿科医学研究所所长。他还是世界卫生组织儿童体格生长和社会心理发育合作中心主任、联合国边远和少数民族地区儿科医师培训中心上海地区主任。在郭迪的领导下，新华医院在国内率先用锌剂治疗儿童营养不良。在20世纪80年代，为了儿童少受新兴工业的铅污染，郭迪奔走呼吁，最终推动了我国无铅汽油的推广，我国儿童的血铅水平明显下降，铅中毒比例明显降低。2012年6月25日，这位著名儿科医学家、教育家，儿童保健事业奠基人，国家级终身教授，在上海病逝，享年102岁[①]。

（三）中国国民党派遣留学苏俄的广东留学生

中国国民党成立后，在孙中山的领导下一度实行"联俄、联共、扶助

---

① 《上海圣约翰大学人物志》，http://www.lib.sju.edu.tw/school_history/stjohn5-1-14.asp；《郭迪同志遗体告别仪式举行》，《新闻晚报》2012年6月30日A1叠03版。

农工"三大政策,以国共两党共同名义向苏联派出留学生。孙中山逝世后,国民党内部发生分化,蒋介石和汪精卫先后发动排共政变,三大政策被抛弃,国民党的留苏派遣遂告终止。在国民党派遣的广东籍留苏生中,笔者目前掌握资料的有黄光锐、郑介民、郭寿华、梁干乔、谢力公、程一鸣、董煜等,这些人在中国近现代军事、政治舞台上都有重要影响。

黄光锐(1899~1986年),广东台山人,国民党空军中将,曾留学苏联第二航空学校及美国航空学校。黄光锐幼年时随父亲去了美国,16岁时学习飞行,后参加了中国同盟会,任同盟会采购军火委员会技师。他先后在苏联第二航空学校及美国航空学校学习并毕业。1922年年底,黄光锐携带飞机器材从美国回国,被孙中山任命为大元帅府航空局航空队队长。1923年7月,他协助航空局长杨仙逸研制出一架飞机,在试飞仪式上,宋庆龄登上飞机,由黄光锐驾机,试飞取得成功,孙中山特地以宋庆龄的英文名Rosamond命名这架飞机,音译为"乐士文号"。

1924~1936年,黄光锐历任航空局局长、中央航空学校校长、广东第八路军航空处处长、广东空军司令部参谋长、司令、抗日救国军空军司令。1936年,他率领广东空军归附蒋介石南京政府,促使陈济棠下野。黄光锐被委任为中央航空学校校长。

在抗日战争期间,我国空军共击落日本战机63架,其中39架由黄光锐的26名学生击落。1937年,黄光锐任航空委员会常务委员兼第二厅厅长,授空军少将衔。他集中一批航空科研专家,创办了中央航空研究所,开展航空军事科学研究。他们设计并制作了3个型号的教练机,还研制了用竹木制作的飞机构件以及竹制副油箱,这些成果在当时的困难环境下发挥了重要作用。

1946年1月,黄光锐晋升为空军中将,11月当选为制宪国民大会代表。就在国共两党的全面内战一触即发之际,黄光锐辞去一切职务,去往美国。在他的下属和朋友为他举行的惜别会上,他发表了演说:

> 余三十年来,深信国父"航空救国"名训。故专力学飞行技术,由美国回国报效。经过东征北伐,不管在飞机队或在航校,从来不顾危险,不厌辛劳。凡属航空事业,没有不乐于担任。凡经手买飞机、买汽油和一切航空器材,以及建筑飞机场、工厂一切土木工程等,从来不讲扣头,不要送礼,不屑作弊,不屑贪污。自信忠心赤胆为国,

两袖清风，而上方犹是不甚相信。当今抗日战争已是胜利，已还我山河，初愿已偿，应该退位让贤了。

从这席话中，人们可以了解到黄光锐光明磊落、大公无私、不畏权势的高贵品格。世人称之为"功成身退一将军"。1986年7月8日，黄光锐在美国洛杉矶逝世，享年87岁①。

郑介民（1897~1959年），广东文昌人，陆军一级上将，国民党特务头子，被国民党内一些同行称为有政治头脑和科学训练的军事情报专家、军事谋略家和军事理论家，曾留学苏联莫斯科中山大学。郑介民的一生大约可分为五个阶段：追随孙中山三民主义反对北洋军阀时期，追随蒋介石时期，抗战对抗日本侵略时期，抗战后的反共时期，在台湾时期。

郑介民出身于一个破落地主家庭，父亲在他幼年时就去世了。1915年郑介民考入广东省立琼崖中学，秘密参加了孙中山组织的琼崖民军并任书记，后为躲避军阀缉捕改名介民，赴马来西亚吉隆坡谋生。1924年8月，郑介民考入黄埔陆军军官学校第二期步科，在黄埔军校发起组织孙文主义学会，开始从事情报工作。1925年入苏联莫斯科中山大学，学习政治经济。1927年8月毕业回国，先后任中央军官学校第六期总队政治教官、国民革命军第四军政治部秘书。

蒋介石发动四一二反革命政变后，致力于巩固专制统治，郑介民大力帮助其消灭其他军阀势力。1928年蒋介石任命他为侍从副官，专门从事特务工作。1929年年初，郑介民利用和李宗仁之弟李宗义的中山大学同学关系取得李宗义信任，成功离间桂系部队，致使桂系很快失败。1930年升任军事委员会参谋本部上校参谋。1932年被选为复兴社干事会干事，兼任复兴社特务处副处长。1936年3月，受蒋介石指派，重金收买广东军阀陈济棠属下将领，6月"两广事变"爆发，被分化收买的广东陆军空军部队投蒋，郑介民因此受到蒋介石赞赏。

九一八事变之后，华北局势日渐紧张，蒋介石一面致力于消灭其他军阀、围剿中共共产党军队，一面调整、部署力量对抗日本侵略，同时仿效德、意法西斯以巩固专制统治。为此，郑介民于1933年1月被委任复兴社华北区区长，重新调整部署特务处在华北地区的工作。他亲自化装侦察被

---

① 蔡锋：《五邑名人故事 五邑人黄光锐驾机载宋庆龄遨游飞翔》，《江门日报》2006年5月10日；陈予欢编著《民国广东将领志》，第377页。

日军收买的前北洋政府陆军上将张敬尧的活动，于 5 月 7 日在六国饭店将张击毙。1934 年夏，受蒋介石委派，郑介民以军事考察团的名义前往欧洲考察，但实际是学习法西斯统治方法。考察期间，郑介民专门拜访了墨索里尼和希特勒。1935 年夏郑介民回国，开始宣扬法西斯主义，升任参谋本部第二厅第五处少将处长，仍兼特务处副处长。

1937 年 7 月全面抗日战争爆发后，郑介民先后任参谋本部第二厅第三处处长、军事委员会军令部第二厅副厅长，主管对日作战的情报工作。1939 年撰写《谍报勤务》和《军事情报学》等书。1940 年 4 月在陆军大学毕业，兼任中苏情报合作所副所长。1942 年 1 月参加新加坡盟军军事会议，在会上阐述对东南亚战局的观点，受到盟军统帅重视，其观点也被后来的时局证实。其后蒋介石派郑介民参加在重庆举行的中美联合参谋会议，赴印度、锡兰、爪哇等地协商与盟军共同对日作战。1943 年 2 月，郑介民晋任陆军少将，11 月 22 日随蒋介石参加开罗会议，负责蒋介石的安全保密工作。1944 年 2 月升任军令部第二厅中将厅长兼东南亚盟军总司令部联络官。郑介民还准确预言了盟军将在 8 月 18 日于诺曼底登陆，被美国军官称赞为"神机妙算"。1945 年 8 月，日本无条件投降，郑介民任赔偿委员会委员。

抗日战争胜利后，郑介民转而致力于排挤中共的特务活动。1946 年 1 月，郑介民成为军调处执行部国民党方面代表，暗中在解放区布置特务，煽动难民冲击中共代表，要求共产党军队撤出河北。3 月戴笠乘飞机失事后，郑介民继任军事委员会调查统计局局长，接掌军统局。6 月任国防部第二厅中将厅长，主管情报工作。7 月 1 日军统局改为国防部保密局，郑介民仍兼任保密局局长。1947 年夏，郑介民、毛人凤组织国防部绥靖总队，派往华北、东北、华南各地执行组训、情报、行动和突击任务，破坏中共北平地下党组织和电台、中共上海后勤补给站和中共华中局、苏皖边区政府、华中银行等设在上海的联合办事处。1948 年年初，郑介民辞保密局局长职务，专事美国军援物资事宜，随后任国防部次长、陆军中将。1949 年 1 月飞赴北平，试图阻挠傅作义和平起义。

国共三大战役后，国民党军队失去了在大陆的优势，蒋介石政府退居台湾，郑介民仍不遗余力争取外援以恢复蒋介石在全国的统治，并继续负责对大陆的有关情报工作。1949 年 10 月，他赴美国参谋长联席会议报告中国大陆形势，游说美国继续对蒋政权实行军援。1950 年年初，郑介民到了台湾，历任"国防部"参谋次长兼大陆工作处处长、国民党中央执行委员会第二组主任,"总统府战略顾问委员会"委员、国民党第七届中央委员会候补中央委员、"国家安全局"首任局长、陆军二级上将、国民党第八届中央委员。

1959年12月11日,郑介民因心脏病复发在家中去世,终年62岁。对于这位忠心耿耿的属下,蒋介石专门发布"褒扬令"以旌表其"笃念忠勤",追晋郑介民为陆军一级上将,并两次亲临殡仪馆吊唁祭奠,可见其对郑介民评价之高。

郑介民的一生与国民党政权的发展息息相关。在数十年的情报工作中,他撰写了《游击战术之研究》、《谍报勤务》、《军事情报学》、《中日战争太平洋列强政略的判断》、《抗战期中对共产党的对策》及《苏俄现阶段的国家战略》等著作。如果抛开政治观点来评价他的话,可以说郑介民的确是一位尽忠尽责的国民党政府官员①。

郭寿华(1902~1984年),字干城,别名郭士,号东山先生,广东大埔人,国民党军统局少将区长,曾留学莫斯科中山大学、步兵学校以及日本明治大学。郭寿华早年就读于广东省立潮州金山中学,五四运动期间参与组织潮州学生救国团,从事反日活动。后赴广州,考入广东省立法政专门学校。1922年加入中国社会主义青年团,曾作为广州市学生联合会代表,出席第六届全国学生总会,被选为会长。1923年当选国民党广州第三区分部执行委员。1924年起,历任中国社会主义青年团广东区执行委员会执行委员、学生部部长、中国共产主义青年团广州地方执行委员会候补执行委员、中共广东区委青年运动委员会委员、平民教育委员会书记。期间于1925年7月曾因违反纪律受到留团察看半年的处分。

大革命时期,郭寿华加入中国共产党,由广东省政府派赴苏联,入莫斯科中山大学政经科学习,后入步兵学校学习。1928年,郭寿华作为指定代表,列席在莫斯科召开的中国共产党第六次全国代表大会,并担任大会秘书处记录科记录员。从莫斯科中山大学毕业后,郭寿华赴南洋暂居。后入日本明治大学,学习外交及行政法,1930年毕业,获行政学士学位。1931年冬,郭寿华回国任职于国立中央大学法学院、中央军校。1933年,任南京国民政府豫鄂皖三省"剿共"总司令部中校秘书、南昌行营上校设计委员,入南昌武官司班第一期受训。1935年任中国驻意大利大使馆副武

---

① 凤凰网:"历史·郑介民",http://news.ifeng.com/history/special/huangpu/200907/0705_7145_1234840.shtml。

官，后代理武官。

抗日战争期间，郭寿华历任军事委员会调查统计局香港站和广西站站长、军统局督察处主任、军统局广州湾站站长、香港站站长。抗战胜利后，先后任国民政府广东湛江市市长、国防部保密局台湾站站长兼台湾省党政军联合秘书处主任秘书、国民党新闻局处长。

国民党在大陆的统治结束后，郭寿华迁往台湾，在国民党政府"国防部"总政治部任职，后在国民党中央党部秘书处退休。在民间任职方面，郭寿华于1961年曾参与组织台北市大埔同乡会，并任理事长。他还曾任台北市潮州同乡会常务理事、台湾省道教会常务理事。1984年，郭寿华在台湾去世①。

梁干乔（1903~1946年），原名梁昭桂，广东梅县人，南京国民政府军事委员会政治部中将副厅长，曾留学莫斯科中山大学。梁干乔出生于渔民家庭，因家里穷，中学时被迫辍学。他先是帮他表哥照料米店，后来又当了五年小学教师。适逢黄埔军校招生，梁干乔便由他的族叔梁龙推荐报考，被录取为黄埔一期生。梁龙时任北京法政大学校长，也是当时的社会知名人士。

1924年5~6月，梁干乔先后加入了国民党和共产党。1925年他和一批黄埔军校前三期毕业的同学被保送到莫斯科中山大学学习。在苏联，梁干乔接受了托洛茨基的主张，成为托派的坚定信仰者。1928年11月7日，为庆祝十月革命节，莫斯科举行盛大的阅兵式。梁干乔在游行队伍中用俄语高呼支持托洛茨基的口号，被苏联当局遣送到西伯利亚做苦工。后来，梁干乔设法搞到一本假护照，又买通看守，逃回国内。回国之后，梁干乔筹划成立了托派小组织"中国布尔什维克列宁主义反对派"，创办刊物《我们的话》，传播托洛茨基论述中国革命问题的观点。1931年5月23日，托派中央机关被国民党军警破坏，陷于瘫痪。梁干乔宣布脱离托派，并公开发表声明，称共产主义不符合中国国情，加入了国民党阵营。

九一八事变后，中国深陷内忧外患之中，蒋介石为了加强政府内部控制、对日备战和镇压中共运动，授意成立法西斯机构——中华民族复兴社，由黄埔系精英人物等十三太保参与创建，梁干乔是十三太保之一。梁

---

① "桃李不言 下自成蹊"的博客：《郭寿华》，http://blog.sina.com.cn/s/blog_416498da0100a8um.html。

加入戴笠的特务处，担任书记长。1936 年，"两广事变"爆发，梁干乔被戴笠派回广东，策反广东陈济棠的空军。1936 年 7 月，广东空军 82 架飞机先后从虎门、天河等机场起飞，投奔蒋介石中央军，导致陈济棠失去空军支持，被迫通电下野，梁干乔的策反工作取得成功。

梁干乔在特务组织中以研究反共政策著称。由于反共有功，梁先受到戴笠的器重，后受到戴的忌恨和钳制，不得不投奔胡宗南，任国民政府军事委员会陕西省军队组训民众动员指挥部参谋处处长，专门从事对共产党陕甘宁边区的破坏活动。1945 年 6 月 26 日，梁干乔部的国民党官兵不断向共产党军队投诚，梁干乔因此受到胡宗南严厉训斥。梁干乔本来就体弱有病，回家后就卧床不起。1946 年 1 月病逝，终年 43 岁[①]。

谢力公（1906～?），广东梅县人，国民党中美合作所少将组长，曾留学莫斯科中山大学。目前所知谢力公的历史资料不多。据陈予欢《民国广东将领志》载，谢力公曾为中共党员，后叛变。他先后毕业于苏联莫斯科中山大学、中央军校第八期政治科，还当过陈独秀的托派中央秘书。陈独秀一生曾四次被捕，其中 1932 年最后一次被捕就是由谢力公叛变出卖。抗日战争全面爆发后，谢力公任国民党政府军事委员会松江训练班副主任。1938 年任军事委员会调查统计局临澧特训处少将处长、外事人员训练班教务组组长。后任军事委员会调查统计局设计委员会主任，并任该局成都川康区区长。1943 年兼四川省特别委员会主任秘书和成都行辕调查课少将课长、中美合作所训练组少将组长。1946 年 6 月至 1949 年，谢力公任国防部保密局香港站站长。1961 年退役，定居台北[②]。

程一鸣（1907～1986 年），广东香山（今中山市）人，曾任国民党陆军少将，留学苏联中国共产主义劳动大学。程一鸣出身于侨工家庭，在他读中学时，母亲病逝，因经济困难，只好辍学。1924 年在上海一家汽车公司当学徒，后又到几家工厂做机器修理工。1926 年加入中国共产党，参加了第二次、第三次上海工人起义。

蒋介石发动四一二反革命政变后，上海出现白色恐怖，党组织遂派他去苏联学习，入读中国共产主义劳动大学（即中山大学）。在此期间由

---

① 金志宇：《梁干乔：从中共早期党员到资深军统特务》，《文史天地》2013 年第 4 期；颜梅生：《蒋介石"十三太保"的最后归宿》，《党史纵横》2014 年第 1 期。
② 李邦勋：《军统局的前身复兴社特务处》，《文史月刊》2014 年第 3 期。

于苏共和中共党内的派系斗争，程一鸣在中国共产主义劳动大学的清党中遭到打击报复，被定以阶级异己分子、对苏联不满并进行攻击等罪名。1930年5月毕业后，被送到莫斯科"铁锤镰刀"钢铁厂劳动改造，因表现积极，由工厂党支部建议送回中国工作。

1930年秋，程一鸣回国，在上海美昌洋行做工，党组织委任他为五金机器工会党委书记，组织秘密工会，从事工人运动。1931年5月，王明大搞宗派主义，程一鸣被王明开除出党，失去了同闸北区委和全国总工会的联系，这让程一鸣陷入苦闷之中。此后，国民党特务通过他的同学前来游说，程一鸣经过权衡，加入国民党。程一鸣后历任南昌调查课军事股少校股员、复兴社特务处第一科统计股股员、华南股和华东股股长、情报教官。

1937年"八一三"淞沪会战后，程一鸣被调外勤，任复兴社特务处苏州组中校组长，负责搜集日军和汉奸情报。1938年任复兴社上海区书记、湖南省临澧县军事委员会特别训练班专任情报教官。1940年后调任兰州中央警官学校特种警官训练班情报系主任教官、总教官，军统局西北区区长，第八战区司令长官司令部调查室少将主任，军统局第三处处长。

日本投降后，程一鸣随同戴笠在上海社美路70号成立军统局上海办事处，戴笠兼任上海处处长，程一鸣任该处行动组组长兼淞沪警备总司令部稽查处处长。1946年先后任粤汉、陇海铁路管理局警务处处长。

1948年，程因不愿参加内战，辞职回广东老家。1949年1月，下野的蒋介石退居老家奉化，专门通知程一鸣组织一个特务监察网。程一鸣不愿意接受蒋介石的命令，找机会返回了广州。5月，被任命为广东省保安司令部视导室主任。在广州解放的前一天，程一鸣逃往澳门，后迁居香港。

1952年，程一鸣从香港到台湾，受留苏时的同学——时任台湾"国防部"次长郑介民委托他撰写了《反共的游击战术》。在撰写过程中，程一鸣开始接触毛泽东的《抗日游击战争的战略问题》，这是他第一次读到毛泽东的著作。随后程一鸣通过各种媒体的报道，对新中国有了更多的了解。他在澳门订阅了《人民日报》和《人民画报》，从中了解到1963年6月国民党空军人员徐廷泽驾机起义的消息。他特别注意到《人民日报》为此发表的社论，其中有段话说："我们一再重申：对于一切爱国的人们，不论他们参加爱国行列的先后，也不论他们职位的高低，过去犯了多大的罪过，都本着'爱国一家'的原则，采取既往不咎的态度，欢迎他们弃暗投明，起义归来，并按照他们立功大小，给以应得的奖励和适当的安置"，"我们对一切爱国的国民党军政人员，永远开着'爱国一家'的大门"。这段话让程一鸣心里触动很大，逐渐了解到的新中国的新气象促使他的立场发生转变。

1964年12月，程一鸣毅然携带武器和特务人员名单投奔大陆，受到中央有关领导人的热情接见。其后，他历任广东省政协委员、常务委员，全国政协委员，广东省人民政府参室副主任、主任，省政协"三胞"联络委员会副主任等职。他还撰写回忆录，留下了许多宝贵史料。1986年6月19日，程一鸣在广州无疾而终，享年79岁。

有学者认为，关于程一鸣的真实身份与经历，外界了解的其实只是表象。从程一鸣一贯保持低调而且至死不改，以及他的丧礼由广东省安全厅与广东省政协合办——安全厅不会给一个"起义"将领举办葬礼的——这两件事，就大约明白他的真实是身份什么了。也就是说，丧礼的主办方，必然是死者的战友——程一鸣其实是中共潜伏在国民党高层的成功卧底①。当然，上述各观点也仅供读者参考。历史真相会随着时间的推移逐渐呈现在世人眼前的。

董煜（1900～1976年），又名叔明，字观寿，广东化州人，国民党陆军少将，曾在苏联考察军事。董煜出身于穷苦农民家庭，中学毕业后考入陆军大学第十期，1924年5月又考入黄埔军校第一期。毕业后留校，历任黄埔军校教导一团排长，国民革命军独立第二师连长。参加了第一次、第二次东征和北伐战争。1928年以少校副官身份赴苏联军事考察。

四一二反革命政变和七一五反革命政变后，国共关系破裂，大革命失败，中国共产党开始独立领导军队，蒋介石政府开始了对中共军队的多次围剿。董煜先后任国民党围剿军第一纵队新编第十师六团营长、南路追剿军第一纵队独立第五旅上校团长、副旅长。抗日战争全面爆发后，任第四军第六十师师长。1938年10月授陆军少将军衔。1941年12月任第九战区第三十七军六十师师长、副军长。1943年任军事委员会高级参谋。

抗日战争胜利后，董煜于1946年任国民党济南防守副司令兼参谋长。

---

① 陈重阳：《沉默的英雄，红色死间程一鸣（五）——为程一鸣将军辩诬》，http：//www.tianya.cn/publicforum/content/no05/1/134900.shtml；钟文吏：《程一鸣传略》，《中山文史》第11辑，政协广东省中山市委员会文史资料委员会，1993，第5～10页。

1949年4月任广东第十四区行政督察专员兼保安司令。同年秋到台湾，任台湾省警备总司令部高参。1957年退役①。

陈春圃（1900～1966年），别名杨煊，广东新会人，陈璧君堂侄，曾留学莫斯科中山大学。

陈春圃青年时曾在广州圣心书院读书，后辍学投奔汪精卫夫妇。1920年起，先后任广东教育会图书馆主任兼编辑主任、广东省长机要科主任、国民党中央党部宣传部秘书。1926年年初，由中央政治委员会保送赴苏联莫斯科中山大学学习。次年春回国，先后任汪精卫武汉国民政府的中央党部组织部秘书、广州特别市党部常务委员。1928年冬赴美国纽约办《民气日报》，任总编辑。九一八事变后，于1933年5月任国民政府侨务委员会常务委员兼侨民教育处处长，配合汪精卫向侨胞宣扬和平救国路线。

1938年12月，陈春圃赴香港进行与日本的联络事宜。1939年以后历任汪伪政权的国民党中央执行委员会副秘书长，国民政府筹备委员会委员，中央政治委员会副秘书长，行政院秘书长，清乡委员会委员，社会行动指导委员会委员，时局策进委员会委员、秘书长，新国民运动促进委员会常务委员，最高国防会议副秘书长，全国经济委员会委员，建设部部长，教育部部长，广东省省长兼广州绥靖公署主任、保安司令，军事委员会委员，国民政府委员等职，长期为强化汪伪统治进行活动。

抗日战争胜利后，陈春圃被判死刑，后改判无期徒刑。新中国成立后在上海市监狱关押。1966年3月19日死于狱中②。

林柏生（1902～1946年），号石泉，广东信宜人，汪伪陆军中将，曾留学莫斯科中山大学。

林柏生曾是一名激进的左派学生，他1920年考入广州岭南大学，1923年因参加罢课风潮被开除，后在执信中学担任训育主任。1924年担任汪精卫秘书。1925年赴莫斯科中山大学留学。1926年回国任黄埔军校政治教官。1927年随汪精卫去法国游历，创办《留欧通讯》。1929年，林柏生奉汪精卫委派，在香港创办南华通讯社，担任社长，以《南华日报》为喉舌。1932年又奉汪命在沪创办《中华日报》，任国民政府侨务委员会常务

---

① 陈予欢编著《民国广东将领志》，第426～427页。
② 陈春圃：《汪精卫集团投敌内幕》，载《伪廷幽影录》，中国文史出版社，1991，第89～106页。

委员。1933年任国民党政府立法委员。1937年《中华日报》因缺乏资金停刊，林柏生前往香港，继续主持《南华日报》。

1938年，林柏生随汪精卫逃到河内，参加起草著名的"艳电"，并在他主持的《南华日报》上发表社论，鼓吹对日和解。历任汪伪中央政治委员会常务委员、国民党中央宣传部部长、最高国防会议委员、安徽省长兼保安司令、蚌埠绥靖公署主任，领陆军中将衔。在中国抗日战争期间，林柏生不遗余力地进行中日友好宣传，推行亲日教育。抗日战争结束后，林柏生逃亡日本，后被押送回国。在审判时，南京高等法院检察官是这样列举林柏生罪行的：

> 林柏生，原系中国国民党党员，为汪逆兆铭之羽翼，曾任立法院立法委员。中日战事发生后，迁居香港，兼任中央党部驻港特派员及国际问题研究所主任等职。民国二十七年十二月间，汪逆兆铭违反抗战国策，潜往越南河内，草拟艳电，委由陈公博、周佛海携至香港，交与林柏生拍发，并披露于《南华日报》，以响应敌酋近卫文麿主张之和平三原则，冀图扰乱人心，摇动抗战必胜之信念。林柏生于二十八年一月十七日曾以此遭爱国志士之愤恨狙击受伤。同年八月，伤愈后仍不悔悟，复应汪逆函召潜赴上海，参加伪中国国民党六全大会，担任伪中央执行委员会执行委员，并随同汪逆与日寇影佐祯昭、须贺等商订和平基础方案。旋出席青岛会议，与伪临时、维新两政府会商改组问题。迨协议既成，即于二十九年三月三十日成立伪国民政府于南京，汪逆自任主席，林柏生则任伪宣传部部长，迭在报章发表诋毁中央、颂扬日寇及诽谤领袖之谬论。又于同年十一月三十日以随员资格参与日寇缔结中日基本关系条约，允许日寇于蒙疆、华北驻兵，实行经济提携及在我国领海内有屯驻舰队之权。同时，发表中日满共同宣言，承认满洲国，以破坏我国领土之完整。三十一年，更兼任伪新国民运动促进委员会秘书长、伪中国青年团总监及伪中国青年模范团书记长等职，麻醉青年，灌输亲日思想，反对抗战国策。三十二年一月九日，伪政府附和日寇，对我盟邦英美宣战，后林柏生又以随员资格参与日寇缔结中日同盟条约，以博日寇之欢心。三十四年春，调任伪安徽省省长及伪蚌埠按靖主任介署主任等职。未几，日寇投降，畏罪逃亡日本……

值得注意的是林柏生对指控的辩解。在为自己的辩护中，他承认是汪精卫的"追随者",而他只是"犯了很大很多的错误","要深刻地反省错误"。对于"勾结日寇"的罪行,他不认同。林柏生对自己在汪伪政府的活动是这样评价的:

> 柏生既为多年追随汪先生以至于参加"和平运动"之一人,得以随员之一,与闻于缔约之经过,在情理上不愿以政治责任尽诿诸已故之汪先生。然在法理上并非法定之权责,其所以得以"随员"资格与闻其间者,完全由于所任职务发表新闻之关系。若指之为"勾结"、为"秘密",未免词浮于实。
>
> 柏生反问我自己:有没有帮同敌人进攻国土呢?没有。有没有勾结敌人引寇深入呢?没有。有没有劫粮劫械、争城争地呢?没有……
>
> 柏生反问我自己:有没有分裂国家呢?没有。有没有变更国体呢?没有。有没有把整个国家送给敌人呢?没有。

针对林柏生的辩护,南京高等法院当庭公布了林柏生种种反抗本国行为的罪证,包括在敌伪时期发表的署名文章、演讲录音片等。随后,判决林柏生通谋敌国、图谋反抗本国,处死刑,1946 年 10 月 8 日处决。临刑前,林柏生对法庭说,自己一生重信义,生前曾答应为一位朋友画一页扇面,但只画了一半,请检察官让他画完,成全其为朋友的一片心意。获检察官允许后,林柏生在一张折叠的扇面上补画上几杆墨竹,并题诗句云:"远书珍重何由答?旧事凄凉不可听。"这是他的最后遗言①。

一个重信义的人,如果走错了路,而且一直以为自己是对的,就很可怕,可能给自己带来灾难;如果是一群重信义的人,走错了路,而且一直以为自己是对的,就更可怕,可能给一个民族带来灾难。

六 访学比利时和意大利的广东留学生

近代中国欧洲留学的国家里面,除了前述英、德、法、苏俄等国接收中国留学生外,比利时、意大利等国也有中国留学生。其中在这些人里

---

① 夏侯叙五:《汉奸省长林柏生伏法记》,《江淮文史》1995 年第 4 期;陈予欢编著《民国广东将领志》,第 265 页。

面,有广东籍留学比利时的音乐留学生萧淑娴,留学意大利的军事生孙乾和林文翼。

(一) 访学比利时音乐的中国留学生

当时在比利时留学的中国留学生,主要音乐学习,最有代表性的就是萧淑娴。

萧淑娴(1905~1991年),广东香山县(今属中山市)人,生于天津、著名音乐家,曾留学比利时布鲁塞尔皇家音乐学院。萧淑娴的父亲萧伯林是铁路局医生,萧淑娴幼年时随父亲转迁于天津、长春、武汉等地。她对中国古代诗词很迷恋,同时受到伯父萧友梅的影响,对音乐也有浓厚兴趣。15岁时离家到北平读中学,1924年考入女子师范大学音乐科。

1928年大学毕业后,萧淑娴受聘到上海国立音乐学院教授钢琴课。两年后获得赴欧洲学习的机会,于1931年进入比利时布鲁塞尔皇家音乐学院深造。她先学钢琴,后学作曲,曾先后三次获奖。在留学期间,她曾向德国著名指挥家赫尔曼·舍尔兴学习指挥。1935年秋,萧淑娴以优异成绩毕业,返回上海音乐专科学校任教。翌年与赫尔曼·舍尔兴结婚。舍尔兴在当时蜚声乐坛,但因反对希特勒法西斯主义受到迫害,被迫迁居瑞士。婚后的萧淑娴也到了瑞士。瑞士法律规定,夫妇双方都非本国人,则只能有一方获得固定职业。于是,萧淑娴放弃了工作,但她在协助舍尔兴工作的时候,也在刻苦地学习和研究。

日本侵华战争全面爆发后,中华民族陷入水深火热之中。萧淑娴的伯父,同时也是她的音乐领路人萧友梅因贫病交迫,于1940年12月在上海去世。萧淑娴得知这一噩耗,写下一部九乐章的管弦乐曲《怀念祖国》,寄托爱国情怀与乡愁。《怀念祖国》以我国传统民族音乐元素写成,她将凤阳花鼓调、《梅花三弄》、李白的《静夜思》组织在一起,表达她对祖国和亲人的思念。她用《紫竹调》编出《摇篮曲》,还用岳飞的《满江红》词写成壮丽的《中华永久》,表达了对祖国的热爱和中华必胜的坚定信念。1941年,舍尔兴在瑞士指挥首演这组曲目,1943年录制成唱片。《怀念祖国》是在欧洲具有影响力的最早的一部中国管弦乐作品。一直到20世纪70年代,瑞士广播电台仍在播放该曲目。

萧淑娴还曾到过瑞士许多城市做讲演,介绍中国文化艺术,包括"中国音乐"、"中国民歌"、"中国的文字结构"等内容，使不少欧洲人对中国文化艺术有了一定了解。因为她的演讲宣传，后来日内瓦大学设立了中文班，系统地介绍中国文化，促进了中国文化艺术在欧洲的传播。

1949年中华人民共和国成立，萧淑娴于次年带着三个子女回到中国，任中央音乐学院作曲教授，并在燕京大学兼课。50年代的中国，有过某种全盘否定外国经验的倾向，音乐界也不例外，但萧淑娴坚持对西方音乐进行探索，教学认真踏实，不随波逐流。她参考西洋和声结构的原则，提出了一些和声结合的方式；借鉴西洋专业音乐的展开手法，发掘民歌音调的各种变化，发展各种不同主题。她还为法国著名歌剧《卡门》全剧译配歌词，翻译《巴托克的曲式与和声》、《对位法提要》等专业著作。萧淑娴在中央音乐学院任教40年，在教学过程中，她教导学生"只有扎根民族，才能走向世界"，而在生活上，她却安于清贫，表现出一位知识分子的高尚品格和情操。年近八旬时，她仍然在热情地工作。

萧淑娴创作于1941年的作品，1989年才在国内首演。她于1950年回国，而她的首场音乐会直到1989年2月才由中央音乐学院为她举办。萧淑娴于1991年病逝，在她逝世后的第二年，她的作品集才在她的堂兄、旅居意大利的美术家萧勤（萧友梅之子）的资助下出版①。

（二）访学意大利军事学的中国留学生

1645年冬，广东香山人郑玛诺留学罗马，成为中国留学欧洲的第一人。在他之后也有一部分中国青年随外国传教士到了意大利那不勒斯中国学院学习。中国学院是意大利传教士马国贤于1732年创办的，到1868年停办时，共培养中国留学生106人②。清代初期至中期的中国留欧生，大都跟随外国来华传教士赴意大利的宗教学校，主要接受天主教教育，辅之以学习西方语言文字、世俗文化以及科技方面的知识，大部分留学生回国后主要从事传教或翻译工作。清政府对此类事件并没有干涉、管理。1929年，国民党政府海军部选派福州船政航海班学生六人赴意大利学习快艇等的制造。由于受所掌握的资料的限制，近代广东生留学意大利的情况目前

---

① 段平泰：《记萧淑娴先生》，《中央音乐学院学报》1983年第2期；《萧淑娴简介》，中山名人信息库，http://www.zsda.gov.cn/plus/php_mr_details.php?renid=15373。
② 方豪：《中国天主教史人物传》（中册），中华书局，1988，第347页。

了解不多，仅知在南京国民政府时期有学习军事的孙乾和林文翼。

孙乾（1908~1999年），又名绍乾，字良，号贵就，广东香山县（今属中山市）人，孙中山的侄孙（孙眉之孙），曾留学日本士官学校、意大利陆军大学。孙乾自幼在澳门生活，祖父孙眉去世后不久，孙乾的父母也相继离世。年仅10岁的孙乾从此随孙中山、宋庆龄生活，先后就读于广州培正小学、培正中学。

在中学读书时，孙乾是学校排球队的主攻手，在1924年武昌举办的中华民国第三届全运会上，培正中学排球队获得全国排球冠军。之后，孙乾被选入国家排队球，1927年参加在上海举行的第八届远东运动会，中国排球队又夺得冠军。1927年秋，孙乾考入上海沪江大学政治系，次年留学日本，入士官学校攻读工兵科，毕业后任广州燕塘军校教官。1931年被中山县县长唐绍仪聘任为公安分局长，不久调任南京参谋部上校参谋，随后被派往意大利留学，入陆军大学深造。1933年学成归国，出任中央陆军大学工兵教官。

抗日战争全面爆发后，孙乾调任第七战区司令长官余汉谋的高级参谋，旋任团长、少将副师长，负责战教工作，与日寇在粤北、湘赣作战。1944年年底至1945年年初，日军为打通中国南北铁路交通线，发动了豫湘桂战役，其中驻湘、粤、桂的日军夹攻粤北，攻陷广东的英德、曲江。孙乾率部浴血奋战，掩护部队及省府机构转移江西，敌我双方均伤亡惨重。最终孙乾部完成了掩护任务，国民政府特为此颁给他忠勤勋章。

抗日战争胜利后，蒋介石政权打内战的意图日渐明显，国家又处在战乱的边缘。孙乾对此深感忧虑，专门去拜见叔婆宋庆龄。孙夫人与孙乾的观念一致，也认为再打内战有违民意，因此孙乾毅然递交辞呈，辞去军职。

1946年年底，孙乾出任中山县县长，在任期间，他重视解决社情舆论中大的问题和矛盾，如解决了中山八区黄姓与陈姓两族世代械斗的宿怨。这两个大族因田地纠纷，三十多年间械斗死伤一千多人。他还倡议并重修了平民医院，得到本县绅商和侨商踊跃捐款支持，方便了百姓就医。孙乾务实开明，重视提拔有学问、思想开明的进步人士。他任命民主人士郑沧徽和陈宏文为《开明日报》社长及编辑，该报对民主爱国运动的进展情况给予了及时、客观的报道。1948年，南京国民政府实行身份证制度，百姓来往须检查凭证，由孙乾聘请掌管政务的苏翰彦等利用职务之便，为当地的共产党游击队提供了数千张证件，他们还在孙乾面前求情，使一些被捕的地下党员得到释放。不可否认，孙乾对国民党事业是忠诚的，而他对于下属的一些义举屡次成全，则反映了与他为人豁达、思想开明的个性，客观上对中山民主爱国力量的发展起了一定的推动作用。

1949年国民党在大陆的统治终结，孙乾先赴台湾，后长期旅居美国。虽远在国外，他却始终牵挂着祖国的统一大业，坚决反对台独。改革开放后，孙乾数次回家乡观光，对家乡发生的变化以及地方政府对孙家的祖屋、祖坟的重视和保护感到欣慰。1999年，孙乾病逝，享年91岁[①]。

林文翼（1907~1973年），又名昌鹏，广东清远人，国民党少将，曾留学意大利海军军官学校。林文翼是上海光华大学毕业生，大学肄业后入读广东海军学校第二十一期。随后留学意大利海军军官学校，1934年毕业回国，任虎门要塞司令部巡防艇队指挥，水鱼雷艇队中校队长。1938年任长江下游江防总指挥部缉私舰队上校总队长。1945年，作为海军代表，以海军组上校组长身份参加香港的对日军受降仪式。1946年授海军少将衔，任海军总司令部水警署参议。1948年，林文翼辞职，移居香港。中华人民共和国成立后，任广州市政协特邀委员，广东省水利电力勘测设计院工程师。1973年冬病逝，享年66岁[②]。

七　广东留欧生对中国社会发展的作用和影响

从清后期的洋务运动开始，到中华人民共和国成立，中国向西方派遣公费留学以及中国人自费赴欧学习持续了近一百年。由广东的开风气之先到覆盖全国的留学风潮，终于催醒了沉睡已久的中国。广东的留欧生在这个过程中的作用和影响是值得研究的。

（一）广东留欧生对广东及中国政治的影响

在近现代的留欧运动中，对于中国政治影响最大的是那些曾留学英

[①] 程智民、梁耀中、李炽康：《孙乾先生小传》，载中山文史编辑部编《中山文史》第12辑，政协广东省中山市委员会文史资料委员会，1993，第109~112页。
[②] 陈予欢编著《民国广东将领志》，第261页。

国、法国、德国和苏联的学生，留学其他国家的学生则相对集中于艺术、实业、教育等方面，较少参与政治领域。留学英国的时间开始较早，所以留英生在清末民初的政治影响较大，而第一次世界大战后法国、苏联的国内局势和政治气候以及革命思想对中国留学生的政治思想培养产生了深刻影响。这三个国家的广东留学生都有较突出的表现。

留英的法学生对近代中国的法律修订、执行及外交政策规划的贡献巨大。其中伍廷芳引进近代西方法律条文和观念，对传统中国法律的修订以及法律的执行方面有开创性贡献，在清末民初的中国外交上也有巨大成就，最大量地维护了中国的利益。何启利用他在香港的身份和地位，参与筹划兴中会广州起义，并起草对外宣言，参加中华民国的创建，对于中国的未来走向大声疾呼宣传。罗文干在任国民政府外交部部长时，主张坚决抵抗日军的侵略，反对蒋介石"攘外必先安内"的政策，受到国内舆论的赞扬。

留法的社会学、法学学生在中国的政治影响巨大。其中汪精卫四次留法，其前半生致力于孙中山三民主义，起到了领袖和标杆的积极作用，但在抗日战争爆发后的消极态度，给中国的抗日造成了无可挽回的损失，也因此沦为历史的罪人。法学学生郑毓秀在中国政治舞台上开创了多个中国女子从政的先例，历任上海、江苏检察厅厅长、监察厅厅长、法院院长、国民政府立法委员，在中国政治史上留下了极富色彩的一笔。

20世纪20年代国共两党派遣的留苏生，对中国的政治发展也起到了关键作用。留苏生在一定程度上推动了当时中苏关系和中国革命的发展。学习军事战术的留学生回国后，把所学的理论与战争实践结合，取得了实效战绩。但从总体上来说，国共的留苏运动并不成功，表现在：第一，苏联对中国留学生的授课内容与中国实践脱节。第二，国民党在意识形态上对苏联的排斥。第三，中国共产党方面，虽然有以叶剑英为代表的优秀留苏生在中国乱局中屡次力挽狂澜，但以王明为代表的部分留苏生对苏联革命理论生搬硬套，给中共造成极为惨重的损失[①]；国民党方面除了郑介民等少数留苏生能将所学应用于实践之外，大多数留苏生没有学以致用，不过为了"洗清"自己的亲苏、亲共嫌疑，回国的国民党留苏生在反苏、反共方面表现得更为积极。

---

① 张泽宇：《20世纪20年代国民党员留学苏联述论》，《史学月刊》2008年第7期。

(二) 广东留欧生对广东及中国教育的影响

广东留欧生对于广东乃至中国的贡献是不可估量的。广东留欧生所学的专业基本覆盖了近代以来中国急需发展的各学科，他们所学的知识在回国后的实践中得到了检验，创造出了不少业绩。

在医学领域，留欧生多在医学发达的英、德两国医学院深造。留学英国的黄宽、伍连德和留德的徐静澜、张建、张勇斌和邝公道，是其中的典型代表。他们学成回国后，一边行医，把所学创造性地运用到实际诊治中，一边从事培养国内西医的教学工作，带动了国内西医诊疗方法的发展，并且开创了许多项国内乃至世界领先的纪录。留学苏联学医的郭迪同样在儿科领域做出了不菲的贡献。

在音乐艺术领域，广东留欧生多赴德国、法国学习。他们归国后在中国的艺术土地上耕耘、收获，在教学中培养、发掘了大批人才，其中不少人后来成为大家。比如音乐类留法生冼星海、陈洪和马思聪，美术类留法生李金发、林风眠、林文铮，他们克服了在留学时及归国后面临的种种生活困难，一边教学一边创作，为中国艺术事业培养了大批后起之秀，也鼓舞了中国人的抗倭精神。

在高校普通教育方面，留欧的广东生发挥所长，在改进传统教学、研究和管理方面做出了积极的尝试和贡献。像留英生郭承恩、韦悫、郑为惠、罗明燏、余伯泉等，留法生张竞生、杨成志和吴尚时等，他们的作为对提高中国高校的教育质量和教学管理水平都起到了示范作用。

还有众多的广东军事留欧生值得敬重，抛开国共两党的政治恩怨不谈，就他们为中国抗战培养军事指挥人才所进行的教学内容和结果来看，其所做出的贡献又岂是能够忽视的。

从广义上说，留学生学成归国后，即成为一个西方知识的授业者，不管他们是否在学校任教，都能够以所受教育影响周围人，没有他们专业素养的润泽，中国的近现代历史实在无法想象，这也是近代以来中国往外派遣留学生的一个基本初因和追求结果。

第 四 章

广东社会与留学日本

广东人留学日本，开始于1896年3月广东香山县唐家湾人唐宝锷。

广东地处东南沿海，由于独特的地理位置，极易受到海外文化的影响。明代中期之后，随着世界地理大发现的潮流来到东方的传教士不断增加，东西方联系逐渐增加。广东沿海地区较早地受到海外的影响，比较容易接受西方的文化，绵延不绝。中国留学第一人容闳开启的留美幼童中70%的学生是广东籍，而且这些学生大半又是珠江三角洲地区各县的人，他们对于留学海外并不排斥。1894年甲午战争，清政府败给昔日的"蛮夷"——日本，震动了国人。国人开始审视日本崛起的状况，他们发现留学海外是日本发展的重要因素。维新派的重要人物康有为积极推动赴日留学，希望清王朝能够通过维新走向强大。实际上，留学日本是维新运动的产物，他们希望通过留学日本，快速掌握西学知识，使中国快速摆脱列强控制，强大起来，成为世界强国。广东学生加入到留学日本的行列中，这些留学生归国之后对广东地方社会，乃至整个中国都产生了重要影响。

一 广东人日本留学教育概述

1897年，康有为的弟子罗普自费留学日本，但是广东方面一直对留学日本没有太大的关注。1902年之前，广东没有派出官费留学生，而其他省份官费留学生中却有广东籍学生的身影。在1902年和1904年，广东地方官员因应立宪的需要，先后向日本派出两批法政速成留学生。清政府学部与日本文部省签订"五校特约"计划，广东负责其中相当数目的经费，因此，派遣的官费留学生占到其中的 1/6。此后，一直至清亡，广东留日学生数量有不小的增加，其中自费留学占有相当大的比例。到清末，官费留学日本还是以各省为主。1912 年，中华民国成立之后，政府成立稽勋局，派遣对革命有功之士及其子弟出国留学，广东籍稽勋留学生数量占有其中一半。官费留学生还是以各省为主，但是随着国内政局变化以及中日关系的影响，赴日学生也呈现出时起时落的现象。1927 年，南京国民政府成立之后，对留日学生的政策做了规范，其逐渐走向正规。广东留日学生增加，约占全国的 1/6，已经成为留日人数最多的省份。由于 1929 年的世界经济危机，日元贬值，留学日本费用大为降低，而留学日本也不需要护照，因此，广东学生赴日人数激增，达到千人以上。1938 年，华南陷落之后，汪伪政府也向日本派遣留学生。广东不在汪伪教育部派遣的地区，可能是另外的计划，但广东留日学生也为数不少。至 1944 年，广东每年派遣的学生数量仍维持在 100 人左右。抗日战争胜利之后，中国国内再也没有向日本派遣留学生。

（一）岭南大地的东瀛风：广东人留学日本的时代背景

鸦片战争之后，清朝面临前所未有的大变局。朝野希望通过变革，实现自强，抵御列强的侵吞。当时洋务派的关注点是在西方，而不是东方的日本。随着日本明治维新，日本的变化引起国内有识之士的注意。1877 年广东嘉应人黄遵宪出任驻日参赞，正值日本明治维新时期，他悉心研究明治时期的日本，撰成介绍明治维新情况的《日本国志》一书及《日本杂事诗》。在广东，康有为早在 1886 年时就注意到明治天皇积极学习西学，在他的《康子内外篇·阖辟篇》中赞扬明治天皇的这种精神。1888 年在与朋友的书信中指出要警惕日本对中国的虎视眈眈。同时在《上清帝第一书》中向光绪皇帝介绍日本明治维新的成就。甲午战争失败之后，1895 年，康有为在《上清帝第二书》中就提出要效法日本变法，学习日本。康有为认为学习日本的目的之一就是短期内获得西学知识。早在 1885 年，康有为就上书两广总督张之洞开设译书局，鼓励科举之士学习日文、翻译日本书籍。他还让他的长女康同璧学习日语，并协助翻译日本文献。1897 年康有为编成《日本书目志》。同年，康有为还完成了《日本变政考》，讲述日本明治维新的过程。这些书对当时有识之士产生了一定影响。黄遵宪的《日本国志》对维新志士影响很大，研读者非常多。

(二) 广东人留学日本的历史过程及分布情况

广东人留学日本的历史过程大约可以分为以下几个阶段。

第一阶段是晚清时期（1896~1911年），1896年3月唐宝锷以驻日使馆东文学堂学生的身份赴日留学，开启了广东人赴日留学的历史。1902年新政时期，地方督抚派遣官费留日学生赴日，学习法政和师范，速成班学生占了相当大的比重。广东留日学生的数量迅速增加。这个时期的留日学生许多人加入中国同盟会，成为日后辛亥革命的中坚力量。

第二阶段民国北京政府时期（1912~1927年），随着国内政治局势的演变与中日关系的变化，中国赴日学生有所增加，呈现出时涨时落的特点。官费留学生以省派为主，广东由于是桂系军阀控制，军阀混战，留学经费严重不足。1923年，教育部甚至命令广东暂停一年派遣留学生。

第三阶段是民国南京政府时期（1927~1938年），政府制定政策加强了对留学生的监管。由于1929年的世界经济危机，日元贬值，赴日留学成本降低，以及赴日留学不需要护照，加上国内政治局势的变化，广东赴日留学生大幅增加。

第四阶段是汪伪时期（1939~1945年），日本侵略者为了掩盖对华侵略的本质，以所谓中日亲善为借口，资助一些沦陷区的中国学生赴日留学。

清末，中国学生赴日留学，大多数学生集中在东京及附近地区。他们赴日时没有掌握日语，到日本之后要先进入语言学校学习日语。当时主要的留学院校有成城学校、日华学堂、亦乐书院、东京同文书院、弘（宏）文学院、振武学校、东斌学堂、经纬学堂，女生主要集中在下田歌子举办的实践女学校。其中成城学校、振武学校是学习军事的预科学校。成城学校是日本陆军士官学校的预科学校，1899年成立。振武学校是陆军士官学校或者陆军户山学校的预科教育学校，1903年开设，初期有180名左右的学生，到1907年增加到300多名。日华学堂、亦乐书院、东京同文书院、弘文学院、经纬学堂主要是语言培训学校或者是速成学校。1906年之前，与国内其他省份一样，广东留日学生中相当数量的人是速成科毕业的。很多学生没有升入大学。为了提高中国留学生的质量，清朝驻日公使与日方达成协议"五校特约"，这五个学校是东京高等师范学校、东京第一高等学校、东京高等工业学校、山口高等商业学校、千叶医学专门学校。协议期限 15 年。总费用各省承担，其中广东属于大省，承担费用较多，而进入上述五校的学生人数也较多，1908 年开始实施是 13 人，1909 年是 26 人，1910 年是 17 人。这是官费生的状况。总体来讲，当时人的印象中，赴日留学是二等，赴美留学是一等，这主要是速成班造成的。但是，也有不少留学日本回来的学生成为栋梁之材。民国之后，留学日本的学生不再集中在东京等少数地方，他们在日本各地学校学习，比较分散，这个时期留日学生的素质提高，进入到大学读书的学生人数也越来越多。毕业回国之后，进入到大学等机构，像 20 世纪 20 年代重要的文学社团——创造社就是留日学生回国之后创立的。中国学生在日本各地都有身影，他们组织社团、出版刊物，活动相当多。

（三）广东留日教育的特点及产生的影响

广东留日学生对近代中国社会产生了相当大的影响。

第一，清末留日学生中许多人加入中国同盟会，成为辛亥革命的中坚力量，像胡汉民、廖仲恺等，他们在日本办《民报》宣传革命，到南洋、北美华侨中募集款项，资助在国内的起义。他们的活动对于推翻清朝统治起到巨大作用。追随孙中山参加革命的重要人物有相当数量的是广东留日学生，如冯自由、邹鲁、古应芬、朱执信等。

第二，广东留学日本的学生在广东地方社会也产生了相当大的影响，在教育方面，中山大学从创办起就是由邹鲁负责的，他先后两次出任中山大学校长，为中山大学的发展奠定了基础，许崇清三次出任中山大学校长，更是为中山大学发展做出了很大贡献。其他的如法政学堂、高等师范学校、美术教育等学校都有他们的身影。留日学生回到家乡创办报纸、宣传新学、宣传革命。1911 年武昌起义之后，香山的留日学生策动驻前山的新军起义响应，这是广东地区对武昌起义的最早响应。

第三，由于日本的教育不能满足部分留学生的需要，广东留学生有相当数量在日本学习之后，转赴北美和欧洲，这是广东留学运动中一个非常突出的特点。像曾经担任民国外交总长的王宠惠，就是自日本留学之后转赴美国的。1899 年赴日留学的张煜全后赴美留学，获耶鲁大学法学院硕士学位，1918 年任清华学校校长。

二 晚清时期广东人的日本留学

广东的留日教育不同于留美教育和留欧教育，留学欧美在广东还是有一定的基础的，幼童留美、福州船政学堂留欧在广东都有招生。但是对于日本的关注，以及日本对国内的震动还是甲午战争所引起的，之前虽然有黄遵宪的《日本国志》和《日本杂事诗》以及康有为的著述，但其尚未影响国内留学潮流。因此，讨论广东的留日教育还是要从国内大背景来进行。这是广东留日教育不同于其他两个地区的一个重要方面。

（一）留学日本的晚清社会背景

中日甲午战争以清朝的失败而告终，泱泱大国竟然被东洋"蕞尔小国"打败。《马关条约》割地赔款，举国震惊，不能不引起国人的反思。这种反思是建立在对日本重新审视的基础上的，极大地改变了国人的思想观念。国人逐渐认识到日本之所以在短短几十年发展起来是向国外派遣留学生，学习西方的结果。因此，国内舆论呼吁清政府向日本派遣留学生。封疆大吏如张之洞等开始向外派遣留学生，他在1898年4月刊行的《劝学篇》中极力鼓吹向国外派遣留学生：

> 出洋一年，胜于读西书五年，此赵营平百闻不如一见之说也。入外国学堂一年，胜于中国学堂三年，此孟子置之庄岳之说也。……日本小国耳，何兴之暴也。伊藤（博文）、山县（有朋）、榎本（武扬）、陆奥（宗光）诸人，皆二十年前出洋之学生也，愤其国为西洋所胁，率其徒百余人，分诣德、法、英诸国，或学政治工商，或学水陆兵法，学成而归，用为将相，政事一变，雄视东方[①]。

张之洞特别强调出洋游学，西洋不如东洋：

> 至游学之国，西洋不如东洋：一、路近省费，可多遣；一、去华

---
① 陈学恂、田正平编《中国近代教育史资料汇编·留学教育》，上海教育出版社，2007，第46页。

近，易考察；一、东文近于中文，易通晓；一、西书甚繁，凡西学不切要者，东人已删节而酌改之。中东情势，风俗相近，易仿行，事半功倍，无过于此①。

张之洞的看法不只是他个人的，也是相当多的上层官僚（如两江总督刘坤一等）的共识。

对于张之洞的议论，光绪皇帝发布上谕：

张之洞所著《劝学篇》持论平正通达，于学术人心，大有裨益，着将所备副本四十部，由军机处颁发各省督抚学政各一部，俾得广为刊布，实力劝导，以重名教而杜厄言。

发给国内督抚等封疆大吏，让他们在各地刊行。

1898年6月，康有为在《请广译日本书派游学折》中也在向光绪皇帝建言向日本派遣留学生：

惟日本道近而费省，广历东游，速成犹易，听人士负笈，自往游学，但优其奖导，东游自众，不必多烦官费。但师范及速成之学，今急于须才，则不得已，妙选成学之士，就学于东，则收新学之益，则无异说之害②。

清朝留学日本运动的兴起也与日本方面的游说有关。甲午战争之后，日本一些文武大员出于不同目的，不时游说中国政要派遣学生留学日本。例如，日军参谋本部的福岛安正和宇都宫太郎在拜访张之洞、刘坤一、岑春煊及袁世凯等之时，力陈派遣留学生学习陆军军事技术的必要③。

1898年，日本驻北京公使矢野文雄向清朝总理各国事务衙门发出邀请，由日本政府负担费用，建议清朝派遣200名学生留日④。5月14日，矢野文雄以机密信件的方式致函日本外务大臣西德二郎道出了他提议清朝

---

① 陈学恂、田正平编《中国近代教育史资料汇编·留学教育》，上海教育出版社，2007，第47页。
② 汤志钧编《康有为政论集》上册，中华书局，1981，第301～303页。
③ 〔日〕实藤惠秀：《中国人留学日本史》，谭汝谦、林启彦译，生活·读书·新知三联书店，1983，第23页。
④ 《清光绪朝中日交涉史料》（卷六六），第38页，外务部请派员外郎汪大燮为赴日本游学生监督折，光绪二十四年十月初一日。

派遣留学生赴日的目的:

> 为表示超于口头友谊之实际友谊,提出我接受留学生教育之要求,据观察所得,势必为清政府所欢迎,此举不仅有助于此次要求之成功,而受我感化之人才播布于古老帝国之中,实为将来在东亚大陆树立我之势力之良策。兹将其缘由详陈如下。如斯,则彼之从事于武事者,不仅限于模仿日本之兵制,军用器材等亦必仰给于我;聘用军官等人员也将求于日本。毋庸置疑,清军事之大部行将日本化。理科学生亦必求其器械、工人等于日本。清之工商业自身,则将与日本发生密切关系,而为我工商业向清扩展打开门路。另,法律、文学等科学生,为谋清之进展,必将遵袭日本之制度。若能至此,亦必能胜于今日十倍。由于此辈学生与日本之关系,将来清政府必陆续不断自派学生来我国,如是则我国之势将悄然驾骎于东亚大陆①。

但是,矢野文雄的提案没有获得日本政府的支持。6月3日,西德二郎复函矢野文雄,对于由日本政府负担清朝留学生的费用一事表示异议,而对设法安置中国留学生表示很大的兴趣②。

日本国内的舆论也对接受中国留学生表现出一定兴趣,1901年,《教育时论》五百九十九号《就于支那教育调查会》称:

> 今日之支那渴望教育,机运殆将发展,我国先事而制其权,是不可失之机也。我国教育家苟趁此时容喙于支那教育问题,握其实权,则我他日之在支那,为教育上之主动者,为知识上之母国,此种子一播,确定地步,则将来万种之权,皆由是起焉③。

日本国内舆论也是出于对华控制的目的而宣传推动留学事宜。

但是,清政府方面却是没有顾虑日本方面的野心,留学日本的潮流就此开始。

---

① 《矢野文雄呈西德二郎机密第41号信》,云述译,《近代史资料》第74号,中国社会科学出版社,1989,第95页。
② 《西德二郎致矢野文雄》,云述译,《近代史资料》第74号,中国社会科学出版社,1989,第97页。
③ 《国闻短评:异哉所谓支那教育权者》,《新民丛报》第3号,1902年3月,转引自谢长法《中国留学教育史》,山西教育出版社,2006,第24页。

（二）留学日本的开端

随着晚清与列强的交往，清政府也开始派出使节常驻国外。由于语言的问题，常常会出现交流错误。为此，清政府同意驻外官吏的请求，在使馆内设立学堂，教授中国学生语言，以便日后担任翻译。1882年，驻日公使黎庶昌在使馆内设立东文学堂①，陆续招收国内赴日学生。后因中日甲午战争爆发，学堂停止招收学生。1895年，裕庚担任驻日公使后，着手恢复东文学堂，请日本文部大臣西原寺公望推荐教习人选进入使馆教授学生。西原寺认为在使馆内闭门学习日语，不如将学生送到日本学校学习。裕庚向总理衙门汇报了西原寺公望的提案，总理衙门同意裕庚招收学生。其共招收唐宝锷、戢翼翚、朱光忠、胡宗瀛、吕烈辉等13名学生。对于13名学生的姓名，实藤惠秀认为是"唐宝锷、朱忠光、胡宗瀛、戢翼翚、吕烈辉、吕烈煌、冯闲模、金维新、刘麟、韩筹南、李清澄、王某和赵某"。这个说法被许多研究者认可，几乎成为研究清末留日史的定论。吕顺长利用日本外务省外交史料馆所藏《在本邦清国留学生关系杂纂》收录的裕庚给西原寺公望书信中所附的名单，考证出13人分别为韩寿南（23）、朱光忠（22）、冯闲谟（20）、胡宗瀛（20）、王作哲（19）、唐宝锷（19）、戢翼翚（19）、赵同颉（19）、李宗澄（18）、瞿世瑛（18）、金维新（18）、刘麟（18）、吕烈煇（18）。王某和赵某分别是王作哲和赵同颉。其他为冯闲谟（冯闲模）、韩筹南（韩寿南）、李清澄（李宗澄）、吕烈辉（吕烈煇）。他又从《在本邦清国留学生关系杂纂》收录的光绪二十二年十月初三日裕庚致大隈重信的书信中发现李宗澄、韩寿南、王作哲、赵同颉已经回国。使馆再次招收黄涤清和吕烈煌补充进去②。13名学生中的李宗澄、韩寿南、王作哲、赵同颉或是因为忍受不了日本人的"豚尾奴豚尾奴"的嘲弄，或是因为日本食物难以下咽，或是因为纨绔成性，被勒令回国③。

---

① 《总理衙门奏遵议在日所招东文学生毕业后应如何待遇片》，载故宫博物院编《清光绪朝中日交涉史料》卷五，1932，第22页。
② 吕顺长：《清末中日教育交流之研究——以教育考察记等相关史料为中心》，博士学位论文，浙江大学，2007，第60页。
③ 《出使日本大臣裕庚奏拟变通东文学生请奖章程折》，载故宫博物院编《清光绪朝中日交涉史料》卷五二，第7~9页。

第四章　广东社会与留学日本

关于中国学生留日的开端，舒新城在他的《近代中国留学史》中，引用嘉纳治五郎的《宏文书院沿革概略》，认为清朝政府派遣学生赴日是在光绪二十二年①。这一说法为后来的研究者认可。例如，实藤惠秀在其大作《中国人留学日本史》中也认为13名学生是中国留日的开端。② 黄福庆注意到虽然13名学生还是基于使馆业务的使馆学生，不是由于清朝固定的留学政策而赴日的，但因他们已经进入日本的学校正式上课，所以仍可被认为是中国最早的留日学生③。如果以中国学生进入日本学校算作中国留学日本开端的话，唐宝锷等13名学生还不是最早的留日学生，日本学者细野浩二与中国学者王宝平经过细致的史料梳理，考证出之前使馆招收的张文成、唐家桢、冯国勋等已经进入中村正直和三岛毅的学塾中学习，他们可以作为最早赴日的学生④。

桑兵在《留日学生发端与甲午战后中日关系》一文中认为："这些青年的所谓'留学'，不过是在延续原使馆东文学堂的基础上略加变通，即将使馆独办的东文学堂改由日本文部省委托的高等师范兼管部分教务，课程由专务日文扩大到一些基础科目，学堂由使馆迁到高等师范附近。但这并未改变东文学堂的性质。首先，培养学生的目的没有变，仍是培养为使馆业务服务的翻译人员，因而官方继续称之为'东文学生'，直到一八九八年，清政府没有再派学生留日，裕庚也无此要求，这说明清政府没有将他们别做他用的意向。其次，学堂及学生的隶属关系没有变。学生并非直接进入日本学校，而是单独立校附读，这样做一方面是为了便于学生克服语言障碍，便利学习，另一方面则可以保证使馆的权限。"⑤ 他认为清末留日是维新运动的产物，应当定在1898年⑥。笔者赞成桑兵的看法，即中国学生留日开端于1898年。

---

① 舒新城：《近代中国留学史》，上海书店，1992，第21页。
② 〔日〕实藤惠秀：《中国人留学日本史》，谭汝谦、林启彦译，生活·读书·新知三联书店，1983，第19页。
③ 黄福庆：《清末留日学生》，中研院近代史研究所，1975，第13页。
④ 吕顺长：《清末中日教育交流之研究——以教育考察记等相关史料为中心》，博士学位论文，浙江大学，2007，第61页。
⑤ 桑兵：《留日学生发端与甲午战后中日关系》，《华中师范大学学报》1986年第4期，第26页。
⑥ 桑兵：《留日学生发端与甲午战后中日关系》，《华中师范大学学报》1986年第4期，第27~28页。

（三）留学日本政策的确立

留学日本是维新运动的一个部分，他们积极上书推动留学日本。山东道监察御史杨深秀于光绪二十四年四月十三日（1898年6月1日）的《请议游学日本章程片》提出：

> 我今欲变法而章程未具，诸学无人，虽欲举事，无由措理，非派才俊出洋游学，不足以供变政之用。……臣以为日本变法立学，确有成效，中华欲游学易成，必自日本始。……顷闻日人……愿智吾人，助吾自立，招我游学，供我经费，以著亲好之实，以弭夙昔之嫌，……国家虽不计此区区经费，亦何必拒之，重增嫌怨①。

这是康有为替杨深秀写的一个奏章②，他把变法与留学联系在一起，以日本的成功为例，劝说皇帝同意向日本派遣留学生。

光绪皇帝接受了这个提议，于光绪二十四年六月十五日（1898年）发布上谕：

> 出国游学，西洋不如东洋。东洋路近费省，文字相近，易于通晓，且一切西书均经日本择要翻译。着即拟订章程，咨催各省迅即选定学生陆续咨送；各部院如有讲求务实愿往游学人员，亦一并咨送，均勿延缓③。

要求各地督抚派遣学生留学日本。

光绪二十四年六月十五日（1898年8月2日），光绪皇帝再次发出上谕，更明确要求各地督抚迅速派遣学生留日：

> 现在讲求新学，风气大开，惟百闻不如一见，自以派人出洋游学为要。至游学之国，西洋不如东洋，诚以路近费省，文字相近，易于

---

① 陈学恂、田正平编《中国近代教育史资料汇编·留学教育》，上海教育出版社，2007，第333页。
② 桑兵：《留日学生发端与甲午战后中日关系》，《华中师范大学学报》1986年第4期，第27~28页。
③ 《德宗景皇帝实录》卷四二二，载朱有瓛主编《中国近代学制史料》第二辑上册，华东师范大学出版社，1987，第17页。

通晓。且一切西书均经日本择要翻译，刊有定本，何患不事半功倍。或由日本再赴西洋游学，以期考证精确益臻美备。前经总理衙门奏称拟妥定章程，将同文馆东文学生酌派数人，并咨南北洋两广两湖闽浙各督抚，就现设学堂遴选学生，咨报总理衙门，陆续派往。著即拟定章程，妥速具奏，一面咨催各该省迅即选定学生，开具衔名，陆续咨送，并咨询各部院，如有讲求时务愿往游学人员，出具切实考语，一并咨送毋延缓①。

总理衙门对于如何派遣留学生，制定了游学章程，并要求各地推广，允许各地学生自费出洋游学，因此在光绪二十四年八月二十五日（1898年10月10日）上奏，要求清政府下令：

窃以为莫若推广游学章程，令有财力之文武各大员及各省富商，各选聪颖子弟，自备资斧报名，由各省咨送总理衙门，一体汇送外洋学堂肄业，似此推广，约有七便②。

总理衙门希望派出官僚子弟出洋留学。

对于留学生的管理以及费用问题，1899年，总理衙门上奏：

既经该国函请派往游学，臣等公同商酌，拟即妥定章程，将臣衙门同文馆东文学生酌派数人，并咨南北洋大臣、两广、湖广、闽浙各督抚，就现设学堂中遴选年幼聪颖粗通东文诸生，开具衔名，咨报臣衙门，知照日本使臣陆续派往，即由出使日本大臣就近照料，毋庸另派监督。各学应支薪水用项，由臣衙门核定数目，提拨专款，汇交出使大臣随时支发③。

但是，各地封疆大吏中只有湖北、浙江等省派出留日学生，大多数省份还是没有派出留日学生。清政府于光绪二十七年八月初五日（1901年9月17日）发布上谕：

---

① 《军机处传知总理各国事务衙门面奉之谕旨片》，载故宫博物院编《清光绪朝中日交涉史料》卷五二。
② 《总理各国事务奕䜣等折》，载《戊戌变法档案史料》，中华书局，1958，第294~295页。
③ 《约章成案汇览》乙篇，卷三二·下，北洋洋务局，1908，第15~17页。

造就人才，实系当今急务。前据江南、湖北、四川等省选派学生出洋肄业，著各省督抚一律仿照办理。务择心术端正文理明通之士，遣往学习，将一切专门艺学，认真肄业，竭力讲求。学成领有凭照回华，即由该督抚学政，按其所学，分门考验。如实与凭照相符，即行出具切实考语，咨送外务部覆加考验，择优奏请奖励。其游学经费，著各直省妥筹发给，准其做正项开销。如有自备资斧出洋游学者，著由各省督抚咨明该出使大臣随时照料。如果学成得有优等凭照回华，准照派出学生一体考验奖励，均候旨分别赏给进士举人各项出身以备任用而资鼓舞。将此通谕知之①。

清政府再次要求各地督抚迅速派遣留学生，这也是清末新政的一个部分。这时各地才开始大规模派遣留学生赴日，广东就是在1902年派遣的。

国人也把留学日本当作强国的捷径。章宗祥在《日本游学指南》中这样记载：

凡天下之理，自最下层一跃而至于最上层，鲜有不踬者。欧美各国之文明，以今日之吾国视之，其相去盖不可以道里计，故吾游学于彼，则所谓自最下层而欲至最上层耳。吾国今日之程度非得一桥，以为过渡之助，非见其能几也。今日之日本，其于吾国之关系，则犹桥耳。数十年以后，吾国之程度，积渐增高，则欧美各国，固吾之外府也。为今之计，则莫如首就日本②。

（四）对留日学生的管理——设立游学监督处

各省派遣留学生赴日之时，分别派遣监督或者是请驻日使馆代为管理。清政府只是在驻日公使馆内设立管学专员一人，管理留学生事务。1902年6月，发生驻日公使蔡钧拒绝送自费留学生入成城学校、振武学校学习军事引起留学生抗议的事件。1902年10月，外务部奏请派遣汪大燮为游学日本学生总监督。1903年，张之洞奉命拟订《约束游学生章程十款》、《奖励游学毕业生章程十款》与《自行酌办立案章程十条》。其中，

---

① 《光绪朝东华录》第4册，中华书局，1958，第4270页。
② 章宗祥：《日本游学指南》，1901年自刊本，第2页。

《约束游学生章程十款》、《自行酌办立案章程十条》成为监督处在管理上的准则。

光绪三十二年十月十七日（1906年12月2日）学部奏定《管理游学日本学生章程》四十一条：

> 本年七月初七日，臣部奏准，嗣后京外派遣学生，无论官费私费，皆应考验，性行纯谨具有中学堂毕业程度，通习外国文字，能直入高等专门学堂者，始予给咨。其习法政师范速成者，嗣后概不咨送。非由各部暨各省将军督抚给咨者，出使大臣概不送学。既经给咨，而本人改速成者概不准行。……各省所发学费向无定数，多少悬殊，或因补额而时起纷争，或因求多而互相借口，经理既多不便，滥费亦所不免，此学费之宜厘定者也。……臣等再三酌议，拟就出使日本大臣署内设管理游学日本学生监督处，设总监督一员，由出使日本大臣兼任，设副监督一员，由臣部会商出使日本大臣奏派。其应有分课办事及分校监察等员，概由总监督委派，各省原派监督一律撤回，其各省原派监督经费各按原数照旧汇解，作为该处办公经费①。

设立总监督，各省原先设立的监督一律撤回。

随着留日学生数量的减少，驻日公使于光绪三十四年九月二十一日（1908年10月15日）呈请裁撤总、副监督，设立游学生监督一员，由驻日大臣来管理：

> 查游学一途，今昔情形既有不同，所有管理章程自应随时酌改，务臻完备。……拟将原设总、副监督一律裁去。惟游学生事宜较繁，拟另设专员秉承出使大臣办理等因。臣等悉心酌度，尚系实在情形，拟请将原设总、副监督裁撤，另设游学生监督一员，秉承出使大臣管理游学生诸事宜，仍有出使大臣总董其成②。

清政府接受了驻日公使的呈请，裁撤了总、副监督。

---

① 《酌拟游学日本章程请设专员管理折》，载故宫博物院编《清光绪朝中日交涉史料》卷七〇，第1~6页。
② 陈学恂、田正平编《中国近代教育史资料汇编·留学教育》，上海教育出版社，2007，第407页。

宣统二年十一月十九日（1910年12月30日），学部因为留日学生已经大幅度减少，奏请缩减监督的职责：

> 惟彼时（光绪三十四年）留日学生人数几将及万，现在普通速成各生渐次毕业回国，留日肄业者以高等学校以上之学生为多，总计其数才二千余人。是监督处庶务、文牍、会计、通译诸事，昔须分科而治者，今可量为裁并。又自费生之借贷章程易致款归无着，官费生之医药费用未免过于靡费，凡此各节自非将原章详加修订不足以节靡费而收实效①。

创办横滨大同学校，一些旅居日本的广东子弟如冯自由等先后进入学习。

（五）清政府对留日学生的限制

由于中国赴日学生数量剧增，泥沙俱下，良莠不齐，影响到留学生的整体质量。况且学生学习速成科的比较多，学习专门课程的少，背离了政府派遣留学生的初衷。因此，驻日公使杨枢于光绪三十年十二月初四日（1905年1月9日）上奏：

> 迩者学务大臣暨各省督抚陆续选派学生来东就学，综计人数已逾三千。然其中习普通科者居多，习法政专门学者尚少，怨日本各学校教授次等专门之学皆用本邦语言文字，中国学生从事于斯者须先习东语东文方能听受讲义，约计毕业之期总须六七年。……上年日本公爵近卫笃、子爵长冈护美因感戴我朝赏赉宝星之荣，曾与前总监督汪大燮会议，欲于日本东京为中国游历官设速成法政学院，学章甫拟就而汪大燮已卸任，近卫笃旋身故，事遂中止。奴才抵任后正思设法续成之，适有东京法政大学校总理梅谦次郎亦建斯议，奴才当向长冈护美取得前拟学章作为稿本，而与梅谦次郎酌中改定，遂于该学校内特设法政速成科，专教中国游学官绅。……奴才一面分咨各省大吏，请选派官绅资遣来学，现在京师学务处暨直隶、江苏、安徽、福建、浙

---

① 陈学恂、田正平编《中国近代教育史资料汇编·留学教育》，上海教育出版社，2007，第415页。

江、湖南、广东等省督抚均经照议选派，统计来学官绅已有三百余人。议定六个月为一学期，满三次学期便可毕业。其教授大旨约分四科，曰法律、曰政治、曰理财、曰外交。所聘诸科教习皆日本最有名之学士博士……所谓速成科者，系将法理之所以然及各国法律之得失互相比较，择其适于中国之用者，则详加讲授，其余姑置不论，以免多费时日学非所用①。

杨枢上奏建议政府多派遣学习法政速成的留学生，清政府施行新政需要大批懂得法政的人才，因此，各省督抚纷纷派遣官费学生赴日学习法政。由于1905年废除科举制度，广大士子失去了仕进的门路，一些人纷纷以自费方式学习法政，试图获得仕进的机会。当时对留学资格没有限制，中国学生大批度日，留学生几近万人，许多学生语言文字不通，茫然无所知。

早在1904年6月，就有舆论对中国留学生的状况进行描述：

现东京留学生人数，较去年骤增一倍，较前年春间骤增三倍，可谓极一时之盛矣，其中沉潜学业者，未尝无人，然亡国妖孽，集于此一字长蛇之岛者，亦不知凡几。其人非纨绔即腐儒，大都舍图功名富贵以外无他志，且乍出国门，少不更事，有官款之挥霍，无父师之管束，于是种种损名誉辱国体之事起矣②。

鉴于此，光绪三十一年十二月二十三日（1906年1月17日），驻日公使杨枢上疏报告在日本的中国留学生状况：

奴才初抵任时，在东官费学生仅逾千人，日增月盛迄于今日已至八千余人，朝廷号令于上，疆臣奉行于下，可谓盛矣。然其所以骤增之故，犹有数端：诏停科举注重学堂，而学堂之出身不如出洋留学之易而优，一也。自天津上海至日本东京仅六七日之程，较之由府县入省会学堂，由省会入京师学堂，其劳逸相等，二也。挟利禄功名之见而来，务为苟且，取一知半解之学而去，无补文明。……日本普通学堂专为中国

---

① 《出使日本大臣杨枢请仿效日本设法政速成科学折》，《清光绪朝中日交涉史料》卷六八，第34~35页。
② 《日本留学界之片影》，《大陆》1904年第6号，转引自谢长法《中国留学教育史》，山西教育出版社，2006，第31页。

学生设者如成城学校等三四处尚称完备，然不完备者则不下十余处，有以三个月毕业者，有以六个月毕业者，甚至学科有由学生自定者，迎合学生之意，学生即喜，入之而不能禁，此普通学堂之不可恃也。……请拟饬下学部，严定选派学生出洋留学章程：一、在本省学堂须有五年资格者；一、预备日文日语在两年以上者；一、如学生到东有不法行为及倡异说者，惟原咨送官是问；一、指定学生学科应入何校，到东以后不得更改。……奴才犹有请者，学生争竞多由各省官费不齐，官费之中有可预订者，如学费旅费署费是也，有不能预订者，如医药费书费等是也。应请饬下学部审定官费，划一章程，奏请通饬各省将军督抚钦遵办理，斯可以平嚣张之气，亦藉养廉耻之道①。

由于日本的学校不足，一些学校只是为收取费用，罔顾学生的学习。因此，杨枢建议学部严格规定出洋资格：一是必须在本省学堂学习五年，二是必须预备日文在两年以上。

国内大臣对此种现象，也纷纷上奏，同年，端方、戴鸿慈上奏：

我国游学之弊害，盖不可胜言矣。普通之未解，国文之未谙，外国语文之未习，官费者既以请托得费，自费者遑复检查合格？既无谨慎选材之意矣，游而不学、辍业而嬉者姑无具论。其或心艳虚名，身徇故事，喜民校之规则纵驰，阅数月而骤得证书，借以标志名高，侈谈学务。陋而不察，辄相引重。又或来去飘忽，徼辍靡常，毕业者仅计年期，后至者又循故辙。其最高者稍涉语言，躐跻大学，选科虽复无定，而得证仍自可期。夫以卒业得证之要事，而仅凭外交手段之抑扬。监督既拥虚名，而不能实施其干涉。学部未定规则，无由实验其课程。进其人而试之，既无当其所学，循旧例而用之，亦不见其所长。将以兴实学，得真才，必无幸矣。宜其流弊日滋，不得其益，徒得其害也②。

他们也提出限制留学生的资格。

1906 年 3 月 13 日，学部颁布《通行各省选送游学限制办法电》：

---

① 《出使日本国大臣杨枢密陈学生在东情形折》，《清光绪朝中日交涉史料》卷六九，第 23~24 页。
② 端方、戴鸿慈：《考察政治端戴两大臣条陈学务折》，《教育世界》，1906 年第 136 号，转引自谢长法《中国留学教育史》，山西教育出版社，2006，第 32 页。

> 学长期者,除习浅近工艺,仅须预备语言,于学科毋庸求备外,凡欲入高等以上学校及各专门学校者,仅有中学堂以上毕业之程度,且通习彼国语文,方为及格。有一不足,应先在本国补习。短期者……其习速成科者,或政法或师范,必须中学与中文俱优,年在二十五岁以上,于学界实有经验者,方为及格,否则不送。无论官费私费,长期短期,游历游学,必品行端谨无劣迹,身体强健无宿疾,否则不送。非由咨送,公使概不送学,非经考验,本省概不咨送。……速成学生无论官费私费、师范政法应即一律停派不予给咨①。

对于学生无故回国又不请假的问题,1907年7月,驻日学生监督处颁布《留学生请假规则》(十条):

> 请假分两种,于学堂暑期内而请假回国者为通常请假,遇有父母死亡或病重时而请假回国者为特别请假。凡学生于暑期内得请假回国,各以其学堂之假期为限,但海陆军学生不在此例。凡不属特别请假之事项,又非在通常请假期内并不请假而自回国者,于回国之日起,本处即为退学,如系官费学生,并即开初官费②。

留学生请假规则进一步规范了留学生的行为。

1908年年初,《留日学生肄业外国语学校者毋庸改给官费文》规定"外国语学校虽系高等程度,而其学科不必定在日本肄业……凡自费生考入应毋庸改给官费"③。

为了提高留学生的培养质量,1907年,学部与日本文部省缔结"五校特约"计划,根据该协议,自1908年起的15年内,东京第一高等学校增收中国学生65人,东京高等师范学校25人,东京高等工业学校40人,山口高等商业学校25人,千叶医学专门学校10人,五所学校共增收中国学生165人。增收中国学生经费由中国政府补给,15年所需经费,由各省分解。1908年,学部颁布《留学日本五校章程》。1909年7月,学部决定在

---

① 陈学恂、田正平编《中国近代教育史资料汇编·留学教育》,上海教育出版社,2007,第75页。
② 驻日留学生监督处:《新定留学生请假规则》,《东方杂志》1907年第11期。
③ 学部:《咨行各省督抚留日学生肄业外国语学校者毋庸改给官费文》,《东方杂志》1908年第3期。

北京设立游学日本高等五校预备学堂，作为留日的预备学校。由于辛亥革命的爆发，这项政策没有来得及实施。

（六）清末对留学毕业生的考验与奖励政策

1901年，清政府命令各省督抚学政，对于出洋学生"务择心术端正文理明通之士，遣往学习，将一切专门艺学，认真肄业，竭力讲求。学成领有凭照回华，即由该督抚学政，按其所学，分门考验。如实与凭照相符，即行出具切实考语，咨送外务部覆加考验，择优奏请奖励……如有自备资斧出洋游学者，著由各省督抚咨明该出使大臣随时照料，如果学成得有优等凭照回华，准照出洋学生一体考验奖励，均候旨分别赏给进士举人各项出身以备任用而资鼓舞。"① 这是清末对留学毕业生奖励的起点。

1903年，张之洞奉命拟订《奖励游学毕业生章程》，其主要内容为：

中国游学生在日本各学堂毕业者，视所学差等，给予奖励。但须由中国出使大臣总监督查明该学生品行端谨，毫无过犯，出具切实考语，咨送归国。……在普通中学堂五年毕业得有优等文凭者，给以拔贡出身，分别录用。

在文部省直辖高等各学堂暨程度相等之各项实业学堂三年毕业得有优等文凭者，给以举人出身，分别录用。

在大学堂专学某一科或数科，毕业得有选科及变通选科毕业文凭者，给以进士出身，分别录用。其由中学堂毕业径入大学堂学习选科，未经高等学堂毕业者，其奖励应比照高等学堂毕业生办理。

在日本国家大学堂暨程度相当之官设学堂，三年毕业，得有学士文凭者，给以翰林出身。

在日本国家大学院五年毕业，得有博士文凭者，除给以翰林出身外，并予以翰林升阶。

以上所列之外，在文部大臣所指准之私立学堂毕业者，视其所学程度一体酌给举人出身，或拔贡出身。

游学生原有翰林、进士、举人、拔贡出身者，各视所学程度给以

---

① 《北京新闻汇报》（五）光绪二十七年八月二十三日，转引自黄福庆《清末留日学生》，第65~66页。

相当官职①。

1904年12月，学部大臣奏定《考验出洋毕业生章程》，明确了考验办法。1905年清政府据此举行第一次留学生毕业考试，分别授给金邦平、唐宝锷等14人进士、举人出身。

1905年10月，学部又奏定《考验游学毕业生章程》，对考验办法进一步完善。由于留日学生良莠不齐，学部在第二次考验时就规定考试资格限以外国专门以上学校，速成及中学以下程度不准考试。

1908年1月，学部拟订《酌拟游学毕业生廷试录用章程》，对考验科目做了进一步的确定，至清亡没有再更动。

（七）晚清时期的广东留日学生情况

广东人赴日留学目前见到最早的是1896年由驻日使馆派出的13人中的唐宝锷。唐宝锷（1878~1953年）广东香山人，出生于上海。1896年回乡考取秀才，适逢驻日使馆招收学生赴日，他应试入选。唐宝锷1899年从亦乐书院毕业后，被清政府任命为驻日本长崎领事馆代理副领事。两年后，唐宝锷调任驻东京公使馆馆员。其间，他还在东京早稻田专门学校的邦交行政科学习国际法，并兼任宏文书院（即原亦乐书院）讲师。1903年唐宝锷从专门学校毕业后，又升入由专门学校升格而成立的早稻田大学，在政治经济部学习，1905年毕业回国，是中国第一个在日本取得学士学位的留学生②。1896年，广东留学日本的学生有1人。

第一个自费到日本留学的是广东顺德人罗普（1876~1949年），原名文梯，字熙明，号孝高，别署披发生、羽衣女士、上佳市人，麦孟华之妹婿。早年师从康有为，光绪二十三年（1897年）入东京专门学校（即早稻田大学的前身）③。1897年留学日本的学生有1人。

---

① 陈学恂、田正平编《中国近代教育史资料汇编·留学教育》，上海教育出版社，2007，第58~59页。
② 唐宝锷从早稻田大学毕业后回国。1906~1911年，历任北洋司法官养成学校监督（校长）、洋务局会办、陆军部一等首席参事官、川粤铁路督办等职。民国成立后，历任国会众议员等职。1924年，退出政界后，在北京、天津两地开办律师事务所，并在天津定居专执律师职业。大约在1948年，唐宝锷年迈，停止律师业务，1953年病逝。
③ 戊戌政变后，罗普离开早稻田，随梁启超等编《清议报》、《新民丛报》，并翻译《日本维新三十年史》等。民国建立后，在多地任职。

1898年广东留学日本的学生为数不少,房兆楹编辑的《清末民初洋学生题名录初辑》中就收录不少。

冯斯栾是光绪二十四年(1898年)四月入学的[①],冯懋龙自由是光绪二十四年九月入学的[②]。毕业的另有学生名单如表4-1所示[③]。

表4-1 广东赴日学生数(一)

姓 名	年龄(岁)	籍贯	赴日年份	毕业年份	留学单位
韦汝聪(树屏)	35	广东香山	光绪二十四年十一月	光绪二十八年三月	近卫步兵第一联队见习士官
顾臧(君用)		广东	光绪二十四年十一月	光绪二十八年三月	近卫工兵大队见习士官
卢藉东(任明)	23	广东南海	光绪二十四年二月	光绪二十八年六月	蚕业讲习所
郑华星(长光)	22	广东香山	光绪二十四年二月	光绪二十八年六月	蚕业讲习所
郑瑞(蔼云)	21	广东香山	光绪二十四年二月	光绪二十八年六月	蚕业讲习所
沈诵清(养源)	33	广东番禺	光绪二十四年五月	光绪二十四年十一月	宏文学院速成师范
沈藻清(孝芬)	33	广东番禺	光绪二十四年五月	光绪二十四年十一月	宏文学院速成师范
李文榘(叔兰)	31	广东番禺	光绪二十四年五月	光绪二十四年十一月	宏文学院速成师范
周祥鸾(惠生)	18	广东番禺	光绪二十四年五月	光绪二十四年十一月	宏文学院速成师范
彰金铭(镇三)	31	广东番禺	光绪二十四年五月	光绪二十四年十一月	宏文学院速成师范
谢祖治(古庄)	25	广东番禺	光绪二十四年五月	光绪二十四年十一月	宏文学院速成师范
陈懋功(仲庄)	30	广东番禺	光绪二十四年五月	光绪二十四年十一月	宏文学院速成师范
范公谠(寄颐)	28	广东番禺	光绪二十四年五月	光绪二十四年十一月	宏文学院速成师范
陶效勉(叔一)	33	广东番禺	光绪二十四年五月	光绪二十四年十一月	宏文学院速成师范
茆禹廷(彝庵)	31	广东番禺	光绪二十四年五月	光绪二十四年十一月	宏文学院速成师范
周起凤(庆笙)	28	广东番禺	光绪二十四年五月	光绪二十四年十一月	宏文学院速成师范
杨玉衔(季良)	36	广东香山	光绪二十四年五月	光绪二十四年十一月	宏文学院速成师范
易廷元(辅元)	34	广东鹤山	光绪二十四年五月	光绪二十四年十一月	宏文学院速成师范
关赓麟(咏仁)	23	广东南海	光绪二十四年五月	光绪二十四年十一月	宏文学院速成师范
冯梁(小舟)	27	广东鹤山	光绪二十四年五月	光绪二十四年十一月	宏文学院速成师范
冯恃(鸿若)	28	广东鹤山	光绪二十四年五月	光绪二十四年十一月	宏文学院速成师范

---

① 房兆楹辑《清末民初洋学生题名录初辑》,中研院近代史研究所,1962,第6页。
② 房兆楹辑《清末民初洋学生题名录初辑》,中研院近代史研究所,1962,第3页。
③ 房兆楹辑《清末民初洋学生题名录初辑》,中研院近代史研究所,1962,第49~52页。

续表

姓　名	年龄（岁）	籍贯	赴日年份	毕业年份	留学单位
李滨（枢稚初）	30	广东东莞	光绪二十四年五月	光绪二十四年十一月	宏文学院速成师范
张淦光（镜溪）	25	广东东莞	光绪二十四年五月	光绪二十四年十一月	宏文学院速成师范
朱念慈（介女）	27	广东东莞	光绪二十四年五月	光绪二十四年十一月	宏文学院速成师范
陈廷泰（展谐）	27	广东归善	光绪二十四年五月	光绪二十四年十一月	宏文学院速成师范

1898年入学的有30人。

在同书中还有其他毕业生（见表4－2）①。

表4－2　广东赴日学生数（二）

姓　名	年龄（岁）	籍贯	赴日年月	毕业年月	费别	留学单位
冯耿光（幼伟）	23	广东番禺	光绪二十五年九月		福建官费	见习士官
许崇智（汝为）	17	广东番禺	光绪二十五年九月		福建官费	成城学校陆军②
何敬（云廷）	28	广东顺德	光绪二十五年九月	二十八年三月		大阪炮兵工厂

《皇朝蓄艾文编》卷一六，《学校三》中收录了日本《日华学堂章程》，其中提到了当时的学生数目以及籍贯：

　　明治三十二年（1899年）二月入学
　　陈玉堂　广东省潮州府海阳县人
　　明治三十二年（1899年）三月入学
　　郑康耆　广东省广州府香山县人
　　黎科　　广东省广州府人
　　张煜全　广东省广州府人
　　王建祖　广东省广州府人③

上述五人的身份，冯自由在《东京高等大同学校》中曾经提到，在东京高等大同学校时一些学生与孙中山过从甚密，还说"此外尚有北洋官费生黎科、金邦平、蔡丞煜、郑葆丞、张煜全、傅良弼诸人亦持革命论调，与总

---

① 房兆楹辑《清末民初洋学生题名录初辑》，中研院近代史研究所，1962，第49页。
② 房兆楹辑《清末民初洋学生题名录初辑》，中研院近代史研究所，1962，第7～9页。
③ （清）于宝轩编辑《皇朝蓄艾文编》，台湾学生书局影印，1965，第1465页。

理、梁启超时相过从"①。从冯自由的叙述中知道,黎科、张煜全是以北洋官费生的身份留学日本的。陈玉堂、郑康耆、王建祖的身份不明,应当是自费到日本的。张煜全(1879~?)是广东南海人②。

1899 年,广东籍赴日留学的学生有 8 人。

1900 年,房兆楹书中记载的广东籍赴日留学生另有人员名单如表 4-3 所示③。

表 4-3 广东赴日留学生人数(三)

姓 名	年龄(岁)	籍 贯	赴日时间	费别	入读学校
马肇裡(君典)	27	广东顺德	1900 年光绪二十六年六月	自费	帝国大学农科
卢藉刚(?)	19	广东南海	1900 年光绪二十六年六月	自费	早稻田大学
苏维翰(墨卿)		广东广州	1900 年光绪二十六年	自费	高等师范学校附属中学校
李天锡(?)	19	广东广州	1900 年光绪二十六年	自费	高等师范学校附属中学校

1901 年的广东籍留日人数在《光绪壬寅政艺丛书》中可见:

中国在日本之留学生,经去年(1901 年)十二月调查,共 269 人,刊为《同瀛录》。计:……广东 23 人,官费者 10 人,自费者 13 人④。

即 1901 年有广东学生 23 人,10 人官费,13 人自费。

上述有在日本学习的广东籍官费留学生,但是这些官费生均不是广东派出的,而是以其他省的官费赴日的。从《劝粤人游学日本启》可以知道:

我国自甲午以后,学人始有游学日本之议,庚子之后,朝野上下咸知旧学子不足恃。各省大吏遂派遣出洋学生游学日本之举,或一起数十人,或一起十数人,而青年志士自备资斧者,复风起云涌,络绎不绝于道。至若深闺俊秀,联袂偕来,钗绿裙红,照耀蓬岛,讲求女学,而为

---

① 冯自由:《革命逸史》初集,中华书局,1981,第 72 页。
② 张煜全后赴美留学,获耶鲁大学法学院硕士学位。民国成立后,任北洋政府大总统府秘书,外交部参事、秘书。1918 年任清华学校校长。
③ 房兆楹辑《清末民初洋学生题名录初辑》,中研院近代史研究所,1962,第 2~5 页。
④ 陈学恂、田正平主编《中国近代教育史资料汇编·留学教育》,上海教育出版社,2007,第 388~389 页。

巾帼吐气者，亦不少文明之发达，民智皆开通。中国前途何可限量？即以我省言之，留学生独立性质之特色，尤为吾国之冠，三江、两湖、四川、福建、直隶、山东诸行省，皆有官费学生数十人，或十数人，而吾省则素无此举，自前次派遣学习速成师范学生十余人卒业归国后，所余四五十人皆自备资斧，无一人官派者，我省之无官费生，固我省人士之不幸，而自费生之日增月盛，继起未已，不藉官力，自能独立，其气之勇，其心之坚，其爱国精神之富，足为吾粤之前途贺。虽然以我粤人士之众，而仅得区区数十留学生，以与沿岸他省比较不亦大可愧耻之事乎？①

虽然清政府一再发出上谕，要求各地督抚派遣留学生出洋，而真正派遣学生的省份寥寥无几。

1902年，清政府开始新政改革。派遣留学生是新政的一部分，清政府发布上谕，要求各地迅速派遣留学生赴洋游学。同年，陶模任两广总督时广东才开始派遣官费生赴日。

> 壬寅（1902年），陶模督粤，派吴敬恒带领学生数十人赴日本学习速成法政，以一年为期。汉民及詹宪慈、冯鸿若、周起凤等预焉。时余方肆业东京早稻田大学，且任旅日广东学生同乡会会长②。

1904年，岑春煊任两广总督也派出留日学生。

> 甲辰（1904）粤督岑春煊派学生至日本法政大学习速成法政，以二年期毕业。汉民于是二次东渡，同行者有（汪精卫）、朱大符、金章、陈融、叶夏声等数十人。

同时，还有广东武备学生赴日：

> 兹查光绪三十年十一月选派赴日学习武备学生二十五名，内除李孔照、黄荣绂等二名改习测量，汪祖潭、余同信二名改隶文科外，尚有谭荣彪、彭琦、张荣光、萧祖康、秦觉、冯卫、车驾龙、王肇基、金荣藩、蓝任大、李孔嘉、赵士槐、苏渔图、余英华、官其彬、莫擎宇、钟

---

① 《广东留学生同乡会记录》（附游学章程）（自阴历壬寅（1902）年五月至十二月止），第5～6页。
② 《未入革命党前之胡汉民》，载冯自由《革命逸史》初集，第186页。

鼎基、陈宏萼、孔照度、许烈坛、梁广谦二十一名。原定三年毕业，又三十年四月前督宪岑札派赴日学习武备学生十名，内除孙桂馨改习测量，刘名显改习文科毕业回国不计外，尚有孙绍基、何国钧、郭延、卢焕、邵保、罗佩金、王璇、谭学夔等八名原定三年半毕业①。

光绪三十一年十一月初一（1905年11月27日）两广总督岑春煊奏为广东省选派官费出洋留学：

> 维强国必先储才，而储才端在兴学。惟普通教育必从蒙小学入手，由此递升至大学卒业，须历十有余年。兹当新政权兴，百端待举，欲广储才俊以为时用，仅于现办学堂求之实恐缓不济急，且学科不备，师范难求，自高等小学堂以上皆系预备科，而各种专门学堂自难同时并设，欲跻于欧美日本学堂之列，目前尚难骤及，体察情形，惟有多派学生分赴东西洋各国学习专门以备学成回国之用，庶成就较宏、收效较捷。日本自维新后学术蒸蒸日上而游学欧美犹复相望于道，现我国兴学伊始，岂可视为缓图。进时风气已开，京外各省资遣游学踵履相接，粤省通商最早，士气开通，工商发达，而选派游学之举，除前督臣陶模派往日本留学速成师范外，绝无所闻。何至人才缺乏，至于斯极？臣抵任后首先主意于此，迭经饬属选派，□间转徙、电梭交驰，共计前后选得陈彰海……共七十五人派往日本游学。……日本费省额多，欧美费巨额少，总计此项学费为数不赀，粤省财力奇绌，但为培才起见，不得不勉为其难，随时督饬司局力筹应付以免贻误②。

之后，两广总督岑春煊还有派遣120人直接到日本高等师范学校学习的想法：

> 预备两年精选百二十人派赴日本，直入彼之高等师范学校本科留学③。

广东各地民间也掀起留学日本的高潮。《东方杂志》记录了当时的盛况：

---

① 游学生监督处编《官报》第1册，国家图书馆出版社，2009，第682~684页。
② 中国第一历史档案馆：《宫中档朱批奏折文教类》第9册，缩微胶片号1591~1593，转引自刘晓琴《中国近代留英教育史》，南开大学出版社，2005，第75~76页。
③ 《东方杂志》1905年第9期，第212页。

第四章 广东社会与留学日本

1905年时的情况:

潮汕铁路总办以铁路工程紧要,需才正多,而中国此学不兴,借才异地,终非久计,乃选子弟之质体强壮、心思灵敏者三十人派赴日本学习路工,以一年半卒业,回汕充当潮汕路工云[①]。

镇平钟君世禧赴省考取师范,随赴学务处禀请给发游学日本护照启程东渡。

嘉应松口谢君益卿遣其孙逸桥、文博、楚珩、舜祚四人留学日本,分门学习,将俟卒业回国振兴实业云[②]。

时敏学董黄君昭平伤心国难知非派遣游学不足图存,因令乃弟公权赴东学习实业。……嘉应邱君燮亭向在南洋经商,家资殷实,前曾在加拉巴埠创设学堂以教侨民子弟,近复携其子女四人前往日本留学。又谢君逸桥昆仲四人及李君云孙亦自备资斧同往游学云[③]。

粤省大吏以各属绅士多未开化,不知尽国民之义务,以致年来庇贼包赌,纵盗酿闹及把持地方教唆讼狱等事不胜枚举,拟由各县属中选取数人分期派往日本游学以开其性质,抚标左营外委凌君鸿年愿将历年所领俸薪自备资斧前往日本留学警务[④]。

学务处详奉大吏准饬各属派绅赴东游学。兹开平县选定举人张鼎勋,高要县选定廪生范晋谟,均无嗜好,已禀请学务处员准其出洋游学矣。

顺德李君昂新年已八十有二,向学之志至老弗衰,尚欲前赴东瀛考求工业,禀由学务处批准,嘉奖其慕卫公懿诗之德,有伏波据鞍之概求之环球实难其选,已详请督署发给咨文领资东行矣。

潮阳风气渐开,出洋游学者颇不乏其人。近闻林绅厚卿之子作新已偕萧君钟秀、萧君永名、萧君世莱等同往日本留学[⑤]。

1906年时的情况:

兴宁饶君肇清自备资斧赴东留学。长乐近有八人相约同赴日本游学[⑥]。

---

① 《东方杂志》1905年第2期,第19页。
② 《东方杂志》1905年第6期,第164页。
③ 《东方杂志》1905年第8期,第202页。
④ 《东方杂志》1905年第11期,第396页。
⑤ 《东方杂志》1905年第12期,第349页。
⑥ 《东方杂志》1906年第3期,第58页。

香山县创设实业学堂有成议。嗣因此项教员均须专门名家,物色甚难。特将学堂暂缓开办,先派学生二十人赴东肄习实业,俟毕业归国后,即行选充教员云。

丰顺罗君少达、饶邑许君统一、普邑方张黄诸君及嘉应长乐之钟君少峰、张君丽洲、张君燮侯仲安挺生汉渠等近均自备资斧赴日本游学①。

近年嘉应人士联袂东游者络绎不绝于道。兹又有松口梁君少歧等五人相率往日本留学,合计嘉应留东学生已不下百人云②。

潮州陈少云都戎近与李君格非、沈君汝猷等偕赴日本留学。又有杨君孟得亦往日本留学法政,均系自费③。

海阳枫溪乡柯君斗南资遣其弟星南及子荫余偕同守臣君前往日本留学④。

到1911年,广东赴日学生人数⑤如表4-4所示。

表4-4 广东赴日学生人数(四)

单位:人

年份	广东人数	全国人数
1900(包括之前)	7	161
1901	23	274
1902	60	570
1903		1300
1904	175	2406
1905	263	8000
1906		12000(7283)
1907		10000(6797)
1908		5216
1909		5266
1910		3979
1911		3328

---

① 《东方杂志》1906年第5期,第102页。
② 《东方杂志》1907年第3期,第62页。
③ 《东方杂志》1907年第7期,第178页。
④ 《东方杂志》1907年第9期,第229页。
⑤ 李喜所:《清末留日学生人数小考》,《文史哲》,第28~30页。周一川:《近代中国留学日本人数考辨》,《文史哲》2008年第2期。

（八）清末时期广东女子的日本留学

清末规模宏大的留日运动中，也有不少女子像男子一样留学日本，是留日运动的一个组成部分。1899 年浙江地区率先有女子自费留学。1900 年、1901 年先后有浙江地区的三位女留学生赴日。1901 年秋，日本的华族女校校长下田歌子设立招收中国女留学生的实践女学校。1902 年，中国江浙地区的八位女留学生到达日本时，日本的媒体曾经有这样的记载：

> 中国女子数人，航海来日，在日本教育大家、华族女学校校监下田歌子先生监督之下学习。中国女子留学海外者，自此发轫。可知中国人求学之心渐热也。此等留学生，举止娴雅，志趣高尚，对日本人也不畏惧，彬彬有礼，为日本妇女所不能及。留学生中，有夫婿在东京留学者，会晤之际，其应对之仪式，周旋之情谊，实称平等。昔闻中国男尊女卑，以今观之，殊为不然。男子对女子如此殷勤，岂以奴隶待女子者耶？①

最初的女留学生多是跟随父兄、丈夫、朋友赴日。1903 年之后女留学生渐渐增多。到 1904 年在东京的女留学生有 30 多人，到年底超过 50 人②。

清政府鼓励留学日本的推行，女子留学开始增多，1905 年上半年之前都是自费。官派女子留学开始于 1905 年下半年。1905 年 7 月，湖南派出 20 名女留学生到日本。其他各省也在陆续派出，1905 年年底，已经超过百人。1906 年之前中国女留学生主要就读于实践女学校。留日女学生主要还是跟随家人赴日的，以自费为主，官费不多。

之后，女子留学的人数变化不是太大。1907 年年底是 139 人，1908 年 126 人，1909 年 149 人，1910 年 125 人，1911 年 81 人③。

1907 年 3 月，学部颁布《女子师范学堂章程》，要求各州县都要创办一所女子学堂，并且允许民间办理。各地纷纷开设女子学堂，一些女

---

① 《中国女学生留学于日本者之声价》，《大陆》1902 年第 1 期，转引自谢长法《中国留学教育史》，山西教育出版社，2006，第 55～56 页。
② 谢长法：《中国留学教育史》，山西教育出版社，2006，第 56 页。
③ 陈学恂主编《中国近代教育史教学参考资料》下册，人民教育出版社，1987，第 375 页。

子学堂开始设立师范科，师资可以在国内学堂培养，这使得女子留学开始降温。

1910年7月，学部出台限制女子留学政策：

> 女生游学，为养成母教之基，关系极重。而留学外国，以追求高等专门学艺为主，故部章凡出洋学生，必须有中学毕业程度方能遣派。目前女学尚未发达，学校无多，虽不能限于中学毕业程度，亦应慎重选择。嗣后女生自费赴日，应由该管地方官呈送提学司衙门考验，必须在本国受过教育，中文明顺，品行聪淑者，方予给咨，若识字无多，文理不明，未受教育者。毋庸咨送出洋留学。嗣后无咨文之女学生，监督概不送学，以示限制。至自费补给官费，应以考入东京高等女子师范、奈良女子师范、蚕业讲习所女子部三校为限，照考取之先后名次与男生一体挨次补给官费。其从前记名之女生，如非考入以上三校肄业者，应一律除名，以归划一①。

这项政策的出台使得第二年赴日女子留学生迅速下降到81人。

在女子留学潮流中，广东也有不少人赴日留学。其中1902～1904年人员②名单如表4-5所示。

表4-5　1902～1904年广东赴日留学人员情况

姓　名	籍　贯	年龄（岁）	赴日年月	入读学校
何香凝	广东南海	24	1902年冬	东京目白女子学校和高等女学校
赵　兰	广东		1903年10月	
赵　竹	广东		1903年10月	
赵　秀	广东		1903年10月	
彭韵生	广东番禺	17	1904年1月	实践女学校

1906～1911年人员③名单如表4-6所示。

---

① 学部通行各省限制女生游学及补给官费文，《学部奏咨辑要》三篇，转引自黄福庆《清末留日学生》，第60～62页。
② 谢长法：《中国留学教育史》，山西教育出版社，2006，第56～57页。
③ 谢长法：《中国留学教育史》，山西教育出版社，2006，第61～65页。

表4-6 1906~1911年广东赴日留学人员情况

姓　名	籍　贯	费别	赴日年月	入学年月	选修科目	毕业年月	学　校
邱新荣	广　东	自费	1905年3月	1905年10月	中学科	1909年11月	实践女学校
鲍桂娥	广　东	自费	1903年	1906年5月	刺绣科		日本女子美术学校
陈静怡	广　东	自费	1906年8月	1909年5月	编物科		日本女子美术学校
谭佩镶	广　东	自费	1906年8月	1909年5月	刺绣科		日本女子美术学校
何香凝	广东南海	官费	1902年冬	1908年1月	图画科	1911年4月	女子美术学校
陈惠馨	广　东	自费	1903年11月	1906年10月	编物科	1909年2月	女子美术学校
廖冰筠	广　东	自费	1906年5月	1908年5月	刺绣科	1910年10月	女子美术学校
谭纫秋	广　东	自费	1907年10月	1908年4月	造花科	1909年12月	女子美术学校
刘莲淑	广　东	自费	1904年5月	1908年3月			东京女子音乐学校
苏淑贞	广　东	官费	1906年	1909年4月			东京女医科
黄道邻	广东南海	官费		1908年7月			东京女医科
鲍丽华	广　东	自费					东京女医科
胡灵媛	广　东	官费	1905年9月	1907年9月	制丝科		东京蚕业讲习所
杨励予	广　东	自费	1905年11月	1906年8月	造花部	1909年12月	横滨女子实业学校

女留学生在日本受到新式教育的影响,也开始组织团体。1903年4月,她们组织共爱会;5月,组织赤十字社;1905年,组织十人会;1906年9月,组织中国留日女学生会;1911年,组织留日女学会。

她们在组织团体时也举办了一些报纸杂志,宣传男女平等的新思想,抨击男尊女卑的旧思想。例如,1903年举办《女学报》;1904年8月,举办《白话》;1907年2月,举办《中国新女界杂志》;1911年4月,在东京举办《留日女学会杂志》。

广东留日女学生也为数不少,其中的佼佼者当数何香凝。何香凝(1878~1972年),原名瑞谏,又名谏,号双清楼主,广东南海人。1897年与廖仲恺结婚。1902年冬,何香凝东渡日本求学,进入女子师范预科。1905年8月,中国同盟会成立,何香凝是最早参加的女盟员,担负了革命党人的联络和后勤工作。此后数年,在东京学习,同时承担收发孙中山函件等后勤工作。其在东京的寓所成为孙中山及同盟会骨干会员经常聚会的地方[①]。黄花岗起义前夕回到广东。辛亥革命后与廖仲恺一

---

① 尚明轩:《廖仲恺、何香凝事略》,《历史教学》1985年第9期。

直追随孙中山左右,进行讨袁与护法斗争。1924年,大力支持孙中山改组国民党。1925年1月,孙中山在北京病危,何香凝入京侍疾,是孙中山临终遗嘱的在场见证人之一。1925年8月,廖仲恺遇刺去世。何香凝继承孙中山、廖仲恺未竟的事业,坚定维护三大政策,努力推进国民革命运动。1927年四一二反革命政变后,与宋庆龄等通电声讨蒋介石。七一五反革命政变之后,何香凝离开武汉前往上海。1931年,九一八事变后,何香凝立即离开欧洲回国,投身抗日救亡运动,12月,发表《对时局之意见》,重申必须执行孙中山的三大政策。1934年4月,她与宋庆龄等1779人联名发表《中华人民对日作战基本纲领》,提出停止内战,所有军队开赴抗日前线的主张①。1937年2月,在国民党五届三中全会上,她与宋庆龄、冯玉祥等13人提出《恢复孙中山先生手订联俄、联共、扶助农工三大政策案》,要求国共两党团结合作、共同抗战。七七事变后,积极投身抗日救亡运动,在上海成立了"抗日后援会"和"战地服务团"等组织。1938年上海沦陷后,迁居香港,支持宋庆龄建立的"保卫中国同盟",向海外华侨宣传抗战。汪精卫叛国投敌后,著文斥责其卖国的汉奸行径。1946年3月,何香凝与李济深筹备多年的国民党民主促进会在广州成立,何香凝起草《中国国民党民主促进会章程》,要求民主,反对独裁,强调要实现孙中山的三大政策②。1948年1月,与李济深等在香港创建中国国民党革命委员会。1949年4月,到北平参加中国人民政治协商会议。中华人民共和国成立后何香凝先后担任全国政协副主席和全国人民代表大会常务委员会副委员长。1972年9月1日在北京逝世。

(九) 晚清武备留学中的广东留学生

中国留学生赴日学习武备开始于1898年,张之洞与刘坤一联合向日本派遣30名武备留学生,自此,各省纷纷向日本派遣留学生赴日学习。广东也在向日本派遣武备留学生(见表4-7和表4-8)。

---

① 余炎光:《为振兴中华而奋斗终生——廖仲恺、何香凝革命事迹述略》,《暨南学报》(哲学社会科学版)1983年第4期。
② 余炎光:《为振兴中华而奋斗终生——廖仲恺、何香凝革命事迹述略》,《暨南学报》(哲学社会科学版)1983年第4期。

第四章 广东社会与留学日本

表 4-7 广东武备留学生的情况（一）

姓　名	年龄（岁）	籍贯	赴日年月	毕业年月	入读学校
韦汝璁（树屏）	35	广东香山	光绪二十四年十一月	光绪二十八年三月	近卫步兵第一联队见习士官
顾臧（君用）		广　　东	光绪二十四年十一月	光绪二十八年三月	近卫工兵大队见习士官
何敬（云廷）	28	广东顺德	光绪二十五年九月	光绪二十八年三月	大阪炮兵工厂

资料来源：房兆楹辑《清末民初洋学生题名录初辑》，中研院近代史研究所，1962，第49页。

表 4-8 广东武备留学生的情况（二）

姓　名	年龄（岁）	籍贯	赴日年月	费别	入读学校
冯耿光（幼伟）	23	广东番禺	光绪二十五年九月	福建官费	见习士官
许崇智（汝为）	17	广东番禺	光绪二十五年九月	福建官费	成城学校陆军
王体端（庄持）	27	广东东莞	光绪二十七年十月	自　费	成城学校陆军
唐寿祺（墅云）	20	广东香山	光绪二十七年五月	自　费	成城学校陆军
陈茹昌（一）	19	广东新会	光绪二十八年四月	自　费	成城学校陆军
冯启庄（苞庶）	19	广东番禺	光绪二十八年四月	自　费	成城学校陆军
胡镇超（晴崖）	19	广东顺德	光绪二十八年八月	自　费	成城学校陆军
卢少岐（庆鎏）	20	广东东莞	光绪二十八年正月	自　费	成城学校陆军
黄润贵（复培）	19	广东鹤山	光绪二十八年正月	自　费	成城学校陆军
伍嘉杰（筱魏）	22	广东南海	光绪二十八年正月	自　费	成城学校陆军
苏子谷（禄田）	18	广东香山	光绪二十八年八月	自　费	成城学校陆军

资料来源：房兆楹辑《清末民初洋学生题名录初辑》，中研院近代史研究所，1962，第6~16页。

中国派遣学生学习海军受到日本海军省的阻挠。张之洞请日本驻汉口领事疏通，日本方面方才同意，中国学生先在外务省管辖的商船学校接受一般教育，然后再进入海军省所属的练习所接受专业教育。1906年，清朝选送第一批70名学生赴日，入商船学校学习[①]。1909年，毕业于商船学校的学生分为航海科与机关科。航海科的学生进入海军炮术学

---

① 黄福庆：《清末留日学生》，第43~44页。

校学习，机关科的学生进入海军工机学校学习。1909年夏，驻日公使胡惟德以各省选拔海军学生成绩合格者甚少为由，照会日本政府，自明年起不再派遣学生①。总计有四期学生，100多人。其中，广东省派出的学生名单如下②（见表4-9至表4-12）。

第一期航海科，如表4-9所示。

表4-9　广东省派出的学生名单（一）

姓　名	入学时间	毕业时间	籍贯	备　注
金溥芬	1909年11月1日	1910年11月14日	番禺	曾任广东江防司令署参谋，广东军政府参议等
萧宝珩	1909年11月1日	1910年11月14日	香山	曾任广东海军学校校长
李景渊	1909年11月1日	1910年11月14日	潮州	1924年海军少校，任福州海军学校教官
陈　复	1909年11月1日	1910年11月14日	新会	1924年海军上校，任海军部副官

第二期航海科，如表4-10所示。

表4-10　广东省派出的学生名单（二）

姓　名	入学时间	毕业时间	籍贯	备　注
方念祖	1910年4月28日	1911年4月15日	潮安	1924年任东三省航警学校教育长
龙荣轩	1910年4月28日	1910年4月15日	连州	曾任广东水上警察厅厅长
卓金吾	1910年4月28日	1910年4月15日	香山	1924年任芝罘海军练营教官

第三期航海科，如表4-11所示。

表4-11　广东省派出的学生名单（三）

姓　名	入学时间	毕业时间	籍贯	备　注
罗通致	1910年11月1日	1911年11月5日	潮州	曾任水雷艇长
曾广伦	1910年11月1日	1911年11月5日	香山	
黄绪虞	1910年11月1日	1911年11月5日	潮州	1924年海军中校，任海军总司令公署副官
李北海	1910年11月1日	1911年11月5日	广州	曾任广东江防司令部参谋

---

①　黄福庆：《清末留日学生》，第45页。
②　黄福庆：《清末留日学生》，第45~51页。

第四期机关科，如表 4 - 12 所示。

表 4 - 12　广东省派出的学生名单（四）

姓　名	入学时间	毕业时间	籍贯	备　注
谭　刚	1913 年 11 月 17 日	1914 年 3 月 30 日	开平	
李文彬	1913 年 11 月 17 日	1914 年 3 月 30 日	兴宁	
何超南	1913 年 11 月 17 日	1914 年 3 月 30 日	潮州	

毕业于商船学校返国没有再进入海军炮术学校者有：郑仲濂，广东香山；陈泽宽，广东潮州。

赴日学习海军的学生两湖地区最多，广东排在第三位，有 16 人。

（十）晚清时期广东留学日本的学生团体

对于中国留日学生在日组织学生团体的事，冯自由事后回忆：

> 吾国学生之在日本留学，始于戊戌丁酉（民前十三四年）二年。其初不过寥寥数人，自费生只有粤人罗孝高一人在早稻田专门学校肄业，即后四年改名之早稻田大学是也。官费生有鄂人戢元丞粤人唐宝锷数人，系由湖北省派遣，均住在使馆内。后数年各省督抚陆续派遣留学生，而以私费往游者亦络绎不绝。及辛丑年（民前十一年），人数已增至千五百人。是年秋，遂有中国留学生会馆之组织，馆址设于骏河台，外观颇为宏伟，由各省学生开全体大会选举干事若干名以处理之①。

最初，中国留日学生数量少，没有组织学生团体，直到数量达到 1500 人左右的时候，在 1901 年组织了中国留学生会馆，处理留学生事务。

在成立中国留学生会馆之前，广东留日学生就组织了一些学生团体，现在分述如下。

1. 横滨开智会

横滨开智会，由郑贯一、冯自由、冯斯栾等于 1900 年冬在横滨发起创立，是横滨最早的留日学生社团之一。他们编辑出版《开智录》作为开智

---

① 冯自由：《革命逸史》第四集，中华书局，1981，第 99 页。

会的会报，具体内容详见《开智录》。其创办人郑贯公（1880~1906年），原名道，字贯一，后改字贯公，别号自立，广东香山人。少年在家乡私塾读书，"少颖悟好学，过目成诵，有神童之目"①。16岁因家贫辍学，东渡日本在其族人寿康担任买办的太古洋行横滨支店帮工。1898年，郑贯公受知于梁启超，被准免费入大同学校，后又转学至东京高等大同学校，与冯自由等组织开智会，出版《开智录》半月刊。后认识孙中山，加入兴中会。1901年春，郑贯公到香港担任《中国日报》记者、编辑。1903年年底，辞去《中国日报》的职务，创办《世界公益报》，担任总编辑。1904年3月，他又与同人组织开智社，创办《广东日报》，担任总编辑兼督印人。1905年9月，中国同盟会成立，郑贯公担任香港支部庶务干事②。1906年5月染疾逝世。冯斯栾，号自强，广东鹤山人。少年时代在东京高等大同学校与冯自由等为同学。

2. 广东独立协会

1901年春，国内外报纸疯传清政府要把广东割让给法国。在日本的广东籍学生闻知此事极为愤怒。留日学生冯斯栾、郑贯一、李自重、王宠惠、冯自由、梁仲猷诸人发起成立广东独立协会，主张广东省向清政府宣布独立③。在日本的华侨有不少人入会。事态平息之后，该团体也就在无形中解散了。留日广东籍学生与兴中会也就由此开始④。

冯自由（1882~1958年），原名懋龙，字健华，后改名自由。祖籍广东南海县。1895年，14岁的冯自由加入兴中会，他是年龄最小的会员。1899年，冯自由到梁启超任校长的东京高等大同学校读书。1900年，冯自由进东京专门学校（后改名早稻田大学）政治科学习。1900~1902年，他先后与郑贯公等创办《开智录》半月刊；与秦力山等合办了《国民报》；与粤籍留学生李自重、王宠惠等组织成立广东独立协会。1905年，参加中国同盟会，任评议员。1906年，他任同盟会香港分会会长。《中国日报》改组，任社长兼总编辑。他任同盟会香港分会长期间，主持南方各省的党务、军务，直接指挥了1907年潮州黄冈起义、惠州七女湖起义，还参与了

---

① 冯自由：《革命逸史》初集，中华书局，1981，第95页。
② 许翼心：《近代报业怪杰 文界革命先锋——爱国报人、作家郑贯公百年祭》，《学术研究》2007年第7期。
③ 冯自由：《革命逸史》第四集，中华书局，1981，第98页。
④ 冯自由：《革命逸史》第四集，中华书局，1981，第98页。

1907年的钦州防城起义、广西镇南关起义，1908年的云南河口起义，1910年的广州新军起义①。1910年冯自由前往加拿大，任温哥华《大汉日报》主笔。1911年10月武昌起义爆发，冯自由被致公堂等团体公推为美洲革命总代表，回国参与组织共和政府。孙中山任中华民国临时大总统后，冯自由任总统府机要秘书。临时政府北迁之后，冯自由任稽勋局局长。1932年，任立法委员。1948年12月移居香港。1951年赴台，1958年春病逝。20世纪20年代中期，冯自由的兴趣从政治转到历史。1928年始，他就收集报道、通讯、私人文件和当时党内人士的回忆录，并根据他对民国成立前重要人物和事件的广泛了解，先后撰写了《中华民国开国前革命史》、《革命逸史》、《华侨革命开国史》、《中国革命运动二十六年组织史》及《华侨革命组织史话》。

3. 广东留学生同乡会

商人到外地经商会根据地域组成会馆之类的组织，以互相帮助。而留学生在异乡也需要这样的组织。留日学生在日本也开始组织同乡会，以期能够帮助同乡。广东留日学生于1902年成立广东留学生同乡会。同乡会以"发挥梓情，互相敬爱"为宗旨，希望能够发挥大的作用。

留学生组织同乡团体时采用了新的观念，对于选举、设立机构、会务、内务管理、责任与义务都做了详细的规定，这些规定应当是他们在学习了西方的理论之后的一次实践。对于选举，他们专门制定了选举条令，规定：每年以阴历正月、四月、九月为总选举期；无论男女皆有选举及被选举之权（但未满十六岁以上者无权）；用无记名投票法，一人每次只有投一票之权；机关分回选举，每回以票数最多者当选（若当选者同时有二人以上则在彼等中再选）。

经过会员的民主选举，产生正式的机构。该机构设立总理一人，其职掌是督理一切会事，掌握开会之权、整理会场之权、联络各机关之权。设立书记一人，职掌是专门管理通信、登录及各书务。设立会计一人，职掌是专门管理预算、收支及督收各款。设立庶务一人，职掌是管理一切会务。对于同乡会内部管理，也做了非常严格的规定。例如，规定各机关之行职其书录及通知等，皆须本人之姓名并押印，若不签名及押印者则视为无效。他们也对机构备选做了规定，即每回选举之次票者，作

---

① 傅国涌：《由国民党失意元老转为历史学家的冯自由》，《炎黄春秋》2002年第2期。

为机关之后备,一机关之后备可有二人以上,后备机关之任期与现机关同。所谓后备机关是在各个机关作临时交代之用。后备机关起到一个暂时管理的作用。

对于一些重大的事项,也做了规定。例如,规定选举产生的机构人员都不许连任;在处理重大事务时,也要全体会员集体表决;要章之更改要出席者有总会员 2/3 以上之数目且要得出席者之 2/3 以上赞成,常则之更改以出席之多数决之。

同乡会对于留学生会员也规定了他们的责任与义务:①会员有互相规恶劝善之义务。②会员须要有爱乡梓之热心。在他人之前,各要重自省之名誉。③会员只当面相箴规,而戒背地扬恶。④会员如要迁居及返国,住址应各通知书记,以便登录。⑤每人每月例捐会费三角(无论开会时出席与不出席)。临时会之会费其收与否及收额之多寡,一由干事酌裁通知(无论出席与否一律征收),例捐之款不每次通知。

一个正式的组织机构,要有很多会务活动,同乡会章程对于会务组织做了严格的规定:①每月开例会一次(但有不得已之事可停会)。②如有紧急要事,可于例会之外开临时会议决议。③每次交代时,报告一回会事。

留日学生在日本成立同乡会,创办刊物,还积极向国内发出号召,请有识之士加入游学行列,如浙江同乡会创办的《浙江潮》刊载《敬上乡先生请令子弟出洋游学并筹集公款派遣学生书》,江苏同乡会编辑出版的《江苏》刊登《共爱会同人劝留学启》和《劝女子留学说》,湖南留日学生创办的《游学译编》刊登《致湖南青年劝游学外洋书》、《劝同乡父老遣子弟航洋游学书》、《与同志书》等①。

广东留学生同乡会成立之初就很关注家乡的事情。20 世纪初,广东省留学生中自费生比较多,没有官费生。为此,他们也向其他省的留日学生一样,呼吁广东人到日本留学,特地写作了《劝粤人游学日本启》:

今日识时爱国之士,奔走于国中,呼号于海外。莫不曰:方今外侮孔丞时事日,非舍培育人才,别无救国之长策。至哉言乎。虽然学问为人才之本,人才从学问而出,学问发达,则人才因之发达;学问

---

① 谢长法:《中国留学教育史》,山西教育出版社,2006,第 30 页。

第四章 广东社会与留学日本

腐败，则人才因之腐败。中外古今，如出一辙。不观之日本乎，维新以来，不过三十年，而图治励精，上下一心，其文学之精，武备之美，以及农工商务之兴盛，皆能精益求精，方欧美而雄视东亚，然跻三岛于最优等之列，而曾无汗颜。夷考其初，非得留学欧美之学生，何以有今日？非得学生各出其政治、教育、财政、军备诸学问以振励而鼓之，又何以有今日？则信乎学生之关系于国家者甚大，而国家之依赖于学生者亦甚重也。我国自甲午以后，学人始有游学日本之议，庚子之后，朝野上下咸知旧学子不足恃。各省大吏遂派遣出洋学生游学日本之举，或一起数十人，或一起十数人，而青年志士自备资斧者，复风起云涌，络绎不绝于道。至若深闺俊秀，联袂偕来，钗绿裙红，照耀蓬岛，讲求女学，而为巾帼吐气者，亦不少文明之发达，民智皆开通。中国前途何可限量？即以我省言之，留学生独立性质之特色，尤为吾国之冠，三江、两湖、四川、福建、直隶、山东诸行省，皆有官费学生数十人，或十数人，而吾省则素无此举，自前次派遣学习速成师范学生十余人卒业归国后，所余四五十人皆自备资斧，无一人官派者，我省之无官费生，固我省人士之不幸，而自费生之日增月盛，继起未已，不藉官力，自能独立，其气之勇，其心之坚，其爱国精神之富，足为吾粤之前途贺。虽然以我粤人士之众，而仅得区区数十留学生，以与沿岸他省比较不亦大可愧耻之事乎？顾或谓学堂既设，武备既兴，其他私立学堂，如时敏学堂等类，皆讲求新学，意美法良，且教师延聘外人，自与外洋无异，本省有学何必求之异域哉？不知中国当今教育幼稚时代，风气未开，科学未备，加以顽吏之压力，腐儒之旧说。纵喜谈新学，犹诸多障碍。诚不知求学异国之明且备也。欧美乃近世文明之发祥地，求学于彼国，顾吾学者之大愿意。与我地近，文同种同，习俗品性相恰之日本，亦足以供吾人之把等更敢进言之处今日过渡时代，日本实我邦人讲求新学之最好捷径也。皮相者以其是欧美之后学而轻之，实陋人之浅言耳。今日吾国留学生在日本者有会馆之设。吾乡人复有恳亲会之举，送往迎来，情谊极笃。虽远适异域，决无人地生疏之感，若恐子弟沾染习气致闲检，尤可毋庸过虑，盖日本风气质朴，生徒亦极循谨，学校寄宿舍中有监督检视，稍知自爱者，断无放荡之举。嗟乎，时局须才之日，正英雄自见之时，有志者宜竟捷足之先登，慎勿让他人以独步。顾亭林曰：天下兴亡，匹夫有责。同胞乎，同胞乎，盖三复斯言乎①。

他们认为多个省份都派出官费生留学日本，而广东具有留学生独立之特性，却没有官费留学生，是广东之不幸。因为广东是沿海大省，却只有几十个留学生，他们感到耻辱。劝告广东省人不要因为设立学堂，聘请外国人担任教习，就不愿出外留学。他们认为当时国内教育还很幼稚，还有诸多问题。而日本确实学习了欧美的先进新学，是获得新学之最佳处。他们告诉家乡人日本虽然远处异乡，却不使人感到生疏，日本风气质朴，学校管理严格，学生也是一心向学。因此，请乡人速派学生到日本留学。

因此，广东留学生同乡会为了给本省愿意到日本读书的留学生提供便利，使他们能够顺利到达目的地，编写了留学日本的《游学须知》，对于留学日本的行程路线、广东省籍留日学生接待站、如何兑换日本银钱、携带什么行李、如何搭乘轮船和火车及其费用多少、留学日本需要多少学杂费及生活费等各个方面都做了详尽的说明。

（十一）晚清广东留日学生创办的报纸杂志

清末留日学生在日本编辑出版了数量相当多的报纸杂志（如《江苏》、《河南》、《浙江潮》及《汉声》等）宣传新思想，登载留学生的译作及其宣传新思潮的文章。在这些刊物中，最早编辑出版的是广东留日学生率先在东京出版的《开智录》，这是留学生在日本出版的第一个刊物。

1. 横滨《开智录》

中国留日学生出版的第一个刊物。1900年11月1日创刊，在日本东京出版，又称《开智会录》，是横滨开智会的会报，最初用油印出版。后来接受孙中山资助的200元印刷费，改为铅印。当年12月22日，改出"改良第一期"，铅印，共印500份，随《清议报》发行。1901年3月20日，共印了六期半月刊。郑贯一、冯自由和冯斯栾三名东京高等大同学校学生为刊物创办者。以"开民智"为宗旨，鼓吹"倡自由之言论，伸独立之民权，启上中下之脑筋，采中、东、西之善法"②。在体例上，分论说、言论自由录、杂文、译书、伟人小说、词林、时事笑谭、粤讴解心等栏。

---

① 《广东留学生同乡会记录》（附游学章程）（自阴历壬寅年五月至十二月止），第5~6页。
② 《本会录告白》，《开智录》1900年改良第1期，转引自方汉奇主编《中国新闻事业通史》第一卷，中国人民大学出版社，1992，第707页。

该刊借《清议报》印刷所印刷，并随之一起发行，在南洋、美洲一带华侨读者中很受欢迎，他们称赞其"文字浅显，立论新奇"[1]。由于刊发言辞激烈的文章，引起海外保皇派的强烈反对。《清议报》经理冯紫珊遂不许《开智录》在该报印刷，并解除郑编辑之职[2]。郑贯一被逐出《清议报》编辑部，《开智录》遂被迫停刊。

《开智录》先后译载了卢梭的《民约论》，大井宪太郎的《自由元论》，中川笃介的《民权真义》和《法国革命史》以及《义和团有功于中国说》、《论帝国主义之发达及二十世纪世界之前途》等颇具影响的文章。

2.《国民报》

《国民报》，1901年5月10日创办于日本东京，终刊于同年8月10日。每月一期，共出四期。由留日学生冯自由、秦力山、沈翔云等主办，在东京编印出版。办报宗旨是"破中国之积弊，振国民之精神，撰述先译，必期有关中国大局之急务，毋取空琐，毋蹈偏私"。辟有社说、时论、丛谈、纪事、来文、外论、译编、答问八个栏目。主要宣传西方资产阶级思想，如西方资产阶级自由、人权、博爱思想，反对清政府的思想。还批驳了改良派的一些观点。

王宠惠（1881~1958年）字亮畴，原籍广东东莞，出生于香港一个基督教家庭。幼年入香港圣保罗学校接受教育。后进入香港皇仁书院学习。1895年，天津北洋西学学堂（北洋大学前身）在香港招生，王宠惠应试合格被录取到该校法科，以第一名优异成绩毕业。北洋大学法科毕业后，王宠惠到南洋公学（上海交通大学前身）任教。1901年赴日留学，致力于法政研究。他在东京参加革命。1901年，秦力山、沈翔云、冯自由等创办《国民报》，王宠惠担任英文编辑，与其他法政留学生一起翻译西方启蒙思想家孟德斯鸠等的著作。1902年，王宠惠转赴美国留学，先就读于加利福尼亚大学，后转入耶鲁大学攻读法学博士学位。辛亥革命后曾任南京临时政府外交总长等职。

3.《大江七日报》

《大江七日报》是1907年3月9日创刊，在日本东京出版。为周刊，

---

[1] 冯自由：《革命逸史》初集，中华书局，1981，第95~96页。
[2] 冯自由：《革命逸史》初集，中华书局，1981，第95~96页。

铅印，凸版纸质，版面长约30厘米，宽约15厘米，是由当时的中国留日学生编辑出版的一种革命刊物①。夏重民等任主编。参加撰稿的有省子、锄非、血性等。《发刊辞》为章炳麟所作。《大江七日报》以光复汉族，推翻清朝统治为宗旨。内容主要有留学界纪事（或国外要闻）、国内要闻、时事汇译、虏廷纪事，以及杂文、文苑、琐谈片等。《大江七日报》后改名《大江报》，在日本东京出版，月刊。编辑及发行人为夏重民、黄增。

4. 《日华新报》

《日华新报》，1908年夏重民创办于东京。

夏重民（1885~1922年），广东番禺人。1905年，东渡日本，入东京帝国大学学习经济、政治，后加入中国同盟会。1905年在东京创办《大江七日报》，后改为《大江报》。1908年又创办《日华新报》。1912年1月，为中国同盟会广东支部部长。夏重民赴美国与谢英伯等创办《新国民日报》，同时为冯自由等创办的《民国》杂志撰稿，宣传反袁救国。1917年9月，夏重民离穗赴港创办《香港晨报》，自任社长兼总编辑，积极宣传护法。1919年，赴上海组办《上海晨报》。广东局势安定，胡汉民荐他任广三铁路局长，后遭陈炯明部暗害，时年38岁。

三　北洋政府时期广东人的日本留学

民国初期，由于国内政局动荡，各省留学经费都在拖欠，使得留学生无法安心向学，只得回国。北洋政府教育部多次制定政策，以期改变这种局面。面对民国初期的留日教育状况，北洋政府教育部先后对留学日本的政策做出了一些调整，增加了一些限制，希望提高留日学生的水平。

（一）留学教育经费的困难局面

民国成立初期，因为政局的动荡，留学经费没有着落，严重积欠，致使在国外的留学生不得不相率回国。出国的人数也大为减少。1912年7月

---

① 吴剑杰：《关于〈大江七日报〉》，《湖北大学学报》（哲社版）1980年第Z1期。

10日,《教育杂志》曾经记载留日学生不得不回国的事:"革命事起,金融不灵,留东学生官费停费,私则绝资,相率回国。"

对于经费缺乏的问题,民国政府教育部也承认。中华民国三年五月十一日(1914年5月11日),汤化龙提出议案:

> 驻日公使函称,在东官费生千八百余人,自费生近六千人,各省拖欠学费纠葛不清,教育部亦复放任,事皆丛集于使馆。……查留日学务自裁撤监督改为经理制度后,由中央暨各省分别派员驻日经理办理,迄今已历一年有余,于事实上尚无窒碍,并经本部修订经理留学日本学生事务暂行规程三十四条暨管理留学日本自费生暂行规程十三条,均登入第六百十一号政府公报公布在案。……又近来湘粤等省以财力支绌拟裁汰留日官费学生等情先后呈部,核定办法分别执行。至各省拖欠学费一节,于事实上诚属难免①。

为了解决留学经费的问题,北洋政府多次制定政策,以期改变拖欠留学费用的局面。

(二) 北洋政府时期留学日本的政策与管理

辛亥革命之后,为了奖励有功于民国创建的青年,南京临时政府选拔他们出国留学,为此设置临时稽勋局,负责选拔派遣对民国有功人士之子弟出国留学。1912年10月,派出第一批25人赴海外留学,其中赴日有9人。北京政府接手这项事务之后,继续派遣稽勋留学生,赴日的有4人。

1914年,北洋政府教育部针对以往留学教育中存在的问题,专门在《整理教育方案草案》中针对留学教育提出了选派留学生的目的和方法,规定派遣留学生以省为主,中央规定各省每年公费学生的具体名额,各省根据名额选拔,经费由各省划拨,不允许超额。针对缺额选补,教育部同时制定了《各省官费留学生缺额选补规程》,对于补选官费留学生的名额、资格、补选途径等做了规定。

1916年10月,北京政府教育部颁布了《选派留学外国学生规程》,作为全国统一的留学教育法规。这个规程规对赴外国留学生的留学资格、留

---

① 汤化龙:《对于海外留学事宜之办法》,《政府公报》,第724号,1914年5月13日。

学考试、留学名额、留学地方、留学年限、留学经费等都做了规定。对于留学资格，强调出国留学必须具有下列资格之一：

> 1）曾任本国大学教授或助教授继续至二年以上者；2）曾任本国专门学校、高等师范学校教授继续至二年以上者；3）曾经留学外国大学、高等专门学校、高等师范学校本科毕业者；4）本国大学本科毕业者；5）本国专门学校、高等师范学校本科毕业者①。

对于派遣程序，该规程规定：

> 每届选派学生，先期由教育部议定应派名数、留学地方、留学年限、研究科目及各省应送备选学生名数②。

对所需的经费，也做了明确规定。对于赴日的学生给予治装费100元，出国川资70元，每月学费46日元，回国川资70日元③。

民国成立之后，由于经费的原因，游学日本监督被迫取消。但是对于留学事务又不能放任不管，为了加强对留学日本事务的规范和管理，1913年8月，教育部颁布《管理留学日本自费生暂行规程》，对自费生的留学资格以及毕业返国后的待遇做了规定。规定自费留学日本必须具有中学以上学校毕业者或是中学以上各校教员资格。1914年1月，教育部颁布《经理留学日本学生事务暂行规程》，设立驻日留学监督处经理员，由教育部和各省分别派遣。经理员职责为经理留学生学费、管理自费学生送学、招待国内新派赴日学生入学、调查报告留学生在学状况、招待本省行政机关及特派员赴日调查、调查报告驻在国现在教育状况、担任本省行政机关临时委托调查等事项的工作④。

1914年12月，教育部正式颁布了《管理留日学生事务规程》，暂行规程废止。该规定将经理员改为教育部派遣监督，与各省的经理员是上下级关系，希望借此加强对全国留学日本事务的管理。随着留日学生人数的增加，1918年10月，教育部扩充留日学生监督处，设置监督一人，科长三

---

① 中国第二历史档案馆编《中华民国档案资料汇编》，江苏古籍出版社，1991，第599页。
② 中国第二历史档案馆编《中华民国档案资料汇编》，江苏古籍出版社，1991，第599页。
③ 中国第二历史档案馆编《中华民国档案资料汇编》第三辑，《教育》，江苏古籍出版社，1991，第601页。
④ 刘真主编《留学教育》（三），"国立"编译馆，1980，第1025~1026页。

人，科员十人①。

为了鼓励留学生在日努力学习，1918年11月，教育部又颁布了《留日官自费生奖励章程》，奖励分为勤学奖和成绩奖两类。

针对留日学生的管理，教育部又在1920年11月和1925年3月，先后修订了《管理留日学生事务规程》，根据该规程的规定，设立驻日留学事务处，专门统管一切留日学生的事务。

对于自费出国留学，政府一直没有制定相应的管理政策，留学人员成分极为混杂，质量参差不齐，各种层次的出国者都有。1924年7月，教育部又制定了《管理自费留学生规程》，规定出外留学，必须中学以上学校毕业或办理教育事务两年以上者，才能派出。自费生出国之前，必须取得留学证书。之后，这项政策也适用于官费生，教育部随后颁布《发给留学证书规程》，规定无论官费、自费留学外国，必须经过审查或考试合格才准发给证书出国。但是，各省与中央争权在执行上打折扣，对于留日自费学生，有的竟然依据1914教育部制定的《管理自费留学生规程》办理，还有的学生自费留学是由县知事遣送，或者由教育厅自行发给证书，相当混乱。1925年11月，教育部重申要遵照《发给留学证书规程》办理。

按照民国留学法规的规定，官费生的留学经费是由各省承担的，由于各省经济发展程度不同，留学经费有限，而当时战乱频发、民生凋敝，有限的地方财政充作军费，留学经费没有着落。因此，对于留学学额限制较多，各省更多的是考虑本省的需求派遣留学生。正因经费问题，在1920年后，教育部限制各省官费留学生的派出。例如1921年，教育部规定，当年度积欠经费较多的广东、湖南、福建、四川、江苏、陕西六省暂停选派留学生②。为了解决经费不济的问题，1923年1月，教育部规定留学年限以六年为限。经费形势仍然十分严峻，1923年12月，民国教育部决定教育部和各省在1924年暂停一次选派留学生③。

（三）褒励留学中的广东留学生

民国成立后，孙中山为了避免以官职赏功的情况，倡议选派有功民国

---

① 刘真主编《留学教育》（三），"国立"编译馆，1980，第1299页。
② 谢长法：《中国留学教育史》，山西教育出版社，2006，第119页。
③ 《记事》，《教育杂志》1923年13卷第8号。

的青年出国留学,也可以为国家培训人才。南京临时政府着手这项工作。南北议和之后由北京政府负责办理,共先后办理了两批。后因政局动荡,稽勋活动暂时中止。这是民国成立之后,最早由政府派遣的留学生,后人称这批留学生为稽勋留学生。稽勋局由冯自由负责①。稽勋留学生的派遣可以分为两批,第一批是在1912年秋天,第二批是在1913年夏天。总共派遣77人,广东省有38人,占近半数,其中留日生有10人,还有属于特例的1人,共计11人,分别是何超、何春田、何超南、彭砥、邹卓然、李文彬、饶如焚、范其务、郭冠杰、萧冠英、陈其尤。由于史料缺乏,仅仅知道1912年10月26日赴日的何超赴日学习化学科,何超南是窑业科,何春田、李文彬、彭砥、饶如焚不知专业。邹卓然(1893~?)是邹鲁族弟。1912年8月至1916年7月,赴日学习染色科。回国后,1923年任广东工专校长,1924年7月至1925年7月担任广雅中学校长。

范其务(1892~1937年),字志陆,广东大埔人。民国成立,他因劳绩以公费送日本留学,初攻化学工程,继习政治经济。1914年,袁世凯党羽龙济光统治广东,范其务奉命与谭启秀等分赴潮汕钦廉等地联络军民,秘密商讨驱龙。1915年,范其务又与刘震寰等分赴越南河内、云南、龙州、北海、香港等处联络,继续策划讨袁。1932年,日本侵略军发动"一·二八"淞沪抗战。范其务奉命组织十九路军驻上海办事处,通电海内外。1934年冬,出任大埔县长。1937年1月,病逝。

萧冠英(1892~1945年),字菊魂,广东大埔人。稽勋局以官费选送他到日本留学,萧冠英考入九州帝国大学电工学系。1920年冬,毕业回国。1921年,萧冠英任水东盐场知事,厉行缉私,使得水东盐场产量与税收同时倍增。在任顺德县县长时,他整饬吏治,发展教育,颇有政声。1931年2月,邹鲁出任中山大学校长,萧冠英任教务长。邹鲁计划在石牌建设中山大学新校舍,委托萧冠英负责。他为解决建校经费,多方奔走呼吁,全力协助邹鲁建设中山大学新校舍。1937年,抗日战争爆发之后,萧冠英代理中山大学校长。1938年10月,日军进攻广州。中山大学奉命西迁,先迁罗定,后迁广西龙州,最后选定在云南澄江。他率师生跋涉长途,使中山大学得以保全。1945年7月,萧冠英回大埔老家闲住时被当地游击队错杀。

---

① 赖淑卿:《民初稽勋局与稽勋留学生的派遣》,《国史馆馆刊》2009年第22期。

(四) 北洋政府时期广东人留学日本人员情况

民国初年,中国学生赴日留学受到国内政局演变以及中日关系变化的影响,赴日人数起伏变化不定,时涨时落。辛亥革命爆发,一些学生返国。1912年局势稳定之后,赴日人数达到1437人。二次革命失败,许多革命领导人流亡海外,赴日留学人数激增,1913年至1914年人数达到了一个小高潮。之后由于国内政局以及与日本的关系的变化,人数有所下降,具体数字如表4-13所示。

表4-13 1914~1926年留学日本学生人数

单位:人

年份	人数	年份	人数
1914	3130	1921	948
1915	2333	1922	1071
1916	1976	1923	1828
1917	2075	1924	1756
1918	2811	1925	2095
1919	2496	1926	1774
1920	2236		

资料来源:周一川:《近代中国女性日本留学史》,社会科学文献出版社,2007,第87页。

表4-13所示是所有赴日留学的总人数,官费留学人数资料不全,具体数字如表4-14所示。

表4-14 1913~1916年中国官费留学日本人数

单位:人

年份	人数
1913年8月至1914年7月	1824
1914年8月至1915年7月	1107
1915年8月至1916年7月	1086

1911年11月,广东政府成立。1912年广东省继续向海外派遣留学生,以满足本省建设之需。1914年北京政府教育部分配给广东省留日人数为81名,1915~1916年实际上派出的官费生为100人。

（五）北洋政府时期广东留日学生团体

民国时期，在日本的中国留学生在各省同乡会的基础上，纷纷组建了范围更小一些的同乡会，如以府为单位的同乡会，通过小范围的同乡会达到联络乡谊、相互促进的目的。广东中山文献馆藏有一部《留日潮州学生同乡会录》，其对府一级的同乡会的组织有所描述。

留日潮州学生同乡会，以联络乡谊、砥砺品行为宗旨。同乡会暂时不设事务所大会及职员会，其均为临时指定。

同乡会设立执行部，执行部以公选之职员组织执行本会一切事务。执行部设立会长一人，会长对外代表本会，对内总理一切会务及执行议决事件。书记一人，办理本会一切文件。庶务一人，办理本会庶务兼司收支银项，每逢改选职员时须整理会计造具收支决算表公诸全体。交际员一人，接待新会员，开会时招待来宾，维持会场秩序。

同乡会还设立评议部，评议员每县选出两名，评议本会一切事务及纠查执行部之进行。评议部设立评议长一人，由评议员中选任之有召集开会（评议会）处理部务及对于议案可否各半数时得临时处决之权。书记一人，整理议案及部内文件（亦由评议员中选任之）。他们与广东留日学生同乡会的关系是"省同乡会之本府评议员由评议员互选之惟会长必为省评议员之一"。在遇有特别事故发生时，由评议员提议或执行部交议或会员五人以上联合建议得交评议部议决之。评议员的任期是，评议执行两部及省同乡会评议员任期均限一年。遇缺额时则照大会选举票数顺推。

对于会期，规定例会每年两次，于春假（四月）、年假（十二月）举行之。改选职员则定于四月之例会举行之。恳亲会则定于年假之例会，并行之。遇有特别事件时由会长召会开会。

会员缴纳会费，会费分基本金及常年费两种。基本金每人一元，常年费每年每人一元，由各县评议员作二次征收，于例会前一月以内汇交庶务。

每年刊行同乡录一次，于四月例会分配之会员姓名籍贯学校等项由各县评议员担任调查。

简章经本会全体职员通过后施行。简章如有未尽妥之处得由会员十人以上提议交评议部临时修改之。

四　国民政府时期广东人的日本留学

1927年南京国民政府成立之后，考虑逐步统一全国的留学政策。1928年，着手调查各国的留学生情况。这是中国第一次调查留日学生的情况，广东学生占有1/6，是国内留日学生人数最多的省份，这种状况一直持续到1937年七七事变前。

（一）留学教育政策与管理

1927年4月，南京国民政府成立之后，改教育部为大学院。对于北京政府的留学政策，南京政府还是予以承认。1928年9月19日，南京国民政府大学院第678号训令留日学生监督，《关于前北京政府教育部所订留日学生各项规程未经废止继续有效》。大学院制因为阻力重重，南京政府只得重新成立教育部。教育部成立之后，随即令各省整顿留学教育，颁布了《选派留学生暂行办法大纲》，要求严格留学生的资格，重点放在派遣实用学科上。

为了加强对留学日本学生的管理，1928年12月25日，南京国民政府教育部公布《修正管理留日学生事务规程》，规定留日学生事务由留日学生监督处理。之后，根据留日监督的呈文，又于1929年1月21日，教育部第524号指令留日学生监督处《管理留日学生事务规程第十条之变通办法》，要求按照驻日监督的呈文处理。

针对有补习费生能不能续补庚款的事项，1929年4月30日，教育部第1180号指令留日学生监督处《补习费生在专门学部研究期满改入大学本科时应遵普通序补庚款规程办理不得继续给费》。

对于留日监督处呈请的留日学生实习的问题，1929年7月22日，教育部第1835号指令留日学生监督处《留日实习生以学习农医工三科为限》。

由于对留日学生事务规程里灾变二字理解歧义，出现了有学生竟连被盗也要求抚恤的事情，1929年9月18日，教育部第238号指令留日学生监督处《解释管理留日学生事务规程内灾变二字之意义》，指出灾变就是不可避免的重大灾祸，而不是小的事情。

针对当时监督处监督与各省经理员的不协调关系，以及与各省经理员之间往来行文问题，监督处向教育部请示，1929年10月11日，教育部第2614号指令留日学生监督处《经理处与监督处办事关系及行文程式》，规定各省经理员遇事先与监督处商议办法，再报告各省教育厅核办时，同时报告监督处，最后省教育厅核定之后，要在监督处备案。同时规定各省经理员给监督处行文用呈，而监督处给经理员行文用令，从而规定了他们之间的关系为上下级关系。

对于一些赴日留学学生没有中学毕业，国文程度较差，不利于学习的问题，监督处向教育部呈请，要求考试国文国语成绩。1929年10月22日，教育部第2659号指令留日学生监督处《中等学校未毕业之留日学生序补公费或补助费时先由监督处试验其国文国语成绩》，同意他们的请求。

针对留日学生不顾自己日语水平盲目赴日留学的状况，1929年11月9日，教育部根据驻日监督处的呈文发布第11号布告《留日新生须先经监督处考验日语》。指出近年赴日留学者"多不问自己日语程度何若，一经到处（指驻日留学生监督处）报到登记，即请介绍入学，其中曾在日人在国内所经营之学校毕业已有日语素养者，固不乏人，然不解日语，勉强插入私立大学专门部肄业者，实居多数。如此情形，非但个人学业无益，即于国家体面亦有关系"，因此命令此后"所有留日新生抵东，均须监督处考验日语程度合格后，方准介绍入学，其不能日语者，应从报到登记之日起算，留东学习日语半年，再行到处定期受试"①。

为了加强对留日学生的管理，1930年3月25日，教育部公布《修正留日学生监督处组织大纲》，规定了留日学生事务由驻日监督处负责管理，以及监督处的职掌事务。

九一八事变之后，中国留日学生大批回国，教育部将这些学生陆续转送到国内各大学暂时救济他们读书。由于中日之间的关系持续紧张，多数学生不愿再回到日本继续学业，针对这种状况，1932年6月4日，教育部训令《各大学学院及专科学校招收留日学生投考与转学后待遇办法》，详细规定了学生如何投考各高校的办法以及转学后的待遇办法。

1933年7月，公布《修正管理留日学生事务规程第六第八第九第三十五条条文》，对于留日学生教育部复试的时间地点、报名资格、报名时须

---

① 《教育法令汇编 国外留学》第763~764页。

提供的资料,以及自费生报名时须提供的资料,重新做了修正。

1932年6月,广东省公布《修正选派留学外国学生暂行规程》。规定要求学生具有一定学历外,还要求必须"品行端正,身体强健","了解中国国民党党义","外国文程度以通晓留学所在国语言文字为最低限度",如果留学期间"行为不检,有辱国体"或"有反动言论者"均要停止公费[①]。

1933年4月29日,教育部公布《国外留学规程》,6月30日,又对规程进行修订,同时废止1929年9月25日公布的《修订发给留学证书规程》。该规程留学资格限制比以前有较大的提高,如对公费生资格的限定为:国内外公立或已立案之私立专科以上学校毕业,并曾任与所学专业有关之技术职务二年以上者;或国内外公立或已立案之私立大专院校毕业,成绩优良者。

自费生的资格限定为,公立或已立案之私立专科以上学校毕业者或公立或已立案之私立高级职业学校毕业者,并曾在国内任技术职务两年以上者[②]。

该规程对公费生还特别规定各省选派留学生注重理工农医等专科。规定各省进行初试,然后送教育部复试。对于自费生,强调核准登记的管理,如果留学生不领留学证书径自到国外留学,不能以留学名义申请护照。

9月7日,教育部又公布《复试各省市考选国外留学生办法》。

1935年2月16日,教育部公布《各省市考选公费留学生检验体格办法》。

(二) 民国时期的广东留日政策与管理

1928年,国民政府教育部着手整顿留学生事务,开展各国留学生事务调查。各省也开始修订驻日学生经理的事务规程。广东驻日留学生事务经理处在1928年之前是没有规程可以遵循的。1928年,广东驻日留学生经理处开始制定新的管理规程,即《修正广东驻日留学生经理处事务规程》。

第一章总则内容如下。

> 第一条 本规程根据部颁修正管理留日学生事务规程(十七年十二月公布)及参酌本省特种情形规定。

[①] 《修正广东选派留学外国学生暂行规程》,《广东省政府公报》1932年第190期。
[②] 宋恩荣等主编《中华民国教育法规选编》,江苏教育出版社,1990,第653~655页。

第二条　经理处设经理员一人，处理本省留日学生一切事务。

第三条　经理员由广东教育厅长委任，对于教育厅长负其责任。

第四条　经理处所管之本省留日学生以与本省教育厅有关系者为限（如军事方面学生除与教育厅有关系者外由特定机关管理）。

第五条　本省留日学生事务与他省发生关系时，经理员应商承驻日留学生监督或会同该省经理员处理。

第六条　本省留日学生事务与外交有重大关系时，宜禀承本国驻日公使办理。

第七条　本省留日学生事务在本规程规定外，应呈请教育厅长核办。

第八条　经理处应设于东京市内且为留学生交通便利地点。

规程是根据教育部规定和本省的状况制定的，设立的经理员对教育厅长负责，而不是受留学监督管辖。

第二章对于公费学生到达日本时的情况、毕业以及服务的问题做了详细的规定：

第九条　经理员对于留学生赍送留学证书请求批明到东日期时，应详加查核注明年月日盖章发还，并随时报告监督处及教育厅备案。

第十条　经理员对于初到东留学生就学问题等事，应尽指导介绍之责。

第十一条　经理员对于毕业生请求发给证明书时，应将该生之毕业证书及在学年限切实查核，转交监督书给证明书并汇报教育厅备案。

第十二条　本省公费生及补助费（庚款补助费下同）生卒业回国服务者，先期由经理员调查报告教育厅以备政府采用，或介绍与相当工作其服务范围地点等。本人得具愿书呈由经理员转报教育厅参考，其服务年限等于本人所领学费年限三分之一服务时初给薪俸另由政府规定。若未经教育厅许可而径往外省工作者，由教育厅追缴其曾领学费之一部至全部。至于任意工作于外国者，则追缴其曾领学费之全部之全部之二倍。但教育厅若于该生卒业后满一年仍无服务命令之时，该生即得自由工作。

特别值得注意的是，对于公费生以及补助费生必须回广东服务的规定，公费生以及补助费生是广东派出，费用由广东省负责，学生毕业后必须回省工作服务一定年限。

第三章对公费生实习、研究等做了详细规定：

第十三条　公费生在学期内学校认为不可不实习者，该生必须预先具出实习计划书实习费预算书及学校教授证明书等件，呈由经理处转呈教育厅长核准。实习后应具出实习机关证明书并将实习结果具报经理处，转呈教育厅查核。否则追缴其实习期内所领之实习费。

凡请求实习学生应以学习自然科学者为限。

第十四条　本省公费生大学本科或高专毕业后请求研究（大学院研究科等）或实习（工场病院等）者，应由经理处查明确有成绩并已得所愿入研究或实习机关负责人许可证明者，先期呈请教育厅长核准。其研究实习期限定为一年至二年。

凡研究或实习者须由本人于每学期底报告该期内工作结果（或过程）由研究实习机关负责人盖章证明，呈送经理处转呈教育厅查核。倘毫无成绩或工作怠惰或半途中止者，应追缴研究及实习期内所领学费之一部至全部。

凡请求延长研究实习期限者，应由经理处于期满前查明研究实习确有成绩并延长之理由，呈请教育厅长核准。实习研究后，须造具详细报告缴由经理处转呈教育厅长查核备案，但不得延长过一年。惟研究特别高深科学，得蒙指导教授特别推奖，而其研究又非继续不可者，则其研究年限得呈由经理处转呈教育厅特别延长之。

第四章针对留学生的褒奖、惩戒、陈情情况做了规定：

第十五条　本省留日学生倘有特别研究成绩卓著，为教授所推荐，并经查核确实，应由经理员呈请教育厅长核准，给褒状，并发表于留东学界，以资鼓励。

第十六条　本省留日学生如有不守规则，或不名誉之行为，曾为经理员屡诫不悛者，又其他任意滋事或至威迫害公者，得由经理员呈请教育厅长处罚，取消其公费或补助费，勒令回国。

第十七条　本省留日公费补助费生于学校始业后一个月不到学校，及在一学期内授业期间缺席满一月者，除有特别理由由原派机关或本人取具确实凭证先期呈明外，经理员应扣发该生缺课期间学费。

第十八条　本省留日公费补助费生过左列情事之一者，得由经理员呈请教育厅长或监督取消其公费或补助费。

（一）学年试验继续落第二次以上者

（二）疾病或其他事故绝无毕业希望者

（三）每学期无故缺席至二个月以上者

（四）有第十六条情事者

（五）违反第十九条之规定者

第十九条　留日公费补助费生已在学一年以上者，不得任意改入他校。在官立学校者不得改入私立学校。在同一学校者过一学年后不得由此科转入他科，违者遵照第十八条处理。

第二十条　曾受第十八条处分之留日公费补助费生不得再请序补公费或补助费。

第二十一条　本省留日学生如有请求事项应就近呈请经理处查核转呈，不得迳达教育厅，但留学生对于经理员处理该生事项，如认为不当时得径向教育厅陈诉。

第五章是关于疾病、死亡、亲丧、灾变等项：

第二十二条　本省留日公费生如罹重症必须入院诊治者，应由经理处查核明确酌定病院及病室等第并按期直接缴纳应缴之医药费。至院中伙食杂费则由该生学费内支给其医药费。高专学生在通学期内不得超过三百元由高等专门毕业再入大学者，通学期内不得超过四百五十元（高专通学期在内）又由大学毕业再入研究院者，通学期内不得超过五百五十元（高专大学通学期在内），但每人一次不得超过三百元，超过此额仍由本人名下学费填补。

医药费之发给以左列疾病为限

一、急性传染病

二、危急内外症或应施大手术者

三、意外损伤有性命危险者

第二十三条　本省公费生因病休学或退学回国时得多领两个月学费，因亲丧请假回国时得多领一个月学费作为川资。在辍学期内不得支领学费。此项假期以一年为限，逾期者取消公费资格，但该生于三年内再复得学籍得请求经理员转呈教育厅长核补公费。

400

第二十四条　本省留日学生如在日病亡时得由经理处发给棺验埋葬费日金四百元，其埋葬方法运柩回国等项，听由本人遗嘱或其亲朋商议或其家属方便。但俱不得请求增加费。

第二十五条　本省留日学生如遇灾变受损害，得由经理处查取确实凭证，每人每次发给恤金日币壹百元。

第六章是经费问题，对于经费的来源、发放、名额、数额、回国川资，以及经理处人员费用做了规定：

第二十六条　本省留日学费按月由教育厅拨汇驻日留学生经理员分别发给。

第二十七条　本省留日学费之多寡及公费生名额并补费办法另规定之。

第二十八条　本省公费生大学生每名每月发给日金八十元，高专每名每月发给七十元，政府特派生费额则由教育厅长核定学校中应缴之学费及一切杂费均由本人自行缴纳。

第二十九条　本省公费生书籍费大学生每名每年日金壹百元，高专生每名每年六十元分四月十月两期拨给。

第三十条　本省公费生在学期间实习费每年春假由经理员召集公费生开会，拟定实习费预算标准表呈教育厅查核。该年份应实习学生即根据此表造缴实习费预算书。

第三十一条　本省公费生毕业归国川资定为每人日金壹百二十元。

第三十二条　经理处经费每月日金五百六十元（经理员薪俸三百元，办公费二百六十元，书记薪俸在内），但遇有特别支出时得另呈教育厅核销。

第三十三条　公费生学费按月发给不得预支，如有人万不得已须向经理处告贷时应得公费生二人之担保及声明返还日期。

第七章规定经理处定期将公费生、自费生的调查，成绩册，学费使用情况，重大事项报告给教育厅：

第三十四条　经理处应将公费补助费及自费生切实调查于每年五月编制姓名年岁籍贯学科年级成绩表册呈报监督处及教育厅核案。

第三十五条　经理处发给留学生学费及其他各费均须取得收据按月呈报教育厅核销。

第三十六条　关于留日学界如遇有重大事情发生时应随时报告教育厅。

第三十七条　经理处收支数目除随时公开外每年一月七月造出收支结算表公布之。

第八章是关于经理处之开会及其他事项：

第三十八条　经理员于每年春假期间得召集本省留日公费生补助费生及自费生学历较深者开常会一次，报告经理处过去一年间事情及讨论本年一年间学务进行计划。

第三十九条　经理员如遇有重要事情发生时得召集公费生补助费生及自费生学历较深者各若干人开临时会。

第四十条　经理员关于学务及其他事项如认为有调查之必要时得委托本省留学生协助办理。

第九章是附则：

第四十一条　本规程如认为有修改之必要时得由经理员开具理由或采取本省留日学生各方面之意见呈请教育厅长察核修改之。

第四十二条　本规程由广东教育厅长核准施行。

（附记）右规程经奉广东教育厅长核准自十八年四月一日起施行①。

同时驻日留学生经理处还制定了《广东留日公费生补费办法》：

一、本省留日公费生学额依现在每月学费为港币四千元，暂定为四十名。

但教育厅得因人才需要之缓急及视财政之状况而增减之。

二、本省留日学生附表开列各校肄业者得依序叙补公费。

三、本省留日公费生原则上应由教育厅因某项人才之需要由国内选派有相当学历者来日研习，但现在事实上未能实施除依附表规定补费资格外教育厅于必要时得特派国内外大学专门毕业（或有同等程

---

① 中华民国广东驻日留学生经理处编《广东留日学生调查录》，1929，附录，第1~11页。

度）且曾为党国效力三年以上著有成绩者来日研习，此项特派生暂以公费生总额百分之二十为度。

四、本办法由教育厅长核准施行①。

（三）民国时期广东留学日本学生人数

南京政府成立之初，继续沿用北京政府制定的留学政策，留学日本的人数并没有出现大的变化，而是平稳有升。随着1931年九一八事变和1932年"上海事变"的发生，中国留日学生大批返回国内，之后留日学生人数很快上升，主要原因在于经济方面，1934年11月的《申报》报道：

> 二三年前，日一百元须以中国国币二至三百元方能兑换，最近则可以七十至八十兑日币百元。其差甚远，故在上海攻读，反不如东渡留学为合算，盖较之二三年前，消费力减少三倍之故②。

生活费用比较低廉，竟然比在国内读书还便宜。而日本留学手续也是非常简便，不论有无护照，有无文凭，日本学校只需要通过考试就可以到日本留学。因此留学人数剧增。到1937年7月七七事变爆发之前，中国留日学生总数接近6000人。日华学会统计的1927～1937年中国留学生总数如表4-15所示。

表4-15　1927～1937年中国留学生总数（1927～1937年）

单位：人

时间　　　地区	中华民国	东北地区（伪满）	合计
1927年	1493	431	1924
1928年	1929	551	2480
1929年	1875	610	2485
1930年	2351	698	3049

---

① 中华民国广东驻日留学生经理处编《广东留日学生调查录》，1929，第12页。
② 《留日学生激增——汇兑低落是最大原因》，《申报》1934年11月5日。

续表

时间 \ 地区	中华民国	东北地区（伪满）	合计
1931年	2256	716	2972
1932年	1083	317	1400
1933年	1043	314	1357
1934年	1411	757	2168
1935年	2394	1133	3527
1936年	3857	1805	5662
1937年6月1日	3995	1939	5934
1937年11月1日	403		

资料来源：《留日学生省别年度职员表》，《第11版 中华民国 满洲国留日学生名簿》1937，第15页；《留日学生省别年度职员表》，《第12版 中华民国 满洲国留日学生名簿》日华学会，1938，第15页，转引自周一川《近代中国女性日本留学史（1872~1945）》，社会科学文献出版社，2007，第237页。

广东自清末以来留日人数在国内居前列，到南京政府成立之后，留日人数没有减少，反而有了不少增加。到1936年，留日学生人数超过1000人。1927~1937年广东留日学生人数如表4-16所示。

表4-16 1927~1937年广东留日学生人数

单位：人

年份	人数	年份	人数
1927	241	1932	227
1928	678	1933	196
1929	416	1934	287
1930	561	1935	537
1931	581	1936	1121

资料来源：沈云龙：《中华民国廿五年 日本昭和十一年 留日学生名簿》，文海出版社，1974，第18~19页。

中国赴日学生中公费生所占比例不大，主要是自费生（见表4-17）。

表 4-17　1929~1937 年留日学生学费分布分类表

单位：人

年份	官费	公费	文化补助	自费	不明	复费	合计
1929	232	47	248	867	1098	7	2499
1930	263	41	226	824	1710		3064
1931	341	52	249	994	1460		3096
1932	255	33	342	402	397	8	1437
1933	226	22	337	455	401	24	1465
1934	254	176	279	1115	521	7	2352
1935	331	108	350	2201	785		3775
1936	326	108	308	5059	108		5909
1937	367	72	219	5287			5945

资料来源：《最近 9 年留日学生学费附表》，《第 11 版 中华民国 满洲国留日学生名簿》，1937，第 18 页，转引自周一川《近代中国女性日本留学史（1872~1945）》，社会科学文献出版社，2007，第 237 页。

由于经费问题，广东派出的公费留日学生数量少于民国前期。在《广东留日公费生补费办法》中规定，广东 1928~1933 年公费生赴日人数为每年 40 名。实际人数可能会有增加，如 1933 年，广东省留日学生公费人数为 41 名①。1933 年 9 月，修改之后的《修正广东省选派留学外国学生暂行规程》中没有规定具体留学各国学生名额，只是规定了有关选拔公费留学生的人数等事项②。1933 年之后，广东省留学人数锐减，1933 年第一次公费考试只有四名合格，1935 年第二次有五名③。其他年份，由于资料的限制，无法摸清。

（四）20 世纪 30 年代左翼留学群体中的广东留日学生

20 世纪 30 年代初期，日本受到 1929 年经济大萧条的影响，日元贬值，中国一块银圆可以兑换日元两元，生活费用比较低廉，留学日本一年只要三百银圆就足够一年花销。而日本留学手续也是非常简便，不论有无护照，有无文凭，都可以到日本留学。上海、北平、广东、湖北、广西、

---

① 周宪文：《留日学务近况一瞥》，《教育杂志》1934 年第 24 卷第 1 号。
② 周一川：《近代中国女性日本留学史》，社会科学文献出版社，2007，第 227 页。
③ 周一川：《近代中国女性日本留学史》，社会科学文献出版社，2007，第 228 页。

四川以及其他各地的左翼文化界人士和青年学生,在国民党政府的严厉压制下,纷纷东渡日本。自1933年到1936年,中国留日学生和侨居人员达两万多人。单在东京一地就有12000人①。1933年到1936年,从国内到日本的进步文化人士和留日学生达500多人。

在这些到日本留学的学生中有许多左翼人士,他们在日本继续组织活动。其中一人为林焕平,林焕平(1911~2000年)原名林灿桓,曾用名方东旭、石仲子,广东台山人。1932年10月因领导学生抗日爱国运动,于1932年被开除学籍。1933年9月,他征得中国左翼作家联盟(简称左联)同意到日本留学。1937年5月,他在东京被日本军国主义政府以反日分子的"罪名"逮捕,并被驱逐回国。临行前,左联党团书记周扬授意他到日本恢复左联东京支盟(有些资料记为东京分盟)。经过准备,东京支盟成立,成员有林焕平、孟式钧、林为梁、陈一言、魏晋、欧阳凡海、陈松(陈斐琴)。由林焕平、林为梁、陈一言组成干事会,林焕平任书记②。其中,林为梁(后改名基路)(1916~1943年)广东台山人。1933年,他参加中国共产主义青年团及中国反帝大同盟,开展革命活动,被捕入狱。获释后不久,他加入中国左翼作家联盟、中国左翼社会科学工作者联盟。同年10月,国民党政府在上海大肆逮捕进步人士,林为梁处境维艰,遂到日本东京留学。1935年8月,经何干之介绍,林为梁到上海,与中共地下组织取得联系。9月,重返东京,同陈洪潮、官亦民等建立东京中国文化支部,他当选为书记,支部成员达50多人。1937年6月,返回上海,经周扬介绍,加入中国共产党。同年10月,林为深随周扬、艾思奇、何干之等到延安,被派到中央党校学习。1938年春到新疆。1943年被新疆军阀盛世才秘密杀害。陈斐琴(1911~2003年),广东兴宁人,留学日本东京帝国大学,中共党员,1927年参加梅城武装暴动。在某种意义上说,东京支盟是以广东人为核心建立起来的③。1934年春,上海和北平的一些左联盟员因为严酷的环境也来到了东京。他们接受日本左翼作家江口涣的建议,即东京支盟最好以

---

① 蔡北华:《回忆东京左联活动》,载中国社会科学院文学研究所《左联回忆录》编辑组编《左联回忆录》(下),中国社会科学出版社,1982,第697~698页。
② 林焕平:《中国左翼作家联盟东京支盟的情况》,《新文学运动史料》1990年第4期。
③ 〔日〕小谷一郎:《论东京左联重建后旅日中国留学生的文艺活动》,《中国现代文学研究丛刊》2006年第2期。

同人杂志的形式出现，以避免日本警察的注意，并于1933年3月6日成立了东流文艺社①，开始筹办同人杂志《东流》。《东流》为月刊，主要发表有进步倾向的小说和散文。东京编辑，上海出版。由林焕平、林为梁、陈一言、陈松（陈斐琴）、欧阳凡海组成编委会。由林焕平署名主编，负责向日本政府登记。由林焕平与上海方面联系出版。《东流》创刊之后，林为梁任东京支盟书记，与周扬单线联系。集中在《东流》活动的除编委会成员还有魏晋、梅景钿、俞鸿模、麦穗、陈达人以及后来到达的丘东平等。其中，梅景钿，又名梅青，广东台山人。1935年，赴日本留学。后由日归国赴延安，抗日战争中牺牲于晋东南。丘东平（1910～1941年）是广东海丰人，小说家。1927年，加入中国共产党，曾任澎湃的秘书。1934年到日本明治大学读书，参加东京的左联。在新四军一支队当过陈毅的秘书兼敌工科科长，后来新四军在盐城成立鲁迅艺术学院分院，任分院长。1941年，在指挥华中鲁迅艺术学院分院师生撤退时牺牲。

由于国内的环境更加严酷，曾经在上海、北平的左联、社联、剧联等的成员大批来到东京。东京支盟又创立两个同人刊物《杂文》与《诗歌》。《杂文》于1935年5月16日创刊②，由杜宣署名主编，东京编辑，上海出版。还是由林焕平负责向日本政府登记。因为观点尖锐，第三期出版时在上海被国民党政府查禁。后改名《质文》，编辑、印刷、出版在东京，寄回上海发行。《诗歌》也是在东京编辑、印刷、出版，寄回上海发行。还是由林焕平出面向日本政府登记。蒲风任主编。蒲风（1911～1942年），广东梅县人，原名黄日华，又名黄飘霞、黄蒲芳，笔名蒲风，诗人。早年就读于上海中国公学。后参加左联，与杨骚组织"中国诗歌会"。1934年，到日本东京，积极参加左联东京支盟的活动，组织"诗歌座谈会"。与雷石榆、林林等主办《诗歌》杂志。抗日战争开始之后，参加新四军，在淮南做文联工作，1942年，因病去世。

各地的文化人士来到东京之后，增强了东京支盟的力量。除左联东京支盟外，他们还成立了中国社会科学家联盟、中国左翼戏剧家联盟、世界语左翼联盟、中国留日学生联合会等左翼文化团体。

中国社会科学家左翼联盟简称"社联"。1935年，林为梁等发起组织

---

① 盛明：《异军突起的"左联"东京分盟》，《百年朝》2001年第9期。
② 盛明：《异军突起的"左联"东京分盟》，《百年朝》2001年第9期。

以学习马克思主义基本理论的为主的社会科学座谈会（简称文谈）。主要成员有林为梁、官亦民、陈健、李云扬、梁威林、苏曼、周如傅、侯甸等。李云扬（1913~2004年）广东台山人。父亲李雨亭毕业于广州警官学校，同盟会成员，后为国民党员。因卷入国民党内部斗争被毒杀。其父去世后，家庭陷入困顿，李云扬不能继续升学，初中毕业后做了小学教师。他是由伍乃茵介绍开始接触左翼教师和青年学生，走上革命道路的①。1939年赴新疆工作。新中国成立后曾任暨南大学副校长。侯甸（1914~2005年），新中国成立后曾任广东声文化局局长，文化部司长。据李云扬回忆，文谈约有近百名会员，文谈把马克思主义的三个组成部分分为哲学、政治经济学和科学社会主义三个座谈会。李云扬是哲学座谈会负责人。该座谈会每月一次或两次聚会，大都在神田的中国饭店以饭局为掩护进行。成员比较复杂，流动性大，有时几个人，有时近百人。教科书是苏联的《大学教程》和永田广志的《辩证唯物论》②。参加座谈会的广东留日学生还有宋之光（1916~2005年），他是广东番禺人，日本法政大学肄业。新中国成立后曾任驻日本大使。李嘉人（1914~1979年），广东台山人，新中国成立后曾任广东省副省长。邓楚白（1916~2006年）原名邓锡珩，曾用名邓家恺，广东南海人。日本早稻田大学政治经济系肄业。1936年11月参加中国共产党东京支部领导的东京文化座谈会组织，从事革命工作。1937年8月回国。该座谈会"在两年多的活动中，培养出一批有较高思想觉悟和一定理论水平的革命骨干，他们在抗日战争爆发后回到国内，许多人参加了中国共产党，奔向延安，到各个抗日战场参加抗日救亡工作。新中国成立后，他们积极投入社会主义革命和建设活动，为党的革命事业做出了贡献。"③

中国左翼戏剧家联盟简称剧联，有中国留日学生戏剧学会、戏剧座谈会和国际戏剧协会三个团体。其中，国际戏剧协会负责人是陈斐琴、叶文津、吴剑声，成员多数是广东人。叶文津（1914~1980年），广东东莞县人。早年毕业于北平辅仁大学，1934年东渡日本就读于日本大学。后来，

---

① 周一川：《近代中国女性日本留学史（1872~1945）》，社会科学文献出版社，2007，第245~246页。
② 周一川：《近代留日史研究中的三个问题》，《东岳论丛》2008年第3期。
③ 伍乃茵：《记林基路同志在日本东京时的活动》，《碧血洒天山》，新疆人民出版社，1985，第142页。

三个戏剧团体合并为中华留日学生戏剧协会。

世界语左翼联盟简称语联（包括拉丁化协会），它的公开组织是中国留日学生世界语学会、世界语学习班、世界语座谈会和拉丁化协会、拉丁化文字座谈会，参加者约七八十人。主要成员有陈健、丁克、陈学诗、陈紫秋、刘仁、苏曼、杨克毅、张翼、郭宏基①。其中，杨克毅（1907~）是广东番禺人。

中国留日学生联合会简称学联。当时东京各大专学校有中国留学生的，都成立了中国留日学生会，各派出代表成立了学联。学联通过各校盟员为核心开展活动，主要成员有林为梁、苏曼、李佩星、潘沃权、杨克毅等②。

伍乃茵是"留东妇女会"的负责人之一，与梁薇娟同是党小组成员。都是在林为梁的指示下进行活动的。伍乃茵（1913~）是广东台山人。1928年考入广州女子师范学校，该校分为初中部和高中部。升入高中部之后，受教于当时的民国大学教授何干之和中山大学教授何思敬。在此之后，伍乃茵积极参加左翼文化运动和革命活动。当时伍乃茵是接受中国左翼文化界总同盟（简称文总）和广州支盟的指令进行活动的。1934年年初，广州分盟被破坏，伍乃茵入狱半年。出狱后，与何干之联系，到达上海③。1935年3月到达日本东京。伍乃茵也参加了社会科学座谈会。1937年回国后，赴延安。1939年赴新疆工作。新中国成立后曾任华南师范学院副院长。

对于左翼青年在日本的学习形态，周一川分为三类：一是在日本的大学或是专门学校边学习学校课程边学习马克思主义政治理论；二是在日本的大学或专门学校有学籍，但并不去学校上课，在左翼组织中学习马克思主义政治理论；三是从未进日本学校只在左翼组织中学习政治理论从事社会活动④。她认为后两种情况很难归类为传统定义的留学生。她把这些人的行为称为"政治留学"。如果把20世纪30年代的学生在日学习马克思

---

① 盛明：《异军突起的"左联"东京分盟》，《百年朝》2001年第9期。
② 盛明：《异军突起的"左联"东京分盟》，《百年朝》2001年第9期。
③ 周一川：《近代中国女性日本留学史（1872~1945）》，社会科学文献出版社，2007，第245~246页。
④ 周一川：《近代中国女性日本留学史（1872~1945）》，社会科学文献出版社，2007，第249页。

列宁主义的行动称为"政治留学"的话，无疑何干之就是他们的先行者。

何干之（1906~1969年），原名谭郁君（毓均），又名谭秀峰，曾化名谭卫中、谭华生、杜鲁人、何汉生等，干之为其笔名，广东台山人。1929年东渡日本，先后进入早稻田大学专修科和明治大学经济科。为了避免日本警察的盘问，在学校挂个名，不去上课，在寓所自学马克思列宁主义①。还悉心研究文学、哲学和经济学。1931年九一八事变后回国。1932年春，何干之在广东女子师范学校教国文，后受聘为国民大学教授。1933年春，他与温盛刚等在广州组织中国左翼文化同盟广州分盟。何干之任书记。1933年秋，广东当局因他宣传马克思主义通缉他，他不得不逃亡至上海。1934年年初，他参加上海社会科学家联盟，5月，加入中国共产党；11月，与钱杏邨、周立波共同负责文总的宣传工作。1935年2月，由于文总机关被破坏，何干之东渡日本，参加东京文总的活动，任宣传部长。1936年回到上海，在上海著作人协会（即"社联"改组后之全称）党团工作。他开始用"何干之"这一笔名发表文章，参加中国社会性质和社会史问题论战。1936~1937年，写了《转变时期的中国》、《中国社会史问题论战》、《近代中国的启蒙运动史》等七本专著②。1937年七七事变后，他到延安陕北公学任理论教员。1938年，他写完《中国社会经济结构》一书，寄往上海出版。1950年，何干之任中国人民大学研究部副主任和历史系主任。1969年11月病逝。

在东京参与左联活动的还有杜君慧。杜君慧（1904~1981年），女，广州人。1928年赴日留学，在东京参加留学生社会科学研究社。8月加入中国共产党。1930年，加入左联。1931年起，潜心研究中国妇女问题。曾经与丈夫钱奎光共同翻译《社会科学辞典》，编著有《妇女问题讲座》。1934年，任上海《申报》副刊《妇女园地编辑》。1935年，组织上海妇女界救国会，任组织部长等职，并任全国各界妇女联谊会理事会理事。1938年，在武汉发起组织战时儿童保育会，任常务理事。1944年，在重庆创办并主编《职业妇女》。1949年由香港到北平，出席全国第一届妇女代表大会及全国政协第一次会议。新中国成立后，主动提出到基层工作，任北京女子第二中学及第六中学校长，当选第一届全国妇女联合会候补执行委

---

① 刘炼：《何干之的革命一生和史学思想》，《史学史研究》1982年第2期。
② 刘炼：《何干之传略》，《晋阳学刊》1981年第4期。

员。1981年，病逝于北京。著有《妇女问题讲座》（1934年）、《中国妇女问题》（1936年），译有《教育史》、《教育病理学》等。

20世纪30年代，广东留日学生数目非常大，一些人在学习过程中，逐步接受了马克思主义思想，如卫国尧（1913～1944年），广东番禺人。1934年春，高中毕业后东渡日本留学，考入东京帝国大学政治经济学系，阅读了许多马克思列宁主义著作，他刻苦用功，翻译了《史的唯物论》，1937年在上海由神州国光社出版。1937年7月，卫国尧回国。1938年5月，秘密加入中国共产党。1940年，卫国尧到国民党中山县九区挺进三纵队做统战工作。1942年5月，中共珠江三角洲中心县委决定在五桂山建立由中国共产党直接领导的抗日根据地，任命卫国尧为中山县抗日游击队队长。卫国尧等领导在广州南郊他的家乡沥滘建立秘密据点，并发展了一批党员。1944年7月，因汉奸告密，卫国尧等被日军一个连队包围，在突围过程中，中弹牺牲。

五 汪伪时期广东人的日本留学

日军占领中国大片国土之后，在各地陆续成立一些傀儡政权。这些傀儡政权为了加强所谓"中日亲善"，纷纷向日本派遣留学生。广东伪政权也向日本派遣留学生。广东派遣的留学生可能不属于南京汪伪政府教育部派遣的范围，应是另外一个系统的。1938～1944年，广东每年赴日学生都在百人以上，公费留学生只占一少部分，相当数量的留学生是自费。

（一）留学日本的时代背景

日军占领上海、南京之后，在各地陆续建立起傀儡政权。1938年3月，在南京成立了以梁鸿志为首的伪中华民国维新政府。为了加强对中国的殖民统治，日本方面决定把当时华北的伪中华民国临时政府、伪中华民国维新政府两个傀儡政权合组新的"中央政府"。1940年3月，以汪精卫为首的伪中华民国政府在南京成立，华北的伪中华民国临时政府改为伪华北政务委员会，伪中华民国维新政府取消。但是，这些伪政权是在不同的日军控制下的，各个地区还是相对独立的。

（二）留学日本的有关政策

1938年12月26日，伪维新政府教育部公布《留学规程》，有总则、公费生、自费生、留学证书、附则等内容，对赴国外留学的学生资格类别管理等做了较为详细的规定。为了加强对自费生的管理，1939年1月24日，伪维新政府教育部又公布了《发给留日自费生留学证书暂行条例》，对自费生申领留学证书的资格做了诸多限制。南京汪伪国民政府教育部于1940年5月公布了《修正国外留学规程》，对留学生的类别、公费生的考试条件、初试与复试、公费学生费用等做了详细规定，对自费生也做了一些资格限制等。该规程与伪维新政府教育部公布的《留学规程》在内容上相差无几，也是南京国民政府1928年制定的规程的翻版。

针对各个伪政权在留日教育方面各自为政的局面，汪伪国民政府试图施行统一的留日教育制度，并制订了《划一留日学生留学制度方案》。由于伪华北政务委员会、伪蒙疆政府并不完全听命于汪伪国民政府，这项统一的留学政策并没有得到各个傀儡组织的响应。

（三）留学日本的管理机构

对在日本的留学生的管理，开始是由汪伪国民政府驻日大使馆负责的。由于事务繁多，留日学生人数也在不断增加，1941年4月，汪伪政府教育部派出一名专员在驻日大使馆内专门负责留日学生事务。8月，设立驻日学务专员办事处，制定了《中华民国教育部驻日学务专员办事处暂行章程》。不过，这个驻日学务专员办事处只能管辖汪伪教育部等各机关以及直接统治的各省市（江苏、浙江、安徽、湖北、江西、广东等省及南京、上海、汉口等特别市）所派出的公费生以及自费生。伪华北政务委员会派出的留日学生由在日本设立的驻日办理留学事务专员办事处另行负责管理。

日本方面负责留日事务的机构初期为兴亚院，之后为大东亚省。1938年12月15日成立兴亚院，由日本首相任总裁，这是日本政府为处理有关侵略中国事宜而设立的机构。兴亚院在北平、上海、青岛、汉口、广州、厦门等地设立分支机构。兴亚院每年根据庚款数额确定中国各个伪政权赴日留学生的人数，然后由日本大使馆通知各地伪政权考选。日本内阁于1941年11月1日设立大东亚省，统一管理大东亚地区的各种政务。汪伪等各个伪政权留日事务由大东亚省接手。1945年5月，日本当局设立财团法人"日华协会",成为日本管理中国留日学生的管理机关。

(四) 公费留日学生的选派

伪中华民国维新政府成立后,积极办理其统治区域内学生留学日本事宜,于1939年9月1日,派遣37名学生赴日,费用由日本外务省提供[①]。

汪伪南京国民政府成立后,也在积极筹划派遣公费学生赴日留学。根据日方的安排,汪伪教育部在1940~1944年共派遣了153名公费生。1940年38名,1941年30名,1942年30名,1943年30名,1944年25名,1945年没有派遣[②]。

1940年5月24日,日本驻南京大使馆致函伪教育部,1940年度在华中方面可选拔25名赴日留学生。汪伪政府非常重视,随即拟定了《教育部留日公费生考选委员会组织大纲(民国二十九年度)》,成立了由伪教育部部长赵正平为委员长,伪教育部次长樊仲云、戴英夫为副委员长的教育部留日公费生考选委员会。1940年6月27日考试委员会举行第一次会议,制定《教育部留日公费生考选办法(民国二十九年度)》,咨请苏、浙、皖、鄂四省伪政府和京、沪、汉三特别市伪政府于7月25日同时举行初试。8月19日,复试及格录取34名,特许生4名,共38名,28名日本外务省允许资助,10名为部派公费生[③]。

1941年8月15日,日本驻汪伪大使馆致函汪伪教育部,要求依照日本所拟《补给中国留学生费推荐要纲》规定选拔学生赴日留学,其内容如下。

补给中国留学生费推荐纲要

一、留学生资格

中华学校及专门学校毕业生或在日本留学生中而身体强健、品学兼优者。

二、推荐方法

兴亚院联络部与中国政府机关之协议,附以本人之履历书、学业成绩证明

[①] 伪维新政府概史编纂委员会编《中华民国维新政府概史》,南京特别市行政院,1940,第223页。

[②] 曹必宏、夏军、沈岚:《日本侵华教育全史》第三卷,人民教育出版社,2005,第376~377页。

[③] 曹必宏、夏军、沈岚:《日本侵华教育全史》第三卷,人民教育出版社,2005,第378页。

书、志望学校、照相,由兴亚院总务长官推荐。志望之学校不得随意变更。

三、推荐名额

三十名以内。

四、推荐期限

民国三十年七月底。

五、留学时期

民国三十年九月渡日,令入东亚学校施以日语及其他预备教育,三十一年四月入各专门学校及高等学校。

六、东亚学校在学期内每月支给学费日金55元。入专门学校及大学校,其支给数额如左:

	甲地方	乙地方
大学	金70元	金50元
专门学校	金60元	金55元
高等学校及其他	金55元	金50元

甲地方指东京、横滨、京都、大阪、神户言;乙地方指其他地方言。

七、渡日旅费

于留学生抵达东京时,支给火车、轮船三等之实在费用①。

此纲要规定,华中地区可选拔 30 名由日本补给学费的留学生赴日。30 名中有 10 名是由兴亚院在留日自费学生中选拔的。汪伪教育部选拔 20 名。汪伪教育部遂电请江苏、安徽、浙江、湖北四省伪省政府及上海、汉口特别市两伪市政府各推荐两名,计 12 名,其余由本部包括南京市在内推荐 8 名,共计 30 名。

1942 年,汪伪政府根据日本方面的要求,"华中方面留日补助生规定 30 名,其中 20 名尽于国内本年度高中生中选拔,其余 10 名则由现在日本之自费留学生中选拔"②。

1943 年 7 月,日本大使馆发函给汪伪教育部:"该年度大东亚省留日

---

① 中国第二历史档案馆:《汪伪政府行政院会议录》(第八册),中国档案出版社,1992,第 567~568 页。
② 《财政部部长周佛海致行政院院长汪精卫呈》(1942 年 8 月 18 日),汪伪教育部档案,档案号:二〇〇三/4206,中国第二历史档案馆馆藏,转引自曹必宏、夏军、沈岚《日本侵华教育全史》(第三卷),人民教育出版社,2005,第 381 页。

补助生派遣办法,并定华中方面30名,请即代办,希于8月20日以前办理完竣。"① 汪伪政府教育部按照函件选拔派遣了30名学生赴日。

1944年6月,日本驻汪伪大使馆送来函件:"本年度大东亚省留日补助生派遣办法,并定华中方面选拔25名,希于8月10日以前办理完竣。"② 汪伪政府教育部依令而行。

汪伪其他部委派遣留学生和技术人员赴日,1944年10月,汪伪政府实业部制定了《实业部资送工科留日学生办法》,详细规定了资选原则、名额和待遇等,规定资送学生80名。

(五) 御用团体选派公费留学生

"中日文化协会"是由大汉奸褚民谊于1940年7月发起的,由汪伪政府要员和日本在华军政要员组成。为了所谓"中日亲善"、"加强中日文化沟通",该会曾多次派遣学生赴日留学。1946年5月,国民政府教育部调查,在日留学生456人,其中属于"中日文化协会"派出的有33人③。

"华中东亚青年联盟"是武汉地区的汉奸团体,也曾派遣留学生赴日。抗日战争后调查有1人是他们派出的。

各伪省市政府也在派遣,费用由选派的省市负责。抗日战争后教育部调查,汪伪统治下的华中、华东、华南等地各伪政权选派的留日公费生共有39人,其中广东省12人,湖北省10人,汉口市4人,淮海省3人,厦门市5人,上海市1人,江西省1人、海南岛3人④。

(六) 留学日本的人数

对于抗日战争时期,中国留学日本的学生数目。曹必宏等认为因为日本投降前夕,伪政权有意识地销毁了一些资料,无法得出中国留日学生的

---

① 《教育部部长李圣五致行政院院长汪精卫呈》(1943年7月30日),汪伪教育部档案,档案号:二〇〇三/4206,中国第二历史档案馆馆藏,转引自曹必宏、夏军、沈岚《日本侵华教育全史》(第三卷),人民教育出版社,2005,第381~382页。
② 《教育部部长李圣五致行政院院长汪精卫呈》(1944年6月16日),汪伪教育部档案,档案号:二〇〇三/4206,中国第二历史档案馆馆藏,转引自曹必宏、夏军、沈岚《日本侵华教育全史》(第三卷),人民教育出版社,2005,第382页。
③ 曹必宏、夏军、沈岚:《日本侵华教育全史》(第三卷),人民教育出版社,2005,第384页。
④ 曹必宏、夏军、沈岚:《日本侵华教育全史》(第三卷),人民教育出版社,2005,第385页。

总数。他们根据第二历史档案馆馆藏资料统计分析认为,1940~1944年,汪伪政权从华中、华东、华南地区共派遣了153名公费留学生。1944年,伪实业部派遣了80名,汪伪中日文化协会、东亚青年联盟共派遣34名,各省市共派遣39名。总计306名公费生。留学人数远远不止这些,根据1942年汪伪教育部统计室所编《全国教育统计》,1942年,186人赴日留学,其中公费生71名,自费生115名。186名公费生的分布是,江苏37人,浙江24人,安徽3人,湖北10人,广东37人,河北19人,湖南2人,江西2人,福建17人,河南1人,广西1人,云南1人,山东13人,南京9人,上海9人,汉口1人,北平3人,青岛1人。华南、华东、华中有149名①。周一川利用日本所藏日华学会编纂的中国留日学生名簿中留日学生省别年度别员数表制作了华北、华南、华中、华东地区留日学生总数的表格(见表4-18)。

表4-18 华北、华南、华中、华东地区留日学生总数

单位:人

年 份	人数	年 份	人数
1938	1512	1942	1341
1939	1005	1943	1380
1940	1204	1944	1118
1941	1466		

资料来源:日华学会编《中华民国留日学生名簿》(昭和十五年第十四版),载周一川《近代中国女性日本留学史》,社会科学文献出版社,2007,第271页。

但是,利用日方所藏史料能够恢复一些数据,看到历史的面貌。抗日战争时期,中国留日学生的数目还是相当多的。有的学者认为自费留学不是主流,公费才是抗日战争时期留日的主要资金来源。② 但是,自表4-18可看到,自费生的数量还是非常多的。

(七) 留学日本的经费来源

留日学生的主要经费来源是日本庚款补助费、汪伪各级伪政权提供的

---

① 曹必宏、夏军、沈岚:《日本侵华教育全史》(第三卷),人民教育出版社,2005,第386页。
② 周孜正:《浅论汪伪时期在日中国留学生的经费来源》,《抗日战争研究》2005年第3期。

经费、汪伪御用文化团体提供的经费和学生自筹经费以及日本兴亚院提供的助学金和日华育英会助学金。

1923年，日本方面决定退还庚子赔款用于对华事务的经费。由于日本在庚款使用上多有限制，别有用心，1930年，国民政府教育部明令学生不得接受庚款补助。七七事变后，滞留在日本的403名中国留学生中有97名接受了庚款补助[1]。汪伪政府成立后，日本政府继续利用庚款补助中国学生赴日留学。1940~1944年汪伪政府派出的153名学生中就有143名是庚款补助的[2]。

汪伪各级政府提供的经费包括三个方面的费用。一是汪伪教育部、实业部等政府机关以及各省市政府直接派出的公费生的学费。二是选拔日方提供经费学生所需经费。1941年度花费为2152元[3]，1942年度为3180元，1943年度为8084元，1944年度为31880元[4]。三是汪伪政府给予留日学生的津贴。由于战时物价上涨，公费生的50日元不敷使用，一些自费生也面临家庭接济困难的困境。他们致函汪伪政府教育部，请求补助。1940年11月19日，汪伪教育部部长赵正平呈请汪伪行政院给予留学津贴。

> 查本部迭据留日公费生及自费生呈请因生活程度提高，公费不敷应用，以及家境清寒，有时学费接济中断，肯予酌加补给，以维学业，各等情前来。据此，查公费生系日本外务省文化事业部就庚款项下每月各给日币伍拾元，处此物价暴涨之际，委实不敷应用，自费生亦以国内外生活日高，家庭筹给困难，时有接济中断之虞。查核所呈，均属实情。本部为免除学生半途辍学起见，特拟具《国外留学生津贴办法》，凡成绩优良者，酌予津贴，名额暂定壹百名，内公费生柒拾名，每名月给津贴日币叁拾元，自费生叁拾名，每名月给津贴日币贰拾至肆拾元，因自费生大率家境尚佳，是以津贴自贰拾元起，但

---

[1] 曹必宏、夏军、沈岚：《日本侵华教育全史》（第三卷），人民教育出版社，2005，第388页。
[2] 曹必宏、夏军、沈岚：《日本侵华教育全史》（第三卷），人民教育出版社，2005，第388~389页。
[3] 中国第二历史档案馆：《汪伪政府行政院会议录》（第八册），中国档案出版社，1992，第555页。
[4] 曹必宏、夏军、沈岚：《日本侵华教育全史》（第三卷），人民教育出版社，2005，第389页。

亦颇多成绩优良,将至毕业之际,忽以家庭筹给困难,而至半途辍学者,故津贴略具弹性,平均计之,仍合叁拾元,每月共需叁仟元,约合国币伍仟元①。

汪伪政府于 1940 年 11 月 26 日通过了《留日学生津贴办法》,给予留学生补贴。这些补贴使学生得以顺利完成学业,包括以下几种。

(1) 汪伪御用团体提供的费用:前述中日文化协会、东亚青年联盟等派遣学生赴日留学,经费由他们提供。

(2) 留日学生自筹的经费:前述自费留学日本的学生相当多,远远超过公费生。这些学生的经费基本都是依靠家庭支付。如上所述,每年还有 30 名自费生获得汪伪教育部提供的每月 30 日元的留学津贴。

(3) 兴亚院提供助学金协助中国青年赴日留学:1940~1943 年,日本爱媛县松山市日华育英会提供一笔助学金,从中国华北各省市小学生中选择 18 名十二三岁的小学生到松山市留学②。

(八) 留日学生的学习与生活

留日学生到达日本后,先进入日本东亚学校学习日语及接受其他预备教育,然后再到日本相关大学预科或高等学校学习,最后考入各类公私大学。学生一般学习六个月的日语,通过日语考试后,须考入预科或是高等学校,而后再报考理想的大学。1944 年之前,留学生只是在第一高等学校特设的高等科读书。汪伪政府要求留学生须具有高中以上文化程度,并通过考试选拔。赴日学生文化程度较抗日战争前为高。

汪伪政府要求学生"修业理工农医四学科",改变了抗日战争前公费生以文科为主的局面。而且学生不能随意更改专业。对学生年龄也有要求,年龄基本都在 30 岁以下。

太平洋战争爆发之前,日本国内物价基本稳定,留学生一般每月 70 日元能够过着俭朴的生活。当时日方给部分留学生每月 50 日元的经费,再加上汪伪政府给予的 30 日元补贴,公费生的生活基本无忧。

随着日本侵略战争的扩大,军费开支剧增,日本国内的物价上涨迅

---

① 中国第二历史档案馆:《汪伪政府行政院会议录》(第四册),中国档案出版社,1992,第 518 页。
② 王奇生:《沦陷区伪政权下的留日教育》,《抗日战争研究》1997 年第 2 期。

速，留学生的基本生活成本也在不断增加。到1941年，日方给予的经费有了一些增加，如《补给中国留学生费推荐纲要》中提到的，给予进入东亚学校的学生每人每月55日元。到抗日战争后期，留学生的生活费用进一步增加，1944年，汪伪实业部给予公费生的补助为每月每人150日元。

太平洋战争爆发后，由于日本施行战时体制，对粮食和日用品施行严格的配给制，留学生的生活窘迫万分。

太平洋战争后期由于美军的飞机频繁轰炸东京、名古屋、横滨、神户等城市，许多学校无法正常上课，加上留学生家长来信催促他们回国，许多学生不得不中断学业回国。1945年3月，日本宣布全国停课一年进行大东亚决战。绝大多数中国学生返国。

抗日战争时期，绝大多数高校奉命迁到内地，沦陷区学生的升学成了大问题。汪伪统治区的青年学生要么去未沦陷的地区升学；要么就在沦陷区日伪所办的大学；要么就是到日本留学。对于大多数学子来说，到敌国留学是无奈之举。一些学子选择去日本读书有以下三个原因。

（1）经济原因。绕道大后方需要一笔很大的款子。许多家庭在战火中迅速破败，即使家境稍好的也是难以筹到盘缠。沦陷区日伪所办学校水平很差，而日本国内物价稳定，教学设备较为完备，师资队伍齐整。考取公费生不用家庭负担。即使是自费，也可以申请汪伪政府的"津贴"，这是一部分沦陷区学生的选择。

（2）交通原因。日伪切断青年去后方的路线，监视控制甚严，许多学生无法进入未沦陷区。而一些青年也考虑到日本学习先进技术，以为将来国家建设服务。另外，汪伪政府把专业限制在理工农医，不允许学习文科，这与一些青年的"科学报国"目标一致。

（3）想去敌国看看。还有一些客观原因和其他因素的影响。在沦陷区爪牙遍布，稍有反抗意识，即遭不测。去日本读书反而少了日本宪兵的监视。沦陷区的大学教育质量和环境太差，而日本教育水平较高，比国内安定。还有的是家长的原因，一方面他们认为战争持续长久，不在其子女一人之力，另一方面也考虑到子女将来有一技之长，或是家庭经济困难，同意子女到日本留学。

（九）汪伪时期广东派遣的留日学生

1938年10月23日，日军占领广州，随即成立了以彭东原为首的汉奸傀儡政权——广东省维持会，作为当时广东省的最高行政机构。

广东傀儡政权是否也派出留学生赴日，由于资料的原因，也不是很清楚。伪维新政府在1939年派出的39名留日学生中有没有广东的学生，限于资料，无法确定。曹必宏等所著《日本侵华教育全史》第三卷对这个问题也没有论述，只是提到汪伪政府统治下的各伪省市政府也因为各地所需，选派一些留学生，这些学生的费用由选派的各伪省市政府承担。因为资料的限制，无法弄清各省市选派的具体情况。根据抗日战争后的调查，汪伪统治下的华中、华东、华南各省市派出的公费留学生有39名，其中广东有12名，海南3名①。

广东省虽然属于汪伪直接统治地区，但是留日的政策好像与之无关。1940年5月，日本驻南京大使馆致函汪伪教育部，华中方面可以选派25名学生赴日留学。汪伪国民政府教育部制定分配初试名额时却没有广东。

一、各省市初试及格学生之名额分配如下②。
南京特别市政府　二十五名
上海特别市政府　二十五名
江苏省政府　　　二十五名
浙江省政府　　　二十五名（包括杭州市）
安徽省政府　　　二十五名
湖北省政府　　　十五名
汉口特别市政府　十五名

而在汪伪行政院讨论留学办法时，要求在考选办法上加入如下内容。

五、考选办法加入"一、蒙疆、华北两处呈请行政院咨转该地方政府选拔。二、广东选定15名，已咨请迅造学生履历名册送部备案"两条③。

---

① 曹必宏、夏军、沈岚：《日本侵华教育全史》（第三卷），人民教育出版社，2005，第385页。
② 《教育部民国二十九年度留日公费生考选办法》，《汪伪政府行政院会议录》行政院第拾伍次会议讨论事项第五案附件，中国档案出版社，1992，第3、220~221页。
③ 中国第二历史档案馆：《汪伪政府行政院会议录》行政院第拾伍次会议讨论事项第五案附件，中国档案出版社，1992，第3~211页。

其中，第二条跟广东有关，即广东可以自己选定15人，不在华中25名范围内。具体情况不明。

1941年8月，日本驻汪伪南京大使馆致函汪伪政府教育部，华中地区可以选拔30名留学生赴日。日本方面已经决定其中10名留给在日本学习的自费生。汪伪教育部在给汪伪行政院的呈文中对推荐的20个名额做了如下安排。

> 由兴亚院联络部在日本留学自费生中选身体强健、品学兼优者十名。本部已电请江苏、安徽、浙江、湖北四省省政府及上海、汉口特别市两特别市政府各推荐二名，计十二名，其余由本部包括南京市在内推荐八名，共计三十名①。

还是没有广东的名额。1942年，汪伪统治区派出30名留学生，1943年也是30名，1944年是25名。《汪伪政府公报》中没有1942年、1943年、1944年赴日留学生的考选的记事，这些人中有没有广东派出的也是不得而知。不过，从1940年与1941年两年的考选办法来看，广东可能是不在日本给予汪伪政府的30名范围内的，可能有另外的计划，广东留学生也可能是伪广东省政府派出的。

广东地区也有其他赴日留学的途径。比如，前述中日文化协会在广州也设立分会，曾经选派广东的学生赴日留学。比如吴群棣，她就是于1942年，由中日文化协会广东分会选派到日本的。

> 那时是民国31年，敌人占据广州已有4个年头了。在铁蹄践踏下的广州，到处使人触目伤心。我本来打算回到内地去，但所有外围的交通线都被封锁，始终没法越过难关。找事做固然不愿意，父亲便叫我到伪广东大学去继续求学，也被我拒绝了。居留了一个多月，适值中日文化协会广东分会招考公费留日学生，好些旧日的同学都怂恿我去尝试尝试，父亲更特地替我报了名，我自己也想看看里面的情形，而且直觉地相信准考不上的，便大着胆去尝试。然而天晓得！试验的结果，我竟然被录取了。父亲当然万分高兴，因为他寄予我的期望很

---

① 《呈为本年度推荐留日公费生拟定办法及编造临时支出概算书》，《汪伪政府行政院会议录》行政院第柒陆次会议讨论事项第叁案附件，第8～560页。

大，认为这是我充实自己的千载一时的好机会。而我呢，矛盾的心理现象使我备尝了寝食不宁的痛苦。在中学时代，我原也曾有过东渡留学的梦想。可是，自从事变发生，我的梦想成了泡影，日本帝国主义者的横蛮无道，已引起我强烈的反感；多年来的从事战时工作，国家民族的意识已极度的强化；再想想自己的家，在暴日的摧残下，父亲半生心血所积的产业已荡然无存。国恨、家仇，重重压在心中，使我不敢希图那梦想的实现。在彷徨与犹豫的焦灼中，终于我觉得，与其困死在广州，不如走远一点的好。我信赖那"知己知彼，百战百胜"的名言，利用这时机去考察敌人的内幕，行径虽属冒险，然而"不入虎穴，焉得虎子？"我还希望抓得意外的机会，替祖国效点微力。抱了这种野心，我便毅然到日本去了①。

以上是所谓公费出去的，还有相当数量的自费生是无法统计的。中国方面的资料无法提供详细的数字以及情况，而日本方面因为统计的需要所编写的数据资料成为重要的史料。日华学会编辑的自1928年开始每年一册的《中华民国留日学生名簿》提供了不少有价值的史料。1940年（昭和十五年）的《中华民国留日学生名簿》，记录了1937~1940年广东留日学生的人数（见表4-19）。

表4-19 1937~1940年广东留日学生的人数

单位：名

年 份	广东学生数	全国学生数（不包括所谓"满洲国"）
1937（民国二十六年、昭和十二年十月一日）	79	403
1938（民国二十七年、昭和十三年）	362	1512
1939（民国二十八年、昭和十四年）	139	1005
1940（民国二十九年、昭和十五年）	171	1204
1941		1466
1942		1341

---

① 《吴群棣自传》，国民政府教育部档案，中国第二历史档案馆藏，全宗号5，案卷号：15355，转引自王奇生《留学与救国——抗战时期海外学人群像》，广西师范大学出版社，1995，第275~276页。

续表

年 份	广东学生数	全国学生数（不包括所谓"满洲国"）
1943		1380
1944		1118

资料来源：日华学会编《中华民国留日学生名簿》（昭和十五年第十四版），载周一川《近代中国女性日本留学史》，社会科学文献出版社，2007，第271页。

1937年七七事变之后，大部分中国留学生回国，当年有中国留学生3995名（不包括东北地区的留日学生，其中广东学生1006名），只有少部分学生（403名，广东省79名）留在日本继续学业。但是，随着战局的变化，留日学生的人数也开始增加。如表4-19所示，1938年是1512名，广东362名；1939年是1005名，广东139名；1940年是1204名，广东171名。1941~1944年，因为资料的原因，无法了解广东留日学生的具体数量，但是，根据前面几年的数字推测应当为数不少。前述公费生广东有15名，加上通过其他途径出去到日本的，留日学生每年也不会超出50名。根据日方的数据，广东地区应当有相当数量的自费生到日本留学。

由于在日本投降前夕，伪政权有意销毁了一些档案，留下的资料非常有限。对于1938~1945年这个特殊时间段广东留日的情况只能做出一些推断，确切情况还是很难弄清楚。

（十）对抗日战争时期留日学生的甄审

据统计，抗日战争时期各个伪政权派出的公费生为3000~4000人，1945年3月，日本通令全国停课一年，进行所谓的大东亚决战。中国留日学生多数开始回国。到日本投降时，还有456人（不包括台湾籍）滞留在日本，其中公费生339人，自费生117人[①]。

1947年1月8日，国民政府教育部颁布《留日学生召回办法》，规定具有以下三种情形的应当予以召回：学业已告完成，或已告一段落；无力自行继续留学者；其他特殊原因的。

对于应当召回的学生，国民政府安排交通工具使其能够返回中国，无法自筹路费者，教育部予以补助。

1947年7月1日，国民政府教育部颁布《抗战期间留日学生甄审办

---

① 曹必宏、夏军、沈岚：《日本侵华教育全史》（第三卷），中国档案出版社，1992，第462页。

法》，规定抗日战争后召回的学生以及抗日战争期间回国的留日学生都要在1947年7月1日至9月30日向教育部申请登记。登记时，必须呈交登记表、保证书、学历证书和自传；毕业于专门学校者，还必须研读《国父遗教》（包括《三民主义》、《建国方略》、《建国大纲》）和蒋介石的《中国之命运》，登记时，必须呈交读书报告，并附上研读时圈点的原书[①]。国民政府教育部为此专门成立了以陈大齐为主任委员的留日学生资格甄审委员会，吴有训、周鸿经、章益、蒋复璁、赵兰坪等13人为委员。还聘请孙本文、郭廷以等28位专家学者担任留日学生自传及读书报告的评阅委员。

甄审的目的是清除日伪灌输的奴化毒素，促其反省和自我检讨，并以国民党的正统思想对其进行再教育。因而甄审具有思想甄别和学业考察的双重目的[②]。

抗日战争期间，各个伪政权总共派遣了多少学生赴日留学，确切数字难以知晓。王奇生估计公费生、自费生合计是8000人左右（不包括台湾籍），但是根据日华学会编纂的留学生名簿的统计，包括伪满留日学生在内，1938~1944年中国留日学生总数为13000多人，参加甄审的仅有450人。

六 留学日本所产生的社会影响

留日学生对中国社会各方面都产生了非常大的影响，其中对教育和中国革命的影响最为重要。中国的大学教育制度都是学自外国，自清末到1949年，中国的大学教育在短短不到半个世纪的时间里取得了非常大的成功，一些学校成为公认的名牌学校，学生培养质量很高。留学生对中国大学教育的发展做出了非常大的贡献。

（一）留学生与现代教育学科发展

关于留学生与现代教育学科发展的关系，南开大学李喜所教授从事留学史研究30年，对这个领域颇有研究，他指导博士研究生整理了留学生对于近代学科发展的影响。结果就是他主编的《中国学科现代转型丛书》（南开大学出版社，2010），其中包括徐玲的《留学生与中国考古学》、胡

---

① 王奇生：《沦陷区伪政权下的留日教育》，《抗日战争研究》1997年第2期。
② 王奇生：《留学与救国——抗战时期海外学人群像》，第273页。

言峰的《留学生与中国心理学》、李秀云的《留学生与中国新闻学》、裴艳的《留学生与中国法学》、李翠莲的《留美生与中国经济学》、陈新华的《留美生与中国社会学》、李春雷的《留美生与中国历史学》、陈志科的《留美生与中国教育学》。这些研究主要是侧重文科方面。山西大学主要侧重理科，如张培富的《海归学子演绎化学之路：中国近代化学体制化史考》。① 他们的研究相当全面，但是具体到广东留日学生在数学、水稻学、林学、教育学等方面所做的贡献，还需要进一步做出研究。

1. 黄际遇与民国时期高等数学教学②

黄际遇（1885～1945年），广东澄海人。1903年，以广东官费留学日本。同年6月到达日本，入宏文书院学习。1906年4月，考入东京高等师范学校理科，专攻数学，是较早以习数学为主科的留学生之一。其间，他翻译了日本的《几何学》、《代数学》，寄回国内自费出版。1910年5月毕业回国。回国后，受聘天津工业学堂任教授。著有《物理教科书》、《中等算术教科书》。1915年受聘武昌高等师范学校（武汉大学前身，简称武昌高师）担任教授，教数学、物理等课程，兼任数理部主任，一度出任教务长。1920年12月，受教育部委派，赴欧美考察教育，并到美国芝加哥大学专读数学。1922年，获得科学硕士学位，仍回到武昌高师任教。1923年，武昌高师改为武昌师范大学，黄际遇出任数学系主任。1925年9月，到河南中州大学任教授兼校务主任、数学系主任。1926年冬，任广州中山大学理学院数学教授。1928年年初，开封中山大学（第五中山大学）邀请他回校担任校务主任兼数学系教授。一度被任命为学校校长，后又为解决学校经费问题，出任河南教育厅厅长。1930年9月，应聘青岛大学（原山东大学在青岛异地重建之名），任理学院院长兼数学系主任。1932年5月，一度出任学校校务会议临时主席。1932年9月，学校校名改回山东大学，文学院、理学院合并为文理学院，出任院长，仍兼数学系主任。1936年2月，再次回到广州出任中山大学教授，分别给理学院、工学院、文学院授课。1938年10月，广州沦陷之后，避居香港。中山大学西迁云南。1940年9月，中山大学迁回广东坪石，受聘出任数学天文系主任兼校长室秘书。1945年10月，从粤北返回广州途中失足落水去世。

他对中国高等数学教学上的贡献有以下几方面。

第一，对于教学，他反复强调，要求教师上课之时，要做充分准备，

---

① 张培富：《海归学子演绎化学之路：中国近代化学体制化史考》，科学出版社，2009。
② 此文参考张友余：《黄际遇传》，载陈景熙、林伦伦编著《黄际遇先生纪念文集》，汕头大学出版社，2008，第43～62页。

明白"教者为何,教之如何,何为教之"三事。反对教师照本宣科。

第二,对于师资,他主张积极引进和培养。1931~1933年,他主政山东大学数学系时只有一位教授,三位讲师。他积极争取引进师资。到1935年,山东大学数学系有三位教授,四位讲师,是当时国内师资力量较强的数学系,能够开出50门课。

第三,关于教材。民国初年,高等学校教材缺乏,多数高校引进外国原版教材。他认为外国教材具有文字问题、购买难、程度不合等问题,就自编教材。在武昌高师时,编写了《(衔接小学)中等算术教科书》、《微积分学》,译注了日本藤泽利喜的《续初等代数学教科书》和《续初等代数学问题解义》,在国内出版,属于早期的教科书。他还曾编写过数学教学讲义,如《近世代数》、《高等微积分》、《群底下之微分方程式》等。

第四,组织课外学术团体活动。他认为指导以学生为主体、师生参加的数理学会,创办数理报刊,也是培养研究创造型人才的重要方面。因此,他每到一个学校,只要条件许可,都会支持或是倡议成立数理学会。

在我国高等数学发展初期,黄际遇是京津沪地区之外少数几位著名数学教育家之一。

2. 钟敬文与中国民俗学和民间文艺学

钟敬文(1903~2002年),原名谭宗,字静文,一字金粟。广东海丰人。1934年春,钟敬文东渡日本,赴早稻田大学留学。钟敬文在日本的《民族学研究》、《同仁》、《民俗学》月刊等学术杂志上发表关于神话、传说和民间故事的论文。他通过在《艺风》杂志上主编《民俗园地》栏目,向国内介绍日本的民间文学、民俗学理论。1936年1月,钟敬文发表《民间文艺学底建设》,首次提出建立民间文艺学的学科概念[①]。

1936年夏,钟敬文从日本回到杭州。他除了在学校专职讲师,还在《民众教育》月刊编辑《民间艺术专号》和《民间文化专号》[②]。

1941年钟敬文到在乐昌坪石的中山大学任教,讲授民间文学、文学概论、诗歌概论等课程。1945年中山大学迁回广州,钟敬文继续在中山大学执教。

1949年8月,钟敬文任北京师范大学中文系教授,并兼任北京大学、辅仁大学教授。1951年,中国民间文艺研究会成立,郭沫若为理事长,老舍、钟敬文为副理事长,钟敬文主持该会的日常工作。他先后主持创办了《民间文艺集刊》、《民间文学》等刊物。钟敬文在北京师范大学等大学讲

---

① 万建中:《追忆导师钟敬文先生》,《纵横》2007年第9期。
② 万建中:《追忆导师钟敬文先生》,《纵横》2007年第9期。

授民间文学课程,并创建民间文学教研室。1953年,钟敬文率先在北京师范大学中文系开设了民间文学研究生班。

1979年,钟敬文与顾颉刚、容肇祖、杨堃、杨成志、白寿彝、罗致平等学者,呼吁恢复民俗学的学术地位,建立中国民俗学学术机构。1983年,中国民俗学会成立,钟敬文当选为理事长。

钟敬文先后两次组织全国高校教师编写《民间文学概论》、《民俗学概论》,作为专业教材与理论普及读本,并在北京先后六次举办民间文学、民俗学讲习班及高级研讨班,为全国培养了数百名民俗学学科急需的人才。在钟敬文等老一辈学者的共同努力下,1988年中国民俗学被列入国家二级学科目录。

3. 留日学生与中国文学的发展

在中国文学从古典时代向现代的转换过程中,留学生创作的文学作品起到了比较大的推动作用。在近代文学中,起到承前启后作用的苏曼殊的作品即是如此。苏曼殊(1884~1918年),名戬,字子谷,后改名玄瑛,法号曼殊,别署燕子山僧、昙鸾等。祖籍广东香山,出生于日本横滨。父亲为旅日侨商,母为日本人。1889年,苏曼殊六岁回乡读书。1898年春,随其表兄赴日,入横滨大同学校。1902年,苏曼殊考入东京早稻田大学高等预科,由同学冯自由介绍,加入革命团体青年会。1903年,改入成城学校学习陆军,加入拒俄义勇队和军国民教育会。同年,因表兄反对他加入革命团体,停止了对他的资助,苏曼殊辍学回国到达上海,入苏州吴中公学任教。旋至上海任《国民日报》翻译,在该报连载半译半著的小说《惨世界》。一个月之后,报纸因故被封。苏曼殊转赴香港,后又至惠州出家为僧。1904年,南游暹罗、锡兰,学习梵文。返国后,先后任教于长沙湖南实业学堂、南京陆军小学、长沙明德学堂、芜湖皖江中学。1907年,东渡日本,与章太炎发起组织亚洲和亲会,并与鲁迅等筹办文学刊物《新生》,但未成功。翻译《梵文典》,出版《文学姻缘》。1908年,苏曼殊翻译《拜伦诗选》。1909年,他撰英文《〈潮音〉自序》,任梵学会译师,后到新加坡,转至爪哇,主光复会《汉文新报》笔政,在中华会馆教授英文。1910年,著有《与高天梅论文学书》。1912年回国,加入南社。在《太平洋报》发表《断鸿零雁记》。欲重译《茶花女遗事》而未果。又到安庆,主讲安徽高等学校。1913年冬,赴日本。1914年,刊布《天涯红泪记》(未完),出版编译之中英诗歌合集《汉英三昧集》。1915年有《绛纱记》和《焚剑记》。1916年有《碎簪记》刊发。1917年,《非梦记》发表,为最后小说作品。1918年5月,苏曼殊在上海病逝。

苏曼殊一生能诗擅画，通晓日文、英文、梵文，可谓多才多艺，在诗歌、小说等多个领域皆取得了成就。苏曼殊的小说作品都以爱情为题材，展示了男女主人公的追求与社会阻挠间的矛盾冲突，作品多以悲剧结尾，有浓重的感伤色彩。苏曼殊注重对主人公心理矛盾的揭示，这实际是其内心痛苦挣扎的真实写照。行文清新流畅，文辞婉丽，情节曲折动人，对后来流行的鸳鸯蝴蝶派小说产生了较大影响。苏曼殊的小说在从晚清到五四时期的承前启后作用尤其突出①。

如果说苏曼殊的影响在晚清到五四时期，那么另一位广东留日学生张资平就直接参与到了现代文学发展进程中了。现代文学史上两大文学组织——文学研究会与创造社在20世纪20～30年代影响巨大。创造社是由留日学生发起建立的，张资平参与创建并创作了不少文学作品，红极一时。张资平（1893～1959年），字秉声，广东梅县人。1912年夏，张资平考取广东省公费留学日本。入同文书院学习日文。1914年春，在明治大学结识郁达夫。9月，考入东京第一高等学校预科，结识郭沫若。一年后，被分到九州熊本第五高等学校。1916年暑假，在房州海滩认识了成仿吾。1918年，在福冈箱崎湾遇到郭沫若，二人讨论创办一个纯文艺的同人杂志的事情。1919年9月，张资平考进东京帝国大学理学部地质科。郁达夫考入该校经济学部，成仿吾考入该校造兵科。从此，他们三人常在一起讨论创办同人杂志的事。1921年6月，创造社在东京成立，张资平与郁达夫、郭沫若等出席。大家一致同意以"创造"作为同人杂志的名称。1922年4月，张资平毕业于东京帝国大学理学部地质科。1924年秋，张资平应聘武昌师范大学岩石矿物学教授。1925年春，郁达夫也从北京到武昌大学任教，成仿吾也从长沙来到武昌，他们三人几次讨论成立创造社出版部的事。1928年9月，张资平在上海开办了乐群书店，10月出版了《乐群》半月刊，1929年改为月刊。张资平还在上海中国公学、暨南大学、大夏大学兼任教授，讲授地质学、文学概论、现代文学、小说学等课程。张资平与丁丁（丁嘉树）、曹雪松组织文学团体絮茜社，出版《絮茜》半月刊，1931年7月，改为月刊。每期约10万字，由群众图书公司发行，宣传平民文学②。1939年，张资平回到上海，参加过以日本驻上海领事馆为后台的兴亚建国会③。1940年3月，张资平出任汪伪政权

---

① 陈平原：《关于苏曼殊小说》，《杭州师范学院学报》1995年第2期。
② 丘立才：《张资平其人其作》，《广东文史资料》第58辑，第170页。
③ "兴亚建国运动"是中共打入汪伪内部的谍报人员袁殊主持的一个文化组织，经过当时上海地下党负责人潘汉年同意而建立的，成为中国共产党又一个情报据点。1942年，由于汪伪政府的反对而解散。

农矿部简任技正。7月,任中日文化协会出版组主任,主编《中日文化》月刊,这是一份宣传"中日亲善共荣"的综合性汉奸杂志。1947年5月,张资平因汉奸罪被国民党司法机关逮捕,后经交保获释。1953年9月,由潘汉年介绍,进振民补习学校当代课教师。1958年9月,被公安部逮捕,以汉奸罪判处有期徒刑20年。1959年12月,病死于安徽南部劳改农场。

在现代文学史上,一提到恋爱小说,势必联系到张资平;一提到张资平,势必联系到"三角"恋爱小说①。张资平的处女作是1920年6月发表的小说《约檀河之水》。1922年2月,张资平留日期间最重要的小说是《冲积期化石》,由上海泰东图书局出版。这部小说是中国新文学史上第一部长篇小说。3月,《创造季刊》第一卷一号发表了他的两篇小说:一是《她怅望着祖国的田野》,二是《上帝的女儿们》。在蕉岭期间最有代表性的作品是《梅岭之春》,发表在《创造季刊》上。在武昌期间是张资平小说创作的高潮期,这个时期的代表作是1926年7月完稿的《苔莉》。1928年,张资平在上海创办乐群书店,一面尽量出版自己的书,一面大量炮制恋爱小说,赚了不少钱。他在真茹小说稿费建了一幢"望岁小农居"别墅。

4. 广东留日学生与现代中国美术发展②

广东留日学生除了学习法政、师范等科之外,还有一些人选择艺术专业,如绘画方面,由留日学生创立的"岭南画派"。创立"岭南画派"的三杰即高剑父、高奇峰与陈树人。该画派还包括何香凝、鲍少游、黎葛民与郑锦等。

高剑父(1879~1951年),广东番禺人,原名崙,字爵廷。祖父瑞彩与父保祥均擅长岐黄术、技击武术及书画。兄弟六人,行四,与母弟奇峰(1888~1933年)、剑僧(1894~1916年)均好绘画。12岁时因家道中落,到黄埔族叔药店做事,晚间其叔教其绘画入门。14岁时,跟随广东著名花鸟画家居廉(字古泉,1828~1904年)学习绘画。居廉对贫苦有才能的高剑父免收学费,还提供膳宿。因为这一年的学习,高剑父奠定了一生的绘画艺术基础。后还向同门的伍德彝(懿庄)行拜师礼,住在他家里一年。伍德彝是望族子弟,家中藏有中国古画珍品,高剑父观赏这些古画,并时常借回临摹,画艺有了迅猛进步。1903年,获得伍德彝资助,进入澳门格致书院学习半年,其间跟随法国画家麦拉学

---

① 丘立才:《关于张资平"汉奸文人"的问题》,《读书文摘》2007年第10期。
② 此文主要参考王惠姬《清末中国的留日美术学生(1895~1911)》,《中正历史学刊》2003年第6期。

习木炭素描，对西洋画产生兴趣。

1905年，担任广州广东公学、述善、时敏等学校图画教师。述善学校的同事日本画家山本梅崖赏识他的画艺，与他结为好友，向他介绍日本美术教育的状况，建议高剑父赴日留学深造，还教给他日文。山本回国前推荐高剑父接替他在两广优级师范学堂的教席，促使高剑父决定赴日留学。

1906年，高剑父兼任广州两广高等工业学堂教师。1907年1月赴日。在日本东京高剑父以卖画为生，经历几次挫折，终于能够进入东京白马会、太平洋画会、水彩研究会等高级艺术团体，学习东西洋绘画，在绘画理论与技巧方面受到启示。1907年10月，高剑父二次赴日，考入东京美术学校学习日本画。高剑父赴日学习绘画不是一帆风顺，多为经济所迫。他的学籍不见于东京美术学校与白马会、太平洋画会。他进入上述学会、学校学习美术，并没有毕业①。1909年回国。

陈树人（1884~1948年），广东番禺人，原名铭，字树仁，号葭外渔子、二山山樵、得安老人。17岁时与高剑父同在广州跟随居廉学习绘画，得其精髓。1906年，陈树人以自费跟高剑父赴日，加入同盟会，从事反清的革命活动。1908年考入京都市立绘画专门学校。1912年3月毕业。

郑锦（1883~1973年），字瑞锦，褧裳。家学渊源，自幼从其父学习绘画，专攻人物画，于两宋院体画尤为用力。1908年赴日，1911年3月入京都市立绘画专门学校本科学习日本画。1913年，他以作品《娉婷》入选帝国美术展览会（简称帝展），为中国画家入选帝展第一人。1914年3月毕业。

鲍少游（1892~1985年），广东香山人，原名绍显，字丕文，又字尧常，号少游。生于日本横滨。父应宏，国学生候选同知，壮年弃儒经商，在神户设立茶行。1895年随母返回香山县白石乡。1899年进入私塾读书。性格好静，喜欢绘画。1903年，随叔父返回神户，入读华侨同文中学。1906年以第一名毕业。曾任日本中小学教员五年。1911年，入日本西京艺术工艺学校，1912年以第一名毕业，受特奖。继续入西京艺术大学读书，1916年，以《夹竹桃鹦鹉》大画屏，获日本文部省第九回全国大会奖。1919年夏毕业。同年入西京艺术大学研究院，专攻唐宋画法。1921年以优异成绩毕业。1921年曾任明石大学讲师。1924年11月，孙中山到神户女学校演讲《大亚洲主义》，受孙中山感召回国，为文化复兴努力，于次月

---

① 王惠姬：《清末中国的留日美术学生（1895~1911）》，《中正历史学刊》2003年第6期。

归国。从此，不再踏上日本国土。

高奇峰，1898年随兄高剑父学画，因此也受到居廉的影响。1907年随兄赴日本留学，进入京都市立绘画专门学校，师从田中赖璋，1911年回国。在日本三年多，接触西方艺术，对西京每年举办全国性文部省美术展览会中的杰出作品，也有细致的观察和分析，尤对动物题材（如狮、虎、马、鹰等作品）最感兴趣①。

黎葛民（1892～1978年），广东顺德人，原名庆瀛，号乙翁，别署逸斋外史，高剑父的学生。1908年入读东京美术学校，1912年回国。

（1）新观念新创作形成岭南画派。

高剑父在传统国画的基础上，引进日本现代绘画新风格、新技法，投入中国画革新的运动中，成为现代国画开风气之先的重要人物。1911年，曾于广州西关举办个人画展，开中国画家个人展览的先河。1914年致力创作"新国画"，在上海、南京、杭州，甚至东京等地举办画展。有《剑父画集》。高剑父擅长山水、花鸟、走兽，也作人物画；注重写生，善用水彩或水墨渲染，具有南方特色，开创岭南派，是20世纪二三十年代走红全国的首要人物②。

高剑父认为绘画是要表现、要顺应时代而发展，否则就会被时代淘汰。他大胆融合中国传统技法和西洋画法，受中外文化熏陶，由模仿石涛、八大山人与西方大师马蒂斯、毕加索和印度壁画，到返璞归真，由繁趋简，创立自己的风格。他喜欢用粗放的焦墨和尤其苍劲老练的书法线条，描写花鸟、山水、人像；还选择飞机、坦克、粽子、火腿、饼干、飞鱼、木瓜等其他画家不用的新题材作画，号称"新中国画"，技巧独特，在中国画界名噪一时③。

高剑父力倡新宋元、新文人画，时人称为"折中派"，是20世纪二三十年代风靡全国的岭南派首要人物。

岭南派的重要成员还有高奇峰、陈树人与郑锦等。高奇峰1909年回国后，从事革命活动。画作以动物、花果为主，吸收日本画重写生、重色墨渲染、重气氛烘托之法，结合传统中国画笔墨传统，自创一格，为岭南派的开创人物。与高剑父、陈树人并称"岭南三杰"。画作主要收入《奇峰画集》、《高奇峰先生遗画集》。

陈树人主要在政府机关任职，余暇以作画为乐。他主张返归自然，讲

---

① 迟轲：《岭南派的三位创始人》，《迟轲自选集》，江西美术出版社，1998，第123页。
② 王惠姬：《清末中国的留日美术学生（1895～1911）》，《中正历史学刊》第6期。
③ 王惠姬：《清末中国的留日美术学生（1895～1911）》，《中正历史学刊》第6期。

究构图，长于写生，擅长山水、花卉，尤工柳树与木棉花。他善于利用线条，表现对象的形体、质感和特性。他的画风以"清淡"为最大特色①，有《陈树人画集》。

何香凝兼擅诗文，早期画作有浓厚的日本画风格，喜作山水、花卉，常常画松、梅、竹、菊，尤爱画狮、虎、鹿、鹤、猴等动物。笔致圆浑细腻，色彩古艳雅致，意态生动。她兼受日本画、西洋画影响，后来寓居广州，多受到岭南派熏染，所作少用色与渲染，以水墨为主，追求素雅淡薄的效果。1934年前后，其绘画风格已经形成。有《何香凝画集》、《何香凝诗画集》。

郑锦擅长日本画，兼长图案设计。他后来专攻国画，于两宋院体功力尤深，所作多院体花鸟。黎葛民于1912年回国后从事国画研究；善于画山水、花鸟鱼虫，笔墨严谨，清逸秀雅。鲍少游作画擅长传统国画山水，上溯宋元，精工笔仕女、花卉，风格雅致清艳。

（2）兴学任教蔚然成风。

高剑父回国创办了淑缤华等女子图画刺绣学校。1920年，因精于制瓷艺术，并助粤军回粤有功，任广东工艺局局长兼广东工业学校校长。1923年在广州设立春睡画院与春睡别院，招生讲学，它们是正式的艺术专门学校。他亲自教导，按部就班，除了传授基本技术、学理、中西美术史之外，还特别注重写生与临摹。1925年，应陈树人的劝说，帮助佛山市开设美术院，出任校长，到1930年止。1933年，高剑父继续主持春睡画院，还兼任中山大学教授，又在广州创立中华画院，交给门人叶永青主持。1936年，赴南京任中央大学美术系教授。1938年，再赴澳门。1945年返回广州，复兴春睡画院，另外创办南中艺术专门学校，自任校长。1947年，兼任广州市立艺术专科学校校长。1950年去澳门。从教数十年，培养了不少优秀画家，如黎雄才、关山月、黄独峰等。

1911年，高奇峰回国，任南海广东府建中学教师。1911年、1912年与高剑父在上海创办《真相画报》，宣传民主革命思想，主张绘画革新。1918年，任教于广东工业学校，教授工业美术。1919年创办天风楼，培养艺术人才。1925年，受聘为岭南大学名誉教授，并在广州创办美术馆，赵少昂、黄少强即是其高足。

陈树人于1912年回国，任广东优级师范学校、广东高等学校图画科教师，后任职于上海美术专门学校。黎葛民，1912年回国，曾任南中画院教

---

① 王惠姬：《清末中国的留日美术学生（1895~1911）》，《中正历史学刊》第6期。

务长，广州市立美术专门学校教授。1949年后，任广州美术学院教授。郑锦归国后，1918年应教育部的邀聘，创建北京艺术专门学校，是中国第一所国立美术专门学校校长。后又任北京师范大学教授等。鲍少游1927年回国，任佛山市美专、广州市立美术学校中国画主任教授。1928年，以广东不安定，避居香港，创办丽精美术学院。他担任院长兼主任教授，致力于美育。

（3）创建美术社团促进新美术发展。

陈树人与高剑父、高奇峰、黎庆恩、张纯初等在广州发起成立清游会。清游会是广东美术社团，提倡艺术。

陈树人、高剑父、高奇峰与何香凝还参加了寒之友社、力社等中国书画团体。

1930年，高剑父、陈树人等发起成立艺术协会，高剑父被推为会长。该会常常在各个报纸发表美术理论和国画革新理论。1937年，高剑父任亚风画会会长。黎葛民还先后参加广州国画研究会、越社、今社画会等。1949年后，为中国美术家协会会员，何香凝为该会会长。

他们仿效日本组织团体，以画会友，互相切磋观摩，不再躲在象牙塔里孤芳自赏，走向大众，这种方式更能促进绘画作品的创新。

（4）著书立说引领美术新观念。

高剑父在绘画理论方面有《我的现代国画观》、《居古泉先生的画法》、《剑父碎金》、《绘画发微》、《喜马拉雅山研究》、《佛国记》、《印度艺术》、《中国现代的绘画》、《国画新路向》、《听秋阁画跋》及《春睡艺谈》等作品。《我的现代国画观》是其代表作。

高奇峰著有《新画学》、《美感与教化》。

陈树人1914年翻译日本的《新画法》，带动中国画家重视理论。有《树人画集》、《桂林写生集》、《陈树人近作》、《陈树人遗作画展》、《陈树人的艺术》及《陈树人中国画选集》等。

鲍少游著作丰硕，有《少游画论》、《鲍少游画论集》、《石涛与大千》、《中国画六法论》及《中国画鉴赏法》等。

1920年，郑锦曾在北大《绘画杂志》上发表《西洋新派绘画》一文。黎葛民著有《国画基础技法概论》、《逸斋诗书画集》。

留日学习美术的学生中，对于广东的美术教育做出贡献的还有胡根天。胡根天（1892～1985年），广东开平人，原名毓桂，别名持秋，号抒秋、志抒，别署天山一叟。1914年冬，赴日本留学，入日本东京美术学校西洋画科学习，次年加入东京留日高年级学生组织的中华美术协会。1920

年春，胡根天从日本东京美术学校毕业回国。1921年10月，胡根天与陈丘山等组织华南第一个研究西洋美术的团体——赤社。赤社成立后先后举办了两次西洋画展。1922年4月，广州市立美术学校成立，胡根天任教务主任，主持日常校务工作。学校内设西洋画一个科，设有美术史、美学、艺术哲学、艺术概论、色彩学、透视学、艺术解剖学等课程。第一届新生有两个班，共80人。1926年，市立美术学校搬迁到越秀山下的三元宫，随后增设中国画系和艺术师范科。同年年底，胡根天正式出任广州市立美术学校校长。许多知名画家（如黄笃维、赖少其、刘仑、唐英伟、何白涛、陈烟桥、潘峭风等）毕业于这所学校。1962年广州市文史研究馆创办广州文史夜学院，分设国画、书法、文学、外语四个专业，胡根天出任国画专业主任。70岁高龄的他再一次走上教坛，为没能进全日制高等美术院校学习的人员传授绘画知识。

5. 留日学生与中国稻作科学

中国是世界上最早培育水稻的国家之一，但是长期以来西方认为中国水稻不是自己培育的，而是来自印度，留日学生丁颖确证中国是水稻的发源地之一。他对中国稻作学科做出了重大贡献。丁颖（1888～1964年），广东茂名人，字君颖，号竹铭。1912年9月，考取公费留学日本，先后入东京第一高等学校、熊本第五高等学校。1919年6月，丁颖辍学回国。1921年4月，再次东渡日本，考入东京帝国大学农学部。1924年获学士学位。丁颖回国后一直在中山大学任教（广东公立农业专门学校，后学校改为广东大学农科学院，又改为中山大学）。1955年，丁颖当选为中国科学院生物学学部委员。1957年，丁颖出任中国农业科学院首任院长，兼华南农学院院长。1964年病逝。

他在教学的同时，还在学院农场搞些小试验。1927年，丁颖在茂名县公馆圩筹建了我国第一个稻作专业研究机构——南路稻作育种场。先后又增设了石牌稻作试验总场和虎门（沙田）、东江（梅县）、北江（曲江）等试验分场，旨在选育优良稻种，改进栽培技术。他通过栽培技术和选育良种的办法，先后培育出六十多个优良水稻品种，并利用学生放假回乡把良种带回去分发给当地农户或在试验场附近与农户换种的办法，使这些良种在两广得以推广种植①。1938年日军侵入广州，中山大学西迁云南，丁颖在澄江办起了西南作物繁育场。1940年秋，中山大学迁回粤北坪石，农学院搬到湘粤交界的湖南宜章县栗源堡乡，他还经常利用

---

① 徐英焰：《中国"谷神"——丁颖传略》，《广东文史资料》第80辑，第338～339页。

课余时间到曲江县的北江稻作试验场和乳源县的西南作物品种繁殖场开展研究①。

丁颖在水稻生态、解剖、生理、形态、遗传、育种和栽培技术等方面取得了丰硕成果,为中国农业科研做出了重大贡献。

他论证了中国栽培水稻的起源及其演变。丁颖花了20年的精力,潜心研究,对植物学、地理学、历史学、人类学、语言学、考古学等多学科进行了全面系统的研究,丁颖的文章令人信服地论证了华南是中国水稻发源地,也是世界水稻发源地之一。

他独创了区制选种法。丁颖创立了区制选种法,即在选育过程中采取农家惯用的栽培管理方法,以该地方品种的原种为对照,采用小区种植法进行产量鉴定;选育出来的良种,然后送回原产地或类似地区进行试种示范。最后在当地推广,其良种一般都比当地原有品种增产5%~25%。

他划分了我国稻作区域。丁颖从植物地理分布与环境条件相统一的生态学观点出发,以光、温、雨、湿等气候因子为基础,以品种类型为标志,结合土壤、病虫等生物因子以及种植制度、耕作方法等人为因素进行综合研究,把全国划分为六大稻作带:①华南双季稻作带;②华中单双季稻作带;③华北单季稻作带;④东北早熟稻作带;⑤西北干燥稻作带;⑥西南高原稻作带。这种划分比较切合实际,对发展我国水稻生产和组织全国科学研究有指导作用。

他开创了野生稻利用研究。丁颖还开创了野生稻与栽培稻远缘杂交育种的先河。1933年他从多年生普通野生稻与竹黏天然杂交后代中选育出"中山1号"新品种。"中山1号"抗逆性强、适应性广,曾在华南地区种植了半个世纪。丁颖还用印度野生稻与栽培稻品种杂交育成了"银印20"、"东印1号"、"暹黑7号"等品种②。

丁颖开创性的稻作研究和丰硕成果,对水稻生产和稻作科学的发展,产生了深远的影响,他不愧为中国稻作学之父③。

6. 留日学生与中国林学的发展

中国自然科学的学科都是自国外引进的,留学生在其中立下了开创之功。林学也是来自西方,广东留日学生侯过在此领域做出了非常大的贡献。侯过(1880~1973年),广东梅县人,字子约,原名楠华。1905

---

① 徐英焰:《中国"谷神"——丁颖传略》,《广东文史资料》第80辑,第340页。
② 何贻赞:《丁颖教授与农业科教事业》,《农业考古》1995年第1期。
③ 何贻赞:《丁颖教授与农业科教事业》,《农业考古》1995年第1期。

年，东渡留学日本，初入正则学校，后加入同盟会。1906年秋，考入日本群马县东亚蚕桑学校。1908年毕业，回国执教于江苏昆山县女子蚕桑学校。1910年寒假回原籍梅县，看到故乡山岭荒废光秃，决心学习林业治理荒山。1911年春，再渡日本，考入东京帝国大学林科。1914年暑假，他回国时到浙江杭州笕桥农校考察天目山森林，他采集标本带回日本分析研究，确定日本的杉木是从中国引进的。1915年暑假，他再度回国，经浙江、福建返回家乡梅县，沿途调查森林，带回标本，又发现日本栽培的蜜柑也是从中国温州引进的①。1916年秋，侯过毕业后归国，受聘到江西南昌农业专门学校任教授兼主任。1924年夏，广东大学成立，侯过任广东大学农科学院教授兼黄埔军官学校日语教官。1938年广州沦陷，侯过随中山大学迁至云南澂江。1946年返回广州在中山大学农学院任教。1949年后，侯过继续从事林业的教学和科研工作。1973年病逝于广州，享年94岁。

　　侯过1924年被聘为广东大学农科学院教授时，对林学系的学制、课程设置、教学环节都提出了具体的意见。当时林学系下分森林生产、森林经营、森林利用、林政四门，对于它们所开设的共同必修课、专业基础课和有关农科专业性课程，侯过都起到了重要作用②。侯过的教学核心就是理论联系实际，教学与生产相结合。要求学生在一定阶段要到林场实习。在担任中山大学教授期间，编写了森林经理学、测树学、森林工学、森林法学等多种教材。1925年其所著《测树学》，由广东大学出版委员会定为大学丛书，这是中国高等林业院校在该学科出版的第一部教材。

　　侯过重视生产实践，1916年就任江西南昌农业专门学校林科教授时，就到庐山勘测规划设计创建白鹿洞林场，供教师学生教学实习。1927年，任中山大学林学教授时，他通过学校向广东省政府申请把白云山荒山划归中山大学第一模范林场。在侯过主持之下，白云山林场成为广州市的一个重要风景区。1929～1930年，侯过出任森林局长，在鼎湖、德庆、曲江、罗浮、惠州、西湖、潮安等地建立林场。1933年，在惠州西湖创办中山大学第二模范林场，1935年，在粤北创办中山大学武水林场和燕居山林场。1930年，重返中山大学任教授。旋兼任白云山林场主任，在黄婆洞设立选林试验区，继续经营绿化两万亩荒山。

　　侯过也是中国水土保持方面的创始人。他认为中国到处都是荒山，地面缺乏植被覆盖，是导致水土流失，造成水、旱等灾害的原因。营造水源林等是减

---

① 徐燕千：《缅怀著名林学先驱侯过教授》，《中国科技史料》1996年第17卷第2期。
② 徐燕千：《缅怀著名林学先驱侯过教授》，《中国科技史料》1996年第17卷第2期。

少灾害的有效措施。1921年就任北京农业专门学校林科教授时,他考虑如何植树造林,防止北京等地的风沙。他通过调查、勘测,写出调查报告书,制订计划,建议从南口到青龙桥试点营造一条防风林带。由于客观原因,他的计划未能实现。中华人民共和国成立后,他上书毛泽东主席,建议发动农林、水利、地质土壤、土木工程专家,组织分赴冀、察、绥、宁等地,进行调查研究;从华北高原到居庸关一带,做好拦阻风沙、防护京华的计划。

(二) 留日学生与广东教育事业

留日学生不仅对中国教育新学科的建设做出了杰出贡献,他们对广东高等教育的发展也做出了不小的贡献,他们在专业教学、教育行政岗位上都给广东教育事业带来新的影响。

1. 广东留日学生与清末民初广东法政教育事业

清末,广东留日法政速成班毕业的学生毕业回到广东之后,不少人任职于广东法政学堂。由于当时对法政人才需求量大,一些毕业生也开设私立法政专门学校,进行法政教育。

(1) 广东法政学堂。

1901年,清政府宣布实行新政。但是进行新政需要大量新式人才,依靠科举、封廕、捐纳而任职的官吏不堪使用。必须对官吏进行再教育,也就是开启官智以便能够应付当务之急。这样的机构就是课吏馆。19世纪90年代刚毅在各地任职之时曾经设立过这种机构,但是存在时间不长。到1902年以后,清政府在各地普遍设立课吏馆。据不完全统计,当时全国19个省区设立了22所课吏馆①。课吏馆主要招收对象是各地的候补官员和在职官员,意图使他们能够接受一些新式的教育,能够为新政服务。

1902年,广东巡抚德寿在广州设立广东课吏馆,主要任务就是培训和考核候补官员。章程里规定:在省之候补人员除规定现有要差或曾任繁剧者外均要参与考课,应先到课吏馆按刑法、财赋、交涉、武备四事中任习一门,俟三个月后由督抚司道按季轮流汇同甄别,取列优等才拟酌留地方人员三十名、盐务人员十名,准其留馆肄习②。课吏馆主要是培训当时急需之人才,如对外交涉,这是地方官员与洋人打交道所必需的。以往由于不明国际公法,清政府吃亏不少。所以,才在课吏馆中设立交涉

---

① 徐保安:《清末地方官员学堂教育述论——以课吏馆和法政学堂为中心》,《近代史研究》2008年第1期,第87~88页。

② 《大公报》1902年11月2日,附张。

一门。

　　随着立宪风潮的涌到，中央与地方对法政人才的需要日益急迫。各地纷纷向日本派遣留学生学习法政。日本法政大学设立速成班，专门招收中国学习法政的留学生。但是，终究赴日留学学习法政远远不能满足需要，清政府督促各地培养法政人才。各省在政府的指导与督促之下，纷纷将原来设立的课吏馆改造成为法政学堂，广东与直隶是最早进行了改造的省份。1905年11月，两广总督岑春煊、广东学政于式枚二人，以造就广东全省行政司法官吏，养成地方公共团体的人才，使研究中外法律政治，为立宪做准备为由，合词具奏，请以课吏馆改设为广东法政学堂①。并奏请以翰林院修撰夏同龢②为监督。清政府很快批准设立广东法政学堂。1906年5月正式开办。

　　学堂直辖于两广总督。学堂设有监督综理全局，监督由总督直接任命。除监督外，还设立提调一人，由监督商请两广总督委任，其主要职责是管理学堂的庶务，指挥各员役和保管所藏的图书，另外设立书记、会计、医师等。教员多数由监督聘请。

　　学堂师资来自两个方面：一是聘请的日本教习，二是陆续回国的赴日留学生。他们是学堂师资的重要来源。1905年前后正是中国赴日留学生人数最多的时期，其中相当大数量的学生是法政速成科的。1906~1907年各地普遍设立法政学堂，归国留日学生成为其主要力量。当时"广东社会人士东渡扶桑，在日本法政大学学习法律者，有胡汉民、叶夏声③、黎庆恩④、金章⑤、

---

① 汪祖泽、莫擎天：《广东公立法政专门学校杂忆》，《广州文史资料》第10辑，第102页。
② 夏同龢（1868~1925年），字用卿，贵州麻哈州人。清末戊戌科（1898年）状元。因研究新学，曾东渡游学日本，在日本法政大学法政速成科学习。回国后，到广州担任广东法政学堂监督。
③ 叶夏声（1882~1956年），广东番禺人，字竞生，又字兢生。1897年入日本法政大学学习。1900年回国，先后任广东法政学堂、两广方言学堂、高等警察学堂教授。民国初年，曾任广东公立法政学校校长。1912年，当选国会议员。参加过民国前期的历次制宪。1912年，在南京担任总统府秘书。二次革命后在日本任孙中山秘书。1917年，孙中山在广州组织护法军政府，叶夏声先是任军政府秘书，后署理内政部次长。后孙中山派叶夏声赴日学习军事。1922年，奉孙中山之命，起草五权宪法。1949年到香港。
④ 黎庆恩（1880~?），广东顺德人。1909年拔贡，授山东即用知县，辞不就。旋赴日本研习法律。返国后，参与创办广东官立法政学堂，执教数十年，后继任为校长。1924年倡议改法政学堂为省立法科大学，仍任校长。
⑤ 金章，1904年与汪精卫一起留学日本。宣统年间回国后，任广东法政学堂教习。陈炯明时期，曾经参加起草《中国统一刍议》。日伪时期附日，由日军推荐给汪精卫，任广东省省长。由于陈璧君的反对，由其弟陈耀祖任广东省省长，金章则任汪伪中央铁道部部长，后死于南京。

杜之杕①、汪精卫、曹受坤②、姚礼修③、陈鸿慈④、莫鸿秋⑤、陈融⑥等。其余多数系受维新运动影响而赴日本学习者。广东法政学堂开设之初即由此辈担任教习。例如，黎庆恩主讲行政法，曹受坤、姚礼修主讲民事诉讼法和刑事诉讼法、叶夏声担任日语翻译⑦。教员中还有朱执信等，朱执信教西洋史。古应芬（字勷勤）也是速成科毕业回国的，只在学堂任文案职，未有担任教习。之后，学堂更是仿照日本法政大学办法附设夜学科。

1912年1月，广东都督胡汉民改广东法政学堂为广东公立法政专门学校，同时改监督为校长，任命陈融为首任校长。此后，陆续担任校长的有吴英华、区大原⑧、叶夏声、张乃璧⑨、何澧文⑩、金章、陈达材、黎庆恩等。师资方面也发生变化。

---

① 杜之杕，字贡石，1904年，留学日本，入法政大学速成科。回国后做律师。曾任广州律师公会会长。抗日战争初期，杜之杕避居澳门，后转赴香港。1941年，汪伪政府成立之后，回广州担任广州律师公会会长。不久就病逝。
② 曹受坤（1879～1959年），广东番禺人。留学日本学习法政，回国后任广东法政学堂教授。曾任广州检察厅厅长。1929年4月，与姚礼修等办广东法科学院。
③ 姚礼修（1878～1939年），广东番禺人，字叔若，又号粟若。1904年留学日本。归国后，任广东法政学堂教习。1928年，姚礼修任广东高等法院秘书。1929年，任广东法官学校校长。1930年，法官学校改组为广东法科学院，任院长。1932年后，任西南政务委员会审计处科长，后升任审计官。1938年，携家眷逃往澳门。他是国画研究会创始人之一。专研水墨画，工山水、花卉，构图设色，无不周到。1939年死于澳门。
④ 陈鸿慈，广东番禺人。1904年赴日，在日本法政大学速成科毕业。宣统年间回国后，任广东法政学堂教习。曾编辑《商法海商》一书。1941年，汪精卫派陈鸿慈任广东高等法院院长兼广东绥靖公署军法处处长。1946年1月，被判处无期徒刑。1949年，避居香港，后死于香港。
⑤ 莫鸿秋（1864～1950年），广东东莞人，字子亭。光绪二十七年（1901年）考中举人。清代末年，他考取赴日公费留学生，毕业于日本东京帝国大学法学院，取得法学学士学位。归国后，任广东法政学堂教习。民国初，任广东法政学堂教授、校长。大革命时期，历任国民政府孙文大本营（即孙中山大元帅府）秘书，广东地方法院院长，两广最高法院院长，最高检察院检察长等职。1927年四一二反革命政变后，莫鸿秋弃官为民，以律师为终身职业。1950年病逝于广州。
⑥ 陈融（1876～1956年），番禺人，字协之，号颙庵、松斋。1904年留学日本，加入同盟会。回国后，任广东法政学堂教习。后曾任广东高等审判厅厅长。李济深主粤时任广东高等法院院长。陈济棠时期，出任西南政务委员会秘书长兼广东高等法院院长。1936年陈济棠下野之后，陈融到香港，致力于文教事业，研究岭南文化。
⑦ 黎思复、邝震球：《广东的政法学校教育概述》，《广州文史资料》第3辑，第118页。
⑧ 区大原，广东南海人，字裕辉，号季海，光绪癸卯（1903年）进士，授翰林院检讨。日本法政大学毕业。1914年6月至1918年10月任校长。
⑨ 张乃璧，广东东莞人，日本早稻田大学毕业。1918年9月至1918年12月任校长。
⑩ 何澧文，广东番禺人，日本法政大学毕业。1919年1月至1919年10月任校长。

日本教习全部回国，教习的名称改为教员，杜之杕等仍担任教员。还延聘广东高等审检两厅较有声望的法官为教员，他们是卢毅安（日本京都法科大学毕业）、汪祖泽（字通甫，日本明治法科大学毕业）、冯需（字霖若，日本明治法科大学毕业），以及卢尧、卢柱生等为教员①。

1923年秋，广东公立法政学校黎庆恩校长提请政府将学校改组，获广东省省长廖仲恺核准，遂改名为广东公立法政专门学校为广东公立法科大学，任命黎庆恩为代校长。

1924年，广东公立法科大学与广东高等师范学校、广东农业专门学校合并为广东大学，成为广东大学法学院。

（2）私立广州法政专门学校。

一批东洋留学生周宝銮、邹永誉、陈湛纶、梁锡鸿、徐宪裴等，学成相继回国与邓慕韩（曾任国民党广州市党部常务委员）、叶咏楚（系香港富商，素有霉姜大王之称），冯伯砺、钟宰旋等于1913年酾资赁得西关宝盛大街的平房（原系私立国民法政旧址）组成董事会，筹备创校②。徐宪裴通过找他的叔父徐勤出面设法办理立案。徐勤是康有为弟子，得到当时司法总长梁启超的鼎力支持，并出任该校董事长，因而很快获得教育部批准备案，广州法政专门学校成立。董事会推选徐勤为名誉董事长、周宝銮（字竟予，顺德人）为首任校长、梁锡鸿（字育之，三水人）为教务长。校长周宝銮任期届满后，校董会又遴选邹永誉（字少毅，南海人）接充，旋又由陈湛纶（字新吾，顺德人）接任，梁锡鸿则蝉联教务长。该校组成后专任教师甚少，绝大多数课程均由广东法专教师兼任，黎庆恩即为当时兼任教师之一。

此外，广州还存在私立国民法政专门学校（在西关宝盛大街）、私立广东法政专门学校（初名广东大学，设在侨商街，校长何澧文）、私立粤东法政专门学校（设在卫边街，校长余同信）、私立宏治法政专门学校、私立岭南法政专门学校。这些学校的教师也与留日学生有很大关系。

1914年，教育部开始整顿全国的法政学校。广东、粤东、岭南、国民、宏治五所私立学校在整顿中未予立案而停办。

---

① 汪祖泽、莫擎天：《广东公立法政专门学校杂忆》，《广州文史资料》第10辑，第102～107页。
② 莫擎天：《广州法政专门学校的建立及其变迁》，《广东文史资料》第13辑，第47～48页。

(3) 法政学校产生的影响。

广东法政学堂培养了一批新型法律人才,在广东地方产生非常大的影响,"凡本省裁判、理财、学务诸要政,一切皆取材于斯堂,以验实行而稽成绩。以后诸员出任地方庶务、几亦有所措"①。

从广东法政学堂毕业的学生著名的有陈炯明和邹鲁。陈炯明于1908年毕业于法律速成科,后当选为广东谘议局议员和法律股审查会会长。

广东司法界自1915年后的八九年间,多为留日派掌握。陈融、莫鸿秋等先后出任广东高等法院院长之职。

2. 留日学生与大学教育

留学生不仅对大学学科发展贡献良多,他们还把外国的先进教育理念带入中国,他们主持高校行政或是教育行政,使得学校教育迅速发展。

(1) 金曾澄与广东高等师范教育。

金曾澄（1879~1957年）,字湘帆,祖籍浙江绍兴,生于广东番禺。1901年,东渡日本留学。先在东京一间日文书院学习日语与普通课程,而后考入广岛高等师范学校理化部。1910年毕业。归国后随即参加清政府考选留学生的考试,被录用为学部主事。

金曾澄对发展广东高等师范教育,培养育人之才,做出很大的贡献。广东高等师范学校（简称广东高师）自1912年改办到1923年与其他学校合并为广东大学止,历届毕业生有2400多人,遍布广东全省各大中城市中等学校,这些人多数终身从事教育工作。金曾澄两度担任学校校长,这个时期所取得的工作是他半生最为欣慰和引以为自豪的。他为学校做了两件事:一是争取华侨捐资办学。当时学校校舍简陋,不利于教学,政府也面临财政困难。金曾澄四处奔走,终于得到华侨冯平山的资助,独自捐助巨款兴建两层的教学大楼——平山堂。之后,冯平山又捐资兴建一座三层教学大楼——景堂楼。二是他不惜变卖房产,用来做学校经费,使学校安然度过困境。1922年,陈炯明炮轰观音山,孙中山被迫离开广东。广东政局混乱,财政十分紧张,不能按时拨给办学经费。不仅拖欠教师薪金,而且学生每天的膳食也成问题。他当机立断,变卖房产,挪作办学经费,终于使学校度过困境②。

(2) 留日学生与中山大学的发展。

1923年11月,孙中山下令改广东高师为国立,任命邹鲁为广东高

---

① 《广东课吏馆改为法政学堂》,中国历史第一档案馆,刑法部档案,广东司类,职官项,20643号。

② 方严:《广东高等师范教育创业者金曾澄先生传略》,《教育导刊》1985年第5期。

等师范学校校长，筹划将广东高师、广东法科大学、广东农业专门学校合并为国立广东大学。孙中山去世之后，为了纪念他，广东大学更名为中山大学。留日学生对中山大学的发展做出了相当大的贡献，邹鲁、许崇清等是其中的重要人物。邹鲁①是中山大学创校的校长。设立广东大学时孙中山委任他为广东大学筹委主任。当时财政困难，根据邹鲁的建议，孙中山先后指拨税契、省外筵席捐、田税附加、士敏土厂舶来士敏土捐、匹头厘、盐税附加等项作为广东大学经费②。1924年2月，邹鲁任职后，聘请胡汉民、廖仲恺、许崇清、胡适、王星拱、李大钊等35人为筹备委员。邹鲁将学校分为预科和本科两级。预科毕业就升入本科。本科共分五科，即文、理、法、农、工。文科包括中国文学、西洋文学、史学、哲学和教育系。理科包括化学、数学、物理学、生物学和地质学五系。法科分法律学、经济学和政治学三系。农科分农艺学、农艺化学和林学三系；另设巡回各县蚕业讲习所及推广部。工科只有预科，没有本科③。1925年6月，因为私立广东公医医科大学经费困难，国民政府令广东大学接收，成立医科学院④。大学之下，附设师范、附属中学、附属小学和附属幼稚园。此外，学校尚设立海外部，主持选派学生到国外留学事宜。1924年夏，广东大学正式成立，邹鲁任广东大学校长。邹鲁注重聘请学有所长的学者到广东大学任教，注意学术交流和开展学术活动。

1932年，邹鲁回到广州任国立中山大学校长。1932年5月，邹鲁公布新的《大学组织大纲》，学校设立校务会议，定教师职称为教授、副教授、讲师、助教。重新制定校徽与校歌。学制本科四年，医科另加一年实习。

---

① 邹鲁（1885～1954年），广东大埔人，幼名澄生，以"天资鲁钝"，自改名为鲁，字海滨，别号澄庐主人。1905年，东游日本，并加入中国同盟会。1907年，考入广东政法学堂。先后参加1908年广州的新军起义，1911年3月辛亥广州起义。武昌起义之后，邹鲁等于广东响应，组织起义。"二次革命"失败之后，邹鲁避居日本，进入早稻田大学学习。1914年5月，孙中山在东京创办《民国》杂志，邹鲁任编辑。1923年负责筹组广东大学。1924年，他对孙中山的"联俄、联共、扶助农工"三大政策持反对态度。1925年，孙中山在北京逝世，邹鲁是遗嘱证明人之一，在遗嘱上签字。孙中山逝世之后，他在北京西山碧云寺组成西山会议派。1932年，接任中山大学校长。1949年7月后，去香港，后移居台北。1954年2月，病逝于台北。
② 邹鲁：《回顾录》，岳麓书社，2000，第118页。
③ 邹鲁：《回顾录》，岳麓书社，2000，第120页。
④ 李兴韵、袁征：《国立广东大学的成因与格局变动》，《华南师范大学学报》（社会科学版）2006年第3期。

除医科施行年级制外,各科基本上是分年选科制①。邹鲁还对学校机构进行调整,分理工学院为理学院和工学院,而工学院除原有的土木工程系和化学工程系之外,另行添设冶金工程、机械工程和电气工程三系。根据需要,农学院添设蚕丝学系,文学院添设社会系。后又设立师范学院②。学校还设立研究院。邹鲁认为学校地处闹市,不利于学术。他秉承孙中山遗愿建设石牌中山大学新校舍。他请求南京国民政府拨给建校费用,又向西南政务委员会请求拨款,向国内外同胞、侨胞广泛发动募捐。工程分三期,实际完成二期,三期因为日军入侵,学校西迁,没有完成。两期工程于1934~1935年完成后,学校的文理法农工学院从市区迁往东郊石牌。1938年10月,学校西迁云南澄江。1940年4月,邹鲁因病休假,许崇清代理校长。他任中山大学校长的十多年内,培养毕业生近5000人,学子散于世界各地。

中山大学的发展也离不开另外一位留日学生许崇清③的贡献。许崇清三次出任中山大学校长。第一次执掌中山大学是在1931年6月。上任伊始,他就对学校的体制进行改革,实行了学院制:将文科改为文学院、法科改为法学院、理科改为理工学院、农科改为农学院、医科改为医学院。学校实行校、院、系三级管理体制。同时许崇清还根据社会的需要和学校的发展,增设了三个学系,文学院增设社会学系,理工学院增设土木工程系和化学工程系两个工科学系。九一八事变发生后,抗日救亡运动在全国兴起。在遥远的南国,中山大学成立了"中山大学师生工友反日救国会",他们出版宣传抗日刊物,捐款慰劳抗日军民,还成立学生请愿团,准备到南京向国民政府请愿,要求出兵抗日。由于许崇清支持师生们的抗日爱国行动,当年12月中旬他被以"控制不力"为由,免去校长职务,并于次年2月离任。

许崇清第二次执掌中山大学,是在1940年4月至1941年7月。1938

---

① 广州市志编纂委员会:《广州市志》卷一九,广州出版社,1995,第77页。
② 邹鲁:《回顾录》,岳麓书社,2000,第313页。
③ 许崇清(1888~1969年),广东番禺人,字志澄。1905年,许崇清考取官费留学日本,就读于日本第七高等学校。1911年,加入同盟会,随后回国参加辛亥革命。1912年,返回日本继续学习。从日本第七高等学校毕业后,进入日本东京帝国大学文学部,专攻哲学和教育学。大学本科毕业后又进入帝国大学研究院。1920年,许崇清学成回国。1921年,许崇清出任广州市教育局首任局长。1923年,许崇清出任广东教育厅首任厅长,任内发起收回教会学校外国人管理权及禁止在学校内传教的活动,其影响遍及全国,促使国民政府通令全国参与该活动。1925年7月,广东大学改为中山大学,他是筹备委员之一。1931年到去世,许崇清三次出任中山大学校长。1969年,在广州逝世。

年10月,日军进攻广州,中山大学分批撤离广州,迁往云南。1940年秋,日军进逼越南,云南形势告急,国民党政府又下令将中山大学搬回广东。许崇清主持完成了将学校从云南澄江迁回广东乐昌县坪石镇的艰巨任务。坪石是广东省的一个蕞尔小镇,根本容纳不下一所大学,学校只能分散在坪石及周边地区,办学条件艰苦。当时,许崇清聘请了一批著名学者,包括哲学家李达、民俗学家钟敬文、经济学家王亚南、戏剧家洪深等。因为学校的政治民主、进步自由风气引起了校内反动势力的不满,1941年7月,许崇清被免去代校长职务。

1951年2月20日,许崇清第三次出任中山大学校长,一直到1969年去世。为了培养人才,学校采取了有力的措施:一是送一些教师出国培养;二是为著名专家、学者配备助手;三是努力改善教师的生活条件等。这些措施的实施,充分调动了广大教师的积极性,推动了学校教育的改革和科研工作的发展。20世纪50年代至"文化大革命"前,中山大学的历史、中文、英语等专业,在全国是非常有名的。如今,中山大学名列全国高校前十,与许崇清治校期间打下的良好基础不无关系。

对于中山大学的发展做出贡献的还有萧隽英。萧隽英(1901~1988年),又名萧鹏魂,广东大埔人。1928年5月,萧隽英得到大哥萧冠英资助,赴日本留学。1930年3月,萧隽英考入早稻田大学政治经济学部政治系。1933年7月,萧隽英毕业回到广州,担任中山大学教授兼学校秘书。他所教课程主要有社会学系一年级的《社会学概论》、高年级的《社会科学名著选读》,后又兼授《战时国际问题》与《战时日本问题》等课程①。1939年暑假,萧隽英赴港,在港设立实践中学香港分校,任校长,收容中大附中滞港的学生。9月中旬,到澄江中山大学出任中山大学代理师范学院院长。1940年8月,接任中山大学秘书,办理中山大学迁回广东坪石事宜。1949年7月,出席新政协。1950年秋,萧隽英与广州大学教授梁式文建议将私立广州大学、国民大学、文化大学及广州法学院等四家私立大学合并成为华南联合大学②,得到省委统战部和省高教厅的高度评价。1980年8月,萧隽英与梁式文等筹办广州业余财经学院。1981年3月,学校成立,萧隽英担任院长。到1990年止,学校共培养大专毕业生1743人③。1988年,病逝。

留日学生对广东高等教育做出了非常大的贡献,除了上述几人之外,

---

① 民革广东省委会:《追求民主 奋斗一生》,《广东文史资料》第80辑,第18页。
② 民革广东省委会:《追求民主 奋斗一生》,《广东文史资料》第80辑,第24页。
③ 民革广东省委会:《追求民主 奋斗一生》,《广东文史资料》第80辑,第24页。

罗雄才、黄友谋、黄麟书等在高等教育、职业教育方面也做出了不少贡献。罗雄才（1903～1993年），广东兴宁人。1920年，罗雄才赴日留学，先就读于东亚预备学校学习日文。1922年年初，罗雄才考入东京帝国大学预科班。三年后进入东京帝国大学理学部化学科学习。四年后，以优异成绩毕业。随后，进入日本理化研究所久保田研究室读研究生，潜心研究有机化学。1931年毕业。罗雄才回到广州，任中山大学理工学院化工系教授。1942年，中山大学由云南澄江迁回粤北坪石。鉴于沦陷区大批教师失业，他建议在相对稳定的粤东地区创办工业学校，以适应国民经济和工业发展的需要。其建议得到广东教育厅厅长黄麟书的支持，同意其筹办广东省立兴宁高级工业职业学校，委派罗雄才兼任校长，负责筹办学校。1942年秋，罗雄才到兴宁筹办学校，利用民房做校舍，先行开设纺织、化学两科，招生上课。同时动员当地士绅及工商界捐款，兴建校舍。1943年秋，校舍建成，初具规模，又增设机械、电机和土木工程三科。1944年，韶关沦陷，中山大学疏散到粤东，集中在兴宁。罗雄才让出部分校舍，让中山大学师生复课。不久，金曾澄校长委任罗雄才为中山大学工学院院长。中山大学复校广州之后，继续聘任罗雄才任工学院院长、校总务长，同时兼任工业学校校长。1951年，出任中山大学工学院副院长，主持拟定了《广州地区筹设工学院基本草案》。1952年，院系调整之后，出任华南工学院筹委会副主任、副院长。他积极进行教学和科研规划、专业设置、校舍建设、师资配备与充实等工作①。1958年，华南化工学院成立，罗雄才任院长。1993年，病逝于广州。

黄友谋（1910～1988年），广东梅县人。1927年，黄友谋被其兄接到日本留学。1929年，他以优异成绩考入东京第三高等学校理科，获甲费奖学金。1934年，黄友谋考入京都帝国大学理学部物理系，开始对宇宙射线进行研究。写出了《宇宙射线东西非对称性的测定》等论文，还翻译了《场的理论》、《现代物理学的时间窘概念及实在之本质》等论文。1937年3月，黄友谋从京都帝国大学毕业后即回国。黄友谋任教于广东省立勷勤大学工学院。1939年，迁至乳源的广东文理学院聘请黄友谋任该校理化系教授。1941年，任理化系主任。1944年，黄友谋在兴宁文理、法商联合学院分校任教授兼教务主任。在此期间，写出了《理论力学》、《现代物理》、《普通物理大纲》（英文）等课程教材，保证了教学工作的正常进行。1946年，出任台湾气象局局长。1947年，继续任广东文理学院教授。1949年之后，先后担任广东文

---

① 欧贻宏：《满腹雄才 丹心报国》，《广东文史资料》第80辑，第70页。

理学院临时院务委员会主任、华南师范学院副院长、代院长。1959年，调任中国科学院广州分院副院长兼原子能研究所筹委会副主任；1965年兼任暨南大学副校长。后调任中山大学副校长。1988年，病逝于广州。

黄友谋担任华南师范学院副院长期间分工领导教学与科研。作为教授，他没有脱离教学和科研工作，在物理系亲自讲授原子物理课程。他认为师范院校既要强调师范性，又要远见卓识地坚持。师范院校如单搞教育科学方面的研究，不利于提高教学质量①。1958年，黄友谋参加中国科学院广州分院的筹备工作。科学分院是新的工作，一切从零开始。他分管广州原子能研究所筹备会、科技学院、人造地球卫星观测站、宇宙射线观测站及科技图书业务。到1965年，科学分院初具规模。1972年，黄友谋任中山大学革命委员会副主任。在科研方面，除支持鼓励应用研究之外，还进一步抓了别人不敢抓的基础学科和综合性边缘学科的研究，如基本粒子理论、引力波探测、人疟猴模、环境科学和分子生物学等方面的工作。1981年，中山大学引力波探测系统在常温下顺利探测出和记录了天线的布朗运动，这项研究进入了世界先进行列②。为了进行正常的学术交流，他首先提出恢复出版《中山大学学报》，又倡议建立中山大学哲学系自然辩证法教研室。

黄麟书（1893~1999年）名林祥，亦曰凌翔，字麟书，以字行，别号槐园。广东龙川人。1913年冬，赴日留学，1917年，毕业于东京中央大学经济系。1918年任龙川县立中学学监。之后在中学任教员。1934~1936年、1940~1945年，先后两次任广东省政府委员兼教育厅厅长。黄麟书在担任教育厅厅长期间，曾经创办省立体育专科（前任开始筹办）、艺术专科、海事专科、肇庆工业专科，又创办喜泉农职、北江（英德）农职、兴宁工职、高陂陶瓷等校。又改办汕头商船、汕尾水产等校。并改私立仲凯农职、执信中学、仲元中学为省立，创办越华中学、（恩平）庚戌中学。为了培养全省师资，划分全省师范教育十区，创办江村师范、长河师范、老隆师范、梅州女子师范、高州女子师范，改办梅州师范、雷州师范、钦州师范，并重建广州女子师范。为了提高学术、培养人才，自1934年起，三次考选公费留学欧美、日本学生20多人③。1941~1942年，兼任广东文理学院院长。1946年秋，任董事兼私立南方商业专科学校校长。同年秋天，于广州创办私立珠海中学，任董事长。1947年7月与林翼中等共同创

---

① 《粒子的光辉——黄友谋传略》，《广东文史资料》第80辑，第266页。
② 《粒子的光辉——黄友谋传略》，《广东文史资料》第80辑，第267页。
③ 黄麟书：《黄麟书自述》，《广东文史资料》第70辑，第229页。

办珠海大学，黄麟书兼任校长。1949年秋，学校迁至香港九龙。

（三）广东留日学生与民主党派

广东留日学生在日本接受西方民主思潮，力图在中国实现西方式的民主，他们为此不遗余力地进行实践，牺牲生命也在所不惜。这些人包括：中国致公党的陈其尤，中国农工民主党（第三党）的李伯球、郭隽英、丘哲等，中国国家社会党的徐傅霖等。

1. 留日学生与中国致公党的发展

中国致公党的前身是华侨在北美地区创立的华侨社团组织——北美洪门致公堂。1923年10月，旧金山洪门致公堂发起成立致公党。1925年，在陈炯明的协助下，致公党在美国旧金山召开第一次代表大会，推举陈炯明为总理。留日学生陈其尤加入致公党，并对致公党的发展做出了贡献。陈其尤（1892~1970年），别名定思、丽江，广东海丰人。民国政府因他于革命有功，于1913年资送他赴日本东京中央大学政治经济系学习。1916年学成回国，在北京政府财政部任职，1917年冬，陈其尤南下参加孙中山领导的护法运动。在陈炯明统率的粤军总司令部任机要秘书。1931年，陈其尤在香港加入中国致公党并参加致公党第二次代表大会，陈炯明再次被选为中国致公党总理，陈其尤被选为致公党中央干事委员会负责人之一。抗日战争初期，陈其尤以蒋介石的私人代表的身份被派驻香港。1941年香港沦陷后，致公党总部宣布停止活动。陈其尤在重庆期间，广泛接触进步人士和中国共产党，逐渐倾向革命。1946年回到香港，与黄鼎臣、伍觉天等原中国致公党中央干事会成员汇合，致力于恢复致公党的组织。为恢复与重建致公党，陈其尤在香港做了大量工作：第一，恢复致公党总部，与中国共产党、各民主党派进行联系，以取得各方面的同情和支持，以总部名义同海外各地组织联系，并征求各地组织对于重建致公党的意见及要求。第二，成立党务整理委员会，重新登记党员，并组织起草党纲、党章及其他文件，以确定党的新宗旨及行动方针政策。第三，自1946年7月后，即以中国致公党总部名义召开会议发表文件，向社会各界表明中国致公党的立场和政治主张。这期间，国民党也想办法拉拢控制致公党，陈其尤等努力排除干扰。1947年12月，陈其尤创办《公论》。在《公论》中，陈其尤写下多篇文章，在海内外广泛宣传中国致公党的政治主张，揭露蒋介石国民党反人民、打内战、搞独裁的罪行。1948年5月，陈其尤代表中国致公党，与各民主党派及无党派人士100多人在香港联名通电，响应中共中央的"五一"号召，拥护召开政治协商会议，成立民主联合政府。1949年9月6日，陈其尤作为致公党代表，参加全国政协筹备会议，参与起草政协组织大纲的工作。9月21日，作为致公党首席代表，出席在北京举行的中国人民政治协商会议第一届全体会议。1949年后，历任广东省人民政府委员，致公党第四届中央主席团成员，1952年后，连续当选为致公党第五届、第六届中央主席，是第一届、第二届、第三届全国人民代表大会常务委员会委员，第一届全国政治协商会议委员，第二届、第三届、第四届全国政治协商会议常务委员。1970年12月，病逝。

2. 广东留日学生与中国农工民主党

中国农工民主党的前身是邓演达等组织的中国国民党临时行动委员会，邓演达被害后，他们继续组织活动，曾经参与福建事变。抗日战争之前，改名为中华民族解放行动委员会，1948年，改名为中国农工民主党。郭冠杰、李伯球、丘哲、郭隽英等在第三党发展过程中发挥了比较大的作用。

郭冠杰（1882～1951年）广东梅县人。稽勋局以"有功民国"为由，第二批派郭冠杰往日本留学。1916年考入日本早稻田大学政治经济科。1920年夏毕业回国，郭冠杰参加了粤军，任职筹饷局兼义勇军司令部参谋。1921年，郭冠杰考入蔡元培、李石曾在法国里昂创办的中法学院，在里昂大学法律研究院研究经济学。1924年，在里昂筹备成立里昂国民党支部。北伐战争期间，郭冠杰担任北伐军总司令部政治部（主任为邓演达）的编纂委员会委员兼总务科科长。1930年夏，郭冠杰参加了邓演达组建的中国国民党临时行动委员会。1930年10月，郭冠杰被派往广州进行组织活动。1931年，中山大学校长邹鲁聘任他为中山大学政治经济系教授兼法学院院长。福建事变之后，郭冠杰等前往福建，郭冠杰被任命为福建人民政府文化委员会委员兼任延平省副省长。福建事变失败之后，郭冠杰前往神户担任旅日华商的法律顾问。中共发表《八一宣言》之后，当时临时行动委员会领导核心人物黄琪翔、郭冠杰、丘哲等讨论取得一致意见，与共产党搞合作。1935年12月至1936年1月，临时行动委员会召开干部会议，决定将名称改为中华民族解放行动委员会（抗日战争胜利之后，改名为中国农工民主党），黄琪翔任总书记，郭冠杰任总务委员会书记。抗日战争结束后，郭冠杰在香港从事民主运动。1946年6月下旬，全面内战爆发。郭冠杰与李济深、彭泽民等联名致电美国总统杜鲁门和国务卿马歇尔及参议院和众议院两院，要求美国政府停止援助蒋介石政府。1949年9月，作为中国农工民主党代表参加了第一届中国人民政治协商会议，后任政务院政法委员会委员，中国农工民主党中央执行委员。1951年，病逝于北京。

李伯球（1904～1986年），原名国琳，又名琳，广东梅县人。1932年淞沪抗战期间，由郭冠杰介绍加入中国国民党临时行动委员会，他们出版不定期的地下刊物《民族战线》，宣传抗日，反对妥协投降。1935年，李伯球入日本东京中央大学学习农业经济。在东京参与第三党（即中国国民党临时行动委员会）的活动。1935年秋，在日第三党成员章伯钧、郭冠杰、李伯球等在香港九龙召开第一次临时代表会议，会议决定党名改为中华民族解放行动委员会，李伯球当选为中央临时执行委员会委员。1936年4月，弃学回国，参加广东的抗日民主救亡运动。1937年年初，在广州创办《南针》杂志，自任主编，因公开登载中国共产党的《八一宣言》、《抗日救国十大纲领》，被封闭。后又出版《抗战农村》作为第三党广东省组织的机关刊物。1938年1月，中华民族解放行动委员会在武汉召开第三次干部会议。李伯球被选为中央临时执行委员会委员。10月，广州沦陷前夕，李伯球等负责广东党务，把广州的抗日青年团员以及抗日武装集中起来转往粤北。1941年，到香港创办《中华论坛》。1945年春，中国民主同盟（简称民盟，成立时的名称为中国民主政团同盟）东南干部会议在梅县召开，李伯球任秘书长兼组织部长。10月，民盟中央在重庆召开临时全国代表大会，李伯球被选为中央委员。随后，民盟及中华民族解放行动委员会都在南方发展组织，李伯球在其中起到重要作用。1946年1月，李伯球等在香港创办《人民报》，李伯球任社长。3月，出席重庆第三党及民盟中央会议，回到香港之后，筹办达德学院，任教授。1947年2月，中华民族解放行动委员会在上海召开第四次全国干部会议，改党名为中国农工民主党。李伯球被选为中央执行委员、常务委员、中央监察委员会委员、宣传部部长。北平解放后，出席第一届全国政协会议。11月，在农工民主党第五次全国干部会议上当选为中央执行局委员。以后历任农工民主党中央委员、中央执行局委员，全国政协委员、全国人大代表等。"文化大革命"中遭受迫害。1986年4月，病逝于广州。

丘哲（1885~1959年），字映芙，广东梅县人。民国成立之后，丘哲被派往日本公费留学。1914年入早稻田大学，攻读政治经济学，1918年毕业回国。20世纪20年代结识邓演达，与之过从甚密。1930年，邓演达在上海秘密组织中国国民党临时行动委员会。丘哲从西欧返回上海，与邓演达一起筹划组党。他们主张继承孙中山提出的"三大政策"，实行耕者有其田，建立农工平民政权。1935年，丘哲在香港与章伯钧、郭冠杰、李伯球等共商恢复党组织活动事宜，决定改党名中国国民党临时行动委员会为中华民族解放行动委员会。1938年3月，中华民族解放行动委员会在武汉召开第三次全国干部会议，丘哲继续担任中央委员。他与章伯钧等创办《前进日报》，号召团结抗日，一致对外。1944年秋，丘哲任中国民主同盟中央委员。1945年12月，丘哲在香港与李章达、李伯球等组织中国民主同盟南方支部，丘哲任副主委。丘哲还是农工民主党（由中华民族解放行动委员会改名而来）中央委员兼秘书长。1949年参加新政协会议。新中国成立后，曾任广东省府委员、广东省农林厅厅长、广州市副市长、广东省副省长等职。1957年，反右扩大化，被撤销一切职务。1959年元月病逝于广州。

3. 徐傅霖与国家社会党

中国国家社会党前身是再生社，由张东荪、张君劢、罗隆基等于1931年10月在北平发起，1934年召开成立中国国家社会党大会。广东留日学生徐傅霖参与创建了该党。徐傅霖（1878～1958年），字梦岩，广东和平人。北京法政学堂毕业后，赴日本东京法政大学读书，期间参加同盟会。1911年11月，广东省成立临时议会，徐傅霖为议员。南北议和之后，徐傅霖被选为众议员，任宪法起草委员。1913年"二次革命"失败，孙中山、黄兴等亡命日本，徐傅霖亦受通缉，他也东渡日本。1914年，孙中山在日本改组国民党为中华革命党，因为意见分歧，徐傅霖、张耀曾等组织"政治学会"（简称政学会）。当时西南地区的实力派岑春煊、唐继尧、李根源、杨永泰等都是"政治学会"的重要成员，"政治学会"后称"政学系"，是国民党内两大派系之一。1915年，袁世凯准备称帝，徐傅霖由日本回到上海，与杨永泰等通电反袁，在上海创办"政治学会"喉舌《中华新报》，徐傅霖担任主笔。1916年，袁世凯死后，国会重开，徐傅霖仍任众议员。1917年护法战争中，徐傅霖响应孙中山的号召南下护法。1918年5月，政学会将南方护法军政府大元帅制改为总裁制，孙中山为七总裁之一。1924年，对孙中山联俄、联共政策持异议。1928年，南京国民政府实行"训政"，排除异己，一党专政。徐傅霖认为，一党治国，不是"天下为公"。他反对"训政"，反对独裁，不做"训政官"。1934年，张君劢讲学羊城。张君劢与徐傅霖晤谈之后，徐傅霖参与组建国家社会党，任副主席，先是主管组织，后主管宣传。抗日战争前后，驻香港主办《国家社会报》，兼任社长。抗日战争之前，往来南京、上海、广州、香港之间，与广东军政要人李济深、胡汉民等相往来。当时，徐傅霖拥护以胡汉民为首的西南政务委员会，与蒋介石分庭抗礼，支持陈济棠据粤联桂反蒋。1937年七七事变之后，国民政府成立国民参政会，徐傅霖被聘为国民参政会第一届参政员。1938年10月，日军侵占广东部分地区。徐傅霖在香港发动惠属同乡会劝募救济，并与陈嘉庚领导南洋筹赈会。徐傅霖因经常在其主编的《国家社会报》上要求实现"民主政治，保障民权"，发表文章揭露时弊，被排除在1940年12月第二届国民参政会之外。1941年1月，黄炎培、张君劢等发起组织中国民主政团同盟会。5月，在香港创办《光明报》作为民盟的机关报，徐傅霖参与其事。1946年，受民盟中央委托，参加民盟南方支部的领导工作。1946年冬，主席张君劢因党内一些人的压力，向蒋介石提交了民主社会党（简称民社党）国大代表名单，民盟分裂，民社党被开除出民盟。徐傅霖参加国大，任国民政府委员。张君劢辞职，徐傅霖任主席。1948年春，国民政府举行正副总统选举，徐傅霖以民社党主席的身份被提名副总统候选人。1949年春，徐傅霖随行政院南迁到广州。后到香港。1950年，到台湾。到台湾后，徐傅霖仍极力鼓吹"民主政治"，反对一党专制。1958年病逝。

（四）广东留日学生与20世纪中国革命

20世纪上半叶的中国社会发生了一系列重大事件，如辛亥革命、国共合作、抗日战争、国共内战等，许多留日学生参与其中。辛亥革命是留学生参与人数最多的一次，他们不但参与了组织中国同盟会，而且还参与了辛亥年的各地起义。

1905年，中国同盟会在日本东京成立。广东籍在日留学生有不少加入同盟会，这些学生包括胡汉民、汪精卫、古应芬、廖仲恺、何香凝、朱执信、许崇智、李文范[①]、马超俊[②]、邓青阳[③]等。胡汉民、汪精卫因为在《民报》上发表文章，遭到清政府的通缉。他们在日本法政大学速成班毕

---

① 李文范（1884~1953年），字君佩，广东南海人。1900年，自费留学日本，入法政大学速成科。1905年，在东京加入中国同盟会，回国后任广东法政学堂教员兼翻译。1906年，李文范被举为广东省同盟会会长。先后参加1910年广州新军之役和1911年辛亥广州之役。1913~1916年参加讨袁、讨龙之役。1920年，赴法国留学。1931年12月任内政部部长。1938年6月任司法院副院长。1953年6月在台北病逝。

② 马超俊（1885~1977年），字星樵，广东台山人。1905年，马超俊赴日本，就读于明治大学，后回国策动革命。1907年12月，马超俊参加镇南关之役。1911年10月武昌起义，他率领海员100余人，组织广东华侨敢死队，由沪赴汉，转战汉口大智门，继而坚守汉阳兵工厂，与清军苦战8日8夜，弹尽援绝，才率残部撤回武昌。"二次革命"失败后，马超俊避到日本。1916年，马超俊回国参加讨袁之役。1917年，马超俊受命拟订"开展全国劳工运动计划"，是年年底"全国机器工人联合会"于广州成立。1922年，陈炯明炮轰总统府后，马超俊组织发动工人罢工。1923年1月率部参加光复广州之役。1927年9月，南京国民政府成立劳工局，马超俊担任局长，兼劳工法起草委员会主任委员，负责劳工法的立法事宜。1928年2月，马超俊调广东农工厅，在该厅成立了劳动法起草委员会，起草完成《劳动法典草案》。1977年，病逝于台北。

③ 邓青阳（1884~1960年）原名宪甫，字秀吉，广东三水人。曾赴日本留学，入明治大学。加入中国同盟会。毕业后，获法学学士学位。1911年返国。武昌起义后，任北伐军总司令部顾问。1913年第"二次革命"失败后，参与恢复中国国民党广东省支部工作。1918年赴南洋视察党务。1923年随孙中山赴粤。1924年1月参加国民党改组会议。1936年，任国立广东法科学院院长。抗日战争胜利后，当选为立法院立法委员。1960年2月病逝于台湾。

业之后，跟随孙中山赴南洋活动，筹款、联络会党、多次发动起义，成为孙中山的重要助手。1911年3月，广州黄花岗起义就是在胡汉民、朱执信等的谋划下进行的。武昌起义之后，广东各地的光复行动也是在同盟会会员参与下实现的①。比如广东香山留日学生林君复、郑岸父等在武昌起义之前，就在澳门设立机关，秘密进行革命工作，并开始策动在前山的新军以及驻石岐的巡防营，并联络石岐的士绅。在当时的前山恭都小学堂有革命党人苏默斋、刘希明、陈自觉等自日本回来，他们利用教员身份暗中做革命工作。新军受到他们革命工作的影响。10月15日，前山新军起义，兵不血刃，起义成功。他们随即准备进军石岐。同时，林君复等认为时机紧迫，即日兼程返回石岐召开紧急会议，决定即日起义。各地团勇纷纷集合向石岐进发。石岐守军前因镇压小榄起义失败，主将逃走，军中无主，没有抵抗，县令见大势已去，也表示降服，起义成功。17日，组织政府，郑岸父等负责民政。石岐光复后改编为香军，由郑岸父、林君复等领队出发支援广州，之后又参加了北伐。

留日学生胡汉民、汪精卫、廖仲恺、朱执信等对成立中国同盟会、参加辛亥革命做出了相当大的贡献。胡汉民（1879～1936年），原名衍鹳、衍鸿，字展堂，号不匮室主。1903年春，东渡日本留学，进入东京宏文书院速成师范科肄业。由于发生清政府驻日公使蔡钧拒绝保送部分自费留日学生进入日本军事学校学习军事的事件，留学生集体抗议决定罢学归国。胡汉民对部分学生的怯懦感到不满，愤而于当年7月退学。1904年冬，广东再度派遣学生赴日本留学，胡汉民再次赴日，入东京法政大学速成法政科学习。1905年9月加入中国同盟会，被推为评议部评议员。从此，胡汉民成为孙中山的主要助手之一。11月，同盟会机关刊物《民报》创刊，胡汉民任主笔，主编《民报》第1～5期，他根据孙中山的口授写成《〈民报〉发刊词》，先后在《民报》以汉民、辨奸、民意（与汪精卫共用）、去非（与朱执信共用）发表《民报之六大主义》、《排外与国际法》、《斥〈新民丛报〉之谬妄》、《与国民新闻论革命党书》、《告非难民生主义者》等文，与康有为、梁启超等保皇派展开论战，对孙中山思想多所阐发。因

---

① 如方次石，方次石（1887～1915年），字南冈，广东普宁人。1905年留学日本，入警监学校肄业。次年加入同盟会，主张起义与暗杀并举，特重学习制造炸弹方法。同年冬，奉孙中山命与谢逸桥、谢良牧等归国，协助许雪秋在广东潮州起义，因制造炸弹受伤，未能与战。1911年武昌起义后归国，在家乡普宁起兵响应。1915年袁世凯改称洪宪帝制时，与李烈钧密赴香港，组织讨袁。后在澳门被广东都督龙济光派遣的暗探杀害。

为《民报》的影响，清政府在《民报》创刊一周年后，发出通缉令，悬赏十万购买胡汉民、汪精卫的首级①。1907年春，胡汉民随孙中山到新加坡、河内设立革命机关，参加领导入饶平黄冈、广西镇南关起义。此后，孙中山和黄兴在粤、桂、滇边地区发动多次武装起义，胡汉民往返于河内、香港之间筹饷运送军械。1909年10月，胡汉民任同盟会南洋支部长、南方支部长，并同黄兴等策划广州新军起义。1911年1月，黄兴、赵声在香港设立统筹部，胡汉民为统筹部负责人之一。1911年11月广东独立时被推为广东都督。12月，随孙中山至南京，任中华民国临时大总统府秘书长。1912年4月，在孙中山支持下再任广东都督。"二次革命"失败后随孙中山赴日本，继续进行反袁斗争。1914年5月，加入中华革命党，任政治部部长，主编《民国》杂志。1919年，作为孙中山的代表参加南北议和，在和会上坚持孙中山恢复旧国会、取消卖国密约的主张。1921年5月，孙中山在广州组织中华民国政府，胡汉民任总参议兼文官长、政治部部长。12月下旬，陪同孙中山在桂林与共产国际代表马林会谈。1922年，陈炯明炮击总统府之后，胡汉民协助孙中山进行讨伐陈炯明的工作。1923年，胡汉民任办理和平统一事宜全权代表。6月，任陆军大元帅大本营总参议。1924年1月，国民党第一次全国代表大会（简称国民党一大）在广州召开，胡汉民赞成孙中山改组国民党的决策，参与《中国国民党第一次全国代表大会宣言》的起草与审查。他被孙中山指定为国民党一大主席团主席之一，当选为中央执行委员。9月，代行大元帅职权，留守广州。10月，兼任广东省省长。对广州商团事变，他开始主张妥协，后执行孙中山的命令，参与领导平定商团叛乱。1925年7月，广州国民政府成立，胡汉民为常务委员兼外交部部长。8月，因为廖仲恺被刺案嫌疑，胡汉民一度被蒋介石拘禁于黄埔，旋赴苏联考察。1927年4月，与蒋介石合作反共，主持在南京成立的国民政府并任中央政治会议主席等要职。1928年10月，胡汉民任立法院院长。1931年2月，与蒋介石因约法之争，被蒋介石软禁于南京汤山，10月获释。胡汉民回到广州，成为南方实力派反蒋精神领袖。1936年5月，胡汉民病逝于广州。

汪精卫（1883～1944年），原名汪兆铭，字季新，号精卫。1904年冬，考取广东官费赴日本留学资格。1905年7月谒见孙中山，加入同盟会，参与起草同盟会章程。8月，中国同盟会正式成立，汪精卫被推为同盟会评议部评议长。汪精卫是《民报》主笔，也是主要撰稿人，他以"精卫、守约、枝头抱香者、民意（与胡汉民共用）"等笔名，在《民报》上

---

① 黄朴：《辛亥革命前的胡汉民汪精卫》，《广东文史资料》第58辑，第62页。

发表文章，如《民族的国民》、《论革命之趋势》、《驳革命可以招瓜分说》、《驳革命可以生内乱说》、《再驳〈新民丛报〉之政治革命论》等一系列脍炙人口的文章，宣传三民主义思想，痛斥康有为、梁启超等的保皇谬论，受到孙中山的好评。1905年11月，日本文部省颁布《关于允许清国人入学之公私立学校之规程》（"取缔规则"）。由于存在理解的问题以及留学生在日本所处处境的影响①，留学生极大不满，掀起一场反对"取缔规则"的风潮。当时留学生分成两派，一是秋瑾等为代表的一派，主张全体学生退学回国，以示反对。另一派以胡汉民、汪精卫、朱执信为代表，他们认为纵然"取缔规则"出于最恶之动机，自可运动打消之，退学归国实为下策。且《民报》发行未久，若一哄归国，无异动摇根本，至谓归国即革命，尤属幼稚之见。由于《民报》的宣传威力，清政府在《民报》创刊一周年之时，通缉汪精卫、胡汉民，悬赏十万购买胡、汪的首级②。1907年年初，日本政府迫于清政府的压力，驱逐孙中山离开日本，汪精卫此时已经毕业，进入专门部。由于受到清政府的通缉，汪精卫随孙中山赴南洋筹设同盟会分会，主要负责党务活动，任南洋革命党报《中兴日报》主笔之一，与保皇党的《南洋总汇新报》进行论战。在孙中山授意下，汪精卫撰写《外交问题》小册子，印行数万册，散播于各地，产生较大影响。1908年赴缅甸设同盟会仰光分会，后又参加在新加坡筹设同盟会南洋支部等工作，并筹募革命经费。1909年10月由南洋至日本，出任《民报》主编，秘密复刊发行《民报》第25~26号。1910年3月，汪精卫策划刺杀清摄政王载沣，事泄被捕，被判处终身监禁。在狱中起初决心以死报国，赋诗"引刀成一快，不负少年头"，一时为人传诵。在肃亲王善耆的拉拢之下，汪精卫逐渐软化，开始表示忏悔。1911年10月武昌起义后，汪精卫出狱并结识袁世凯。与杨度组织"国事共济会"，鼓吹革命、立宪两派联合拥袁，实现南北统一。接着组织"进德会"，自命清高，不讲政治。呼吁停战议和。12月，与李石曾等在天津组设同盟会京津保支部，任支部部长，阻拦北方革命党人发动起义。12月，充当南方议和参赞，参与南北和谈。1912年1月南京临时政府成立前夕，按孙中山嘱咐代起草临时大总统府就职宣言。后留在孙中山身边工作，力劝孙中山让位袁世凯，并参加北上迎袁世凯专使团。1912年8月，汪精卫赴法留学。

廖仲恺（1877~1925年），原名恩煦，又名夷白，字仲恺，广东归善

---

① 李喜所、李来容：《清末留日学生"取缔规则"事件再解读》，《近代史研究》2009年第6期。
② 黄朴：《辛亥革命前的胡汉民汪精卫》，《广东文史资料》第58辑，第56~58页。

人。1902年，廖仲恺赴日本留学，先入日语学校补习，而后入早稻田大学经济预科、中央大学政治经济科学习。1904年，廖仲恺奉孙中山之命，往天津筹设革命机关。1905年9月1日，廖仲恺加入同盟会，任同盟会总部外务部干事、外务部副部长、会计长。在1905年11月出版的《民报》一号上廖仲恺以"屠富"为笔名发表译作《进步与贫乏》的绪言和问题一节，1906年9月和12月又以"渊实"为笔名在《民报》七号、九号上发表《社会主义史大纲》和《无政府主义与社会主义》两篇译著①，是最早介绍和探索社会主义问题的中国人之一。1907年春，转入东京中央大学政治经济科。1909年在日本中央大学毕业后回国。1913年8月，"二次革命"失败后亡命日本，1914年，廖仲恺协助孙中山组织中华革命党。1919年8月，廖仲恺与朱执信、胡汉民等在上海创办《建设》杂志，发表《三大民权》、《中国人民和领土在新国家建设上之关系》、《革命继续的工夫》和《立法部之两院制、国民全体会议决制及财政监督》等文章，以及《〈全民政治论〉译序》等译著②。同时翻译孙中山用英文写的《实业计划》第一计划。1919年和1920年多次奉孙中山之命赴福建漳州，帮助援闽粤军的建设和解决财政困难，推动粤军回师广东，驱赶桂系军阀。1921年5月，孙中山回到广东就任中华民国政府非常大总统，廖仲恺任财政部次长、代理总长和广东省财政厅厅长，支持孙出兵讨桂和北伐。1922年6月，陈炯明炮击总统府前夕被囚禁于广州郊区石井兵工厂，经何香凝等营救脱险，当即乘船赴港转沪，与孙中山重新会合，协助孙中山制定"联俄、联共、扶助农工"三大政策。1922年9月，廖仲恺受孙中山之命，赴日本东京与苏俄代表越飞详细会谈。1923年2月与苏联代表越飞就联合宣言条款进行具体磋商。3月孙中山重回广州就任陆海军大元帅，廖仲恺任大元帅大本营财政部部长。5月，就任广东省省长。10月，廖仲恺被孙中山委派为国民党改组委员、临时中央执行委员，与谭平山、胡汉民、许崇智等组成国民党临时中央委员会，积极参与领导改组国民党的工作。1924年1月20日，中国国民党第一次代表大会在广州开幕，廖仲恺被孙中山指派为主席团成员。在开会过程中，坚持国共合作和反帝反封建的原则，促成了大会的成功。当选为中央执行委员、常务委员、政治委员会委员，又兼任国民党工人部部长、农民部部长。2月，廖仲恺担任黄埔陆军军官学校筹备委员会代理委员长，不辞辛苦，克服人力、物力等方面的困难，使筹建工作完成。5月，任该校党代表。

---

① 陈华新：《廖仲恺与〈民报〉》，《广东社会科学》1987年第2期。
② 尚明轩、王兰锁：《廖仲恺传略》，《湖北大学学报》（哲学社会科学版）1980年第Z1期。

6月，任广东省省长。7月任国民党中央政治委员会委员，支持沙面工人罢工，命令各县县长协助组织农会。9月任大本营财政部部长，坚持主张镇压广州商团叛乱。孙中山北上前夕任所有党军、各军官学校和讲武堂的党代表兼农民部部长。1925年，孙中山逝世后，廖仲恺仍坚定不移地贯彻执行三大政策。同年3月参加领导讨伐陈炯明的东征，亲自赴潮汕前线；6月参与平定杨希闵、刘震寰叛乱；支持省港大罢工。8月20日，廖仲恺在中央党部门前被国民党右派暗杀。遗体先是暂厝广州驷马岗朱执信墓旁，1935年，迁葬南京中山陵侧。

朱执信（1885~1920年），原名大符，字执信。1904年，朱执信赴日留学，进入东京法政大学速成科攻读经济。1905年8月，同盟会召开成立大会，被选为评议部议员兼书记。担任同盟会机关刊物《民报》的主要撰稿人，从1905年到1908年，发表了一系列政论文章，包括《论满洲虽欲立宪而不能》、《论社会革命当与政治革命并行》、《土地国有与财政》、《心理的国家主义》等，用以阐发孙中山的三民主义，驳斥改良派的反革命谬论，力主以革命求共和，反对改良主义。1906年年初，发表《德意志社会革命家小传》一文，介绍马克思、恩格斯的革命活动和《共产党宣言》及《资本论》的某些内容。1907年，朱执信参与刘思复谋炸广东水师提督李准的行动。1908年11月，朱执信与赵声在广州策划新军和巡防营起义。1910年2月，朱执信是新军之役的重要领导人之一。1911年年初，同盟会决定在广州发动起义，朱执信负责联络广州附近各县民军响应。广州起义失败后，流亡到香港。武昌起义爆发后，朱执信在广东发动民军响应，对促成广东"兵不血刃"而光复，起了重大作用。"二次革命"失败后，朱执信、廖仲恺等与孙中山一起流亡日本。1914年5月，《民国》杂志在东京创刊，他写了《未来之价值与前进之人》、《无内乱之牺牲》、《暴民政治者何如？》、《革命与心理》、《开明专制》等文章，揭露袁世凯的反革命独裁统治，号召人们捍卫共和。旋奉命返粤，与邓铿策划反袁起义，又主持驱逐龙济光的军事。往来于广州、香港、澳门及新加坡、马来西亚等地，为宣传革命筹措经费，为组织联络反袁斗争的力量而奔走。1915~1916年，在广州及东莞、阳江、雷州等处，陆续策划了一系列武装起义。1918年5月，随孙中山到上海，协助办理海外侨胞捐款事宜，并担任与福军及陈炯明的联络，准备驱逐窃踞广州的桂系军阀。1919年秋到1920年夏，多次到福建漳州与陈炯明策划，并与在粤的魏邦平[①]、李福林

[①] 广东香山人。赴日留学，曾经入振武学校，后以官费入日本士官学校，学骑兵科。

联络，积极从事驱逐桂系军阀的军事活动。此外，还协助孙中山撰写《孙文学说》及《建国方略》，并参加《民国日报》、《建设》杂志的编撰工作，发表抨击军阀统治的文章。1920年6月，再次被派赴州漳，敦促粤军陈炯明西进讨伐桂系军阀。旋赴广东联络国民党旧部和民军。在他的策动及民军纷起的压力下，虎门要塞司令丘渭南宣布独立。9月21日，他到虎门调停驻军与东莞民军的冲突，被桂系军阀杀害。

古应芬（1875～1931年），字勷勤，亦作湘芹，广东番禺人。1904年赴日本留学，1905年在东京加入中国同盟会，追随孙中山参加革命活动。1906年毕业于日本法政大学速成科，升入专门部。1907年毕业归国。1911年参加辛亥广州起义，失败后逃往香港。民国元年（1912年），广东都督府成立，古应芬任省核计院院长。时琼崖民军叛变，出任琼崖绥靖处总办，平之[①]。次年，"二次革命"起，古应芬与胡汉民、朱执信等起兵响应。1917年，古应芬参加孙中山领导的护法运动。驱逐莫荣新之后，陈炯明任广东省省长，古应芬任政务厅厅长。1922年6月，陈炯明在广州炮轰总统府，孙中山被迫离开。古应芬去香港筹饷，接济各地讨陈炯明军。与邓泽如等策动滇、桂、粤等联合驱逐陈炯明出广州。1923年2月，受孙中山任命，任大本营江门办事处全权主任。沈鸿英叛乱时，组织力量讨伐沈鸿英。1925年7月1日，广东国民政府成立，古应芬当选为国民政府委员，仍兼任广东省财政厅厅长；8月，任国民政府财政部部长。1927年3月，古应芬与蔡元培、李石曾、吴稚晖等于3月下旬出席蒋介石对付共产党的会议。4月中旬回到广州，成立省特别委员会，参与策划广东"四一五"政变。1929年3月，蒋介石软禁了李济深。古应芬与胡汉民建议由陈济棠取代李济深在广东的地位。1931年3月，胡汉民反蒋，被软禁于南京汤山温泉疗养所。古应芬秘密到香港，联络广州的陈济棠，广西的李宗仁、白崇禧一起订立反蒋联盟，4月30日，古应芬、林森、邓泽如、萧佛成以中央四个监察委员的名义，提出《弹劾蒋中正案》，历数蒋的罪状，要求撤职查办。5月24日，汪精卫、孙科、许崇智、唐绍仪等从香港到广州，联合通电要蒋介石24小时内下野。他们还在广州召开国民党中央监察委员会会议，并成立国民政府，组成国民政府委员会。古应芬、汪精卫、孙科为国民政府常务委员。1931年11月，病逝。

除留日法政速成班的学生加入同盟会之外，在日本留学的陆军士官学生也有不少加入同盟会的，他们学成回国之后利用手中掌握的兵权，成为

[①] 《湘芹古公事略》，《古湘芹先生逝世一周年纪念专刊》，1932。

反清的重要力量，如许崇智、徐景唐、李朗如等，广东籍的许崇智虽然不是广东官费派出的而是以福建官费到日本留学的，但是他回国之后，掌握了一定的兵权，武昌起义之后，较早在福建发动反清活动。

许崇智（1886~1965年），字汝为，祖籍澄海，广东番禺人。1902年，入日本士官学校学习陆军。1903年，毕业回国，任福建武备学堂教习，后任新军第十镇第四十标标统。1906年，加入同盟会。1911年8月，武昌起义爆发，许崇智于11月8日发动起义，光复福州。"二次革命"中任福建讨袁军总司令，失败后，流亡日本。1917年8月，许崇智任护法军政府大元帅府参军长，协助孙中山主持军事。陈炯明任援闽粤军总司令，许崇智任第二支队司令。1918年6月，粤军分三路进军，许崇智率领第二支队为左翼，向闽西南的上杭、武平进军。粤军兵力扩充至两万余人。1919年，粤军编为两个军，陈炯明任粤军总司令兼第一军军长，许崇智为第二军军长。1920年10月28日粤军光复广州，从而结束了桂系军阀在广东的统治。1920年6月，粤军分三路向广西反攻。许崇智率第二军为右路军，直逼桂林。两广统一之后，孙中山准备北伐。1922年5月，孙中山任命李烈钧、许崇智分别为北伐军总司令、总指挥，率领北伐军分三路向江西进军。6月16日，陈炯明炮击总统府，孙中山指示粤军回粤进攻陈炯明。许崇智率军进攻韶关。因为局势变化，许崇智率军进入福建，占领福州。孙中山任命许崇智为东路讨贼军总司令，准备回粤讨伐陈炯明。1924年1月，许崇智被推为中央监察委员，兼国民党中央军事部部长。3月，任建国粤军总司令。许崇智在广州开办建国粤军讲武堂，聘请日本陆军大学毕业生梁广谦为堂长，抽调下级军官进入讲武堂轮训，以提高军官的军政素质。1925年1月，孙中山命令粤、桂、滇、湘军组成东征联军，讨伐陈炯明。2月，许崇智率领粤军从广州出发，连克石龙、淡水等地。6月，滇军杨希闵、桂军刘震寰与直系勾结，进行叛乱。许崇智率部参加平息滇、桂、直系军阀叛乱。7月1日，国民政府在广州成立，许崇智被任命为军事部部长兼广东省政府主席。8月20日，国民党右派刺杀国民党中央常务委员兼国民政府财政部部长廖仲恺，国民党中央执行委员会指定汪精卫、许崇智、蒋介石组织特别委员会，控制局势，处理廖案。蒋介石迫使许崇智离开广州转赴上海。1939年，许崇智迁居香港。1941年12月，日军占领香港。许崇智被拘禁三个月。日军驻港总督是其同学，得其帮助，许崇智由香港到澳门居住。1945年8月，许崇智从澳门回到广州，后奉邀到南京，被任命为国民政府资政。曾经与居正、吴铁城等经商。1946年秋，许崇智定居香港。1965年1月，病逝于香港。

第四章 广东社会与留学日本

徐景唐（1895~1967年），原名协和，字赓陶。广东东莞人。曾留学日本陆军士官学校第十二期辎重科，在日留学八年，1919年从日本学成回国。1920年8月，徐景唐任粤军第一师少校参谋。1923年，广州保卫战之后，徐景唐任粤军第一师参谋长。徐景唐对"清党"表示反感，将部队中的共产党员和革命青年送走，一度引起李济深的怀疑。1936年7月，余汉谋接管广东军政，任命徐景唐为第四路军兼任广东绥靖公署参谋长。徐景唐建议修筑广州经增城、龙川、兴宁、潮安至汕头铁路，修筑以翁源为中心的广州至韶关、韶关至兴宁的公路，以利军运，增强国防力量。组织参谋旅行团，视察东莞、宝安惠阳沿海及增城地形，规划保卫南大门的国防工事[①]。1937年5月，徐景唐任广东省府委员兼建设厅厅长。主要抓好粤北、粤东公路的修筑、各江运输及工业生产管理，修筑广州至九龙公路等。1940年7月，调回广东任第十二集团军副总司令，协助余汉谋指挥部队进攻沦陷区日军。日本投降后，奉命代表第七战区赴汕头设立指挥所接受日伪投降。1948年1月，中国国民党革命委员会在香港成立，徐景唐被选为民革中央团结委员。1964年病逝于香港。

李朗如（1889~1963年），字澄秋，广东南海人。曾留学日本，进入日本士官学校学习。在日本结识孙中山，1906年加入同盟会，参加辛亥广州起义。1921年，任非常大总统孙中山的侍从秘书。1924年10月，随孙中山北上。到1925年3月，孙中山逝世，他一直都随侍左右。1928年，迎接孙中山灵柩至南京紫金山安葬。1941年冬，日军占领香港，李朗如至曲江继任广东省银行监察。抗日战争胜利后，移居香港。1949年10月，从香港回到广州，任广东省政协委员。还曾任广东省政协副主席等职。1963年3月病逝于广州。

陈铭枢（1889~1965年），字真如，广东合浦人。1913年，赴日本入法政学校。1915年回广东策划谋炸广东督军龙济光的活动，事泄被捕入狱，后越狱再逃日本。1916年毕业回国。1924年，任粤军第一师第一旅旅长。1925年2月，率部参加第一次东征陈炯明的运动。1926年7月率第十师参加北伐战争，参加了攻占长沙、岳州、汀泗桥、贺胜桥、汉口等战役。1927年3月，由武汉去南京。11月，复任第十一军军长，率部由闽回粤。1928年1月，率部进驻广州。1929年7月，陈铭枢任广东省政府主席。主政广东后，一方面积极改进行政基层组织，兴办教育，架设电话网，发展珠江三角洲航运业和公路网，

---

① 李洁之、江荦：《徐景唐传》，《广东文史资料》第58辑，第130页。

还亲自制订广东经济发展计划。另一方面，通电全国，倡议裁军和政归中央，发展国家经济①。1931年7月，任江西"剿共"军右翼集团军总司令，参加对中央革命根据地的第三次"围剿"。九一八事变后宁粤双方在国难后重现合作，陈铭枢成为双方唯一能接受的人选，因而任京沪卫戍总司令官兼代淞沪警备司令。12月任行政院副院长兼交通部部长。1932年"一·二八"淞沪抗战时，陈铭枢命令第十九路军抗击日本军队，反对妥协政策，受到蒋介石、汪精卫的排斥。10月毅然辞职赴法国。1933年回国，与李济深等发动福建事变，发起成立福建人民革命政府。1933年年底失败后去香港。1936年春，与李济深在香港发起成立中华民族解放大同盟，为主要负责人，创办《大众日报》。1948年1月在香港与李济深等建立中国国民党革命委员会，团结各派民主人士，反对蒋介石独裁、内战政策。1949年9月出席中国人民政治协商会议。中华人民共和国成立后，历任全国人民代表大会常务委员会委员、全国政治协商会议常务委员、民革中央常务委员等职。1965年5月病逝。

留日学生加入中国共产党的有杜国庠、许卓等。杜国庠（1889~1961年），曾用名及笔名杜守素、林伯修、吴啸仙、林素庵、吴念慈、杜惑、林伯等，广东澄海人。1907年，曾东渡日本留学。1908年，进入早稻田大学。1913年，入第一高等学校。1916年，与李大钊在东京组织丙辰学社。同年，进入京都帝国大学学习政治经济科。在读期间，日本著名社会主义思想家河上肇也在京都帝国大学任教授，杜国庠初步接触了马克思主义世界观。1919年毕业，回国。在北京大学任教。1920年，与谭平山、李春涛等创办《社会问题》杂志。1928年2月，加入中国共产党。3月，中国左翼作家联盟成立，杜国庠是左联的最早成员之一。5月，与潘梓年、邓初民等发起成立中国社会科学家联盟，并参与社联党团工作。中国左翼文化界总同盟（简称文总）成立之后，杜国庠是负责人之一，化名林伯修，主编文总刊物《中国文化》和《正路》等杂志。1945年抗日战争胜利之后，到上海从事著述和研究工作，并开展团结、争取民主人士和工商界上层人士的工作，还在黄炎培所办的中华工商专门学校任教。后又担任《文汇报》副刊《新思潮》的主编。

新中国成立后，杜国庠历任要职。1952年，华南师范学院成立，杜国庠又兼任院长。

杜国庠是中国最早接受马克思主义学说的老一辈学者之一，在20世纪

---

① 广州市志编纂委员会：《广州市志》第十九卷，第90页。

20年代末期，杜国庠即用吴念慈、林伯修、吴啸仙等笔名翻译过《辩证法的唯物论入门》、《金融资本论》、《社会科学底批判》等专著。这些专著对当时宣传马克思主义学说起到作用。

许卓（1905~1934年），原名许崇乾，许倬，广东番禺人。由族兄许崇智送到日本士官学校学习军事。1924年，加入中国共产党。不久，到法国勤工俭学，结识了周恩来。1926年秋回国。任国民革命军第四军叶挺独立团排长，参加北伐。1927年，参加广州起义。1929年10月，许卓跟邓小平、张云逸率部在百色举行起义，任红七军教导队队长。1930年10月，红七军在河池整编，许卓任红七军前委委员。1931年6月，任红五军团第十五军参谋长。1933年，任工农红军总司令部参谋处处长，后任作战局局长，协助周恩来和刘伯承胜利组织第四次反"围剿"的作战。1934年3月，在福建武平牺牲。

（五）留日学生与社会思潮的传播

留日学生在日本留学，接触到了各种西方的思潮，为了解救中国所面临的困难局面，他们积极向国内宣传西方的各种思潮，在这些思潮中，以社会主义思潮和无政府主义思潮影响最大。

1. 刘思复与无政府主义思潮的宣传

无政府主义思想在18~19世纪的欧洲已经出现，在西方成为政治理论开始于蒲鲁东，主要代表人物为巴枯宁和克鲁泡特金。这个思潮传入中国是在20世纪初期，曾盛极一时。许多传播者都把无政府主义当作社会主义的一种加以传播。广东留日学生刘思复也是其中一个著名人物。刘思复（1884~1915年），原名绍彬，留学日本时名思复，民国成立后，废姓，易名师复，广东香山人。1904年赴日本留学，次年在东京加入中国同盟会，曾经参与同盟会的组织工作。1906年回国，在香山创办隽德女子学堂，改良社会，振兴女学。1907年春，为配合潮州、惠州两地发动的起义，在广州为准备暗杀清两广总督岑春煊和水师提督李准，制造炸弹时不慎失事，炸伤左臂而被捕，后被解回香山原籍监禁。1909年夏，经陈景华、郑彼岸等营救出狱，赴香港。1910年春，与谢英伯、高剑义、陈炯明等在香港组织"支那暗杀团"，继续进行无政府暗杀活动。1911年，响应武昌起义，在东江一带组织民军。同年冬，与丁湘田等北上，计划暗杀摄政王载沣。到上海时因南北议和告成，遂隐居西湖白云庵。1915年3月病逝于上海。著作有《师复文存》、《狱中札记》、《伏虎集》等。

他在日本受到无政府主义者和俄国虚无党的影响。1909年赴香港。

在香港致力于研究《新世纪》，宣扬无政府主义。1910年春，与谢英伯、高剑义、陈炯明等在香港组织"支那暗杀团"，继续进行无政府暗杀活动。1912年5月，回到广州，与郑彼岸等在广州西关发起组织晦鸣学舍，这是中国第一个无政府主义团体。他们印行在巴黎出版的无政府主义小册子，先后辑印了《新世纪丛书》和《无政府主义粹言》，又将二书内容辑印为《无政府主义名著丛刊》，宣传无政府主义①。同年7月，与郑彼岸、莫纪彭等在广州东园创立心社，作为联结无政府主义者的核心团体。是年秋在广州发起研究世界语，任广州世界语学会副会长。1913年创办《晦鸣录》杂志（第三期更名为《民声》），同年七八月间广东都督龙济光查禁《民声》周刊并查封了晦鸣学舍，"心社"被勒令解散。9月，刘思复到澳门继续出版《民声》周刊。受到压力，周刊在澳门仅出版两期就被迫停刊。1914年，刘师复与心社一起迁至上海。7月，刘思复等在上海成立无政府共产主义同志社，主张经济上、政治上绝对自由。

刘师复宣扬的无政府主义在他的家乡获得了响应，香山也出现了宣传无政府主义的报纸。香山地方现存的一份残缺的报纸《香山铁声报》反映了这种情况。该报纸现存1921年3月9日至7月2日的内容。创刊于1920年5月，是一份宣传无政府共产主义的报纸。在副刊《铮铮录》中有人主编浪鸥作序，称他：

> 吉友浪鸥君……生平醉心无政府主义，对于无政府学说，尤能发扬无遗。是年春，君来香主持《铁声》笔政，以所著《环理萃精集》见示，余觉其词不达意理明显，深得此中真义。现物逐日刊于《铁声》②。

该报纸还连续十八天刊载《克鲁泡特金传略》。还在《邑闻》栏中刊载了香山无政府主义者"冷灰"等，于当年三四月间组织成立了陶然工团（理发工会）和革履工团，六月底又组成了杉杂木行工人的同乐会③。这份报纸的行销和联络远及吉隆坡、新加坡、暹罗（泰国）等国，以及香港、澳门、北京、上海、广州等地，交流联系海内外区域相当广。在此也说明，无政府主义在香山地区还是影响较大，使人们从一个侧面看到留日学生在

---

① 徐善广：《评辛亥革命时期刘师复的无政府主义》，《湖北大学学报》（哲学社会科学版）1981年第3期。
② 《一份残存的〈香山铁声报〉》，《中山文史》第50辑，第224页。
③ 《一份残存的〈香山铁声报〉》，《中山文史》第50辑，第225页。

地方社会的影响。

世界语是一种人造语言,在中国的传播是与无政府主义连接在一起的,由留学生带回到国内。刘师复是一个热心者。1912年秋,刘师复在广州发起研究世界语,任广州世界语学会副会长。香山的郑岸父、郑佩刚是积极的学习者,他们1912年就在广州学习。郑岸父、刘师复是世界语运动在香山的早期倡导者,郑道实(1926年曾任中山县县长)也提倡世界语,1913年他邀请黄尊生到香山县县城开班教授世界语。开始在石岐南门共和巷号郑道实家里,之后迁东门之水楼师复的书房,学员约二三十人,皆为香山县教育界之名流[1]。

2. 杨匏安与华南早期马克思主义的传播

20世纪初期,中国留日学生在日本接触到社会主义思潮,他们回国后,将社会主义思潮介绍到中国,早期社会主义思潮几个著名的代表人物是李大钊、陈独秀和杨匏安,他们都是留日学生。杨匏安(1896~1931年)原名锦焘,别号匏庵,广东香山人。20岁游学日本,在横滨半工半读,自学日语,初步接触了马克思、恩格斯的著作,以及西方各种流派的社会学说和思潮。1919年下半年,他连续在《广东中华新报》副刊发表几十篇译述文章,系统介绍西方社会科学各方面的知识与理论。1921年夏,加入中国共产党。1924年1月,国民党一大在广州召开,杨匏安任组织部秘书,后代理中央组织部部长。1926年1月,在国民党第二次代表大会上当选为中央执行委员。1927年,在中共第五次代表大会上当选为中央监察委员。同年11月,中共中央领导人因谭平山将杨匏安列为第三党成员,撤销了他的中央监察委员职务,并给予留党察看处分。1928年,杨匏安在中央机关刊物《布尔塞维克》第十七期发表《所谓第三党》,表白传闻的无稽[2]。1929年,在赴南洋工作了一段时间后,到上海,在秘密的党中央机关报《红旗日报》当了一名编辑。1931年7月,在租界被国民党特务和租界巡捕逮捕。因其声望,蒋介石多次派人劝降,并亲自打电话劝其自首,都被杨匏安拒绝。1931年8月,被秘密枪杀于上海龙华淞沪警备司令部内。

杨匏安是华南地区最早的马克思主义宣传者。1919年6月,《广东中华新报》增设《通俗大学校》副刊,介绍西方新思潮和科学知识。7月12日至年底,杨匏安以《世界学说》为总题,介绍西方各种流派的哲学观点和社会学说,如《唯物论》、《社会民主主义》、《社会主义》、《共产主

---

[1] 《中山早期的世界语活动》,《中山文史》第17辑,第124页。
[2] 辛熙:《南中国传播马克思主义第一人——杨匏安》,《青年探索》1984年第3期。

义》、《马克思主义——一称科学社会主义》等。其中,《马克思主义》一文对马克思主义的唯物史观、经济学说、科学社会主义做了详尽的介绍。这篇文章几乎与李大钊的《我的马克思主义观》同时问世,是华南地区最早系统介绍马克思主义的文章。在中共党史上有"北李南杨"之说。胡绳主编的《中国共产党的七十年》对杨匏安的这篇文章评价甚高[1]。杨匏安的这篇文章与李大钊、顾兆熊、陈启修发表在《新青年》第六卷第五号(马克思专号)上的三篇文章存在明显的对应关系,这三篇文章是他的文章参照之作,或者说是他的文章的学术来源。但是,他在三篇文章的基础上,按照唯物史观、阶级斗争原理和经济学三个部分重新做了剪裁加工[2]。1921年加入中国共产党之后,最初从事宣传工作。1922年2月,杨匏安为广东社会主义青年团机关刊《青年周刊》撰写创刊《宣言》。《宣言》公开向读者宣告"我们最服膺马克思主义",要尤其注重的是农民运动,因为"中国是一个农业国,生产的大部分都是出自农民汗血"。同时号召学生、妇女和军队,同青年团员携起手来,共同革命[3]。同年三四月间,杨匏安在《青年周刊》第3期至第7期连续发表长文《马克思主义浅说》,这是用白话文体通俗地、系统地介绍马克思主义三个组成部分的文章。1922年10月,杨匏安又在《珠江评论》发表《无产阶级与民治主义》一文,对无产阶级在民主革命时的战略应不应该与资产阶级合作和缩短民治主义阶段的问题做了探索。1930年,他以王纯一的名义编译了介绍国际共产主义运动历史的《西洋史要》和翻译了拉比杜斯所著的宣传马克思主义经济学的《地租论》,两书均由上海南强书局于1930年出版。

---

[1] 王晓健:《不该被遗忘的杨匏安》,《纵横》2000年第8期。
[2] 曾庆榴:《关于杨匏安〈马克思主义〉的考证》,《广东社会科学》2002年第1期。
[3] 李坚:《中华民族珍贵的精神遗产——记新编〈杨匏安文集〉》,载黄国勇主编《杨匏安史料与研究》,中央党史出版社,2005,第21页。

后　记

　　广东留学，之所以能成为近代中国社会最具有震撼力和影响力的社会事件，就在于它所表现出来的标志性的意义。

　　它是中国社会走向世界的开始，它是现代西方先进科学文化为我所学、为我所用的开始，它是中国社会向现代性文明社会转型的开始。

　　广东留学，之所以能够发生，之所以能够在广东地域发生，与广东近现代以来特殊的地缘与特别的时代机遇有着直接的关系。

　　广东社会是中国向西方社会最早打开门户的地方，广东人是中国社会最早睁眼看世界的群体。1573年广东香山澳门开埠所形成的澳门口岸，就成了中国第一中西经贸通道和中西文化走廊，再加上1757年广州的开埠和1841年香港的开埠，广东就成了当时中国社会沐浴欧风美雨和得风气之先的口岸之地、通商贸易之地、文化交流之地。由此促成广东人的留学观念和留学行为实践，就成了历史的必然。

　　回顾人类社会近现代发展的历史，留学教育在异质文化融合、东西方观念碰撞、科学技术交流、生产经济发展、社会文明进步等方面都表现出了一种特别巨大的能量性作用。

　　在这种文化和观念的异质性化合中，留学的过程和留学的结果，就变成了一种发展能量的特别供给之源，就成了一座能够快速更新自强的通畅之桥。谁能率先而行，谁就会获得先决发展的种种优势，谁也就会更快更早更高地屹立于世界民族之林。

　　因为留学文化是民族间异质文化交流融汇而实现自我更新发展的文化行为，所以留学文化是一种开放的文化，是一种相互共生中产生新质的文化现象。

　　一个民族的创始文化无论多么优越，不开放就会僵死，不与异质文化交汇共融就一定不可能充满生命力。广东留学对中华民族文化的贡献，不仅为古老的中华文化注入了生命活力，更在新文化新思想下实现了现代中国社会的再造。

　　中国人留学西方，是人类东西方文明交替发展的必然。西学东渐，是中国留学人救国强国的共识。中国人到西方世界留学，既是人类文明发展的必然，更是中华社会近代生存维艰的艰难选择，而强国之梦则是它发展的动力。

所以，广东留学就成了近现代中国社会一份特别有分量、极其珍贵的社会文化遗产。

广东留学作为一份特别有分量、极其珍贵的社会文化遗产，就在于它促进社会进步前行的发展性意义，就在于它推动人的进化发展的启示性意义，就在于它增进不同社会相互共融同生、异质文化相互交流共生、传统与现代相互渗透发展所带来的多重性的启示性意义。

所以，梳理和研究分析广东留学现象，对于我们今天的中国社会来说，不仅是珍视我们有过的一份宝贵文化遗产，更重要的是发掘它所具有的启示当下和未来的价值意义。

《广东留学史》，是暨南大学香山文化研究所和华人留学文化研究所诸位同人共同劳动的结晶，也是广东省哲学社会科学"十一五"规划地方历史文化特色规划项目。由于学识浅陋与准备不足，书中或观点有谬和史事错讹，或挂一漏万和轻重不妥，请各位方家批评指正。同时，书中有直接或间接引用各位方家观点和史例的表示特别感谢，没有特别标明的引用也特别致歉。

2014 年 12 月 8 日
于珠海暨南园

图书在版编目(CIP)数据

广东留学史/马至融等著. -- 北京：社会科学文献出版社,2018.1
ISBN 978 - 7 - 5097 - 7753 - 4

Ⅰ.①广… Ⅱ.①马… Ⅲ.①留学教育 - 教育史 - 研究 - 广东省 - 近现代 Ⅳ.①G649.29

中国版本图书馆 CIP 数据核字（2015）第 152753 号

广东留学史

著　者 / 马至融　裴　艳　姜清波　焦　鹏

出 版 人 / 谢寿光
项目统筹 / 王玉敏
责任编辑 / 王玉敏　张文静

出　　版 / 社会科学文献出版社·独立编辑工作室（010）59367153
　　　　　地址：北京市北三环中路甲29号院华龙大厦　邮编：100029
　　　　　网址：www.ssap.com.cn
发　　行 / 市场营销中心（010）59367081　59367018
印　　装 / 三河市尚艺印装有限公司
规　　格 / 开　本：787mm × 1092mm　1/16
　　　　　印　张：29.75　字　数：500千字
版　　次 / 2018年1月第1版　2018年1月第1次印刷
书　　号 / ISBN 978 - 7 - 5097 - 7753 - 4
定　　价 / 119.00元

本书如有印装质量问题，请与读者服务中心（010 - 59367028）联系

▲ 版权所有 翻印必究